云冈石窟窟前遗址考古发掘报告 ⓶

云冈研究院
山西省考古研究院 编著
大同市博物馆

文物出版社

Report on the Archaeological Excavation of the Pre-Cave Site of Yungang Grottoes (Ⅱ)

Yungang Academy

Shanxi Provincial Institute of Archaeology

Datong Municipal Museum

Cultural Relics Press

第九章　第14～20窟窟前遗址

第一节　遗址概况

此区域位于云冈石窟西部窟区第14～20窟前（彩版二八三，1），与中部窟区以沟谷相界。

从法日学者20世纪初的记载及图像资料来看，第14～20窟前布满高低错落的民居，第14窟、第15窟、第18窟等窟内还建有房屋。窟外整体地势由北向南呈缓坡状，尤以第20窟大佛前的地势最高。石块与土堆积至第20窟大佛手部，其前还有一个碾场（彩版二八三，2）。"1939年9月，石佛管理处从保护石窟出发，把住在洞窟内外的大约六十多户居民，迁移到路南，建石垣围起。地面虽仍有起伏，基本平整"[1]。

1940年9月25日～11月26日，日本学者在调查洞窟时，在日比野丈夫和小野胜年的主持下，在第16～20窟前地面进行了发掘工作。先在第16～20窟南约17米处开挖了一条宽约4米的东西向探沟（彩版二八三，3）；在东西向探沟以北，第19窟前挖了一条南北向探沟，长15、宽2米，称北沟，发现辽代的铺砖地面；东西向探沟之南，与北沟相对应的位置，又挖了一条长2、宽约4米的南沟，大部分是近世的堆积。在第20窟前开挖宽约4米的南北向探沟1条，清理出第20窟主像盘着坐的膝部（彩版二八四，1），主尊前发现辽金时期铺砖，东部出现晚期铺砖，在堆积物中发现很多石雕残件，位于辽代地面之下，其中有的石块是为嵌入大佛的折叠衣纹中而准备的半成品。在南壁的西半部发现用自然石块代替砖垒砌的基础，可能当初就遇到风化很严重的地面岩层，所以在砌此墙的开始就用长方形石块嵌入风化岩层作基础。并在露出的岩面上发现了一枚"五铢"钱，发掘以此为限。

1956年11月，当时的大同市古迹保养所在清理第20窟露天大佛前积土时，出土"景明四年（503年）四月六日比丘尼昙媚造"石碑一块。1958年，在第20窟前台地东侧铺建了台阶。1963～1964年，在云冈石窟保护区内展开大规模植树造林活动，此次活动使窟前地层被大面积破坏（彩版二八四，2）。1973年，垫平了第7～20窟前低洼地面，并铺设砖墁通道，道路标高超出窟内地面。1974～1976年，云冈石窟展开了大规模的维修保护，即"三年保护工程"，于窟前实施了排水防渗工程。1986年，在第19窟前20米以外至西部窟区新建了排水暗渠。1991年为配合云冈"八五"保护维修中的降低窟前地面工程，云冈石窟文物研究所调查窟前地面状况时，在第14～20窟外立壁梁孔所对应的窟前地面开挖12条南北向探沟，探沟宽稍宽于梁孔，宽0.6～0.7、长12.5～18.5米，又于第20窟前没有完全清理出的台阶东侧开东西向探沟，长约12.2、宽0.6米，采集到北魏和辽金及明清民国时期的建筑材料、生活用具等遗物。并在清理第20窟前地面时发现了大量石雕造像残件、北魏瓦

---

[1]　〔日〕水野清一、長廣敏雄：《雲岡石窟:西曆五世紀における中國北部佛教窟院の考古學的調査報告》第十五卷《雲岡發掘記2》，京都大學人文科學研究所雲岡刊行會，1956年，第91頁。

件等。历年的各种工程和活动，严重破坏了窟前遗址的地层（彩版二八四，3）。

1992 年 4 月 6 日正式开始考古发掘，首先把 1991 年清理出来的大量石雕和其他文物编号、登记。在北距第 20 窟外立壁约 25 米处，以西南角为原点，向北向东布 5 米 ×5 米探方。先发掘了四个探方（1992T101、T102、T201、T202），因向东的探方内布满大石块，且探方又深，所以发掘同时向北向东推进，布 1992T301、T302 以及 1992T4、T5 系列探方。视遗迹出土情况，1992T409 ～ T411 向南扩方 2 米。为全面揭示大柱穴及周围小柱洞的情况，1992T412 ～ T416 向北推进 1 米，又向南扩方 1 米，布方 5 米 ×7 米。其北 1992T512 ～ T516 布方 5 米 ×4 米，北隔梁靠近窟壁，不足 1 米。1992T421 ～ T424 向南扩方 1 米。后为探求包石基岩墙走向，1992T3 系列探方向东开方 5 个（1992T303 ～ T307，其中 1992T305 向南扩方 1 米）。在 1992T101、T102 发掘出河堤遗迹后，向东布 1992T103、T104 方。1992T103 西距 1992T102 探方东壁（未打隔梁）16 米，发掘面积 3 米 ×5 米；1992T104 西距 1992T102 方东壁 2 米，北距 1992T303 方南壁 8 米，即北距 1992T102 方北壁 2 米，发掘面积 6 米 ×5 米。在 1992T104 发掘出南北向坡道之后，为探求河堤、坡道的走向，在河堤之东及以南布置面积不等、位置各异的 1992T1 系列方 7 个，分布于不同的地方。因河堤、坡道的走向不同，每个探方的发掘面积、距离不同。因 1992T104 方西北角河堤与坡道的交接处被 1986 年修建的排水渠压在下面，而且地层也被破坏，1992T104 方东侧又有棵大树，不利于发掘，为探求坡道的走向及构造，以及坡道两侧的地层关系，于是在 1992T104 南布 1992T105、T106 两方，1992T105 位于 T104 南偏西，北距 1992T104 南壁 1 米，发掘面积 4 米 ×5 米。1992T106 位于 T104 南偏东，北距 1992T104 方南壁 2 米，西距 1992T105 方东壁 2 米，发掘面积 4 米 ×5 米。在 1992T105、T106 之南布 1992T107 方。1992T107 北距 1992T105 方南壁 4 米，东距 1992T105 西壁 2.5 米，面积 4 米 ×4 米。1992T108 西距 1992T103 方东壁 20 米，1992T108 北壁南距 1992T103 方北壁 0.2 米，发掘面积 4 米 ×4 米。1992T110 西距 1992T108 方约 53 米，位于第 16-1 窟前，发掘面积 2 米 ×6.2 米。1992T109 位于 1992T110 之东，发掘面积 3 米 ×5 米。1992T111 东距 1992T110 东壁 0.5、北距 1992T110 南壁 0.5 米，发掘面积 2 米 ×3 米。1992T109、T111 均没有发现堤体。第 14 ～ 20 窟窟前区域发掘范围东西长 125、南北最宽 49 米，发掘面积约 1860 平方米（图二九二；彩版二八五～二八七）。

第二节　地层堆积

日本学者的考古发掘及 20 世纪六七十年代的几次大规模的地面整理活动，使发掘区域的地层遭到了严重的破坏，有的甚至直接挖至基岩，或者接近基岩面。在第 20 窟大佛膝前保留了不多的近代至北魏地层，在发掘区域东部残存少量的北魏地层。

开窟斩山为壁，距第 20 窟墙体不足 10 米处为窟前基岩地面，向南岩体呈下坡状，向南 13.7 米处，出土一面东西向包砌基岩的石片墙，再向南距外立壁约 25 ～ 30 米处，发现河堤和南北向坡道。因历代活动的轨迹不同，第 14 ～ 20 窟前地层分三个区域介绍（图二九三）。

第 14 ～ 20 窟前遗址发掘区地层

窟前遗址发掘区地层分四层。

第①层：现代扰土层。分布于第 14 ～ 20 窟前遗址整体区域。地层堆积北薄南厚，东薄西厚，厚 0.1 ～ 2.7 米。

第②层：黑黄土夹碎石块、碎砖层，部分还夹杂有炭烬、木炭灰、黄砂土等。土质疏松，多为居住于窟内外的住家房屋迁移之后的建筑垃圾堆积，属明清民国时期扰土层，因土质不同分两小层，厚 0.05 ～ 2.1 米。

第③层：黑土层或碎石块片、大块砂岩层等，属辽金时期文化层，因土质土色及分布区域不同分四小层。

第④层：红烧土层和大石块夹碎石块层，分三小层，属北魏文化层。分布于河堤以北区域，厚 0.05 ～ 2.4 米。

以下为砂层，较纯净的细砂。分布于河堤以南、坡道东西两侧。

（一）包石基岩墙以北区域的地层

1. 地层

该区地层有四大层。发掘前第 20 窟大佛前的地势最高，由北向南呈坡状堆积，其余地区地势平缓。1991 年云冈石窟文物研究所在取平第 20 窟地面时，此区域多处曾挖去 0.5 ～ 0.80（东—西）米的地层。

第①层：现代扰土层。包括 20 世纪 70 年代所铺的路面，有的地方墁有砖道，有的仅剩砖道之下的白灰层，白灰下铺垫黄土层，然后直达基岩层。有的破坏至早期的建筑柱洞，如 X10、X14。堆积东薄西厚，土质疏松，厚 0.1 ～ 0.2 米。出土器物有北魏陶器、北魏石雕像、明清瓷器等，建筑材料见现代砖、明清琉璃瓦件、辽金沟纹砖等。

第②层：黑黄土层。多为窟内外的住家房屋的建筑垃圾堆积，据土质土色分两小层。第 20 窟之西，即第 21 窟前的窟壁下还残留一个高土堆，清理后发现上下二面残存的近代房屋的北墙，上墙内为石块与土垒砌，外抹泥皮，残高约 1.96 米，下墙内为石块垒砌，外抹泥皮，残高约 2.04 米。属明清民国时期扰土层。

第② A 层：黑黄土夹碎石块、碎砖层，有的地方夹杂炭灰烬、木炭灰。土质疏松。地层堆积南薄北厚呈缓坡状，厚 0.1 ～ 0.8 米。东薄西厚，以第 20 窟前基岩地面以南的西部最厚，厚 0.6 ～ 1.3 米，东部分布不均，厚 0.06 ～ 0.64 米。出土明清黑釉瓷片、明清青花瓷片、陶片、红陶器底、火盖、彩绘泥塑、钱币等，辽金绿琉璃瓦片、沟纹砖、白瓷片等，北魏瓦当、北魏莲花饰件、北魏石雕像等。遗迹有柱洞、灰坑。该层下在第 19 窟门口见辽金时期铺砖地面。

第② B 层：黄土层，内含碎石块、黄砂土，呈沉积状。在窟外基岩地面向南向下的崖体斜坡上，从北向南逐渐增厚，呈坡状，分布不均，面积也小。厚 0.2 ～ 0.6 米。不见出土物。

第③层：黑土层及石块堆积。属辽金时期文化层。此区域见③ A 层。

第③ A 层：黑土层，含碎石块、大块砂岩、炭渣、灰烬等，呈黑灰色，土质较硬。多分布于第 19、20 窟前，第 18 窟之东已少见此黑土层。地层堆积北厚南薄，厚 0.04 ～ 0.8 米。出土辽金陶片、隋 "五铢" 铜钱、北魏石雕佛像残件、北魏建筑莲花饰件、北魏石碑、北魏石雕莲花钵等。相当于 1940 年考古发掘中的含有碎石块的黑褐色土层。

第④层：红烧土层和大石块夹碎石块层。属北魏文化层。此区域见④ A 层、④ C 层。

第④A层：红烧土层，存于基岩地面之上，包括柱洞内的红烧土，属于北魏文化层。红烧土多集中于第19窟、第20窟，东端第14窟东、第16窟、第18窟前有零星残存。土色黑红，内含红色、黑色红烧土、黄色泥土块、木炭等。堆积北厚南薄，厚0.05～1.48米。出土遗物为大量北魏瓦片、石雕佛像残片、陶片、灰陶小碗、木炭、彩绘泥墙皮、铁钉、因坍塌而堆积的屋顶黄土等。相当于1940年考古发掘中的含有北魏瓦片的黑土层，在第19窟前探沟的发掘中，压在辽金铺砖地面之下第③A层下，为北魏文化层。该层下在第20窟前见包石台基、中央台阶、西侧台阶，局部见大柱穴、柱洞（彩版二八八、二八九）。

第④C层：褐色碎石块层。集中堆积于包石基岩墙与其北部基岩落差间，以碎石块回填，石块色褐，有的地方夹有少量泥砂。无出土物。厚0.1～1.1米。

包石基岩墙以南为第④B层大石块和碎石块回填层。

2.1992T504、T404、T304、T104东壁地层

反映黑土层与红烧土层叠压关系，以第20窟前的探方（1992T4、T5系列）最为明显。此处黑土层内包含物较为单纯，有大量的石雕佛像残件、崖体坍塌的碎石块。之下的红烧土层则含有大量的北魏瓦片、木炭。

为了全面展示发掘区域的地层，在此把基岩墙以南的T104地层一并介绍。

此处地层与包石基岩墙以南区域的地层相连续，其北部地层已在1991年窟前降低地面时破坏，故无第①层（图二九四）。

第②层：黑黄土层，属明清民国时期扰土层。均为居住于窟内外的房屋的建筑垃圾堆积，分两小层。仅存于1992T404、T304、T504已被1991年工程破坏。

第②A层：黑黄土夹碎石块、碎砖层，有的地方夹杂炭渣灰烬、木炭灰。土质疏松。地层堆积北薄南厚呈缓坡状，厚0.1～0.84米。

第②B层：黄土层，内含碎石块、黄砂土，呈沉积状。仅出现在1992T304北部，在窟外基岩地面向南向下的崖体斜坡上，从北向南逐渐增厚，呈坡状分布不均，面积也小。厚0.2～0.6米。

第③层：黑土层和大石块碎石块层，属辽金时期文化层。仅存部分③A黑土层。

第③A层：黑土层，含碎石块片、炭渣、灰烬等，黑灰色，土质较硬。地层堆积北厚南薄，厚0.04～0.2米。

第④层：红烧土层和大石块夹碎石块层。属北魏文化层。探方内出现④A层、④B、④C层。

第④A层：红烧土层，存于基岩地面之上。土色黑红，内含红色、黑色红烧土、黄色泥土块、木炭等。堆积北厚南薄，厚0.05～0.3米。

第④B层：为大石块层、碎石块层叠压或者二者相混的大石块夹碎石层，夹带少量泥砂，有的石块带有凿痕，集中堆积于包石基岩墙以南，上部多为黄色砂岩石块，下部多为褐色泥质灰岩，厚1.5～2.4米。

第④C层：褐色碎石块层。集中堆积于包石基岩墙与其北部基岩落差间，以碎石块回填，石块色褐，有的地方夹有少量泥砂。无出土物。厚0.1～1.1米。

3.1992T402东壁地层

反映地层与柱穴的关系，该区典型地层以1992T402东壁为例（图二九五）。

分4层，探方北部地层已在1991年窟前降低地面时破坏，故无第①层扰土层。

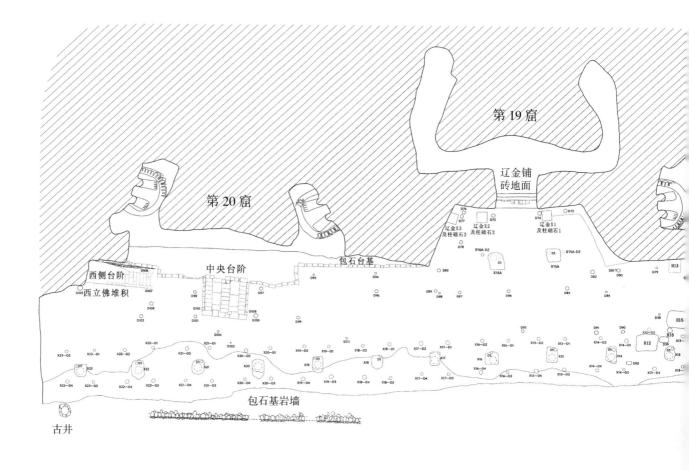

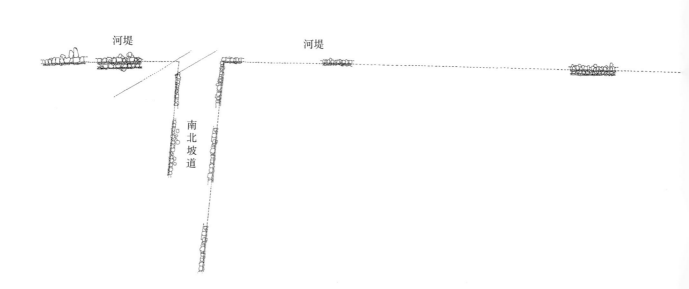

图二九三　第 14 ~ 20 窟前遗亦总平面图

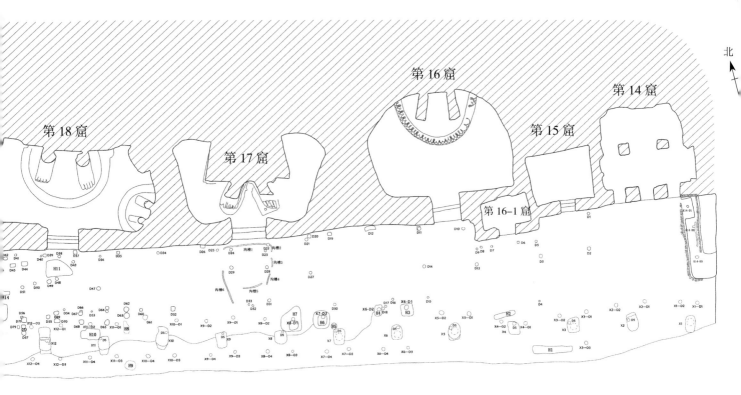

第18窟　第17窟　第16窟　第15窟　第14窟　第16-1窟

北

0　　　　　　　10米

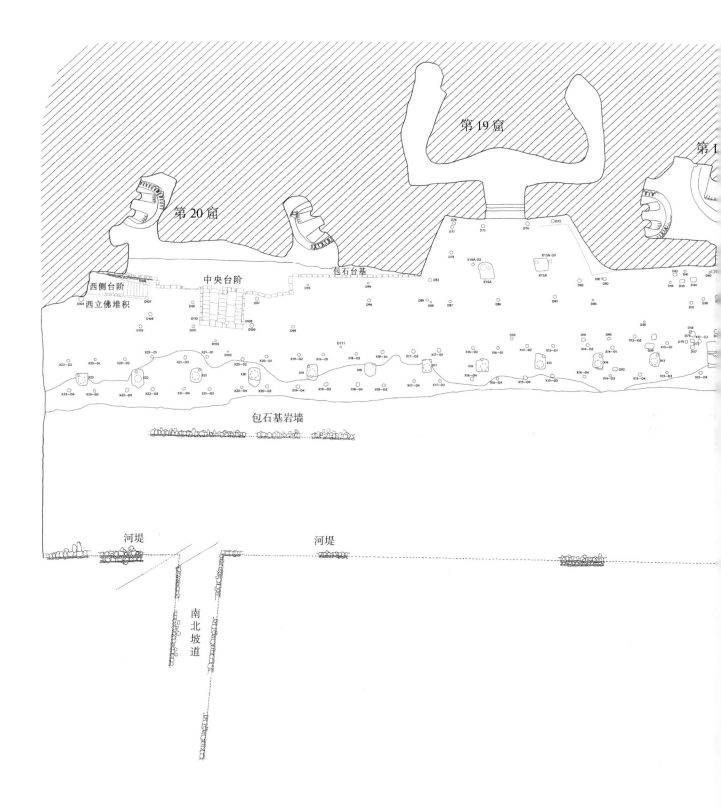

图二九七　第 14~20 窟前北魏时期遗迹分布图

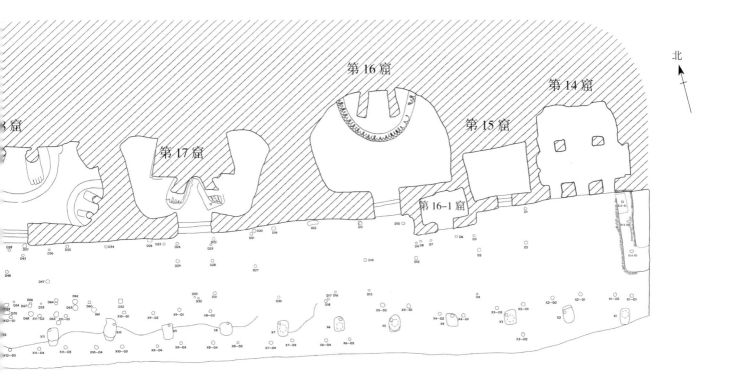

北

第16窟

第14窟

第15窟

第17窟

第16-1窟

0   10米

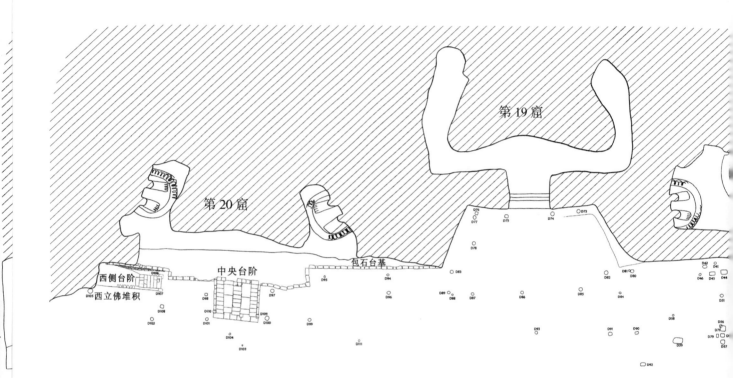

第19窟

第20窟

西侧台阶

中央台阶

包石台基

西立佛堆积

0   10米

图二九九　第14～20窟前无规律小柱洞分布图

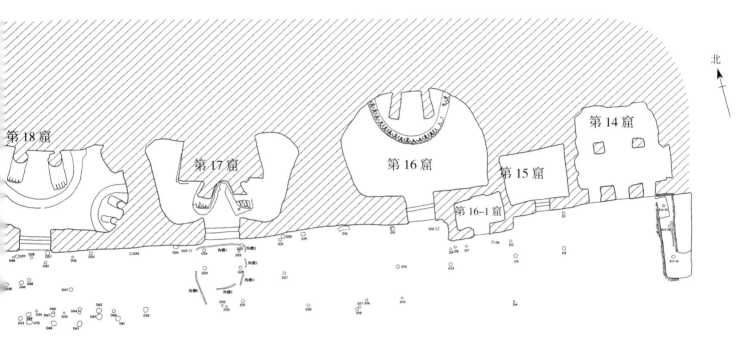

第18窟   第17窟   第16窟   第15窟   第14窟

第16-1窟

北

第②层：黑黄土层，属明清民国时期扰土层。此探方仅见②A层。

第②A层：土色黑黄，夹杂许多砖块、炭灰、明清黑釉粗瓷片、明清暗黄色琉璃残片、明清无釉粗瓷火盖、明清白瓷片、辽金灰陶片等。残留于探方南部。厚 0.05 ～ 0.2 米。

第③层：黑土层和大石块碎石块层，属辽金时期文化层。此探方仅见③A层。

第③A层：黑土层。土质较硬，内含黑色土夹碎石块，出土大量北魏石雕佛像残片、北魏瓦片。厚 0.05 ～ 0.3 米。

第④层：红烧土层和大石块夹碎石块层。属北魏文化层。此探方仅见④A层。

第④A层：红烧土层。夹有红烧土块、木炭，最厚处深入柱穴内。出土物以北魏瓦片居多。厚 0.06 ～ 0.4 米。

（二）包石基岩墙以南、河堤以北的地层

发掘仅限于第 20 窟前，即发掘区域西端 1992T101、T201、T301 三个南北相延的探方和 1992T102 探方这一范围（1992T202、T302 未发掘至底，回填），这里参照 1992T303 ～ T307 系列方、1992T103、T104、T108 探方的地层来划分（见图二九四）。

整个地层分 3 层，此处基本不见辽金时期文化层，或被明清民国时期扰乱。

第①层：现代扰土层。包括 20 世纪 80 年代填埋下水井、下水管道所挖的地层，堆积东薄西厚，土质疏松，厚约 1.1 米。出土器物有陶器、瓷器、石器、钱币、现代砖等。

第②层：黑黄土层，属明清民国时期的扰土层。此区域仅见②A层。

第②A层：黑黄土夹碎石块、碎砖层，属明清民国时期扰土层。有的地方出现炭渣、木炭灰。土质疏松。北薄南厚，厚 1.2 ～ 2.1 米。出土明清瓦当、明清黑釉瓷片、青花瓷片、陶片、火盖、红陶器底、铁器、铜钱、辽金沟纹砖、白瓷片、北魏石雕像等。应为 1939 年居住于窟内外的住家房屋迁移之后的建筑垃圾堆积。该层下见包石基岩墙、河堤、坡道遗迹。

第④层：红烧土层和大石块夹碎石块层。属北魏文化层。此区域仅见④B层。

第④B层：为大石块层、碎石块层叠压或者二者相混的大石块夹碎石块层，夹带少量泥砂，集中堆积于包石基岩墙以南，上部多为黄色砂岩石块，下部多为褐色泥质灰岩，厚 1.5 ～ 2.4 米。可能为北魏时期的回填层。此层之下在 1992T301 有局部淤泥层，呈沉积状，夹带少量碎石块片，厚 0.03 ～ 0.63 米。可能与 1992T301 探方北部的井有关。

包石基岩墙与河堤从遗迹关系来说，应该是最先建造石片墙，开凿石窟废弃的石料堆积于石墙南。后来，可能由于武周川的泛滥，危及石窟及窟外建筑的安全，所以又在距石窟外立壁约 25 ～ 30 米处修建河堤，并回填了石片墙以南低矮的地层，比较单纯。

（三）河堤以南、坡道东西两侧地层

1. 地层

此处地层因有河堤等建筑，出现了第③C层淤泥层。

第①层：现代扰土层。黄土层，厚 1.80（东）～ 2.70（西）米。包含现代的下水管道及排水暗渠道，出土明清时期火盖、黑釉粗瓷片、陶片等。

第②层：黑黄土层，属明清民国时期扰土层。此区域仅见②A层。

第②A层：黄土夹碎砖、碎石块层。土质较疏松，有的还残留房屋墙体、砖地面、土火炕等遗迹，厚 1.5～2.1 米。出土明清时期火盖片、红陶泥塑人、红陶片、黑釉瓷片、白瓷片、北魏忍冬兽面纹瓦当、北魏陶片等。

第③层：黑土层和大石块碎石块层，属辽金时期文化层。此区域见③B、③C、③D 层。

第③B层：夹带大量碎石块的大石块层与黑褐土夹碎石块层。厚 0.6～2.6 米。出土辽金陶片、黑釉粗瓷片、白瓷片，北魏莲花建筑陶饰件、漆器、陶片、瓦片、瓦当、金箔、白灰墙皮等。出现在堤体以南。

第③C层：淤泥层，应属北魏至辽金时期文化层。上距地表约 5.2、厚 0.3～1.1 米。如西端堤体和坡道侧的淤泥上层呈灰黄色，厚约 0.3 米。下层呈黑色，厚约 0.2 米。随着黑色淤泥层消失，堤体也结束。之下淤泥又呈灰黄色。出土有北魏筒瓦。本次发掘因探方的布局关系，仅于部分探方（1992T101、T102、T103、T105、T106）发现淤泥层，其他探方因第 3 层大石块层的堆积，探方面积不够，无法深掘到此层。

第③D层：黄砂土层，仅见于 1992T111。由北向南呈坡状，厚 0.1～1.2 米，之下为砂层。1992T111 没发现堤体，但在碎石块层之下的黄砂土中，出土红烧土、木炭渣、大量烧过的瓦片、琉璃瓦片、陶片、莲花饰件等，均为北魏遗物。从其倾斜堆积的状态看，应是从它处倾倒来的。

2.1992T101、T201、T301、T401 东壁地层

以三个区域地层连续的 1992T101、T201、T301、T401 东壁为例，北部上面地层已被 1991 年工程破坏，无第①层扰土层（图二九六；彩版二九〇）。

第①层：现代扰土层。仅出现在 1992T101，厚 0.72 米，出土有明清时期瓦当、青花碗，辽金时期板瓦、筒瓦、陶盆、茶叶末釉罐、黑釉罐等。

第②层：黑黄土层，属明清民国时期扰土层。分两小层。

第②A层：黄土夹碎砖、碎石块层。土质较疏松，有的还残留房屋墙体、砖地面、土火炕等遗迹，厚 1.5～2.1 米。出土明清时期火盖片、红陶片、红陶泥塑人、黑釉瓷片、白瓷片，北魏忍冬兽面纹瓦当、北魏陶片等。

第②B层：黄土层，内含碎石块、黄砂土，呈沉积状。出现在 1992T301 北部，分布不均，面积较小。

第③层：黑土层和大石块碎石块层，属辽金文时期化层。此区域见③B 层、③C 层。

第③B层：大石块铺陈层。石片发红、黑色，石片下带有淤泥，出现在堤体以南，厚 0.9～1.2 米，出土辽金陶片、黑釉瓷片、北魏陶片、北魏磨光瓦片、石雕柱础等。

第③C层：淤泥层，属北魏至辽金时期文化层。厚约 1.02 米。如西端堤体和坡道侧的淤泥上层呈灰黄色，厚约 0.3 米。下层呈黑色，厚约 0.2 米。随着黑色淤泥层消失，堤体也结束。之下淤泥又呈灰黄色，厚约 0.6 米。出土有北魏筒瓦。

第④层：红烧土层和大石块夹碎石块层，属北魏文化层。此区域见④A 层、④C 层。

第④A层：红烧土层，此区域仅见于 1992T401，厚 0.18～0.54 厘米。

第④C层：大石块碎石层。厚 0.24～0.84 米。

第三节　北魏时期文化遗存

如前所述，第 20 窟前历经近代民家居住、20 世纪 40 年代日本学者发掘、50 年代修砌台阶、60 年代大规模的植树造林、70 年代的平整地面等，窟前地层破坏殆尽。所幸从 20 世纪 30 年代始，坐佛膝前之下及其以西第 21 窟前的少量土层始终未被触及。1991 年降低窟前地面工程虽又破坏了部分地层，已将第 20 窟主尊前的包石台基、中央台阶、西侧单体台阶三处遗迹简单清理出来，仅在部分台基墙和台阶的底部保留了少量的地层（见彩版二九四、二九七）。1992 年考古发掘进行了彻底的清理。完整清理出第 20 窟主尊前的包石台基、中央台阶、西侧台阶，在第 20 窟南约 13.7 米处出土一条东西向包石基岩墙，在约 25 ～ 30 米处出土东西向河堤及南北向坡道遗迹。在第 14 ～ 20 窟前出土有规律的长方形大柱穴和四角的小圆柱洞，以及分布不规律的小柱洞（图二九七）。包石台基、中央台阶、西侧台阶遗迹出土于红烧土层下，包含物有大量的北魏瓦片、以及少量的瓦当、莲花建筑饰件等，为北魏时期遗物，所以推定为北魏时期的遗迹。包石基岩墙、河堤和坡道，根据其周围的地层和文献记载，推测为北魏时期遗迹。

一　柱洞、沟槽

第 14 ～ 21 窟前共有大小柱穴、柱洞 238 个（图二九八）。各有不同的功能。

第 14 ～ 20 窟前除有规律的柱穴柱洞外，分布有 111 个小柱洞（图二九九），整体没有整齐的规律。但在每个洞窟前略有一定的规律，现将这些柱洞按洞窟分六组简述之：

（一）第 15 窟前柱洞

4 个。此组柱洞可分三排（图三〇〇；彩版二九一，1）。

1. 北排

1 个。

D1　位于 1992T523 以北，第 15 窟门前东侧外立壁下。开口于第③ A 层黑土层下。平面呈圆形，直径 0.26、深 0.02 米。

2. 中排

2 个。

D2　位于 1992T523 偏东北处，第 15 窟前东侧。北距 D1 中心间距 3.15 米。开口于第①层扰土层下。平面呈圆形，柱洞北壁较直，南壁稍有倾斜，底部不平。内壁凿痕明显，凿痕宽 0.003 ～ 0.004 米，凿痕间距为 0.03 ～ 0.05 米。内填碎石、黄土。直径 0.31、深 0.38 米。

D3　位于 1992T522 中东部。第 15 窟前西南侧，东距 D2 中心间距 4.5 米。开口于第①层扰土层下。平面呈圆形，斜壁，底部较平。直径 0.3、深 0.41 米（彩版二九一，2）。

3. 南排

1 个。

D4　位于 1992T422 东北角。第 15 窟前西南侧，北距 D3 中心间距 4 米。开口于第② A 层下。

平面呈不规则圆形，柱洞壁面南高北低，斜壁，底部内收，平底。内壁凿痕明显，填土为黄土、碎石。直径 0.15～0.16、深 0.08 米。

（二）第 16-1 窟前柱洞

5 个。在第 16-1 窟前距窟外前立壁约 1 米处，有东西向排列的五个小柱洞，有方有圆，间距不等（图三〇〇；彩版二九一，3）。柱洞均被破坏，开口于第①层扰土层下，内填扰土。

D5　位于 1992T522 北隔梁。平面呈方形，柱洞壁面稍有倾斜，平底。长 0.2、宽 0.2、深 0.2 米。

D6　位于 1992T522 北隔梁，东距 D5 中心间距 1.65 米。平面呈长方形，斜壁，底部由西到东渐深。长 0.2、宽 0.18、深 0.1～0.14 米。

D7　位于 1992T521 东北角，东距 D6 中心间距 2.4 米。平面呈不规则长方形。内填黑灰土。边长 0.16～0.18、深 0.13 米。

D8　位于 1992T521 东北角，东距 D7 中心间距 1 米。平面呈圆形，直壁，平底。直径约 0.2、深 0.07 米。

D9　位于 1992T521 东北角，东距 D8 中心间距 0.45 米。平面形状不规则，底部近圆形，直壁。直径 0.19、深 0.1 米。

（三）第 16 窟前柱洞

9 个。可分三排（图三〇〇）。

1. 北排

3 个。

D10　位于 1992T521 北隔梁以北，第 16 窟门外东侧，北距第 16 窟外立壁约 0.8 米。开口于第

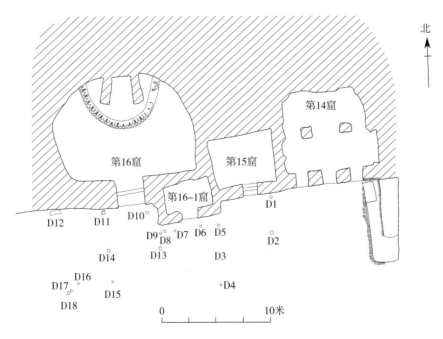

图三〇〇　第 15、16-1、16 窟前柱洞分布图

①层扰土层下。平面呈圆形，斜壁，底部内收，平底。内填夯实的黄砂土、碎石。口径 0.26、底径 0.22～0.24、深 0.22 米。

D11　位于 1992T520 北隔梁以北，第 16 窟门外西侧，北距第 16 窟外立壁约 0.25 米，东距 D10 中心间距为 4.1 米。开口于第①层扰土层下。洞口平面呈圆形，下部为长方形。柱洞壁面北高南低，斜壁，凿痕明显，底部不平。填土为黄土、碎石块。口径 0.4、底边长 0.26、深 0.26 米。

D12　位于 1992T519 以北，第 16 窟门外西侧窟外立壁下，东距 D11 中心间距 4.5 米，开口于第①层扰土层下。呈长方形，斜壁，底部内收，平底。填土为红烧土、炭渣。长 1.02、宽 0.45、深 0.34 米。

2. 中排

2 个。

D13　位于 1992T521 中部偏东，第 16 窟前偏东侧，北距 D9 中心间距 1.4 米。开口于第①层扰土层下。平面呈圆形，内填夯实的黄砂土、碎石块。直径 0.3～0.31、深 0.34 米。

D14　位于 1992T520 中部，第 16 窟前偏西侧，东距 D13 中心间距 4.9 米。开口于第①层扰土层下。平面呈圆形，直壁，底部较平，内壁凿痕明显，填土为黄砂土。直径 0.3、深 0.37 米。

3. 南排

4 个。

D15　位于 1992T420 北隔梁下，第 16 窟前西侧，北距 D14 中心间距 2.85 米。开口于第①层扰土层下。平面呈圆形，直壁，平底。内填碎石块。直径 0.2、深 0.2 米。

D16　位于 1992T419 北隔梁下，第 16 窟前西南侧，东距 D15 中心间距 3.25 米。开口于第①层扰土层下。平面呈圆形，柱洞较浅，直壁，平底。直径 0.2、深 0.06 米。

D17　位于 1992T419 东隔梁，第 16 窟前西南侧，东距 D16 中心间距 0.95 米。开口于第②A 层下。平面呈椭圆形，直壁，东壁略高于西壁，底部较平。内填黄砂土、碎石块。直径 0.2、深 0.375 米。

D18　位于 1992T419 东北部，第 16 窟前西南侧，东距 D17 中心间距 0.3 米。开口于第②层下。平面呈圆形，斜壁，底部内收较平。填土为黄土、碎石块。直径 0.26、深 0.08 米。

（四）第 17 窟前沟槽、柱洞

第 17 窟前既有柱洞又有沟槽，沟槽位于第 17 窟门前，柱洞直径相对要小（图三〇一；彩版二九一，4）。

1. 沟槽

6 条。

沟槽 1　主要位于 1992T517 北部。呈东西向，西端略有弯折。平面略成圆弧状，离窟门台阶最近处仅有 0.03 米，最远处不过 0.2 米。由西至东从浅向深开凿，西端浅处仅表现为两列相对斜着向下向西的鱼脊状凿痕，向东逐渐加深。沟槽纵剖面呈梯形，槽内凿痕明显，向上向东倾斜，宽 0.05 米。沟槽近东端处被柱洞 D22 打破。填土为夯实的黑黄土、碎石块。沟槽总长 4.45、上部宽 0.06～0.1、底部宽 0.06、最深处 0.13 米。因沟槽的填土与柱洞的填土不同，所以柱洞 D22 较沟槽晚。

沟槽 2　位于 1992T517。呈纵长南北向，平面呈不规则梯形，内壁有凿痕但不明显，凿痕分布不规则，圜底。填土为夯实的黑黄土、碎石块。长约 0.55、上部宽 0.08、下部宽 0.05、深 0.04 米。

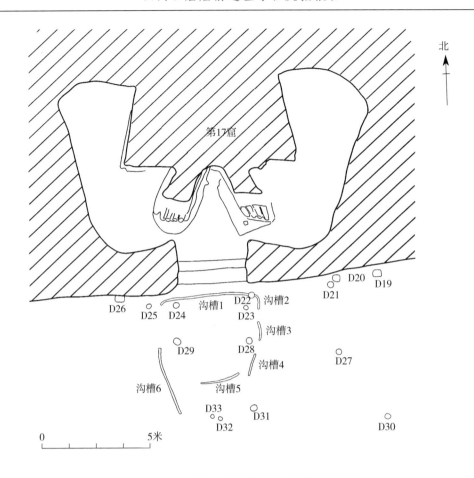

图三〇一　第17窟前柱洞、沟槽分布图

　　沟槽3　位于1992T517。呈南北向，与沟槽1东端弯折后南北向槽基本在一条直线上。沟槽平面略呈月牙状，两头略细中间粗。两端起向中间呈坡状，壁面倾斜呈梯形，上宽下窄，沟槽内壁凿痕明显，向上倾斜，凿痕宽0.03～0.04米，底部较平。填土为夯实的黑黄土、碎石块。长约0.85、两头宽约0.04、中间宽约0.1、下宽0.06、最深0.08米。

　　沟槽4　位于1992T517东。呈南北纵向略偏东，平面略呈长方形，南宽北窄。纵剖面呈梯形，上宽下窄。基岩面呈北低南高坡状。两端起向中间呈坡状，沟槽内壁凿痕明显，向上倾斜，凿痕宽约0.05米。填土为夯实的黑黄土、碎石块。长0.82、南端宽0.12、北端宽0.07、底宽0.06、深0.04～0.2米。

　　沟槽5　位于1992T517。呈东西向圆弧状，沟槽北部东端和基岩大石块相连，石块南部向南有一个凿痕坡面，长约1.15米。此段沟槽较浅，圜底。沟槽内壁凿痕明显，向上向东倾斜，凿痕宽度0.05米。填土为夯实的黑黄土、碎石块。长约1.85、高0.14～0.2米。

　　沟槽6　位于1992T516、T416。呈南北纵向偏西。槽面随地形北高南低坡状，纵剖面呈梯形，底部较平。沟槽内壁凿痕明显，向上倾斜，宽约0.05米。填土为夯实的黑黄土、碎石块。长3.05、上宽0.12、底宽0.06、深0.12～0.25米。

　　此六条沟槽开凿于第17窟前，沟槽1、沟槽2、沟槽3南北向间断形成一条弧线，与另三条沟槽于第17窟门前基本相围成不完整圆形，圆形的直径较第17窟门微宽。在这个圆形内的地面凿痕明显，是为取平基岩而凿，凿痕宽约0.05米。沟槽内填为黑黄土、碎石块并夯实，与其南面大柱穴周围的四个小柱洞填土相同。

2. 柱洞

15 个。由北至南大致可分三排。

（1）北排

8 个。

D19　位于 1992T518 以北，第 17 窟外东侧立壁下，北距立壁约 0.2 米。开口于第①层扰土层下。平面呈长方形，北壁凿痕明显，南壁及东壁偏南部分被破坏，填土为扰土。长 0.4、宽 0.32、深 0.12 米（彩版二九二，1）。

D20　位于 1992T518 以北，第 17 窟外东侧立壁下，北距立壁约 0.5 米，东距 D19 中心间距 1.9 米。开口于第①层扰土层下。平面呈不规则长方形，柱洞内壁有凿痕但不明显。填土为碎石块、黑黄土。长 0.34、宽 0.28、深 0.11 米（彩版二九二，2）。

D21　位于 1992T518 以北，第 17 窟外东侧立壁下，北距立壁约 0.4 米，东距 D20 中心间距 0.4 米。开口于第①层扰土层下。平面呈圆形，西壁较直，东壁稍有倾斜，底部较平，内壁凿痕明显。填土为黑黄土、碎石块。直径 0.28、深 0.24 ～ 0.25 米（彩版二九二，2）。

D22　位于 1992T517，第 17 窟门东侧，东距 D21 中心间距 4.1 米。开口于第①层扰土层下。平面呈圆形，柱洞平面随基岩地势北高南低，直壁，平底。内填黑黄土，含陶片、瓦片。陶片为具北魏特征的网状暗纹陶片，瓦片为板瓦残片，烧成浅红褐色，胎含细砂粒，为北魏瓦片。直径约 0.2、北部深 0.22、南部深 0.14 米。

D23　位于 1992T517，第 17 窟外立壁东侧，北距 D22 中心间距约 0.5 米。开口于第①层扰土层下。平面呈半圆形，仅存东南半个圆。填土为黄土。直径 0.24、深 0.09 米。

D24　位于 1992T517，第 17 窟门西侧，北距第 17 窟西外立壁 0.4 米，东距 D22 中心间距约 3.35 米。开口于第①层扰土层下。平面呈圆形，直壁，底部较平。填土为黄砂土、褐色碎石块。直径 0.28、深 0.12 米。

D25　位于 1992T516 关键柱下，第 17 窟外立壁西侧，距立壁约 0.3 米，东距 D24 中心间距约 1.3 米。开口于第①层扰土层下。平面呈圆形，柱洞壁面西高东低，西壁较直，东壁稍有倾斜，底部内收，北壁凿痕明显，凿痕宽 0.02 米，凿痕间距为 0.03 米，底部较平。内填黄砂土、碎石块。直径 0.2、深 0.18 米。

D26　位于 1992T516 北隔梁下，第 17 窟外立壁下，东距 D25 中心间距 1.55 米。开口于第①层扰土层下。平面呈不规则方形，东南及西南角略向外弧，斜壁，底部内收较平。内填黑黄土、碎石块。宽 0.27 ～ 0.33、南部深 0.07、北部深 0.1 米。

（2）中排

3 个。

D27　位于 1992T518 中部，第 17 窟前东南，北距 D21 中心间距 3 米。开口于第①层扰土层下的基岩层。平面呈圆形，直壁，平底，填土为黑黄土。直径 0.28 ～ 0.3、深 0.055 米。

D28　位于 1992T517 东北角，第 17 窟前东侧，北距 D23 中心间距约 1.5 米。开口于第①层扰土层下。平面呈圆形，直壁，底部较平。内填碎石块、黑黄土。直径 0.25、深 0.06 ～ 0.08 米。

D29　位于 1992T517 西北角，第 17 窟前西侧，北距 D24 中心间距约 1.6 米，东距 D28 中心间距 3.3

米。开口于第①层扰土层下。平面略呈圆形，直壁，底部较平。洞内上层 0.03 米填夹杂炭渣、煤渣的红烧土，下层填碎石块、黑黄土。直径 0.32、深 0.06 ～ 0.08 米。

（3）南排

4 个。

D30　位于 1992T418 东北角关键柱下，第 17 窟前东南，北距 D19 中心间距约 6.4 米。开口于第② A 层下。平面呈椭圆形，弧壁，底部较平。内填夯实的黄砂土、碎石块。长径 0.22、短径 0.2、深 0.18 米。

D31　位于 1992T417 北隔梁下，第 17 窟前东南，北距 D28 中心间距 3 米。开口于第①层扰土层下。平面呈圆形，柱洞随地势南高北低呈缓坡状，洞壁外敞，圜底，内壁有凿痕但不明显。填土为黄土、碎石块。口径 0.3、底径 0.2、深 0.08 米。

D32　位于 1992T417 北隔梁下，第 17 窟门前，北距第 17 窟外立壁约 5.7 米。开口于第①层扰土层下。平面呈圆形，内填黄土、碎石块。直径 0.16、深 0.19 米。

D33　位于 1992T417 北隔梁下，第 17 窟门前，北距第 17 窟外立壁约 5.65 米。开口于第①层扰土层下。平面呈圆形，斜壁，内壁凿痕明显。填土为黄土、碎石块。口径 0.15、底径 0.1、深 0.12 米。

（五）第 18 窟前柱洞

40 个。第 18 窟前柱洞数量多，且显杂乱。据其分布和密集程度大致可分两部分，北部柱洞直径较小，而南部柱洞直径较大，多呈椭圆形，有 7 列，纵向每列有 2 个柱洞（图三〇二；彩版二九二，3 ～ 6）。

1. 北部柱洞

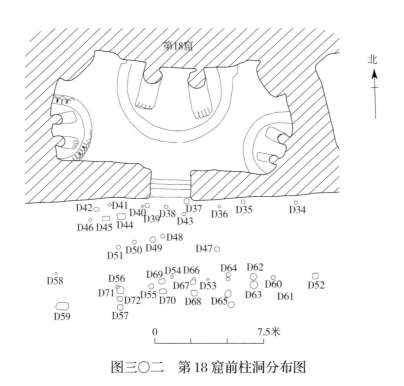

图三〇二　第 18 窟前柱洞分布图

26 个。大致从北向南可分三排。

（1）北排

13 个。前后有错落。

D34　位于 1992T515 北隔梁下，北距第 18 窟外立壁约 0.45 米。开口于第①层扰土层下。平面呈圆形。内填扰土，直径 0.2 米。

D35　位于 1992T514 关键柱下，北距第 18 窟外立壁 0.35 米，东距 D34 中心间距 3.7 米。开口于第①层扰土层下。平面呈方形，洞口北高南低，壁面呈坡状，底部不平。填土为扰土。边长 0.24、深 0.08 米。

D36　位于 1992T514 北隔梁下，北距第 18 窟外立壁 0.5 米，东距 D35 中心间距 1.75 米。开口于第①层扰土层下。平面呈圆形，壁面稍有倾斜，底部不平。内填煤渣。直径 0.19、深 0.54 米。

D37　位于 1992T514 北隔梁下，第 18 窟门内东侧，东距窟门东壁 0.55 米，东距 D36 中心间距 2.25 米。开口于第①层扰土层下。平面呈长方形，柱洞壁面西高东低，斜壁，底部内收不平。填土为黄色扰土。东西长 0.31、南北宽 0.3、深 0.06～0.1 米。

D38　位于 1992T513 关键柱下，第 18 窟门中央处，东距 D37 中心间距 1.55 米。开口于第①层扰土层下。平面呈圆形，柱洞较浅，直壁，壁面北高南低，底部较平。内壁凿痕明显，填土为黄色扰土。直径 0.3、北部深 0.06、南部深 0.03 米。

D39　位于 1992T513 北隔梁下偏东，第 18 窟门西侧，北距窟外立壁约 0.3 米，东距 D38 中心间距 1.35 米。开口于第①层扰土层下。平面呈圆角长方形，弧壁，圜底。填土为碎石块、黄土。长 0.3、宽 0.24、深 0.15 米。

D40　位于 1992T513 北隔梁下偏东，东距 D39 中心间距 0.35 米。平面呈椭圆形，斜壁，底部内收不平，内壁有凿痕但不明显。内填碎石块、黄砂土。东西径 0.2、南北径 0.18、深 0.19 米。

D41　位于 1992T513 北隔梁下，第 18 窟外立壁西侧，北距立壁约 0.23 米，东距 D40 中心间距 2.45 米。平面呈圆形，柱洞北壁垂直，南壁呈弧形，底部不平。填土为红烧土。直径 0.18、深 0.06 米。

D42　位于 1992T512 关键柱下，东距 D41 中心间距 1 米。开口于第①层扰土层下。平面呈圆角长方形，底部不平。填土为碎石块、黄土。长 0.38、宽 0.25、深 0.14 米。

以下 4 个柱洞稍偏南

D43　位于 1992T514，第 18 窟门东南，北距 D37 中心间距约 0.9 米。开口于第①层扰土层下。平面呈圆形，直壁，平底。内填黄砂土、碎石块。直径 0.26、深 0.24 米。

D44　位于 1992T513，北距第 18 窟外西立壁约 1 米，东距 D43 中心间距 4.6 米。开口于第①层扰土层下。平面呈长方形，底部较平。内填黄色扰土。长 0.63、宽 0.4、深 0.18 米。

D45　位于 1992T513，北距第 18 窟外西立壁约 1.3 米，东距 D44 中心间距 1.5 米。开口于第①层扰土层下。平面呈不规则长方形，斜壁。填土为黄土、碎石块。长 0.64、宽 0.42、深 0.12 米。

D46　位于 1992T512 东隔梁下，北距第 18 窟外西立壁约 1.2 米，东距 D45 中心间距 2.2 米。开口于第①层扰土层下。平面呈圆形，斜壁，底部内收较平。填土为碎石块及细小红烧土。直径 0.2、深 0.08 米。

（2）中排

5 个。

D47 位于1992T514内，第18窟前东南，北距窟外东立壁3.3米，北距D36中心间距3米。开口于第①层扰土层下。平面呈圆形，直壁，平底。内填黄色扰土，直径0.36、深0.24米。

D48 位于1992T513东隔梁，第18窟门南方，北距D38中心间距约2.1米。开口于第①层扰土层下。平面呈圆形，北部被晚期柱穴X68-1破坏，弧壁，底部不平。洞内上层填煤渣、灰烬、红烧土，下层填黑黄土、碎石块、细黄砂土，南壁上残留有金箔。直径0.32、深0.31米。

D49 位于1992T513内，东距D48中心间距约0.8米。开口于第①层扰土层下。平面呈圆形，直壁，底部不平。填土上层有砖块、黄土，下层为黑黄土。直径0.35、深0.13～0.15米。

D50 位于1992T513，东距D49中心间距约1.45米。开口于第①层扰土层下。平面呈圆形，柱洞边缘凿痕明显，斜壁，底部较平。内填碎石块、黄砂土。直径0.28、深0.29米。

D51 位于1992T513，东距D50中心间距约1.2米。开口于第①层扰土层下。平面形状不规则，填土为黄土。长0.3、宽0.25、深0.08米。

其中柱洞48、49、50、51呈偏东北向斜线一字排列。

（3）南排

8个。

D52 位于1992T415，第18窟前东南。开口于第①层扰土层下。平面呈圆角正方形，柱洞北壁垂直，南壁倾斜，内壁凿痕明显，底部不平。内填黄土、碎石块。边长0.4、深0.18米。

D53 位于1992T414偏中北部。开口于第①层扰土层下。平面呈圆形，填土为黄土。直径0.12、深0.08米。

D54 位于1992T414、T413。开口于第①层扰土层下。平面呈圆形，直壁，平底。填土为黄砂土。直径0.2、深0.22米。

D55 位于1992T413，第18窟门前西侧。平面呈不规则方形，内壁凿痕明显，凿痕间距为0.025、凿痕宽约0.005米，柱洞北壁稍有倾斜，南壁较直，平底。内填碎石块、黄砂土。长0.34、宽0.32、深0.2米。

D56 位于1992T413，第18窟前东南。开口于第①层扰土层下。平面呈不规则长方形，柱洞北壁较直，南壁倾斜，底部较平。内壁有凿痕但不明显，填土为碎石、黑黄土。长0.25、宽0.22、深0.1～0.18米。东南角被D79打破。

D57 位于1992T413，第18窟前西南。开口于第①层扰土层下。平面形状不规则，圜底。填土为碎石块、黑黄土。长0.36、宽0.1、深0.08米，最窄处较其他部分深，内壁凿痕明显。

D58 位于1992T412，第18窟前西南。开口于第②A层下。平面呈圆形，柱洞壁面北高南低，直壁，圜底。直径0.14～0.15、深0.26米。

D59 位于1992T412，第18窟前西南。平面似马蹄形，北部平直，南部呈半圆形，底部不平。内填黄砂土、碎石块。南北长0.5、东西宽0.9、南部深0.16、北部深0.05米。

2. 南部柱洞

14个。分7列，纵向每列2个柱洞。

D60 位于1992T415，第18窟前东南。开口于第①层扰土层下。平面呈正方形，柱洞内壁凿痕明显，壁面稍有倾斜，底部较平。填土为黄土。边长0.32、深0.21米。

D61 位于1992T415。开口于第①层扰土层下。平面呈圆形，弧壁，底部内收不平。直径0.5、深 0.2 米。内填土为黄土、红烧土、黄砂。

D62　位于 1992T415，第 18 窟前东南，东距 D52 中心间距 4.4 米。开口于第①层扰土层下。平面呈不规则梯形，南部与 D63 柱洞相连，柱穴壁面倾斜，底部不平。填土为黄土。南北长 0.42、东西宽 0.5、深 0.2 米。

D63　位于 1992T415，第 18 窟前东南。开口于第①层扰土层下。平面呈圆形，柱洞由南向北呈缓坡状，底部不平。内填黄土及碎石块。直径 0.54、深 0.24 米。

D64　位于 1992T414，第 18 窟前东南，东距 D62 中心间距约 1.8 米。开口于第①层扰土层下。平面似两个圆形柱洞相连，口略向外敞，弧壁，圜底。填土为煤渣、红烧土。北洞底径 0.3、深 0.18 米，南洞底径 0.28、深 0.14 米，口径均为 0.4 米。

D65　位于 1992T414，第 18 窟前东南，D57 南部。开口于第①层扰土层下。平面呈圆形，斜壁，底部内收不平。填土为煤渣、红烧土。口径 0.5、底径 0.24、深 0.13 米。

D66　位于 1992T414，第 18 窟前东南，东距 D64 中心间距约 3.15 米。被其南部的 D67 打破。开口于第①层扰土层下。平面呈圆形，弧壁，底部内收，圜底。填土为黄土。口径 0.28、底径 0.2、深 0.09 米。

D67　位于 1992T414，第 18 窟前东南。开口于第①层扰土层下。平面呈圆形，弧壁，底部较平。填土为煤渣、红烧土。口径 0.38、底径 0.24、深 0.13 米。

D68　位于 1992T414，第 18 窟前东南，D66、D67 南。开口于第①层扰土层下。平面呈圆形，弧壁，浅圜底。填土为煤渣、红烧土。口径 0.4、底径 0.24、深 0.16 米。

D69　位于 1992T413，第 18 窟前西南，东距 D67 中心间距约 2.25 米。开口于第①层扰土层下。平面呈长方形，柱洞壁面稍有倾斜，底部较平。上层填土为红烧土，厚 0.07 ~ 0.08 米，下层为黑黄土，夹有砖块。长 0.44、宽 0.29、深 0.14 米。

D70　位于 1992T413，第 18 窟前西南。开口于第①层扰土层下。平面呈不规则长方形，壁面倾斜，底部内收不平。填土上层为红烧土，厚 0.05 ~ 0.06 米，下层为煤灰渣。开口长 0.57、宽 0.35 米，底部长 0.3、宽 0.25、深 0.23 米。

D71　位于 1992T413，第 18 窟前西南，东距 D70 中心间距约 3.1 米。开口于第①层扰土层下。平面呈长方形，柱洞南壁倾斜，底部由南至北倾斜，内壁有凿痕但不明显。填煤渣、红烧土块。长 0.5、宽 0.46、深 0.16 米。

D72　位于 1992T413，第 18 窟前西南。开口于第①层扰土层下。平面呈不规则长方形，柱洞较浅，壁面稍有倾斜，底部较平。内壁凿痕明显，填土为碎石块、黑黄土。长 0.36、宽 0.3、深 0.07 米。

D79　位于 1992T413，第 18 窟前西南。开口于第①层扰土层下。平面呈长方形，柱洞较浅，底部较平。内壁有凿痕但不明显，内填煤渣。长 0.26、宽 0.18、深 0.04 米。

（六）第 19 窟前柱洞

20 个。分四排（图三〇三）。

1. 北排

6 个。

D73　位于 1992T602 偏东北，第 19 窟东侧外立壁下，北距洞窟外立壁约 0.35 米。开口于第

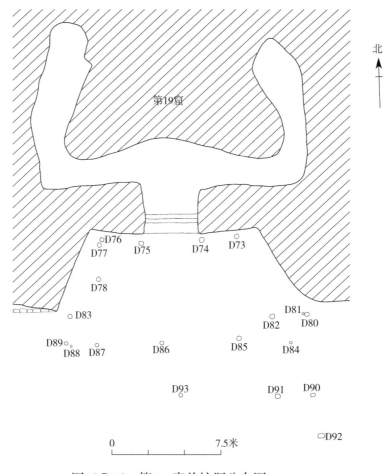

图三○三　第 19 窟前柱洞分布图

③ A 层黑土层下的基岩层。平面呈圆角方形，南部被破坏。斜壁，底部内收，平底。填土为黑黄土。边长 0.3、深 0.08 米。

D74　位于 1992T602 偏西北，第 19 窟门东侧，北距洞窟外立壁约 0.3 米。开口于第④ A 层红烧土层下的基岩层。平面呈圆形，直壁，底部较平，岩石结构疏松，内壁有凿痕但不明显。填土为黑黄土。直径 0.32、深 0.27 米。

D75　位于 1992T601，第 19 窟门西侧，北距洞窟外立壁约 0.5 米。开口于第③ A 层黑土层下的基岩层。平面近似方形，直壁，平底，柱洞口部高出基岩约 0 ～ 0.04 米。填土为黑黄土。边长 0.3、深 0.24 米。

D76　位于 1992T601 西副方，第 19 窟前西侧，北距洞窟外立壁约 0.6 米。开口于第③ A 层黑土层下。平面近似方形，北壁与北部洞窟外立壁平齐，直壁，平底。填土为黑黄土及红烧土。边长 0.26、深 0.1 米。

D77　位于 1992T601 西副方，第 19 窟前西侧，北距洞窟外立壁约 0.9 米。开口于第③ A 层黑土层下。平面呈圆形。内填夯实的黄砂土、碎石块。直径 0.28 ～ 0.3、深 0.33 米。

D78　位于 1992T601 西副方，第 19 窟前西南侧，北距洞窟外立壁约 3.15 米。开口于第④ A 层红烧土层下。平面近似圆形，斜壁，底部内收较平。内填黄土、炭渣和红烧土。口径 0.33、底径 0.16、深 0.33 米。

2. 中上排

4 个。

D80　位于 1992T511 东北角，第 19 窟东侧外立壁东南角。开口于第③ A 层黑土层下。平面呈圆角长方形，柱穴较浅，壁面稍有倾斜，底部较平。填土为灰色碎石块夹红烧土碎屑，土质较疏松。长 0.3、宽 0.22、深 0.04 ～ 0.08 米。

D81　位于 1992T511 东北角，第 19 窟外立壁东南角。开口于第③ A 层黑土层下。平面呈圆形，柱洞壁面西高东低，直壁，平底。填土上层为红烧土，下层为夯实的黄砂土、碎石块。直径 0.15、深 0.28 米。

D82　位于 1992T511 西北角。开口于第③ A 层黑土层下。平面呈圆角长方形，柱穴较浅，柱穴壁面东高西低，壁面稍有倾斜，底部较平。填土上层为黑土，下层为碎石块、红烧土，土质较疏松。长 0.32、宽 0.3、深 0.09 米。

D83　位于 1992T508 北隔梁下，第 19 窟西侧外立壁西南角，西距西侧立壁约 0.9 米。开口于第④ A 层红烧土层下。平面呈圆形，柱洞南壁垂直，北壁稍有倾斜，底部不平。内填黄砂土、碎石块。直径 0.28、深 0.21 米。

3. 中下排

6 个。

D84　位于 1992T511 中部，第 19 窟前东南。开口于第③ A 层黑土层下。平面呈圆形，直壁，平底。填土为灰色碎石块及黑色木炭灰。直径 0.18、深 0.18 米。

D85　位于 1992T510 中部偏东，第 19 窟前南部。开口于第④ A 层红烧土层下。平面呈圆形，柱洞壁面稍有倾斜，平底。内壁有凿痕但不明显，填土为碎石块、黑黄土。直径 0.32、深 0.11 米。

D86　位于 1992T509 偏东南处。开口于第① 层扰土层下。平面呈圆形，柱洞较浅，北壁较直，底部由南至北呈坡状。直径 0.26、深 0.03 ～ 0.06 米。

D87　位于 1992T508 东部，第 19 窟西侧外立壁西南角。开口于第④ A 层红烧土层下。平面呈圆形，柱洞南壁略高于北壁，壁面稍有倾斜，底部呈缓坡状，内壁凿痕明显。内填黄砂土、碎石块。直径 0.26 ～ 0.28、深 0.04 米。

D88　位于 1992T508 中部偏西，第 19 窟西侧外立壁西南角。开口于第④ A 层红烧土层下。平面呈圆形，北壁垂直，南壁中部有一凸起，底部较平，内壁凿痕明显。内填黄砂土、碎石块，还出土铁钉 1 枚、红色彩绘石刻碎片。直径 0.17 ～ 0.18、深 0.25 米。

D89　位于 1992T508，第 19 窟西侧外立壁西南角。开口于基岩层。平面形状不规则，柱洞壁面西高东低，稍有倾斜，底部不平，内壁凿痕明显。内填黄砂土、碎石块。直径 0.25、深 0.08 米。

4. 南排

4 个。

D90　位于 1992T411 东北角，第 19 窟前东南。开口于第② A 层下。平面呈长方形，偏东北向。弧壁，底部不平，东深西浅。柱洞填土上层为黄色扰土，含白瓷片、炭渣、骨头等，厚约 0.04 米，下层黑黄土层，夹杂大量黑色碎石块、石屑、炭渣，厚约 0.07 米。长 0.28、宽 0.26、深 0.13 米。

D91　位于 1992T411 西北角，第 19 窟前东南。开口于第② A 层下。平面呈不规则方形，柱洞较浅，北壁垂直，南壁稍有倾斜，底部不平。填土为黄土、碎石块，还出土夹印纹陶片、红烧土块及少量碎砖块。长 0.36、宽 0.2、深 0.05 米。

D92　位于 1992T411 东南角，北距 D90 中心间距为 3.1 米。开口于第②A 层下。平面呈长方形，偏西北向，弧壁，平底。柱洞表面有木柱痕迹，柱痕内填土为黑灰土。长 0.36、宽 0.24、东部深 0.01、西部深 0.06 米。

D93　位于 1992T409，第 19 窟门前。开口于第②A 层下。平面呈圆形，口大底小，斜壁，底部内收不平，北部略深于南部。口径 0.36、底径 0.23、深 0.35～0.38 米。

（七）第 20 窟前柱洞

12 个，分四排（图三〇四）。

1. 北排

2 个。

D94　位于 1992T507 北隔梁，第 19 窟与第 20 窟之间，北距第 20 窟东石砌包墙 0.4 米。开口于第④A 层红烧土层下的基岩层。平面呈圆形，柱洞北壁稍有倾斜，南壁较直，底部较平。洞内填黄砂土、碎石块。直径 0.19、深 0.21 米。

D95　位于 1992T505 东北角，第 20 窟东，北距第 20 窟东石砌包墙 0.65 米。开口于第④A 层红烧土层下的基岩层。平面呈圆形，直壁，圜底。内壁凿痕明显，由上至下呈顺时针方向倾斜，凿痕宽 0.04 米，凿痕间距 0.25 米。内填红烧土块、碎石块，夹杂一块北魏方格印纹陶片（1992T505④A：1）。直径 0.19、深 0.21～0.23 米。

方格纹陶盆残片　1 件。

标本 1992T505④A：1，存两条方格纹带。残长 4.6、宽 5 厘米。

2. 中上排

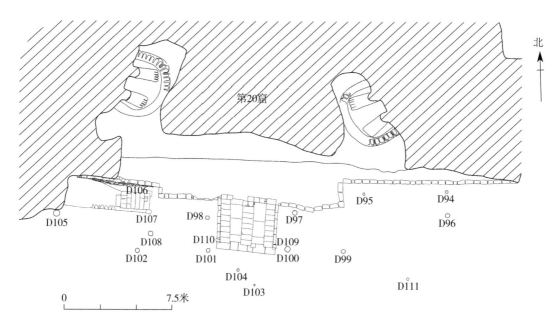

图三〇四　第 20 窟前柱洞分布图

3 个。

D96　位于 1992T507，第 20 窟东，与 D94 南北对应，中心间距 1.6 米，北距第 20 窟东石砌包墙 2 米。开口于第④A 层红烧土层下的基岩层。平面呈圆形，柱洞北壁垂直，南壁稍有倾斜，底部较平。洞口以石块封堵，石块顶部与基岩面取平，内填黄砂土、碎石块。直径 0.34、深 0.32 米。

D97　位于 1992T505 西北角，第 20 窟前，北距第 20 窟东石砌包墙 0.2 米，西距主尊坐前台阶 1 米。开口于第④A 层红烧土层下的基岩层。平面呈不规则圆形，斜壁，底部北部略深于南部，内壁凿痕明显，但凿痕粗细不一，倾斜方向杂乱。内填碎石块、黄砂土。直径 0.3、深 0.26 ～ 0.27 米。

D98　位于 1992T503 东隔梁，第 20 窟前，北距第 20 窟西侧石砌包墙 1.1 米，东距主尊坐前台阶 0.6 米。开口于第④A 层红烧土层下的基岩层。柱洞开口平面呈长方形，斜壁，底部内收近圆形。内填夯实的碎石块、黄砂土。口部长 0.22、宽 0.2、底径 0.24、深 0.4 米（见彩版二九八，1）。

3. 中下排

4 个。

D99　位于 1992T505 东南角，北距第 20 窟东侧包砌石墙 2.9 米。开口于第④A 层红烧土层下的基岩层。平面呈圆形，直壁，浅圜底，内壁凿痕明显，凿痕较细约 0.002 米，凿痕间距 0.02 米。内填碎石块、黄砂土。直径 0.3、深 0.16 ～ 0.17 米。

D100　位于 1992T504 东隔梁偏南，北距第 20 窟东侧包砌石墙 2.7 米。开口于第④A 层红烧土层下。平面呈圆角方形，直壁，平底。内填碎石块、黄砂土。长 0.29、宽 0.3、深 0.29 米。

D101　位于 1992T503 中部偏南，北距第 20 窟西侧包砌石墙 3.3 米。开口于第④A 层红烧土层下。平面呈圆形，斜壁，平底内收。内填碎石块、黄砂土，并夯实，包含一件磨制石棒以及残漆碗片。口径 0.31、底径 0.24、深 0.4 米（见彩版二九八，1）。

磨石　1 件。

标本 1992T503④A：41，凝灰岩。残断，呈长条形，除背面外，其他五面均被磨光呈微凹面。残长 3.5、宽 5、厚 2.1 厘米。

漆器　1 件。

标本 1992T503④A：1，漆皮呈黑色，涂红彩，可能是漆碗。

D102　位于 1992T502 东隔梁，北距第 20 窟西侧单体台阶南壁 2.6 米。开口于第④A 层红烧土层下。平面呈圆形，斜壁，底部内收，平底。内壁凿痕明显，凿痕约 0.02 ～ 0.03 米，凿痕间距 0.04 米。填土上层为黄砂土、碎石块，下层填碎石块。口径 0.25、底径 0.2、深 0.39 米。

4. 南排

3 个。

D103　位于 1992T404，北距第 20 窟台阶 2.2 米。开口于第④A 层红烧土层下。平面呈圆形，平底。内填黄砂土、碎石块。直径 0.12、深 0.17 米。

D104　位于 1992T404 北隔梁下，北距第 20 窟台阶 1.2 米。开口于第④A 层红烧土层下。平面呈圆形，平底。内填黄砂土、碎石块。直径 0.16、深 0.29 米。

D111　位于 1992T406 北，北距第 20 窟包石台基 6.1 米。开口于第④A 层红烧土层下的第④B 层碎石块层。平面呈圆形，直壁，平底。洞口用石块封口，填土为黄砂土、红褐色碎石块。直径 0.15、深 0.3 米。

二　平整窟前地面

开凿石窟需要平整窟前地面，是洞窟营造工程的一部分。如上所述，使用过的柱洞用碎石填实夯打，大柱穴内立起柱子后柱子周围也用碎石夯实。凹凸不平的基岩面铺碎石夯实取平，还有高出基岩面的地方则凿去取平，有的基岩地面遗留有凿痕，如1992T522、T508方内有大面积的凿平痕迹（彩版二九三，1～4）。

三　第20窟前包石台基

（一）包石台基

第20窟主尊坐佛双膝下的岩体为泥质灰岩，质地疏松，并向西延伸，向东延伸至第19窟门外的"八"字形岩体底部，即第19-1窟、第19-2窟外立壁底部，以至第18窟门西侧，因此第20窟主像底面高于第19窟地面约1.9米。第20窟岩体外壁包砌石条墙加固（图三〇五）。墙体上部在1992年考古发掘前已被清理出土（彩版二九四，3、4），台基墙体平面在第20窟前呈倒"凸"字形，坐北朝南。且中央又向南凸出一个连三踏跺台阶遗迹（彩版二九四，2），西侧墙体之外还有一个东西向单体台阶。出土时西侧墙体保存较好，大多存8层，西部最多存至15层（彩版二九四，1）。再上与第20窟南外立壁西侧的相接部分被现代抹上水泥，情况不明。从1940年的照片看，石砌台基与千佛龛似乎相延续[1]（彩版二九四，1）。东部墙体多坍塌，有的仅存底部1层，个别地方最高存9层（彩版二九五，2；彩版二九六，1）。墙体用雕凿齐整、大小不同的石条呈不规则错缝垒砌，其间有的相交处做成"磕绊"（见图三〇五～三〇七；彩版二九六，2）。墙体先砌中间凸出部分，西侧墙体较东侧墙体长，此部分墙体总长度与第20窟大佛膝部东西长度相等，宽约4.2米。之后向南转折各砌一面南北向墙体，西墙体较东墙体短。之后与南北向墙体相丁，在凸字形的东面和西面各砌东西向墙体（彩版二九六，3），中间凸出部分的中央向南砌连三踏跺台阶。

西墙体向西与第20窟残存的南外立壁相接，墙体向西北延伸经过第20窟西侧的东西向单体台阶的西端第5层踏跺处，墙体上部继续向西砌石条，台基墙体下部可能为原始基岩立面，岩体疏松。再往西高于西侧单体台阶的上层踏跺处的露出部分则仍砌有石条，西端与基岩相接。

东墙体在第20窟东部向北折进第19窟窟门外西侧。第19窟右侧窟壁呈东北—西南走向，底部用长方形石块砌入加固，与上面的立壁齐平，相错叠砌。第19窟窟门外东侧窟壁呈西北—东南走向，底部随窟外立壁走向外突出一段呈"飞"字形台阶，长约2.60（北部）+5.50（西北向）、宽约0.9～1.8、高0.25～0.38米的二层基岩台阶，台阶立面凿刻整齐，凿痕倾斜，宽度约0.06米，显然是有意为之。台阶西端压在辽金柱础石下，向东变宽。台阶西部则是黄砂土与碎石块铺垫层④B地层，基本与台阶面持平（彩版二九七，1、2）。

包石台基北部紧靠岩体，直接砌于基岩之外。墙体上半部地层在1991年工程实施时已被破坏，

---

[1]　京都大学人文科学研究所，中国社会科学院考古研究所编著：《云冈石窟》第二十卷文本，科学出版社，2018年，第138页。

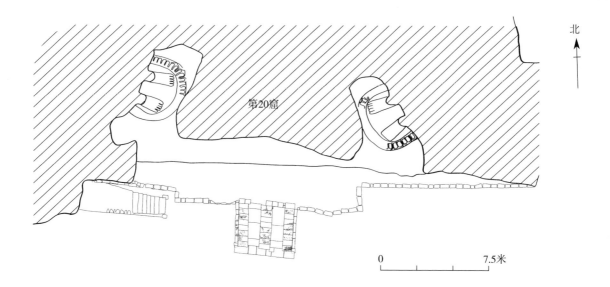

北

0　　　　　　　7.5米

图三〇五　第 20 窟前包石台基与中央台阶、西侧台阶平面图

0　　　　　　　6米

图三〇六　第 20 窟前包石台基与中央台阶、西侧台阶立面图

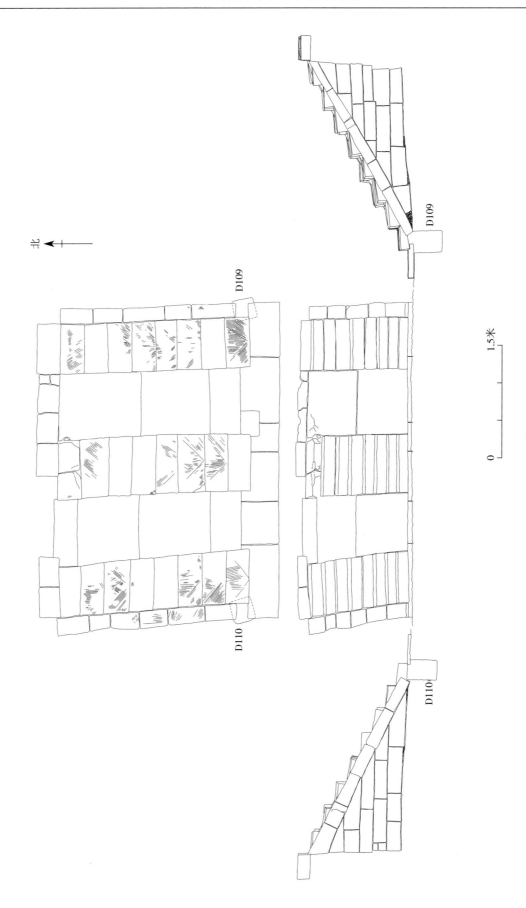

图三〇七　第 20 窟前中央台阶平、立面图

下半部部分墙体在考古发掘出土时压在黑土层和红烧土层下（彩版二九七，3）。第 20 窟前包石台基东西总长 30.10，西侧墙体东西长 4.9、东侧墙体东西长 12.2 米；凸出部分西侧墙体东西长 4.3、南北进深 0.7、残高 2.4、东侧墙体东西长 4.5、南北进深 1.7、残高 0.15 米。

石条大小不等，最短约 0.14、最长约 0.73、高 0.12～0.22 米。

（二）第 20 窟前中央台阶

中央台阶位于第 20 窟坐佛膝部下前方，砌于包石台基中央凸出部分之前。台阶与坐佛下的包石台基整体坐北朝南，略偏西北。台阶最下层的如意石顶面，略高于地面基岩，高约 0.1 米。由 7 块大小不等的砂岩石条东西向整齐排列而成。之上踏道分左、中、右三条，用砂岩石条叠砌成踏跺，加上如意石一级每条踏跺 9 级（彩版二九八）。每一级踏跺站脚向下略有倾斜，且有的上下踏跺间的下层踏跺压在上层踏跺下的石面比站脚面略低 0.01～0.02 米，与上层踏跺形成"磕绊"。踏跺间的垂带以光滑的石板铺设，石板大小不等，表面凿磨平滑，出土时多破裂。其中有一块上面还有简单的线刻，圆拱龛内雕一坐佛像（彩版二九九，6）。台阶两侧的垂带石由 5 条（东）或 6 条（西）长短不等的石条相接而成，与踏跺相间的垂带一样低于每一级踏跺。垂带石与第一级踏跺让出如意石宽度，并倾斜向上起步，如意石东西向长度则包含至垂带外两侧。两侧三角象眼石内由石条错缝垒砌，东侧 6 层，西侧 5 层。中央台阶东西长 4.2、南北进深 2.9、高 1.4 米。高程 1.4 米，长 4.5、南北进深 2.5 米。每级踏跺宽窄不一，东踏跺宽 0.63、中央踏跺宽 0.76、西踏跺宽 0.64～0.68、踏跺间垂带宽 0.77～0.8 米，踏跺露出的南北宽和高度不等，宽 0.32～0.45、高 0.135 米；东垂带条石宽 0.2、南北进深 2、高 0.9、西垂带宽 0.2、南北进深 2、高 0.85 米。

在垂带与如意石相接处之下、第一级踏跺外侧，各有一个方形小柱洞，均开口于第④A 层红烧土层下基岩面，洞内底部各垫一石块。东 D109 边长 0.24、深 0.4 米；西 D110 边长约 0.25、深 0.42 米；石块长约 0.2、宽 0.1、高 0.08 米。填土被 1991 年工程扰动。应该是为安装垂带和如意石而设的垂带窝，并插立柱类物（图三〇七）。

踏跺平面站脚的雕凿方式约有四种：a 中间划一个等腰三角形，三角形内划竖线，两侧划斜线或竖线；b 中间等腰三角形，三角形内划高线，分平面为四个区域，各区域内各凿不同方向的錾刻线；c 平面划倒"Z"形，分四个区域，各凿不同方向的錾刻线；d 满面斜向錾刻阴刻线（彩版二九九，1～5）。

四　第 20 窟前西侧台阶

距第 20 窟前中央台阶西约 4.9 米处，有一条东西走向的台阶，西偏北。台阶阶体的上部在 1991 年工程时已被清理，与第 20 窟西的基岩关系不清，幸好台阶南侧的下部还保存着其向西延伸的地层及阶体最下部的地层，均为红烧土（彩版三〇〇，1、2）。台阶北侧距包石台基约 0.46 米，南侧象眼外由大块石头垒砌并向西部延伸，再往南便堆积着第 20 窟西立佛衣纹残块。台阶西侧以北的包石台基下部没有石条垒砌（图三〇八；彩版三〇〇，3）。

台阶内填碎石块。台阶残存七级，站脚面向东略向下倾斜，第一层站脚上部由宽大的石板铺就，之下垫以石块夹杂碎石块，第一层踏跺之上压有一块筒瓦。站脚不像北部石墙的石块那样磨光、方正、规整。每级踏跺长 1.1～1.2、宽 0.25～0.45、高 0.14～0.18 米。台阶高 1.1 米，长 2.1、宽 1.1～1.2

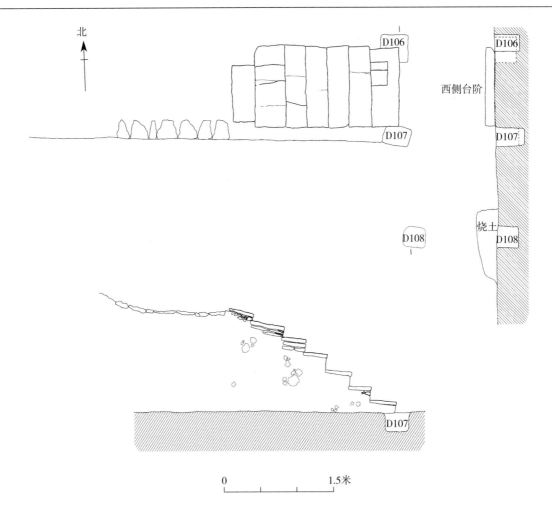

图三○八　第20窟前西侧台阶平、剖、立面图

米（彩版三○○，4）。第一级踏跺外侧之下，南北各有一个小柱洞，均开口于红烧土层下的基岩面。北洞 D106 平面呈曲尺形，柱洞是在大洞之内再向下凿一小方洞，纵剖面呈倒"凸"字形。小洞平面呈方形，柱洞内东部垫两石块，小洞的中心部位发现木炭痕迹。大洞东西长 0.36、南北分别宽 0.2、0.36、深 0.32 米。小洞边长 0.2、深 0.05 米。南洞 D107 平面呈长方形，亦是在大柱洞内向下凿一小方洞，小洞近方形。大洞长 0.32、宽 0.2、深 0.35 米，小方洞边长 0.2、深 0.08 米，南北两洞相距 1.06 米，均内填夯实的碎石块黄砂土。可能是为安装取平踏跺而设的水平桩。

　　D108 柱洞北距 D106 中心间距 2.74 米，与 D106、D107 柱洞成南北纵向一直线。平面呈长方形，洞壁较直，内填夯实的碎石块、黄砂土。边长 0.32～0.3、深 0.32 米。应该是与此台阶建设有关的遗迹，目前用途不清。

五　窟前木结构建筑

（一）柱穴与柱洞

　　距窟体南 9.39～10.62 米处有一列东西走向的柱穴 23 个，连续分布从第 14 窟到第 21 窟的窟前地面，排布较有规律（表 9-1；图三〇九；彩版三〇一）。在第 19 窟前有两排，北面第一排有 2 个柱穴，距窟壁 4.5 ~ 5 米，分列于第 19 窟门前东西两侧。南面第 2 排的 2 个柱穴北距第一排中心间距 8.9 ~ 9.3 米，与其他东西列柱穴排列一致，与北部第一排的 2 个柱穴南北向相对应（彩版三〇二，1）。柱穴多呈长椭圆形，有的柱穴内底部残留圆形木炭柱痕，西北角或东北角还有一个小圆形柱洞（D5），有一半的柱穴内发现瓦件、铁钉、铁箍带、红烧土块等遗物。多数柱穴外东北（D1）、西北（D2）、东南（D3）、西南（D4）四角各有一个小圆柱洞。第 14 窟、第 15 窟、第 16 窟前，即从东端起到第 7 个柱穴四角的四个小圆柱洞并不齐备，北魏 X1、北魏 X2、北魏 X4、北魏 X5 仅有东北（D1）、西北（D2）2 个，北魏 X3 缺失西南角柱洞，北魏 X6、北魏 X7 仅见东南（D3）、西南（D4）2 个柱洞，有的柱洞可能被破坏（表 9-2、3；彩版三〇二，2；彩版三〇三；彩版三〇四）。从东向西记录：

北魏 X1　位于 1992T425 内，第 14 窟南偏东处，山体之南。开口于为了取平基岩的碎石块夯实层。平面呈圆角长方形，口部由碎石块层至基岩层内收，北壁较直，南壁倾斜，柱穴底部内收，较平，呈圆角长方形，垫两大石块。柱穴内残留圆形木炭柱痕，直径约 0.62 米。填土为红烧土，内含有碎瓦片，还出土铁箍带 1 条。柱穴开口长 1.56、宽 1、底长 1.21、底宽 1.12、深 0.58 米（彩版三〇二，2）。

北魏 X1-D1　位于 1992T425 北部。距北魏 X1 中心间距为 1.92 米。开口于基岩台上。平面呈圆形，斜壁，平底，填土为夯实的黄砂土、石块，口径约 0.32、底径约 0.24、深 0.4 米。

北魏 X1-D2　位于 1992T425 西北方。距北魏 X1 中心间距为 2.15 米。与北魏 X1-D1 处于东西同一水平线上，东距北魏 X1-D1 中心间距 1.6 米。开口于基岩台上。平面呈圆角长方形，壁面较直，底部较平，填土为浅黄色扰土，长 0.3、宽 0.24、深 0.33 米。

北魏 X2　位于 1992T424 内，第 14 窟前偏西。东距北魏 X1 中心间距为 5.3 米。开口于第②A 层下。平面呈不规则长方形，北壁较直，南壁由南向北呈缓坡状，底部不平。柱穴底部残留木炭柱痕，但边缘痕迹不清，与周边填土混杂。柱穴西北角开一圆锥形小柱洞（D5）。填土为发黑、发灰的黄土，内含有红烧土、木炭。柱穴长 1.6、宽 1、深 0.23 米（彩版三〇三，1）。

北魏 X2-D1　位于 1992T424 内偏东北处。距北魏 X2 中心间距 2.23 米。开口于第②A 层下。平面呈圆形，壁面较直，内壁凿痕明显，底部较平，填土为黄砂土、碎石块。口径 0.3、底径 0.29 米。由于基岩不平整，柱洞深浅不一，南侧深 0.35、东侧深 0.34、北侧深 0.3 米。

北魏 X2-D2　位于 1992T424 内。距北魏 X2 中心间距 2.23 米。与东部北魏 X2-D1 相对略偏南。东距北魏 X2-D1 中心间距为 2.65 米。开口于第②A 层下。平面呈不规则圆形，东壁外敞，西、南壁面较直，内壁有凿痕但不明显，底部较平。内填黄砂土、碎石块，色红。柱洞长 0.35、宽 0.3、底径 0.28、深 0.36 ~ 0.38 米。

北魏 X2-D5　位于柱穴底部西北角。平面呈圆形，北壁微弧，南壁较直，平底，内壁凿痕明显。填土为发黑、发灰的黄土。柱洞口径 0.25、底径 0.18 ~ 0.2、深 0.12 米。

北魏 X3　位于 1992T423 内，第 15 窟南与窟门相对。东距北魏 X2 中心间距为 5.5 米。开口于第②A 层下。平面呈不规则圆形，北壁、西壁为弧壁，东壁、南壁呈不规则形，平底。柱穴南部残留圆形木炭柱痕，柱痕填土外围是木炭灰，中央是红烧土，红烧土之上有两片北魏板瓦，均为甲类瓦件，宽端头削薄，底部有明显的手指按压的波纹，顶部不明显。填土后期遭扰动，仅清理出底部的圆形红烧土柱痕。柱痕直径约 0.6、高约 0.1 米。柱穴西北角有一圆形小柱洞（D5）。柱穴长

1.35、宽 1～1.1 米，因基岩面北高南低呈斜坡状，各边深浅不一，北深 0.54、南深 0.22 米（彩版三〇三，2）。

北魏 X3-D1　位于 1992T423 东北部。距北魏 X3 中心间距为 1.8 米。开口于第②A 层下。平面呈圆形，壁面南高北低，弧壁，平底。内壁凿痕明显，宽 0.03～0.04 米。填土为黄土、碎石块。柱洞直径 0.33～0.34、深 0.32 米。

北魏 X3-D2　位于 1992T423 内。距北魏 X3 中心间距为 1.7 米。东西相对北魏 X3-D1 略偏南，东距北魏 X3-D1 中心间距为 2.5 米。开口于第②A 层下。平面呈圆形，壁面较直，平底。内壁有凿痕。填土为黄土、碎石块。直径 0.28～0.3、深 0.24 米。

北魏 X3-D3　位于 1992T423 内。距北魏 X3 中心间距为 2 米。南北相对北魏 X3-D1 略偏西，北距北魏 X3-D1 中心间距为 2.85 米。开口于第②A 层下。平面呈圆形，斜壁，底部内收，内壁有凿痕，平底。填土为黄土、碎石块。口径 0.34～0.36、底径 0.22～0.24 米，此处基岩面剥离严重，北高南低呈斜坡状，因此柱洞深度不一，北部深 0.18、南部深 0.08 米。

北魏 X3-D5　位于柱穴底部西北角。平面呈圆形，柱洞北壁呈坡状，南壁较直，底部较平。填土为红烧土。口径 0.25、底径 0.2、深 0.12 米。

北魏 X4　位于 1992T422 内，第 16-1 窟南与窟门相对。东距北魏 X3 中心间距为 5.5 米。开口于第②A 层下。平面呈不规则长方形，北壁、东壁、西壁较直，南壁稍有倾斜，底部较平。柱穴内西南角发现大量的木炭、红烧土，北部有未被烧过的朽木，柱穴东北角有一椭圆形小柱洞（D5）。填土为黑黄土、碎石块，黄砂土。长 1.08、宽 0.9～1.06、深 0.59 米（彩版三〇三，3）。

北魏 X4-D1　位于 1992T422。距北魏 X4 中心间距为 1.15（1.26）米。开口于第②A 层下。平面呈圆角方形，直壁，内壁凿痕明显，底部不平。填土为黄土、碎石块。直径 0.32、深 0.325 米。

北魏 X4-D2　位于 1992T421。距北魏 X4 中心间距为 1.3 米。东西相对北魏 X4-D1 略偏北，东距北魏 X4-D1 中心间距为 2.3 米。开口于第②A 层下。平面呈圆形，柱洞壁面北高南低，北壁较直，南壁稍有倾斜，底部不平。填土为黄土、碎石块。直径 0.26、北部深 0.35、南部深 0.25 米。

北魏 X4-D5　位于柱穴内东北角。平面呈椭圆形，内壁稍有倾斜，凿痕明显，底部不平。填土为黄土、碎石块，杂有少量未被烧过的朽木。直径 0.3～0.32、深 0.16 米。

北魏 X5　位于 1992T421、T420 内，第 16 窟正南前方，与第 16 窟门南北相对。东距北魏 X4 中心间距为 5.35 米。开口于第②A 层下。平面呈北圆南方形状，直壁，因基岩面北高南低，底部由南至北渐深。柱穴底部中央残留圆形木炭柱痕，柱痕直径约 0.6 米。柱穴西北角开一圆形小柱洞（D5）。柱穴内上层填土已遭扰乱，内含有杂土、石块、木炭，还出土白釉碗底、青花残瓷器、黑釉残瓷器等。长 1.55、宽 1.1、北部深 0.44、南部深 0.1 米（彩版三〇四，1、2）。

北魏 X5-D1　位于 1992T421 内。距北魏 X5 中心间距为 2.1 米。开口于第②A 层下。平面呈不规则圆形，柱洞北壁略高，壁面较直，平底。填土为黄砂土、碎石块。直径 0.3～0.35、深 0.26 米。

北魏 X5-D2　位于 1992T420 东隔梁上。距北魏 X5 中心间距为 2.2 米。东西相对北魏 X5-D 向略偏北，距北魏 X5-D1 中心间距为 2.5 米。开口于第②A 层下。平面呈圆形，柱洞壁面较直，平底。填土为黄砂土、碎石块。直径 0.4、深 0.33 米。

北魏 X5-D5　位于柱穴底西北角。平面呈圆形，弧壁，圜底。直径 0.26、深 0.1 米。

北魏 X6　位于 1992T420、T419 内，第 16 窟前西侧。东距北魏 X5 中心间距为 5.3 米。开口于

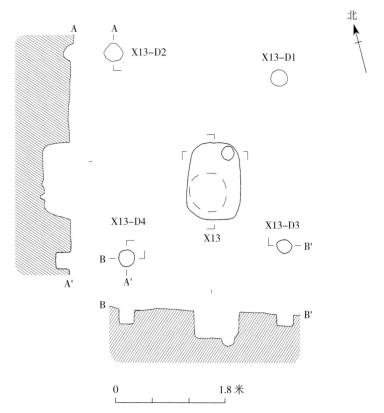

X13-D2

X13-D1

X13-D4

X13

X13-D3

北

0   1.8 米

图三一〇　第 18 窟前柱穴 X13 及柱洞平、剖面图

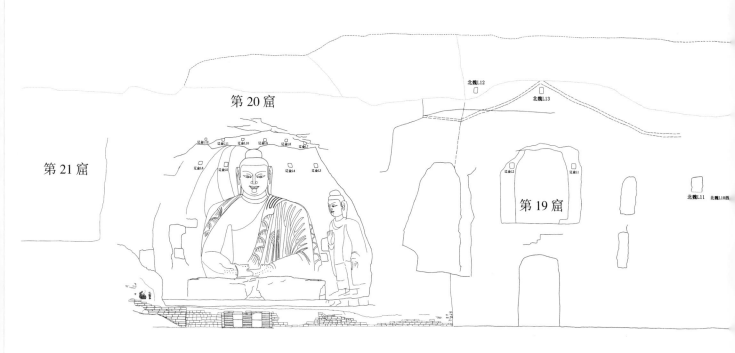

第 20 窟

第 21 窟

第 19 窟

图三一二　第 14 ～ 20 窟外立壁北魏、辽金时期窟前建筑梁孔分布图

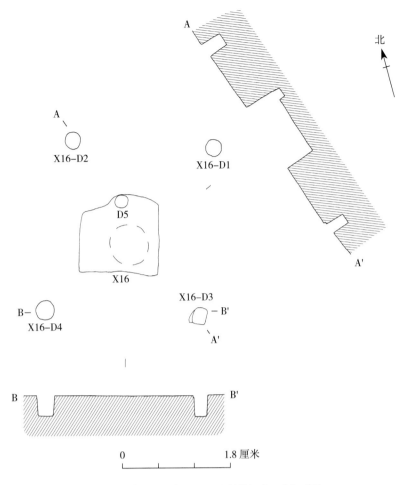

北

X16-D2

X16-D1

D5

X16

X16-D3

X16-D4

图三一一　第 19 窟前柱穴 X16 及柱洞平、剖面图

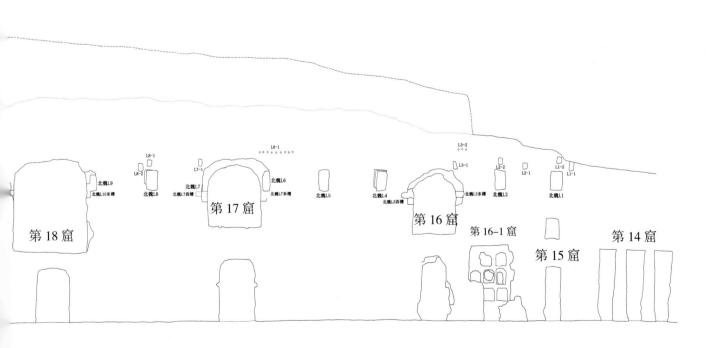

第②A层下。平面呈圆角长方形，直壁，平底。距柱穴基岩面约 0.36 米处清理出圆形木炭柱痕，距柱穴西壁 0.25、距东壁 0.105、距北壁 0.6、距南壁 0.2 米。柱痕直径约 0.61 米，填土为黄土、石块，周围填以夯实的黄砂土、碎石块。柱穴底部东北有一圆形小柱洞（D5）。长 1.32、宽 1、深 0.42 米。北魏 X6 外东北角和西北角的 D1、D2 可能被明清灰坑 H3、H4 破坏（彩版三〇五，1）。

北魏 X6-D3　位于 1992T420 偏西南，距北魏 X6 中心间距为 1.73 米。开口于第②A层下。平面呈圆形，直壁，平底。填土为碎石块。直径 0.26、深 0.19 米。

北魏 X6-D4　位于 1992T419 东南角。距北魏 X6 中心间距为 2 米。东西相对北魏 X6-D3 略偏南，东距北魏 X6-D3 中心间距为 2.25 米。开口于第②A层下。平面呈椭圆形，直壁，内壁下方凿痕明显，平底。填土上层为黄色扰土，下层黑黄土、碎石块。直径 0.26 ～ 0.28、深 0.33 米。

北魏 X6-D5　位于柱穴内底部北偏东。平面呈圆形，斜壁，底部内收，平底。填土为黄土、碎石块。直径 0.3、深 0.05 ～ 0.06 米。

北魏 X7　位于 1992T419、T418 内，大部分压在 1992T418 东隔梁下，第 17 窟前偏东。东距北魏 X6 中心间距为 5.4 米。开口于第②A层下。平面呈圆角长方形，壁面北高南低，底部较平。柱穴中间土质疏松，内含有红烧土、木炭及烧红、烧黑的黄砂土、碎石块。柱穴底部残留近圆形的木炭柱痕，距北壁 0.35、距西壁 0.2、距南壁 0.35、距东壁约 0.15 米，直径 0.66 ～ 0.69 米。柱痕周围填以夯实的黄砂土、碎石块。柱穴西北角开一圆形小柱洞（D5）。柱穴长 1.45、宽 1、北端深 0.4、南端深 0.22 米。北魏 X7 外西北角的 D2 可能被明清灰坑 H6 破坏（彩版三〇四，3）。

北魏 X7-D3　位于 1992T419 西南角。距北魏 X7 中心间距为 1.46 米。开口于第②A层下。平面呈椭圆形，直壁，底部不平。填土为黄土、黄砂土、碎石块。直径 0.28 ～ 0.32、深 0.34 ～ 0.38 米。

北魏 X7-D4　位于 1992T418 内东南处。距北魏 X7 中心间距为 1.76 米。东西相对北魏 X7-D3 略偏南，东距北魏 X7-D3 中心间距为 2.05 米。开口于第②A层下。平面呈圆形，南壁较直，北壁稍有倾斜，底部内收。填土为夯实的黄砂土、碎石块。直径 0.32、深 0.23 米。

北魏 X7-D5　位于柱穴底部西北角。平面呈圆形，斜壁，底部内收，平底。填土为夯实的黄砂土、碎石块。口径 0.23、底径 0.13、深 0.1 米。

北魏 X8　位于 1992T417，大部分位于 1992T417 东隔梁下。第 17 窟前南部偏东。东距北魏 X7 中心间距为 5.4 米。柱穴被 1991 年工程破坏，填土为扰土。仅可见木炭痕，平面呈不规则长方形，东壁、南壁呈缓坡状，北壁、西壁较直，平底。柱穴底部东北角有一圆形小柱洞（D5）。开口长 1.6、宽 0.65 ～ 1.2、底长 1.28、宽 1.02 ～ 0.65、深 0.34 米。北魏 X8 外东北角的 D1 可能被明清灰坑 H7 破坏（彩版三〇五，3）。

北魏 X8-D2　位于 1992T417 东北角。距北魏 X8 中心间距为 2.3 米。开口于第②A层下。平面呈圆形，柱洞北壁较直，南壁稍有倾斜，内壁凿痕明显，底部内收。内填黄砂土、碎石块。直径 0.27、深 0.3 米。

北魏 X8-D3　位于 1992T418 西南角。距北魏 X8 中心间距为 1.73 米。开口于第②A层下。平面呈圆形，直壁，平底，填土为夯实的黄砂土、碎石块。直径 0.24、深 0.12 米。

北魏 X8-D4　位于 1992T417 东南角。距北魏 X8 中心间距为 1.8 米。南北相对北魏 X8-D2 偏东，北距北魏 X8-D2 中心间距为 2.9 米。与北魏 X8-D3 处于东西同一水平线上，东距北魏 X8-D3 中心间距为 2.35 米。开口于第②A层下。平面呈圆形，直壁，平底。填土为夯实的黄砂土、碎石块。直径 0.3、深 0.235 米。

北魏 X8-D5　位于柱穴底部东北角。平面呈圆形，斜壁，底部内收，平底。口径 0.26、底径 0.2、深 0.1 米。

北魏 X9　位于 1992T416 内，部分压在 1992T416 东隔梁下，位于第 17 窟前偏西处。东距北魏 X8 中心间距为 5.5 米。开口于第①层扰土层下。平面呈圆角长方形，北壁较直，南壁由南向北壁稍有倾斜，平底。柱穴东北角开一圆形小柱洞（D5）。柱穴曾遭扰动，填土为黄土。长 1.4、宽 1、深 0.46～0.54 米。

北魏 X9-D1　位于 1992T416、T417 内。距北魏 X9 中心间距为 2.38 米。开口于第①层扰土层下。平面呈圆形，斜壁，底部内收，平底。填土为黄砂土、碎石块，直径 0.3、深 0.4 米。

北魏 X9-D2　位于 1992T416 偏东北处。距北魏 X9 中心间距为 2.34 米。东西相对北魏 X9-D1 略偏南，东距北魏 X9-D1 中心间距为 2.5 米。开口于第①层扰土层下。平面呈圆形，直壁，底部内收，平底。填土为夯实的黄砂土、碎石块。直径 0.3、深 0.37 米（彩版三○五，3）。

北魏 X9-D3　位于 1992T417 西南角。距北魏 X9 中心间距为 1.73 米。与北魏 X9-D1 处在南北同一水平线上，北距北魏 X9-D1 中心间距为 3.1 米。开口于第①层扰土层下。平面呈圆形，直壁，平底。填土为夯实的黄砂土、褐色碎石块。直径 0.26、深 0.24 米。

北魏 X9-D4　位于 1992T416 偏东南角。距北魏 X9 中心间距为 1.65 米。南北相对北魏 X9-D2 偏东，北距北魏 X9-D2 中心间距为 3.15 米。东西相对北魏 X9-D3 东西向偏南，东距北魏 X9-D3 中心间距为 2.34 米。开口于第①层扰土层下。平面呈圆形，柱洞壁面北高南低，北壁较直底部内收，南壁较不规则，弧度较大，底部不平。填土为夯实的黄砂土、褐色碎石块。直径 0.26、北部深 0.19、南部深 0.15 米。

北魏 X9-D5　位于柱穴内东北角。平面呈圆形，斜壁，底部内收，平底。口径 0.25、底径 0.16、深 0.13 米。

北魏 X10　位于 1992T415 内，第 17 窟与第 18 窟前之间。东距北魏 X9 中心间距为 5.4 米。开口于第①层扰土层下。平面呈不规则长方形，北壁被一个晚期横长方形灰坑 H10 打破。柱穴南壁稍有倾斜，底部较平。柱穴东北角开一椭圆形小柱洞（D5）。柱穴填土为大量红烧土、碎石块，还出土大量瓦片 4 件、铁钉、木炭，均为甲类瓦件，筒瓦胎体较薄，板瓦厚重。柱穴长 2.05、宽 1.1、深 0.5 米（彩版三○六，1）。

北魏 X10-D1　位于 1992T415 东隔梁下。距北魏 X10 中心间距为 2.1 米。开口于第①层扰土层下。平面呈圆形，壁面不规则。填土为黄砂土、碎石块。口径 0.3、底径 0.28、深 0.34 米。

北魏 X10-D3　位于 1992T415 东隔梁。距北魏 X10 中心间距约为 2.03 米。南北相对北魏 X10-D1 略偏西，北距北魏 X10-D1 中心间距为 3.15 米。开口于第①层扰土层下。平面呈圆形，柱洞北壁垂直，南壁微弧，底部不平，壁面凿痕明显。填土为黄土、碎石块。直径 0.35、深 0.19 米。

北魏 X10-D4　位于 1992T415 南壁。距北魏 X10 中心间距为 2.23 米。与北魏 X10-D3 处于东西同一水平线上，东距北魏 X10-D3 中心间距为 2.45 米。开口于第①层扰土层下。平面呈不规则圆形，柱洞壁面北高南低，稍有倾斜，底部较平。填土为黄土、碎石块。直径 0.33～0.35、深 0.3 米。

北魏 X10-D5　位于柱穴内底部东北角。平面呈椭圆形，内壁稍有倾斜，底部不平。填土为黄土、碎石块。南北径 0.22、东西径 0.26、深 0.18 米。

北魏 X11　位于 1992T414 内，第 18 窟前窟门偏东处。东距北魏 X10 中心间距为 5.5 米。开口于第①层扰土层下。平面呈圆角方形，北壁较直，南壁由南向北呈缓坡状，底部不平。内壁凿痕明显，宽 0.02～0.03 米，凿痕倾斜向上。柱穴底部西北角开一圆形小柱洞（D5）。柱穴填土上层被扰动，为煤渣、红烧土，厚约 0.16 米，下层为碎石块、红烧土。开口长 1.7、宽 1、底长 0.9、宽 0.96、深 0.4～0.5 米（彩版三〇六，2）。

北魏 X11-D1　位于 1992T414 东隔梁下。距北魏 X11 中心间距为 2.15 米。开口于第①层扰土层下。平面呈圆形，直壁，平底。填土为碎石块、黑黄土。直径 0.3、深 0.25 米。

北魏 X11-D2　位于 1992T414 内。距北魏 X11 中心间距为 2.35 米。与北魏 X11-D1 处于东西同一水平线上，东距北魏 X11-D1 中心间距为 2.45 米。开口于第①层扰土层下。平面呈圆形，柱洞壁面稍有倾斜内收，内壁凿痕明显，宽约 0.03 米，底部较平。内填碎石块、黑黄土。直径 0.3、深 0.17 米。

北魏 X11-D3　位于 1992T414 东隔梁下。距北魏 X11 中心间距为 1.69 米。与北魏 X11-D1 处于南北同一水平线上，北距北魏 X11-D1 中心间距为 2.9 米。开口于第①层扰土层下。平面呈圆形，直壁，底部较平。内填碎石块、黑黄土。直径 0.3、深 0.22 米。

北魏 X11-D4　位于 1992T414 南部。距北魏 X11 中心间距为 1.8 米。与北魏 X11-D2 处于南北同一水平线上，北距北魏 X11-D2 中心间距为 3.05 米。与北魏 X11-D3 处于东西同一水平线上，东距北魏 X11-D3 中心间距为 2.5 米。开口于第①层扰土层下。平面呈圆形，柱洞北壁垂直，南壁稍有倾斜，内壁凿痕明显，平底。内填碎石块、黑黄土。直径 0.3、深 0.24 米。

北魏 X11-D5　位于柱穴底部西北角。平面呈圆形，斜壁，底部内收不平。内壁凿痕明显，倾斜向上，宽约 0.04 米。口径 0.25、底径 0.17、深 0.1 米。

北魏 X12　位于 1992T413 内，第 18 窟前窟门西侧。东距北魏 X11 中心间距为 5.36 米。开口于第①层扰土层下。平面呈长方形，内壁凿痕明显，呈斜向，凿痕宽 0.02～0.03、间距约 0.025 米。柱穴东北角有一圆形小柱洞（D5）。填土为大石块，含有大量红烧土块、木炭，还出土残筒瓦、残板瓦、琉璃板瓦残片 1 块、铁钉 1 枚、印方格纹陶片 1 块、灰陶碗残片 1 块等，瓦件有甲类红色筒瓦。长 1.2、宽 1.02、深 0.46 米（彩版三〇六，3）。

北魏 X12-D1　位于 1992T413 东隔梁下。距北魏 X12 中心间距为 2.19 米。开口于第①层扰土层下。平面呈圆形，直壁，凿痕明显，底部较平，垫一大石块。填土为碎石块、黑黄土。直径 0.3、深 0.27 米。

北魏 X12-D2　位于 1992T413 内。距北魏 X12 中心间距为 1.8 米。与北魏 X12-D1 处于东西同一水平线上，东距北魏 X12-D1 中心间距为 2.65 米。开口于第①层扰土层下。平面呈圆形，柱洞壁面南高北低，底部较平。内壁有凿痕但不明显。填土为碎石块、黑黄土。直径 0.32、深 0.16～0.18 米。

北魏 X12-D3　位于 1992T413 东隔梁下。距北魏 X12 中心间距为 2.15 米。与北魏 X12-D1 处于南北同一水平线上，北距北魏 X12-D1 中心间距为 3 米。开口于第①层扰土层下。平面呈圆形，柱洞壁面北高南低，内壁有凿痕但不明显，底部较平。填土为黑黄土、碎石块。直径 0.3、深 0.27 米。

北魏 X12-D4　位于 1992T413 内南部。距北魏 X12 中心间距为 1.88 米。与北魏 X12-D2 处于南北同一水平线上，北距北魏 X12-D2 中心间距为 2.62 米。与北魏 X12-D3 处于东西同一水平线上，东距北魏 X12-D3 中心间距为 2.5 米。开口于第①层扰土层下。平面呈圆形，柱洞壁面南高北低，底部不平，内壁凿痕明显。填土为碎石块、黑黄土。直径 0.3、深 0.13～0.2 米。

北魏 X12-D5　位于柱穴内底部东北角。柱洞平面呈圆形，内壁凿痕明显，柱洞向西部、东南部延伸各有一条小漕沟。西部沟漕长约 0.7、宽 0.1 米，东南部沟漕长约 0.22、宽 0.1 米。内填碎石块、红烧土，柱洞直径 0.28、深 0.17 米。

　　北魏 X13　　位于 1992T412 内，第 18 窟前西南侧。东距北魏 X12 中心间距为 5.48 米。开口于第②A 层下。平面呈圆角长方形，柱穴壁面稍有倾斜内收，底部不平。柱穴内上层填黑色扰土，内含有红烧土块、木炭，还出土磨光板瓦。在距柱穴开口约 0.25 米处在柱穴偏西南残留圆形木炭柱痕，柱痕以北填土为碎石块，东南两侧填土为夯实的黄砂土、碎石块。柱痕距柱穴北壁 0.51、南壁 0.14、东壁 0.2、南壁 0.1 米，直径 0.65 米。柱穴底东北角有一圆形小柱洞（D5）。距柱穴口约 0.32 米处出土铁箍带 1 条、铁钉 3 枚。长 1.3、宽 0.94、深 0.45 ～ 0.48 米（图三一〇；彩版三〇七）。

　　北魏 X13-D1　　位于 1992T412 中部偏东。距北魏 X13 中心间距为 2.07 米。开口于第②A 层下。平面呈圆形，直壁，平底。填土为夯实的黄砂土、碎石块。直径 0.28 ～ 0.29、深 0.18 米。

　　北魏 X13-D2　　位于 1992T412 偏西北。距北魏 X13 中心间距为 3 米。相对北魏 X13-D1 东西向偏北，东距北魏 X13-D1 中心间距为 3.15 米。开口于第②A 层下。平面呈不规则圆形，柱洞壁面北高南低，圜底。填土夯实的黄砂土、碎石块。直径 0.3 ～ 0.32、深 0.12 ～ 0.18 米。

　　北魏 X13-D3　　位于 1992T412 偏东南处。距北魏 X13 中心间距为 1.73 米。与北魏 X13-D1 处于南北同一水平线上，北距北魏 X13-D1 中心间距为 2.8 米。开口于第②A 层下。平面呈圆形，直壁，平底。填土为夯实的黄砂土、碎石块。直径 0.24 ～ 0.26、深 0.3 米。

　　北魏 X13-D4　　位于 1992T412 偏西南处。距北魏 X13 中心间距为 1.92 米。南北相对北魏 X13-D2 偏东，北距北魏 X13-D2 中心间距为 3.5 米。东西相对北魏 X13-D 偏南，东距北魏 X13-D3 中心间距为 2.73 米。开口于第②A 层下。平面呈圆形，柱洞北壁略高于南壁，平底。填土为夯实的黄砂土、碎石块。直径 0.3、深 0.26 米。

　　北魏 X13-D5　　位于柱穴底部东北方。平面呈圆形，弧壁，圜底，填土为夯实的黄砂土、碎石块，直径 0.22、深 0.12 米。

　　北魏 X14　　位于 1992T411 内。柱穴位于第 19 窟前偏东处。东距北魏 X13 中心间距为 5.4 米。开口于第②A 层下。平面呈圆角长方形，平底。柱穴内上层为黑色扰土，含有青花瓷、白瓷、黑釉缸胎器残片、沟纹砖、磨光筒瓦。距柱穴口部约 0.35 米处，在柱穴南发现一个圆形木炭柱痕，柱痕直径 0.62 ～ 0.63 米，柱痕周边残留木炭，中心出土磨光筒瓦、板瓦残片，瓦片虽厚度略有不同，且分属瓦体的不同部位，均属甲类北魏瓦片；还有形状不规则的红黄色红烧土块、铁钉 3 枚，柱穴底部木柱痕四周为夯实的黄砂土、碎石块，厚 0.17 米。柱穴底东北角开一不规则圆形小柱洞（D5）。柱穴长 1.5、宽 1.01、深 0.52 米（彩版三〇八）。

　　北魏 X14-D1　　位于 1992T411 中部偏东北。距北魏 X14 中心间距为 2.1 米。开口于第②A 层下。平面呈圆形，柱洞壁面稍有倾斜内收，底部较平。填土上层为黄土，下层为黄砂土、碎石块，夹有少量的朽木。口径 0.3 ～ 0.31、底径 0.27、深 0.25 米。

　　北魏 X14-D2　　位于 1992T411 偏西北。距北魏 X14 中心间距为 1.9 米。东西相对北魏 X14-D1 偏北，东距北魏 X14-D1 中心间距为 2.35 米。开口于第②A 层下。平面呈圆形，柱洞壁面稍有倾斜内收，底部不平。柱洞内填土上层为黄土，厚 0.08 米，夹杂少量碎石块、大石块及煤炭；下层为黄砂土、碎石块，底部还出土铁钉残件，厚 0.09 米。口径 0.28、底径 0.27、深 0.17 米。

　　北魏 X14-D3　　位于 1992T411 扩方东部。距北魏 X14 中心间距为 1.69 米。南北相对北魏 X14-D1 略偏西，北距北魏 X14-D1 中心间距为 2.61 米。开口于第②A 层下。平面呈不规则圆形，填土为黄砂土、碎石块。壁面稍有倾斜，基岩面与底部均呈西高东低状，底部较平。口径 0.25 ~ 0.33、底径 0.2 ~ 0.23、深 0.17 米。

北魏 X14-D4　位于 1992T411 扩方西部。距北魏 X14 中心间距为 1.84 米。南北相对北魏 X14-D2 略偏西，北距北魏 X14-D2 中心间距为 3 米。与北魏 X14-D3 处于东西同一水平线上，东距北魏 X14-D3 中心间距为 2.53 米。开口于第②A 层下。平面呈不规则圆形，柱洞壁面稍有倾斜，底部不平。柱洞口部盖大石块，填土上层为黄土，厚 0.07 ~ 0.1 米，下层为黄土、碎石块夹杂少量朽木。口径 0.3、底径 0.21、深 0.185 米。

北魏 X14-D5　位于柱穴底部东北角。平面呈不规则圆形，壁面稍有倾斜，底部内收，口径 0.25 ~ 0.26、底径 0.185、深 0.12 米。

北魏 X15　位于 1992T410 内，第 19 窟门前偏东。东距北魏 X14 中心间距为 5.43 米。开口于第④A 层红烧土层下。平面呈圆角长方形，柱穴壁面稍有倾斜，底部内收且较平。距柱穴口部约 0.35 米处，柱穴南残留圆形木炭柱痕，距西壁 0.15、东壁 0.12、南壁 0.1、北壁 0.51 米，直径 0.63 米。柱痕周围填土为烧黑的黄土夹杂大量碎石块，内含红烧土、木炭，还出土瓦片。柱穴底东北角开一圆形小柱洞（D5）。长 1.26、宽 1.06、深 0.67 米（彩版三〇九）。

北魏 X15-D1　位于 1992T410 偏东北。距北魏 X15 中心间距为 2.1 米。开口于第④A 层红烧土层下。平面呈圆形，柱洞壁面较直，平底。直径 0.26、深 0.27 米。

北魏 X15-D2　位于 1992T410 偏西北。距北魏 X15 中心间距为 2.1 米。与北魏 X15-D1 处于东西同一水平线上，东距北魏 X15-D1 中心间距为 2.5 米。开口于第④A 层红烧土层下。平面呈圆形，柱洞壁面稍有倾斜，平底内收。直径 0.29、深 0.23 米。

北魏 X15-D3　位于 1992T410 偏东南。距北魏 X15 中心间距 1.65 米。与北魏 X15-D1 处于南北同一线上，北距北魏 X15-D1 中心间距为 2.8 米。开口于第①层扰土层下的碎石块夯实层。平面呈椭圆形，柱洞壁面稍有倾斜，平底。直径 0.31、深 0.3 米。

北魏 X15-D4　位于 1992T410 偏西南。距北魏 X15 中心间距为 2 米。南北相对北魏 X15-D2 略偏西，北距北魏 X15-D2 中心间距 3 米。东西相对北魏 X15-D3 略偏南，东距北魏 X15-D3 中心间距为 2.69 米。开口于第①层扰土层下的碎石块夯实层。平面呈圆形，柱洞壁面稍有倾斜，平底。直径 0.32 ~ 0.36、深 0.45 米。

北魏 X15-D5　位于柱穴底部东北角。平面呈圆形，壁面稍有倾斜，底部内收，平底。口径 0.28、底径 0.16、深 0.14 米。

北魏 X15A　位于 1992T510、T602 内，柱穴位于第 19 窟门前偏东，南与北魏 X15 相对，二者中心间距 9.3 米（彩版三一〇，1）。柱穴呈不规则方形，向西北方稍有倾斜。填土因 1991 年工程被破坏。柱穴底部西北角开圆形小柱洞（D5）。长 1.2、宽 1.3、深 0.42 米（彩版三一〇，2）。

北魏 X15A-D1　位于 1992T602 西南角，开口于第④A 层红烧土层下。距北魏 X15A 中心间距为 0.95 米。平面呈圆形，壁面稍有倾斜内收，凿痕明显，平底。直径 0.25、深 0.11 米。

北魏 X15A-D5　位于柱穴底部西北角，距西壁 0.1、距北壁 0.14 米。平面呈圆形，直径 0.3、深 0.11 米。

北魏 X16　位于 1992T409 内，第 19 窟门前偏西。东距北魏 X15 中心间距为 5.5 米。开口于第④A 层红烧土层下。平面呈不规则长方形，柱穴壁面北部略高于南部，壁面较直，底部较平。距柱穴口部约 0.35 米处，柱穴东南部残留圆形木炭柱痕，距西壁 0.5、东壁 0.13、南壁 0.09、北壁 0.42，柱痕直径 0.64～0.65 米，柱痕周边填大量碎石块、木炭、瓦片、红烧土。柱穴底北部有一圆形小柱洞（D5）。长 1.3、宽 1.2、深 0.29 米（图三一一；彩版三一〇，3、4）。

北魏 X16-D1　位于 1992T409 偏东北处。距北魏 X16 中心间距为 1.7 米。开口于第④A 层红烧土层下。平面呈椭圆形，柱洞壁面稍有倾斜，底部较平。上层填土为红烧土、内含有少量木炭、石块，还出土瓦片，厚约 0.07 米，下层为黄砂土、碎石块。直径 0.3、深 0.39 米。

北魏 X16-D2　位于 1992T409 偏西北处。距北魏 X16 中心间距为 2 米。与北魏 X16-D1 处于东西同一水平线上，东距北魏 X16-D1 中心间距为 2.4 米。开口于第④A 层红烧土层下。平面呈圆形，柱洞壁面稍有倾斜内收，平底。上层填土为红烧土、内含有少量木炭、石块，还出土瓦片，厚约 0.07 米，下层为黄砂土、碎石块。直径 0.26～0.28、深 0.35 米。

北魏 X16-D3　位于 1992T409 偏东南处。距北魏 X16 中心间距为 1.88 米。与北魏 X16-D1 处于南北同一水平线上，北距北魏 X16-D1 中心间距为 2.85 米。开口于第④A 层红烧土层下的碎石块夯实层。平面呈不规则圆形，柱洞壁面较直，平底。填土为黄砂土、碎石块。直径 0.26～0.39、深 0.32 米。

北魏 X16-D4　位于 1992T409 西壁下。距北魏 X16 中心间距为 1.58 米。南北相对北魏 X16-D2 略偏西，北距北魏 X16-D2 中心间距为 2.85 米。与北魏 X16-D3 处于东西同一水平线上，东距北魏 X16-D3 中心间距为 2.4 米。开口于第④A 层红烧土层下的碎石块夯实层。平面呈圆形，柱洞壁面稍有倾斜内收，平底。填土为黑黄色扰土。直径 0.32、深 0.33 米。

北魏 X16-D5　位于柱穴底北部，紧贴柱穴北壁。平面呈圆形，斜壁，底部内收，平底。口径 0.2、底径 0.13、深 0.08 米。

北魏 X16A　位于 1992T509、T601 内，柱穴位于第 19 窟门前偏西，南与北魏 X16 相对。东距北魏 X15A 中心间距为 5.35 米，南距北魏 X16 中心间距为 8.8 米。开口于第④A 层红烧土层下的基岩。平面呈北圆南方形状，壁面稍有倾斜，底部较平。柱坑西北角清理出一个圆形木炭柱痕，夹杂红烧土，直径 0.54～0.63 米。柱痕四周填以夯实的黄砂土、碎石块。柱穴底偏东北开圆形小柱洞（D5）。北部宽 1.4、南部宽 1.35、长 1.52、深 0.32 米。

北魏 X16A-D2　位于 1992T601 西南角。距北魏 X16A 中心间距为 1.35 米。开口于第④A 层红烧土层下的基岩。平面呈圆形，填土为夯实的黄砂土、碎石块。直径 0.32、深 0.26 米。

北魏 X16A-D5　位于柱穴底部东北角。平面呈圆形，柱洞壁面稍有倾斜。填土为夯实的黄砂土、碎石块。口径 0.25、底径 0.2、深 0.14 米。

北魏 X17　位于 1992T408 内，第 19 窟前偏西南。东距北魏 X16 中心间距为 5.18 米。开口于第①层扰土层下的碎石块夯实层。平面呈圆角长方形，整体略向西北倾斜，柱穴壁面北高南低，壁面较直，底部不平。距柱穴口部约 0.28 米处，柱穴南清理出圆形木炭柱痕，直径 0.63 米。柱痕填土含有大量红烧土、木炭，还出土砖瓦和铁钉，瓦片为 5 件北魏甲类瓦件。柱穴内底部北面还有两个形状不规则的小坑，一个紧贴柱穴西北角，呈长方形，长 0.32、宽 0.12 米；另一个紧贴柱穴东北角，呈半圆状，口部直径 0.265、底径长 0.19 米。此半圆形坑还紧贴东壁向南延伸出一条沟槽，沟长 0.4、宽 0.055 米，之后又向西倾斜折拐，折拐长度 0.24～0.28、宽 0.08～0.1 米。柱穴长 1.2～1.26、宽 0.9、北部深 0.41～0.53、南部深 0.2～0.51 米（彩版三一一，1）。

北魏 X17-D1　位于 1992T408 中部。距北魏 X17 中心间距为 1.92 米。开口于第④ A 层红烧土层下的碎石块夯实层。平面呈圆形，柱洞壁面稍有倾斜，底不平。直径 0.35、深 0.36 米。

北魏 X17-D2　位于 1992T407 东隔梁下偏北。距北魏 X17 中心间距为 1.92 米。与北魏 X17-D1 处于东西同一水平线上，东距北魏 X17-D1 中心间距为 2.45 米。开口于第④ A 层红烧土层下的碎石块夯实层。平面呈圆形，柱洞内壁凿痕明显，凿痕间距为 0.02 ～ 0.025 米，平底。填土为黄砂土、碎石块。口径 0.33、底径 0.24、深 0.27 米。

北魏 X17-D3　位于 1992T408 南壁之下。距北魏 X17 中心间距为 1.9 米。与北魏 X17-D1 处于南北同一水平线上，北距北魏 X17-D1 中心间距为 2.85 米。开口于第④ A 层红烧土层下。平面呈圆形，柱洞壁面稍有倾斜，底部不平。填土为黄砂土、碎石块。直径 0.27 ～ 0.3、深 0.4 米。

北魏 X17-D4　位于 1992T407 东隔梁下偏南。距北魏 X17 中心间距为 1.8 米。与北魏 X17-D2 处于南北同一水平线上，北距北魏 X17-D2 中心间距为 2.75 米。与北魏 X17-D3 处于东西同一水平线上，东距北魏 X17-D3 中心间距为 2.53 米。开口于第④ A 层红烧土层下的碎石块夯实层。平面呈圆形，柱洞北壁有凿痕但不明显，平底。填土为黄砂土、碎石块。直径 0.3、深 0.37 ～ 0.4 米。

北魏 X18　位于探方 1992T407 内，柱穴位于第 19 窟前西南方与第 20 窟之间。东距北魏 X17 中心间距为 5.35 米。1992T407 方内布满红烧土层，柱穴开口于第④ A 层红烧土层下。平面呈圆角长方形，柱穴内壁凿痕明显，北壁较直，南壁倾斜内收，底部不平。柱穴底东北角开一圆形小柱洞（D5）。柱穴内填土为红烧土，内含有木炭、碎石块、还出土瓦片，瓦片为 2 件甲类瓦件。长 1.2、宽 1、深 0.47 米（彩版三一一，2）。

北魏 X18-D1　位于 1992T407 中部偏北。距北魏 X18 中心间距为 2 米。开口于第④ A 层红烧土层下。平面呈圆形，柱洞内壁凿痕明显，且凿痕均由北向南倾斜，凿痕宽 0.005 ～ 0.01、凿痕间距 0.02 ～ 0.03 米，平底。直径 0.32、深 0.32 米。

北魏 X18-D2　位于 1992T406 东隔梁下偏北。距北魏 X18 中心间距为 2 米。与北魏 X18-D1 东西处于同一水平线上，东距北魏 X18-D1 中心间距为 2.58 米。开口于第④ A 层红烧土层下。平面呈圆形，直径 0.28、深 0.35 米。

北魏 X18-D3　位于 1992T407 南壁以南，距北魏 X18 中心间距 2 米。与北魏 X18-D1 南北处于同一水平线上，北距北魏 X18-D1 中心间距为 3.11 米。开口于第④ A 层红烧土层下的碎石块夯实层。平面呈不规则圆形，直径 0.25 ～ 0.35、深 0.115 米。

北魏 X18-D4　位于 1992T406 东隔梁下偏南。距北魏 X18 中心间距为 1.88 米。南北相对北魏 X18-D2 略偏东，北距北魏 X18-D2 中心间距为 2.85 米。与北魏 X18-D3 处于东西同一水平线上，东距北魏 X18-D3 中心间距为 2.45 米。开口于第④ A 层红烧土层下的碎石块夯实层。平面呈圆形。直径 0.38、深 0.42 米。

北魏 X18-D5　位于柱穴底部东北角。平面呈圆形，柱洞壁面北壁较直，南壁稍有倾斜，内壁凿痕明显，底部较平。直径 0.2、深 0.1 米。

北魏 X19　位于 1992T406、T405 内，第 20 窟前东南方。东距北魏 X18 中心间距为 5.5 米。开口于第④ A 层红烧土层下。平面呈圆角长方形，柱穴底部中央残留圆形木炭柱痕，柱痕直径约 0.65 米。填土为红烧土，含有木炭。柱穴西北角有一圆形小柱洞（D5）。长 1.4 ～ 1.45、宽 1、深 0.54 米（彩版三一二，1）。

北魏 X19-D1　位于 1992T406 偏西北。距北魏 X19 中心距离为 1.9 米。开口于第④ A 层红烧土层下的碎石块夯实层。平面呈圆形，直壁，平底。洞口用石块封口，填土为黄砂土、红褐色碎石块。直径 0.28、深 0.32 米。

北魏 X19-D2　位于 1992T405 东隔梁下偏北。距北魏 X19 中心距离为 2.05 米。与北魏 X19-D1 处于东西同一水平线上，东距北魏 X19-D1 中心间距为 2.25 米。开口于第④ A 层红烧土层下。平面呈圆形，柱洞壁面稍有倾斜，底部较平。内壁凿痕明显，宽 0.01、间距 0.02～0.03 米，凿痕倾斜。填土为黄砂土、红褐色碎石块。直径 0.31、深 0.27 米。

北魏 X19-D3　位于 1992T406 偏西南。距北魏 X19 中心距离为 1.77 米。相对北魏 X19-D1 南北向偏东，北距北魏 X19-D1 中心间距为 2.8 米。开口于第④ A 层红烧土层下的碎石块夯实层。平面呈圆形，直壁、平底。洞口用石块封口，填土为黄砂土、红褐色碎石块。直径 0.34、深 0.38 米。

北魏 X19-D4　位于 1992T405 东南角。距北魏 X19 中心距离为 2 米。与北魏 X19-D2 处于南北同一水平线上，北距北魏 X19-D2 中心间距为 2.95 米。与北魏 X19-D3 处于东西同一水平线上，东距北魏 X19-D3 中心间距为 2.76 米。开口于第④ A 层红烧土层下的碎石块夯实层。平面呈圆形，柱洞壁面较直，斜底。内壁凿痕明显，宽 0.01、间距 0.02～0.03 米，凿痕倾斜。填土为黄砂土、红褐色碎石块。直径 0.32、深 0.39 米。

北魏 X19-D5　位于柱穴底部西北角。平面呈圆形，直径 0.2、深 0.3 米。

北魏 X20　位于 1992T405、T404 内，大部分位于 1992T404 东隔梁下。柱穴位于第 20 窟石台阶前偏东南。东距北魏 X19 中心间距为 5.4 米。开口于第④ A 层红烧土层下。平面呈不规则长方形。柱穴上层为 1991 年探沟回填的扰土，距柱穴口部约 0.35 米处，在柱穴偏北部残留黑色圆形木炭柱痕，柱痕直径 0.63～0.65 米，距北壁 0.2、东西壁各 0.15 米。柱痕中部土色复杂，夹带小块红烧土。外围为黑色木炭。接近基岩部分的柱痕外围有未烧毁木痕。柱穴填土为红烧土、碎石块，夹杂瓦片、木炭。柱穴偏东南角有一圆形小柱洞（D5）。柱痕直径 0.7 米。柱穴长 1.8、宽 1.1、深 0.5 米（彩版三一二，2、3）。

北魏 X20-D1　位于 1992T405 西北角。距北魏 X20 中心间距为 2.25 米。开口于第④ A 层红烧土层下。平面呈圆形，柱洞壁面南高北低，壁面较直，底部较平。填土为黄砂土、碎石块。直径 0.3、深 0.35～0.37 米。

北魏 X20-D2　位于 1992T404 偏东北。距北魏 X20 中心间距为 2 米。东西相对北魏 X20-D1 偏南，东距北魏 X20-D1 中心间距为 2.3 米。开口于第④ A 层红烧土层下。平面呈椭圆形，底部较平，填土为黄砂土、碎石块。直径 0.26～0.3、深 0.32 米。

北魏 X20-D3　位于 1992T405 西南角。距北魏 X20 中心间距为 1.5 米。与北魏 X20-D1 处于同一南北线上，北距北魏 X20-D1 中心间距为 2.75 米。开口于第④ A 层红烧土层下。平面呈圆形，柱洞北壁较直，南壁微弧，底部较平。填土为黄砂土、碎石块。直径 0.3、深 0.37 米。

北魏 X20-D4　位于 1992T404 东南角。距北魏 X20 中心间距为 1.5 米。南北相对北魏 X20-D2 略偏西，北距北魏 X20-D2 中心间距为 2.6 米。与北魏 X20-D3 处于东西同一水平线上，东距北魏 X20-D3 中心间距为 2.4 米。开口于第④ A 层红烧土层下。平面呈椭圆形，底部较平，填土为黄砂土、碎石块。直径 0.26～0.29、深 0.32 米（彩版三一二，2）。

北魏 X20-D5　位于柱穴偏东南处。平面呈圆形。直径 0.3 米。

北魏 X21　位于 1992T404、T403 内，第 20 窟石台阶前偏西南。东距北魏 X20 中心间距为 5.5 米。开口于第④ A 层红烧土层下。平面呈不规则长方形。填土上层为红烧土层，夹有筒瓦、板瓦片。下层偏南部残留圆形木炭柱痕，柱痕中含有大量红烧土块、铁钉、木炭及金箔，柱痕周围填以夯实的碎石块，直径 0.63 米。柱穴底东北角开一圆形小柱洞（D5）。柱穴长 1.3、宽 1.15、深 0.27 米（彩版三一二，3；彩版三一三，1、2）。

北魏 X21-D1　位于 1992T404 偏西北。距北魏 X21 中心间距为 2 米。开口于第④ A 层红烧土层下。平面呈圆形，底部较平。填土为黄砂土、碎石块，出土方格印纹陶片 1 块。直径 0.29 ～ 0.32、深 0.31 米。

北魏 X21-D2　位于 1992T403 偏东北。距北魏 X21 中心间距为 2 米。东西相对北魏 X21-D1 略偏南，东距北魏 X21-D1 中心间距为 2.1 米。开口于第④ A 层红烧土层下。平面呈圆形，底部较平。洞口用石块封口。内壁凿痕明显，凿痕倾斜。填土为黄砂土、碎石块，内含有烧黑的石块。直径 0.28、深 0.3 米。

北魏 X21-D3　位于 1992T404 偏西南。距北魏 X21 中心间距为 1.8 米。与北魏 X21-D1 处于南北同一水平线上，北距北魏 X21-D1 中心间距为 2.95 米。开口于第④ A 层红烧土层下。平面呈圆形，底面较平。填土为黄砂土、碎石块。直径 0.29、深 0.37 米。

北魏 X21-D4　位于 1992T403 偏东南。距北魏 X21 中心间距为 1.7 米。南北相对北魏 X21-D2 偏东，北距北魏 X21-D2 中心间距为 2.9 米。与北魏 X21-D3 处于东西同一水平线上，东距北魏 X21-D3 中心间距为 2.45 米。开口于第④ A 层红烧土层下。平面呈圆形，斜壁，底部内收较平。洞口用石块封口。内壁凿痕明显，凿痕倾斜。填土上层为厚约 0.05 米的黄土夹碎砖，下层为黄砂土、碎石块，底部铺垫碎石块。口径 0.3、底径 0.28、深 0.34 米（彩版三一三，2）。

北魏 X21-D5　位于柱穴内东北角。平面呈圆形，斜壁，平底，填土为碎石块。直径 0.25、深 0.05 米。

北魏 X22　位于 1992T402 内，第 20 窟前西南处。东距北魏 X21 中心间距为 5.44 米。开口于第④ A 层红烧土层下。平面呈不规则长方形。柱穴北部上层为厚 0.05 ～ 0.1 米的红烧土层，南部被明清地层破坏。柱穴中央残留黑色圆形木炭柱痕，其周围填以夯实的褐色碎石块，柱痕直径约 0.62、高约 0.54 米，其上层厚约 0.34 米与北部红烧土相连。柱穴底部西北角有一圆形小柱洞（D5）。柱穴长 1.66、宽 1.15、深 0.54 米。

北魏 X22-D1　位于 1992T403 西北角。距北魏 X22 中心间距为 2.65 米。开口于第④ A 层红烧土层下。平面呈圆形，直壁，底部较平。洞口用石块封口。内壁凿痕明显，凿痕倾斜。填土为碎石块夹黄砂土，且石块有烧过的痕迹，夹杂少量木炭，距洞底 0.1 米处北壁有熏黑的痕迹。直径 0.26、深 0.28 米（彩版三一三，3）。

北魏 X22-D2　位于 1992T402 偏东北。距北魏 X22 中心间距为 2.19 米。与北魏 X22-D1 处于东西同一水平线上，东距北魏 X22-D1 中心间距为 2.6 米。开口于第④ A 层红烧土层下。平面呈圆形。内填碎石和黄砂土并夯实，表层坚硬，与基岩取平。直径 0.28、深 0.33 米。

北魏 X22-D3　位于 1992T403 西南角。距北魏 X22 中心间距为 1.77 米。南北相对北魏 X22-D1 略偏西，北距北魏 X22-D1 中心间距为 3 米。开口于第② A 层下。平面呈圆形。斜壁，底部内收，平底。洞口用石块封口。内壁凿痕明显，凿痕倾斜。填土上层为厚约 0.05 米的黄土夹碎砖，下层为黄砂土、

表 9-1　第 14 ～ 20 窟北魏时期窟前建筑大柱穴统计表

编号	所在探方	开口层位	形状	尺寸	壁面
X1	1992T425	碎石块夯实层	圆角长方形	长开口1.56, 底1.21; 宽开口1, 底1.12; 深0.58	北壁较直，南壁倾斜
X2	1992T424	第②A层下	不规则长方形	长1.6；宽1；深0.23	北壁较直，南壁由南向北呈缓坡状
X3	1992T423	第②A层下	不规则圆形	长1.35、宽1-1.1、北部深0.54，南部深0.22	北壁、西壁为弧壁，东壁、南壁呈不规则形
X4	1992T422、T421	第②A层下	不规则长方形	长1.08；宽0.9～1.06；深0.59	北壁、东壁、西壁较直，南壁稍有倾斜
X5	1992T421、T420	第②A层下	北圆南方	长1.55；宽1.1；北部深0.44，南部深0.1	直壁
X6	1992T420、T419	第②A层下	圆角长方形	长1.32；宽1；深0.42	直壁
X7	1992T418、T419	第②A层下	圆角长方形	长1.45；宽1；北部深0.4，南部深0.22	壁面北高南低
X8	1992T418、T417		不规则长方形	长开口1.6，底1.28；宽开口0.65～1.2，底1.02-0.65,；深0.34	东壁、南壁呈缓坡状，北壁、西壁较直
X9	1992T416、T417	第①层下	圆角长方形	长1.4；宽1；深0.46～0.54	北壁较直，南壁由南向北壁稍有倾斜
X10	1992T415、T416	第①层下	不规则长方形	长20.5，宽1.1；深0.5	南壁稍有倾斜
X11	1992T414	第①层下	圆角方形	长开口1.7，底0.9；宽开口1；底0.96；深0.4～0.5	北壁较直，南壁由南向北呈缓坡状
X12	1992T413	第①层下	长方形	长1.2；宽1.02；深0.46	
X13	1992T412	第②A层下	不规则长方形	长1.3；宽0.94；深0.45～0.48	壁面稍有倾斜

底部	包含物	木炭痕迹		
		位置	包含物	直径
底部较平	红烧土，内含有碎瓦片，还出土铁箍带 1 条	基岩层		0.62
底部不平	发黑、发灰的黄土，内含有红烧土、木炭			
平底	填土后期遭扰动		外围是木炭灰，中央是红烧土，红烧土之上有两片北魏板瓦	0.6
底部较平	发黑的黄土、碎石块，黄砂土			
底部由南至北渐深	内含有杂土、石块、木炭，还出土白釉碗底、青花残瓷器、黑釉残瓷器等			0.6
平底	夯实的黄砂土、碎石块	距柱穴基岩面约 0.36 米处，距柱穴西壁 0.25、距东壁 0.105、距北壁 0.60、距南壁 0.20 米		0.61
底部较平	红烧土、木炭及烧红、烧黑的黄砂土、碎石块	距柱北壁 0.35、距西壁 0.20、距南壁 0.35、距东壁约 0.15 米		0.66 ~ 0.69
平底	扰土			
平底	黄土			
底部较平	大量红烧土、碎石块，还出土大量瓦片 4 件、铁钉、木炭			
底部不平	上层被扰动，为煤渣、红烧土，厚约 0.16 米，下层为碎石块、红烧土			
	大石块，内含有大量红烧土块、木炭，还出土残筒瓦、残板瓦、琉璃板瓦残片 1 块、铁钉 1 枚、印方格纹陶片 1 块、灰陶碗残片 1 块等			
底部不平	上层填黑色扰土，内含有红烧土块、木炭，出土磨光板瓦	距柱穴开口约 0.25 米处在柱穴偏西南，柱痕距柱穴北壁 0.51、南壁 0.14、东壁 0.20、南壁 0.10 米	北填土为碎石块，东南两侧填土为夯实的黄砂土、碎石块	0.65

编号	所在探方	开口层位	形状	尺寸	壁面
X14	1992T411	第②A层下	圆角长方形	长1.5；宽1.01，深0.52	
X15	1992T410	第④A层下	圆角长方形	长1.26；宽1.06；深0.67	壁面稍有倾斜
X15A	1992T510、T602		不规则方形，向西北方稍有倾斜	长1.2；宽1.3；深0.42	
X16	1992T409	第④A层下	不规则长方形	长1.3；宽1.2；深0.29	壁面北部略高于南部，壁面较直
X16A	1992T509、T601	第④A层下	北圆南方	长1.52；北部宽1.4，南部宽1.35；深0.32	壁面稍有倾斜
X17	1992T408	碎石块夯实层	圆角长方形	长1.2-1.26；宽0.9；北部深0.41-0.53，南部深0.2-0.51	壁面较直
X18	1992T407	第④A层下	圆角长方形	长1.2；宽1；深0.47	北壁较直，南壁倾斜
X19	1992T406、T405	第④A层下	圆角长方形	长1.4～1.45；宽1；深0.54	
X20	1992T405、T404	第④A层下	不规则长方形	长1.8；宽1.1；深0.5	
X21	1992T404、T403	第④A层下	不规则长方形	长1.3；宽1.15；深0.27	
X22	1992T402	第④A层下	不规则长方形	长1.66；宽1.15；深0.54	
X23	1992T401	第④A层下	长方形	长开口1.66，宽1.08；宽1.1；深0.63	北壁垂直，南壁由南向北呈坡状

底部	包含物	木炭痕迹		
		位置	包含物	直径
平底	上层为黑色扰土，含有青花瓷、白瓷、黑釉缸胎器残片、沟纹砖、磨光筒瓦，下层为夯实的黄砂土、碎石块	距柱穴口部约 0.35 米处，在柱穴南	柱痕周边残留木炭，中心出土磨光筒瓦、板瓦残片	0.62 ~ 0.63
底部较平	烧黑的黄土夹杂大量碎石块，内含红烧土、木炭，还出土瓦片	柱穴南残留圆形木炭柱痕，距西壁 0.15、东壁 0.12、南壁 0.10、北壁 0.51 米		0.63
底部较平	大量碎石块块、木炭、瓦片、烧土	距柱穴口部约 0.35 米处，柱穴东南，距西壁 0.50、东壁 0.13、南壁 0.09、北壁 0.42 米		0.64 ~ 0.65
底部较平	夯实的黄砂土、碎石块	西北角	红烧土、木炭	0.54 ~ 0.63
底部不平	大量红烧土、木炭，还出土砖瓦和铁钉	距柱穴口部约 0.28 米处，柱穴南	红烧土、木炭	0.63
底部不平	红烧土，内含有木炭、碎石块，还出土瓦片			
	红烧土，含有木炭			0.65
	扰土	距柱穴口部约 0.35 米处，距北壁 0.20、东西壁各 0.15 米		0.63 ~ 0.65
	上层为红烧土层，夹有筒瓦、板瓦片，下层为夯实的碎石块	填土下层偏南	大量红烧土块、铁钉、木炭及金箔	0.63
	北部上层为厚约 0.05 ~ 0.10 米的红烧土层，南部被明清地层破坏，下层为填以夯实的褐色碎石块	柱穴中央		0.62
平底	上层填土为黄砂土、黄土，厚约 0.27 米，下层为夯实的黄砂土、小碎石块	距柱穴口部约 0.36 米的柱穴中部，距柱穴南北壁各 0.26、东西壁各 0.20 米	黑色土，含有红烧土块、木炭、碎小瓦块，还有 6 枚铁钉、铁箍带	0.63

表 9-2　第 14 ～ 20 窟北魏时期窟前建筑大柱穴、柱洞统计表　　（单位：米）

编号		形状	直径	深
X1	D1	圆形	口径 0.32、底径 0.24	0.4
	D2	圆角长方形	长 0.30、宽 0.24	0.33
X2	D1	圆形	口径 0.30、底径 0.29	南侧深 0.35、东侧深 0.34、北侧深 0.3
	D2	不规则圆形	0.28 ～ 0.30	0.36 ～ 0.38
X3	D1	圆形	0.33 ～ 0.34	0.32
	D2	圆形	0.28 ～ 0.30	0.24
	D3	圆形	口径 0.34 ～ 0.36、底径 0.22 ～ 0.24	北部深 0.18、南部深 0.08
X4	D1	圆角方形	0.32	0.325
	D2	圆形	0.26	北部深 0.35、南部深 0.25
X5	D1	不规则圆形	0.30 ～ 0.35	0.26
	D2	圆形	0.4	0.33
X6	D1			
	D2			
	D3	圆形	0.26	0.19
	D4	圆形	0.26 ～ 0.28	0.33
X7	D2			
	D3	不规则圆形	0.28 ～ 0.32	0.34 ～ 0.38
	D4	不规则圆形	0.32	0.23
X8	D1			
	D2	圆形	0.27	0.30
	D3	圆形	0.24	0.12
	D4	圆形	0.30	0.235

壁面	底部	凿痕	包含物	开口层位
斜壁			夯实的黄砂土、石块	北部基岩台
壁面较直	底部较平		浅黄色扰土	北部基岩台
壁面较直	底部较平	凿痕明显	黄砂土、碎石块	第②A 层下
东壁外敞，西、南壁面较直	底部较平	凿痕但不明显	黄砂土、红色碎石块	第②A 层下
弧壁	平底	凿痕明显，宽约 0.03 ~ 0.04	黄土、碎石块	第②A 层下
壁面较直	平底	凿痕但不明显	黄土、碎石块	第②A 层下
斜壁底部内收	平底	有凿痕但不明显	黄土、碎石块	第②A 层下
直壁	底部不平	凿痕明显	黄土、碎石块	第②A 层下
壁面北高南低，北壁较直，南壁稍有倾斜	底部不平	凿痕明显	黄土、碎石块	第②A 层下
北壁略高，壁面较直	平底		黄砂土、碎石块	第②A 层下
壁面较直	平底		黄砂土、碎石块	第②A 层下
				明清 H3 破坏
				明清 H4 破坏
直壁	平底		碎石块	第②A 层下
直壁	平底	下方凿痕明显	上层为黄色扰土，下层发黑的黄土、碎石块	第②A 层下
				明清 H6 破坏
直壁	底部不平		黄土、黄砂土、碎石块	第②A 层下
南壁较直，北壁稍有倾斜，底部内收			夯实的黄砂土、碎石块	第②A 层下
				明清 H7 破坏
北壁较直，南壁稍有倾斜，底部内收		凿痕明显	黄砂土、碎石块	
直壁	平底		夯实的黄砂土、碎石块	
直壁	平底		夯实的黄砂土、碎石块	第②A 层下

编号		形状	直径	深
X9	D1	圆形	0.30	0.40
	D2	不规则圆形	0.30	0.37
	D3	圆形	0.26	0.24
	D4	圆形	0.26	北部深 0.19、南部深 0.15
X10	D1	圆形	口径 0.30、底径 0.28	0.34
	D2			
	D3	圆形	0.35	0.19
	D4	不规则圆形	0.33～0.35	0.30
X11	D1	圆形	0.30	0.25
	D2	圆形	0.30	0.17
	D3	圆形	0.30	0.22
	D4	圆形	0.30	0.24
X12	D1	圆形	0.30	0.27
	D2	圆形	0.32	0.16～0.18
	D3	圆形	0.30	0.27
	D4	圆形	0.30	0.13～0.20
X13	D1	圆形	0.28～0.29	0.18
	D2	不规则圆形	0.30～0.32	0.12～0.18
	D3	圆形	0.24～0.26	0.30
	D4	圆形	0.30	0.26
X14	D1	圆形	口径 0.30～0.31、底径 0.27	0.25
	D2	圆形	口径 0.28、底径 0.27	0.17
X14	D3	不规则圆形	口径 0.25～0.33、底径 0.20～0.23	0.17
	D4	不规则圆形	口径 0.30、底径 0.21	0.185

壁面	底部	凿痕	包含物	开口层位
斜壁底部内收	平底		黄砂土、碎石块	第①层下
直壁，底部内收	平底		夯实的黄砂土、碎石块	第①层下
直壁	平底		夯实的黄砂土、褐色碎石块	第①层下
比较直，底部内收，南壁较不规则，弧度较大，底部不平	底部不平		夯实的黄砂土、褐色碎石块	第①层下
壁面不规则			黄砂土、碎石块	第①层下
			黄土、红烧土、细黄沙	
北壁较直，南壁微弧	底部不平	凿痕明显	黄土、碎石块	第①层下
壁面北高南低，稍有倾斜	底部较平		黄土、碎石块	第①层下
直壁	平底		碎石块、黑黄土	第①层下
壁面稍有倾斜	底部较平	凿痕明显，宽约 0.03 米	碎石块、黑黄土	第①层下
直壁	底部较平		碎石块、黑黄土	第①层下
北壁较直，南壁稍有倾斜	平底	凿痕明显	碎石块、黑黄土	第①层下
直壁	底部较平	凿痕明显	碎石块、黑黄土	第①层下
壁面南高北低	底部较平	有凿痕但不明显	碎石块、黑黄土	第①层下
壁面北高南低	底部较平	内壁有凿痕但不明显	黑土、碎石块	第①层下
壁面南高北低	底部不平	凿痕明显	碎石块、黑黄土	第①层下
直壁	平底		夯实的黄砂土、碎石块	第②A 层下
壁面北高南低	圜底		夯实的黄砂土、碎石块	第②A 层下
直壁	平底		夯实的黄砂土、碎石块	第②A 层下
北壁略高于南壁	平底		夯实的黄砂土、碎石块	第②A 层下
壁面稍有倾斜	底部较平		上层为黄土，下层为黄砂土、碎石块	第②A 层下
壁面稍有倾斜	底部不平		上层为黄土，厚 0.08 米，夹杂少量碎石块、大石块及煤炭；下层为黄砂土、碎石块，底部还出土铁钉残件，厚 0.09 米	第②A 层下
壁面稍有倾斜，基岩面与底部均呈西高东低状	底部较平		黄砂土、碎石块	第②A 层下
壁面稍有倾斜	底部不平		上层为黄土，下层为黄土、碎石块夹杂少量朽木	第②A 层下

编号		形状	直径	深
X15	D1	不规则圆形	0.26	0.27
	D2	圆形	0.29	0.23
	D3	不规则圆形	0.31	0.30
	D4	圆形	0.32～0.36	0.45
X15A	D1	圆形	0.25	0.11
	D2			
	D3			
	D4			
X16	D1	圆形	0.30	0.39
	D2	圆形	0.26～0.28	0.35
	D3	不规则圆形	0.26～0.39	0.32
	D4	圆形	0.32	0.33
X16A	D1			
	D2	圆形	0.32	0.26
	D3			
	D4			
X17	D1	圆形	0.35	0.36
	D2	不规则圆形	口径0.33、底径0.24	0.27
	D3	圆形	0.27～0.30	0.40
	D4	圆形	0.30	0.37～0.40
X18	D1	圆形	0.32	0.32
	D2	圆形	0.28	0.35
	D3	不规则圆形	0.25～0.35	0.115
	D4	圆形	0.38	0.42

壁面	底部	凿痕	包含物	开口层位
壁面较直	平底			第④A 层下
壁面稍有倾斜	平底			第④A 层下
壁面稍有倾斜	平底			碎石块夯实层
壁面稍有倾斜	平底			碎石块夯实层
壁面稍有倾斜	平底	凿痕明显		第④A 层下
壁面稍有倾斜	底部较平		上层填土为红烧土、内含有少量木炭、石块，还出土瓦片，厚约 0.07 米，下层为黄砂土、碎石块	第④A 层下
壁面稍有倾斜	平底		上层填土为红烧土、内含有少量木炭、石块，还出土瓦片，厚约 0.07 米，下层为黄砂土、碎石块	第④A 层下
壁面较直	平底		黄砂土、碎石块	碎石块夯实层
壁面稍有倾斜	平底		黑黄色扰土	碎石块夯实层
			夯实的黄砂土、碎石块	第④A 层下
壁面稍有倾斜	斜底			碎石块夯实层
	平底	凿痕明显，凿痕间距为 0.02～0.025 米	黄砂土、碎石块	碎石块夯实层
壁面稍有倾斜	底部不平		黄砂土、碎石块	第④A 层下
	平底	北壁有凿痕但不明显	黄砂土、碎石块	碎石块夯实层
	平底	凿痕明显，且凿痕均由北向南倾斜，凿痕宽 0.005～0.01、凿痕间距 0.02～0.03 米		第④A 层下
				第④A 层下
				碎石块夯实层
				碎石块夯实层

编号		形状	直径	深
X19	D1	圆形	0.28	0.32
	D2	圆形	0.31	0.27
	D3	圆形	0.34	0.38
	D4	圆形	0.32	0.39
X20	D1	圆形	0.30	0.35～0.37
	D2	不规则圆形	0.26～0.30	0.32
	D3	圆形	0.30	0.37
	D4	圆形	0.26～0.29	0.32
X21	D1	圆形	0.29～0.32	0.31
	D2	不规则圆形	0.28	0.30
	D3	不规则圆形	0.29	0.37
	D4	不规则圆形	口径0.30、底径0.28	0.34
X22	D1	圆形	0.26	0.28
	D2	圆形	0.28	0.33
	D3	不规则圆形	口径0.36、底径0.28	0.40
	D4	不规则圆形	0.30	0.36
X23	D1	圆形	0.22	0.17
	D2	圆形	0.25	0.28
	D3	圆形	0.20	0.15
	D4	圆形	0.31	0.23～0.26

壁面	底部	凿痕	包含物	开口层位
直壁	平底		黄砂土、红褐色碎石块	第④A层下
壁面稍有倾斜	底部较平	凿痕明显，宽 0.01，间距 0.02 ~ 0.03 米，凿痕倾斜	黄砂土、红褐色碎石块	第④A层下
直壁	平底		黄砂土、红褐色碎石块	碎石块夯实层
壁面较直	斜底	凿痕明显，宽 0.01，间距 0.02 ~ 0.03 米，凿痕倾斜	黄砂土、红褐色碎石块	碎石块夯实层
壁面较直	底部较平		碎石块夹黄砂土	第④A层下
	底部较平		碎石块夹黄砂土	第④A层下
北壁较直，南壁微弧	底部较平		碎石块夹黄砂土	第④A层下
	底部较平		碎石块夹黄砂土	第④A层下
	底部较平		碎石块夹黄砂土	第④A层下
	底部较平	凿痕明显，凿痕倾斜	碎石块夹黄砂土，内含有烧黑的石块	第④A层下
	底面较平		碎石块夹黄砂土	第④A层下
斜壁底部内收	底部较平	凿痕明显，凿痕倾斜	上层为厚约 0.05 米的黄土夹碎砖，下层为黄砂土、碎石块，底部铺垫碎石块	第④A层下
直壁	底部较平	凿痕明显，凿痕倾斜	碎石块夹黄砂土，且石块有烧过的痕迹，夹杂少量木炭	第④A层下
			夯实的碎石块和黄砂土	第④A层下
斜壁底部内收	平底	内壁凿痕明显，凿痕倾斜	上层为厚约 0.05 米的黄土夹碎砖，下层为黄砂土、碎石块，底部铺垫碎石块	第②A层下
			夯实的黄砂土、碎石块	第④A层下
			黄砂土、碎石块	碎石块夯实层
		凿痕明显，但倾斜方向不一致	黄砂土、碎石块	第③层下
			黄砂土、碎石块	第②A层下
		凿痕明显，凿子痕迹宽 0.002 米，呈顺时针方向倾斜	黄砂土、碎石块	碎石块夯实层

表 9-3　第 14 ～ 20 窟北魏时期窟前建筑大柱穴内小柱洞统计表　　　　（单位：米）

编号	位置	形状	直径	深	壁面	底部	凿痕	包含物
X2-D5	西北角	圆形	口径 0.25、底径 0.18 ～ 0.20	0.12	北壁微弧，南壁较直	平底	凿痕明显	发黑、发灰的黄土
X3-D5	西北角	圆形	口径 0.25、底径 0.20	0.12	北壁呈坡状，南壁较直	底部较平		红烧土
X4-D5	东北角	不规则圆形	0.30 ～ 0.32	0.16	壁面稍有倾斜	底部不平	凿痕明显	黄土、碎石块，杂有少量未被烧过的朽木
X5-D5	西北角	圆形	0.26	0.10	弧壁	圜底		
X6-D5	东北角	圆形	0.30	0.05 ～ 0.06	斜壁底部内收	平底		黄土、碎石块
X7-D5	西北角	圆形	口径 0.23、底径 0.13	0.10	斜壁底部内收	平底		夯实的黄砂土、碎石块
X8-D5	东北角	圆形	口径 0.26、底径 0.20	0.10	斜壁底部内收	平底		
X9-D5	东北角	圆形	口径 0.25、底径 0.16	0.13	斜壁底部内收	平底		
X10-D5	东北角	不规则圆形	南北径 0.22、东西径 0.26	0.18	内壁稍有倾斜	底部不平		黄土、碎石块
X11-D5	西北角	圆形	口径 0.25、底径 0.17	0.10	斜壁底部内收	底部不平	凿痕明显，倾斜向上，宽约 0.04 米	
X12-D5	东北角	圆形	0.28	0.17			凿痕明显	碎石块、红烧土
X13-D5	东北角	圆形	0.22	0.12	弧壁	圜底		夯实的黄砂土、碎石块
X14-D5	东北角	不规则圆形	径 0.25 ～ 0.26、底径 0.185	0.12	壁面稍有倾斜，底部内收			
X15-D5	东北角	圆形	口径 0.28、底径 0.16	0.14	壁面稍有倾斜，底部内收	平底		
X15A-D5	西北角	圆形	0.30	0.11				
X16-D5	北部	圆形	口径 0.20、底径 0.13	0.08	斜壁底部内收	平底		
X16A-D5	东北角	圆形	口径 0.25、底径 0.20	0.14	壁面稍有倾斜			夯实的黄砂土、碎石块
X18-D5	东北角	圆形	0.20	0.10	北壁较直，南壁稍有倾斜	底部较平	凿痕明显	

编号	位置	形状	直径	深	壁面	底部	凿痕	包含物
X19-D5	西北角	圆形	0.20	0.30				
X20-D5	东南角	圆形	0.30					
X21-D5	东北角	圆形	0.25	0.05	斜壁	平底		碎石块
X22-D5	偏西北	圆形	0.24					
X23-D5	西北角	圆形	0.20	0.25				木屑

碎石块，底部铺垫碎石块。口径 0.36、底径 0.28、深 0.4 米。

北魏 X22-D4　位于 1992T402 偏东南。距北魏 X22 中心间距为 1.5 米。与北魏 X22-D2 处于南北同一水平线上，北距北魏 X22-D2 中心间距为 2.9 米。与北魏 X22-D3 处于东西同一水平线上，东距北魏 X22-D3 中心间距为 2.45 米。开口于第④ A 层红烧土层下。平面呈圆形。填土为黄砂土、碎石块并夯实，表层坚硬，与基岩取平。直径 0.3、深 0.36 米。

北魏 X22-D5　位于柱穴底部偏西北。平面呈圆形，直径 0.24 米。

北魏 X23　位于 1992T401 内，第 20 窟前西南处。东距北魏 X22 中心间距为 5.4 米。开口于第④ A 层红烧土层下。平面呈长方形，北壁垂直，南壁由南向北呈坡状内收，平底。距柱穴口部约 0.36 米的柱穴中部清理出黑色圆形木炭柱痕，柱痕直径约 0.63 米。距柱穴南北壁各 0.26、东西壁各 0.2 米。柱痕为黑色土，含有红烧土块、木炭、碎小瓦块，还有 6 枚铁钉、铁箍带。瓦件有不同规格：有胎体较粗甲类板瓦，烧成红灰色，瓦体较厚，厚约 2.8 厘米；有灰色磨光板瓦，胎质细腻，有的瓦片明显可以看出从灰色渐变成灰红色，瓦身有厚有薄，厚 1.7～2.7 厘米；有红胎磨光筒瓦，凸面呈橘红色，侧面修整并二次切削，厚 1.2～1.4 厘米。与 1992T401 方内红烧土层出土的瓦类相同。柱痕四周填土为黄砂土、小碎石块并夯实。柱穴上层填土为黄砂土、黄土，厚约 0.27 米。柱穴底部西北角开小柱洞（D5）。柱穴开口长 1.65、底长 1.08、宽 1.1、深 0.63 米（彩版三一四，1）。

北魏 X23-D1　一半位于 1992T401 东隔梁下，一半在 1992T402 内。距北魏 X23 中心间距为 2.3 米。开口于第③ A 层黑土层下的碎石块夯实层。平面呈圆形，内填黄砂土、碎石块。直径 0.22、深 0.17 米。

北魏 X23-D2　位于 1992T401 偏东北处。距北魏 X23 中心间距为 2.15 米。与北魏 X23-D1 处于东西同一水平线上，东距北魏 X23-D1 中心间距为 2.6 米。开口于第③ A 层黑土层下。平面呈圆形，内壁凿痕明显，但倾斜方向不一致。内填黄砂土、碎石块。直径 0.25、深 0.28 米。

北魏 X23-D3　位于 1992T401 东隔梁下偏南。距北魏 X23 中心间距为 1.6 米。相对北魏 X23-D1 南北向偏西，北距北魏 X23-D1 中心间距为 2.9 米。开口于第② A 层下。平面呈圆形，内填黄砂土、碎石块。直径 0.2、深 0.15 米。

北魏 X23-D4　位于 1992T401 南部。距北魏 X23 中心间距为 1.5 米。与北魏 X23-D2 处于同一南北线上，北距北魏 X23-D2 中心间距为 2.75 米。与北魏 X23-D3 处于同一水平线上，东距北魏

X23-D3 中心间距为 2.4 米。开口于第②A 层下碎石块夯实层。平面呈圆形，内壁凿痕明显，凿子痕迹宽 0.002 米，呈顺时针方向倾斜。内填黄砂土、碎石块。直径 0.31、深 0.23～0.26 米。

北魏 X23-D5　位于柱穴底部西北角。平面呈圆形，内存木屑，西侧残留有未腐朽的木柱痕迹。直径 0.2、深 0.25 米（彩版三一四，2）。

D105　位于 1992T501 北壁，第 20 窟西侧，西距主尊坐前台阶西侧 11 米。柱洞以北未进行发掘，情况不明。开口于第④A 层红烧土层下。平面呈圆形，柱洞内曾立过柱子，残高 1.1 米。高出基岩面 0.4 米的柱洞西北部有烧毁的木炭痕迹，洞内壁偏南残留有大块木炭，竖直排列规整，可能是木柱烧毁时形成，残高 0.4 米，柱洞内填红烧土、碎石块。基岩面以下深 0.18 米（彩版三一四，3、4）。此洞与窟前地面的柱洞不同，其他柱洞均有黄砂土、碎石块填土，有的夯实。而这个柱洞出土柱痕，应是建筑所用柱洞。

（二）梁孔

在第 14～18 窟的外立壁距基岩地面高约 11.8 米处有一排东西向的长方形大梁孔，目前可辨有 9 个，所有大梁孔均可与地面柱穴相对应。大梁孔外部立面呈纵向长方形，并不是很规整，部分梁孔的东西壁呈阶梯状向北进深。大梁孔附近有一些小梁孔和椽孔，目前无法准确断定其时代，随附近大梁孔编号在此一并介绍。椽孔之上原有一道深槽，现已严重风化，尺寸不清。我们以从东至西的次序标注梁孔 L（表 9-4；图三一二；彩版三一五，1、2）。

北魏 X1 相对应的崖壁在发掘当初已被 20 世纪 70 年代的工程修复，从水野清一、长广敏雄著《云冈石窟》中 20 世纪 40 年代的照片中可以看到此处崖壁是一个缓坡，且坍毁严重，有无梁孔不清。但在第 14 窟东向南折，距地面 2.61 米高的崖壁上开凿出一片较为平坦的台地，台地南北长 7.5、东西宽 1.2～1.5 米。台地上发现 3 个南北向排列的圆柱洞，从北至南依次为第 14 窟 D1、第 14 窟 D2、第 14 窟 D3（彩版三一六，1）。其功能不知是否代替了北侧崖壁上的梁孔。

第 14 窟 D1　平台上距第 14 窟外立壁约 0.92 米处，先开凿出一个南北长 1.75、东西宽 0.9 米的长方形坑，坑北壁距第 14 窟外立壁约 0.23 米，东壁距东侧崖壁边缘 0.5～0.65 米。坑内在距坑北壁 0.6、东壁 0.35 米处开凿小圆柱洞，直径 0.18～0.2、深 0.09 米。此柱洞的中心与柱穴 X1 在正南北线上，二者相距 10.2 米。

第 14 窟 D2　距第 14 窟 D1 南约 1.5、东约 0.6 米处开一条南北向沟槽，沟槽分两段，沟槽总长 1.95、宽 0.13 米。距沟槽北端 0.2 米处在沟槽的西端凿一个圆形柱洞，西距东侧崖壁边缘 0.6 米，直径 0.2、深 0.08 米。

第 14 窟 D3　距第 14 窟南 4.6 米，靠近东侧崖壁边缘，开凿圆形柱洞，直径 0.3、深 0.075 米。

柱穴 X2 相对应的崖壁从《云冈石窟》中 20 世纪 20、40 年代的照片中看到崖壁已坍塌，梁孔形状不清，尺寸不明，或许无梁孔（表 9-5；见彩版三一五，1）。

北魏 L1　位于第 15 窟明窗上部偏东，其中心点距明窗上边壁距离为 3.25 米，立面近似长方形，高 1.65～1.74、上宽 0.86、下宽 0.92、深约 0.7 米。东侧壁在距梁孔底部约 0.45 米处有一个下部水平的三角窝，高 0.4、宽 0.2、深 0.25 米。相对西侧壁距梁孔底部约 0.5、顶部约 0.8 米处也有一个三角窝，高 0.34、宽约 0.17、深 0.2 米。两三角窝相距最宽 1.35 米（彩版三一六，2、3）。

北魏 L1 上部偏东还有两个小方孔。

L1-1 位于"北魏 L1"上部偏东，距"北魏 L1"中心间距为 1.87 米，立面近似长方形，纵剖面略呈三角形，高 0.67 ～ 0.86、宽 0.42、底部深 0.35 米。

L1-2 位于"北魏 L1"左上方，距"北魏 L1"中心间距为 1.75 米；距"L1-1"中心间距为 1.23 米；距"北魏 L1"边壁距离为 0.63 米；距"L1-1"边壁距离为 0.74 米，形制为近似长方形，高 0.51 ～ 0.58、宽 0.4 ～ 0.46、深 0.3 米。

北魏 L2 位于第 16 窟明窗东侧，距"北魏 L1"中心间距为 5 米，距"北魏 L1"边壁距离为 4.04 ～ 4.2 米，立面呈长方形，高 1.55 ～ 1.81、宽 0.88 ～ 0.96、深 0.42 ～ 0.7 米。北壁上部石块坍塌。东侧壁面上有三角窝，距梁孔底部 0.35、里壁 0.4、外边缘 0.16 米，高 0.3、宽 0.13、深 0.15 米。三角窝壁面全部熏黑，有凿痕。其相对西侧壁的三角窝，距梁孔底部 0.42、顶部 0.97、里壁 0.42、外边缘 0.25 米，高 0.4、宽 0.15、深 0.15 ～ 0.18 米。两三角窝相距 1.3 米（彩版三一六，2；彩版三一七，5）。

L2-1 位于"北魏 L2"上部偏东，距"北魏 L2"中心间距为 2.57 米，立面近似长方形，高 0.56、宽 0.35 ～ 0.42、深 0.32 米。

北魏 L2-2 位于"北魏 L2"正上方，距"北魏 L2"中心间距为 1.63 米；距"L2-1"中心间距为 2.22 米，距"北魏 L2"边壁距离为 0.42 米；距"L2-1"边壁距离为 1.77 米，立面呈长方形，内壁面呈缓坡状，高 0.6、宽 0.4、深 0.13 米。

L2-3 位于第 16 窟明窗上部偏东，距"北魏 L2"的边距 3.4 米，模糊不清，仅存痕迹，立面近似长方形，底部两侧呈圆角，西上角呈方形，整体高 0.7（包括斜坡底）、下部宽 0.4、深 0.15 米，西上角深 0.18 米。

柱穴 X5 相对应的崖壁是第 16 窟明窗中央，无梁孔。在第 16 窟距明窗底部 3.3 米处明窗东西壁各开凿一个向西（北魏 L3 东）和向东（北魏 L3 西）两个相对应的长方形方槽，又称为横梁槽[1]。

第 16 窟明窗上半部呈拱形，在距明窗地面约 2.8（东）、2.95（西）米，约即明窗拱形底部处向北凿进约 0.7 米，两侧向东向西外扩 0.6（东）或 0.7（西）米，直达拱顶，总高 1.65 米。明窗立面上部拱形外扩，平面则形成一个曲尺形雕刻面。距曲尺形底 0.54（东）、0.27 米（西）处明窗侧壁东西各开横梁槽（L3 东、L3 西），底部因崖壁崩坏不完整。横梁槽下部及横梁槽内各面布满凿痕，之上则雕刻千佛龛（彩版三一七，1）。

北魏 L3 东槽 位于第 16 窟明窗东壁，其中心点距离明窗下边壁距离为 3.41 米，东距"北魏 L2"中心间距为 3.85 米，距"北魏 L2"边壁距离为 2.9 米，立面近似正方形，平面呈曲尺状，槽孔壁面被熏黑，凿痕明显。高 0.52、南北深 0.85、东西宽 0.24（西）～ 0.58（东）米（彩版三一七，3）。

北魏 L3 西槽 位于第 16 窟明窗西壁，距"北魏 L3 东槽"中心间距为 4.56 米，距"北魏 L3 东槽"的边壁距离为 3.65 ～ 3.71 米，南壁坍塌缺失，但西壁南边壁齐整，立面形状不规则，高 0.5、东西宽 1.12（至明窗边）、南北深 0.43 米，梁孔情况与"北魏 L3 东槽"类似（彩版三一七，4）。

北魏 L3 东槽与 L3 西槽两槽之间架东西向横梁，之上再架向南伸出的南北向大梁，与地面上的 X5 对应立柱构架，而且北魏 L3 东与 L3 西上边壁与北魏 L2 下边壁恰在一条线上。

第 16 窟明窗底部现存 3 个小柱洞，略呈对称分布（彩版三一七，2），外立壁坍塌严重，距离为现在测量长度。东北 D1 距明窗东壁 0.62、距北边 0.65 米，直径 0.18、深约 0.2 米。

[1] 彭明浩：《云冈石窟的营造工程》，文物出版社，2017年，第279页。

　　西北 D2 距明窗西壁 0.65、距北边 0.54 米，洞口高出明窗地面，直径 0.18、深 0.23 米。东南 D4 距明窗东壁 0.5、距南边 0.1 米，洞口破损，直径 0.15、深 0.17 米。西南处现在岩层剥落严重，后期修补，已无痕迹。柱洞填土均为扰土。

　　昙曜五窟明窗底部有大小不等的柱洞，现在还不清楚与窟前建筑有无关系，在此一并介绍。

　　北魏 L3 东槽之上有个长方形小梁孔"L3-1"。

　　L3-1　位于第 16 窟明窗外壁上部偏东，距"北魏 L3 东槽"中心间距为 2.53 米，距"北魏 L3 东槽"边壁距离为 1.85 米，立面长方形，高 0.74、宽 0.26 ~ 0.35、深 0.13 米。

　　L3-2　位于"L3-1"上部偏东，为一排三个圆形小孔。直径为 0.15、深 0.1 米。

　　北魏 L4　位于第 16 窟明窗西侧，距"北魏 L2"中心间距为 10.58 米，距"北魏 L2"边壁距离为 9.51 ~ 9.72 米，距"北魏 L3 西槽"中心间距为 2.64 米，距"北魏 L3 西槽"边壁距离为 1.36 ~ 1.41 米，立面近似长方形，梁孔内东西上三壁呈三级阶梯状，高 1.45 ~ 1.8、上宽 1.12、下宽 0.86、深 0.95 ~ 1.05 米。东侧壁不规整，深 0.98 米，上部有一个阶梯，宽 0.05、深 0.3 米；东侧壁上的三角窝距梁孔底部约 0.5、距顶部约 1.09 米，残高 0.2、残宽 0.1 米。西侧壁呈倾斜状，深 1.3 米，上部外侈，阶梯状 4 个，第 1 个高 0.85、宽 0.15、深 0.3 米；第 2 个高 1、宽 0.2、深 0.3 米；第 3 个高 1、宽 0.13、深 0.3 米。其中第 2 个阶梯宽处雕像。西侧壁三角窝坍塌，两三角窝相距 1.25 米（彩版三一七，6、7）。

　　北魏 L5　位于第 16 窟与第 17 窟明窗之间，距"北魏 L4"中心间距为 5.13 米，距"北魏 L4"边壁距离为 4.16 ~ 4.37 米，立面近似长方形，梁孔内西壁呈三级阶梯状。东侧高 1.84、西侧高 1.66、宽 0.75 ~ 0.84、东侧深 1、西侧残深 0.35 米（彩版三一八，1、2）。

　　北魏 L6　坍塌严重。位于第 17 窟明窗外东侧，东距"北魏 L5"中心间距为 5.11 米，距"北魏 L5"边壁距离为 4.42 米，立面近似正方形，西壁残缺，高 1.4 ~ 1.73、宽 0.6 ~ 0.75、东侧壁深 1、西侧壁深 0.35 米（彩版三一八，3）。

　　北魏 L6 西壁的缺失是因为第 17 窟明窗拱形部分的扩展，与第 16 窟情况相同。

　　L6-1　位于第 17 窟明窗上部偏东，现存一排九个圆形小孔。直径为 0.15 米。断断续续向西延伸。

　　北魏 L7　坍塌严重。位于第 17 窟明窗外西侧，仅存西壁北部下面一角，呈直角状，其他壁面均已坍塌。西壁残高 0.81、宽 0.38 米。西边壁东距"北魏 L6"中心间距为 5.2 米。

　　第 17 窟距明窗地面约 2（东）、1.99（西）米，向北凿进约 0.7 米，两侧向东向西外扩 0.9（东）或 0.54（西）米，直达拱顶，总高 2.68 米。因坍塌，拱形不完整。

　　北魏 L7 东槽　坍塌严重。下方小平台上距 L6 底边 1.05 米，东北角有少量残存，壁面有凿痕，残高 0.3、东西宽 0.26、南北深 0.5 米（彩版三一八，3）。

　　北魏 L7 西槽　紧靠第 17 窟明窗西壁，北魏 L7 之西。坐西朝东，东距"北魏 L6"中心间距为 5.87 米，距"北魏 L6"边壁距离为 5 ~ 5.3 米，顶边与 L7 底边齐平，应是架 L7 的横梁槽，惜相对的第 17 窟明窗东壁横梁槽坍塌不成形状，仅存一平台。L7 西梁槽南北立面近似长方形，五个壁面全部熏黑。梁槽高 0.4、宽 0.5、深 0.5 米（彩版三一八，4、5）。

　　第 17 窟明窗底部有四个小柱洞，略呈对称分布（彩版三一八，6），外立壁坍塌严重，距离为现在测量长度。东南 D1 距明窗东壁 0.55、距南边 0.6 米，洞直径 0.17、深 0.09 米。东北 D2 距明窗东壁 0.41、距北边 0.34 米，洞口高出明窗地面 0.09、外径 0.41、口径 0.17、深 0.13 米。西北 D3 距明窗西壁 0.63、距北边 0.44 米，直径 0.15、深 0.08 米。西南 D4 距明窗西壁 0.94、距南边 0.6 米，洞南侧破损，直径 0.18、深 0.15 米。洞内填土均为扰土。

L7-1　位于"北魏 L7"左上方，距"北魏 L7"底面边距为 2.19 米，立面呈长方形，高 0.61、宽 0.28、深 0.08 米。

北魏 L8　位于第 17 窟与第 18 窟明窗之间，距"北魏 L7"中心间距为 4.81 米，距"北魏 L7"边壁距离为 3.64 米，立面近似长方形，两侧壁有纵向阶梯，呈梯形，上大下小。梁孔高 1.08 ～ 1.72、上宽 1.03、下宽 0.88、东侧壁深 1、西侧壁上部深 1.3、下部深 1.2 米。西侧壁阶梯 4 个，从内至外，第 1 个宽 0.1、深 0.28 米；第 2 个宽 0.08、深 0.25 米；第 3 个宽 0.08、深 0.25 米；第 4 个深 0.3 米。西侧壁三角窝距梁孔底部 0.37、顶部 1.2 米，三角窝高 0.2、宽 0.16、深 0.1 米。东侧壁三角窝距梁孔底部 0.4、顶部 1.2 米，三角窝高 0.2、宽 0.16、深 0.16 米。梁孔底部中央距两侧壁宽约 0.13 米有南北向凹槽，槽深 0.06、宽 0.56、南北长 0.9 米，二层台西侧宽 0.13、东侧宽 13 米（彩版三一九，1、2）。

L8-1　位于"北魏 L8"上方，距"北魏 L8"中心间距为 1.59 米，距"北魏 L8"边壁距离为 0.49 米，立面呈圆角长方形，剖面呈三角状，高 0.51、宽 0.39、深 0.15 米。

北魏 L8-2　位于"北魏 L8"西侧偏上，距"L8-1"中心间距为 0.88 米，距"L8-1"边壁距离为 0.45 米，立面为圆角长方形，高 0.53、宽 0.32、深 0.2 米。

北魏 L9　位于第 18 窟明窗东侧，距"北魏 L8"中心间距为 5.33 米，距"北魏 L8"边壁距离为 4.35 ～ 4.55 米，立面近似亅形。东侧壁略呈弧形，西侧壁下部可能要凿出 L10 的东梁槽，下部凿通，仅存上部。同时梁孔底部呈台阶状，东高西低。梁孔高 1.4 ～ 1.73、上宽 0.54、下宽 1.02、西侧壁上部高 1.65、南北深 0.4、东侧壁高 1.63、深 1.2 米（彩版三一九，5）。

与柱穴 X12 相应的窟外立壁正在第 18 窟明窗西壁，不会有梁孔。如同第 16 窟的 L5 一样，在第 18 窟明窗东西两壁上也各有一个向西和向东的横梁槽，但第 18 窟明窗外侧的拱形扩展因坍塌形状不明，或者未开凿。

北魏 L10 东槽　位于第 18 窟明窗东壁，位于 L9 之下。第 18 窟明窗东壁上部的南侧 20 世纪 40 年代已坍塌严重，之后又有坍塌。槽底上距 L9 底部 0.5 米，即梁槽高 0.5 米，东西残宽 0.36、南北残深 0.25 米（彩版三一九，4）。

北魏 L10 西槽　位于第 18 窟明窗西壁南侧，距"北魏 L9"中心间距为 7 米，距"北魏 L9 东槽"边壁距离为 6.3 米，立面呈长方形，高 0.45 ～ 0.47、残宽 0.24 ～ 0.28 米（彩版三一九，3）。

北魏 L10 东槽与 L10 西槽两槽之间架东西向横梁，之上再架向南伸出的南北向大梁，与地面上的 X12 构架，而且两槽的上边壁与北魏 L9 下边壁恰在一条线上。第 18 窟明窗底部南侧因维修补砌，已看不到是否有柱洞，仅在东北侧有二个小柱洞，D2 距明窗东壁 0.6、北边 0.4 米，直径 0.2、深 0.1 米。D1 距明窗东壁 1.2、北边 0.5 米，直径 0.25、深 0.15 米（彩版三一九，6）。

北魏 L11　位于第 18 窟明窗西侧，距"北魏 L10 西槽"中心间距为 3.8 米。立面近似长方形，梁孔内有凹槽。高 1.12 ～ 1.34、上宽 0.95、下宽 0.85 米，西侧壁高 1.12、深 1.15 米，呈大阶梯状，阶梯宽 0.2、深 0.7 米。西侧壁三角窝距梁孔底部 0.35、距顶部 1.1 米，三角窝高 0.2、宽 0.15、北侧深 0.24、南侧深 0.13 米，东侧壁高 1.33、深 0.8 米，呈倾斜状，内侈。三角窝距梁孔底部 0.33、顶部 1.1 米，三角窝高 0.2、残宽 0.18、深 0.15 米。两三角窝间距 1 米（彩版三二〇，1、2）。

第 19 窟明窗正上方有一"人"字形沟槽，顶端紧贴人工垒砌护坡，距 19 窟明窗最高点的边距为 5.2

米，东西跨度约 23.6 米；沟槽最窄处位于第 19-2 窟正上方，宽约 0.15 米，距第 19-2 窟边距为 3.75 米；其余部分宽度较平均，约为 0.2 ～ 0.3 米；沟槽东半部分距第 19-1 窟边距为 4.1 米（彩版三二〇，2）。

北魏 L12　位于 19 窟主室北壁与第 19-2 窟前的相交处，西半段"人"字形沟槽的偏左，立面近似长方形，距沟槽边壁距离为 1.55 米，高约 0.49、宽约 0.35、深 0.07 米。

表 9-4　第 14 ～ 20 窟外立壁北魏时期窟前建筑大梁孔统计表　　（单位：米）

编号	位置	中心点间距	形制	高度	宽度	深度	备注
北魏 L1	第 15 窟明窗上偏东		近似长方形	1.65 ～ 1.74	0.86 ～ 0.92	0.7	
北魏 L2	第 16 窟明窗东侧	距北魏 L1，5	长方形	1.55 ～ 1.81	0.88	0.42 ～ 0.7	
北魏 L3 东槽	第 16 窟明窗东壁	距北魏 L2，3.85	近似正方形	0.52	0.24 ～ 0.58	0.8	
北魏 L3 西槽	第 16 窟明窗西壁	距北魏 L3 东槽，4.56	不规则	0.5	1.12	0.43	
北魏 L4	第 16 窟明窗西侧	距北魏 L2，10.86	平面近似长方形，梁孔内东西上三壁呈三级阶梯状	1.45 ～ 1.8	上宽 1.12 下宽 0.86	0.95 ～ 1.05	
北魏 L5	第 16 窟与第 17 窟明窗之间	距北魏 L4，5.13	近似长方形	1.66 ～ 1.84	0.75 ～ 0.84	0.35 ～ 1	
北魏 L6	第 17 窟明窗东壁	距北魏 L5，5.11	近似正方形	1.4 ～ 1.73	0.6 ～ 0.75		
北魏 L7	紧靠第 17 窟明窗西壁	距北魏 L6，5.2	近似长方形	0.81	0.38		
北魏 L8	第 17 窟与第 18 窟明窗之间	距北魏 L7，4.81	近似长方形	1.08 ～ 1.72	上宽 1.03 下宽 0.88	1.00 ～ 1.3	
北魏 L9	第 18 窟明窗东侧	距北魏 L8，5.33	近似长方形，梁孔内有凹槽	1.4 ～ 1.73	上宽 0.54 下宽 1.02	0.4 ～ 1.2	
北魏 L10 东槽	第 18 窟明窗东壁			0.5	0.36	0.25	岩壁坍塌残损
北魏 L10 西槽	第 18 窟明窗西壁南侧	距北魏 L9，7.23	长方形	0.45 ～ 0.47	0.24 ～ 0.28		
北魏 L11	第 18 窟明窗西侧	距北魏 L10 西槽，3.8	近似长方形	1.12 ～ 1.33	1	0.8 ～ 1.15	
北魏 L12	第 19 窟与第 19-2 窟的相交线上		近似长方形	0.49	0.35	0.07	
北魏 L13	第 19 窟明窗正上方	距北魏 L12，5.87	近似长方形	0.59	0.39	0.06	

表 9-5　第 14 ～ 20 窟外立壁其他小梁孔、椽孔统计表　　　（单位：米）

编号	位置	中心点间距	形制	高度	宽度	深度	备注
L1-1	北魏 L1 上部偏东	距北魏 L1，1.87	近似长方形	0.67 ～ 0.86	0.42	0.35	
L1-2	北魏 L1 上部偏东	距北魏 L1，1.75 距 L1-1，1.23	近似长方形	0.51 ～ 0.58	0.40 ～ 0.46	0.3	
L2-1	北魏 L2 上部偏东	距北魏 L2，2.57	近似长方形	0.56	0.35 ～ 0.42	0.32	
L2-2	北魏 L2 正上方	距北魏 L2，1.63 距 L2-1，2.22	长方形	0.60	0.40	0.13	
L2-3	第 16 窟明窗上部偏东		近似长方形	0.70	0.40	0.15 ～ 0.18	
L3-1	第 16 窟明窗外壁上部偏东	距北魏 L3 东槽，2.53	长方形	0.74	0.26 ～ 0.35	0.13	
L3-2	L3-1 上部偏东		一排 3 个圆形小孔				
L6-1	第 17 窟明窗上部偏东		一排 9 个圆形小孔				
L7-1	北魏 L7 左上方	距北魏 L7，2.19	长方形	0.61	0.28	0.08	
L8-1	北魏 L8 上方	距北魏 L8，1.59	圆角长方形	0.51	0.39	0.15	
L8-2	北魏 L8 西侧偏上	距 L8-1，0.88	圆角长方形	0.53	0.32	0.20	

北魏 L13　位于 19 窟明窗正上方，"人"字形沟槽尖端正下方，立面近似长方形，上距沟槽边距约 0.32 米，下距明窗边壁距离约 4.17 米，距"北魏 L12"中心间距为 5.87 米，距"北魏 L12"边壁距离约为 5.52 米，高约 0.59、宽约 0.39、深 0.06 米。

（三）包石基岩墙

距第 20 窟台阶向南 10 ～ 10.3 米处，出土一条东西向包石基岩墙。其部分墙体的上部被 1988 年修排水沟时破坏。墙体仅发掘出土一部分，因 1992T302 方内布满大石块，发掘至 1.3 米深时暂停，发掘的墙体西端从 1992T303 出现，东端止于 1992T306，因 1992T307 被 20 世纪 80 年代的排水沟破坏，发掘也未向东发展。墙体出现于第② A 层之下，由大小不等的石块干砌而成，有的石块带有凿痕，墙体砌于基岩之上，其上部向北略有收分，约 0.3 米。此墙体以北约 1 ～ 1.4 米为开凿石窟时基岩地面的南缘，东西向延伸。"最初的崖体表面是从这里向上与绝壁的上部边缘相连的。但这部分早已被切掉，形成了各窟的正立面"[1]。墙体向北与基岩地面之间的空间用碎石块填充，部分被近代明清民国时期破坏。墙体以南的地层从上至下依次为大石块层、褐色碎石块层、大石块碎石块

[1]　〔日〕水野清一、長廣敏雄：《雲岡石窟：西暦五世紀における中國北部佛教窟院の考古學的調查報告》第十五卷《雲岡發掘記2》英文版，京都大學人文科學研究所雲岡刊行會，1954年，第186頁。

层，含土量少，大石块有的还带有凿痕，无出土物，越往东墙体以南以褐色碎石块层为主，夹大石块。此包石基岩墙扩展了窟前基岩地面。此石片墙包砌面未充分完全发掘，发掘长度19.4米，最高处1.8米（1992T305）；最低处高1.25～1.3米（1992T303），石片墙最宽处约1、窄处0.6米（彩版三二〇，3、4，三二一）。

六　窟前木结构建筑出土遗物

第20窟前红烧土层中出土大量瓦件，多数堆积于石雕之下，有的则混杂于石雕中。瓦件表面有火烧痕。第20窟东侧瓦件堆积集中，叠压密集，推测建筑的瓦片火烧后坍毁（彩版三二二，1）。除瓦片堆积外，还发现有彩绘墙皮（彩版三二二，2、3）、瓦顶上的黄土。

考古发掘之前的1991年地面取平活动中曾在此区域（1992T501～T502地表）采集到大量甲类瓦件。为保持出土遗物的整体性，在此一并叙述。

（一）建筑材料

1.陶质建筑材料

瓦　373件。

1992～1993年窟前考古发掘出土的北魏瓦类，因胎质、工艺的不同，分四大类。甲类胎质夹砂且粗糙，胎土烧结成小泥团，厚薄不均。布纹细密，烧制紧致，有灰色、红色。乙类灰陶胎，胎质夹砂，见粗砂颗粒及细小的白色石英颗粒。布纹较粗，烧制紧密。丙类灰陶，胎质细腻，几乎不见砂粒，略有孔隙，筒瓦布纹较细密，烧制紧致。板瓦的凹面和筒瓦的凸面磨光，呈灰黑色。丁类仅见板瓦，红陶胎，胎质细腻，含少量细砂粒，凹面修整，凹凸面施釉，釉色黄绿。

（1）甲类瓦

360件。胎质夹砂且粗糙，胎土烧结成小泥团，布纹细密，烧制紧致。有灰色、红色。

1）板瓦

238件。

灰色板瓦　238件。其中遗址出土6件；采集232件。

山顶遗址灰陶板瓦分两型。此区域见A型，且属于凹凸两面均有手指捺压波状纹的Aa型。

Aa型　238件。此区域出土瓦体厚薄不一，凹面布纹细密，有的全部抹平，有的则留有少量布纹。有的内部还可见木条模具的痕迹。凹面常于近宽端处约7～13厘米处有一条凹槽，可能是模具捆绑绳索处。凸面多留存拍打坯体时的绳纹。凸面宽端处用手指捺压呈波状纹，相应的凹面可见指肚印痕。从手指肚方向来看，凹凸面为不同的按压方向。两侧面全切修整，并在凹凸面形成倒角。制作较粗糙，烧制温度较高。质量重，宽度不一。

标本1992T506④A：3，整体呈灰色。凹面有明显纵向修整痕迹，仅存少量布纹。凸面残留绳拍痕迹，有几道纵向划痕，宽端处两面压印，凸面压痕明显。两侧面全切，凸面瓦头窄端底部突出，可能制作时以此为底部。长64.5、宽39.5～45、厚1.5～3.2厘米（图三一三，1；彩版三二三，1）。

标本1992T602副方④A：137，整体呈深灰色，两面均凹凸微不平。凹面距宽端长7.5厘米处有凹槽。凸面残留大量纵向或斜向绳纹拍打痕迹，宽端顶头凹面指肚压痕轻。长64.5、宽37～39、

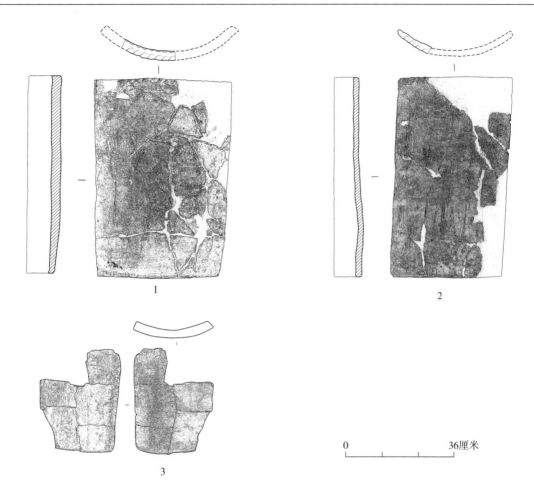

图三一三　第 14～20 窟前建筑出土北魏时期甲类 Aa 型板瓦
1～3.1992T506 ④ A：3、1992T602 副方④ A：137、1992T401 ④ A：15

厚 2～3.8 厘米（图三一三，2）。

　　标本 1992T401 ④ A：15，因大火灰色瓦烧成红灰色，凹面布纹很细密，并有纵向抹平痕迹，凸面残留绳拍痕迹。侧面斜切并修整。长 34.1、宽 26.4、厚 3.2 厘米（图三一三，3）。

　　标本 1992 窟前采：1122，凹面处可见一凹一凸的内模条痕迹，虽有纵向抹光痕迹，仍可见细密的布纹。且瓦头窄端底部余留布纹。瓦距宽端 12 厘米有一横向、断续的凹槽，且宽端处略向外展。凸面残留绳拍痕迹，之上可见横向修抹痕。瓦头宽端处两面用手指肚按压，形成波状纹。指肚宽大，波纹舒朗。瓦头凸面窄端底部有突出，可能板瓦制作时宽端处朝上，而另一端泥片因压力作用而稍有外突。两侧全切修整，凸面形成倒角。板瓦凹面颜色因火烧呈红色。长 64.2、宽 39～43、厚 2.3～2.5 厘米（图三一四，1；彩版三二三，2）。

　　标本 1992 窟前采：1123，宽端处凹面压印痕较浅，两侧凹面形成倒角，瓦残长 23.5、宽 38、厚约 2.5 厘米（图三一四，2；彩版三二三，3）。

　　标本 1992 窟前采：1124，凹面宽端处指肚压印呈圆形，较浅。残长 18、宽 18、厚 3.5 厘米（图三一四，3；彩版三二三，4）。

　　标本 1992 窟前采：1125，瓦体厚重，凹面宽端处较浅呈圆形，凹槽距宽端头 9 厘米。残长 19、

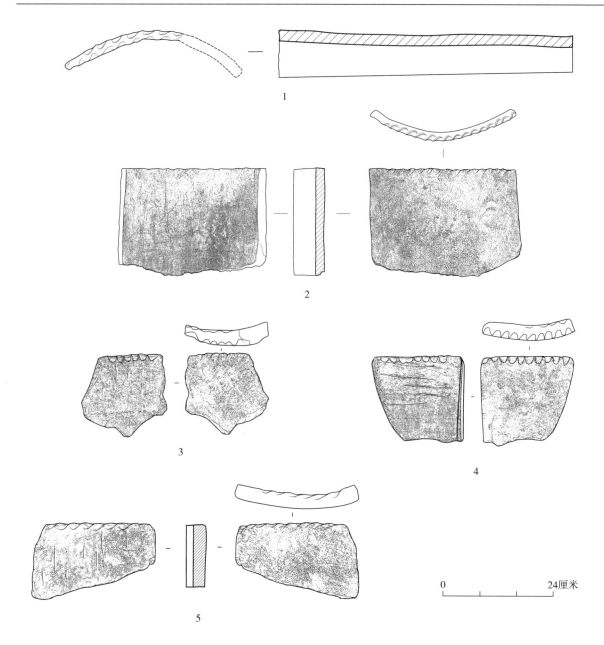

图三一四　第 14～20 窟前建筑采集北魏时期甲类 Aa 型板瓦

1～5.1992 窟前采：1122、1123、1124、1125、1130

宽 19.5、厚 3.5～4 厘米（图三一四，4；彩版三二三，5）。

标本 1992 窟前采：1130，凹面有明显的纵向浅刮削修整痕。残长 16、宽 25、厚 2.5～3 厘米（图三一四，5；彩版三二三，6）。

标本 1992 窟前采：1131，凹面宽端处未压印，凸面指肚痕挤压明显，从凸向凹挤压，指纹明显。残长 9、宽 22、厚 2.5～2.8 厘米（图三一五，1；彩版三二五，1）。

标本 1992 窟前采：1132，瓦头宽端处，凸面压印痕明显，凹面略有压印。指肚较细，间隔较宽。两侧全切修整，凹面形成倒角。长 63.8、宽 39.7～42.9、厚 3 厘米（图三一五，2；彩版三二四，2）。

标本 1992 窟前采：1195，瓦身一侧全切且修整，凸面除留存多处绳纹拍过的痕迹，还划一个长

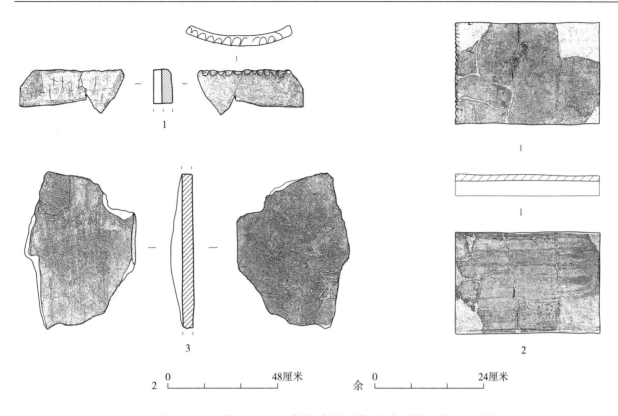

图三一五　第 14～20 窟前建筑采集北魏时期甲类 Aa 型板瓦
1～3.1992 窟前采：1131、1132、1195

方格，格内划"米"字，不规整。残长 31.5、宽 24.5、厚 2.5 厘米（图三一五，3；彩版三二四，3）。

2）筒瓦

119 件。

灰色筒瓦　116 件。其中地层出土 9 件；采集 107 件。凹面布纹经纬细密，凸面多抹平，有竖向刮削修整痕迹，有的还有磨光迹象，有的施陶衣。瓦身与瓦舌相接处瓦身向内收缩，并形成一个弧面。侧面多半切，分割后破面未加修整。瓦舌内凹，肩部微呈凹槽状。相对一端瓦身两侧略外撇且削薄抹平，端头平齐。根据是否压光分 A、B 两型，此区域见 A 型。

A 型　116 件。凸面经砑磨压光，可见黑色竖条磨过的痕迹。

标本 1992T504④A：1，瓦身略不平整。凸面抹平，部分有磨光痕迹。瓦通长 63.2、厚 2.5～3.8、直径 21.2～22、瓦舌长 6.2、厚 1.6、肩高 1.4 厘米（图三一六，1；彩版三二四，4）。

标本 1992T506④A：1，瓦通长 65.6、厚 2.5～3.1、直径 20.5～21、瓦舌长 6.8、肩高 1.3 厘米（图三一六，2；彩版三二四，5）。

标本 1992T506④A：2，瓦身底部略有倾斜。凸面有磨光痕迹。瓦通长 65.2～66、直径 19.7～22.1、瓦身长 7.5、瓦舌长 7.5、厚、肩高 2 厘米（图三一六，3；彩版三二四，6）。

标本 1992T509④A：2，带有瓦舌，瓦身凸面留有绳拍痕迹，之上有纵向磨整痕迹，凹面有明显泥条痕迹，宽 4～7.8 厘米。瓦残长 32～39、厚 2.2～3.2、直径 20.8～21.2、瓦舌长 6、厚 1.8、肩高 1.5～1.7 厘米（图三一六，4）。

标本 1992 窟前采：1126，带有瓦舌，凸面瓦身有纵向磨光痕迹，凹面可辨泥条接痕，泥

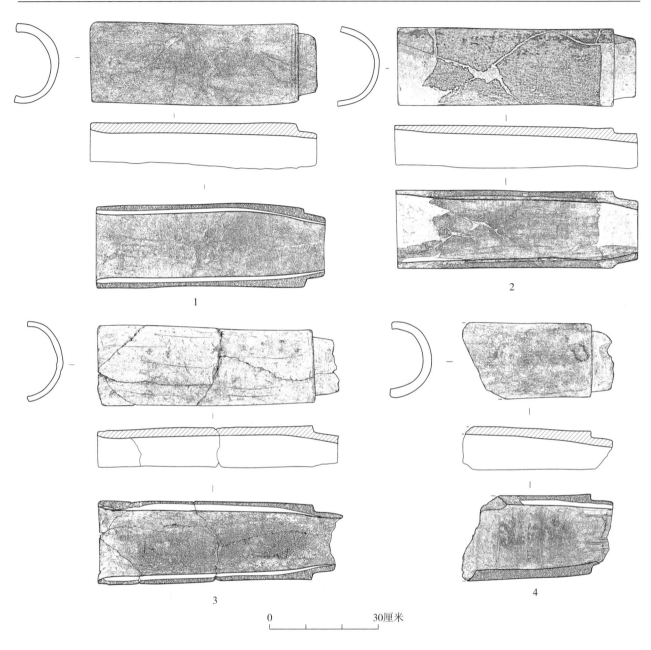

图三一六　第 14 ～ 20 窟前建筑出土北魏时期甲类 A 型筒瓦

1 ～ 4.1992T504 ④ A：1、1992T506 ④ A：1、1992T506 ④ A：2、1992T509 ④ A：2

条宽 3.5 ～ 4 厘米。瓦残长 14.8 ～ 35.5、直径 20.5、瓦舌残长 1.2 ～ 3.2、厚 2 ～ 3.2、肩高 2 ～ 2.2 厘米（图三一七，1）。

　　标本 1992 窟前采：1127，带有瓦舌，侧面切痕从瓦舌至瓦身由窄变宽，凸面瓦身纵向涂刷青灰色颜料。瓦残长 29.5、瓦舌长 6 ～ 6.5、厚 1.8、直径 20.3、厚 2.2 ～ 2.8、肩高 1.5 ～ 1.8 厘米（图三一七，2；彩版三二五，1）。

　　标本 1992 窟前采：1128，残，凹面布纹不清晰，可辨泥条痕迹，宽 3.5 ～ 7 厘米宽窄不等。凸面有青灰色颜料刷痕，侧面修整，凹凸面均成倒角。残长 35、宽 20、厚 2.5 ～ 2.8 厘米（图三一七，3；

彩版三二五，2）。

标本 1992 窟前采：1133，凸面瓦身粘有白灰，表面呈灰红色。残长 29.8 ～ 34、直径 19.6 ～ 20、厚 2 ～ 3 厘米（图三一七，4；彩版三二五，3）。

标本 1992 窟前采：1134，缺瓦舌，凸面有磨光痕迹，凹面近底端 4 厘米处削薄并抹平。残长 57.8 ～ 58.5、直径 20.8 ～ 22、厚 1 ～ 2.8 厘米（图三一七，5；彩版三二五，4）。

红色筒瓦　3 件。其中遗迹出土 2 件；采集 1 件。红胎，胎质与甲类灰陶瓦类相同，烧结成颗粒。火候高，烧成坚致。胎土凹面布纹较细密，凸面压光并留存刷颜料的痕迹，颜色深浅各有不同。侧面半切，破面未修整。为 A 型。

标本 1992T413 ④ A：4，X12 内出土。凸面表皮呈淡黄色。厚 2.1 厘米（彩版三二五，5）。

标本 1992T501 ④ A：78，凸面表皮颜色不匀，呈淡黄色、橘红色。厚 2.1 厘米。

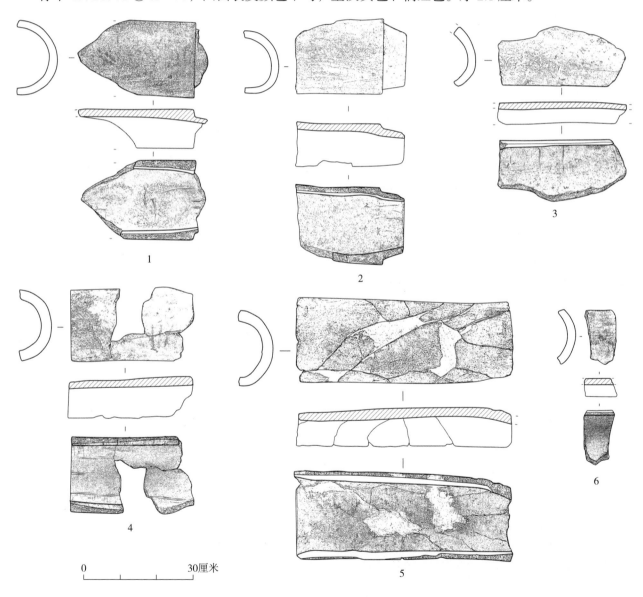

0　　　　　　　　30厘米

图三一七　第 14 ～ 20 窟前建筑采集北魏时期甲类 A 型筒瓦

1 ～ 5. 灰色筒瓦 1992 窟前采：1126、1127、1128、1133、1134　6. 红色筒瓦 1992 窟前采：1193

标本 1992 窟前采：1193，凸面磨光，呈橘红色。厚 2.1 厘米（图三一七，6；彩版三二五，6）。

3）檐头筒瓦

2 件。

灰色檐头筒瓦　2 件。均为遗迹出土。北魏檐头筒瓦由瓦当与筒瓦相粘接而成。筒瓦身与其他筒瓦相同，故在此仅以瓦当当面图案不同来叙述。当面有兽面忍冬纹瓦当。

兽面忍冬纹瓦当　2 件。均残，图案相同。夹砂灰陶，与甲类板瓦、筒瓦胎质相同。烧制火候高，有的可见爆裂纹。从几件残瓦当结合看，当心雕兽面，兽面长角上扬弯曲，角根三突起。二角间即当面中上部为七叶忍冬花盛开。宽眉外角上卷，上有椭圆形小耳，耳廓突出。梯形眼眶，大圆眼，眼仁凸起。三角鼻头，鼻孔圆张，鼻梁施横纹。阔嘴露七齿，两侧为尖獠牙，半圆舌尖外舔。边轮高宽，二周凸弦纹带内雕波状忍冬纹，波状藤蔓上下或出一叶或出二叶。

标本 1992T501 ④ A：8，仅残存下部鼻子、牙齿、舌头及部分忍冬纹边轮。直径 19.5、当心厚 2.5、边轮宽 3.2、厚 0.4 厘米（图三一八，1；彩版三二六，1）。

标本 1992T501 ④ A：9，仅残存左侧鼻孔、上唇、牙齿及部分忍冬纹边轮。直径 19.5、当心厚 2.1、边轮宽 3.1、厚 0.4 厘米（图三一八，2；彩版三二六，2）。

4）莲花建筑饰件

1 件。灰色，圆形，平底。莲花建筑饰件胎质与板瓦、筒瓦相同分三类材质。山顶遗址莲花建筑饰件分两型。A 型莲瓣高凸，又根据底部是否斜削分两亚型。Aa 型底部未斜削，Ab 型底部斜削呈倒角状。此区域遗迹出土遗物仅见 Ab 型。

Ab 型　1 件。

标本 1992T502 ④ A：13，深灰色。中央圆形外有一周凹槽，圆形内穿方孔，方孔剖面呈倒"凸"字形。外围高雕一周莲瓣，较中央稍高，为 6 个复瓣双层莲瓣，瓣肉圆润突出。底部外周斜削呈倒角状，使双层瓣尖翘出。直径 14、高 4.6、孔边长 4.3 ～ 5.4（上）厘米（图三一八，3；彩版三二六，3）。

（2）乙类瓦

1 件。

1）莲花建筑饰件

1 件。此区域遗迹出土遗物仅见 Ab 型。

Ab 型　1 件。

标本 1992T503 ④ A：3，胎质较细，几乎不见砂粒。中央方孔孔周上层较平。方孔分二层，孔身断面呈倒"凸"字状。外围为 6 个双层复瓣团莲。制作不规整。瓣间为双条线，莲瓣瓣根间为单线或双线，从莲瓣的走向可辨为双莲瓣。底面斜削一周，上层瓣尖不突出向上，下层莲瓣的瓣尖也向上。直径 11.2、孔边长 3.5（上）、高 4.6 厘米（图三一八，4；彩版三二六，4）。

（3）丙类瓦

12 件。胎质细腻，几乎不含砂粒，板瓦的凹面和筒瓦的凸面磨光。灰陶居多，少量呈黄红色。胎间略有孔隙。筒瓦布纹较细密，烧制紧致。

1）板瓦

7 件。均为地层出土。其中灰色瓦 2 件；红黄色瓦 5 件。

灰色板瓦　2 件。多数表皮呈黑色，个别为浅灰色，其胎色也随之有深浅的不同。凹面磨光，

图三一八　第 14 ～ 20 窟前建筑出土北魏时期建筑材料

1、2 檐头筒瓦 1992T501 ④ A：8、1992T501 ④ A：9　3. 甲类 Ab 型莲花建筑饰件 1992T502 ④ A：13　4. 乙类 Ab 型莲花建筑饰件 1992T503
④ A：3

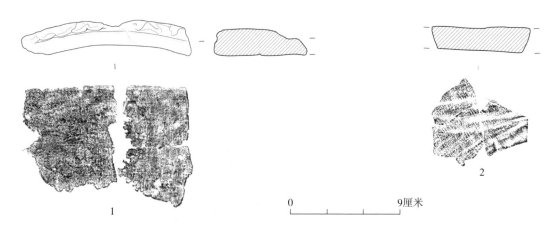

图三一九　第 14 ～ 20 窟前建筑出土北魏时期丙类板瓦
1. 灰色板瓦 1992T401 ④ A：17　2. 红黄色板瓦 1992T401 ④ A：12

可辨纵向磨光痕迹，凸面抹平修整。侧面也磨光。有的瓦头顶端中间划一条线分界，上部多修成圆角，下部用刀类物剔出一条波状纹。

标本 1992T401 ④ A：16，凹面磨光，凸面削平修整光滑。侧面与端头也磨光。因大火（烧制温度过高使瓦的颜色由灰变红）灰色瓦烧成红灰色。残长 17.8、瓦身厚 2.1 ～ 2.7 厘米（彩版三二六，5）。

标本 1992T401 ④ A：17，X23 出土。仅存端头。凹面磨光，凸面削平修整光滑。瓦头的顶端中间划一条线分界，下部用刀类物剔出一条波状纹。残长 9.6、瓦身厚 2.2 厘米（图三一九，1；彩版三二六，6）。

红黄色板瓦　5 件。红胎，胎质细腻，几乎不含砂粒，略有空隙。筒瓦布纹较细密，烧制紧密。凸面磨光，有纵向磨光痕迹，表皮颜色深浅各有不同。侧面半切，掰痕未修整。

标本 1992T401 ④ A：12，凸面表皮呈淡黄色，侧面 1/3。残长 6.9、厚 2 厘米（图三一九，2；彩版三二六，7）。

标本 1992T401 ④ A：3，为窄端一部分，凹凸面及顶端均磨光，凸面表皮颜色不匀，呈黄绿色。残长 3.8、厚 1.3 ～ 1.6 厘米（彩版三二六，8）。

2）筒瓦

5 件。

灰色筒瓦　5 件。同板瓦情况相同。多数呈黑灰色，个别为浅灰色，其胎色也随之有深浅的不同。凸面磨光，可辨纵向或横向磨光痕迹，以前者居多。有的筒瓦凸面涂刷陶衣。凹面布纹较细密，侧面有半切的，也有磨光的。

标本 1992T401 ④ A：18，瓦体薄。仅存瓦身，凸面表皮磨光，颜色多变，可能因大火燃烧而致，从灰色到浅褐色。有明显的纵向刷痕。侧面半切，破面修整未磨光。残长 22.9、瓦身厚 1.9、直径 15.3 厘米（彩版三二七，1）。

标本 1992T401 ④ A：19，X23 出土。残存瓦端头。瓦体薄。凸面表皮磨光，从灰色渐变到灰红色，可能因大火烧致。侧面半切修整磨光，端头也削平修整。端头厚 1.3、瓦身残长 11.1、厚 1.8 厘米（彩版三二七，2）。

2. 铁质建筑材料

1）铁箍带

4 件。锈蚀严重，形状基本相同。呈长条状，有钉眼。

标本 1992T401 ④ A：9，X23 出土。残，存一侧边，侧边上下的二个钉眼被锈堵。距侧边 32.5 厘米处下部还有一钉眼，钉眼略呈方形。残长 77.5、宽 10、厚 0.5、钉眼边长 0.5 厘米（彩版三二七，3）。

标本 1992T425 ④ A：1，残，存一侧边，侧边上下距侧边 1.3、距两边 1.5、1.8 厘米处有二个钉眼，两钉眼相距 5.3 厘米。还有钉眼或居中部，或位于下部，钉眼略呈方形。残长 77、宽 9.6、厚 0.5、钉眼边长 0.5、0.6 厘米（彩版三二七，4）。

标本 1992T412 ④ A：4，基本完整，做去锈处理。距两侧边各约 2 厘米处分别有上下二个钉眼，二钉眼相距约 4 厘米。距两侧边各约 27、25 厘米处铁带中部有二个钉眼，这二个钉眼相距 24 厘米，即基本上为等距分布。钉眼略呈长方形。带长 77、宽 7、最厚处 5、钉眼边长约 0.5 厘米（彩版三二七，5）。

标本 1992T503 ④ A：42，残成 4 段。最长一段 20.7、宽 7.1 厘米（彩版三二七，6）。

2）铁钉

28 枚。锈蚀严重，形状基本相同。其中两件无钉帽。

标本 1992T409 ④ A：3，无钉帽，四棱锥体，钉体细长。钉体外残留有木头痕迹。残长 10.9、钉体边长最宽 0.8 ～ 0.6 厘米（彩版三二八，1）。

标本 1992T409 ④ A：4，无钉帽，四棱锥体，钉体细长，尖部微弯。残长 10.9、钉体边长最宽 0.8 ～ 0.6 厘米（彩版三二八，1）。

其余据钉帽的不同，分三型。

A 型　2 枚。泡钉，顶为伞形圆帽，钉体呈四棱状，尖头。

标本 1992T502 ④ A：8，钉体残长 18、帽径 8、帽高 1.3 厘米（彩版三二八，2）。

标本 1992T502 ④ A：9，钉体残长 2、钉体边长宽 1、帽径 8 厘米（彩版三二八，3）。

B 型　22 枚。顶为圆形平顶帽，四棱锥体，尖头。

标本 1992T401 ④ A：5，X23 出土。残长 9.5、钉体边长最宽 1.1、帽径 2.3 厘米。

标本 1992T412 ④ A：2，残长 9.7、钉体边长最宽 0.9、帽径 2.2 厘米。

标本 1992T415 ④ A：1，X10 出土，残长 6.5、帽径 2 厘米。

标本 1992T503 ④ A：43，残长 7.5、钉体边长最宽 0.6、帽径 2.2 厘米（彩版三二八，4）。

标本 1992T408 ④ A：1、2、3，X17 出土，均残断，锈蚀严重，有的钉身还残留有木状痕迹，残长为 3.8、4、6.3 厘米。

C 型　2 枚。方形锥体钉帽，钉体呈四棱锥体状，钉体较短。

标本 1992T503 ④ A：45，方形钉帽呈锥体状，尖头。长 8.6、钉体边长最宽 0.6、帽边长 0.9 厘米（彩版三二八，5）。

标本 1992T409 ④ A：5，残长 5、钉体边长最宽 0.7、帽边长 1.2 厘米。

3）铁条

2 件。

标本 1992T503 ④ A：44，扁长条状，弯成 L 形。残长 8.6 厘米（彩版三二八，6）。

标本 1992T408 ④ A：3，扁长条状，一端呈尖状。残长 16、扁条长 0.6、宽 0.4 厘米。

3. 泥质建筑材料

1）泥背红烧土块

34 块。

标本 1992T501 ④ A：10 ～ 12，3 块，均砖红色，草拌泥，夹有云母点（彩版三二九，1）。

标本 1992T502 ④ A：11，两面平直。厚 3.7 厘米。

标本 1992T502 ④ A：12，两面平直。厚 2.8 厘米。

标本 1992T503 ④ A：5 ～ 15，11 块。砖红色，草拌泥（彩版三二九，2）。

标本 1992T409 ④ A：6 ～ 12，7 块。砖红色，草拌泥，夹有云母点、料姜石。

标本 1992T509 ④ A：3 ～ 8，6 块。小块，砖红色（彩版三二九，3）。

标本 1992T411 ④ A：1、2，2 块。砖红色（彩版三二九，4）。

2）彩绘泥墙皮

14 块。

标本 1992T502 ④ A：15，均为小残块，大小共 11 块。地仗为含白灰颗粒的泥，不见麋麻或麦草，厚 0.8 ～ 1.1 厘米。不见粉层，颜料直接施于地仗表面，目前可见红、黑两种颜料绘制的线条，个别残块可见金箔层。长 2.5 ～ 4.5、宽 1.8 ～ 3.5 厘米（彩版三二九，5）。

标本 1992T503 ④ A：16 ～ 18，均为小残块，胎质同上，涂红彩（彩版三二九，6）。

（二）生活生产用具

1. 陶器

5 件。

陶罐

2 件。山顶遗址北魏陶罐分两型，本区域见 A 型，矮颈罐。

A 型　2 件。

标本 1992T502 ④ A：14，泥质灰陶，残存罐口颈部。矮颈，盘口，束颈，溜肩。口径 15、壁厚 0.4 ～ 0.7、残高 8 厘米（图三二〇，1；彩版三三〇，1）。

标本 1992T502 ④ A：16，矮颈罐。器内壁口部附加一周泥条呈敞口形，斜方圆唇，短直颈，圆肩，鼓腹，小平底。器外壁有横向磨光痕迹，器表有剥落现象。肩部、肩腹部、腹中部以七条齿为一组各划一组弦纹。口径 34.4、底径 24、高 78 厘米（图三二〇，2；彩版三三〇，2）。

陶盆残片　3 件。泥质灰陶。内壁施方格纹，花纹表现形式不一。

标本 1992T404 ④ A：1，X21 出土。三行、四行方格，方格相较略大。残长 6、宽 6.4 厘米（图三二一，1；彩版三三〇，3）。

标本 1992T413 ④ A：6，X12 出土。四行方格纹与羽状纹相间，羽状纹由 "<" 与 ">" 符号形上下排列而成，一个花纹的长度单位为 7、宽 1.1 厘米。残长 8.2、宽 8 厘米（图三二一，2；彩版三三〇，4）。

2. 漆器

1 件。

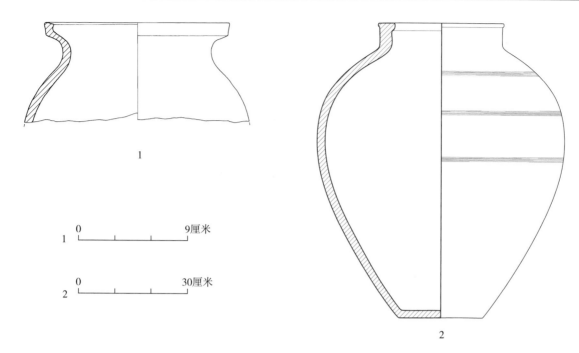

1

1 0 ———— 9厘米

2 0 ———— 30厘米

2

图三二〇　第 14～20 窟前建筑出土北魏时期 A 型陶罐

1、2.1992T502 ④ A：14、1992T502 ④ A：16

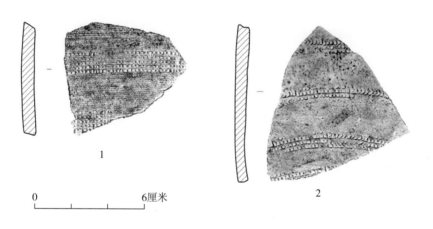

1

0 ———— 6厘米

2

图三二一　第 14～20 窟前建筑出土北魏时期陶盆残片

1、2.1992T404 ④ A：1、1992T413 ④ A：6

标本 1992T105 ③ B：11，出土于南北坡道旁。仅见残片，色褐，器形不辨。

七　河堤、坡道

　　距第 20 窟前中央台阶（石墙）向南约 21 米处，有一段东西向石块砌的墙体。墙体呈东西向，东向偏南，向南呈整齐的墙面。据郦道元《水经注》卷十三《漯水》记："其水又东转径灵岩南，凿石开山，因岩结构，真容巨壮，世法所希，山堂水殿，烟寺相望，林渊锦镜，缀目新眺。川水又东南流出山。"而此墙体南最下部地层为厚约 1 米的淤泥以及之下的砂层，可以断定此墙体为北魏时河堤。在与第 20 窟前中央台阶东西两端对应的位置河堤向南呈直角状折拐，形成一条南北向坡道，总体呈"T"字形（彩版三三一～三三三）。

　　堤体由大小不等的石块干砌而成。底部的石块较大。整个堤体向东南略有倾斜，堤体西部从西到东高1.1～2.5米，东部高3～3.2米。据不完全发掘情况来看，以南北坡道为界，西部堤体的西端（1992T101）被后期破坏严重，距今地表深约4米时才出现堤体，堤体较低（1992T101，高1.1米），与东邻的1992T102（高2.5米）的堤体上下落差约1.5米。西端堤体从砂层底部起高0.5～0.9米之上，堤体向北缩进约0.3～0.4米，形成二层台，之上继续以石块垒砌，均向南形成整齐的墙面。而靠近南北坡道的东端堤体则无收缩，但越往上向北略有收分，收分从底至发现的顶面约0.3米（彩版三三二，1）。如东距1992T102东壁1.5米的1992T103方内的堤体向南为一个整齐的墙面，堤体向西北略有倾斜，由下至上有收分，高约3.6米。东距南北坡道33.5米处的堤体又出现二层台，底部比上体向南突出约1米，在1992T108因堤体底部已距探方南壁太近，无法发掘，所以底部高度不清，上部堤体仍向北有收分约0.2米。因所开探沟并不相连续，东部堤体如何从斜向有收分的堤体变成有二层台的堤体衔接处不明（彩版三三二，2、3）。

　　南北坡道表面地势北高南低，有明显坡度。方向略偏西南。东西两侧边墙由大石块与少量片石干砌而成。下部用大石块垒砌，高1.8～2.5米。上部用片石垒砌，片石较规整，均为大小不等的长方形片石，石片垒砌约10层，高1.1～1.2米。东西两侧从下至上均有收分，约0.22～0.58米，坡道内填碎石块。发掘长约10.8、宽约4米，高度（从发掘的坡道砌石底部起）从北至南约3～1.6米，与第20窟前的台阶东西宽相同，坡道的东侧墙体与第20窟前中央台阶东垂带相延为一直线，同理，西侧墙体与中央台阶西垂带处于同一条延长线上。且坡道的石块之上有厚0.05～0.15米的黑色路土层，长期行走所致。坡道与河堤墙体转角处的关系是先垒坡道后砌河堤，坡道的石块深入进堤体（彩版三三三，1～3）。

　　堤体西侧和坡道上部被1988年修理的排水沟破坏。

　　此区域地层的第③层上部的碎石块层铺于地势较低南北向坡道之上，呈平整面，表面平坦坚硬，表明曾长时期踩踏利用。

　　金天会九年（1131年），金宗翰差夫三千人改拨河道之后，河堤、坡道不再具有任何作用，所以河堤以南、坡道东西的地层多为金代及以后填埋的。地层中，有的小层位呈从北向南、从上至下的倾斜趋势，说明这些堆积是从河堤北面逐渐向南堆积的人为倾倒物。其中有的小石片有明显的人工雕凿痕迹，有可能就是开凿石窟的废弃料。

八　西立佛堆积遗迹

　　昙曜五窟前地层经历年来的活动破坏严重。唯有第20窟大佛膝前及其西侧地层有所保留，但1991年降低窟前地面工程再一次破坏了第20窟前的部分地层，仅保留了第20窟前很薄的地层以及第20窟西侧遗迹，即南立壁下往南宽约10、厚约1.48米的红烧土层未经清理，西侧红烧土层的南缘是明清民国时期人们用石块砌的屋墙（彩版三三四，1）。即屋墙以北至第20窟西侧台阶、包石台基为红烧土层，其中西侧的台阶还被暴露出多半部。另外1991年工程时也采集了部分衣纹残块。1992年考古发掘在此布探方1992T501和1992T502。在西侧台阶南红烧土层出土大量石雕，有133件，主要为佛像衣纹等（彩版三三四，2；彩版三三五），佛像衣纹与第20窟东立佛相比较，应该是属于第 20 窟西立佛造像的坍塌石雕块。衣纹造像排列分布在同一个层面上，排列无序，朝向各异，但也不是自然坍塌堆积，属人为有意排列（彩版三三四，2）。石雕堆积的状况显然不是坍塌的第一现场，是从窟内（西立佛较南壁先坍塌）或窟外择选（西立佛与南壁同时坍塌）并平铺开来。有的石雕顶面有 1 ～ 3 个卯口，说明西立佛坍塌之后，曾进行过拼接、重新组装的工程，并未完工。石雕之上有瓦片堆积，推测西立佛拼接正在进行中，窟前的建筑因火烧崩毁，所有工程全部停工。

　　日本学者在 1940 年第 20 窟前的发掘中，也曾在昙曜五窟前的堆积中发现西立佛折叠衣纹上的一部分石块，后移至第 12 窟前 5 号探沟填埋，2013 年被再次发现，也归入此部分一并叙述，描述中括号内"××洞"为当年日本学者墨书标注。

　　西立佛衣纹石块分为衣纹石块和铆接石块两类，手部石块计入衣纹石块类。共 152 件。

（一）衣纹石块

　　115 件。说明：以下描述以雕刻面为正面，相对面为背面；左、右为佛自身之左右，以石雕摆放位置确定顶面和底面。"+"表示出土时分离，现在已粘接。此类探方（T）和采集（窟前采）遗物按原立佛位置排放，顺序从上至下、从右至左。不连片和位置不明的石雕另放。

1. 立佛身体部位

　　标本 1992T502 ④ A：28，正面近似三角形，弧面。较宽大凸面上有两条阴刻线，一长一短，"V"形刀口上细下宽（1 ～ 3 厘米），深 1.5 厘米，线间距 11 厘米。长边一侧有卯口（在正面开卯口），走向垂直于宽面，残留尾端宽 8、长 6、深 11 厘米。宽凸面下所压面凹凸不平，有阴刻线，均宽 6 厘米。凹凸面高差 1.5 厘米，小凸面与大凸面高差 2 厘米。顶面半圆形，自然断面，有灰绿结核。推测为立佛通肩衣领右侧靠近耳部衣纹。宽 41、高 56、厚 21 厘米（图三二二，1；彩版三三六，1）。

　　标本 1992T501 ④ A：41，正面长方形。宽凸面右上至左下走向，上有阴刻线三条，走向一致，三角锋口。宽面右下叠压一纵向细窄凸起面。右上角破损可见卯口，宽面边左高右低，有凿痕。顶面梯形，正面边缘弧形外凸，有凿痕及石花。左侧卯口下边毁损，右侧卯口，方向为九时。推测为立佛衣领右侧部位。宽 42、高 38、厚 23.5 厘米（图三二二，2；彩版三三六，2、3）。

　　标本 1992T502 ④ A：27，正面长方形。一半雕刻凸面，上有阴刻线两条，线间距 7 厘米，右上至左下走向，右侧阴刻线与凸面棱边距离渐窄。另一半为平面，角有阴刻线。左侧面有较大断面。左面、顶面和背面有凿痕。推测为立佛通肩衣领右侧衣纹。宽 31、高 32、厚 24 厘米（图三二二，3；彩版三三六，4）。

　　标本 1992T502 ④ A：79，正面长方形。磨光面上边缘处有横向阴刻线和一竖向短线。顶面梯形，有刻痕，正面一边略呈弧形。左边有一卯口，方向为二时。左侧面和底面有凿痕石花，底面凿痕线距 2.5 ～ 3.5 厘米。推测为立佛颈部。宽 32、高 20、厚 20 厘米（图三二二，4；彩版三三六，5、6）。

　　标本 1992T502 ④ A：21，正面长方形。右上至左下走向，两个凸面与两个凹面相间，均有阴刻线。凸面上窄下宽，左凸面宽 9.5 ～ 10、右凸面宽 10 ～ 10.5 厘米，之间凹面上宽下窄（10 ～ 9 厘米）。左边凹面不完整，左下角缺失，凹凸面有毁损。顶面梯形，面略平，有少许凿痕石花，左边和后边各一卯口，分布方向为三时、十二时。左、右侧面有少许凿痕石花，底面有凿痕石花，线距约 3 厘米。推测为立佛胸部右侧衣纹。宽 50、高 26、厚 35.5 厘米（图三二二，5；彩版三三七，1、2）。

　　标本 1992 窟前采：0801，正面梯形。一条大的弧形凸起宽面压在一条竖向凹进宽面上，面上各

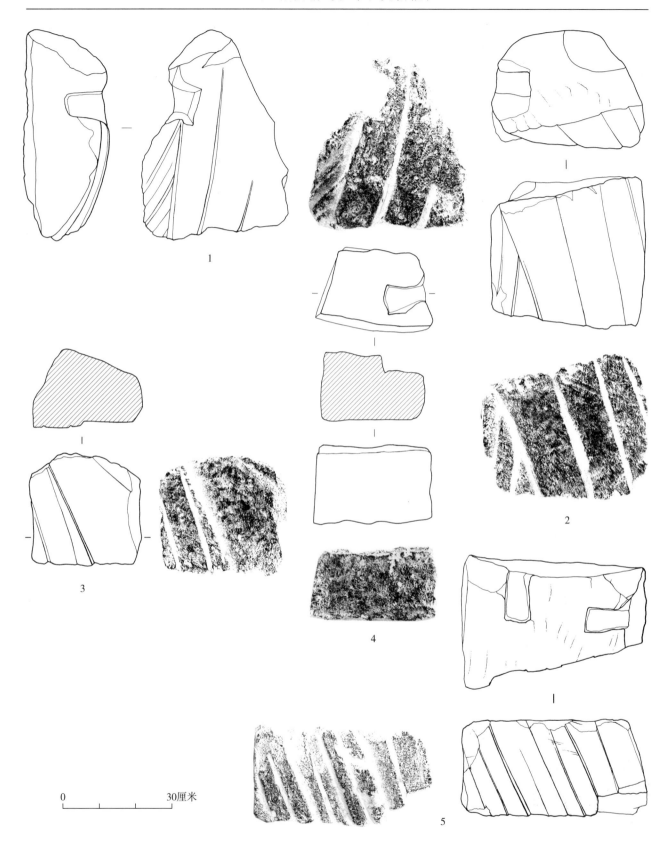

0　　　　　　30厘米

图三二二　第20窟前地层出土西立佛衣纹石块

1～5.1992T502④A：28、1992T501④A：41、1992T502④A：27、1992T502④A：79、1992T502④A：21

有一条阴刻线，阴刻线宽 1、深 0.5 厘米。凸起宽面的一半最宽 11.5、最窄 9 厘米。凹进面的一半宽约 6.5 厘米。右下角缺损。底面有凿痕石花，线距约 2.5 厘米，凸起面比凹进面高 2.5 厘米。推测为立佛右侧衣领衣纹。宽 31、高 27、厚 14 厘米（图三二三，1；彩版三三七，3）。

标本 1992T502 ④ A：93，正面长方形。面有凿痕，无纹饰，残留土红色，左半面高于右半面。顶面梯形，左下方有斜向凿痕，左边和后边向后内收，各有一卯口，分布方向为二时、十一时。底面

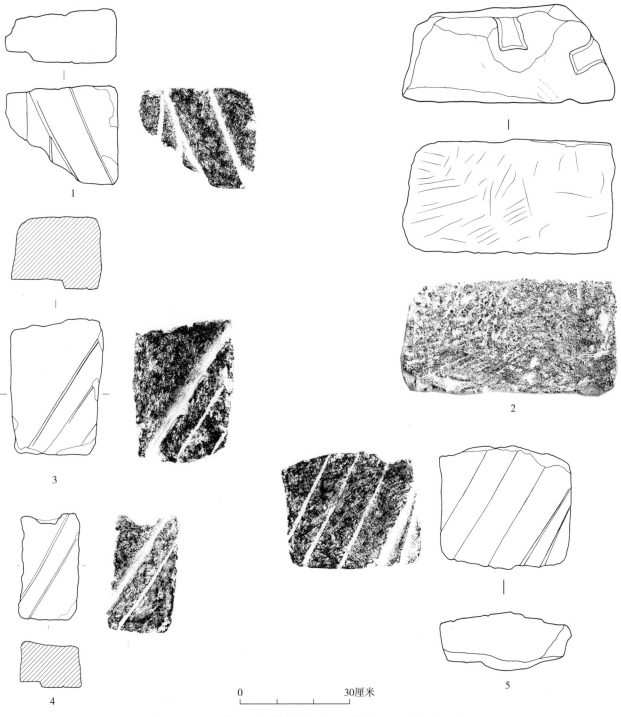

图三二三　第 20 窟前地层出土、采集西立佛衣纹石块

1 ~ 5.1992 窟前采：0801、1992T502 ④ A：93、1992T502 ④ A：34、1992T501 ④ A：35、1992 窟前采：0802

有竖向和斜向凿痕。推测为立佛胸部。宽60、高30、厚23厘米（图三二三，2；彩版三三七，4、5）。

　　标本1992T502④A：34，正面梯形。一短边有缺损，另三边较齐。凹凸面以左上至右下对角线走向为界，左下为凸面，右上为凹面。凸面上有阴刻线二条，长阴刻线距凸面边缘宽5～5.5厘米，两阴刻线间距6.5厘米。边缘略带弧形。顶、底、左、右面均有少许凿痕。推测为立佛衣领部位衣纹，与1992T501④A：35相关。宽25、高35、厚17厘米（图三二三，3；彩版三三七，6）。

　　标本1992T501④A：35，正面长方形。对角线走向凹凸面相接，边缘略带弧形，凸面上有阴刻线，距凸面边缘宽5厘米。顶面有凹槽，宽约6厘米。推测为立佛衣领部位衣纹。宽17、高30、厚11厘米（图三二三，4；彩版三三八，1、2）。

　　标本1992窟前采：0802，正面长方形。大部分为一凸起宽面，宽23.5～24.5厘米，面上有三道左上至右下走向阴刻线，线间最宽间距8.5厘米，最窄7厘米。左侧有一上窄下宽凹进面，宽2～5厘米，左下角有不完整凹面，低于凸面1.5～2厘米。四边较齐整。顶面长方形，无卯口，正面边缘可见凹凸面截面，由左向右凸出。另三面有坡状断面。推测为立佛左侧衣领衣纹。宽36、高31.5、厚12厘米（图三二三，5；彩版三三八，3）。

　　标本1992T501④A：24，正面为凹面长方形。斜向（右上至左下走向）两凹面夹一凸面。左上角外凸较大。右下角有弧形凸起面。均有阴刻线。左凹面上宽下窄（9～6厘米），中间凸面宽6～5、侧凹面宽12～14厘米，之上阴刻线靠右。右下角凸面弧形，由宽变窄，宽8～3厘米，长15.5厘米。表面残留土红色。左右侧面断面，右上角可见卯口。顶面长方形。顶面较平，正面边缘凹回，左侧呈角状。右边和后边各有一卯口。分布方向为八时、十一时。两卯口靠右侧，右下角断面毁损了卯口一边。左侧面、顶面、底面有石花，右侧面外凸，背面为自然断面。推测为立佛右腋下衣纹。宽37、高21、厚24厘米（图三二四，1；彩版三三八，4、5）。

　　标本1992T501④A：23，正面长方形。三竖向凹面夹两凸面，均有阴刻线，表面残留土红色。中间凹面上宽下窄（12～10.5厘米），左侧凸面上下几乎同宽，右侧凸面上宽下窄（9.5～10厘米）。左上角和右下角有凸起。顶面梯形，正面边缘略弧，后边右侧有条状缺失至卯口边。左边和后边各有一卯口，分布方向为三时、一时，其中三时卯口未加工完成，内有斜面。左、右侧面有取平凿痕少许。背面为自然断面。底面较平，有戳痕。推测为立佛右侧胸前衣纹。宽54.5、高25、厚32厘米（图三二四，2；彩版三三九，1、2）。

　　标本1992T502④A：35，正面长方形。面较平，有6条右上至左下的阴刻线，"V"形刀口宽1～2厘米。左边线距窄于右边，左起第三凸起面上窄下宽（7.5～8厘米），左起第五凸起面上宽下窄（9～8.5厘米）。右下角和左上角有小凹进面。左侧阴刻线走向略呈弧形，线间面上窄下宽（4.5～6.5厘米）。左侧阴刻线刀口左锋面大。左上边缺失。顶面长条形，正面边缘弧形外鼓，右边长于左边。后边靠左开一卯口，方向为一时，未完成，后内壁斜坡状。左侧面弧形。右侧面有戳痕。背面有竖向凿痕，线间距约4～6厘米。底面较平，有少许取平凿痕石花。推测为立佛通肩衣领右侧衣纹。宽55、高24、厚21厘米（图三二四，3；彩版三三九，3、4）。

　　标本1992窟前采：0511，正面长方形。下沉弧形宽面凸起，可见阴刻线三条，左上至右上走向，最上一条阴刻线交于凸面边缘。凸起面比凹面高1厘米。边角规整，左下边有崩痕。顶面梯形，正面边缘左侧凸出，右侧凹进，无卯口。背面自然断面，底面略平有戳痕。推测为立佛衣领中部衣纹。宽56、高24、厚24厘米（图三二四，4；彩版三三八，6）。

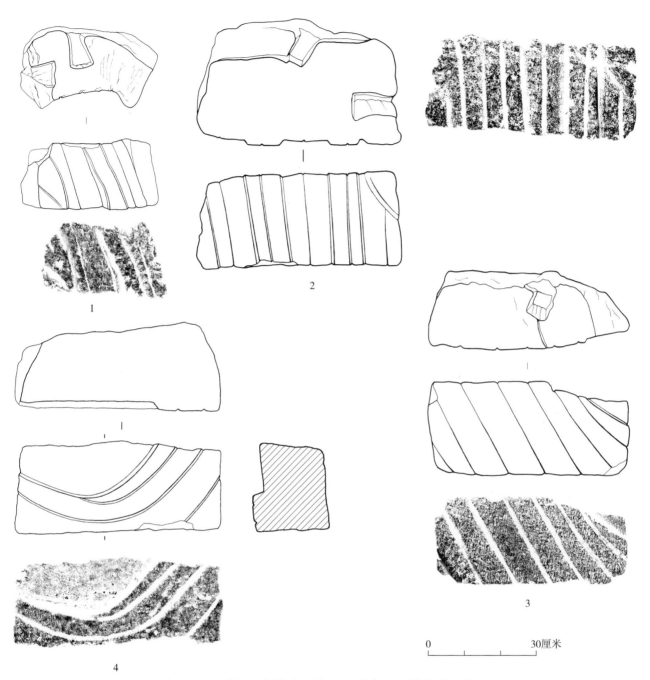

图三二四　第 20 窟前地层出土、采集西立佛衣纹石块

1～4.1992T501 ④ A：24、1992T501 ④ A：23、1992T502 ④ A：35、1992 窟前采：0511

　　标本 1992T502 ④ A：38，正面长方形。较平的面上有三条左上至右下的阴刻线，"V"形刀口，锋面较齐。三线所夹两面左宽右窄，宽面宽 8～9.5、窄面宽 7.5 厘米。右上角似另有一线。左下角凹面，上有竖向阴刻线。边角较齐整。周围有凿痕。顶面五边形，正面边缘略呈弧形，左右侧面断面较小，背面坡状断面较大。中部有一卯口，靠近正面，分布方向为十二时，周围有凿痕石花。推测为立佛通肩衣领左侧衣纹。宽 36、高 22.5、厚 28 厘米（图三二五，1；彩版三三九，5、6）。

　　标本 1992T502 ④ A：51，正面方形。两竖向凸起面夹一凹进面，上宽下窄，向左倾。右凸面宽

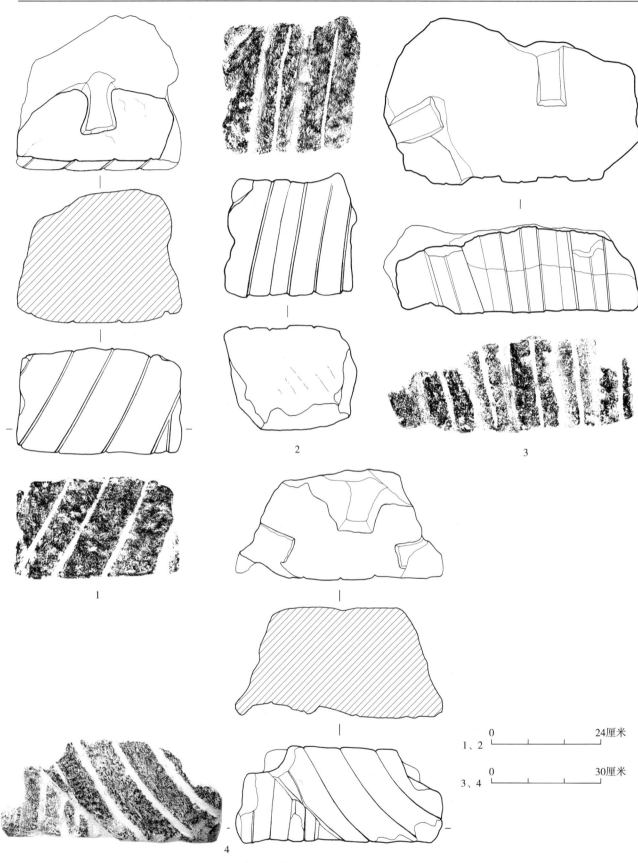

图三二五 第20窟前地层出土西立佛衣纹石块

1～4.1992T502 ④ A：38、1992T502 ④ A：51、1992T501 ④ A：19+37、1992T502 ④ A：41

11.5、凹面宽 9.5 ～ 8.5 厘米，两面均有阴刻线。左侧凸面不完整，无阴刻线。上边齐整，其余三边略有凹凸。表面残留土红色。顶面长方形，无卯口，前边为正面的凸面截面，厚 0.5 ～ 1 厘米，其余三边呈外凸弧状。左、右、顶面有凿痕。推测为立佛左臂下衣纹。宽 29、高 26、厚 19 厘米（图三二五，2；彩版三四〇，1）。

标本 1992T501 ④ A：19+37，正面条形。纵向三凸面与两凹面相间，右倾，有阴刻线。凸面高出凹面 1.5 厘米，左边和右边的面不完整。从左至右凸面宽分别为 8、9、10 厘米，凹面宽为 9 厘米，上边缘可见坑洼不平断面，右上角可见顶面卯口。顶面椭圆形。正面边缘向左后折，可见凸面截面，厚 0.5 ～ 2 厘米。右边和后边各有一卯口，分布方向为八时、十二时。右侧卯口下边破损，大半为断面。左、右、背三面为自然断面。底面略平，有间距不均的石花。推测为立佛右肩胛处衣纹。宽 70、高 21、厚 40 厘米（图三二五，3；彩版三四〇，2、3）。

标本 1992T502 ④ A：41，正面梯形。一条左下至右上的宽凸面压在竖向的一凸面和一凹面之上。宽凸面不完整，最宽处约 30 厘米，面上有四条阴刻线，间距 7.5 ～ 8.5 厘米，中间两线距宽。"V"形刀口宽 1 ～ 2 厘米。右下竖向凸起面宽 8、凹进面宽 10.5 厘米，各有一阴刻线。左右上角缺失较多，可见顶面卯口。顶面梯形，正面一边长于对边。左、右、后三边各有一卯口，分布方向为三时、十时、十二时。左右两卯口靠近弧形正面，且正面一边口壁崩毁。后边卯口开口较大，边不齐整，上口大底面小，口左右及下方呈坡状断裂面。左右侧面有凿痕石花。底面较平有凿痕及戳点，靠后角有一卯口痕迹，边毁，残留两边宽 8、深 5 厘米。推测为立佛通肩衣领右侧衣纹。宽 57、高 25、厚 28.5 厘米（图三二五，4；彩版三四〇，4 ～ 6）。

标本 1992T502 ④ A：20，正面长方形。可见三条阴刻下沉弧线，"V"形刀口宽 1 ～ 1.5 厘米。两长弧线间距约 10.5 厘米。右上角缺损，可见卯口。左下边有破损（石核风化穴）。顶面梯形，有凿痕，正面一边较平直。右角卯口贴近正面，前边破通，分布方向为九时。左、右、背三面有坡度断面，底面自然断面。推测为立佛通肩衣领处衣纹。宽 50、高 21、厚 29 厘米（图三二六，1；彩版三四一，1、2）。

标本 1992T502 ④ A：30，正面长方形。右侧大半凸起平面，左上至右下走向，面上有阴刻线两条，长阴刻线右面宽（10 ～ 10.5 厘米）左面窄（8.5 ～ 7.5 厘米）。左下角 1/4 圆弧面凸起，厚 2 ～ 3.5、长 15 厘米。上有一条向右弯的圆弧阴刻线。凸面上方有竖条状凸起面。顶面扇形。前边和右边为直边，左边呈弧形，前边可见右侧凸起截面长 30、宽 2 厘米，左下方可见 1/4 圆截面，左角靠近正面开一卯口，方向约为三时。推测为立佛通肩衣领左侧及手握衣角衣纹。宽 39、高 27、厚 37 厘米（图三二六，2；彩版三四一，3、4）。

标本 1992T502 ④ A：42，正面长方形。右下角 1/4 圆凸面叠压于其他面上。圆面有阴刻线两条，右线直，左线向左弯。右上角为凹面，宽 9 厘米，有竖向阴刻线，其右侧有小凸起面，其左侧为一条弯曲凸面，上端宽 11 厘米，向左下弧形走向，面有一长两短阴刻线，走向一致。再左为一凹面。顶面长方形，正面边缘右侧约一半有凸截面，厚 2.5 ～ 3、长 16 厘米。右边较齐，开一卯口，卯口靠近正面，方向为九时。后边、左边有断裂面。推测为立佛左胸部手握衣角及衣纹。宽 31.5、高 20、厚 23 厘米（图三二六，3；彩版三四一，5、6）。

标本 1992T502 ④ A：43，正面长方形，凹面。中间内凹，两面外凸。"y"形勾连凸起面向右倾，右面宽 14 ～ 16 厘米，被左面叠压，阴刻线一长两短。左凸面宽 10 ～ 14 厘米，阴刻线两长一短。

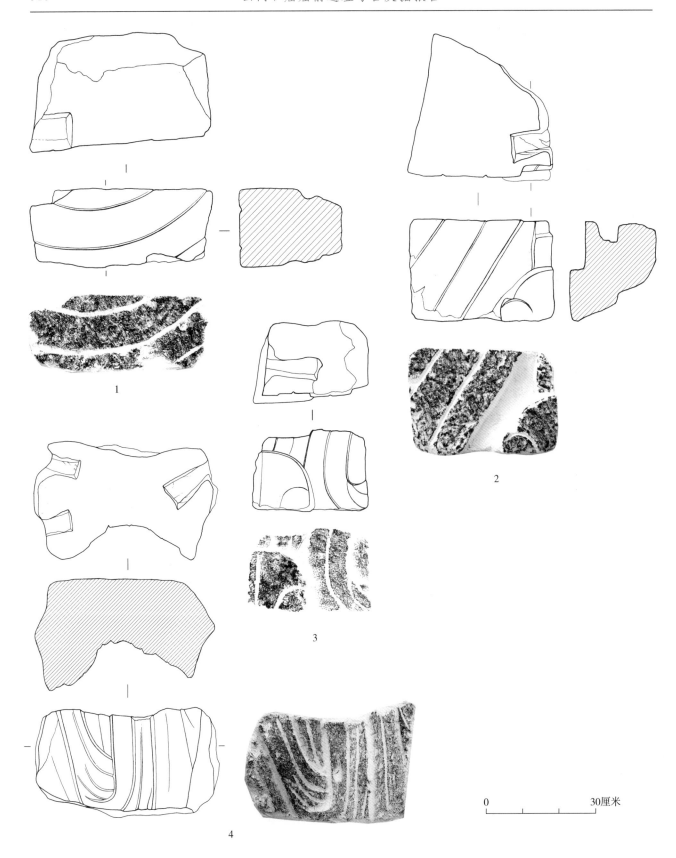

图三二六　第 20 窟前地层出土西立佛衣纹石块

1～4.1992T502 ④ A：20、1992T502 ④ A：30、1992T502 ④ A：42、1992T502 ④ A：43

两凸面向右上方向渐离。凸面之外凹面各有阴刻线，左侧凹面上窄下宽，左上角有另一凸面局部。右下角破损，左边可见侧面。顶面不规则拱形，正面边缘弧形内凹，两侧边缘均向外鼓，有凿痕石花少许。右边两卯口较小，左边一卯口较大，分布方向为八时、十时、一时。左侧面有少许不规律凿痕石花，其他面为自然断面。推测为立佛右腋下至右臂转折处衣纹。宽52、高31、厚34厘米（图三二六，4；彩版三四二，1、2）。

标本1992T501④A：26，正面长方形。两"y"形勾连纹夹一凹面，凹面上窄下宽（10.5～14.5厘米），有竖向阴刻线。叠压均为左面在上，均有三条向下钩状阴刻线，右侧勾连位置高于左侧。左侧勾连面局部缺损，上端宽9厘米，勾连内凹面宽7～9厘米，无阴刻线。顶面略呈三角形，有取平石花，正面边缘略向外鼓，右边缘呈弧形，左边稍直，有断面。右边有一卯口，方向为十一时，卯口后沿有崩落痕迹。左、右侧面有石花少许。背面为自然断面。底面略平，有长约4厘米的零乱戳痕。推测为立佛左胸部衣纹。宽61.5、高35.5、厚34厘米（图三二七，1；彩版三四二，3、4）。

标本1992T502④A：26，正面长方形。四凹面夹三凸面，左下至右上走向，凹凸面均有一条阴刻线，左侧弯度大于右侧。凸面比凹面高2～3厘米，右边似另有凸面崩毁。凸面宽度由左向右递减，左边凸面宽8.5～10、中间凸面宽5.5～10.5、右边凸面宽6～6.5厘米。中间凸起面下部有一条弧线，与阴刻线相交。上方另有一条弧形凸面叠压其上，比纵向凸面高2厘米。上部右角毁损。顶面梯形，有取平凿痕石花，正面边缘长于后边。左、右、后三边各有一卯口，分布方向为三时、九时、一时。左右卯口靠近正面，后边卯口偏左角，与左边卯口紧邻。右卯口边有崩裂面。左右两侧面向后收，右侧面有斜向取平凿痕石花，线间距约4厘米，左侧面有一半较平整。背面有自然断裂面，底面有不规则凿痕石花。推测为立佛通肩衣领右侧衣纹。宽64、高39、厚30厘米（图三二七，2；彩版三四二，5、6）。

标本1992T502④A：61+70，正面长方形。右上角有一弧形凸面，上有阴刻线，可辨凸面高3厘米。表面残留土红色。推测为通肩衣领衣纹。宽11、高19、厚7厘米。左侧雕柱状手指上端，向右倾，有指甲和甲襞。右上角毁损可见顶面卯口。右侧凹凸面，有阴刻线。凹面上窄下宽（11～11.5厘米）。顶面不规则长方形，面坑洼不平。正面边缘左侧可见指尖截面，厚约5.5厘米。左、右、后边各有一卯口。分布方向为三时、九时、十一时。右卯口靠近正面，下边毁损，中间卯口口阔底小。背面断面较大。推测为立佛左手食指及胸部衣纹。宽55、高23、厚32厘米（图三二七，3；彩版三四三，1、2）。

标本1992T502④A：22，正面近长方形。右下有凸起圆柱面，左下至右上走向，凸起约10厘米。后面上方有下沉阴刻线三条，间距窄处2、宽处3.5厘米。左侧有凹面，上有竖向阴刻线，左上部毁损较大。弧线所在面略高于左侧面。顶面不规则形状，有凿痕，正面边缘可见右下圆柱体的顶面和凸面截面，另三边较平齐，右边坡状断面平齐，有凿痕石花。后边有一卯口，方向为十二时。推测为立佛左胸部衣纹及左手小指。宽32、高25、厚34厘米（图三二七，4；彩版三四三，3、4）。

标本1992T502④A：75，正面长方形。两个左下至右上凸起柱面。右凸起面低，上端呈圆弧状，下边最宽处16厘米，左凸面破损不完整。下边至左下角有断裂面。右上角呈直角，左上角可见顶面卯口。顶面长方形，正面边缘凸起较大。左、后两边各有一卯口，分布方向为一时、三时。左卯口靠近正面，后边纵向卯口细长，两卯口布局紧凑。后边和左边断裂面较大。推测为立佛左手食指和中指部分。宽24、高17、厚41厘米（图三二八，1；彩版三四三，5、6）。

图三二七　第20窟前地层出土西立佛手部和衣纹石块

1～4.1992T501④A∶26、1992T502④A∶26、1992T502④A∶61+70、1992T502④A∶22

标本 1992T501④ A：42，正面长方形。两凸起面夹一竖向凹进面，三面各有阴刻线一条，走向不一。凹进面上窄下宽（15.5 ~ 16 厘米）。左侧凸起面残，阴刻线与右边缘间距上宽下窄，相差 1 厘米。右凸面有左上至右下弧线。右上角损毁较大。顶面梯形，正面边缘可见凸面截面，后边和右边有断面和断层。左边和后边各有一卯口，分布方向为三时、十二时。左侧面比右侧面平。底面较平，有石花戳痕，面上有黑色残留物。推测为立佛胸部右侧衣纹。宽 56、高 25、厚 43 厘米（图三二八，2；彩版三四四，1、2）。

标本 1992T501④ A：28，正面长方形，弧面。两凹面夹一凸面，均有阴刻线。中间凸起宽面上宽下窄（36 ~ 31 厘米），之上阴刻线呈弧形，左上至右下走向，最宽两线间距 8.5 厘米。其右侧面上窄下宽。两下角缺损。顶面近方形，前高后低，正面边缘弧形外鼓，右边长于左边。左、右、后边有卯口崩毁，不完整，分布方向为三时、九时、十二时。右下角呈直角，其余三角较钝。背面、右面断裂面较大。推测为立佛左胸部衣纹。宽 53.5、高 29、厚 20 厘米（图三二八，3；彩版三四四，3、4）。

标本 1992T502④ A：50，正面长方形。左侧"入"形凸面折带纹上下叠压，面有阴刻线。右侧竖向两凹面两凸面相间，上端略向右倾，各凹凸面均有阴刻线。中间竖向凸面上窄下宽（7 ~ 10.5 厘米），其左凹面宽 6.5 ~ 7 厘米。右侧凸面宽 8 厘米，其左凹面上窄下宽（7 ~ 7.5 厘米），两凸面高于凹面 2.5 厘米。左上角缺损，可见顶面卯口。顶面不规则形状，有凿痕石花。左、右、后三边各有一卯口，分布方向为三时、十时、十二时。左、右、背面为自然断面。底面有凿痕石花。推测为立佛胸部右侧衣纹。宽 57、高 25、厚 32 厘米（图三二八，4；彩版三四四，5、6）。

标本 1992T502④ A：71+72，正面近长方形（已粘接修复）。两自下而上分离的柱状凸出体，左下至右上走向，过渡平缓。左侧凸出体上窄下宽（11 ~ 15 厘米），右侧凸面上有竖向弧形阴刻线，两凸体间有"V"形凹面。左上角破损可见顶面卯口。最右侧横向面低于凸面，宽 9.5 厘米，中间有阴刻线。顶面多边形，面有凿痕，正面边缘可见柱状截面，厚约 8.5 厘米。右边和后边齐整，左、后和右边各有一卯口，分布方向为三时、十二时和九时。左右卯口靠近正面，左卯口一边毁损。推测为立佛左手小指、无名指及胸部衣纹。宽 34、高 23、厚 31 厘米（图三二九，1；彩版三四五，1、2）。

标本 1992T502④ A：73，正面长方形。表面残留土红色。主要雕刻为两左下至右上分离的半圆柱凸出体，左侧凸出体上窄下宽（18.5 ~ 24 厘米），右侧凸出体不完整。两凸面间有"V"形凹面并与卯口贯通。左侧弧面，左上角缺失，可见顶面卯口。顶面约半圆形，有不规律凿痕石花，线浅且带戳点。左侧凹面，靠正面边缘右侧可见弧形凸面断面，另三边弧形。左角缺失。右侧开一卯口，方向为十时，卯口角打破两凸面间隙。后面较平。右侧面有少许石花。底面有取平凿痕石花，坑洼不平。推测为立佛左手食指和中指部分。宽 54、高 26、厚 23 厘米（图三二九，2；彩版三四五，3、4）。

标本 1992T502④ A：74，正面柱体，指甲完整，上指节略向外倾。表面磨光。内侧可见少许虎口及所握之物上的竖向阴刻线。推测为立佛左手拇指。宽 23、高 43、厚 23 厘米（图三二九，3；彩版三四五，5）。

标本 1992T501④ A：22，正面长方形。纹饰可分四部分：最左侧为凹面，不完整，可见阴刻线。左上角缺失。再右有"y"形凸起面，左宽右窄（8、6.5 厘米），下部有勾连叠压关系，上面有左下至右上的阴刻钩纹。之右有纵向左倾凹面，上窄下宽（8 ~ 10 厘米），内刻阴刻线，靠右。再右侧圆形凸起面，上有阴刻弦纹三条向上拱起，左边有竖向破损。凸面上方有横向弧线一条。顶面梯形，

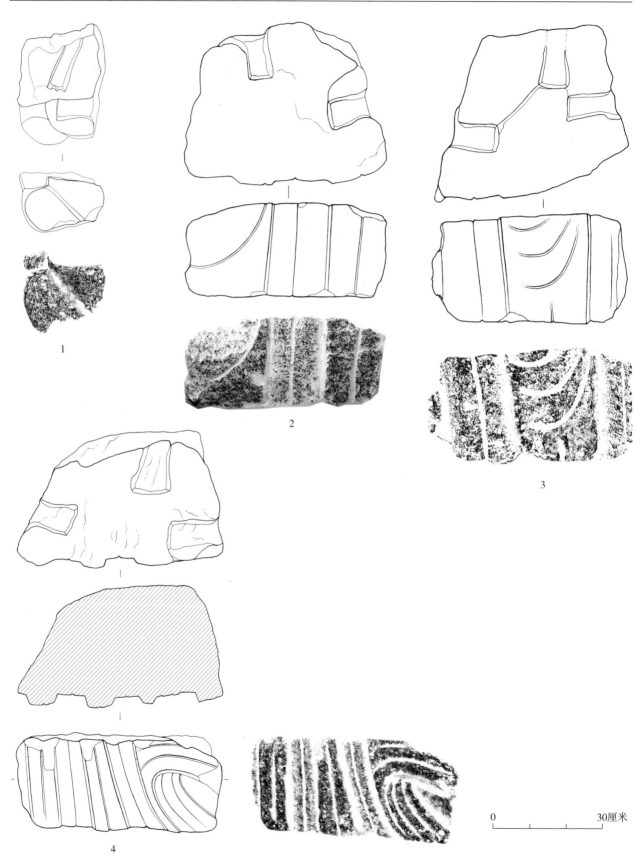

图三二八　第 20 窟前地层出土西立佛手部和衣纹石块

1～4.1992T502④A：75、1992T501④A：42、1992T501④A：28、1992T502④A：50

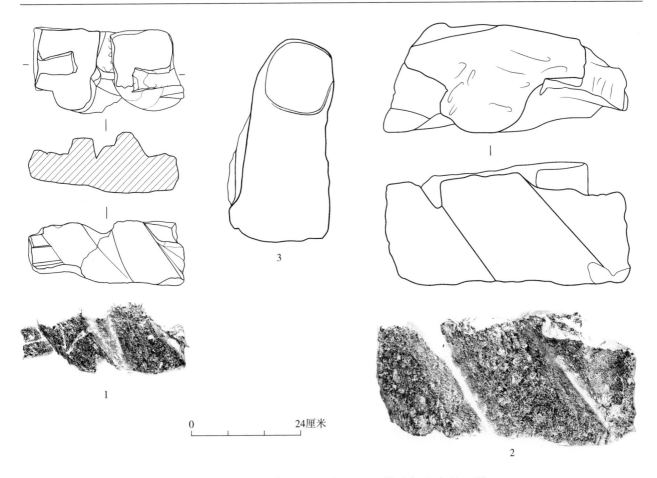

图三二九　第 20 窟前地层出土西立佛手部和衣纹石块

1～3.1992T502④A：71+72、1992T502④A：73、1992T502④A：74

正面边缘弧形外凸，有取平凿痕石花，右下角可见凸面截面，厚 3 厘米。右边有一卯口，靠近正面，方向为十时。左侧面和右侧面前部略齐，左侧面有凹形断面。底面自然断面。推测为立佛胸部左侧衣纹。宽 57、高 26、厚 36 厘米（图三三○，1；彩版三四六，1、2）。

标本 1992T502④A：23，正面长方形，凹面。残留土红色。竖向三凸面夹两凹面，纹路向左倾。左侧凹面有阴刻线，右面凹面无阴刻线，宽 6.5～8.5 厘米。左侧纵向凸面宽 8～9 厘米，右侧凸面为"y"形勾连纹的部分，向外折，下端宽 7.8 厘米，有勾状阴刻线。左边缺损。左侧面和底面有凿痕石花。顶面长方形，正面边缘弧形凹进，右下角凸起截面厚 1～1.5 厘米。另三边有断面，无卯口。推测为立佛胸部左腋衣纹。宽 40、高 20、厚 28 厘米（图三三○，2；彩版三四五，6）。

标本 1992T501④A：47，正面梯形，外凸弧面。竖向凹凸面相间，左边缺损有断面，左凹面不完整，上有阴刻线。左凸面，上宽下窄（17～15 厘米），纵向阴刻线上端与下沉弧形阴刻线相交。中间凹面上宽下窄（14.5～14 厘米），上端左倾，阴刻线靠左，右侧有小部分未打磨面。右侧大部凸面上有 9 条间距不一的阴刻线，不通底。顶面不规则扇形，有凿痕石花及敲砸状坑，正面边缘弧形，可见凸面截面，后边和左边呈弧形。右边有一卯口，靠近正面，方向为十时。推测为立佛胸部左侧衣纹。宽 73、高 22、厚 32 厘米（图三三○，3；彩版三四六，3、4）。

标本 1992T501④A：29，正面长方形，凹面。表面残存土红色。竖向两凸面夹一凹面，左上至右下走向，上窄下宽，三面均有阴刻线。左凸面宽 8 ～ 9 厘米，面上阴刻线靠右，左上角与阴刻弧线相交。中间凹面宽 8.5 ～ 9.5 厘米。右凸面宽 9.5 ～ 13 厘米，凸面比凹面高约 1.5 厘米。顶面扇形，正面边缘内凹弧形，对边相应走向。无卯口。顶面、左侧面有少许凿痕石花。右侧面、背面自然断面。底面凿痕石花弧形规律排列，线距 2 ～ 3 厘米。推测为立佛胸部左侧衣纹。宽 34、高 20、厚 30 厘米（图三三〇，4；彩版三四六，5、6）。

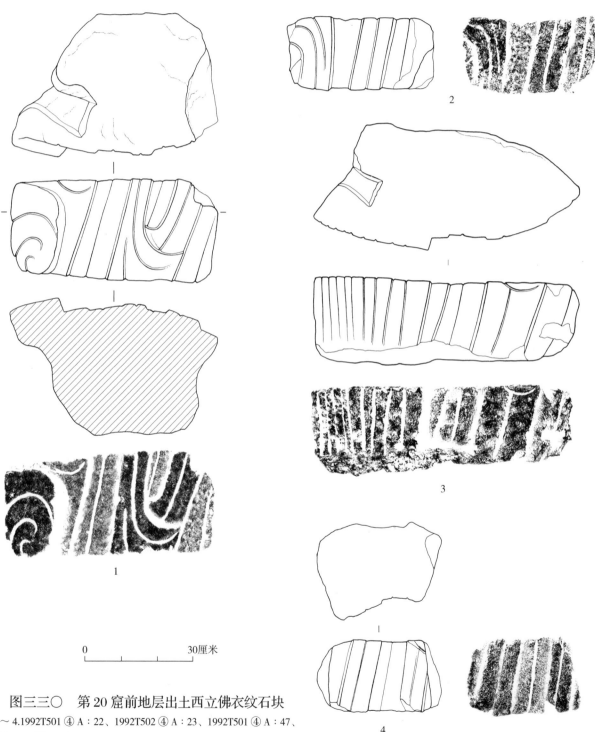

图三三〇　第 20 窟前地层出土西立佛衣纹石块
1 ～ 4.1992T501 ④ A：22、1992T502 ④ A：23、1992T501 ④ A：47、
1992T501 ④ A：29

标本 1992T501④A：15，正面五边形。左侧有竖向一凸一凹面，均有阴刻线，上端略向左倾，左上角缺损，可见顶面卯口。凸面上窄下宽（20～20.5 厘米），阴刻线上端靠右，下端靠左。右侧凹面上宽下窄（16～14.5 厘米），阴刻线靠右，凹面与左凸面高差 1.5 厘米，与右面高差 1 厘米。右侧打磨较平，向右渐起，最右侧为断面。顶面长方形，左、后边各有一卯口，分布方向为二时、十二时。左、右、背三面均为断面。后面中部偏左有半圆形凹槽，宽 14、深 7 厘米，内壁、底面有凿痕。推测为立佛腰部右侧衣纹。宽 80、高 25、厚 31 厘米（图三三一，1；彩版三四七，1～3）。

标本 1992T501④A：38，正面不规则五边形。凹凸面相间，右倾。中间竖向凸起宽面，宽 17.5 厘米，阴刻线靠右。左侧凹面宽 9.5、最左凸面宽 8 厘米，右下端和左上端毁损并有缺失，左上角可见顶面卯口。表面残留红色。顶面形状不规则，正面边缘外凸，可见凸面截面（0.7～1.5 厘米）。右侧边有凹回。左、右、后三边各有一卯口，分布方向为三时、十时、十二时。左下卯口靠正面一边破损。背面断裂面较大。左侧面有戳痕。右侧面有凿痕，线距约 3～5 厘米，后段凸出。底面有戳痕。推测为立佛胸部右侧衣纹。宽 50、高 25、厚 39 厘米（图三三一，2；彩版三四八，1、2）。

标本 1992T502④A：49+55，正面长方形。左侧为自左下到右上渐窄的凹面，上头宽 8.5 厘米，阴刻线靠下。与之相邻的上下面毁。右侧大半为断裂面。右上角缺损，可见顶面卯口。顶面梯形，有凿痕石花。左、右、后三边各有一卯口，分布方向为三时、九时、十一时。右上角卯口紧靠正面，外边损坏。推测为立佛胸部中部衣纹。宽 42、高 25、厚 46 厘米（图三三一，3；彩版三四八，3、4）。

标本 1992T502④A：56，正面长方形。左侧有两柱形凸面，高于右侧衣纹面 10 厘米，柱形体上窄下宽，自左下向右上渐离，两柱形体间有规则细凿痕。右柱形体上部有明显凸起。右侧有下沉衣纹凹凸面，左上至右下走向，有阴刻线。凹面窄处 4.5、宽处 13.5 厘米。顶面不规则四边形状，正面边缘可见凸出柱体截面，面有取平凿痕石花，线距约 3.5 厘米。左、右、后三边各一卯口，分布方向为三时、九时和十二时，右卯口靠近正面。底面与顶面同形。有四个柱形凸面（一边凸面不完整），与正面凸面走向一致，未通至正面。凸面间有凹槽，面宽分别为 11、13.5、14.5 厘米，有较细密的石花，造型粗显。一侧面有较密凿痕石花，间距不同（1～2 厘米），约距底面 5～7 厘米。推测为立佛左手手指及胸部衣纹。宽 56、高 29、厚 53 厘米（图三三一，4；彩版三四七，4～6）。

标本 1992T502④A：76，正面长方形。正面残留有土红色。上部有三柱状凸面，间有两沟槽，左下至右上走向，中间柱状凸面宽 15 厘米。下部鼓起面。磨光较好，四边较齐整。顶面长方形，正面边缘可见凸面截面，左右两边较齐。后边有两卯口，分布方向为三时、九时，位置紧邻，卯口深为 7.5、9.5 厘米，左卯口长于右卯口，后边断面损毁了卯口的一边。推测为立佛左手手背局部。宽 33、高 25、厚 31 厘米（图三三二，1；彩版三四八，5、6）。

标本 1992 窟前采：0504，正面长方形。表面残留土红色。左侧左下至右上走向转折凸面，宽 12 厘米，中有阴刻线，再左为凹面。左上边有崩裂面，可见顶面卯口。右侧大部磨光外鼓弧面，下边弧形，右下角缺失。顶面梯形，有两卯口，分布方向为三时、九时，左卯口靠近正面。正面边缘可见左侧凸面上部，另三边较齐整，面分布有石花，线距 1.5～2 厘米。底面凹凸不平，有石花。有一条长 20、宽 2、深 3 厘米的沟槽，沟底有戳点。推测为立佛左手局部及左臂衣纹。宽 60、高 28、厚 50 厘米（图三三二，2；彩版三四九，1、2）。

标本 1992T501④A：17+1992 窟前采：0851，正面长方形。左侧有左下至右上凸面，上窄下宽（14～14.5 厘米），中间有阴刻线。中间大部分为崩毁面，右侧凸面宽 14 厘米。面略呈弧形。顶

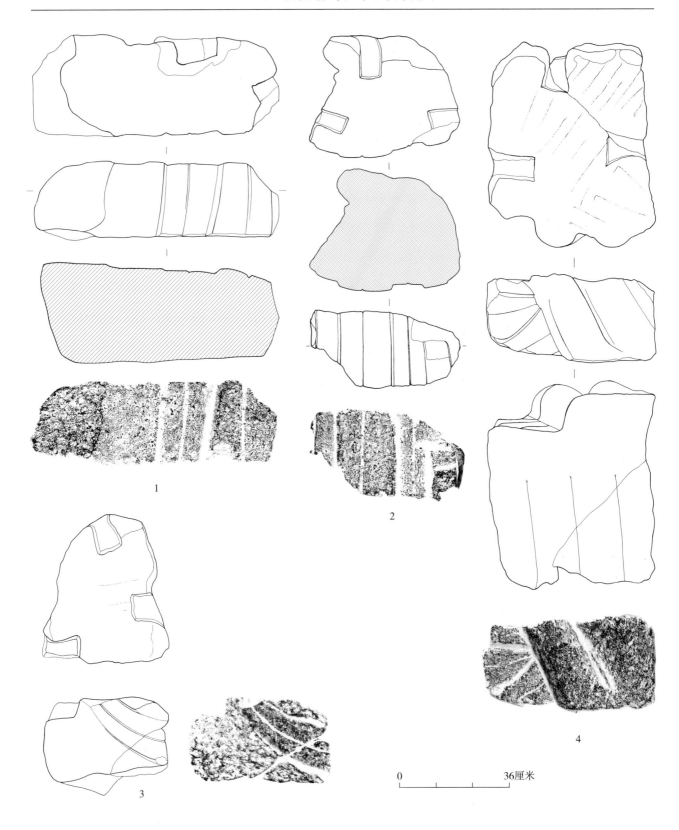

图三三一　第 20 窟前地层出土西立佛手部和衣纹石块

1～4.1992T501 ④ A：15、1992T501 ④ A：38、1992T502 ④ A：49+55、1992T502 ④ A：56

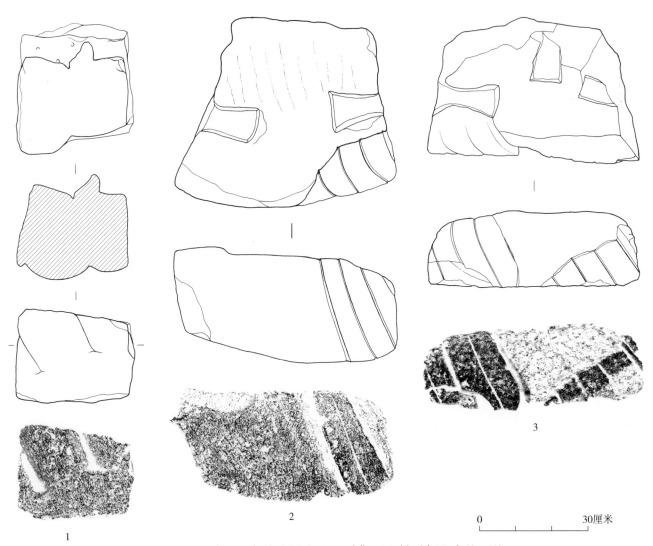

图三三二　第 20 窟前地层出土、采集西立佛手部和衣纹石块
1～3.1992T502 ④ A：76、1992 窟前采：0504、1992T501 ④ A：17+1992 窟前采：0851

面长方形，大部分为断面，有凿痕。正面边缘内凹呈弧形。左、右、后三边各有一卯口，分布方向为四时、九时、十二时。左侧两卯口位置较近。正面、背面、右面有较大断面。底面较平，上有戳点状石花，不通正面。推测为立佛左臂腕部衣纹。宽 59、高 21、厚 37 厘米（图三三二，3；彩版三四九，3、4）。

　　标本 1992T502 ④ A：57，正面不规则长方形。凹凸面相间，左、右侧不完整。左凸面上窄下宽（22～26 厘米），有竖向阴刻线，距凸面右边 9.5～10 厘米，上、下端有崩裂面。再左凹面向后转折，上窄下宽（8.5～10 厘米）。右侧凹面上宽下窄（13.5～13 厘米），阴刻线靠右，凹面下方有破损面。左右上角缺失。顶面五边形，靠正面有石花。正面边缘向左后转折。左、右、后三边各一卯口，分布方向为二时、九时、十二时。左、右卯口靠近正面，左卯口一边损毁较重。右卯口较浅。中间卯口右边有较大断裂面损毁，口底戳点明显。左侧面和底面有凿痕石花。背面有戳点。推测为立佛腹部右侧衣纹。宽 59、高 28、厚 23.5 厘米（图三三三，1；彩版三四九，5、6）。

　　标本 1992T502 ④ A：29，正面长方形。表面残留土红色。竖向二凸面和二凹面，中间均有阴刻线。左凸面残损，宽 9～10 厘米，左上角缺。右凸面上窄下宽（18.5～23 厘米），阴刻线靠右，上部有崩面。凹进面宽 5 厘米。顶面不规则形状。正面边缘弧形外凸，可见凸面截面。左、右、后边各有一卯口，分布方向为三时、十时、十一时。左右两边卯口靠近正面，卯口边缘破损。后边和左边呈弧形。左右侧面有不规则凿痕。底面较平，有分布规律的凿痕石花，线距平均约 2 厘米。推测为立佛腹部右侧衣纹。宽 50、高 31、厚 29.8 厘米（图三三三，2；彩版三五〇，1、2）。

标本 1992T501 ④ A：27，正面长方形。两下沉状凸弧面夹一凹面，均有阴刻线。两凸面在右上

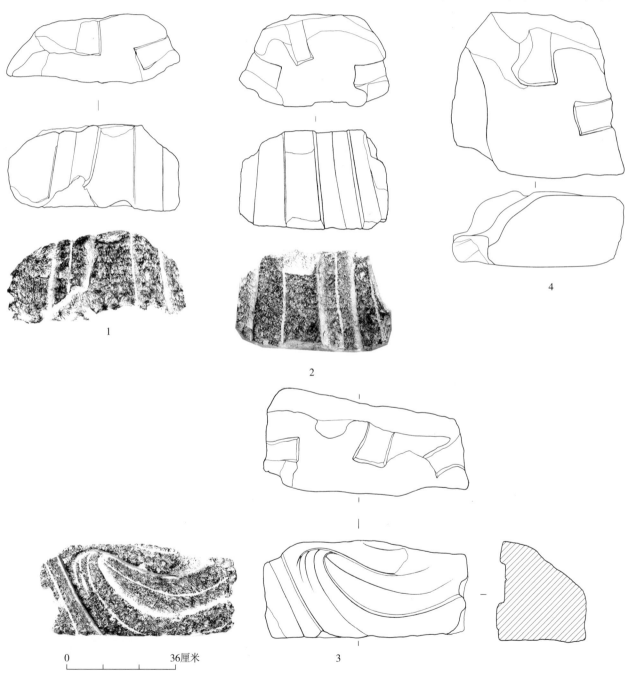

图三三三　第 20 窟前地层出土西立佛手部和衣纹石块

1～4.1992T502 ④ A：57、1992T502 ④ A：29、1992T501 ④ A：27、1992T501 ④ A：48

角转折相交，上凸面叠压下凸面，下凸面转折处宽 10.5 厘米，长阴刻线右侧有两条短阴刻线。凹面中间宽 13.5 厘米，有一道阴刻线靠上。右边和左上角有毁损。顶面长方形。正面边缘略弧，面有凿痕石花少许。后边有坡状断面。左、右、后边各有一卯口，分布方向为二时、九时、一时，三卯口靠近正面，有不同程度毁损。两侧面及底面有凿痕石花。底面较平。推测为立佛腹部中间衣纹。宽 68、高 30、厚 27 厘米（图三三三，3；彩版三五〇，3、4）。

标本 1992T501 ④ A：48，正面长方形。左侧大部分为磨光面，右上角崩毁，之下有少许凹进面宽约 10 厘米，低于左侧 6 厘米，面上有两条阴刻线，左上至右下走向。顶面长方形，有少许凿痕石花。正面边缘右角缺失，右面有较大断面，左侧边角较直。左边和后边各有一卯口，分布方向为三时、十二时。左侧面有两条凿痕及若干戳点取平痕迹。两侧面向后内收，前后高度相近。底面为自然断面，有两条短凿痕。推测为立佛左手背下部。宽 56、高 23、厚 49 厘米（图三三三，4；彩版三五〇，5、6）。

标本 1992T502 ④ A：78，正面长方形。光面无纹饰，略鼓，残留土红色。边有损。顶面长方形，后边有较大断裂面，另三边较齐。左、右边各有一卯口，分布方向为三时、九时，左低右高。左卯口靠近正面，右卯口边毁损，靠近正面有凿痕石花。左右和底面均有凿痕石花。推测为立佛左手背局部。宽 38、高 30、厚 58 厘米（图三三四，1；彩版三五一，1、2）。

标本 1992T501 ④ A：20，正面长方形。四条斜向凹凸面，左下至右上走向，两凹面两凸面间隔，各面均有一条阴刻线。左侧凸起面宽 13.5～14.5 厘米，其左凹面不完整。右侧凸起面宽 12、其左凹面宽 13～14.5 厘米。顶面梯形，正面边缘平直，右边和后边各有一卯口，分布方向为九时、十二时。右卯口靠近正面，上角缺损。背面断面较大，左侧面有不规律石花凿痕，线距 2～3 厘米。底面有少许石花凿痕。推测为立佛左臂衣纹。宽 74、高 26、厚 26 厘米（图三三四，2；彩版三五一，3、4）。

标本 1992T502 ④ A：37，正面不规则形状。表面残留土红色。左为凸起"人"形勾连面，有叠压，上面三条阴刻线呈左上至右下走向，下面三条阴刻线呈左下至右上走向。之左凹进面上宽下窄（12～9.5 厘米），阴刻线靠左，下方有崩裂面。右侧不完整凸面。右边缘圆弧。上下边较平直，左上角缺损，可见顶面卯口。顶面梯形，正面一边略呈弧形外鼓，大于对边，面有凿痕石花，边角较钝。左、右、后边各有一卯口，位置紧凑，分布方向为二时、十时、十二时。左右卯口边有缺损。左、右、底面均有凿痕石花，底面布满，线距 2～3 厘米。推测为立佛腹部右侧衣纹。宽 48、高 37、厚 24 厘米（图三三四，3；彩版三五一，5、6）。

标本 1992T502 ④ A：31+44，正面长方形。表面残留土红色。左侧三条弧形阴刻线皆弧背向上拱起，中间弧线距下方弧线略近。右侧竖向凹面上宽下窄（宽 14～13 厘米）。凹面阴刻线上端靠左、下端靠右。再右凸面有弧线少许。左上角、右下角崩裂毁损较多，左上角可见顶面卯口。顶面四边形，前边略成弧形，边缘可见凹凸截面。左右边各有一卯口，靠近正面，方向为三时、十时。右侧面有不规则凿痕，底面有凿痕石花。推测为立佛腹部右侧衣纹。宽 44、高 36、厚 23 厘米（图三三四，4；彩版三五二，1、2）。

标本 1992T501 ④ A：33，正面长方形。中部凸起面为"人"形勾连纹，有叠压关系，上有弧形阴刻线，上端宽 16、左面窄处 11.5 厘米。两侧凹面，由上至下变宽，左侧凹面弧形较大，右侧凹面较直。再两侧为凸起面，不完整。左上角破损可见卯口。顶面长方形，有凿痕石花，正面边缘较直，可见

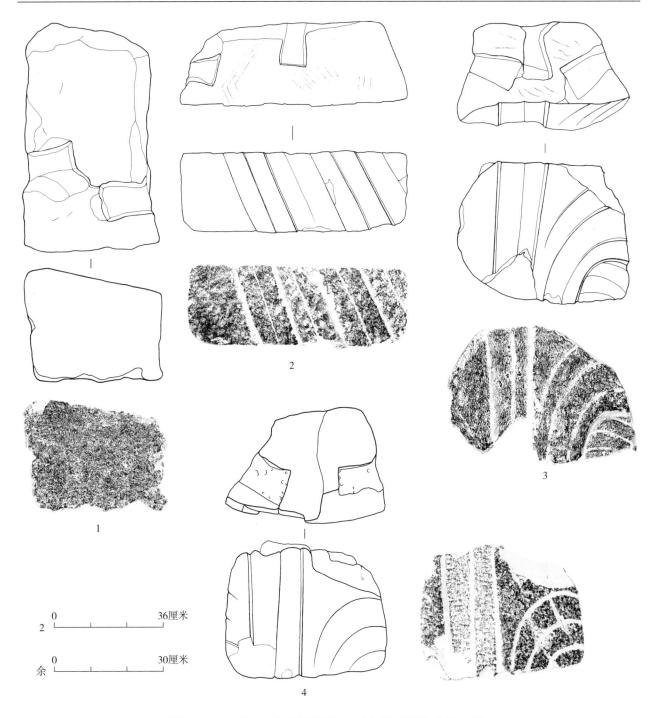

图三三四　第20窟前地层出土西立佛手部和衣纹石块

1～4.1992T502④A：78、1992T501④A：20、1992T502④A：37、1992T502④A：31+44

凸面截面厚2～1厘米。左、右、后边各有一卯口，分布方向为三时、九时、一时。左右卯口靠近正面，口下边毁损，左侧两卯口较近。后边弧形。左、右、底面略平，有凿痕石花。推测为立佛腹部右侧衣纹。宽54.5、高36.5、厚27.5厘米（图三三五，1；彩版三五二，3、4）。

　　标本1992T502④A：33，正面方形。两条下沉凸面夹一凹面。凹凸面各有一条阴刻线。下部凸面左侧宽约11、中间凹进面最宽处19厘米。上凸面不完整，凹凸面高差1～2厘米。表面残留土红色，

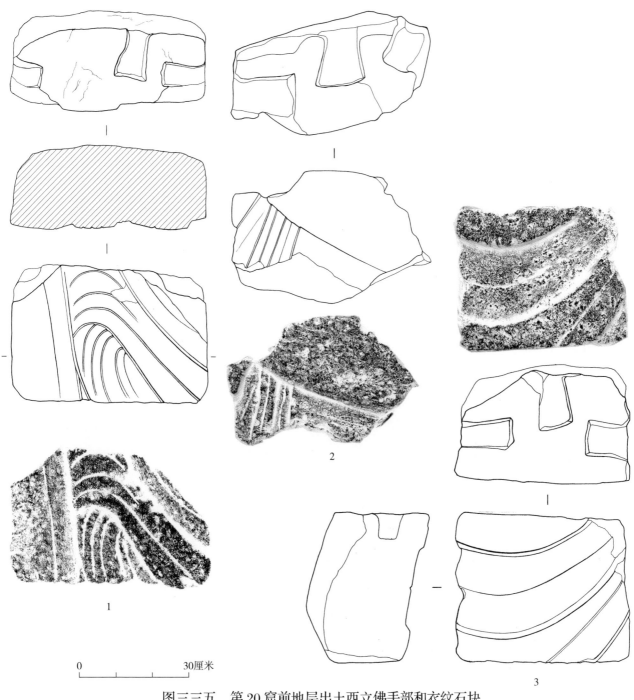

图三三五　第 20 窟前地层出土西立佛手部和衣纹石块

1～3.1992T501 ④ A：33、1992T502 ④ A：77、1992T502 ④ A：33

有硬化胶状物。顶面梯形，有凿痕石花。左、右、后边各有一卯口，分布方向为三时、九时、十二时。左右边卯口呈"一"字形，与纵向卯口方向垂直。左右侧面略齐，有少许凿痕石花。背面断面。底面有凿痕石花，间距 3 厘米。推测为立佛腹部中间衣纹。宽 48、高 37、厚 29 厘米（图三三五，3；彩版三五二，5、6）。

标本 1992T502 ④ A：77，正面五边形。残留土红色。左上不完整的较大弧形凸起面压于右下竖向凹凸面上。右下竖向两凹面夹一凸起面，均有阴刻线，凹面上窄下宽，凸面上下宽中间窄。左下面无纹饰。下边有外翘断面,各边皆不齐整。顶面四边形。断面较多,正面边缘弧形外凸。左、右、后三边各有一卯口,分布方向为二时、九时、十二时,左右卯口壁毁。左侧自然断面,右侧面石花较多,底面有少许石花,背面略齐。推测为立佛左手背局部及胸前衣纹。宽55、高36、厚24厘米(图三三五,2;彩版三五三,1、2)。

标本1992T502④A:80,正面梯形,弧面,表面磨光,残留土红色,左侧面和底面较平。推测为立佛手部部分(与77可粘接)。宽21、高13、厚13厘米(图三三六,1;彩版三五三,5)。

标本1992T501④A:39,正面长方形。左侧一凸面与一凹面约占1/3,左下至右上走向,均有阴刻线,凸面上宽下窄(11~6厘米),阴刻线靠右。凹面不完整。右侧素面占2/3。凸面右边与凹面高差自上而下增大(1.5~15厘米)。素面下部有断面。顶面长方形,正面边缘略呈弧形,右边凹回,左边较齐。左右边各有一卯口,分布方向为三时、八时。左卯口靠近正面。前部有凿痕石花。左右侧面及底面为自然断面,有少许石花。推测为立佛左手背下部。宽60、高26、厚49.5厘米(图三三六,2;彩版三五三,3、4)。

标本2013探沟采:130+175,正面长方形。两宽凹面夹一窄凸面,凸面上窄下宽,两凹面中间有阴刻线一条,左下至右上走向,左侧凹面有一凸起状边棱。顶面梯形,有凿痕石花,正面边缘齐整。背面凹凸不平。推测为立佛左臂下方衣纹。宽60、高25、厚23厘米(图三三六,3;彩版三五三,6)。

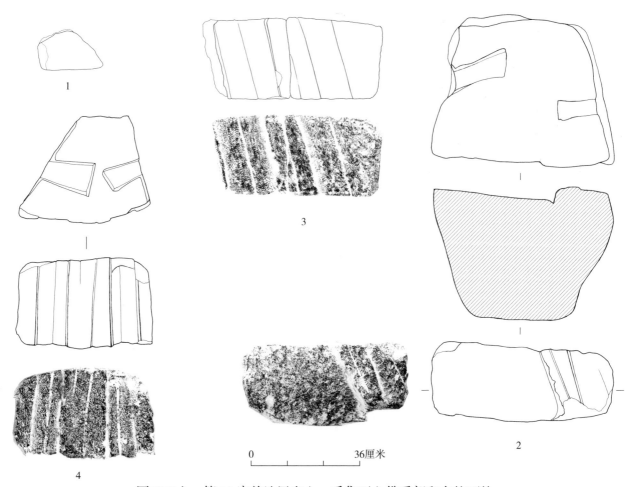

图三三六　第20窟前地层出土、采集西立佛手部和衣纹石块

1~4.1992T502④A:80、1992T501④A:39、2013探沟采:130+175、1992T501④A:40

标本 1992T501④A：40，正面长方形。竖向凹凸面相间，均有阴刻线。左右两边凸面不完整。中部凸面上窄下宽（14～15厘米），长阴刻线右侧另有一短阴刻线。再左凹面上窄下宽（8～9.5厘米），左凹面上端有凸起，阴刻线靠右。左上角缺损。右侧两面上端向左倾，右凹面上下同宽，阴刻线靠左。顶面扇形，有凿痕石花，正面边缘弧形外凸，可见凸面截面。左右两边各有一卯口，分布方向为二时、十时。卯口左小右大，距离较近，左卯口一边缺损。左、右、背面较平整，有凿痕石花。推测为立佛腹部右侧衣纹。宽45、高28、厚35厘米（图三三六，4；彩版三五四，1、2）。

标本 1992T502④A：24+25，左侧凸面上宽下窄，上端毁，走向偏左，面有向左阴刻线两条。中间凹面上宽下窄（12～11.5厘米），右侧凹面为勾连纹局部，下面凸起，上部被叠压，有向右上走向阴刻线两条。顶面长方形，正面边缘呈弧形。右边和左上角各有一卯口，分布方向为十时、十二时。左侧缺失，存卯口底面痕迹，宽窄不明。右卯口边有断裂面，背面有断面及断层，背面和右侧面有凿痕。推测为立佛腹部右侧衣纹。宽43、高27、厚22厘米（图三三七，1；彩版三五四，3、4）。

标本 1992T502④A：36，正面长方形。三凸面与三凹面相间，均有阴刻线，左下至右上走向，上窄下宽，弧度向左加大。左侧凹面宽10～18厘米。四角较钝，左上角断面较大，左边中部外凸。与其相接的左侧宽凸面宽10～15.5厘米。右侧窄凸面宽3～5.5厘米。顶面长方形，正面边缘截面凹凸状。左、右、后边各有一卯口，靠近正面，分布方向为三时、九时、十一时。中间大卯口底面戳点痕多，右下角小卯口一边崩损。底面布满凿痕石花，平均线距约3厘米。右侧面较平，靠近正面有少许凿痕石花。推测为立佛腹部右侧衣纹。宽57、高28、厚36厘米（图三三七，2；彩版三五四，5、6）。

标本 1992窟前采：0000，正面长方形。表面残留土红色。左侧纵向两凸起面夹一凹进面，均上窄下宽，凹进面宽7～8、左凸起面宽10～10.5厘米。最左边有凹面局部。各面都有阴刻线。左上角断裂面较大。右侧两凸起面夹一凹进面，由左上至右下走向，上窄下宽，中间凹面宽18～10厘米。左凸起面宽12～7厘米。顶面四边形，正面边线略内凹，有三卯口，分布方向为三时、九时、十二时，横向卯口窄处较纵向卯口窄。面半平半坡，平处有石花少许。面及卯口底有戳痕。背面坡状断裂面较大，左边及左下角也有稍大断裂面，卯口破坏，左边不齐。左侧面小，右侧面大，均有石花戳痕。底面有倒"八"形石花，线距约3厘米。推测为立佛腹部左侧部位衣纹。宽64、高28、厚30厘米（图三三七，3；彩版三五五，1、2）。

标本 2013探沟采：013，有宽窄两个不同平面的雕刻。宽平面上两凹面夹一凸面，均有一条阴刻线，左下至右上走向，凸起面宽16～17厘米。窄平面上为对向"之"形佛衣折带纹。顶面不规则形状，左、后有两卯口，分布方向为三时、十时。上下面有石花。推测为立佛左臂下方衣纹。宽54、高33.5、厚14厘米（图三三七，4；彩版三五五，3～5）。

标本 1992T501④A：32，正面长方形，弧面有转折。竖向凹凸面相间，均有阴刻线，左右两边凹面不完整。左侧凸面上宽下窄（12～10厘米），凹面上窄（10厘米）下宽。右凸面上宽（14.5厘米）下窄，中下部破损，露出灰绿酥岩石核。左右上角缺损。顶面梯形，正面边缘可见凸面截面。左、右、后三边各有一卯口，分布方向为二时、十时、十二时，位置紧凑，边均有毁损。三卯口靠正面，有斜向石花，靠后有较大断面。左侧面有斜向石花，线距不等。底面较平，石花不明显。推测为立佛右侧衣纹。宽51、高32.5、厚32厘米（图三三八，1；彩版三五六，1、2）。

标本 1992T501④A：46+1992窟前采：0883，中间宽凸面，上下宽（14.5厘米）中间窄（13.5厘米），

图三三七　第 20 窟前地层出土、采集西立佛衣纹石块

1～4.1992T502 ④ A：24+25、1992T502 ④ A：36、1992 窟前采：0000、2013 探沟采：013

略呈左下至右上走向，面上阴刻线靠右。左侧凹面宽 10.5 厘米，阴刻线略弯。右侧另有一窄凹面，宽 4.5～5 厘米，再右为凸面。左侧崩毁面大。顶面长条形，左右边各开一卯口，分布方向为十一时、十二时，卯口外边均毁损。后面有凿痕石花，右侧石花线距平均约 4 厘米，左侧石花为不规则凿痕。推测为立佛胯部右侧衣纹。宽 50、高 34、厚 26 厘米（图三三八，2；彩版三五五，6）。

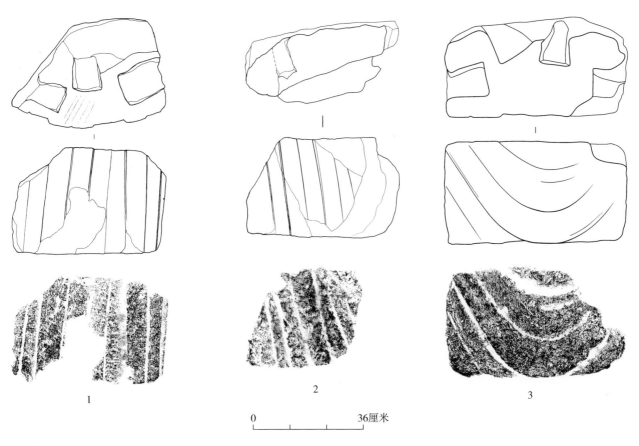

0 ├───┼───┤ 36厘米

图三三八　第 20 窟前地层出土、采集西立佛衣纹石块

1～3.1992T501 ④ A：32、1992T501 ④ A：46+1992 窟前采：0883、1992T501 ④ A：25

标本 1992T501 ④ A：25，正面长方形。残留土红色。宽面下沉弧形凸起，左端宽 17、右端宽 15.5、中间最宽 27.5 厘米，有一长一短下沉阴刻线。凸起面外的上下面凹进，右下面刻阴刻线。左上角缺，可见上面卯口。顶面长方形，面平，有凿痕石花。右前角呈直角，另三个角有断面。左、右两边各有一卯口，后边有两卯口，口内有凿痕，四卯口分布方向为四时、九时、一时、十一时。左、右、底三面都有凿痕石花，底面石花较多，线距不等。推测为立佛腹部中部衣纹。宽 60、高 33、厚 33 厘米（图三三八，3；彩版三五六，3、4）。

标本 1992T502 ④ A：32，正面长方形。表面残留土红色。竖向两凹面夹一凸面，有阴刻线，上端略右倾。凸面上宽下窄（14～13.5 厘米），之上阴刻线靠右，左侧另有一小段平行阴刻线。凹凸面高差约 1.5 厘米。上边和左上角有断面。顶面扇形，可见戳痕，正面边缘弧形外凸，面凹凸不平，上面有卯口痕迹，深约 6、后边宽约 7 厘米，两侧边毁损。三侧面有较大断面，底面较平，有凿痕石花少许。推测为立佛腰腿部衣纹。宽 33.5、高 33、厚 25 厘米（图三三九，1；彩版三五六，5、6）。

标本 2013 探沟采：069，正面长方形，两凸面夹一凹面，面上均有阴刻线一条，左下至右上走向。右凸面左下方残损，右侧有一凹面局部。顶面梯形，有凿痕石花和戳点，左右两边有两卯口，分布方向为三时、九时。各面均有石花、取平痕迹。推测为立佛左臂下方衣纹。宽 55、高 33、厚 30 厘米（图三三九，2；彩版三五七，1、2）。

标本 2013 探沟采：024，正面不规则形状，左侧凹面，右侧凸面，凹凸面下方有一条状弧形凸起，

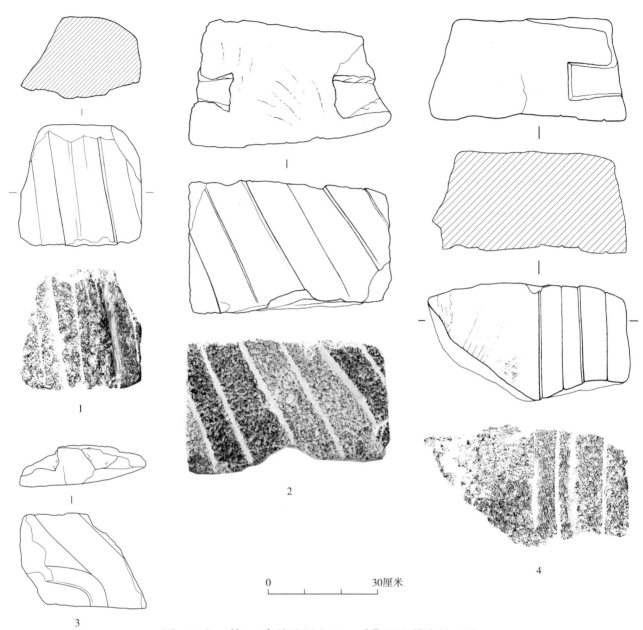

图三三九　第20窟前地层出土、采集西立佛衣纹石块

1～4.1992T502④A：32、2013探沟采：069、2013探沟采：024、1992窟前采：0512

左下至右上走向。顶面不规则形状，靠近正面边缘有戳痕，左右各有一残损卯口，分布方向为三时、九时。推测为立佛左臂下方衣纹。宽35、高24、厚10厘米（图三三九，3；彩版三五七，3、4）。

　　标本1992窟前采：0512，正面不规则形状。左侧可见一凸面和一凹面，凸面上下窄，中间宽14～14.5厘米，凹面上下宽，中间窄10.5～11厘米。右侧没有纹饰，有毁损。底面和左面有较大断裂面。顶面梯形。正面边缘比较平直，可见凸面的截面。左边有一卯口，较大，分布方向为三时，靠近正面，左下角有较大断裂面。左侧面有两条石花，线间距约4.5厘米。推测为立佛右侧腰腿部衣纹。宽55.5、高31.5、厚30厘米（图三三九，4；彩版三五七，5、6）。

　　标本1992T501④A：45，正面方形，正面残留土红色。中部外凸，两竖向凹面凸面相间，均有阴刻线。凹面上窄下宽，左凹面宽 11.5～12、右凹面宽 12.5～14.5 厘米。凸面上宽下窄（14.5～10.5 厘米）。最左边和最右边有不完整面。左上角残缺，可见顶面卯口。顶面呈扇形，正面边缘可见凸面截面。有三卯口排列紧凑，分布方向为二时、十时、十一时。左侧面有竖向凿痕 5 条，不通底面，线距 2～3 厘米。底面遍布石花，线距平均约 2 厘米。推测为立佛腿部衣纹。宽 45、高 30.5、厚 38 厘米（图三四〇，1；彩版三五八，1、2）。

标本 1992T501 ④ A：21，正面方形。左下至右上一宽面凸起为主，上窄下宽，上端宽 13.5 厘米。左侧上部为凹进面，有阴刻线。右侧一竖向凸起部分，上有两条阴刻线，间距约 1.5 厘米。其与宽面所夹凹面上的阴刻线与宽面走向一致。除左边外，另三边较平直，左上角纵向缺口宽 5～7、高 19.5 厘米，可见顶面卯口。顶面五边形，有凿痕石花，正面一边略向内凹，左、右上角有较大断面。左、右、后三边有卯口，较紧凑，分布方向为四时、九时、十一时。左下面有取平石花。左、

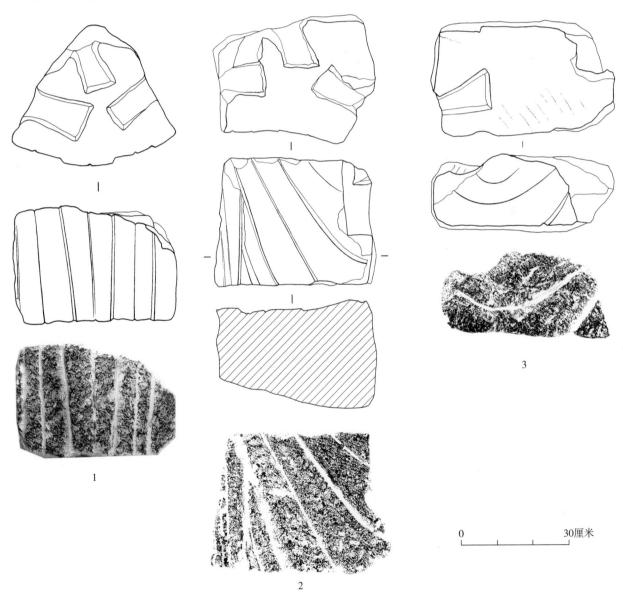

图三四〇　第 20 窟前地层出土西立佛衣纹石块

1～3.1992T501 ④ A：45、1992T501 ④ A：21、1992T501 ④ A：34

右和底面均有戳痕石花，右面略弧，右面和底面较平。推测为立佛腹部右侧衣纹。宽44、高34、厚34厘米（图三四〇，2；彩版三五八，3、4）。

标本1992T501④A∶34，正面长方形，凹面。宽面上有一阴刻下沉弧线，左下有凸起面局部，左上缺损。右上角缺损，可见顶面卯口。顶面长方形，靠正面一侧有取平凿痕石花。左上角崩毁。右、后两边各有一卯口，分布方向为九时、十二时。右下角卯口紧靠正面，靠正面边损坏。左上角有断裂面，破坏了卯口一边。左侧面有凿痕。背面和底面为断面。推测为立佛腹部左侧衣纹。宽50、高20、厚30厘米（图三四〇，3；彩版三五八，5、6）。

标本1992T501④A∶31，正面长方形。右上角缺损，可见侧面。左侧为两凸起面夹一凹进面，凹进面宽9～9.5厘米，有阴刻线。右凸起面上窄下宽（5.5～7.5厘米），左凸起面毁坏不完整。左边缺损成尖状。右侧大半为两个弧形面左上至右下走向，由上往下阶梯增高，中间宽面，有阴刻线，上边幅宽21厘米，下幅宽不可测。宽面左侧有一同向凸起圆边，与左侧竖向凸面有夹角。顶面不规则长条状，有少量凿痕。前边左侧向外鼓出，左边和后边各有一卯口，分布方向为三时、十一时。左卯口下边崩毁。左、右、背面均自然断面。底面平整。推测为立佛腹部左侧衣纹。宽81、高22.5、厚21厘米（图三四一，1；彩版三五九，1、2）。

标本1992T502④A∶48，正面长方形。右侧四幅弧面由上到下阶梯状凸起，左上至右下走向，并由窄变宽。弧面有阴刻线。左侧竖向凹凸面叠压其上，上窄下宽，凸面宽8～8.5、凹面宽10.5～12.5厘米，均有阴刻线，左凸面不完整，下角破损。顶面梯形，有宽距离凿痕。左边长于右边，正面边向右侧弧形内陷。左、右、后三边各有一卯口，分布方向为二时、八时、十一时。左右和底面有凿痕石花及戳痕。推测为立佛腹部下左侧衣纹。宽66、高26.5、厚44厘米（图三四一，2；彩版三五九，3、4）。

标本1992T502④A∶65，正面长方形，凸弧面。两条宽凹面夹一条凸起面，均有阴刻线。凸面上宽下窄（8.5～6.5厘米），左右凹面不完整。左上方缺失较大。顶面扇形，面平，正面边缘可见凸起面截面。左右两边各有一卯口，分布方向为二时、十时，右边卯口大于左边卯口。背面有较大断裂面。左右侧面有戳痕。底面平。推测为立佛腿部衣纹。宽44、高26、厚44厘米（图三四一，3；彩版三五九，5、6）。

标本1992T501④A∶16，正面长方形，凹面。可见约三幅下沉弧形宽面，自上而下阶梯状外凸。上下面不完整，中间面宽14～18厘米，有阴刻线。左上角缺失，可见顶面卯口。顶面长方形，正面边缘凹进，后边长于前边，左、右、后边各有一卯口，分布方向为四时、八时、十二时，左右卯口顺弧形走向，口形较长，另一卯口短。顶面及卯口内有凿痕。左右侧面靠正面边略齐，靠后粗糙。底面有石花，方向不同，线距2～4厘米。推测为立佛腹部下方中间衣纹。宽50、高33、厚24厘米（图三四二，1；彩版三六〇，1、2）。

标本1992T502④A∶67，正面长方形。左边有断裂面，左侧凹面有一段竖向阴刻线和一凸起窄面，窄凸面上宽下窄（4.5～2.5厘米），下不通底，中有阴刻线。中部有两凸起面叠压，下宽上窄（24～11.5厘米）。右侧有左上至右下走向四个凸起面，呈阶梯由右至左渐高，右上宽面有阴刻线。右下角缺损。顶面梯形，大部有凿痕石花，正面一边有阶梯状截面。左、右、后三边各一卯口，分布方向为二时、八时、十一时。左下角卯口靠近正面，口下边破损。背面坡状有断裂面，并凿有纵向窄口沟。左面、右面、底面均有凿痕石花，石花间距约3厘米。推测为立佛腹部下方左侧衣纹。

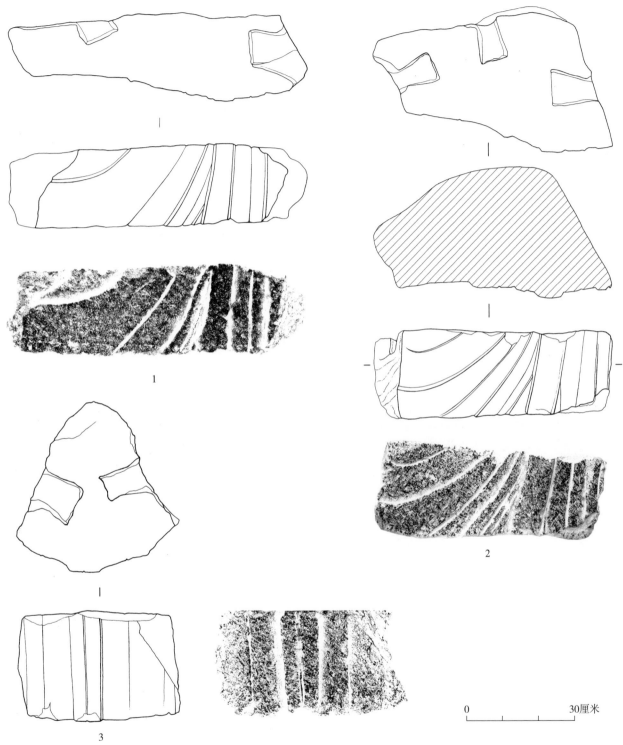

图三四一　第 20 窟前地层出土西立佛衣纹石块

1 ～ 3.1992T501 ④ A：31、1992T502 ④ A：48、1992T502 ④ A：65

宽 58、高 33、厚 36 厘米（图三四二，2；彩版三六〇，3、4）。

标本 1992 窟前采：0487，正面长方形，弧面外鼓。有三条竖向宽窄不一的凸面，之间夹两凹面。左凸面不完整。中间凸面上宽 7、下宽 4.5 厘米，末端毁。右尖状凸面上有阴刻线，末端完整，

0   30厘米

图三四二　第20窟前地层出土、采集西立佛衣纹石块

1～4.1992T501④A：16、1992T502④A：67、1992窟前采：0487、1992T501④A：36

长 21、上端宽 5 厘米。三凸面所夹宽凹面，上窄下宽（16.5～19 厘米），右凹面上中间有阴刻线，最右还有另一凹面，不完整。下边破损较多。顶面扇形，有不规则石花，有两卯口，分布方向为二时、十时。正面边缘外凸弧形，两侧边内收，后边略直。两侧面内收，左侧面靠近正面少许部位较齐，后侧有取平痕迹，右侧面有石花及戳点痕，线距约 2.5～3 厘米。底面平，有石花，分布规律，线距 1.5～2 厘米，背面自然断面。推测为立佛腿部衣纹。宽 60、高 31、厚 27 厘米（图三四二，3；彩版三六〇，5、6）。

标本 1992T501④A：36，正面长方形。左边大部为凹面，与右侧凸面高差不明显。左面上窄下宽，左边第一线下部残缺，第三线上不通顶，且有短横线相交。第二线与凸边线距为 11～17 厘米。顶面梯形，有凿痕石花，正面一边小于后边。左边和后边各有一卯口，紧凑布置于左上方，分布方向为三时、十二时。左右侧面靠前部有少许凿痕石花。底面布满凿痕石花，线距 1.5～2 厘米。推测为立佛下身衣纹。宽 34、高 46、厚 29 厘米（图三四二，4；彩版三六一，1、2）。

标本 1992T502④A：68，正面长方形，凹面。雕刻约有五个面，左上至右下走向，从右上至左下阶梯增高，上窄下宽，中部有阴刻线的一面宽 6～8 厘米。石质褐色。推测为立佛下身衣纹。宽 38、高 40、厚 36 厘米（图三四三，1；彩版三六一，3）。

标本 1992T501④A：30，正面长方形，弧面。竖向三凸面夹两凹面，左凸面被毁，留存少许，中间凸面上宽下窄（12～11 厘米），右凸面残存宽 7～8 厘米。左凹面上窄下宽（16～17 厘米），上有竖向阴刻线靠左，右凹面上窄下宽（14～15 厘米），无阴刻线。顶面长方形，正面边缘可见凸面截面。右边不齐，后边和左边齐整。有两卯口靠左后方，分布方向为四时、十二时，卯口边均有崩毁。左侧面和底面有凿痕。推测为立佛腿部（膝上方）衣纹。宽 50.5、高 19、厚 33 厘米（图

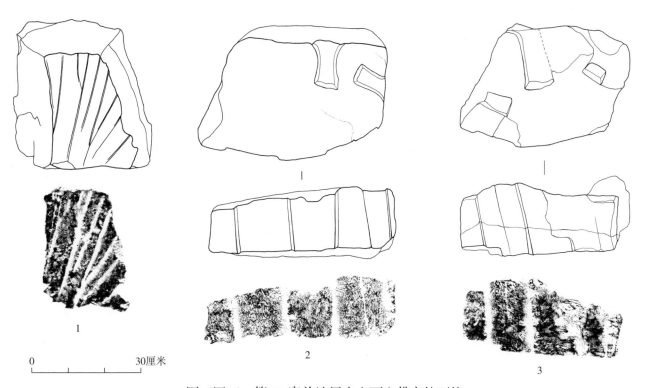

0　　　　　　　　　　30厘米

图三四三　第 20 窟前地层出土西立佛衣纹石块

1～3.1992T502④A：68、1992T501④A：30、1992T502④A：39

三四三，2；彩版三六一，4、5）。

标本1992T502④A：39，正面长方形。左侧凹凸不清。上边缘起伏较大，左上角有缺口及凸起。右侧两竖向凸面夹一凹面，凹面上窄下宽（12.5～13厘米），有阴刻线一条，靠右。顶面五边形，正面边缘弧形外凸。卯口有不同程度损坏，分布方向为四时、十时、十二时。顶面、底面有较大断裂面。推测为立佛左侧腿部衣纹。长46、高21、厚38厘米（图三四三，3；彩版三六一，6）。

2. 立佛左侧肩部

标本2013探沟采：310，正面长方形，有凹凸面，左上右下走向，上有阴刻线。左上角缺损，可见顶部卯口。左凸面宽6～6.5厘米，阴刻线靠右，右凸面宽16～17.5厘米，其上部有三条左上至右上走向的下沉阴刻线，再上有少许反向弧线。两凸面间凹面宽5.5～9.5厘米，衣纹左上至右下走向。顶面梯形，正面边缘略呈弧形，有两卯口相对，靠近正面。左侧卯口残，右侧卯口窄。分布方向为三时、十时。推测为立佛左肩衣纹。宽37、高17、厚22厘米（图三四四，1；彩版三六二，1、2）。

标本1992T501④A：18，正面长方形，弧面。右半残留土红色。左侧光面无雕刻，右侧两条横向凸起面（宽5.5～0.5厘米）一长一短，左上至右下走向，尾端尖状，之间的平面宽7～11.5厘米，由右下至左上增宽。凹凸面均有阴刻线。上边缘有崩毁，可见卯口，顶面扇形，面不平，三个角有崩裂面。有半圆形卯口顺正面弧形走向，卯口里边平直，外边弧形，两头小，中间大。左、右、底面均有石花凿痕。推测为立佛左肩衣纹。宽36.5、高25、厚31厘米（图三四四，2；彩版三六二，3、4）。

标本1992T502④A：83，正面长方形。中部凸起面上宽下窄（23.5～17.5厘米），左上至右下走向，凸面上部有两条下沉圆弧阴刻线（线距5厘米）与下部斜向阴刻线相接。两侧凹面不完整，有阴刻线。下边破损较多。顶面梯形，正面边缘弧形外凸，另三边不齐整。左边开一卯口，分布方向为三时。顶、底、左、右、背面都有凿痕石花。推测为立佛左侧衣纹。宽43、高33、厚49厘米（图三四四，3；彩版三六二，5、6）。

3. 立佛右侧肩部

标本1992T501④A：44，正面方形，外凸弧面。上边缘有破损缺口，左边缘略弧。左侧有一右上至左下走向阴刻线，中部凸面同一走向，上窄下宽（5.5～8.5厘米），上有阴刻线。右侧大部为磨光面，表面残留土红色，右下角有斜向阴刻线交于右边和底边，距离左侧凸面较远。三阴刻线刀口宽约1.5厘米。顶面三角形，右边略弧，一较大卯口开在正中，分布方向为十二时，末端接近正面。推测为立佛右肩部衣纹。宽45、高34、厚23厘米（图三四五，1；彩版三六三，1、2）。

标本1992窟前采：0510，正面长方形。一尖端凸起面左下至右上走向，由宽渐窄，最宽处约10厘米，上有阴刻线。其右下阴刻线与凸面走向一致，左上方阴刻线下部与凸面靠近，阴刻线左锋面略宽。右下另有一小段尖端凸面。右边不齐，另三边较齐整，正面向外凸。顶面扇形，有两卯口，略靠正面，分布方向为二时、十时，正面边缘弧形外鼓，左右边较齐，后边有断面，顶面前部有不规则石花。左右侧面内收，有宽凿痕石花，线距约4厘米。右面凿痕石花较有规律。底面有戳痕石花。推测为立佛右肩部衣纹。宽48、高30、厚41厘米（图三四五，2；彩版三六三，3、4）。

标本1992T502④A：66，正面梯形。表面残留土红色。凹凸面左下至右上走向。左半宽凹面，下窄上宽，有阴刻线一条，中间可测宽20厘米。右半为一凹进面和一较窄凸起面（8～8.5厘米），

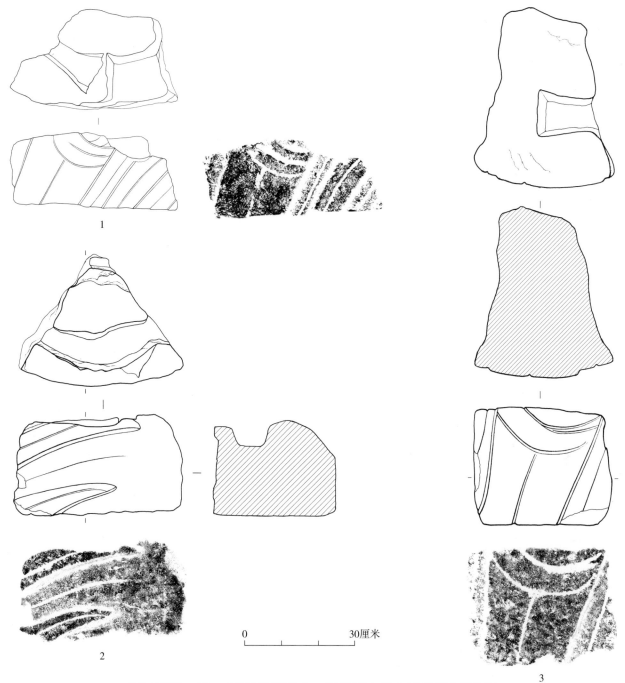

图三四四 第 20 窟前地层出土、采集西立佛左侧肩部衣纹石块
1～3.2013 探沟采：310、1992T501 ④ A∶18、1992T502 ④ A∶83

各有一条阴刻线。凸面与凹面高差 1～1.5 厘米。"V"形刀口宽 1.5 厘米。左下角有断裂面。顶面长方形，小于底面，可见正面凸出截面，左边中部开一卯口，分布方向为三时，靠正面的边有毁损。右侧面、左侧面、底面有凿痕石花，线距 3 厘米。推测为立佛右肩部衣纹。宽 42、高 23、厚 30 厘米（图三四五，3；彩版三六三，5、6）。

标本 1992 窟前采：0514，正面长方形，弧面。左下至右上走向三凸面夹两凹面，由宽变窄，均有阴刻线，刀口较细。顶面扇形，正面边弧形外凸，靠前边有石花少许，左右边有两卯口，分

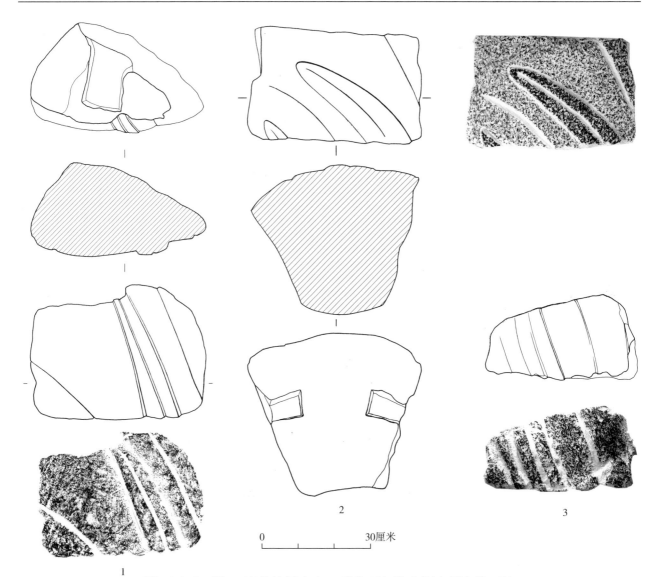

图三四五　第 20 窟前地层出土、采集西立佛右侧肩部衣纹石块
1～3.1992T501 ④ A：44、1992 窟前采：0510、1992T502 ④ A：66

布方向为二时、十时。其他面为自然断面。推测为立佛右肩部衣纹。宽 58、高 26、厚 38 厘米（图
三四六，1；彩版三六四，1、2）。

　　标本 1992T502 ④ A：82，正面五边形。中部有一由宽变窄、末端为尖端的凸起面（9～1 厘米），
上有阴刻线，尖端略折。凸起面两侧各有一阴刻线，方向与凸面略有不同，阴刻线刀口面分明。一
侧有较大断裂面。顶、底、背面均有凿痕。推测为立佛右肩部位。宽 39.5、高 35、厚 25 厘米（图
三四六，2；彩版三六四，3）。

　　4. 位置不定

　　标本 1992T502 ④ A：40，正面不规则形状。中间竖向凸面宽 11 厘米，阴刻线居中，两侧凹面
不完整。左下角和右上角断面较大，右上角可见顶面卯口。顶面不规则形状，正面边缘可见凸面截
面，厚 1.5～2 厘米。右边靠近正面有一卯口，分布方向为九时。后边断面较大。推测为立佛衣纹，
部位未知。宽 19、高 28、厚 26 厘米（图三四六，3；彩版三六四，4、5）。

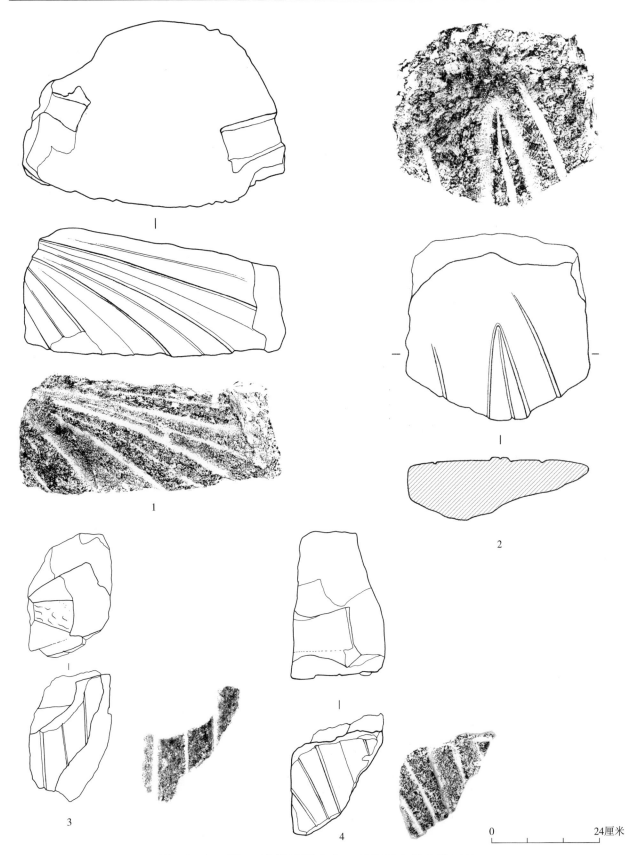

图三四六　第 20 窟前地层出土、采集西立佛衣纹石块

1～4.1992 窟前采：0514、1992T502 ④ A：82、1992T502 ④ A：40、1992T502 ④ A：45

标本 1992T502 ④ A：45，正面三角形。表面残留土红色。竖向凹凸面相间，有阴刻线，右凸面上宽下窄（9～6.5厘米），左凹面宽10厘米。上边缺损，可见顶面卯口。顶面梯形，坑洼不平，正面边缘破损，可见凸面截面，左边齐整，后面坡状。右边有一卯口，分布方向为九时，靠近正面的一边毁损。右侧面有凿痕石花。推测为立佛衣纹，部位未知。宽20.5、高21、厚31.5厘米（图三四六，4；彩版三六五，1、2）。

标本 1992T502 ④ A：46，中部为磨光面，右侧有斜向阴刻线。推测为立佛衣纹，部位未知。宽25、高7、厚13厘米（图三四七，1；彩版三六四，6）。

标本 1992T502 ④ A：47，正面近三角形。左下角有斜向凿痕，右下方有一条左下至右上的阴刻线。推测为立佛衣纹，部位未知。宽16、高14、厚15厘米（图三四七，2；彩版三六五，3）。

标本 1992T502 ④ A：53，正面长方形，弧面。有竖向阴刻线。左侧凸起圆鼓状，形态不明。顶面有戳痕。推测为立佛衣纹，部位未知。宽15、高6、厚12厘米（图三四七，3；彩版三六五，4）。

标本 1992T502 ④ A：54，正面长方形。一侧面有较窄弧形凸面，一侧较大凹面。凸面一侧有破坏凿痕，还有一面也有零星凿痕。推测为立佛衣纹，部位未知。宽11、高15、厚21厘米（图三四七，4；彩版三六五，5）。

标本 1992T502 ④ A：58，正面梯形。三条凹凸面从左至右阶梯增高。左侧两面向左倾，右侧一

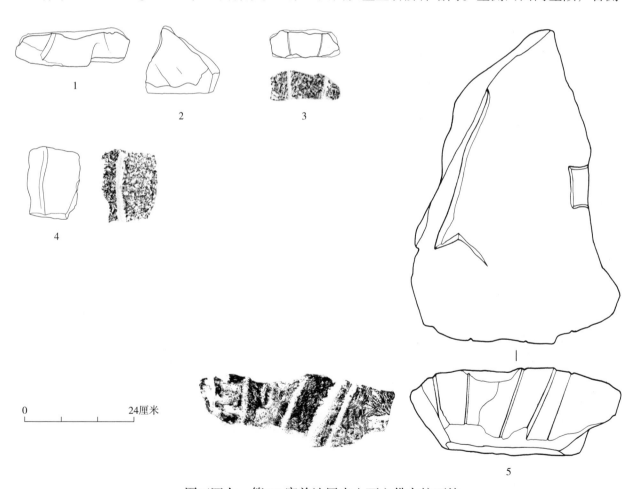

0   24厘米

图三四七　第20窟前地层出土西立佛衣纹石块
1～5.1992T502 ④ A：46、1992T502 ④ A：47、1992T502 ④ A：53、1992T502 ④ A：54、1992T502 ④ A：58

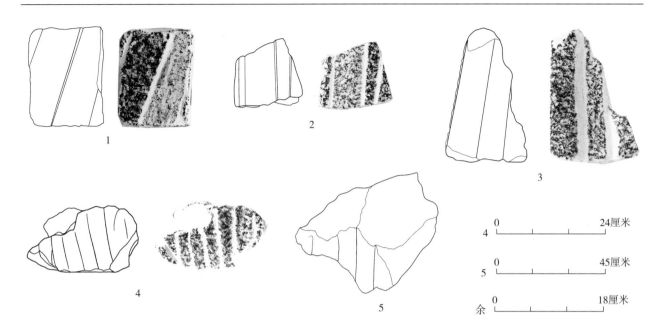

图三四八　第20窟前地层出土西立佛衣纹石块

1～5.1992T502④A：59、1992T502④A：60、1992T502④A：62、1992T502④A：63、1992T502④A：64

面较竖直，均有阴刻线，刀口较宽。中部凸起面上阴刻线至左边距离为5.5～6.5厘米。左下角缺损较多。顶面三角形，正面边缘呈弧形，左边有一卯口，分布方向为三时，卯口后壁呈坡度。右边中部可见一卯口残留痕迹，坡状，未完工。底面褐色。推测为立佛衣纹，部位未知。宽45.5、高17、厚60厘米（图三四七，5；彩版三六六，1、2）。

标本1992T502④A：59，正面长方形。左上至右下斜向凹凸面，右侧凸起面比左侧凹面高出1厘米，凹面左下有一小段阴刻线，凸面右上阴刻线不明显。上下左右四个侧面均有凿痕，背面为断面。推测为立佛衣纹，部位未知。宽12、高16、厚11厘米（图三四八，1；彩版三六五，6）。

标本1992T502④A：60，正面四边形。三条竖向阴刻线。间距不等，其中一条离另两条较远。另两条阴刻线距较近，不平行，略有角度。推测为立佛衣纹，部位未知。宽11、高9、厚4厘米（图三四八，2；彩版三六六，3）。

标本1992T502④A：62，正面不规则形状，表面残留土红色。斜边断裂痕迹明显。左侧下部有三角刀口阴刻线槽，宽约2厘米，右侧竖向凸出面，宽4.5～5、高出左面1.5～2.5厘米。推测为立佛衣纹，部位未知。宽13、高20、厚8厘米（图三四八，3；彩版三六六，4）。

标本1992T502④A：63，正面不规则形状。表面残留土红色。有六条竖向阴刻线，间距2.5～4厘米。右上角残缺，右下角有少许突起。推测为立佛衣纹，部位未知。宽24、高15、厚16厘米（图三四八，4；彩版三六六，5）。

标本1992T502④A：64，正面不规则形状。有阴刻线两条，右侧两面宽8、左侧面宽11厘米。其他面均自然断面。推测为立佛衣纹，部位未知。宽40、高25、厚76厘米（图三四八，5；彩版三六六，6）。

标本1992T502④A：69，正面梯形，凸面。表面残留土红色。面高3～4厘米，上有"V"形刀口阴刻线，宽约1.5厘米。推测为立佛衣纹，部位未知。宽11、高10、厚5厘米（图三四九，1；

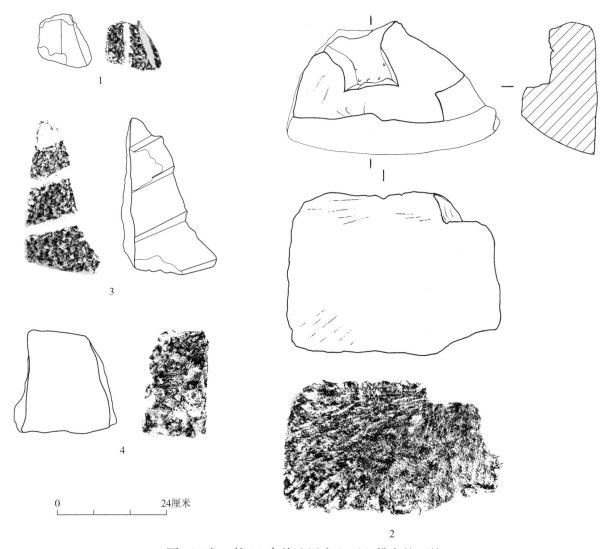

0　　　　　　　　　　24厘米

图三四九　第 20 窟前地层出土西立佛衣纹石块
1～4.1992T502 ④ A：69、1992T502 ④ A：81、1992T503 ③ A：19、1992T502 ④ A：104

彩版三六七，1）。

标本 1992T502 ④ A：81，正面长方形，凸弧面錾花密布。左上角可见顶面卯口。顶面梯形，左边和后边各有一卯口，分布方向为二时、十二时。左卯口靠正面一边毁损。顶、底、左、右面均有凿痕石花。推测为立佛局部，部位未知。宽 46、高 30、厚 27 厘米（图三四九，2；彩版三六七，2、3）。

标本 1992T503 ③ A：19，正面三角形，表面残留土红色。凸面上有二条斜向阴刻线，间距 6.5 厘米，三角刀口，一刀口锋面由窄变宽。推测为立佛衣纹，部位未知。宽 21、高 13、厚 10 厘米（图三四九，3；彩版三六七，4）。

标本 1992T502 ④ A：104，正面长方形。磨光面略凹，另三面有凿痕。推测为立佛衣纹，部位未知。宽 21、高 22、厚 15 厘米（图三四九，4；彩版三六七，5）。

标本 1992 窟前采：0006，正面梯形。中部竖向凸起衣纹，有阴刻线，宽 5～5.5 厘米。面略带土红色。推测为立佛衣纹，部位未知。宽 19、高 6、厚 19 厘米（图三五○，1；彩版三六七，6）。

标本 1992 窟前采：0447，正面五边形，左右两面高低不平，中有一竖向阴刻线。推测为立佛衣纹，

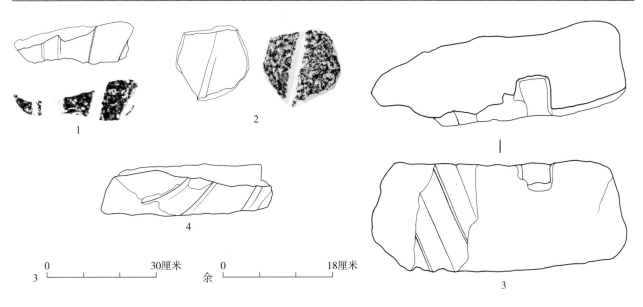

图三五〇　第 20 窟前采集西立佛衣纹石块

1 ～ 4.1992 窟前采：0006、0447、0503、0799

部位未知。宽 12、高 11、厚 6 厘米（图三五〇，2；彩版三六八，1）。

　　标本 1992 窟前采：0503，正面长方形。左侧断面较大，靠右有竖向戳痕，上边可见卯口。右侧凹进面上有左下至右上斜向凸面和凹面，均有阴刻线，凸面宽 10.5 厘米，面上阴刻线靠右。右侧有毁损。顶面近长方形，上下边缘断面较大，有一卯口，分布方向为六时，卯口边毁损。右面有凿痕石花少许，底面凿痕石花组呈倒“八”形，线距右宽左窄，2 ～ 4 厘米，背面有粗略无规律凿痕。推测为立佛衣纹，部位未知。宽 70、高 28、厚 23 厘米（图三五〇，3；彩版三六八，2）。

　　标本 1992 窟前采：0799，正面长方形。左侧凸面，右侧凹面，凸面比凹面高 1.2 厘米，左上至右下走向，均有一条阴刻线，三角刀口线槽较宽。石质青灰。推测为立佛衣纹，部位未知。宽 28、高 7、厚 23 厘米（图三五〇，4；彩版三六八，3）。

　　标本 1992 窟前采：0882，正面梯形，凹面。中间斜向衣纹，宽 10 ～ 10.5 厘米，中有阴刻线，上端有弧线。左面低，右面高，形成向右增高的阶梯面。左侧面有少许凿痕。推测为立佛衣纹，部位未知。宽 17、高 24、厚 15 厘米（图三五一，1；彩版三六八，4）。

　　标本 2013 探沟采：112，正面四边形，两凸面夹一凹面，面有阴刻线。推测为立佛衣纹，部位未知。宽 30、高 18、厚 30 厘米（图三五一，2；彩版三六八，5）。

　　标本 2013 探沟采：194，正面长方形，内凹。凹凸面上有阴刻线，凸面宽 8、凹面宽 13 厘米。石质青灰。推测为立佛衣纹，部位未知。宽 27、高 18、厚 13 厘米（二十洞）（图三五一，3；彩版三六八，6）。

　　标本 2013 探沟采：263，造像衣纹。面有衣纹，竖向阴刻线三条。宽 18、高 7、厚 7 厘米（十七洞）（图三五一，4）。

　　（二）卯接石块

　　37 件。

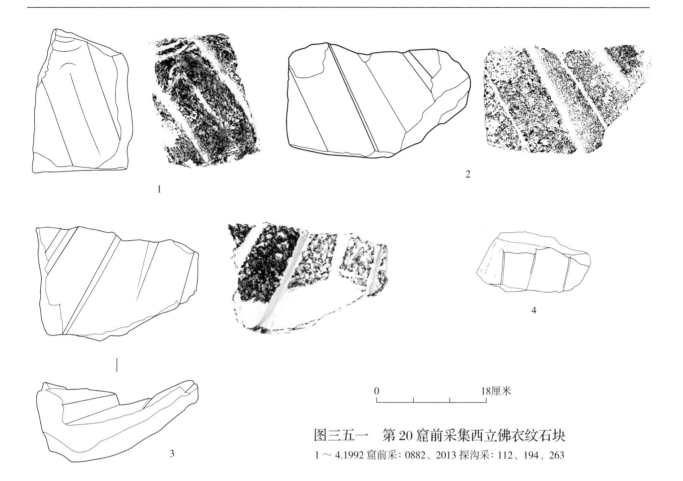

图三五一　第 20 窟前采集西立佛衣纹石块
1～4.1992 窟前采：0882、2013 探沟采：112、194、263

卯接石块用于立佛衣纹石块和山体之间的过渡和牵拉。一般开有卯口（银锭榫卯的一半）的面是顶面，个别石块底面也有。根据不同位置和拉力需要，卯口有一个或多个朝向。卯口形状大小和深浅程度也因石块大小而不同，无规律可循，描述中不录卯口数据。文中长边、短边是指卯口所在面的边，宽、高是指正面所在边，厚是指前面到后面的尺寸。此类文字顺序不反映石块原排序。

标本 1992T501 ④ A：49，顶面不规则四边形。上面有一卯口，开口在窄边。方向不确定。其他面均自然断面。底面较平。长边 65、短边 30、厚 25 厘米（图三五二，1；彩版三六九，1）。

标本 1992T501 ④ A：50，顶面方形。面坑洼不平。有一卯口，方向不确定。一边略弧，另两边较齐整。长边 54、短边 50、厚 20 厘米（图三五二，2；彩版三六九，2）。

标本 1992T501 ④ A：51，顶面长方形。右边和后边各有一卯口，分布方向为七时、十二时。左侧面有分布规律的凿痕石花，线距 3～4 厘米。其余面坑洼不平。长边 43、短边 33、厚 27 厘米（图三五二，3；彩版三六九，3）。

标本 1992T501 ④ A：52，正面长方形。面有竖向凿痕，间距 4 厘米。顶面、底面较平。顶面三边较直，一边弧形。宽 44、高 14、厚 37 厘米（图三五二，4；彩版三六九，4）。

标本 1992T501 ④ A：53，顶面长方形。有两卯口，分布方向为九时、十一时。右边和后边断裂面较大，卯口靠一侧，窄边卯口毁损，只见痕迹。各面均为自然断面，底面较平。长边 43、短边 31、厚 35 厘米（图三五二，5；彩版三六九，5）。

标本 1992T501 ④ A：54，顶面长方形。一长边有一卯口，另一长边有两卯口。单卯口与双卯口

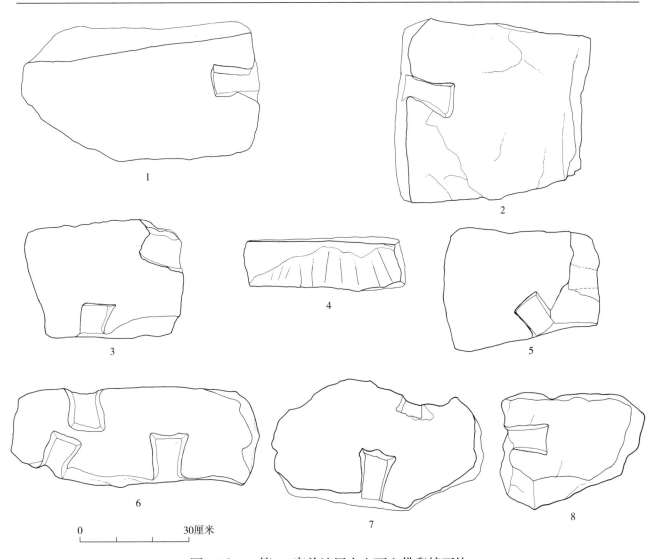

图三五二　第20窟前地层出土西立佛卯接石块

1～8.1992T501④A：49、1992T501④A：50、1992T501④A：51、1992T501④A：52、1992T501④A：53、1992T501④A：54、
1992T501④A：55、1992T501④A：56

其中之一相背。三卯口所在面略平，单卯口一侧高于双卯口一侧。单卯口所在侧面有凿痕石花，距顶面6～10厘米。长边68、短边28、厚26厘米（图三五二，6；彩版三六九，6）。

标本1992T501④A：55，顶面多边形。两长边各有一卯口，方向相反，分布方向为六时、十二时。一长边左侧凹回且有残卯口，右侧外凸；短边及另一长边略齐整；另一短边有坡状断面，呈外凸弧形。其他各面均自然断面，底面略平。长边58、短边33、厚24厘米（图三五二，7；彩版三七〇，1）。

标本1992T501④A：56，顶面略呈扇形。一边较齐，一短边有卯口，方向不确定。一侧面有凿痕。长边40、短边30、厚28厘米（图三五二，8；彩版三七〇，2）。

标本1992T501④A：57，顶面和底面均有卯口。顶面有竖向不平行凿痕。前边右侧凹进，左、右、后三边有卯口，分布方向为三时、九时、十二时，横向卯口靠近前边，左侧两卯口紧邻。面上布满蜂窝状虫卵分泌硬化物。下底面前后边各有一卯口，分布方向为六时、十二时。前面右侧大凿痕与底面卯口通。背面有断裂面。此卯接石块是少有的上下面均有卯口的石块之一。长边68、窄边33、厚 26 厘米（图三五三，1；彩版三七〇，3～6）。

　　标本 1992T501④A：58，顶面梯形。一长边有一卯口，方向不确定。大部夹杂灰绿石，青色，边角浑圆。各面为自然断面。无卯口长边所在面有左上至右下阴刻线。长边 60、短边 39、厚 25 厘米（图三五三，2；彩版三七一，1）。

　　标本 1992T501④A：59，顶面长方形。长短边各有一卯口，相对位置呈直角，方向不确定。一角缺损，卯口损坏。长边 50、短边 30、厚 20 厘米（图三五三，3；彩版三七一，2）。

　　标本 1992T501④A：60，顶面方形。凹凸不平，四边较钝。左、后边各有一卯口，两卯口分布方向为十二时、三时。后边卯口较大；左边卯口较浅，开口略小，未完工。其他面均自然断面。长边 47、短边 34、厚 25 厘米（图三五三，4；彩版三七一，3）。

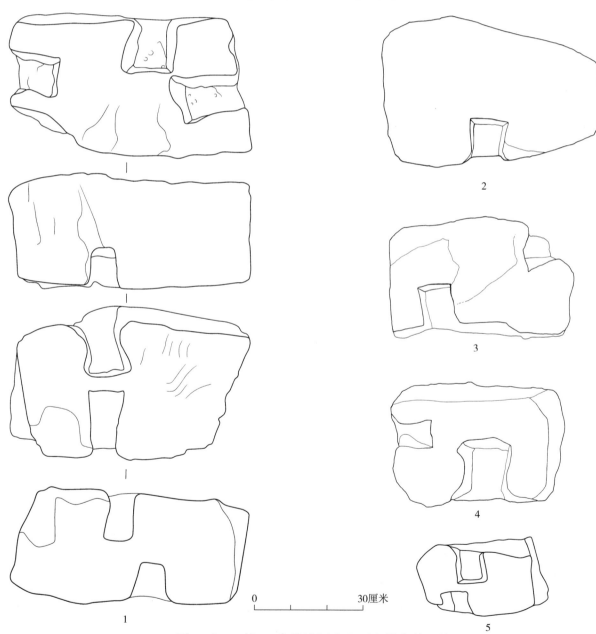

0　　　　　　　　　　30厘米

图三五三　第 20 窟前地层出土西立佛卯接石块

1～5.1992T501④A：57、1992T501④A：58、1992T501④A：59、1992T501④A：60、1992T501④A：61

标本 1992T501④A：61，顶面长方形。两长边各有一卯口，错位半口，分布方向为六时、十二时。长边 35、短边 19、厚 36 厘米（图三五三，5；彩版三七一，4）。

标本 1992T501④A：62，顶面半圆形，面较平。正面边缘弧形外凸，左、右、后三面自然断面。后边有两卯口，分布方向为十二时、二时。底面略平。长边 58、短边 35、厚 23 厘米（图三五四，1；彩版三七一，5）。

标本 1992T502④A：87，顶面长方形。面坑洼不平。右、后两边略齐，另两边弧形外凸。后边有较大坡状断面，有石核。右边和后边各一卯口，分布方向为九时、十二时。长边 45、短边 30、厚 25 厘米（图三五四，2；彩版三七一，6）。

标本 1992T502④A：88，顶面不规则五边形。前边较平整且有一卯口；后边呈外凸弧形，并有两个卯口；左边边缘齐整，有一个卯口。右侧两卯口排列紧密，开口大于其他两个卯口。四个卯口分布方向为六时、十时、一时、四时。其他均为自然断面，只有一面较平。底面小，呈棱状。长边 48、短边 25、厚 26 厘米（图三五四，3；彩版三七二，1）。

标本 1992T502④A：89，顶面长方形。面坑洼不平。四边有断面。后边断面向下坡状。卯口开在一短边。方向不确定。长边 32.5、短边 26、厚 26 厘米（图三五四，4；彩版三七二，2）。

标本 1992T502④A：90，顶面长方形。面上一侧断裂面较大，长边中部各开一卯口，两卯口紧

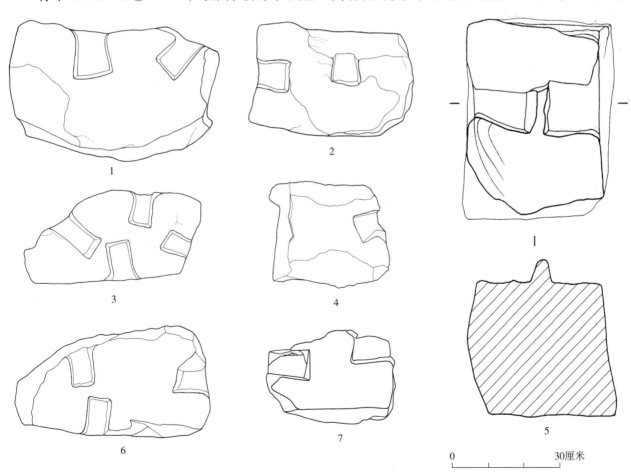

图三五四　第 20 窟前地层出土西立佛卯接石块

1～7.1992T501④A：62、1992T502④A：87、1992T502④A：88、1992T502④A：89、1992T502④A：90、1992T502④A：91、
1992T502④A：92

密相邻，"一"字排列，方向不确定。卯口一边毁损。一角略呈弧面，上有凿痕石花。长边42、短边27、厚34厘米（图三五四，5；彩版三七二，3）。

标本1992T502④A：91，顶面近三角形。两长边一短边。短边有一卯口，卯口边破损；两长边各有一卯口，位置紧凑。三卯口分布方向为三时（或九时）、六时、十二时。有一面呈弧形，有凿痕石花，线距约3～5厘米。长边53、短边28、厚28厘米（图三五四，6；彩版三七二，4）。

标本1992T502④A：92，顶面有两卯口，分布方向不确定。各面均为自然断面。长边35、短边26、厚13厘米（图三五四，7；彩版三七二，5）。

标本1992T502④A：94，顶面不规则形状。四周无明显棱角，坑洼不平，断面多，有不清晰凿痕石花。有两卯口，分布方向不确定。长边52、短边45、厚30厘米（图三五五，1；彩版三七二，6）。

标本1992T502④A：96，顶面不规则六边形。高低坑洼，自然断面，正面坡状。一长边有一卯口，方向不确定。底面有石花，不通面，线距2～3厘米。长边40、短边40、厚38厘米（图三五五，2；彩版三七三，1）。

标本1992T502④A：97，顶面近长方形。两长边各有一个卯口，方向不确定。各面均为自然断面。长边53、短边30、厚30厘米（图三五五，3；彩版三七三，2）。

标本1992T502④A：98，顶面长方形。四面断面，卯口靠长边一侧，方向不明。长边42、短边20、厚37厘米（图三五五，4；彩版三七三，3）。

标本1992T502④A：99，顶面长方形。面有大的坑洼，自然断面。一短边开一卯口。方向不确定。一长边断面较齐，另三面带弧形。长边64、短边30、厚30厘米（图三五五，5；彩版三七三，4）。

标本1992T502④A：100，顶面长方形。右角缺损，底面有人工凿痕。宽22、高13、厚14厘米（图三五六，1；彩版三七三，5）。

标本1992T502④A：101，顶面方形。四边较齐整，前边中间位置有凸起雕刻，宽5、长10、

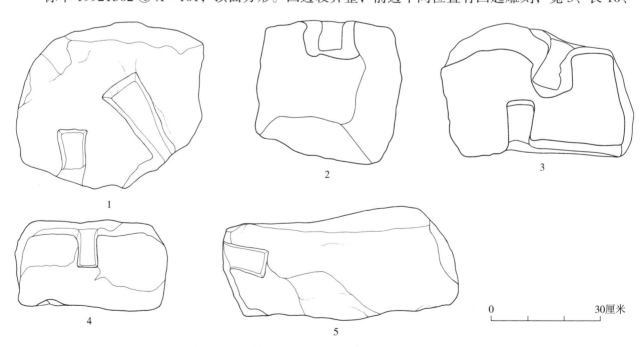

图三五五　第20窟前地层出土西立佛卯接石块
1～5.1992T502④A：94、1992T502④A：96、1992T502④A：97、1992T502④A：98、1992T502④A：99

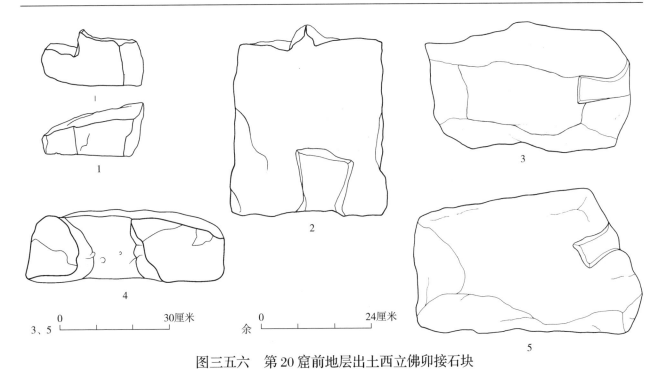

图三五六 第 20 窟前地层出土西立佛卯接石块

1 ~ 5.1992T502 ④ A : 100、1992T502 ④ A : 101、1992T502 ④ A : 102、1992T502 ④ A : 103、1992T502 ④ A : 105

高 4 厘米。后边有卯口，方向为十二时。卯口一侧的侧面齐。右面有凿痕石花，线距 5 ~ 6 厘米。长边 38、短边 34、厚 24 厘米（图三五六，2；彩版三七三，6）。

标本 1992T502 ④ A : 102，顶面长方形。有坑洼不平的断面。短边有一卯口，方向不确定。卯口一侧断面较齐。其他面均自然断面，不齐整。长边 56、短边 30、厚 40 厘米（图三五六，3；彩版三七四，1）。

标本 1992T502 ④ A : 103，长条状。表面可见一个宽槽，宽约 14、深约 6 厘米，各面都有凿痕。长边 44、短边 13、厚 35 厘米（图三五六，4；彩版三七四，2）。

标本 1992T502 ④ A : 105，顶面长方形。一短边有卯口，方向不确定。长边 63、短边 36、厚 30 厘米（图三五六，5；彩版三七四，3）。

标本 1992T502 ④ A : 108，顶面长方形，坑洼不平，中部有少许凿痕及戳点。前边和右边各开一卯口，分布方向为六时、九时，六时卯口形状较大。其他面为自然断面。长边 63、短边 40、厚 24 厘米（彩版三七四，4）。

标本 1992 窟前采：0002，顶面梯形。有两卯口，分布方向为十时、十二时。表面不平，左边有残缺。右卯口右壁崩毁。其他面均为自然断面。宽 66、高 26、厚 33 厘米（图三五七，1；彩版三七四，5）。

标本 1992 窟前采：0007，顶面扇形。面较平整，有三卯口，分布方向不确定。其中两卯口位置紧凑，另有一卯口与其中一卯口同在一内凹弧形边上。弧形面和左面有凿痕。长边 47、短边 22、厚 22 厘米（图三五七，2；彩版三七四，6）。

标本 1992 窟前采：0505，顶面长方形。面坑洼不平，有灰绿酥岩石核与上边通。左下角有一卯口，方向为四时。其他面均自然断面。长边 43、短边 25、厚 35 厘米（图三五七，3；彩版三七五，1）。

标本 1992 窟前采：0506，顶面略呈椭圆形。面有少许凿痕。两短边一直一弧。有四个卯口，分布方向为三时、六时、九时、十二时，布局呈"十"字形，一侧卯口大（口毁损），另三口紧

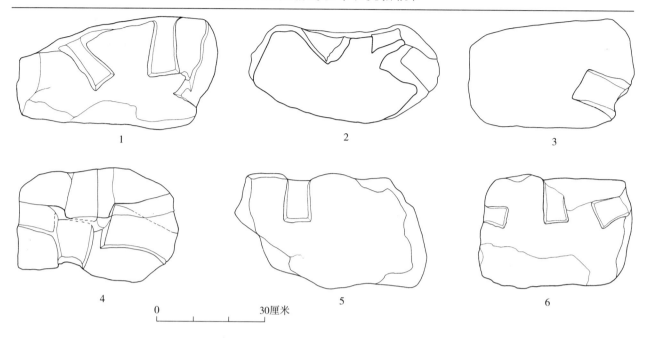

图三五七　第20窟前采集西立佛卯接石块

1～6.1992 窟前采：0002、0007、0505、0506、0509、0513

图三五八　第20窟西立佛衣纹石块拼接示意图

图三五九　第20窟西立佛原状假想图

密，口底有戳点痕。中部有横向裂缝贯穿。一面有不规律石花。长边44、短边29、厚35厘米（图三五七，4；彩版三七五，2）。

标本1992窟前采：0509，顶面梯形。面坑洼不平，左上角缺失较多，有断面。有一卯口，方向为六时，正面和底面有石花，间距5厘米。长边55、短边37、厚30厘米（图三五七，5；彩版三七五，3）。

标本1992窟前采：0513，顶面长方形。四边断面较多，有三卯口，均不同程度毁损，分布方向为九时、十二时、二时。其他面为自然断面。长边46、短边33、厚29厘米（图三五七，6；彩版三七五，4）。

在整理过程中，将西立佛衣纹石块大部分拼接起来（图三五八），通过三维虚拟拼接（彩版三七六，1～3）对照，并对西立佛的原始面貌做了初步的复原（图三五九）。

九　地层出土遗物

（一）建筑材料

1. 陶质建筑材料

瓦　145 件。见板瓦、筒瓦、莲花建筑饰件。均与遗迹出土同类瓦件胎质、工艺等相同。

（1）甲类瓦

59 件。见板瓦、筒瓦、檐头筒瓦、莲花建筑饰件。

1）板瓦

45 件。

2）筒瓦

7 件。

灰色筒瓦　5 件。

红色筒瓦　2 件。红胎，火候高，烧成坚致。胎土凹面布纹较细密，凸面有刷颜料的痕迹并磨光，颜色深浅各有不同。侧面半切，破面未修整。

标本 1992T111 ③ D：6，凸面表皮抹平后纵向涂刷白色颜料，刷痕明显。凹面距尾端约 3 厘米处开始削薄且抹平。残长 19、厚 2.1、尾端厚 1.1 厘米（彩版三七七，1）。

标本 1992T201 ④ B：4，凸面表皮有纵向压光痕迹，侧面半切。厚 2.1 厘米（彩版三七七，2）。

3）檐头筒瓦

4 件。由瓦当与筒瓦相粘接而成。筒瓦身与其他筒瓦相同，故在此仅以瓦当当面图案不同来叙述。当面有兽面忍冬纹瓦当。

兽面忍冬纹瓦当　4 件。残，与遗迹出土的兽面忍冬纹瓦当图案相同，夹砂灰陶。

标本 1992T201 ② A：6，仅残存兽面右侧耳与角、眉与眼及部分忍冬纹边轮。直径 19.5、中央厚 2.1、边轮宽 3、厚 2.2 厘米（图三六〇，1；彩版三七七，3）。

标本 1992T201 ④ B：1，仅残存兽面顶部的弯角与忍冬叶及部分忍冬纹边轮。直径 19.5、中央厚 2.3、边轮宽 3、厚 0.45 厘米（图三六〇，2；彩版三七七，4）。

标本 1992T201 ④ B：2，仅残存中央忍冬花及兽面左侧角、鼻梁。残长 7.5、厚 1.5～2.1 厘米（图三六〇，3；彩版三七七，5）。

标本 1992T304 ② A：5，仅残存兽面左侧耳与角、眉与眼及部分忍冬纹边轮。直径 20、中央厚 2.1、边轮宽 3.2、厚 3 厘米（图三六〇，4；彩版三七七，6）。

4）莲花建筑饰件

3 件。

B 型　4 件。莲瓣扁平。呈深灰色。中央突起的圆形区域内穿方孔，方孔剖面呈梯形。孔周的平面施联珠纹带及一周凸棱。外围稍低，高雕一周莲瓣，复原为八个复瓣双层莲瓣，上下层的每个瓣尖之间削成弧状。联珠及侧面的莲瓣肉均呈扁平状。

标本 1992T305 ①：2，外侧八个复瓣莲瓣双层围成团莲，残存五个。瓣根有余，瓣尖上翘，上下层瓣尖相间处削成弧形。直径 13.5、高 4.3、孔边长 3.4（上）厘米（图三六一，1；彩版三七八，1）。

标本 1992T302 ② A：2，残存三个半莲瓣。直径 13.5、高 4、孔边长 3.4（上）厘米（图三六一，2；

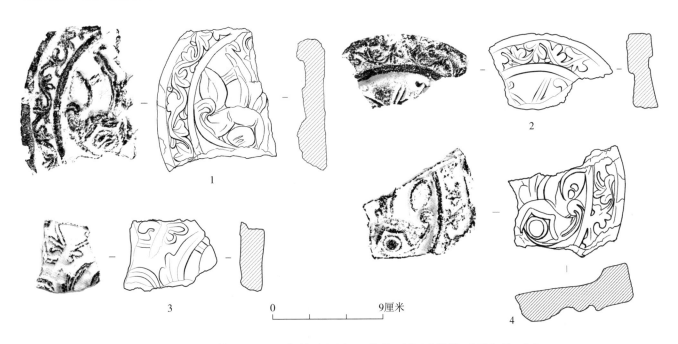

图三六〇　第 14 ～ 20 窟前地层出土北魏时期甲类兽面忍冬纹瓦当
1 ～ 4.1992T201 ② A：6、1992T201 ④ B：1、1992T201 ④ B：2、1992T304 ② A：5

彩版三七八，2）。

标本 1992T201 ② A：5，残存二个半莲瓣。直径 13、高 4.5、孔边长 3.5（上）厘米（图三六一，3）。

标本 1992T306 ② A：2，残存三个半莲瓣，部分瓣身涂有红彩。直径 13、高 4.7、孔边长 3（上）厘米（图三六一，4；彩版三七八，3）。

（2）乙类瓦

65 件。可见板瓦、筒瓦、檐头筒瓦、莲花建筑饰件。

灰陶居多，个别呈火烧后的红色。胎质夹砂，见粗砂颗粒及大量的细小白色石英颗粒，布纹较粗，烧制紧密。与 1993 年 2011 ～ 2012 年山顶北魏至辽金佛教寺院遗址出土的瓦片胎质相近。

1）板瓦

36 件。其中遗址出土 22 件，采集 14 件。凹面基本不修整，保持原布纹状态，只是两头近端处有抹平，35 件为 B 型，1 件为瓦身残片。

B 型　35 件。无压光。

标本 1992T111 ③ D：7，凹面布纹直通端头，可见凹凸的木条内模痕，木条宽约 3 厘米。凸面拍打的痕迹抹平消失，连同端头略加抹圆。靠近凹面侧有较浅的切线，分割后破面未修整。残长 13.9、厚 1.8 厘米（图三六二，1；彩版三七八，4）。

标本 1992T111 ③ D：8，凹面布纹，距端头约 1.8 厘米处不见布纹。凸面隐约可见抹平前拍打的绳纹痕迹，连同端头略加抹圆。靠近凹面侧有较浅的切线，且从端头至瓦身由细变粗，分割后的破面未修整。残长 19、厚 2 厘米。

标本 1992T111 ③ D：9，呈火烧后的红色。凹面布纹，可见盘筑的泥条痕迹，泥条宽约 4 厘米。距端头约 4 厘米处抹平，顶端凹凸两面用手指压印成波状。凸面可见斜向条状拍打痕迹。靠近凹面

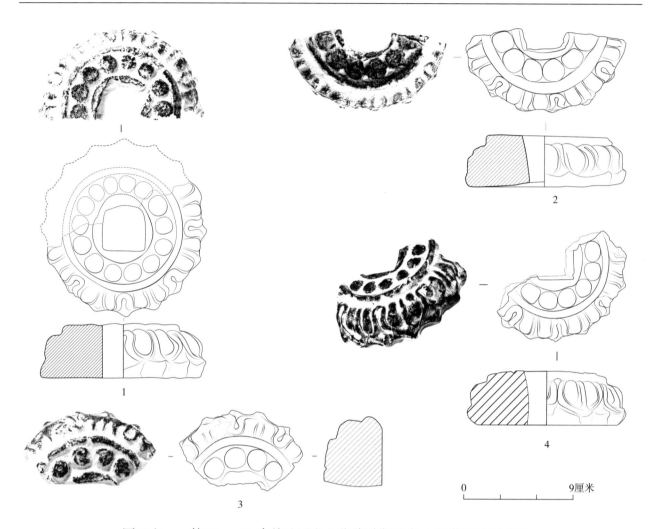

图三六一　第14～20窟前地层出土北魏时期甲类B型莲花建筑饰件
1～4.1992T305①：2、1992T302②A：2、1992T201②A：5、1992T306②A：2

侧有较浅的切线，分割后的破面未修整。残长13、厚1.8厘米（彩版三七八，5）。

瓦身残片　1件。

标本1992T201④B：3，夹砂灰陶，凹面布纹，凸面磨光呈黑色，以六齿划水波纹和凹弦纹，水波纹风格与北魏时期陶器的水波纹相同。残长9、瓦厚1.5厘米（图三六二，2；彩版三七八，6）。

2）筒瓦

23件。除胎质、布纹、瓦身厚度外，与甲类筒瓦特征相同。瓦舌较长，肩部较平直，舌尖呈方形。凹面尾端削薄抹平。凸面抹平修整，有的残留绳纹。侧面切线较浅，分割后破面也未修整。遗址出土12件，采集11件，为A型。

A型　23件。凸面经砑磨压光，可见黑色竖条状痕迹。

标本1992T111③D：10，仅存部分瓦头，侧面除凹面侧有切线外，凸面一侧另补很浅的切线并修整。瓦身残长8、厚1.8厘米（图三六三，1）。

标本1992T111③D：11，仅存部分筒瓦尾端，近尾端处约3厘米处削薄后抹平。瓦身残长9.2、厚1.5厘米（彩版三七九，1）。

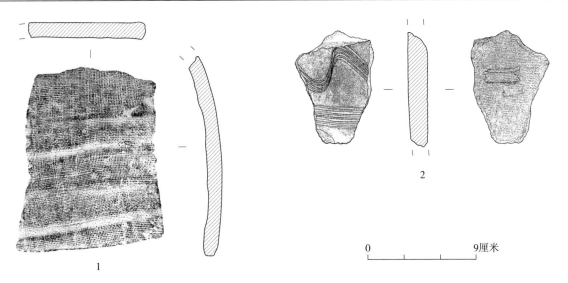

图三六二　第 14～20 窟前地层出土北魏时期乙类板瓦
1.B 型 1992T111 ③ D：7　2.瓦身残片 1992T201 ④ B：3

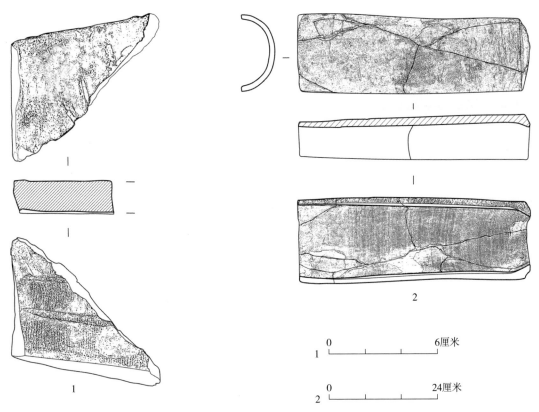

图三六三　第 14～20 窟前地层出土北魏时期乙类 A 型筒瓦
1、2.1992T111 ③ D：10、1992T101 ③ C：1

　　标本 1992T101 ③ C：1，瓦舌残，向内缩，瓦身由端头向尾端渐薄。凹面布纹，距尾端 3.4 厘米处抹平不见布纹。凸面距端头约 1.2 厘米处可见泥条盘筑的痕迹，泥条宽 1.3～2.7 厘米。凸面颜色灰褐，其上可见抹平的痕迹，抹痕纵横交错。侧面有切线并修整。瓦身残长 49.6、厚 1.1～1.7 厘米（图三六三，2；彩版三七九，2）。

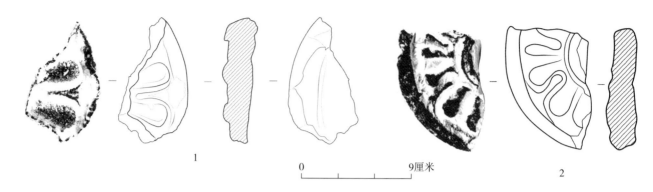

图三六四　第 14 ～ 20 窟前地层出土北魏时期乙类檐头筒瓦

1、2.莲花纹瓦当 1992T101 ③ B：1、1992T101 ③ B：2

3）檐头筒瓦

2 件。

莲花纹瓦当　2 件。

标本 1992T101 ③ B：1，细砂灰陶，烧制紧致。仅存相间的两个莲瓣，无法辨明其是单瓣还是双瓣。边轮高窄，筒瓦与当面呈直角状相接。直径 15.8、当心厚 1.3、边轮宽 1、高 0.6 厘米（图三六四，1；彩版三七九，3）。

标本 1992T101 ③ B：2，夹砂灰陶，砂粒较大，烧制紧致。存相邻的两个双莲瓣，瓣肉圆润，瓣不见瓣尖，瓣根为一条直线。当心为一周凸棱，边轮高窄。直径 15.8、当心厚 1.7、边轮宽 1.1、高 0.5 厘米（图三六四，2；彩版三七九，4）。

4）莲花建筑饰件

4 件，均残。灰色，圆形，平底。

A 型　4 件。莲瓣高凸，又根据底部是否斜削分两亚型。

Aa 型　2 件。底部未斜削。

标本 1992T506 ③ A：1，灰色较深。胎土含少量砂，含有少量黑色小石块。中央方孔孔周上层较平。方孔分二层，孔身断面呈倒"凸"字状。外围为双层 6 个复瓣团莲，瓣肉圆润突出，不规整。瓣间呈水滴形，上下层瓣尖相间处削成弧形。残存三个莲瓣。直径 11、高 3.4、孔边长 3.5（上）厘米（图三六五，1；彩版三七九，5）。

标本 1992T305 ①：3，胎土，既有大块砂粒，又含小砂粒。中央方孔孔周上层较平。方孔分二层，孔身断面呈倒"凸"字状。外围为单莲瓣，瓣肉圆润突出，瓣间为单条线且直。仅存二个莲瓣。底部外周略加削整。直径 11、高 3.5 厘米（上）（图三六五，2）。

Ab 型　2 件。底部斜削呈倒角状。

标本 1992T111 ③ D：1，胎土，既有大块砂粒，又含小砂粒。中央方孔孔周上层较平。方孔分二层，孔身断面呈倒"凸"字状。外围为单莲瓣，瓣肉圆润突出，瓣间为单条线且直。仅存三个莲瓣。底部外周斜削呈倒角状，削去了莲瓣的外轮廓。直径 14、高 3.75、孔边长 3.8（上）厘米（图三六五，3）。

标本 1992T103 ③ B：2，灰色，胎质较细，砂粒很少。中央突起的圆形内穿方孔，方孔剖面呈倒"凸"字形。外围为双层复瓣团莲。莲瓣瓣根较直，上下层瓣尖相间处未削，将底面斜削一周，突出了瓣尖。残存三个莲瓣。直径 12.5、高 4.2、孔边长 3.5 厘米（上）（图三六五，4；彩版三七九，6）。

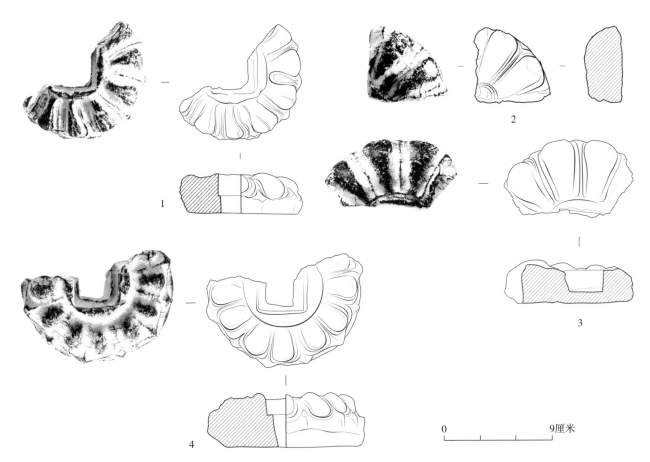

图三六五　第 14～20 窟前地层出土北魏时期乙类莲花建筑饰件
1、2.Aa 型 1992T506 ③ A：1、1992T305 ①：3　3、4.Ab 型 1992T111 ③ D：1、1992T103 ③ B：2

（3）丙类瓦

20 件。见板瓦和筒瓦。胎质细腻，几乎不含砂粒，板瓦的凹面和筒瓦的凸面磨光。灰陶居多，少量呈黄红色。胎间略有孔隙。筒瓦布纹较细密，烧制紧致。

1）板瓦

9 件。

灰色板瓦　9 件。凹面磨光，可辨纵向磨光痕迹，凸面抹平修整。侧面也磨光。有的瓦头顶端中间划一条线分界，上部多修成圆角，下部用刀类物剔出一条波状纹。

标本 1992T101 ③ B：3，凹面磨黑，有明显的纵向磨痕。凸面有不完整的划字"V"，字体不明。瓦身残长 13.2、厚 2.7、端头厚 1.8 厘米（图三六六，1；彩版三八〇，1）。

标本 1992T101 ③ B：4，凹面顶端上部修成方形，下部的波状纹挤过分界线，且略有突出。瓦身残长 12、厚 2.5、端头厚 2.1 厘米（图三六六，2；彩版三八〇，2）。

标本 1992T111 ③ D：12，胎呈浅灰色，凹面磨光的表皮也呈浅灰色，表皮上有纵向粗细不等的黑色条纹，似乎是涂色，且于凸面近侧面处有整齐的界线，可能为切分瓦件时所画。瓦身残长 10.3、厚 2.1 厘米（彩版三八〇，3）。

标本 1992T105 ② A：46，胎呈灰红色，可能为大火烧致而成，胎质略疏。侧面全切修整，凹面

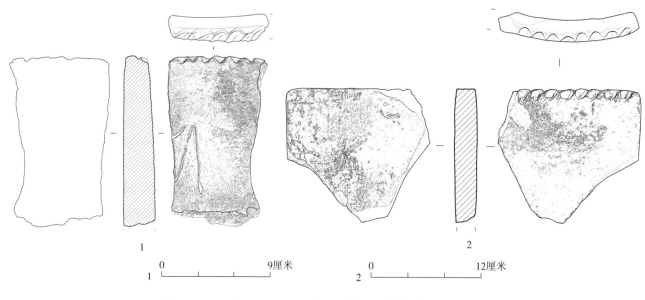

图三六六　第14～20窟前地层出土北魏时期丙类板瓦
1、2.1992T101③B：3、1992T101③B：4

现呈灰黄色，纵向磨痕清晰。厚2.1厘米（彩版三八〇，4）。

2）筒瓦

11件。

灰色筒瓦　9件。同板瓦情况相同。多数呈黑色，个别为浅灰色，其胎色也随之有深浅的不同。凸面磨光，可辨纵向或横向磨光痕迹，以前者居多。也有的筒瓦凸面涂刷陶衣。凹面布纹较细密，侧面有半切的，也有磨光的。为A型。

A型　9件。凸面经砑磨压光，可见黑色竖条状痕迹。

标本1992T111③D：13，瓦体厚。浅灰色胎，凸面表皮呈浅灰色，有明显的纵向磨光痕迹，有的已是细细的划痕，侧面修整，有细划痕。瓦身残长12.1、厚1.7厘米（彩版三八〇，5）。

标本1992T111③D：14，瓦体厚。浅灰色胎，凸面表皮呈浅灰色，有纵向磨光痕迹，表皮因磨制产生均匀的像蛇皮一样的黑色细碎横向裂纹，侧面半切并磨光，破面略加修整。残长13.2、厚2.1厘米（彩版三八〇，6）。

标本1992T111③D：16，瓦体厚。灰胎，凸面表皮磨光呈黑色，黑中泛灰白，有纵向磨光痕迹，光滑。瓦舌较长，肩较高且与瓦舌相接处略有内弧，瓦舌与肩部均磨光，内弧处未磨。侧面瓦舌部1/3切，破面未修整，瓦身修整并磨光。凹面瓦舌距舌端约1.6厘米处抹平，不见布纹间的沟槽，可知内模不及舌端。残长14.2、厚3.5、瓦舌长6.5、厚1.9、肩高2.1厘米（图三六七，1；彩版三八一，1）。

标本1992T111③D：17，瓦体厚。灰胎，凸面表皮磨光呈黑色，黑中泛灰白，有横向与纵向磨光痕迹，光滑。肩与瓦舌相接处略有内弧，瓦舌与肩略加修整，均未磨。侧面有修整痕迹。凹面瓦舌直通舌端。残长20.7、厚4.5、瓦舌长6.3、厚1.8、肩高2厘米（图三六七，2；彩版三八一，2）。

标本1992T111③D：19，瓦体厚。肩部略加磨光。凹面舌端略加抹平，侧面1/4切，破面修整。残长18.4、厚2.3、瓦舌长5.3、厚1、肩高4.6厘米（图三六七，3；彩版三八一，3）。

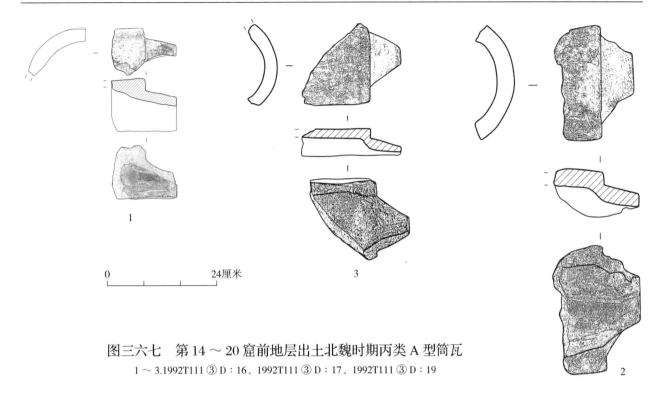

图三六七　第 14 ～ 20 窟前地层出土北魏时期丙类 A 型筒瓦

1 ～ 3.1992T111 ③ D：16、1992T111 ③ D：17、1992T111 ③ D：19

标本 1992T101 ③ B：10，瓦体薄。残存端头。浅灰胎，凸面表皮磨光，黑色与灰白色相间，侧面修整磨光，端头修整抹平。端头厚 0.9、瓦身厚 1.5 厘米。

标本 1992T101 ③ B：12，瓦体薄。瓦舌失，凸面表皮磨光呈灰白色，有明显的刷痕，并延续至侧面。侧面半切，破面修整未磨光。瓦身厚 1.7、肩高 1.3 厘米。

标本 1992T111 ③ D：15，灰胎，凸面表皮呈浅灰色，有纵向磨痕，之上涂刷黑色陶衣，多剥落。侧面半切，破面修整。厚 2.1 厘米。

标本 1992T111 ③ D：18，灰胎，表皮涂有黑色陶衣并磨光，有纵向磨光痕迹。瓦舌较长，肩直高，瓦舌与肩略加修整，均未磨。侧面 1/4 切，破面未修整，遗留涂黑痕迹。凹面瓦舌抹平。瓦身残长 9.3、厚 1.7 ～ 2.3、瓦舌长 1.9、厚 1.8、肩高 1.5 厘米（彩版三八一，4）。

红黄色筒瓦　2 件。红胎，胎质细腻，几乎不含砂粒，略有空隙。筒瓦布纹较细密，烧制紧密。凸面磨光，有纵向磨光痕迹，表皮颜色深浅各有不同。侧面半切，掰痕未修整。

A 型　2 件。

标本 1992T111 ③ D：20，凸面表皮有刷白痕迹，橘红与黄色相间，凹面布纹有被抹的痕迹。瓦身残长 10.7、厚 1.4 厘米（彩版三八一，5）。

标本 1992T111 ② A：24，凸面表皮呈黄红色，侧面半切，破面未修整。残长 6.9、厚 1.5 厘米（彩版三八一，6）。

（4）丁类瓦

1 件。带釉瓦件。

绿釉板瓦

1 件。

标本 1992T111 ③ D：2，瓦端头凸面用手指施压印的波状纹，凹、凸两面抚平修整，凹、凸两面及瓦端头均施绿釉。胎土呈红黄色，几乎不含砂粒。残长 6、瓦厚 1.1（端头）～2 厘米。此区域内仅见这一小块带釉瓦片，所以有可能是从山顶遗址上掉下来的（彩版三八一，7）。

2. 泥质建筑材料

（1）泥背红烧土块

4 块。

标本 1992T408 ①：5 ～ 8，4 块。砖红色，草拌泥，夹有云母屑、石块。最大的一块残长 11.5、宽 7.2、厚 7.5 厘米。

（2）彩绘泥墙皮

4 块。

标本 1992T105 ③ B：5 ～ 8，4 块。灰胎体，夹大量砂子，胎上涂白泥，较为细腻，之上残留很少的红彩。白泥厚约 0.5 厘米（彩版三八一，8）。

标本 1992T105 ③ B：5，残长 3.9、宽 3.5、厚 2.5 厘米。

标本 1992T105 ③ B：6，残长 5.5、宽 4.6、厚 3.4 厘米。

标本 1992T105 ③ B：7，残长 4.6、宽 4.1、厚 2.4 厘米。

标本 1992T105 ③ B：8，残长 3.9、宽 2.9、厚 2.4 厘米。

（二）石雕造像

为保持出土遗物的整体性，此部分将 1991 年地面取平活动和 2007 年昙曜五窟前采集的石雕造像与 1992 年考古发掘地层出土的石雕造像一并叙述。

1. 佛教造像

（1）佛首

1）佛头

8 件。出土遗物未见此类，只有采集遗物，根据大小分为中型像、小型像。

中型像　1 件。

标本 1992 窟前采：0515，佛像头部。右脸由下颏至眼眉斜向断裂缺损，眼睛细长，具中期造像风格。宽 32、高 44、厚 20 厘米（图三六八，1；彩版三八二，1）。

小型像　7 件。

标本 1991 窟前采：0449，龛像局部，残留龛内佛头。佛首宽 5、高 7、厚 5 厘米。宽 29、高 10、厚 22 厘米（图三六八，2；彩版三八二，2）。

标本 1991 窟前采：47，佛首局部。高肉髻，残存右眉、眼及左耳上端。表面涂朱红色。宽 6.2、高 6.5、厚 3.8 厘米（图三六八，6；彩版三八二，3）。

标本 1991 窟前采：57，佛首局部。可见发际、左耳、细长眉眼，具云冈中晚期造像风格，佛头左半部残留土红色。宽 7.8、高 11.6、厚 4.3 厘米（图三六八，3；彩版三八二，4）。

标本 1991 窟前采：0783，佛首局部。残存部分肉髻，眉眼细长，造型粗略，风化较重。宽 8、高 11.7、厚 5 厘米（图三六八，4；彩版三八二，5）。

标本 1992 窟前采：0784，佛首局部。风化较重。宽 9.4、高 7.7、厚 4.8 厘米（图三六八，5；彩版三八三，1）。

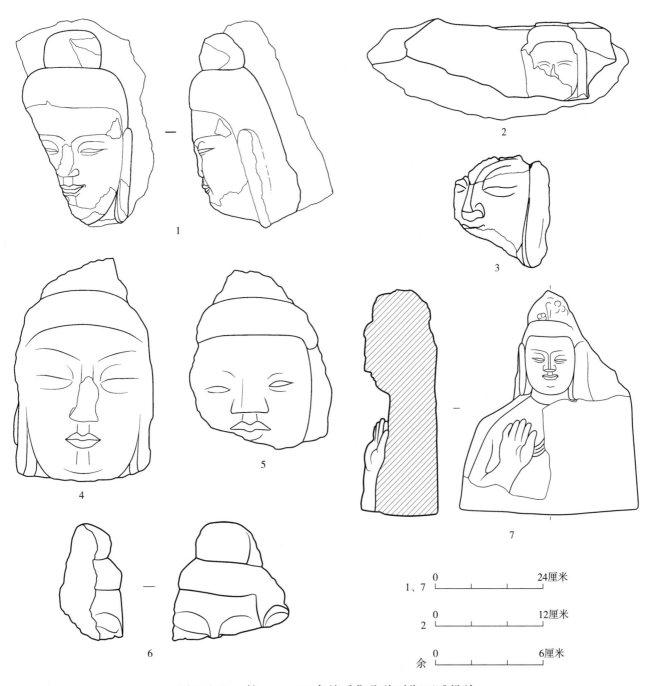

图三六八　第 14 ～ 20 窟前采集北魏时期石雕佛首

1 ～ 7.1992 窟前采：0515、1991 窟前采：0449、57、0783、1992 窟前采：0784、1991 窟前采：47、1992 窟前采：0786

　　标本 1992 窟前采：0785，佛首局部。可见肉髻、发际、前额及细眉，做工精致，表面残留土红色。宽 10.8、高 12、厚 8.2 厘米（彩版三八三，2）。

　　标本 1992 窟前采：0786，佛像上身局部。头部完整，面容丰满，鼻直口方，有云冈早期造像风格。右手上举施无畏印。左半身为现代修补。宽 40、高 47、厚 24 厘米（图三六八，7；彩版三八三，3 ～ 5）。

　　2）佛身

　　30 件。

中型像　8件。

出土遗物　2件。

标本1992T403③A∶5，坐佛上身，着偏袒右肩袈裟。举右手于胸前，左手虎口向上握衣角。宽21、高13、厚7.5厘米（图三六九，1；彩版三八四，1）。

标本1992T501④A∶43，佛像衣纹残件。前面四边形，弧面，外凸。有"人"字形凸面，凸起面上端宽14厘米，由左上至右下走向分为两条，凸起面渐离。上凸面宽9.5、下凸面宽10.5～15厘米。凸面有长短阴刻线，上下面之间有弧形凹面。之外凹面有阴刻线。刀口宽1.5～2厘米。左侧凹面由下至上变窄（19～3厘米），最左边有凸起面一部分。右上角有破损。顶面扇形。雕刻面一侧弧形外鼓，边缘有断裂面凸起（9～20厘米），里侧较平，左后边较直。右侧面为自然断面，靠近雕刻面有凿痕石花，中部有一卯口（宽6～8.5、长7、深9厘米）口内有凿痕。石质青灰。宽47、高41、厚34厘米（图三六九，2；彩版三八四，2～4）。

采集遗物　6件。

标本1992窟前采∶0237，佛像衣纹残件。衣纹左上至右下走向，四层凸面，高度向左递减。左侧三幅凸面均有竖向阴刻线，右侧凸面为折带纹。石质青灰。宽55、高29、厚25厘米（图三六九，3；彩版三八四，5）。

标本2013探沟采∶199，佛像衣纹残件。衣纹左上至右下走向，三幅面向左增高呈阶梯状，各面均有阴刻线，中间面宽10～12.5厘米。石质青灰。宽40、高40、厚15厘米（图三六九，4；彩版三八四，6）。

标本1992窟前采∶0231+2013探沟采∶058，佛像衣纹局部，前面凸弧面，衣纹左上至右下走向，左下凸面，右上凹面，均有一阴刻线。右边有凸起及凿痕。原为一块石雕，被分解成上下两块，下块右面缺失。上块底面和下块顶面以及后面均有取平凿痕，两者后面不平齐。宽80、高40、厚27厘米（图三七〇，1；彩版三八五，1～3）。

标本1992窟前采∶0731，疑似坐佛衣纹，中部隆起，雕刻样式较为特殊。宽20、高23、厚26厘米（图三七〇，2；彩版三八五，4）。

标本1992窟前采∶0774，坐佛身躯。着褒衣博带式袈裟，胸前无襟带，右衣缘搭于左臂，内着僧祇支，右手上举（残），左手置于膝上，中指拇指相捻，虎口朝前。右脚出露于左腿之上。宽40、高33、厚40厘米（图三七〇，3；彩版三八五，5）。

标本2007窟前采∶0903，佛像腿部。前面凸弧面，似下沉衣纹。左侧可见纵向凹凸面衣纹，有阴刻线，左上有历史修复所钻小圆洞，直径3.5、深4.5厘米。右侧上边也有一历史修复小圆洞，残存直径6.5、深6厘米。顶面略呈半圆形，雕刻面边缘弧形。宽45、高17、厚35厘米（图三七〇，4；彩版三八六，1～3）。

小型像　22件。

出土遗物　6件。

标本1992T106②∶1，坐佛身躯。残存右半胸臂，着偏袒右肩袈裟，内着僧祇支。宽19、高27、厚5厘米（图三七〇，5；彩版三八六，4）。

标本1992T503③A∶1，可见坐佛右臂和右膝，损毁严重。宽20、高11、厚9厘米（彩版三八七，1）。

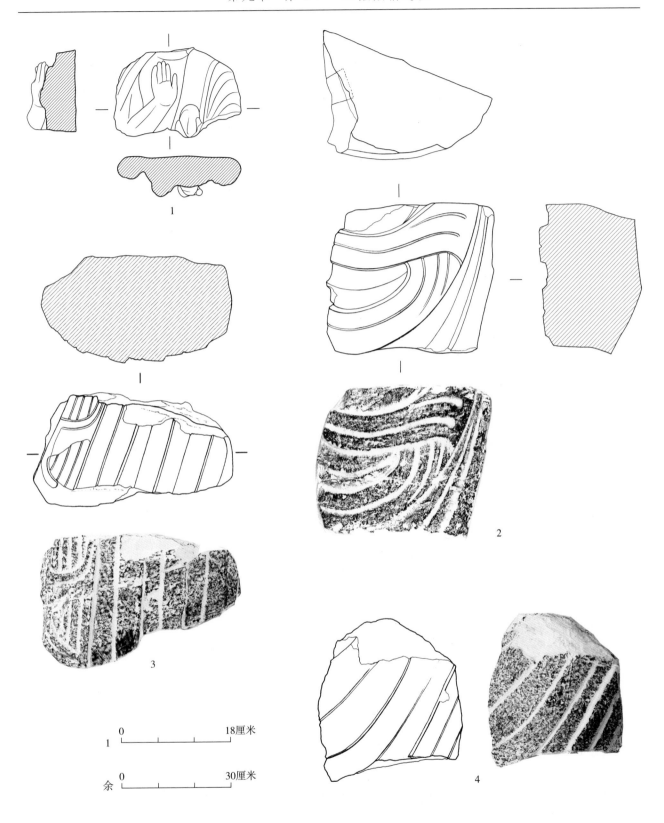

图三六九　第 14 ～ 20 窟前地层出土、采集北魏时期石雕佛身

1 ～ 4.1992T403 ③ A∶5、1992T501 ④ A∶43、1992 窟前采∶0237、2013 探沟采∶199

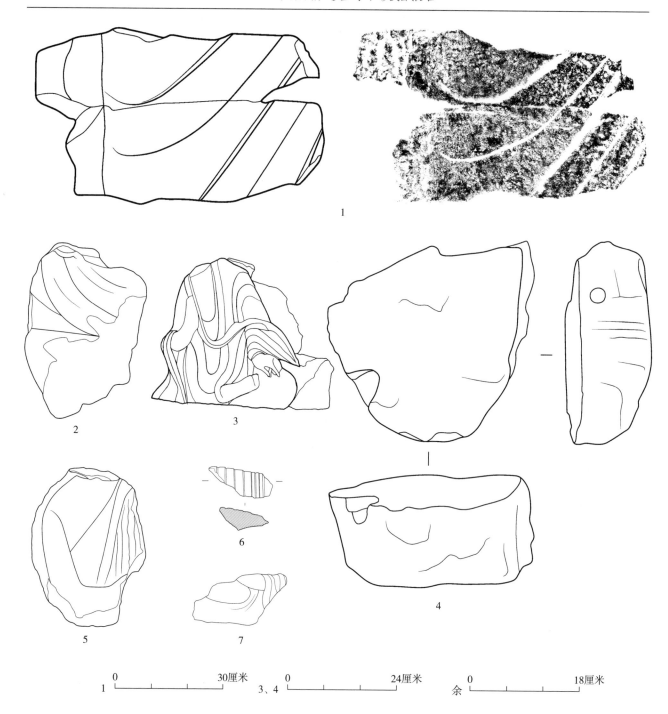

图三七〇　第 14 ~ 20 窟前地层出土、采集北魏时期石雕佛身

1 ~ 7.1992 窟前采：0231+2013 探沟采：058、0731、0774、2007 窟前采：0903、1992T106 ② : 1、1992T503 ③ A : 20、1992T503 ③ A : 25

　　标本 1992T503 ③ A : 20，坐佛衣纹残件。阶梯状衣纹，疑似坐佛手臂。宽 11、高 4.5、厚 3 厘米（图三七〇，6；彩版三八六，5）。

　　标本 1992T503 ③ A : 25，坐佛残件。可见手部、佛衣及右膝。宽 15、高 8、厚 6.5 厘米（图三七〇，7；彩版三八六，6）。

　　标本 1992T506 ③ A : 9，坐佛像。着褒衣博带式袈裟，右手上举，似施无畏印。左侧残留龛边，坐下有阴刻横线一条，素面台高 12.5 厘米，面上有少许凿痕。宽 20.5、高 33、厚 11 厘米（图三七一，1；彩版三八七，2）。

标本 1992T601 ③ A：13，造像残件。疑似拇指、食指。宽 7.5、高 15.5、厚 5 厘米（图三七一，2；彩版三八七，3）。

采集遗物　16 件。

标本 1991 窟前采：43，佛像衣纹。似披遮右肩。宽 14、高 11、厚 3 厘米（彩版三八七，4）。

标本 1991 窟前采：0779，佛像右手局部。可见四指，拇指及手掌缺失。宽 14、高 12、厚 7 厘米（图三七一，3；彩版三八七，5）。

标本 1992 窟前采：0048，二佛并坐龛像。二佛头部或缺失或模糊不清，着偏袒右肩袈裟，衣纹较密，

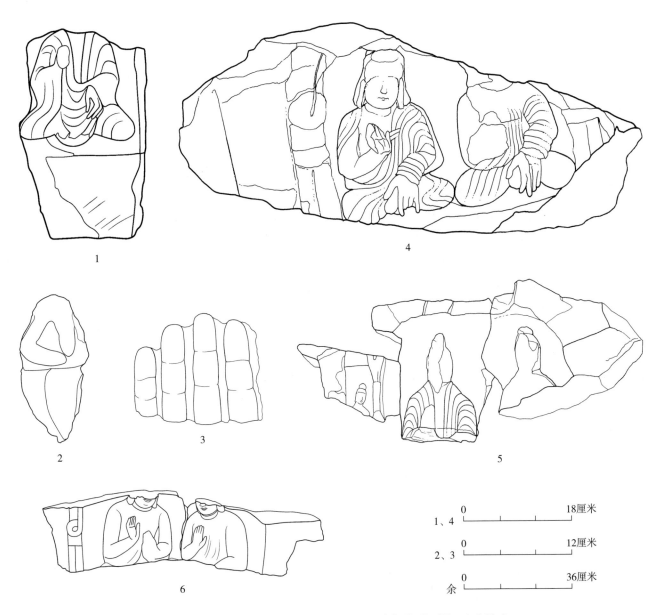

图三七一　第 14～20 窟前地层出土、采集北魏时期石雕佛身

1～6.1992T506 ③ A：9、1992T601 ③ A：13、1991 窟前采：0779、1992 窟前采：0048、1992 窟前采：0053+0342-1+0342-2、0136+0150

举右手于胸前，左手手背朝前、虎口向右下握衣角于腿前，手形较大。右侧龛柱有竖线一条及横线两条，下边横线下沉。龛楣卷尾。龛外右侧有竖向凿痕。宽76、高33、厚25厘米（图三七一，4；彩版三八七，6）。

标本1992窟前采：0053+0342-1+0342-2，二佛并坐龛像，可见头肩部，头部毁损，双肩下削。佛衣双领下垂，圆口内衣。举右手。像高出龛底面约6厘米。右坐佛下边石质青灰。右龛柱上似有装饰，龛柱外次间内有菩萨头像，头梳高髻，面向龛内，五官清晰。宽113、高40、厚25厘米（图三七一，5；彩版三八八，1）。

标本1992窟前采：0136+0150，二佛并坐龛像。龛形不存，右侧龛柱有横竖相交线，上似有束帛，龛楣卷尾。龛内可见二坐佛脸部、胸腹及双臂局部，坐佛俯首，唇小，嘴角上翘，双耳垂肩，右手举于胸前，手指略屈，臂下有偏袒右肩袈裟痕迹。右坐佛左手向上握衣角于腹前，手形粗略。左坐佛左臂向右前方走向。无衣纹刻划。宽90、高24、厚18厘米（图三七一，6；彩版三八八，2）。

标本1993窟前采：0001，二佛并坐龛像。可见二坐佛着偏袒右肩袈裟，右手上举，残留肘部。左手虎口朝右下方，握衣角，右脚心朝上。腿部衣纹弧线较多。下部素面台高8厘米，台下方向内收，上有凿痕。石质青灰色。宽62、高35、厚20厘米（图三七二，1；彩版三八八，3）。

标本1992窟前采：0066，一坐佛龛局部。龛像居中，龛内坐佛着披遮右肩衣，结禅定印，龛宽15.5厘米，龛外左侧有竖向不规则阴刻线。宽#50、高20、厚30厘米（图三七二，2；彩版三八八，4）。

标本1992窟前采：0424，坐佛局部。衣纹呈阶梯状，似左臂。线距1.4～1.8厘米。宽13、高22、厚20厘米（图三七二，3；彩版三八八，5）。

标本1992窟前采：0456，坐佛局部。腿部中间覆盖衣纹呈U形，下摆密集、呈"八"字形披散。石质青灰，下边略红。据样式辨，应为云冈中晚期坐佛衣纹。宽30、高12、厚20厘米（图三七二，4；彩版三八八，6）。

标本1992窟前采：0491，坐佛局部。可见跏趺坐佛左膝衣纹和右脚。宽30、高13、厚19厘米（图三七二，5；彩版三八九，1）。

标本1992窟前采：0523，坐佛局部。坐佛右侧腹部，可见偏袒右肩袈裟折带衣纹及上举的右小臂局部。宽32、高8、厚31厘米（图三七二，6；彩版三八九，2）。

标本1992窟前采：0667，坐佛局部。可见佛像右手上举姿态及臂上衣纹。宽15、高8、厚16厘米（图三七三，1；彩版三八九，3）。

标本1992窟前采：0676，坐佛局部。可见右膝，上有阴刻线数条。石质灰色细腻。宽15、高7、厚6厘米（图三七三，2；彩版三八九，4）。

标本1992窟前采：0797，衣纹局部。可见柱形面上阶梯衣纹。中间面宽3.5～4厘米。宽12、高12、厚8厘米（图三七三，3；彩版三八九，5）。

标本1992窟前采：0822，坐佛局部。表面不平，左侧可见坐佛腿部衣纹，右侧有手掌轮廓。宽22、高11、厚9厘米（图三七三，4；彩版三八九，6）。

标本1992窟前采：0724，坐佛局部。可见右膝部，上有斜向衣纹阴刻线。宽16、高10、厚7厘米（图三七三，5）。

（2）菩萨像

1）菩萨头部

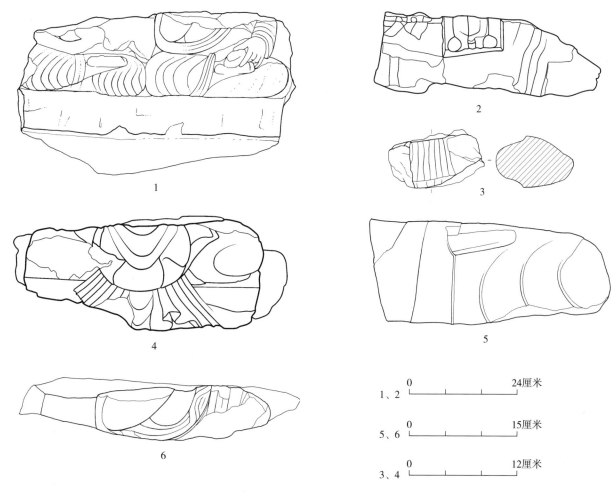

图三七二 第14～20窟前采集北魏时期石雕佛身

1～6.1993窟前采：0001、1992窟前采：0066、0424、0456、0491、0523

6件。

大型像 2件。出土遗物未见此类，仅见于采集遗物。

标本1992窟前采：0761，菩萨宝冠。正中雕化佛，着偏袒右肩袈裟。周身绕弦纹带，外圈莲瓣纹均残毁。宽86、高20、厚24厘米（图三七四，1；彩版三九〇，1）。

标本1992窟前采：0773，菩萨宝冠。1992年取自第18窟西壁菩萨。上下面平，有凿痕石花。前面正中雕月牙纹、旋纹和联珠纹，两侧雕忍冬纹，再两侧雕圆形。宽87、高13、厚15～25厘米（图三七四，2；彩版三九〇，2、3）。

中型像 4件。

出土遗物 2件。

标本1992T409②：10，菩萨头部。面向右侧，具圆形头光。可见发髻、左耳。宽16、高21、厚6.5厘米（图三七四，3；彩版三九〇，4）。

标本1992T511②：14，菩萨头冠。左右两同心状圆形凸起，中间夹忍冬纹，忍冬下呈"人"字形。宽12、高9、厚6.5厘米。

采集遗物 2件。

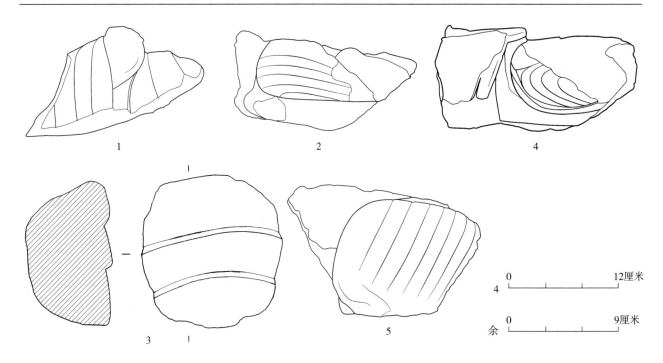

图三七三　第 14 ～ 20 窟前采集北魏时期石雕佛身

1 ～ 5.1992 窟前采：0667、0676、0797、0822、0724

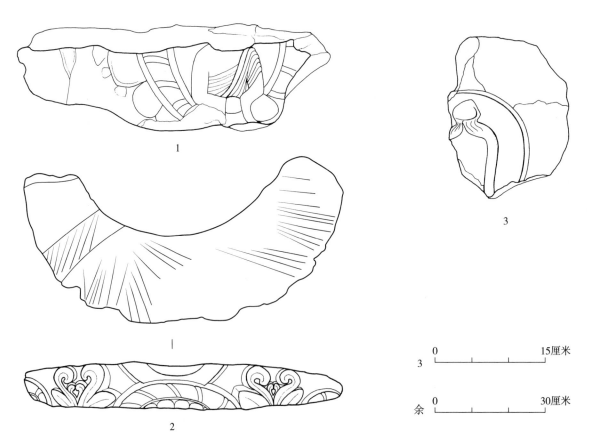

图三七四　第 14 ～ 20 窟前地层出土、采集北魏时期石雕菩萨头部

1 ～ 3.1992 窟前采：0761、0773、1992T409 ②：10

　　标本 1991 窟前采: 74，菩萨头部。可见发髻、前额、左眼睑及眉棱，发际线清楚，石质青黑。宽 16、高 11.5、厚 4.5 厘米（彩版三九〇，5）。

　　标本 1991 窟前采: 0790，菩萨头部。着素面冠，面向左侧，左脸残。宽 12、高 18.5 厘米（彩版三九〇，6）。

　　2）菩萨身躯

　　17 件。

　　中型像　3 件。

　　出土遗物　2 件。

　　标本 1992T601 ③ A：20，菩萨身躯。可见臂钏局部，表面略弧，上边联珠纹四个圆形由小到大，下方中部线刻圆圈，直径 2.5 厘米，下边两条横向阴刻线，间距 1.2 厘米。宽 12、高 14、厚 2 厘米（图三七五，1；彩版三九一，1）。

　　标本 1992T601 ③ A：21，菩萨身躯。右上臂，臂钏用三横向阴刻线及上边半圆形阴刻线表示。宽 13、高 20、厚 4 厘米（图三七五，2；彩版三九一，2）。

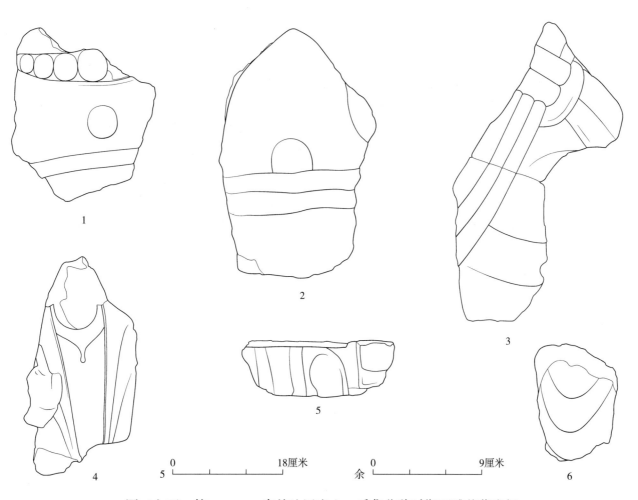

图三七五　第 14～20 窟前地层出土、采集北魏时期石雕菩萨身躯

1～6.1992T601 ③ A：20、1992T601 ③ A：21、1992 窟前采: 0671+0672、1992T110 ②：23、1992T301 ③ A：16、1992T503 ③ A：21

采集遗物　1 件。

标本 1992 窟前采：0671+0672，菩萨身躯。可见交叉条纹及半圆环，似菩萨腹部十字帔帛穿璧。宽 13.5、高 24、厚 5.5 厘米（图三七五，3；彩版三九一，3）。

小型像　14 件。

出土遗物　4 件。

标本 1992T110 ②：23，菩萨身躯。可见坠状项圈、帔帛及右手局部。宽 9.5、高 17、厚 10.5 厘米（图三七五，4；彩版三九一，4）。

标本 1992T301 ③ A：15，菩萨身躯。腰腹部，可见右臂下帔帛。原姿态为左手下垂抚胯，右手上举。宽 20、高 11、厚 20 厘米（彩版三九一，5）。

标本 1992T301 ③ A：16，菩萨身躯。龛侧立像局部，可见左臂及衣纹少许。宽 25、高 9、厚 43 厘米（图三七五，5；彩版三九一，6）。

标本 1992T503 ③ A：21，衣纹残件。可见腿部下垂弧形衣纹。宽 7、高 9、厚 1.5 厘米（图三七五，6；彩版三九二，1）。

采集遗物　10 件。

标本 1991 窟前采：82，菩萨身躯。龛外左侧胁侍菩萨局部，身材修长，仅存腰下部分。原姿态为右手上举，左手下垂握帛。腹前帔帛十字交叉，下身着羊肠大裙，双脚外八字站立。似云冈中晚期风格。表面涂红色。背面光滑。宽 10.5、高 20、厚 2.3 厘米（图三七六，1；彩版三九二，2）。

标本 1992 窟前采：0228，盝形龛像。龛内主尊菩萨舒相坐于高台，右手举于胸前，左手置膝上，拇指、食指伸，另三指屈。上身覆十字帔帛，下身着裙。梢间内二胁侍菩萨面向主尊站立，一手上举胸前，一手执帛于体侧。盝形龛楣素面，下沿饰弧形帷幔。右上隅残存二供养人，合掌于胸。再右侧有邻龛帐形下的天人局部形象，面向右侧。宽 72、高 51、厚 39 厘米（图三七六，2；彩版三九二，3）。

标本 1992 窟前采：0316，龛像局部。未完工造像龛，上部损毁，中间主像双腿交叉，坐于台上，应为菩萨形象。龛柱左侧立恣造像粗略显形，龛柱右侧胁侍形象雏形已现，形象完整，一手置胸前，一手下垂握帛。龛像下有大面积素面，有凿痕少许。宽 60、高 52.5、厚 8.5 厘米（图三七六，3；彩版三九二，4）。

标本 1992 窟前采：0518，菩萨身躯。属龛左侧胁侍菩萨，呈双手合十姿态，交叉帔帛，下着羊肠大裙。宽 13、高 29、厚 13 厘米（图三七六，4；彩版三九二，5）。

标本 1992 窟前采：0677，衣纹残件。可见衣纹弧线。石质细腻呈灰色，疑似菩萨羊肠大裙局部。宽 7、高 5.5、厚 5 厘米（图三七六，5；彩版三九二，6）。

标本 2007 窟前采：0681，菩萨身躯。造像肩胸部，可见颈部及衣纹局部，服饰不明。宽 18、高 9、厚 4 厘米（图三七六，6；彩版三九三，1）。

标本 1992 窟前采：0794，菩萨身躯。造像上身，着项圈、斜披络腋。双手合掌于胸前，戴腕钏。宽 24、高 20、厚 14 厘米（图三七七，1；彩版三九三，2）。

标本 1992 窟前采：0772，龛像局部。中间为交脚菩萨，帔帛从双肩下垂交叉于胸腹间，胸前十字帔帛。右手上举。龛外左侧有胁侍菩萨，侧身向右，右手举于胸前，左手握帛于体侧。宽 103、高 26、厚 35 厘米（图三七七，2；彩版三九三，3）。

标本 1992 窟前采：0775，龛像局部。龛左侧胁侍菩萨和一小龛右侧局部。胁侍菩萨着羊肠大裙，

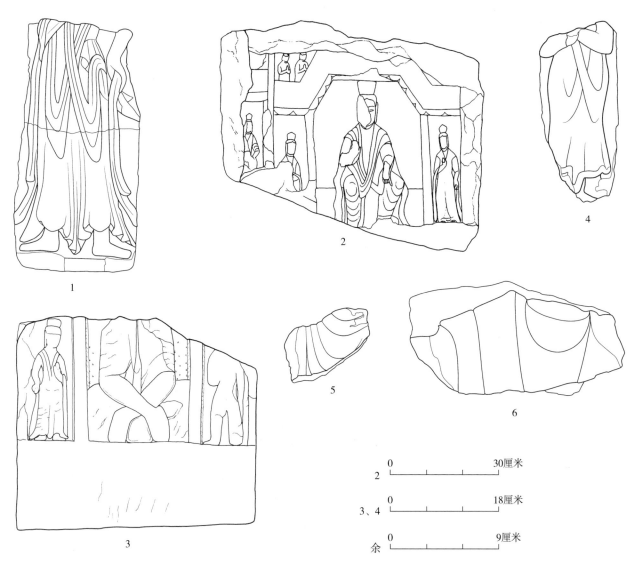

图三七六　第14～20窟前采集北魏时期石雕小型菩萨身躯
1～6.1991窟前采：82、1992窟前采：0228、0316、0518、0677、2007窟前采：0681

帔帛末端呈尖状，右侧有凹进面。左侧上部有半身供养天人呈合掌姿态，下部有较小胁侍菩萨头部，皆面向左，再左为小龛边柱，柱宽3厘米。宽80、高17、厚40厘米（图三七七，3；彩版三九三，4）。

　　标本1992窟前采：0791，龛像局部。龛右侧供养菩萨身躯，菩萨头梳发髻，双手合掌姿态，上身帔帛交叉后绕臂下垂体侧，下身着羊肠大裙。左侧龛柱上端站立反顾龙雏形，龙头上端可见坐佛莲台及坐佛腿部。此像原是一方形造像龛右侧供养菩萨[1]。宽18.3、高41、厚11.6厘米（图三七七，4；彩版三九三，5）。

　　（3）弟子、供养、飞天、力士像

　　1）弟子像

　　2件。仅见于采集遗物，出土遗物中未见。

────────

　　[1]　〔日〕水野清一、長廣敏雄：《雲岡石窟:西曆五世紀における中國北部佛教窟院の考古學的調査報告》第十四卷，京都大學人文科學研究所雲岡刊行會，1954年，圖版53-C。

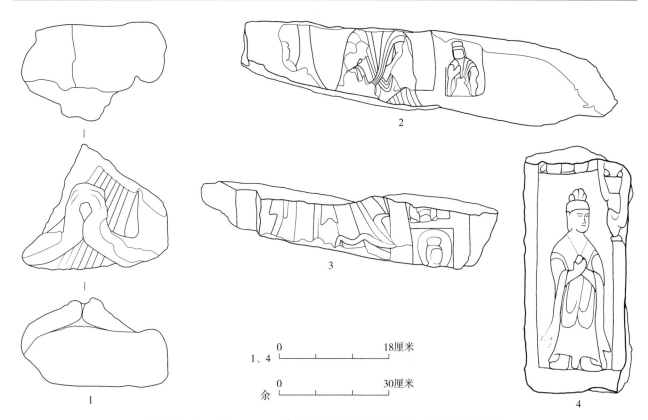

图三七七　第 14 ～ 20 窟前采集北魏时期石雕小型菩萨身躯

1 ～ 4.1992 窟前采：0794、0772、0775、0791

　　标本 1992 窟前采：0737，弟子右手，向内握帛抚于胸前。是原第 18 窟东壁上部十大弟子北侧弟子手部[1]。宽 22、高 29、厚 12 厘米（图三七八，1；彩版三九四，1）。

　　标本 1991 窟前采：0789，弟子头像。圆雕。老者形象。额上刻横向下沉浅线两条，发际线上方有圆形凸起。两眼及双眉用阴刻线在凸起部位刻出，眉心相连。颧骨、眉骨隆起，脸颊有椭圆凹面。嘴角上翘、面带微笑。大耳。刀法娴熟简练。宽 11.7、高 18.2、厚 13 厘米（图三七八，2；彩版三九四，3 ～ 5）。

　　2）供养形象

　　20 件。

　　出土遗物　5 件。

　　标本 1992T403 ③ A：18，供养像局部。二供养天人头部，均面向左侧，具圆形头光和耳饰，左侧供养天双手合掌，有斜向衣纹，右侧供养天可见五官、发髻及捧于面前的圆形物。宽 55、高 16、厚 39 厘米（图三七九，1；彩版三九四，2）。

　　标本 1992T502 ④ A：84+2013 探沟采：019+020，供养像局部。上部为供养天人跪姿形象，腰部、胸部断裂。形象宽约 30、高约 35 厘米。右腿跪地，左腿支起。衣纹密集，面向左侧。天人下方较大面积无雕刻，身后下方有凸边，边宽 4、残存长 35 厘米。其余各面为断面。天人上半身（2013 探

──────────

　　[1]　〔日〕水野清一、長廣敏雄：《雲岡石窟:西曆五世紀における中國北部佛教窟院の考古學的調査報告》第十四卷，京都大學人文科學研究所雲岡刊行會，1954年，圖版55-B。

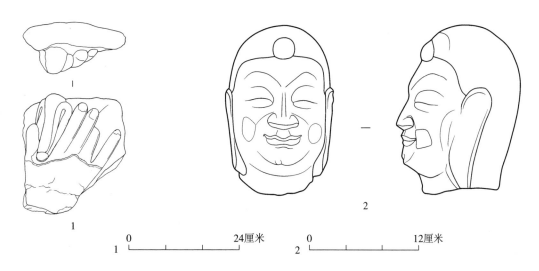

图三七八　第 14 ～ 20 窟前采集北魏时期石雕弟子像

1、2.1992 窟前采: 0737、1991 窟前采: 0789

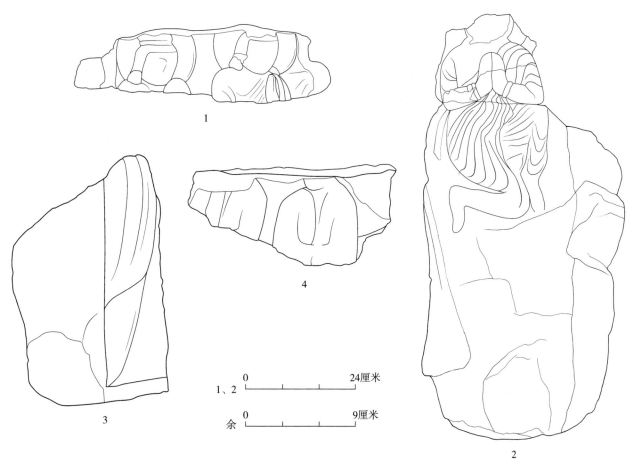

图三七九　第 14 ～ 20 窟前地层出土、采集北魏时期石雕供养形象

1 ～ 4.1992T403 ③ A：18、1992T502 ④ A：84+2013 探沟采 019+020、1992T502 ④ A：85、1992T513 ①：6

沟采：019+020）曾于 20 世纪 40 年代在昙曜五窟前出土 [1]。宽 45、高 95、厚 50 厘米（图三七九，2；彩版三九五，1）。

标本 1992T502 ④ A：85，供养像局部。右侧凸起边框。左侧凹进面内有供养形象右半身衣袖局部。残留土红色。宽 13、高 20、厚 9 厘米（图三七九，3；彩版三九五，2）。

标本 1992T513 ①：6，世俗供养像局部。两身世俗供养人上身，着交领衣，袖手，面向右侧。宽 17、高 8、厚 7 厘米（图三七九，4；彩版三九五，3）。

标本 1992T503 ③ A：24，疑似供养天人残件，可见衣纹及右小臂。宽 9、高 8、厚 3 厘米。

采集遗物　15 件。

标本 1991 窟前采：75，供养像局部。龛左上隅合掌供养比丘。宽 14、高 9、厚 6 厘米（彩版三九五，4）。

标本 1992 窟前采：0106，供养像局部。龛外供养天人。上部为供养天人衣纹，下部圆形为天人头光局部，头部只见部分痕迹。宽 22、高 15、厚 22 厘米（图三八〇，1；彩版三九五，5）。

标本 1992 窟前采：0126，供养像局部。供养天人面向左侧，有五官，着耳珰，可见圆形头光少许，双手握供物于下颏前。宽 13、高 16、厚 4 厘米（图三八〇，2；彩版三九五，6）。

标本 1992 窟前采：0158，供养像局部。龛右上隅供养比丘两身。比丘额际明显，五官清晰，略带微笑，双手合掌于胸前，面向左侧。上方边框有凸起物，左侧崩毁，右侧残存，疑为龛上方建筑外跳两卷瓣拱头，因此推测为塔形造像龛局部。宽 25、高 27、厚 36 厘米（图三八〇，3；彩版三九六，1）。

标本 1992 窟前采：0234，供养像局部。龛右侧供养天人存大半身，头戴冠，耳着珰，有五官。合掌于胸前，面向左侧。身后有方形边框，内可见头光痕迹。宽 28、高 20、厚 57 厘米。此造像与标本 1992 窟前采：0126 相关。造像风格与龛类中的塔形造像"1992 窟前采：0079+0147+0175+0180+0114+0205+0215"中的供养天人形象相近（图三八〇，4；彩版三九六，2）。

标本 1992 窟前采：0874，供养像局部。塔形建筑龛像中龛右上隅供养天人。天人五官清晰，手执供物依靠于圆拱龛楣。龛上方有外凸构件，高出额枋 3 厘米，似为外跳两卷瓣拱头。龛左侧斜向崩毁。造像风格及布局与龛类中的塔形造像"1992 窟前采：0079+0147+0175+0180+0114+0205+0215"相近。宽 20、高 35、厚 10 厘米（图三八〇，5；彩版三九六，3）。

标本 1992 窟前采：0344，世俗供养像局部。四身世俗供养人上身，袖手，面向左侧。刻划较浅。宽 38、高 9、厚 18 厘米（图三八〇，6；彩版三九六，4）。

标本 2007 窟前采：0762，世俗供养像局部。龛下方形铭石左侧 4 身供养人。双手合掌，面向右侧。首位为僧人形象，着袈裟。后三位为男性供养人，着宽袖大袍衣。左侧有凸起面，上有两条竖向凿痕。宽 60、高 16、厚 29 厘米（彩版三九六，5）。

标本 1992 窟前采：0457，世俗供养像局部。造像龛下方形铭石右侧 5 身世俗供养人形象。身材修长，双手合掌，面向左侧。首位为僧人形象，着袈裟。后四位为束发髻的女性供养人，上身着对领宽袖衣，下着长裙。左侧二身像袖口分两侧，其余袖口下垂呈三角状。上方龛内有少许衣纹，下

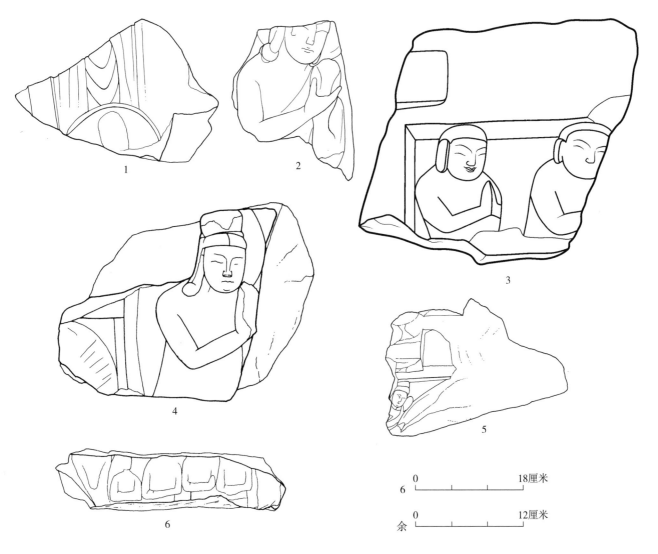

图三八〇　第 14～20 窟前采集北魏时期石雕供养形象
1～6.1992 窟前采：0106、0126、0158、0234、0874、0344

方有尖楣圆拱龛楣面痕迹。宽 46、高 34.5、厚 13 厘米（图三八一，1；彩版三九六，6）。

标本 1992 窟前采：0458，世俗供养像局部。龛下铭石左侧世俗供养人 4 身（第 5 身可见少许），面向右侧。4 身供养人均双手合掌，头略前倾。前 2 位僧人，着袈裟。后 2 位头戴小冠，身着交领宽袖衣，袖口三角状，似为男性。主龛内可见造像一脚部，据形态，原主像为交脚像。龛柱左还可见一脚形，为胁侍像残留。宽 26、高 16、厚 15 厘米（图三八一，2；彩版三九七，1）。

标本 1992 窟前采：0356，供养像局部。龛右隅供养比丘形象，合掌，低头。宽 20、高 10、厚 5 厘米（图三八一，3；彩版三九七，2）。

标本 1992 窟前采：0477，供养像局部。龛右侧供养天，双手合掌，左侧形象模糊不辨。宽 20、高 6、厚 18 厘米（图三八一，4；彩版三九七，3）。

标本 1992 窟前采：0666，供养像局部。龛左侧供养天人俯首合掌跪姿。疑似头戴鲜卑帽，身上有斜向衣纹。宽 11、高 11、厚 8 厘米（图三八一，5；彩版三九七，4）。

标本 1992 窟前采：0751，供养像局部。龛左侧一身胡跪供养形象。可见双臂少许，应为合掌姿态，

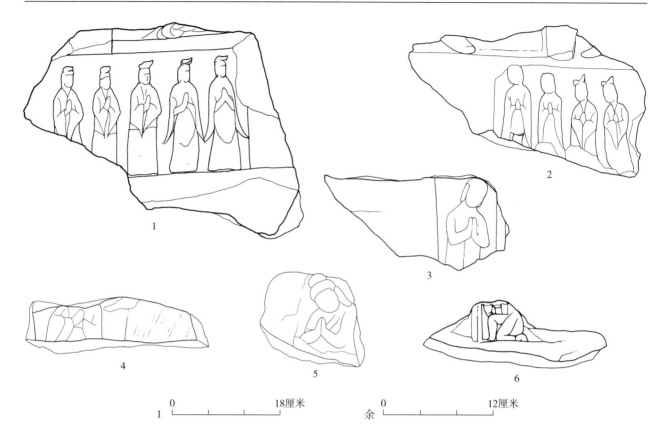

图三八一　第14～20窟前采集北魏时期石雕供养形象
1～6.1992窟前采：0457、0458、0356、0477、0666、0751

左膝跪地，面向右侧。龛柱面有竖阴刻线。宽＃20、高7、厚44厘米（图三八一，6；彩版三九七，5）。

标本1992窟前采：0875，供养像局部。两身天人，胡跪，合掌，面向左侧。前身宽9.5厘米。宽25、高13、厚17厘米（彩版三九七，6）。

3）飞天像

9件。仅见于采集遗物，出土遗物中未见。

标本1992窟前采：0788，飞天局部。高发髻，具头光，右臂前伸，左手抚胯，臂绕飘带，身姿呈飞行状。宽59.5、高24、厚14厘米（图三八二，1；彩版三九八，1）。

标本2007窟前采：0744，飞天局部。风化严重，可见飞天上身轮廓，头部仅存下颏，左臂上举前伸，右臂后扬，上身着短襦，细腰。左侧似有宽框。宽70、高38、厚22厘米（图三八二，2；彩版三九八，2）。

标本1992窟前采：0288，飞天局部。右臂伸向右侧，手掌上扬，袖上搭飘带，向后绕过。飘带上面分别有三条和两条阴刻线，宽袖边有一条阴刻线。宽26、高21、厚12厘米（图三八二，3；彩版三九八，3）。

标本1992窟前采：0297，飞天局部。上部为飞天弯曲的腿部及外翻的裙尾，下方为飘带，帛面有三条阴刻线，端头分叉。下方有凸出的边框。宽43、高31、厚23厘米（图三八二，4；彩版三九八，4）。

标本1992窟前采：0441，飞天局部。可见飞天翻卷裙尾和斜向飘带。飘带宽2.5～4厘米，裙

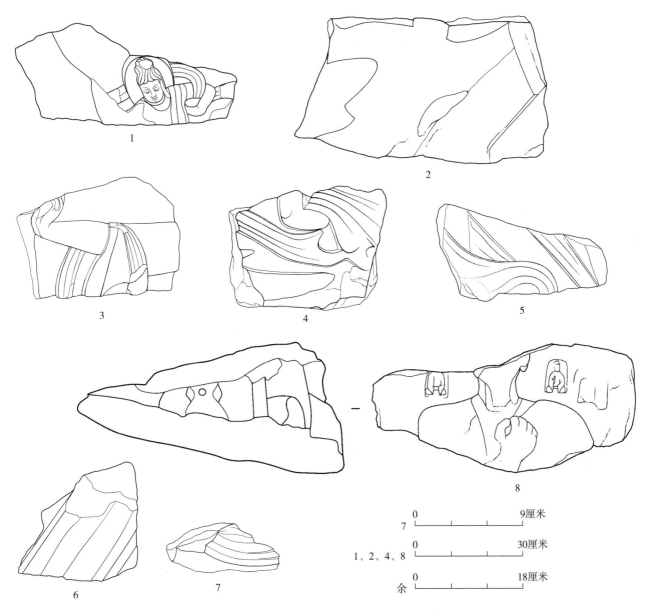

图三八二　第 14～20 窟前采集北魏时期石雕飞天、力士像

1～7. 飞天 1992 窟前采：0788、2007 窟前采：0744、1992 窟前采：0288、0297、0441、0094、0678　8. 力士 1992 窟前采：0740

尾有阴刻弧线，另一裙角上扬。宽 28、高 15、厚 17 厘米（图三八二，5；彩版三九八，5）。

标本 1991 窟前采：42，飞天发髻。表面黑色，后沿有红色。宽 11、高 7、厚 5 厘米（彩版三九八，6）。

标本 1991 窟前采：50，飞天残件。不规则雕刻，彩绘残块，残留黑色、红色、绿色，飞天头光后残块，与 1991 窟前采：42 有关。宽 7.5、高 5.5、厚 3 厘米（彩版三九九，1）。

标本 1992 窟前采：0094，飞天飘带。有三条阴刻线。宽 20、高 19、厚 8 厘米（图三八二，6；彩版三九九，2）。

标本 1992 窟前采：0678，飞天飘带。可见阴刻线条，石质细腻呈灰色。宽 9、高 5、厚 4 厘米（图三八二，7；彩版三九九，3）。

4）力士像

1件。仅见于采集遗物，出土遗物中未见。

标本 1992 窟前采：0740，力士局部。龛左侧的力士形象。头部残留下颏，左耳可见少许，面向右侧。颈部隆肌。肩宽，有开口衣饰。右手虚握拳于胸前。头部后面壁上左右有小佛龛。右侧面也有造像龛，形象不明，龛内造像身上有修补所凿小洞。宽 72、高 28、厚 50 厘米（图三八二，8；彩版三九九，4、5）。

（4）千佛

千佛残件共 1106 件。将可分辨衣纹的千佛造像残块分为通肩类和披遮右肩类两大类，其中通肩类复杂多样，分 A（U 形）、B（竖线形）两大型，B 型按衣纹竖线数量又分 Ba、Bb、Bc、Bd 四式。披遮右肩类则比较单一。有的造像残块通肩类和披遮右肩类同时出现，有的造像残块通肩类 A 型和 B 型同时出现，划归衣纹组合类。对于残损较严重，衣纹不便细分的，划归不明衣纹类，不明衣纹类中按能辨别佛头、龛楣、龛柱分别叙述。"#"表示雕刻面尺寸。

1）通肩类

475 件。根据坐佛胸前衣纹线走向可分 A、B 两型。

A 型　7 件。坐佛着通肩衣，领口与胸线不易分，衣纹呈 U 形线下垂至腹部。

出土遗物　3 件。

标本 1992T503 ④ A：19，仅存坐佛上半身。宽 8.5、高 10、厚 2 厘米（彩版四〇〇，1）。

标本 1992T601 ③ A：25，两龛坐佛局部。左龛坐佛保存完整，右龛坐佛存左半身。坐佛身大头小，面有五官，着通肩衣，小圆领口，胸前 U 形衣纹下垂至腹部。龛柱有焰苗形，楣拱面有凸起尖楣，楣尾卷头。龛上有横向阴刻线，再上无雕刻。下沿有下层楣拱局部。宽 30、高 34、厚 25 厘米（图三八三，1；彩版四〇〇，2）。

标本 1992T601 副方④ A：6，坐佛头部残损，残存金箔，着通肩衣，小圆领口，胸前 U 形衣纹下垂至腹部。宽 6、高 8、厚 2 厘米（彩版四〇〇，3）。

采集遗物　4 件。

标本 1991 窟前采：35，一坐佛局部，龛形已毁，坐佛可见上半身，着通肩衣，有五官。宽 10.5、高 12、厚 5 厘米（彩版四〇〇，4）。

标本 1992 窟前采：0584+0629，一龛坐佛局部。可见坐佛大部分，着通肩衣。宽 8、高 17、厚 8 厘米（彩版四〇〇，5）。

标本 1992 窟前采：0905，佛头残损，着通肩衣，小圆领口，胸前 U 形衣纹下垂至腹部。宽 7.5、高 6、厚 2 厘米（彩版四〇〇，6）。

标本 1992 窟前采：0916，佛头残损，着通肩衣，小圆领口，胸前 U 形衣纹下垂至腹部。宽 7.5、高 7、厚 2 厘米。

B 型　416 件，坐佛着通肩衣，领口下衣纹呈竖线形。据线的数量多少又分四个亚型。

Ba 型　10 件，一竖。领口下中间一竖线，腋下竖线不与领口相交。

出土遗物　1 件。

标本 1992T404 ③ A：13，一龛局部，坐佛着通肩衣，圆领口下中间一竖线，右边柱宽 3 厘米。宽 14、高 15、厚 15 厘米（图三八三，2；彩版四〇一，1）。

采集遗物　9 件。

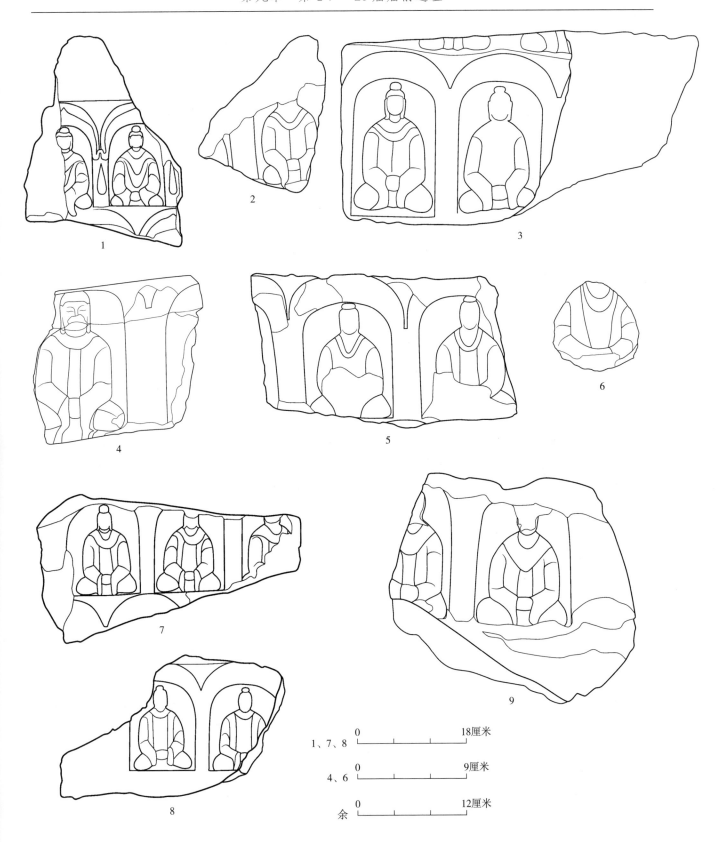

图三八三　第 14 ～ 20 窟前地层出土、采集北魏时期通肩类石雕千佛

1 ～ 9.1992T601 ③ A：25、1992T404 ③ A：13、1992 窟前采：0271、1992T503 ③ A：6、1992T506 ③ A：3、1992T602 副方④ A：52、
1992 窟前采：0110、1992 窟前采：0381、1992 窟前采：0075

标本 1991 窟前采：39，两龛坐佛局部，右侧存龛楣及坐佛，着通肩衣。左侧残存右侧龛柱，表面有黑色，龛宽 10 厘米，柱宽 3 厘米，楣拱间隙较大。宽 24、高 19、厚 7 厘米（彩版四〇一，2）。

标本 1992 窟前采：0121，千佛龛转角局部。左侧面可见两龛楣拱，拱高 3.5～4 厘米，龛内残存佛头少许，龛深 3 厘米。右侧面两龛可见坐佛大半身，着通肩衣。龛宽 9 厘米，中间柱宽 3 厘米。宽 28、高 12、厚 30 厘米（彩版四〇一，3～5）。

标本 1992 窟前采：0139，四龛坐佛局部。坐佛着通肩衣。龛宽 10～10.5 厘米，柱宽 3～3.7 厘米。宽 50、高 10、厚 19 厘米（彩版四〇一，6）。

标本 1992 窟前采：0152，三龛坐佛局部。坐佛着通肩衣，龛宽 10～10.5 厘米，柱宽 3 厘米。宽 49、高 12、厚 33 厘米（彩版四〇二，1）。

标本 1992 窟前采：0222，四龛坐佛局部。上下层错缝排列。上层一龛，可见坐佛腿部。下层三龛，龛内坐佛均着通肩衣。左侧坐佛较完整，佛高 13.5 厘米，龛宽 7.8 厘米。左侧崩毁面较大。宽 # 44、高 26、厚 36 厘米（彩版四〇二，2）。

标本 1992 窟前采：0271，两龛坐佛局部。坐佛相对完整，着通肩衣。龛宽 9、龛高 16 厘米，楣拱宽 12 厘米，拱高 3 厘米，中间柱宽 2.5 厘米。顶面、右侧面有石花凿痕，线条前密后疏。宽 # 25、高 21、厚 28 厘米（图三八三，3；彩版四〇二，3）。

标本 1992 窟前采：0686，两龛坐佛局部。上下层错缝排列，左侧崩毁。右侧上层可见坐佛下身，下层左侧龛内坐佛着通肩衣，龛宽 9.5 厘米，右侧柱宽 3.5 厘米，拱高 3 厘米。宽 36、高 20、厚 24 厘米（彩版四〇二，4）。

标本 1992 窟前采：0759，三龛坐佛局部。龛内坐佛存上身大部，着通肩衣。左侧有较宽未雕刻面。上沿有上层龛像残留少许。左侧面有坐佛痕迹（转角雕刻）。宽 47、高 18、厚 26 厘米（彩版四〇二，5）。

标本 1992 窟前采：0865，三龛坐佛局部。上边可见上层两龛坐佛腿部。宽 33、高 23、厚 25 厘米（彩版四〇二，6）。

Bb 型　315 件，两竖。领口下中间两条竖线，腋下竖线不与领口相交。领口表现略有不同，有圆领、坠领、夹领的差别。

出土遗物　54 件。

标本 1992T110 ②：27，可见两龛坐佛及龛柱，坐佛着通肩衣，柱宽 3.5 厘米。宽 21、高 11、厚 17 厘米（彩版四〇三，1）。

标本 1992T110 ②：28，可见一坐佛上身，两侧崩毁。岩石水平层理略带红色。宽 27、高 7.5、厚 13 厘米（彩版四〇三，2）。

标本 1992T403 ③ A：15，七龛坐佛局部，坐佛着通肩衣，右侧第 2 身可见头部。宽 82、高 15、厚 25 厘米（彩版四〇三，3）。

标本 1992T403 ③ A：7+9，两龛坐佛局部。宽 30、高 7、厚 18 厘米（彩版四〇三，4）。

标本 1992T404 ③ A：5+6，六龛坐佛局部，上下层错缝排列。上层两龛，仅存坐佛腿部。下层四龛，龛楣宽 13 厘米，拱高 3～3.5 厘米，龛深 2.5 厘米，柱宽 3 厘米。宽 55、高 14、厚 20 厘米（彩版四〇三，5）。

标本 1992T404 ③ A：7，两龛坐佛局部。左龛坐佛存大部分，右龛坐佛存左身局部，着通肩衣。

龛柱宽 2.5 厘米，拱高 3.5 厘米。宽 # 21、高 24、厚 22 厘米（彩版四〇三，6）。

标本 1992T404 ③ A：9，两龛坐佛局部。左龛坐佛通肩衣，右侧龛柱毁损。宽 15、高 11、厚 8 厘米（彩版四〇四，1）。

标本 1992T404 ③ A：11，两龛坐佛局部。上层左龛宽 6.5、侧龛柱宽 1.8 厘米。下层龛楣有"人"字形阴刻线。宽 18、高 14、厚 4.5 厘米（彩版四〇四，2）。

标本 1992T404 ③ A：12，可见并排两龛内坐佛着通肩衣，龛深 3～3.5 厘米，中间柱宽 4.5 厘米，坐佛有五官。左侧崩毁面大。宽 50、高 22、厚 15 厘米（彩版四〇四，3）。

标本 1992T404 ③ A：15，两坐佛龛上部。坐佛着通肩衣，楣下边有"人"字形阴刻线，龛深 2.5 厘米。宽 25、高 20、厚 10 厘米（彩版四〇四，4）。

标本 1992T407 ③ A：1，可见一龛坐佛局部。坐佛着通肩衣，右侧存龛柱，柱宽 3 厘米。宽 14、高 12、厚 9 厘米（彩版四〇四，5）。

标本 1992T503 ③ A：6，右侧可见龛内坐佛，着通肩衣，面有五官，左侧龛柱宽 3.5 厘米。宽 14、高 13、厚 8 厘米（图三八三，4；彩版四〇四，6）。

标本 1992T503 ③ A：8，可见坐佛大部，头部上半损毁，着通肩衣。龛宽 9、深 3.2 厘米，左柱宽 3.2 厘米。宽 16、高 13、厚 6 厘米（彩版四〇五，1）。

标本 1992T507 ③ A：9，上中下三层错缝排列。中层三龛，龛宽 10.5 厘米，坐佛高 15 厘米，着通肩衣，柱宽 2.5 厘米。下层楣拱宽 12～13 厘米，拱高 3.5 厘米，像残留头部少许。宽 46、高 25、厚 23 厘米（彩版四〇五，2）。

标本 1992T602 副方 ④ A：69，两龛坐佛局部。左龛拱楣宽 12 厘米，拱高 4 厘米，楣下沿有阴刻线无尖角，中间柱宽 1.5 厘米，龛深 3 厘米，佛像有五官，身光曾有绘饰，颜色黑。右龛残存楣拱及坐佛上半身，佛头损毁。宽 19、高 20、厚 17 厘米（彩版四〇五，3）。

标本 1992T110 ②：22，可见着通肩衣坐佛上身。宽 8、高 9、厚 6 厘米（彩版四〇五，4）。

标本 1992T402 ③ A：3，两龛坐佛局部。坐佛着通肩衣。左龛宽 9、龛宽 8.5 厘米，中间柱宽 2.5 厘米。宽 29、高 15、厚 8 厘米（彩版四〇五，5）。

标本 1992T402 ③ A：4，一龛坐佛局部。坐佛着通肩衣。右侧边缘呈凸弧面。宽 10、高 13、厚 25 厘米（彩版四〇五，6）。

标本 1992T402 ③ A：5，左侧崩毁，右侧一龛坐佛局部，着通肩衣。宽 # 13、高 14、厚 18 厘米（彩版四〇六，1）。

标本 1992T402 ③ A：6，可见三龛局部。中龛宽 9.5 厘米，左龛柱宽 2.5 厘米，坐佛着通肩衣。宽 34、高 10、厚 24 厘米（彩版四〇六，2）。

标本 1992T402 ③ A：11，一龛坐佛局部，左侧龛宽 2 厘米。宽 # 15、高 9、厚 27 厘米（彩版四〇六，3）。

标本 1992T403 ③ A：16，可见三龛坐佛局部，坐佛着通肩衣。宽 36、高 5、厚 14 厘米（彩版四〇六，4）。

标本 1992T404 ③ A：10，可见两龛坐佛，左龛较小，宽 6 厘米，右龛佛大，下部拱高 6.5 厘米，石质青灰。宽 20、高 18、厚 20 厘米（彩版四〇六，5）。

标本 1992T503 ④ A：18，仅存坐佛上半身。宽 8、高 7、厚 2 厘米（彩版四〇六，6）。

标本 1992T503 ④ A：20，仅存坐佛上半身。宽 7、高 7、厚 2 厘米（彩版四〇七，1）。

标本 1992T506 ③ A：3，两龛局部，禅定坐佛，着通肩衣，领口边缘较细。宽 29、高 16、厚 15 厘米（图三八三，5；彩版四〇七，2）。

标本 1992T506 ③ A：4，可见一龛坐佛局部，坐佛通肩衣，右龛柱宽 2.5 厘米。宽 # 20、高 20、厚 17 厘米（彩版四〇七，3）。

标本 1992T506 ③ A：5，上下两层龛，上层可见两龛局部，左龛坐佛着通肩衣，右侧龛柱宽 3 厘米。下层可见一龛局部，龛深 3 厘米，拱高 3 厘米，右侧柱宽 3 厘米。宽 # 20、高 33、厚 21 厘米（彩版四〇七，4）。

标本 1992T507 ③ A：5+6，可见三龛坐佛局部，柱宽 4 厘米。宽 38、高 17、厚 10 厘米（彩版四〇七，5）。

标本 1992T507 ③ A：7，上中下三层，上层可见坐佛下身，中层龛宽 10 厘米，龛高 13.5 厘米，龛深 3 厘米，拱楣宽 12 厘米，拱高 3 厘米，左侧柱宽 2.5 厘米，佛着通肩衣，下层可见两拱楣及左龛坐佛头部，面瘦无五官，拱高 3 厘米。宽 17、高 30、厚 10 厘米（彩版四〇七，6）。

标本 1992T508 ①：1，可见坐佛及龛柱。宽 17、高 9、厚 18 厘米（彩版四〇八，1）。

标本 1992T509 ②：1，可见坐佛，着通肩衣。宽 15、高 9、厚 12 厘米（彩版四〇八，2）。

标本 1992T512 ①：6，圆拱及坐佛上身，通肩衣，楣拱有"人"字形阴刻线，龛深 3 厘米。宽 15、高 12、厚 10 厘米（彩版四〇八，3）。

标本 1992T602 副方④ A：12，两龛坐佛局部，上下错缝排列。宽 18、高 23、厚 4.5 厘米（彩版四〇八，4）。

标本 1992T602 副方④ A：55，禅定坐佛着通肩衣，可见下层龛楣，表面敷黑色。宽 7、高 19、厚 4 厘米（彩版四〇八，5）。

标本 1992T602 副方④ A：68，可见上层千佛两身及下龛拱楣，有楣线，石质带红色。宽 28、高 18、厚 13 厘米（彩版四〇八，6）。

标本 1992T602 副方④ A：22，坐佛身躯，残留金箔。宽 7、高 7.5、厚 1 厘米（彩版四〇九，1）。

标本 1992T602 副方④ A：23，坐佛身躯，残留金箔。宽 8.5、高 7.5、厚 2 厘米（彩版四〇九，2）。

标本 1992T602 副方④ A：30，坐佛身躯，残留金箔。宽 8.5、高 8、厚 2 厘米（彩版四〇九，3）。

标本 1992T602 副方④ A：31，坐佛身躯，残留金箔。宽 6.5、高 6.5、厚 1.5 厘米（彩版四〇九，4）。

标本 1992T602 副方④ A：32，坐佛身躯，残留金箔。宽 7.5、高 7、厚 1.5 厘米（彩版四〇九，5）。

标本 1992T602 副方④ A：33，坐佛身躯，残留金箔。宽 7.5、高 8、厚 2 厘米（彩版四〇九，6）。

标本 1992T602 副方④ A：39，坐佛身躯，残留金箔。宽 8、高 6、厚 1.5 厘米（彩版四一〇，1）。

标本 1992T602 副方④ A：40，坐佛身躯，残留金箔。宽 8、高 8、厚 2 厘米（彩版四一〇，2）。

标本 1992T602 副方④ A：43，坐佛身躯，残留金箔。宽 8、高 7、厚 2 厘米（彩版四一〇，3）。

标本 1992T602 副方④ A：48，坐佛身躯，残留金箔。宽 8、高 11.5、厚 1.5 厘米（彩版四一〇，4）。

标本 1992T602 副方④ A：52，坐佛身躯，残留金箔。宽 7、高 8、厚 2 厘米（图三八三，6；彩版四一〇，5）。

标本 1992T403 ③ A：14，可见四龛坐佛局部，左龛宽 9 厘米，其余龛宽 9.5 厘米，柱宽 3.5 ～ 4 厘米，坐佛着通肩衣。下方可见四龛拱楣，拱楣下沿有"人"字形阴刻线。宽 64、高 13、厚 20 厘米（彩版四一〇，6）。

标本 1992T404 ③ A∶14，可见三龛坐佛局部，中间龛宽 10 厘米，坐佛着通肩衣，右龛柱宽 4 厘米。宽 28、高 9、厚 9 厘米（彩版四一一，1）。

标本 1992T503 ③ A∶2，转角千佛可见两层，两侧残留，中部崩毁。左侧面上下各一龛坐佛错缝排列，上层残留楣拱及坐佛上半身，拱楣下沿有"人"字形阴刻线，拱高 3.5 厘米，龛深 2.5 厘米，坐佛着通肩衣，石质红；右侧面上层两龛，中间柱宽 3.3 厘米，下层一龛，楣下沿有"人"字形阴刻线，拱高 3.5 厘米，龛深 3 厘米，坐佛着通肩衣，有五官。与 1992 窟前采∶0703 可拼接。宽 40、高 33、厚 16 厘米（彩版四一一，2 ~ 4）。

标本 1992T504 ③ A∶1，转角千佛。左面一层存一龛，千佛剩大半身。右面上下两层错缝排列，上层仅存坐佛腿部，下层可见龛楣与坐佛头部，佛头靠近龛楣右角。宽 11、高 12、厚 10 厘米（彩版四一二，1 ~ 3）。

标本 1992T507 ③ A∶2，可见下层龛楣及上层龛柱及坐佛下身，龛柱宽 4 厘米，龛宽 9.5 厘米。下层左侧楣拱上有"人"字形阴刻线。宽 23、高 10、厚 6 厘米（彩版四一一，5）。

标本 1992T507 ③ A∶4，可见坐佛着通肩衣。宽 8、高 9、厚 3.5 厘米（彩版四一一，6）。

标本 1992T602 副方④ A∶66，上部两身千佛，下部千佛龛楣毁损。宽 24、高 12、厚 4 厘米（彩版四一二，4）。

采集遗物　261 件。

标本 1992 窟前采∶0010，上下两层坐佛龛局部。上层四龛残存坐佛腿部，下层四龛残留上半部，龛宽 11 厘米，柱宽 3 厘米，龛深 2.5 ~ 3 厘米，拱楣宽 13.5 厘米，拱高 3 厘米。坐佛均着通肩衣。宽 50、高 15、厚 46 厘米（彩版四一二，5）。

标本 1992 窟前采∶0016，五龛坐佛局部。右半大部崩毁，左半上层可见两坐佛少许。下层可见三龛局部，龛内坐佛着通肩衣。龛楣拱宽 13 厘米，拱高 3 厘米，龛深 23 厘米。宽 50、高 21、厚 15 厘米（彩版四一二，6）。

标本 1992 窟前采∶0018，四龛坐佛局部。坐佛着通肩衣。龛宽 9.5 厘米，柱宽 2 ~ 3 厘米，右龛拱高 3 厘米，左下角残存下层拱楣。宽 52、高 25、厚 30 厘米（彩版四一三，1）。

标本 1992 窟前采∶0022，八龛坐佛局部。上下两层错缝排列，上层五龛，下层三龛，坐佛均着通肩衣。龛宽 11 厘米，柱宽 2.5 ~ 3 厘米，拱高 3 厘米。宽 60、高 26、厚 30 厘米（彩版四一三，2）。

标本 1992 窟前采∶0029，七龛坐佛局部。上层仅见坐佛少许。中层可见四龛坐佛局部，中间两龛内坐佛保存较好，着通肩衣，佛高 14 厘米，龛宽 11 ~ 12 厘米。下层右侧龛内坐佛可见头部少许。左侧有较大面崩毁。宽 70、高 30、厚 30 厘米（彩版四一三，3）。

标本 1992 窟前采∶0037，右侧三层坐佛，中层有三个完整龛，龛宽 10 ~ 10.5、高 14.5 厘米，柱宽 3 厘米，拱高 2.5 厘米。左侧崩毁。宽 90、高 38、厚 30 厘米（彩版四一三，4）。

标本 1992 窟前采∶0038，两龛坐佛局部。坐佛通肩衣。龛宽 10 厘米，柱宽 3 厘米。下方断面，有少许凿痕。宽 # 40、高 21、厚 56 厘米（彩版四一三，5）。

标本 1992 窟前采∶0041，两龛坐佛局部。两龛靠上部，坐佛着通肩衣。宽 # 49、高 23、厚 45 厘米（彩版四一三，6）。

标本 1992 窟前采∶0056，四龛局部。坐佛着通肩衣，龛宽 11 厘米，柱宽 2.5 ~ 3 厘米，楣拱宽

12 ～ 12.5 厘米，拱高 3.5 厘米。宽 50、高 15、厚 30 厘米（彩版四一四，1）。

标本 1992 窟前采：0058，七龛坐佛局部。上层可见四龛，坐佛着通肩衣，龛宽 10.5 ～ 11 厘米。柱宽 2.5 ～ 4 厘米。下层可见三龛局部，拱楣宽 13 厘米，拱高 3 ～ 3.5 厘米，龛深 2.5 厘米。宽 54、高 21、厚 48 厘米（彩版四一四，2）。

标本 1992 窟前采：0062，四龛坐佛局部。坐佛面瘦，均着通肩衣。佛宽 11 厘米，柱宽 2.5 ～ 3 厘米。宽 75、高 16、厚 33 厘米（彩版四一四，3）。

标本 1992 窟前采：0077，五龛坐佛局部。上下层错缝排列。上层左侧两龛相对完整，坐佛着通肩衣，佛高 14 厘米，龛柱宽 3.5 厘米，右侧无雕刻。下层三龛可见佛头及坐佛上身，拱楣宽 11 ～ 13 厘米，拱高 3 ～ 3.5 厘米。宽 60、高 33、厚 50 厘米（彩版四一四，4）。

标本 1992 窟前采：0081，五龛坐佛局部。上下层错缝。上层可见二龛坐佛局部，中间柱宽 4.5 厘米。下层可见三龛，龛内坐佛着通肩衣，有五官。龛拱楣宽 13 厘米，拱高 3.5 厘米，拱楣下沿有"人"字形阴刻线，龛深 3 厘米。宽 # 50、高 17、厚 26 厘米（彩版四一四，5）。

标本 1992 窟前采：0087，两龛坐佛局部。右龛坐佛着通肩衣，龛宽 11 厘米，左龛柱宽 3、龛柱宽 4 厘米，右下角有一拱楣。宽 27、高 14、厚 14 厘米（彩版四一四，6）。

标本 1992 窟前采：0088，并排四龛局部。三龛可见坐佛局部，坐佛着通肩衣，有五官。龛宽 9.5 厘米，楣拱宽 13 厘米，拱高 3 厘米，龛深 4 厘米，拱面有"人"字形阴刻线，在龛尾略上卷。宽 53、高 10、厚 12 厘米（彩版四一五，1）。

标本 1992 窟前采：0091，四龛坐佛局部。上层可见两龛局部及另一龛坐佛少许，左龛坐佛高于其他龛，柱宽 3 厘米。下层两龛可见坐佛头肩局部，柱宽 2.7 厘米，拱高 3 厘米。宽 36、高 18、厚 13 厘米（彩版四一五，2）。

标本 1992 窟前采：0098，两龛坐佛局部。上下层错缝。上层可见坐佛少许。下层右龛内坐佛着通肩衣，拱高 3 厘米。宽 18、高 25、厚 7 厘米（彩版四一五，3）。

标本 1992 窟前采：0104，两龛坐佛局部。坐佛着通肩衣。中间柱宽 4 厘米。宽 23、高 6、厚 14 厘米（彩版四一五，4）。

标本 1992 窟前采：0105，三龛坐佛局部。上下层错缝排列，上层两龛，坐佛着通肩衣。龛宽 10 厘米，柱宽 3 厘米。下层可见一龛楣拱局部及坐佛头部痕迹。宽 32、高 15、厚 9 厘米（彩版四一五，5）。

标本 1992 窟前采：0107，四龛坐佛局部。上下层错缝排列。上层可见两坐佛胸以下姿态，龛宽 9.5 厘米，柱宽 4 厘米。下层两龛，可见坐佛头部及上身，坐佛着通肩衣，有五官。拱楣宽 13 厘米，拱高 3 厘米，楣下边沿有"人"字形阴刻线，龛深 3 厘米，柱宽 4 厘米，石质粉红色。宽 33、高 19、厚 23 厘米（彩版四一五，6）。

标本 1992 窟前采：0110，三龛坐佛局部。坐佛通肩衣，面相较瘦。下层残留两楣拱。宽 43、高 22、厚 14 厘米（图三八三，7；彩版四一六，1）。

标本 1992 窟前采：0116，三龛坐佛局部。龛内坐佛着通肩衣。中间龛宽 10 厘米，左柱宽 3、柱宽 2.5 厘米，右龛向后转折。宽 30、高 12、厚 14 厘米（彩版四一六，2）。

标本 1992 窟前采：0124，一龛坐佛局部。坐佛残留半身，着通肩衣。右龛柱宽 3.5 厘米。宽 # 13、高 10、厚 11 厘米（彩版四一六，3）。

标本 1992 窟前采：0128，三龛坐佛局部。中间龛坐佛高 14.5 厘米，着通肩衣。龛宽 10.5 厘米，左柱宽 4、柱宽 3 厘米，龛深 3 厘米。上方可见少许楣拱。宽 32、高 22、厚 20 厘米（彩版四一六，4）。

标本 1992 窟前采：0148，四龛坐佛局部。坐佛着通肩衣，衣领较圆，有五官。左起第 2 龛内坐佛宽 9.5 厘米，两侧柱宽 3.5 厘米。楣拱有"人"字形阴刻线，在楣尾上卷。最右龛内仅存佛头痕迹。宽 50、高 18、厚 16 厘米（彩版四一六，5）。

标本 1992 窟前采：0161，两龛坐佛局部。坐佛着通肩衣，面相较瘦。中间柱宽 3 厘米。宽 30、高 18、厚 15 厘米（彩版四一六，6）。

标本 1992 窟前采：0163，并排四龛坐佛及下层龛拱楣局部。坐佛着通肩衣。龛宽 9.5 厘米，柱宽 3.5 厘米。下层可见拱楣，拱高 3.5 厘米，有"人"字形阴刻线。宽 48、高 17、厚 28 厘米（彩版四一七，1）。

标本 1992 窟前采：0168，十三龛坐佛局部。上下层错缝，上层六龛，左侧崩毁面大。中间四龛坐佛存身躯大部，坐佛通肩衣。下层七龛，龛内坐佛存头肩部，佛像有五官。左侧五龛龛楣面有"人"字形阴刻线，右侧两龛龛楣损毁。龛宽 9.5～10 厘米，柱宽 3.5 厘米，拱高 3.5 厘米。宽 # 103、高 25、厚 42 厘米（彩版四一七，2）。

标本 1992 窟前采：0176，七龛坐佛局部。上下层错缝。上层四龛，坐佛着通肩衣，有五官。下层三龛，坐佛可见头部以致上半身，着通肩衣，有五官。楣拱面有"人"字形阴刻线，龛较深。右侧存另一龛楣拱局部。宽 66、高 28、厚 25 厘米（彩版四一七，3）。

标本 1992 窟前采：0189，两龛坐佛局部。坐佛面相丰满，有五官。右佛着通肩衣。宽 # 27、高 14、厚 20 厘米（彩版四一七，4）。

标本 1992 窟前采：0193，四龛坐佛局部。坐佛着通肩衣。龛宽 10.5 厘米，柱宽 3 厘米，右侧崩毁，顶面略平。宽 74、高 23、厚 25 厘米（彩版四一七，5）。

标本 1992 窟前采：0196，六龛坐佛局部。上、下层各三龛，错缝排列。坐佛着通肩衣。龛楣有"人"字形阴刻线。下层楣拱宽 13、高 3.5 厘米，有"人"字形阴刻线。上层柱宽 4 厘米，龛宽 9～9.5 厘米。宽 47、高 28、厚 16 厘米（彩版四一七，6）。

标本 1992 窟前采：0203，五龛坐佛局部。上中下三层错缝，上层仅见一坐佛腿部少许。中层两龛比较完整，坐佛通肩衣，高 13～13.5 厘米，龛宽 10.5 厘米。中间柱宽 3 厘米。下层两龛可见坐佛头肩部。左侧崩毁面较大。宽 60、高 31、厚 16 厘米（彩版四一八，1）。

标本 1992 窟前采：0210，三龛坐佛局部。上下层错缝排列，上层一龛，龛宽 9.5 厘米，下层两龛拱高 3 厘米，坐佛均着通肩衣。宽 25、高 30、厚 24 厘米（彩版四一八，2）。

标本 1992 窟前采：0217，两龛坐佛局部。坐佛着通肩衣，中间柱宽 3.5 厘米。宽 # 35、高 14、厚 29 厘米（彩版四一八，3）。

标本 1992 窟前采：0227，六龛坐佛局部。上下层错缝，各三龛。上层可见龛内坐佛大部，坐佛着通肩衣，有五官。柱宽 3.5 厘米。下层可见坐佛头肩部，楣拱面有"人"字形阴刻线。宽 43、高 25、厚 23 厘米（彩版四一八，4）。

标本 1992 窟前采：0242，一龛坐佛局部。坐佛着通肩衣，面瘦。龛宽 10.5 厘米，柱宽 2.5 厘米，拱楣宽 13 厘米，拱高 3.5 厘米，龛深 2 厘米。宽 21、高 19、厚 10 厘米（彩版四一八，5）。

标本 1992 窟前采：0262，八龛坐佛局部。上下层错缝，上层五龛，左侧两龛坐佛较完整，坐佛着通肩衣，佛高 15.5、宽 10.5～11 厘米，柱宽 3 厘米。下层三龛，左侧两龛内坐佛存大半身，右龛内仅见佛头，龛形损毁。宽 70、高 36、厚 16 厘米（彩版四一八，6）。

标本 1992 窟前采：0263，四龛坐佛局部。坐佛着通肩衣。龛宽 11 厘米，柱宽 3～2.5 厘米。宽 54、高 13、厚 35 厘米（彩版四一九，1）。

标本 1992 窟前采：0267，五龛坐佛局部。上下层错缝，上层两龛，可见坐佛大部分身躯，着通肩衣。下层三龛，中间一龛保存完整，龛宽 11、高 15 厘米，柱宽 2～2.5 厘米，楣拱宽 13、高 3.5 厘米。龛内坐佛瘦长。下边有下层拱楣局部。宽 30、高 37、厚 10 厘米（彩版四一九，2）。

标本 1992 窟前采：0269，三龛坐佛局部。上下层错缝排列，上层一龛内坐佛可见手臂及腿部。下层两龛，左龛内可见坐佛头部少许，柱宽 3 厘米，拱高 3.5 厘米，龛深 3 厘米。右龛存坐佛上身。坐佛着通肩衣。右侧崩毁面积较大。宽 48、高 23、厚 7 厘米（彩版四一九，3）。

标本 1992 窟前采：0272，两龛坐佛局部。坐佛可见半身，着通肩衣。中间柱宽 3.5 厘米。宽 # 17、高 13、厚 23 厘米（彩版四一九，4）。

标本 1992 窟前采：0278，五龛坐佛局部。上下层错缝排列，上层两龛，着通肩衣。下层三龛可见楣拱及头部少许（彩版四一九，5）。

标本 1992 窟前采：0286，五龛坐佛局部。上下层错缝排列。上层三龛，可见坐佛腿部及大半身，龛宽 11～11.5 厘米，柱宽 3～3.5 厘米。下层两龛，坐佛着通肩衣，拱楣宽 15 厘米，拱高 3 厘米，龛深 3.5 厘米。右侧有另一龛楣拱局部。宽 49、高 32、厚 25 厘米（彩版四一九，6）。

标本 1992 窟前采：0293，四龛坐佛局部。上下层错缝排列，各存两龛。坐佛着通肩衣。上层龛中间柱宽 3 厘米。下层两龛，左龛楣拱宽 12.5、高 3.5 厘米，龛深 3 厘米，左柱宽 2.5、柱宽 3 厘米。宽 # 50、高 32、厚 19 厘米（彩版四二〇，1）。

标本 1992 窟前采：0317，二龛坐佛局部。坐佛着通肩衣。右龛宽 10 厘米，两侧柱宽 3 厘米。宽 50、高 12、厚 20 厘米（彩版四二〇，2）。

标本 1992 窟前采：0346，两龛坐佛局部。坐佛存大半身，着通肩衣。龛宽 10 厘米，柱宽 3.5 厘米。宽 37、高 12、厚 33 厘米（彩版四二〇，3）。

标本 1992 窟前采：0353，三龛坐佛局部。两龛内坐佛保存较多，坐佛着通肩衣。上边沿有上层坐佛左膝。宽 29、高 23、厚 11 厘米（彩版四二〇，4）。

标本 1992 窟前采：0358，一龛坐佛局部。龛内坐佛左下部缺失，着通肩衣。右侧龛柱宽 3 厘米，楣拱高 3 厘米，龛深 3 厘米。宽 15、高 20、厚 13 厘米（彩版四二〇，5）。

标本 1992 窟前采：0376，两龛坐佛局部。坐佛存大部分，着通肩衣。中间柱宽 3.5、侧柱宽 2.5 厘米。上部崩毁面大，隐约可见坐佛痕迹。宽 36、高 # 16、厚 13 厘米（彩版四二〇，6）。

标本 1992 窟前采：0381，三龛坐佛局部。两龛坐佛存在较多，右龛坐佛存腿部。坐佛着通肩衣。中间龛宽 10.5 厘米，佛高 13.5 厘米，龛深 3 厘米，左柱宽 2.5、柱宽 2.7 厘米。下层可见两楣拱高 3.5 厘米。宽 36、高 23、厚 19 厘米（图三八三，8；彩版四二一，1）。

标本 1992 窟前采：0386，五龛坐佛局部。上中下三层交错排列，上层仅见一坐佛腿部少许。中层两龛比较完整，坐佛通肩衣，高 13～13.5 厘米，龛宽 10.5 厘米。中间柱宽 3 厘米。下层两龛可见楣拱及龛内坐佛头部。宽 31、高 33、厚 24 厘米（彩版四二一，2）。

标本 1992 窟前采：0390，左侧可见一龛局部，坐佛着通肩衣。右侧崩毁面大。宽 # 16、高 18、厚 9 厘米（彩版四二一，3）。

标本 1992 窟前采：0408，一龛坐佛局部。坐佛存右上身，着通肩衣。龛深 4 厘米，石质深红色。

宽 8、高 23、厚 10 厘米（彩版四二一，4）。

标本 1992 窟前采：0411，两龛坐佛局部。左龛坐佛着通肩衣，右龛坐佛存头肩部。中间柱宽 3 厘米，龛深 3 厘米。宽 30、高 14、厚 12 厘米（彩版四二一，5）。

标本 1992 窟前采：0417，三龛坐佛局部。坐佛存上半身，多少不等，着通肩衣。中间龛宽 10.5 厘米，柱宽 2.7 ~ 3 厘米。宽 36、高 15、厚 44 厘米（彩版四二一，6）。

标本 1992 窟前采：0421，五龛坐佛局部。上下层交错排列，上层可见两龛局部，柱宽 3.5 厘米，坐佛存双臂及腿部。下层三龛，存坐佛大部分，中间一龛保存完整。龛宽 11、高 14 厘米，柱宽 3.5 厘米。坐佛着通肩衣，两侧柱略宽。下边风化。宽 50、高 34、厚 12 厘米（彩版四二二，1）。

标本 1992 窟前采：0426，四龛坐佛局部。上下层，上层两龛，龛内坐佛存大部分，着通肩衣。下层可见两龛楣拱及龛内坐佛头部少许。左侧崩毁面较大。龛宽 10 厘米，柱宽 3 厘米，楣拱高 3.5 厘米。宽 43、高 21、厚 23 厘米（彩版四二二，2）。

标本 1992 窟前采：0428，四龛坐佛局部。上下层错缝排列，上层两龛存坐佛腿部，柱宽 3 厘米。中层两龛坐佛着通肩衣。龛宽 11、高 15 厘米，柱宽 3 厘米，楣拱宽 13、高 4 厘米，龛深 3 厘米。下边可见下层三楣拱，拱高 3.5 厘米。宽 50、高 31、厚 15 厘米（彩版四二二，3）。

标本 1992 窟前采：0490，两龛坐佛局部。龛内坐佛着通肩衣。左龛坐佛腿部缺失，面部有五官。右龛坐佛头部和左膝缺失。左龛柱宽于中间龛柱。龛宽 9、高 13、深 2.5 厘米，佛高 13、宽 7.5 厘米。宽 28、高 13、厚 8 厘米（彩版四二二，4）。

标本 1992 窟前采：0497，一龛坐佛局部。坐佛着通肩衣，左下角有下层拱楣局部，拱高 3.5 厘米。宽 20、高 16、厚 10 厘米（彩版四二二，5）。

标本 1992 窟前采：0498，两龛坐佛局部。上下层错缝排列，表面略鼓。上层一龛存坐佛局部，下层中龛拱楣宽 12.5 厘米，拱高 4 厘米，龛深 2.5 厘米，坐佛存头胸部，着通肩衣。两侧有邻龛楣拱少许。宽 24、高 17、厚 16 厘米（彩版四二二，6）。

标本 1992 窟前采：0501，十龛坐佛局部。上下层错缝排列，上层四龛，左侧素面无雕刻。左一龛坐佛身小而全，另三身存大半身，坐佛着通肩衣。下层六龛，龛内坐佛存头部至上半身。龛宽 9 ~ 11 厘米，柱宽 2.5 ~ 3 厘米，楣拱宽 12 ~ 13 厘米，拱高 4 厘米。龛楣面下沿有"人"字形阴刻线（最左龛无"人"字形阴刻线）。宽 73、高 23、厚 14 厘米（彩版四二三，1）。

标本 1992 窟前采：0502，三龛坐佛局部。坐佛存上身局部，着通肩衣。龛宽 9 厘米，柱宽 3.5 厘米。左柱上端楣拱有阴刻线。宽 33、高 10.5、厚 11 厘米（彩版四二三，2）。

标本 1992 窟前采：0526，一龛坐佛局部。龛内坐佛存头部及上身，着通肩衣。龛形毁损。宽 13、高 8、厚 13 厘米（彩版四二三，3）。

标本 1992 窟前采：0534，一龛坐佛局部。上层右龛存坐佛大半身，着通肩衣。左柱宽 2.5 厘米。下方有两龛楣拱局部，拱高 3.5 厘米。宽 15、高 16、厚 6 厘米（彩版四二三，4）。

标本 1992 窟前采：0535+0548，一龛坐佛局部。龛内坐佛高 13.5 厘米，龛深 3 厘米，左侧柱宽 2.5 厘米。下层可见两楣拱。宽 17、高 23、厚 7 厘米（彩版四二三，5）。

标本 1992 窟前采：0569，一龛坐佛局部。可见坐佛上身，着通肩衣。面有五官。宽 7.5、高 11、厚 6 厘米（彩版四二三，6）。

标本 1992 窟前采：0599，一龛坐佛局部。左侧龛楣拱存在较多。右侧龛内坐佛存大部身躯，着通肩衣。柱宽3厘米。下层可见两龛楣拱局部，拱高3厘米。宽28、高22、厚4厘米（彩版四二四，1）。

标本1992窟前采：0716，三龛坐佛局部。中间龛内坐佛存大部分，坐佛头部丰满，有五官，着通肩衣。龛宽9.5厘米，拱楣宽12.5厘米，拱高3.5厘米，楣面下沿有"人"字形阴刻线，龛深3厘米，两侧柱宽3.5厘米。左右两侧龛存拱楣大半，下沿均有"人"字形阴刻线。宽34、高20、厚15厘米（彩版四二四，2）。

标本2007窟前采：0743，五龛坐佛局部。上下层错缝排列，上层三龛，坐佛存下身不等。下层两龛，坐佛存头胸部，着通肩衣，楣拱高3厘米。龛像存于右侧，左侧大面积崩毁。宽93、高30、厚24厘米（彩版四二四，3）。

标本1992窟前采：0748，一龛坐佛局部。龛内坐佛腿部毁损，着通肩衣。龛宽10.5厘米，柱宽3厘米。石质青灰色。宽20、高24、厚20厘米（彩版四二四，4）。

标本1992窟前采：0825，一龛坐佛局部。龛内坐佛存上身大部，面瘦，着通肩衣。宽24、高16、厚9厘米（彩版四二四，5）。

标本1992窟前采：0827，两龛坐佛局部。残存坐佛身躯大半，着通肩衣。中间龛柱宽2.5厘米。宽18、高9、厚5厘米（彩版四二四，6）。

标本2007窟前采：0861，三龛坐佛局部。中龛坐佛着通肩衣，佛高15厘米，面部有五官。龛宽11厘米，柱宽2.5厘米。下边残存下层楣拱高4厘米，拱下沿有"人"字形阴刻线。宽50、高25、厚17厘米（彩版四二五，1）。

标本1991窟前采：36，一龛坐佛局部及右侧龛柱，坐佛着通肩衣。宽14、高10.5、厚5.5厘米（彩版四二五，2）。

标本1991窟前采：37，一龛坐佛局部及龛楣，坐佛着通肩衣，拱高3厘米。宽13、高17、厚9厘米（彩版四二五，3）。

标本1991窟前采：38，一龛坐佛局部及右侧龛柱，坐佛着通肩衣，右侧损毁。宽17、高12、厚10厘米（彩版四二五，4）。

标本1991窟前采：40，一坐佛局部，龛形已毁，坐佛可见大部分身躯，着通肩衣，大通肩领。宽8.5、高12、厚2.5厘米（彩版四二五，5）。

标本1991窟前采：44，灰石质，一坐佛局部，龛形已毁，坐佛可见上半身，着通肩衣。宽7、高8、厚5厘米（彩版四二五，6）。

标本1991窟前采：79，仅存坐佛上半身。宽8、高9、厚2厘米（彩版四二六，1）。

标本1992窟前采：0011，三层坐佛龛局部。左侧崩毁。右侧可见三层坐佛，上层和中层可见三龛，下层一龛。佛像均着通肩衣。上层中间龛宽10.5厘米，柱宽3厘米；左柱宽3、柱宽2.5厘米，中层拱高3.5厘米。宽83、高39、厚26厘米（彩版四二六，2）。

标本2007窟前采：0013，十六龛坐佛局部。上中下三层错缝排列，上层六龛，两边坐佛存局部，中间四龛坐佛较完整。中层六龛，龛像保存完整，下层四龛，左侧两龛坐佛存头肩部，右侧两龛仅见佛头少许。坐佛均着通肩衣。龛宽9～11、高13～14厘米，柱宽2.5～3厘米，拱高3.5～4厘米。宽84.5、高57、厚21厘米（彩版四二六，3）。

标本1992窟前采：0015，六龛坐佛局部。上层五龛，坐佛均着通肩衣，龛宽10.5～11厘米，柱宽 2.3～2.5 厘米。右下角残存下层龛楣，拱高 3.5 厘米。宽 # 60、高 18、厚 33 厘米（彩版四二六，4）。

标本 1992 窟前采：0025，两龛坐佛局部。龛形崩毁，龛内坐佛可见大部分身躯，着通肩衣。宽 26、高 7、厚 24 厘米（彩版四二六，5）。

标本 1992 窟前采：0027，并排三龛坐佛局部。龛宽 10.5～11 厘米，柱宽 2.7～3.2 厘米，坐佛均着通肩衣。宽 46、高 10、厚 51 厘米（彩版四二六，6）。

标本 1992 窟前采：0028，七龛坐佛局部。上中下三层错缝排列，上层并排三龛，中、下层各两龛。坐佛均着通肩衣，头部占比较小。中层左龛较完整，龛宽 11.5 厘米，龛高 17 厘米，龛柱宽 3～3.5 厘米，楣拱宽 15 厘米，拱高 3 厘米，龛深 3 厘米。宽 40、高 50、厚 35 厘米（彩版四二七，1）。

标本 1992 窟前采：0033，五龛坐佛局部。上下层错缝排列。左侧崩毁，右侧可见上下两层龛，上层中龛坐佛较完整，身着通肩衣，坐佛高 14.7、宽 10.5 厘米。龛柱宽 2.5～3 厘米，拱高 3 厘米。宽 69、高 30、厚 34 厘米（彩版四二七，2）。

标本 1992 窟前采：0034，三龛坐佛局部。龛形均毁，龛内坐佛着通肩衣，左柱宽 2.5、柱宽 4 厘米。宽 45、高 7、厚 32 厘米（彩版四二七，3）。

标本 1992 窟前采：0036，九龛坐佛局部。上下层错缝排列，右下部崩毁。上层可见五龛，下层可见四龛。坐佛着通肩衣。龛口宽 10.5～11 厘米，柱宽 2.5～3.5 厘米，拱高 3 厘米。宽 70、高 35、厚 38 厘米（彩版四二七，4）。

标本 1992 窟前采：0052，八龛坐佛局部。上中下三层错缝排列。上层仅见坐佛腿部少许。中层六龛，坐佛着通肩衣。龛口宽 10.5 厘米，柱宽 2.7～3.5 厘米，龛深 3 厘米。下层三龛，可见楣拱、佛头。右下角拱楣宽 13、高 3.5 厘米。宽 100、高 19、厚 25 厘米（彩版四二七，5）。

标本 1992 窟前采：0065，九龛坐佛局部。上下层错缝排列。上层可见四龛，下层可见五龛。坐佛着通肩衣。宽 88、高 25、厚 40 厘米（彩版四二七，6）。

标本 1992 窟前采：0074，七龛坐佛局部。上下层错位，上层可见四龛，坐佛着通肩衣。下层可见三龛坐佛局部。右侧略向后转。宽 55、高 20、厚 60 厘米（彩版四二八，1）。

标本 1992 窟前采：0075，两龛坐佛局部。左龛内坐佛着通肩衣，衣领较宽，下缘略尖。龛宽 10.5 厘米，中间龛柱宽 3 厘米。石质青灰、酥松。宽 27、高 20、厚 50 厘米（图三八三，9；彩版四二八，2）。

标本 1992 窟前采：0082，两龛坐佛局部。坐佛着通肩衣，衣领下坠。中间柱宽 3 厘米。宽 25、高 8、厚 25 厘米（彩版四二八，3）。

标本 1992 窟前采：0083，两龛坐佛局部。坐佛着通肩衣，衣领较宽。中间柱宽 2.5 厘米。宽 27、高 9、厚 16 厘米（彩版四二八，4）。

标本 1992 窟前采：0090，一龛坐佛局部及下层龛拱楣。坐佛着通肩衣。宽 8.5、高 16、厚 10 厘米（彩版四二八，5）。

标本 1992 窟前采：0093-1，三龛坐佛局部。坐佛通肩衣，面相较瘦。中间龛深 2.5 厘米，右柱宽 2.5 厘米。宽 34、高 8、厚 10 厘米（彩版四二八，6）。

标本 1992 窟前采：0093-2，三龛坐佛局部。中龛宽 11 厘米，两侧柱宽 2.5 厘米，坐佛通肩衣。宽 36、高 8、厚 10 厘米（彩版四二九，1）。

标本 1992 窟前采：0095，两龛坐佛局部。左龛坐佛着通肩衣。龛宽 10 厘米，柱宽 2.5 厘米。宽 # 25、高 13、厚 11 厘米（彩版四二九，2）。

标本 1992 窟前采：0113，六龛坐佛局部。上下两层错缝排列。上层两龛，可见坐佛腿部。下层可见四龛坐佛，均着通肩衣。龛楣宽 11.5、高 3.5 厘米；龛口宽 9.5 厘米，龛柱宽 2 ～ 2.5 厘米。右侧两龛佛像较完整，佛高 13 厘米，面相较瘦。右下有下层楣拱残存。右侧两龛石质红色。宽 52、高 20、厚 24 厘米（彩版四二九，3）。

标本 1992 窟前采：0130，四龛坐佛局部。左侧崩毁，右侧上下两层各两龛，坐佛均着通肩衣，上层右龛宽 10 厘米，左龛柱宽 2 厘米，龛外右侧为未雕刻面。下层右龛拱楣宽 12 厘米，龛宽 10 厘米，拱高 3 厘米，龛深 2 厘米。宽 60、高 32、厚 17 厘米（彩版四二九，4）。

标本 1992 窟前采：0134，四龛坐佛局部。上层龛内坐佛存腿部少许。下层两龛内坐佛存上身大部，坐佛通肩衣。柱宽 2.5 厘米，拱高 4 厘米，龛深 2 厘米。右侧龛内坐佛可见少许。宽 31、高 21、厚 7 厘米（彩版四二九，5）。

标本 1992 窟前采：0142，一龛坐佛局部。龛形已失，龛内坐佛着通肩衣。下边有下层拱楣局部。宽 16、高 16、厚 10 厘米（彩版四二九，6）。

标本 1992 窟前采：0143，两龛坐佛局部。坐佛通肩衣。中间柱宽 2.5、右龛拱高 4 厘米。佛像面瘦。宽 20、高 22、厚 7 厘米（彩版四三〇，1）。

标本 1992 窟前采：0144，两龛坐佛局部。左龛坐佛可见头部以下身躯，佛像着通肩衣。右龛上部缺失，坐佛只见腿部。宽 34、高 20、厚 11 厘米（彩版四三〇，2）。

标本 1992 窟前采：0153，四龛坐佛局部。左起第 1 龛拱高 3.5 厘米；第 2、3、4 龛间柱柱宽 1.8 厘米；第 1、2 龛龛深 2 厘米；坐佛着通肩衣。右下角有下层拱楣。宽 50、高 13、厚 44 厘米（彩版四三〇，3）。

标本 1992 窟前采：0156，八龛坐佛局部，上层仅见四龛坐佛腿部。下层五龛坐佛局部，坐佛着通肩衣，领口大小不一。龛宽 10 厘米，柱宽 2.5 厘米，拱高 2 ～ 3 厘米。右侧坐佛较完整，佛高 14 厘米。右下角有下层楣拱局部。宽 # 60、高 22、厚 50 厘米（彩版四三〇，4）。

标本 1992 窟前采：0159，三龛坐佛局部。表面略呈弧面，龛内坐佛着通肩衣，领口有坠感，胸前竖纹倾斜。左龛宽 9.5 厘米，中龛宽 10 厘米，中龛左柱宽 3、柱宽 2.5 厘米。石质红色。宽 38、高 14、厚 16 厘米（彩版四三〇，5）。

标本 1992 窟前采：0162，三龛坐佛局部。坐佛着通肩衣。龛宽 9 ～ 10.5 厘米，柱宽 2.5 厘米。宽 45、高 11、厚 29 厘米（彩版四三〇，6）。

标本 1992 窟前采：0167，两龛坐佛局部。龛内坐佛均着通肩衣。左龛宽 10、龛宽 10.5 厘米，中间柱宽 3 厘米。左侧崩毁较多。宽 70、高 11、厚 32 厘米（彩版四三一，1）。

标本 1992 窟前采：0200，一龛坐佛局部。坐佛着通肩衣。龛宽 8.5 厘米。龛外左侧有较宽平面，略有凿痕。宽 # 20、高 8、厚 20 厘米（彩版四三一，2）。

标本 1992 窟前采：0201，两龛坐佛局部。坐佛着通肩衣。中间柱宽 4 厘米。宽 21、高 17、厚 9 厘米（彩版四三一，3）。

标本 1992 窟前采：0202，两龛坐佛局部。中间柱宽 2.5 厘米，左龛坐佛可见头胸部。右龛坐佛只存胸部，着通肩衣。宽 23、高 12、厚 11 厘米（彩版四三一，4）。

标本 1992 窟前采：0221，两龛坐佛局部。坐佛通肩衣，龛宽 10.5 厘米，柱宽 3 厘米。宽 # 30、高 10、厚 41 厘米（彩版四三一，5）。

标本 1992 窟前采：0225，六龛坐佛局部。上下层错缝，各三龛。上层可见龛内坐佛下半身。下层可见坐佛上半身，坐佛着通肩衣。宽 48、高 20、厚 60 厘米（彩版四三一，6）。

标本 1992 窟前采：0226，三龛坐佛局部。坐佛着通肩衣。中间龛宽 9.5 厘米，龛柱宽 3 厘米。下层残存拱楣，拱高 3 厘米。宽 34、高 28、厚 25 厘米（彩版四三二，1）。

标本 1992 窟前采：0233，七龛坐佛局部。左起第 1 龛内可见坐佛头部少许，第 3 龛内坐佛相对完整，第 6、7 龛雕刻面向后转折。龛宽 9 厘米，第 3 龛高 14 厘米，柱宽 2.5 ～ 3 厘米。坐佛均着通肩衣。龛下壁面无雕刻。宽 83、高 18、厚 43 厘米（彩版四三二，2）。

标本 1992 窟前采：0236，四龛坐佛局部。上下层错缝排列。上层三龛，右侧两龛较完整，坐佛着通肩衣，高 14.5、宽 10 厘米，龛深 3 厘米，楣拱高 2 厘米。头部较小。下层右侧龛内可见佛头局部。右侧崩毁面较大。宽 50、高 35、厚 35 厘米（彩版四三二，3）。

标本 1992 窟前采：0239，三龛坐佛局部。坐佛通肩衣。龛宽 9 厘米，柱宽 3 厘米。宽 40、高 12、厚 48 厘米（彩版四三二，4）。

标本 1992 窟前采：0240，两龛坐佛局部。左侧大部分崩毁，右侧可见两龛，龛内坐佛着通肩衣。左龛宽 9.5 厘米，其右柱宽 3.5 厘米。宽 73、高 21、厚 25 厘米（彩版四三二，5）。

标本 1992 窟前采：0252，五龛坐佛局部。上下层错缝排列，上层三龛坐佛着通肩衣，龛宽 10.5 厘米，柱宽 3 厘米。下层有两龛内坐佛存头部，中间拱楣宽 14 厘米，拱高 3 ～ 3.5 厘米。宽 50、高 18、厚 14 厘米（彩版四三二，6）。

标本 1992 窟前采：0257，三龛坐佛局部。上下层错缝排列，上层两龛，左龛坐佛着通肩衣，右柱宽 2.7 厘米。下层一龛可见坐佛头部，拱高 3 厘米，龛深 3 厘米。表面红。宽 17、高 20、厚 25 厘米（彩版四三三，1）。

标本 1992 窟前采：0260，三龛坐佛局部。坐佛着通肩衣。中龛宽 11.5 厘米，两龛柱宽 3 厘米。下边有两拱楣，右侧崩毁较多。宽 50、高 # 15、厚 14 厘米（彩版四三三，2）。

标本 1992 窟前采：0266，一龛坐佛局部。坐佛存身躯，着通肩衣，衣领口窄边，异于其他同类。右侧面较平，有石花凿痕。龛宽 9.5 厘米，右侧面有取平痕迹。宽 17、高 16、厚 12 厘米（图三八四，1；彩版四三三，3）。

标本 1992 窟前采：0275，四龛坐佛局部。三龛坐佛头部损毁，身躯可见着通肩衣，衣领口细窄，最右龛内仅见坐佛左膝。佛龛下方有较高素面，无雕刻。其他面平齐。龛宽 10.5 ～ 11 厘米，柱宽 3 ～ 3.5 厘米。宽 44、高 19、厚 18 厘米（彩版四三三，4）。

标本 1992 窟前采：0280，三龛坐佛局部。坐佛着通肩衣，衣领口略窄，存全身至半身不等。中龛宽 11 厘米，柱宽 3 厘米，龛入深较浅。顶面、右侧面、底面有石花凿痕。宽 33、高 18、厚 13 厘米（彩版四三三，5）。

标本 1992 窟前采：0281，两龛坐佛局部。左侧崩毁。右侧上层可见一龛坐佛少许。下层可见两龛，坐佛可见上半身，着通肩衣，中间龛柱宽 3 厘米。宽 40、高 17、厚 13 厘米（彩版四三三，6）。

标本 1992 窟前采：0284，三龛坐佛局部。坐佛着通肩衣，中间龛口宽 11.5 厘米，龛柱宽 2.5 厘米。左下有下层拱楣局部。宽 39、高 18、厚 37 厘米（彩版四三四，1）。

　　标本1992窟前采：0285，两龛坐佛局部。坐佛着通肩衣，领口窄。下部有较宽素面。左龛宽10厘米，柱宽3厘米。宽25、高18、厚10厘米（彩版四三四，2）。

　　标本1992窟前采：0287，七龛坐佛局部。上下层错缝。上层三龛，可见坐佛双臂及腿部。下层四龛，龛内坐佛可见头部以及上半身，着通肩衣。龛宽10.5～11厘米，柱宽2.7～3厘米，拱高3厘米。宽70、高16、厚58厘米（彩版四三四，3）。

　　标本1992窟前采：0292，四龛坐佛局部。左三龛坐佛存大半身，着通肩衣，圆领较宽，有坠感。拱楣宽13.5～14厘米，龛宽11.5厘米，柱宽2.5厘米，龛深2.5厘米。最右龛存龛像少许。宽54、高15、厚25厘米（彩版四三四，4）。

　　标本1992窟前采：0294，两龛坐佛局部。左龛存坐佛右半，右龛存坐佛大部，坐佛着通肩衣。左侧龛柱宽2.5厘米。下层可见两个拱楣局部。左侧面及底面有凿痕。宽#18、高16、厚16厘米（彩版四三四，5）。

　　标本1992窟前采：0296，四龛坐佛局部。坐佛存头肩及上身大部，着通肩衣。佛宽10.5厘米。宽60、高18、厚31厘米（彩版四三四，6）。

　　标本1992窟前采：0301，两龛坐佛局部。并排两龛内坐佛着通肩衣。上边沿可见上层坐佛龛局部。宽25、高21、厚13厘米（图三八四，2；彩版四三五，1）。

　　标本1992窟前采：0306，五龛坐佛局部。上下层错缝排列，上层三龛，龛内坐佛存下半身，中间坐佛龛宽11厘米，柱宽2.5～2.7厘米。下层两龛，左龛坐佛仅见头部。右龛坐佛存大部分，坐佛通肩衣，领口有下坠感，龛宽11厘米，柱宽2.5～3厘米，龛深3厘米。宽34、高25、厚10厘米（彩版四三五，2）。

　　标本1992窟前采：0307，一龛坐佛局部。坐佛通肩衣。龛形损毁。宽18、高9、厚9厘米（彩版四三五，3）。

　　标本1992窟前采：0310，三龛坐佛局部。上下层，上层两龛，左龛内坐佛着通肩衣，柱宽2.7厘米。右龛仅见坐佛左臂左膝。下层可见龛楣拱及佛头部少许。宽#18、高25、厚15厘米（彩版四三五，4）。

　　标本1992窟前采：0313，七龛坐佛局部。上下层，上层四龛，中间两龛存坐佛大部。下层三龛，左龛和中龛内坐佛保存完整，坐佛着通肩衣。下边存两龛楣拱，右侧拱下可见佛头少许。宽38、高33、厚11厘米（彩版四三五，5）。

　　标本1992窟前采：0321，两龛坐佛局部。左龛损毁，坐佛仅存右臂和腿部。右龛坐佛保存完整，坐佛着通肩衣，领口窄，有坠感。龛宽11～11.5厘米，柱宽3厘米，龛高12.5厘米。宽31、高16、厚12厘米（彩版四三五，6）。

　　标本1992窟前采：0322，一龛坐佛局部。坐佛通肩衣。龛宽11厘米，右柱宽3厘米。宽21、高4、厚29厘米（彩版四三六，1）。

　　标本1992窟前采：0323，两龛坐佛局部。左龛存坐佛右半身，右龛存坐佛大部，坐佛着通肩衣。龛宽11.5厘米，柱宽2.5厘米。下边有两龛楣拱局部，左龛拱高3.5厘米。龛内可见佛头少许。宽22、高19、厚14厘米（彩版四三六，2）。

　　标本1992窟前采：0329，两龛坐佛局部。左龛存坐佛局部，右龛存坐佛大部，均着通肩衣。龛宽10.5厘米，柱宽2.5厘米。宽#26、高11、厚12厘米（彩版四三六，3）。

　　标本1992窟前采：0335，两龛坐佛局部。左龛坐佛存上身，着通肩衣。左侧崩毁面大。宽41、高 12、厚 15 厘米（彩版四三六，4）。

标本 1992 窟前采：0336，两龛坐佛局部。左龛存坐佛大部，着通肩衣。龛宽 11.5 厘米，右侧柱宽 2.5 厘米。右龛存坐佛左膝。宽 23、高 17、厚 15 厘米（彩版四三六，5）。

标本 1992 窟前采：0338，两龛坐佛局部。左龛内坐佛着通肩衣，衣领口较窄。右龛坐佛右身缺失。柱宽 3 厘米，龛高 13 厘米。顶面有凿痕。宽 21、高 18、厚 12 厘米（彩版四三六，6）。

标本 1992 窟前采：0357，一龛坐佛局部。龛内坐佛存上身大部，着通肩衣。龛宽 10.5 厘米，拱楣宽 13 厘米，龛深 2 厘米，拱高 3.5 厘米。石质细腻。宽 20、高 14、厚 20 厘米（彩版四三七，1）。

标本 1992 窟前采：0361，一龛坐佛局部。坐佛存身躯大部分，着通肩衣。宽 20、高 10、厚 21 厘米（彩版四三七，2）。

标本 1992 窟前采：0366，两龛坐佛局部。坐佛存大半身，右龛坐佛着通肩衣。中间柱宽 2.5 厘米。宽＃ 20、高 14、厚 24 厘米（彩版四三七，3）。

标本 1992 窟前采：0371，两龛坐佛局部。龛内坐佛残缺，着通肩衣。中间龛柱宽 2.7 厘米。下边右侧有下层拱楣局部，拱下有佛头痕迹，拱高 3 厘米。宽 30、高 12、厚 13 厘米（彩版四三七，4）。

标本 1992 窟前采：0391+0499，十四龛坐佛局部。上下层各七龛，错缝排列。上层可见坐佛下身，高度不等。下层保存完整，龛内坐佛着通肩衣。宽 102、高 27、厚 15 厘米（彩版四三七，5）。

标本 1992 窟前采：0392，一龛坐佛局部。左侧崩毁面大，右侧可见一龛坐佛局部，龛宽约 10.5 厘米，拱楣宽 13 厘米，拱高 3 厘米，右柱宽 2.5 厘米，龛深 2.5 厘米。宽 48、高 18、厚 25 厘米（彩版四三七，6）。

标本 1992 窟前采：0393，四龛坐佛局部。四边崩毁，中间两龛存在较多，龛深 2 厘米，坐佛着通肩衣。宽＃ 40、高 23、厚 25 厘米（彩版四三八，1）。

标本 1992 窟前采：0394，一龛坐佛局部。坐佛通肩衣。左右崩毁面大。宽＃ 11、高 17、厚 35 厘米（彩版四三八，2）。

标本 1992 窟前采：0402，四龛坐佛局部。坐佛存大部分，着通肩衣，领口细窄，下坠感强。下层可见三龛楣拱，拱楣较高。四侧面有凿痕。宽 51、高 21、厚 14 厘米（彩版四三八，3）。

标本 1992 窟前采：0404，三龛坐佛局部。左龛和中龛坐佛着通肩衣。中间龛宽 10.5 厘米。右龛只见坐佛少许。宽 37、高 10、厚 27 厘米（彩版四三八，4）。

标本 1992 窟前采：0406，三龛坐佛局部。上下层错缝排列，上层两龛，坐佛存大部分，着通肩衣。两龛宽 11 厘米，柱宽 2.7 厘米。下边可见两楣拱，拱高 3 厘米。宽 42、高 20、厚 13 厘米（彩版四三八，5）。

标本 1992 窟前采：0413，三龛坐佛局部。上下两层错缝排列。上层两龛，右龛宽 10.5 厘米，柱宽 3 厘米，坐佛通肩衣。下层可见拱楣及佛头，拱高 2.5 厘米。宽 31、高 25、厚 32 厘米（彩版四三八，6）。

标本 1992 窟前采：0414，四龛坐佛局部。中间两龛存坐佛身躯，坐佛着通肩衣，龛宽 10.5 ~ 11 厘米，柱宽 2.5 厘米。下层可见楣拱局部。宽 46、高 16、厚 31 厘米（彩版四三九，1）。

标本 1992 窟前采：0423，一龛坐佛局部。坐佛着通肩衣，左侧素面较宽，与楣拱连成一体。龛宽 9.7 厘米。右侧凿出龛位线，无雕刻。上边缘有坐佛痕迹少许。下边缘风化。宽 26、高 18、厚 18 厘米（彩版四三九，2）。

标本1992窟前采：0427，三龛坐佛局部。上中下三层错缝排列，坐佛着通肩衣。上层柱宽3厘米。中层一龛高14厘米，龛内坐佛基本完整，其右侧无雕刻。下层仅见一龛楣拱和坐佛头部。宽19、高41、厚14厘米（彩版四三九，3）。

标本1992窟前采：0434，两龛坐佛局部。龛内坐佛存大部分，着通肩衣。龛柱宽3厘米。宽25、高13、厚22厘米（彩版四四〇，1）。

标本1992窟前采：0443，转角千佛局部。上下层错缝排列。左侧面可见上下两龛内存坐佛，上龛宽9.5厘米，龛柱宽3.5厘米。下层拱宽12、高3厘米，龛深3厘米。下龛楣面下沿有"人"字形阴刻线，柱宽3厘米。右侧面上下各可见一坐佛局部，下层拱宽13、高3厘米，龛深2.5厘米。坐佛像均着通肩衣，下层左右侧佛衣略有区别。宽25、高21、厚15厘米（彩版四三九，4～6）。

标本1992窟前采：0446，一龛坐佛局部。坐佛着通肩衣，左侧柱宽3厘米。宽13、高8、厚10厘米（彩版四四〇，2）。

标本1992窟前采：0461，两龛坐佛局部。坐佛存上身局部，着通肩衣。龛柱宽3厘米。宽28、高9、厚13厘米（彩版四四〇，3）。

标本1992窟前采：0462，一龛坐佛局部。龛内坐佛着通肩衣。龛宽8厘米，右侧柱宽2.5厘米。宽14、高14、厚22厘米（彩版四四〇，4）。

标本1992窟前采：0464，一龛坐佛局部。龛内坐佛略有侧身，着通肩衣。左侧柱宽3厘米，右侧有较宽未雕刻面。石质红色。顶面有凿痕及卯口残状。宽22、高13、厚26厘米（彩版四四〇，5）。

标本1992窟前采：0479，四龛坐佛保存完整。坐佛着通肩衣，圆领口细窄。龛宽9～11厘米，龛深1.5厘米，佛高13厘米，拱高2.5厘米，柱宽3～3.5厘米。上边有上层坐佛少许。下层有五龛拱楣残存，其中有两龛内可见坐佛头部少许。宽54、高27、厚13厘米（彩版四四〇，6）。

标本1992窟前采：0481-1+0481-2，九龛坐佛局部。左侧雕刻面低于右侧。上下层错缝排列，上层四龛，存坐佛大半身，着通肩衣，左边第3龛内坐佛侧身向左，第2和第3龛之间龛柱比两边龛柱细窄，第1、2龛间楣拱尾部可见阴刻线。下层五龛，坐佛存头肩部及全身大部，坐佛着通肩衣，有五官。左侧龛楣拱面下沿有"人"字形阴刻线。龛宽9厘米，龛柱宽2～4厘米，龛拱楣宽10～13厘米，拱高3～4厘米。宽57、高38、厚30厘米（彩版四四一，1）。

标本1992窟前采：0482-1，可见两龛坐佛局部，坐佛着通肩衣，中间龛柱宽4厘米。宽＃28、高15、厚38厘米（彩版四四一，2）。

标本1992窟前采：0482-2，六龛坐佛局部。上下层错缝排列。上层三龛，可见坐佛少许。下层三龛，左侧两龛内坐佛稍大，佛高13～13.5厘米，佛宽8～9.5厘米，龛深2.5厘米；右龛龛形毁损，坐佛略小，佛高11、宽7厘米。坐佛着通肩衣，领口细窄。下层左侧有未雕刻面。宽＃60、高24、厚38厘米（彩版四四一，3）。

标本1992窟前采：0484，三龛坐佛局部。龛内坐佛存大部分，着通肩衣，龛宽9厘米，楣拱宽11～12厘米，柱宽2.7、柱宽4厘米，表面红色。上边沿可见坐佛痕迹。宽50、高19、厚4厘米（彩版四四一，4）。

标本1992窟前采：0485，一龛坐佛局部。左侧崩毁，残留一凸起，疑似拱楣角。右龛拱楣宽13厘米，拱高4厘米，龛深3厘米，坐佛通肩衣。右龛柱崩毁。宽＃25、高25、厚43厘米（彩版四四一，5）。

标本1992窟前采：0496，两龛坐佛局部。上层存一坐佛腿部，下层一龛内坐佛存大半身，着通肩衣。

龛深 2 厘米，柱宽 3.5 厘米，楣拱高 3.5 厘米。右侧存另一龛少许。宽 18、高 17、厚 10 厘米（彩版四四一，6）。

标本 1992 窟前采：0520，上下两层坐佛局部，上层三龛中间龛宽 10.5 厘米，两侧柱宽 3 厘米，龛深 3 厘米，坐佛通肩衣，下层三龛局部，中间龛拱楣宽 13 厘米，拱高 3.5 厘米，龛深 2.5 厘米。宽 37、高 20、厚 49 厘米（彩版四四二，1）。

标本 1992 窟前采：0529+0530，三龛坐佛局部，左侧龛内坐佛存头肩部。楣拱宽 13 厘米，拱高 3 厘米，龛深 2.5 厘米。中间龛坐佛存头胸部，着通肩衣，右龛柱宽 3 厘米。最右侧佛龛仅存少许。宽 35、高 10、厚 9 厘米（彩版四四二，2）。

标本 1992 窟前采：0546+0597，三层五龛坐佛，着通肩衣，上下层错缝排列。中间层左侧坐佛高 13.5 厘米，龛深 2.5 厘米，左侧柱宽 2.5 厘米。宽 24、高 35、厚 5 厘米（彩版四四二，3）。

标本 1992 窟前采：0547，两龛坐佛局部。左龛坐佛存上半身，着通肩衣，右龛坐佛损毁，身躯隐约可见，头部较小。中间柱有损，宽 3 厘米。宽 24、高 18、厚 5 厘米（彩版四四二，4）。

标本 1992 窟前采：0556，两龛坐佛局部。左龛可见坐佛头部少许。右龛可见坐佛上身局部，着通肩衣。宽 20、高 7、厚 7 厘米（彩版四四二，5）。

标本 1992 窟前采：0564，一龛坐佛局部。坐佛可见上身，着通肩衣。宽 10、高 9、厚 8 厘米（彩版四四二，6）。

标本 1992 窟前采：0577，一龛坐佛局部。可见坐佛大部，龛形损毁。宽 10、高 13、厚 5 厘米（彩版四四三，1）。

标本 1992 窟前采：0582，一龛坐佛局部。可见坐佛上身。石质灰褐色，质地细腻。宽 15、高 8、厚 10 厘米（彩版四四三，2）。

标本 1992 窟前采：0592，一龛坐佛局部。坐佛存右侧上身，着通肩衣。宽 7、高 10、厚 6 厘米（彩版四四三，3）。

标本 1992 窟前采：0593，一龛坐佛局部。右侧龛内坐佛存腿部以上，着通肩衣，龛深 2.5 厘米。左侧存邻龛楣拱局部。宽 18、高 14、厚 13 厘米（彩版四四三，4）。

标本 1992 窟前采：0594，两龛坐佛局部。龛内坐佛存头胸部，着通肩衣。中间柱宽约 4 厘米。石质红色。宽 20、高 12、厚 7 厘米（彩版四四三，5）。

标本 1992 窟前采：0595，一龛坐佛局部。左侧可见一身坐佛，着通肩衣。右侧崩毁面较大。宽 20、高 16、厚 3.5 厘米（彩版四四三，6）。

标本 1992 窟前采：0604，两龛坐佛局部。龛内坐佛存胸部及左臂，右侧柱宽 2.5 厘米。宽 # 17、高 5、厚 13 厘米（彩版四四四，1）。

标本 1992 窟前采：0625，一龛坐佛局部。可见坐佛上半身及左侧龛柱，坐佛着通肩衣。宽 10、高 9、厚 4 厘米（彩版四四四，2）。

标本 1992 窟前采：0630，一龛坐佛局部。可见坐佛上半身及左龛柱。坐佛着通肩衣。宽 11、高 8、厚 3.5 厘米（彩版四四四，3）。

标本 1992 窟前采：0631，一龛坐佛局部。可见坐佛大半身及左侧龛柱，坐佛着通肩衣。宽 12、高 8、厚 9 厘米（彩版四四四，4）。

标本 1992 窟前采：0641，一龛坐佛局部。可见坐佛上身，着通肩衣，领口尖状。宽 8、高 7、厚 5 厘米（彩版四四四，5）。

标本 1992 窟前采:0685，三龛坐佛局部。上下层错缝排列，上层两龛，坐佛着通肩衣。左龛宽 9.5、高 14、侧柱宽 3 厘米。下层龛内坐佛仅见痕迹，残留楣拱宽 12、高 4.5 厘米。宽 39、高 32、厚 20 厘米（彩版四四四，6）。

标本 1992 窟前采:0689，一龛坐佛局部。龛内坐佛存上身，着通肩衣。楣拱高 4 厘米。宽 # 25、高 18、厚 10 厘米（彩版四四五，1）。

标本 1992 窟前采:0697，一龛坐佛局部。坐佛存上身大部，着通肩衣。左柱宽 3 厘米。石质青灰酥松。宽 # 17、高 14、厚 27 厘米（彩版四四五，2）。

标本 1992 窟前采:0746，十一龛坐佛局部。上中下三层错缝排列，上层四龛坐佛存下身大部。中层四龛，左龛坐佛存半身，右侧三龛保存完整，坐佛着通肩衣。下层三龛坐佛存头肩部。宽 100、高 43、厚 47 厘米（彩版四四五，3）。

标本 1992 窟前采:0747，十六龛坐佛局部。上中下三层，上层四龛，有三龛存坐佛大部分身躯龛宽 10 厘米，柱宽 3 厘米。中层六龛，龛像保存完整，坐佛着通肩衣，龛宽 9.5~10 厘米，柱宽 2.5~3 厘米，楣拱宽 12~13 厘米，拱高 3.5~4 厘米，龛深 2.5 厘米。下层六龛坐佛存大部分。宽 90、高 50、厚 40 厘米（彩版四四五，4）。

标本 1992 窟前采:0760，四龛坐佛局部，上下层错缝排列。中间两龛龛柱宽 2.5 厘米，龛楣拱高 4.5 厘米，龛深 1.5 厘米。宽 32、高 22、厚 7 厘米（彩版四四五，5）。

标本 1992 窟前采:0796，四龛坐佛局部。上下两层，各两龛坐佛，保存完整，着通肩衣。上层右龛宽 9.5 厘米，左柱宽 1.8、柱宽 3.5 厘米，佛高 14 厘米。下层右龛楣拱高 3 厘米。左侧面平齐。宽 29、高 41、厚 15 厘米（彩版四四五，6）。

标本 1992 窟前采:0804，四龛坐佛局部。坐佛存上身局部，左侧表面崩毁，右侧两坐佛着通肩衣。龛柱全毁。宽 68、高 8、厚 44 厘米（彩版四四六，1）。

标本 1992 窟前采:0834，两龛坐佛局部。中间龛坐佛存大半身，着通肩衣。楣拱宽 11.5、高 4 厘米，龛宽 9.5 厘米，龛深 2 厘米，左侧柱宽 3.5 厘米。顶面及左侧面有不规则石花凿痕。宽 31、高 14、厚 20 厘米（彩版四四六，2）。

标本 1992 窟前采:0835，两龛坐佛局部。龛内坐佛存大半身，着通肩衣。龛宽 10 厘米，中间柱宽 3 厘米，左龛左边有 1.5 厘米宽边，再左侧崩毁。左、右、下面有石花凿痕，线距 3~3.5 厘米，后面有戳点。宽 38、高 18、厚 20 厘米（彩版四四六，3）。

标本 1992 窟前采:0848，一龛坐佛局部。坐佛存上身，着通肩衣。右边龛柱宽 3 厘米。石质红色。宽 18、高 10、厚 20 厘米（彩版四四六，4）。

标本 1992 窟前采:0849，两龛坐佛局部。左侧崩毁。右侧两龛内坐佛存大半身，龛宽 9.5 厘米，柱宽 3 厘米。两佛均着通肩衣。宽 55、高 17、厚 12 厘米（彩版四四六，5）。

标本 1992 窟前采:0855，两龛坐佛局部。左龛坐佛存大部分，右龛存左身局部，坐佛着通肩衣。龛宽 10.5 厘米，两侧柱宽 2.5~3 厘米。宽 # 27、高 9、厚 16 厘米（彩版四四六，6）。

标本 1992 窟前采:0858，四龛坐佛局部。上下两层错缝排列。上层两龛可见佛身大半，着通肩衣。下层右侧龛楣拱高 3 厘米，左侧崩毁。宽 28、高 25、厚 67 厘米（彩版四四七，1）。

标本 1992 窟前采:0859，可见两龛坐佛局部，右龛损毁较多，只剩佛身下部，中间龛柱 2 厘米。

宽 29、高 12、厚 35 厘米（彩版四四七，2）。

标本 1992 窟前采：0863，一龛坐佛，佛宽 8.5、高 12.5 厘米，着通肩衣。龛柱宽 2.5 厘米。宽 18、高 19、厚 13 厘米（图三八四，3；彩版四四七，3）。

标本 1992 窟前采：0866，可见坐佛身躯，着通肩衣。宽 10、高 13、厚 10 厘米（彩版四四七，4）。

标本 1992 窟前采：0869，四龛坐佛局部。上下两层错缝排列，上层左龛宽 10 厘米，柱宽 3.5 厘米，下层楣拱宽 14 厘米，拱高 4 厘米，龛深 2.5 厘米，柱宽 3 厘米，坐佛均着通肩衣。宽 # 29、高 21、厚 16 厘米（彩版四四七，5）。

标本 1992 窟前采：0872，一龛坐佛局部，龛左有宽约 1 厘米的抛光面。宽 19、高 12、厚 13 厘米（彩版四四七，6）。

标本 1992 窟前采：0901，坐佛身躯。宽 7、高 8、厚 2 厘米（彩版四四八，1）。

标本 1992 窟前采：0902，坐佛身躯。宽 7、高 6、厚 2 厘米（彩版四四八，2）。

标本 1992 窟前采：0907，坐佛身躯。宽 8、高 7、厚 1.5 厘米（彩版四四八，3）。

标本 1992 窟前采：0909，坐佛身躯。宽 7.5、高 6、厚 1 厘米（彩版四四八，4）。

标本 1992 窟前采：0913，坐佛身躯。宽 6.5、高 6.5、厚 2 厘米（彩版四四八，5）。

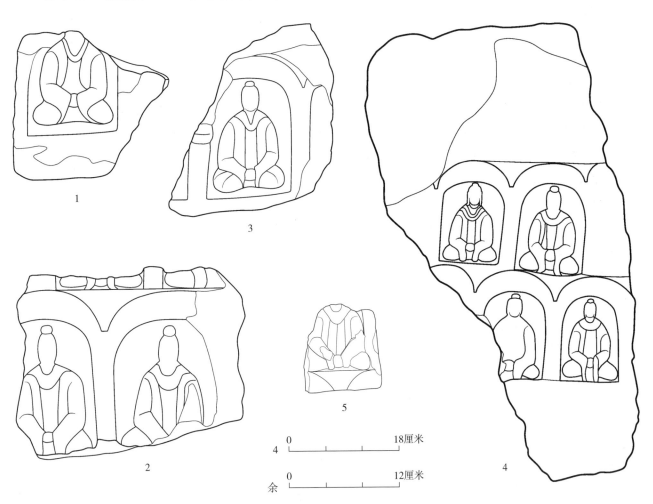

图三八四　第 14 ～ 20 窟前地层出土、采集北魏时期通肩类石雕千佛
1 ～ 5.1992 窟前采：0266、0301、0863、0068、1992T507 ③ A：8

标本 1992 窟前采：0914，坐佛身躯。宽 6.5、高 8、厚 2 厘米（彩版四四八，6）。

标本 1992 窟前采：0918，坐佛身躯。宽 8、高 9、厚 2 厘米（彩版四四九，1）。

标本 1992 窟前采：0920，坐佛身躯。宽 7、高 7.5、厚 2 厘米（彩版四四九，2）。

标本 1992 窟前采：0921，坐佛身躯。宽 7.5、高 7、厚 1.5 厘米（彩版四四九，3）。

标本 1992 窟前采：0922，坐佛身躯。宽 6、高 6、厚 2 厘米（彩版四四九，4）。

标本 1992 窟前采：0924，坐佛身躯。宽 6、高 7、厚 1.5 厘米（彩版四四九，5）。

标本 1992 窟前采：0925，坐佛身躯。宽 7、高 4、厚 1.5 厘米（彩版四四九，6）。

标本 1992 窟前采：0926，坐佛身躯。宽 8、高 6、厚 2 厘米（彩版四五〇，1）。

标本 1992 窟前采：1124，三龛坐佛局部，坐佛着通肩衣，左龛柱宽 3、龛柱宽 4 厘米。宽 33、高 9、厚 10 厘米（彩版四五〇，2）。

标本 1992 窟前采：0068，四龛坐佛。上下层错缝排列，上下各存两龛，有三龛完整。坐佛着通肩衣。四龛上下留有较大空地。上层龛宽 9.5～10 厘米，佛高 12～13 厘米，柱宽 2.5 厘米。下层左龛宽 9 厘米，佛高 12.5 厘米，柱宽 3 厘米，拱高 3 厘米。宽 40、高 70、厚 23 厘米（图三八四，4；彩版四五〇，3）。

标本 1992 窟前采：0303，五龛坐佛局部。上下层错缝排列，上层两龛，右龛宽 10.5 厘米，中间柱宽 3 厘米，坐佛着通肩衣。下层三龛局部，崩毁严重。宽 # 38、高 24、厚 17 厘米（彩版四五〇，4）。

标本 1992 窟前采：0757，十三龛坐佛局部。上中下层错缝排列，上两层各六龛，下层损毁严重，可见一龛内佛头少许。坐佛均着通肩衣。左侧略有转折。宽 74、高 43、厚 20 厘米（彩版四五〇，5）。

标本 1992 窟前采：0019，七龛坐佛局部。上下两层错缝排列，上层四龛，坐佛着通肩衣，下层三龛，仅可见楣拱及龛内坐佛头部。宽 # 41、高 15、厚 44 厘米（彩版四五一，1）。

标本 1992 窟前采：0031，三龛坐佛局部，坐佛着通肩衣。中间柱宽 2.5 厘米。宽 # 40、高 10、厚 49 厘米（彩版四五一，2）。

标本 1992 窟前采：0064，六龛坐佛局部。上中下三层错缝排列，每层可见两龛，坐佛均着通肩衣。中层左龛佛高 14 厘米，柱宽 2.5～3 厘米，拱高 3 厘米，龛深 3.5 厘米。右侧崩毁。宽 # 26、高 46、厚 40 厘米（彩版四五一，3）。

标本 1992 窟前采：0131，一龛坐佛局部。坐佛着通肩衣。宽 16.5、高 8、厚 27 厘米（彩版四五一，4）。

标本 1992 窟前采：0138，四龛坐佛局部。左侧崩毁，右侧上下层各两龛，上层可见坐佛大半身，坐佛着通肩衣，左龛宽 11 厘米，柱宽 3 厘米。下层可见坐佛头胸部，拱高 3.5 厘米，龛深 3 厘米。宽 38、高 22、厚 20 厘米（彩版四五一，5）。

标本 1992 窟前采：0183，三龛坐佛局部，坐佛通肩衣。中间龛宽 9.5 厘米，左右柱宽 4 厘米。宽 48、高 13、厚 24 厘米（彩版四五一，6）。

标本 1992 窟前采：0184，两龛坐佛局部，坐佛着通肩衣。龛宽 9.5～10 厘米，中间柱宽 3.5 厘米。宽 43、高 10、厚 30 厘米（彩版四五二，1）。

标本 1992 窟前采：0190，三龛坐佛局部，坐佛着通肩衣。中间龛宽 10 厘米，柱宽 2.7 厘米。宽 40、高 8、厚 26 厘米（彩版四五二，2）。

标本 1992 窟前采：0206，两龛坐佛局部，毁损严重，仅存胸部。宽 32、高 # 6、厚 22 厘米（彩版四五二，3）。

标本1992窟前采：0212，五龛坐佛局部。上下层错缝排列，上层三龛，坐佛通肩衣，龛宽9.5厘米，中间柱宽3厘米。下层中间拱楣宽约12.5厘米，拱高4厘米，龛深2.5厘米，柱宽3厘米。宽40、高20、厚17厘米（彩版四五二，4）。

标本1992窟前采：0218，两龛坐佛局部。坐佛着通肩衣，龛宽9.5～10厘米，中间柱宽3厘米。下边有下层拱楣局部。宽#35、高19、厚30厘米（彩版四五二，5）。

标本1992窟前采：0219，五龛坐佛局部。上下层错缝排列，上层可见三龛，坐佛仅存腿部，中间龛宽11厘米，柱宽2.7厘米。下层可见两龛，佛像着通肩衣。龛楣宽13.5、高4厘米，龛深2.5厘米。宽#31、高18、厚30厘米（彩版四五二，6）。

标本1992窟前采：0244，一龛坐佛局部。坐佛可见大半身，龛形毁损严重。宽19、宽13、厚19厘米（彩版四五三，1）。

标本1992窟前采：0326，两龛坐佛局部。龛内坐佛存胸部以下，着通肩衣，中间柱宽3.5厘米。下边有下层楣拱局部。宽23、高14、厚19厘米（彩版四五三，2）。

标本1992窟前采：0349，两龛坐佛局部。左龛崩毁严重。右龛内存坐佛身躯，着通肩衣。龛宽10.5厘米，龛柱宽3厘米。顶面断裂平整。宽31、高9、厚15厘米（彩版四五三，3）。

标本1992窟前采：0369，两龛坐佛局部。坐佛存肩部以下。左侧柱宽2厘米。石质青灰、细腻。宽#13、高7、厚26厘米（彩版四五三，4）。

标本1992窟前采：0370，一龛坐佛局部。坐佛存下半身。龛宽约9.5厘米，左柱宽2厘米。下方残存两个拱楣局部。宽22、高11、厚6厘米（彩版四五三，5）。

标本1992窟前采：0384，两龛坐佛局部。坐佛存身躯大部，着通肩衣。右龛宽约10厘米，中间柱宽2.5厘米。宽27、高8、厚9厘米（彩版四五三，6）。

标本1992窟前采：0416，两龛坐佛局部。上下层错缝排列，上层左龛造像不明，右侧存坐佛局部，风化严重，坐佛着通肩衣，下层一龛拱楣下有佛头局部，两侧有楣拱局部。宽26、高16、厚31厘米（彩版四五四，1）。

标本1992窟前采：0420，两龛坐佛局部。坐佛存少许，可见右龛坐佛着通肩衣。宽35、高#7、厚14厘米（彩版四五四，2）。

标本1992窟前采：0450，一龛坐佛局部。坐佛存下半身。宽13、高9.5、厚3厘米（彩版四五四，3）。

标本1992窟前采：0476，七龛坐佛局部。上下层错缝排列。上层四龛，坐佛存下半身，龛宽9.5厘米，左柱宽4、柱宽3.5厘米。下层三龛，坐佛存上半身，楣拱宽11厘米，拱高3厘米。宽44、高16、厚8厘米（彩版四五四，4）。

标本1992窟前采：0492，两龛坐佛局部。中间柱宽3厘米。宽32、高10、厚20厘米（彩版四五四，5）。

标本1992窟前采：0494，五龛坐佛局部。上下层错缝，上层三龛，坐佛存下身局部，中间龛宽10厘米，左柱宽2厘米。下层两龛，龛内可见佛头少许，中间龛拱楣宽12厘米，拱高3厘米；右龛向后转折，拱高3厘米。宽40、高12、厚60厘米（彩版四五四，6）。

标本1992窟前采：0507，两龛坐佛局部，着通肩衣，右柱宽2.5厘米。宽25、高7、厚24厘米（彩版四五五，1）。

标本 1992 窟前采：0544，一龛坐佛局部。可见坐佛下身少许。宽 10、高 8、厚 6 厘米（彩版四五五，2）。

标本 1992 窟前采：0550，三龛坐佛局部。上层一龛内存坐佛胸部以下。下层可见两龛楣拱局部。上下面有凿痕。宽 16、高 15、厚 9 厘米（彩版四五五，3）。

标本 1992 窟前采：0571，一龛坐佛局部。可见坐佛上身，着通肩衣。宽 8、高 9、厚 3.5 厘米（彩版四五五，4）。

标本 1992 窟前采：0660，一龛坐佛局部。可见一坐佛身躯及左侧龛柱，柱宽 3.5 厘米。石质灰黑酥松。宽 15、高 9、厚 12 厘米（彩版四五五，5）。

标本 1992 窟前采：0703，转角千佛龛。右侧面，两龛坐佛局部。上下层错缝。上层龛内存坐佛局部，中间柱宽 3 厘米。下层一龛内佛头有五官。拱楣高 4 厘米，楣面下沿有"人"字形阴刻线，龛深 3.5 厘米。左侧面三龛局部，上层两龛存坐佛下半身，中间柱宽 3 厘米，下层残留楣拱局部，有人形阴刻线。可与 1992T503 ③ A：2 拼接。宽 26、高 16、厚 16 厘米（彩版四五六，1～3）。

标本 1992 窟前采：0714，一龛坐佛局部。坐佛存大部，龛宽 10 厘米。宽 15、高 10、厚 25 厘米（彩版四五五，6）。

标本 1992 窟前采：0756，仅有坐佛局部。宽 12、高 20、厚 9 厘米（彩版四五六，4）。

标本 1992 窟前采：0824，一龛坐佛局部。可见坐佛手臂。宽 9、高 8、厚 6 厘米（彩版四五六，5）。

标本 1992 窟前采：0836，两龛坐佛局部。坐佛存双臂和腿部。左龛宽约 9、侧柱宽 3 厘米。宽 24、高 8、厚 10 厘米（彩版四五六，6）。

Bc 型　73 件，三竖。圆领口下中间三条竖线，腋下竖线不与领口相交。

出土遗物　39 件。

标本 1992T105 ②：30，一坐佛胸部通肩衣纹。宽 5、高 5.5、厚 1 厘米（彩版四五七，1）。

标本 1992T407 ③ A：8，三龛坐佛局部。坐佛均着通肩衣。中间龛宽 10、高 14.5 厘米。右龛宽 10 厘米。龛柱宽 3 厘米。下层有龛楣拱痕迹，石质青灰。宽 46、高 21、厚 10 厘米（彩版四五七，2）。

标本 1992T503 ③ A：7，仅存坐佛上半身，着通肩衣。宽 7、高 6、厚 2 厘米（彩版四五七，3）。

标本 1992T503 ④ A：17，仅存坐佛上半身。宽 10、高 7、厚 2 厘米（彩版四五七，4）。

标本 1992T507 ③ A：8，一龛坐佛局部，着通肩衣。宽 8、高 9、厚 3.5 厘米（图三八四，5；彩版四五七，5）。

标本 1992T601 ③ A：10，坐佛身躯。宽 8.5、高 9、厚 1.5 厘米（图三八五，1；彩版四五七，6）。

标本 1992T601 副方④ A：2，坐佛身躯，残留金箔。宽 8、高 8、厚 1.5 厘米（彩版四五八，1）。

标本 1992T601 副方④ A：3，坐佛身躯，残留金箔。宽 8、高 8、厚 1.5 厘米（彩版四五八，2）。

标本 1992T601 副方④ A：4，坐佛身躯，残留金箔。宽 9、高 7、厚 2 厘米（彩版四五八，3）。

标本 1992T601 副方④ A：5，坐佛身躯，残留金箔。宽 8、高 7.5、厚 2 厘米（彩版四五八，4）。

标本 1992T601 副方④ A：7，坐佛身躯，残留金箔。宽 8、高 6、厚 1.5 厘米（彩版四五八，5）。

标本 1992T601 副方④ A：8，坐佛身躯，残留金箔。宽 9、高 10、厚 2 厘米（彩版四五八，6）。

标本 1992T601 副方④ A：9，坐佛身躯，残留金箔。宽 6.5、高 9、厚 1.5 厘米（彩版四五九，1）。

标本 1992T601 副方④ A：10，坐佛身躯，残留金箔。宽 6.5、高 10、厚 1.5 厘米（彩版四五九，2）。

标本 1992T601 副方④ A：11，坐佛身躯，残留金箔。宽 7.5、高 8、厚 1.5 厘米（彩版四五九，3）。

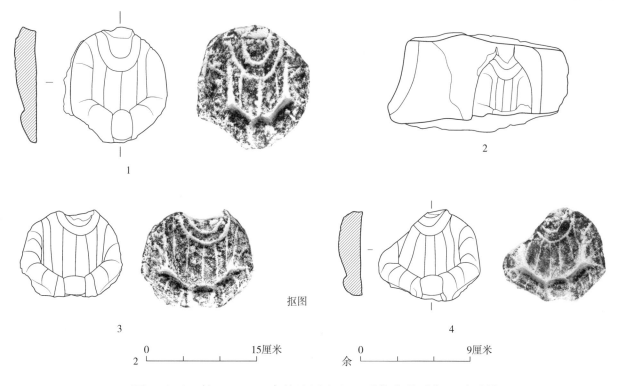

图三八五　第 14 ～ 20 窟前地层出土、采集北魏时期石雕千佛

1 ～ 4.1992T601 ③ A：10、2007 窟前采：0721、1992T602 副方④ A：20、51

标本 1992T601 副方④ A：12，坐佛身躯，残留金箔。宽 8.5、高 6、厚 1.5 厘米（彩版四五九，4）。

标本 1992T601 副方④ A：13，坐佛身躯，残留金箔。宽 8、高 9、厚 1.5 厘米（彩版四五九，5）。

标本 1992T601 副方④ A：14，坐佛身躯，残留金箔。宽 9、高 7、厚 1.5 厘米（彩版四五九，6）。

标本 1992T602 ③ A：7，可见一坐佛，着通肩衣，左龛柱宽 2.5 厘米，龛深 3 厘米。宽 27、高 19、厚 9 厘米（彩版四六〇，1）。

标本 1992T602 ③ A：8，可见一坐佛大半身，着通肩衣，石质带红色。宽 19、高 19、厚 15 厘米（彩版四六〇，2）。

标本 1992T602 ④ A：7，残留金箔。宽 8、高 8.5、厚 2 厘米（彩版四六〇，3）。

标本 1992T602 副方④ A：18，坐佛身躯，残留金箔。宽 8、高 7、厚 1 厘米（彩版四六〇，4）。

标本 1992T602 副方④ A：19，坐佛身躯，残留金箔。宽 8、高 6、厚 1.5 厘米（彩版四六〇，5）。

标本 1992T602 副方④ A：24，坐佛身躯，残留金箔。宽 7.5、高 10、厚 2 厘米（彩版四六〇，6）。

标本 1992T602 副方④ A：25，坐佛身躯，残留金箔。宽 7.5、高 4.5、厚 1.5 厘米（彩版四六一，1）。

标本 1992T602 副方④ A：26，坐佛身躯，残留金箔。宽 6、高 4、厚 1.5 厘米（彩版四六一，2）。

标本 1992T602 副方④ A：27，坐佛身躯，残留金箔。宽 6.5、高 7、厚 1.5 厘米（彩版四六一，3）。

标本 1992T602 副方④ A：28，坐佛身躯，残留金箔。宽 7、高 8.5、厚 2 厘米（彩版四六一，4）。

标本 1992T602 副方④ A：29，坐佛身躯，残留金箔。宽 6、高 7.5、厚 1.5 厘米（彩版四六一，5）。

标本 1992T602 副方④ A：34，坐佛身躯，残留金箔。宽 7、高 7.5、厚 1.5 厘米（彩版四六一，6）。

标本 1992T602 副方④ A：35，坐佛身躯，残留金箔。宽 7、高 7、厚 1.5 厘米（彩版四六二，1）。

标本 1992T602 副方④ A：36，坐佛身躯，残留金箔。宽 6、高 7.5、厚 1 厘米（彩版四六二，2）。

标本 1992T602 副方④ A：38，坐佛身躯，残留金箔。宽 8、高 8、厚 2 厘米（彩版四六二，3）。

标本 1992T602 副方④ A：41，坐佛身躯，残留金箔。宽 7、高 6、厚 5.5 厘米（彩版四六二，4）。

标本 1992T602 副方④ A：42，坐佛身躯，残留金箔。宽 7.5、高 6.5、厚 1.5 厘米（彩版四六二，5）。

标本 1992T602 副方④ A：44，坐佛身躯，残留金箔。宽 8、高 5.5、厚 1.5 厘米（彩版四六二，6）。

标本 1992T602 副方④ A：45，坐佛身躯，残留金箔。宽 7、高 7、厚 1.5 厘米（彩版四六三，1）。

标本 1992T602 副方④ A：49，坐佛身躯，残留金箔。宽 6、高 8、厚 2 厘米（彩版四六三，2）。

标本 1992T602 副方④ A：53，坐佛身躯，残留金箔。宽 7、高 7.5、厚 1.5 厘米（彩版四六三，3）。

采集遗物　34 件。

标本 1992 窟前采：0054，可见四龛，左龛坐佛完整，其余坐佛损毁。宽 71、高 18、厚 44 厘米（彩版四六三，4）。

标本 1992 窟前采：0072，三龛坐佛局部。上下层错缝排列。上层可见一龛坐佛大半身，着通肩衣，胸部衣纹为三条发散状线。左柱宽 2.3 厘米。下层两龛，仅右龛可见坐佛头部。拱高 3.5 厘米，下边缘有“人”字形阴刻线，龛深 3 厘米。石质红，表面有黑色。宽 19、高 18、厚 27 厘米（彩版四六三，5）。

标本 1992 窟前采：0089，两龛坐佛局部。坐佛着通肩衣。中间柱宽 2 厘米。下部崩毁。宽 17、高 22、厚 14 厘米（彩版四六三，6）。

标本 1992 窟前采：0102，两龛坐佛局部。坐佛着通肩衣，面相较瘦。龛宽 10、深 3 厘米。石质红色。宽 24、高 15、厚 11 厘米（彩版四六四，1）。

标本 1992 窟前采：0120，三龛坐佛局部。坐佛着通肩衣。龛宽 9～9.5 厘米，柱宽 2.3 厘米。宽 34、高 10、厚 14 厘米（彩版四六四，2）。

标本 1992 窟前采：0141，二龛坐佛局部。坐佛着通肩衣，衣领较宽大，中间柱宽 2.5 厘米，龛深 2.5 厘米。宽 20、高 10、厚 18 厘米（彩版四六四，3）。

标本 1992 窟前采：0145，三龛坐佛局部。左侧崩毁，右侧可见三龛坐佛，着通肩衣，领口较宽大。龛宽 9.5 厘米，柱宽 3 厘米。宽 45、高 8、厚 20 厘米（彩版四六四，4）。

标本 1992 窟前采：0154，一单坐佛龛局部。坐佛着通肩衣，面相较瘦。右侧有斜向凿痕。宽 24、高 20、厚 16.5 厘米（彩版四六四，5）。

标本 1992 窟前采：0170，五龛坐佛局部。上下层错缝，上层三龛，下层两龛。龛宽 9.5 厘米，柱宽 2.5 厘米。左角为一缺角，表面有凿痕，前面小洞直径约 2.5、深 3 厘米，后面小洞直径 3.5、深 4 厘米。宽 51、高 20、厚 55 厘米（彩版四六四，6）。

标本 1992 窟前采：0172，三龛坐佛局部。中间坐佛较完整，龛宽 10.5 厘米，柱宽 3 厘米。下边有下层楣拱残存。宽 29、高 18、厚 15 厘米（彩版四六五，1）。

标本 1992 窟前采：0188，一坐佛龛局部。坐佛着通肩衣。左侧崩毁。宽 20、高 15、厚 15 厘米（彩版四六五，2）。

标本 1992 窟前采：0209，四龛坐佛局部。坐佛着通肩衣，领口宽大，有两阴刻线，领下三竖线。龛口宽 10 厘米，柱宽 1.8～3 厘米。宽 50、高 16、厚 37 厘米（彩版四六五，3）。

标本 1992 窟前采：0220，六龛坐佛局部。上下层错缝，上层三龛可见坐佛腿部及双臂。下层三龛，基本可见坐佛全身。坐佛着通肩衣。龛宽 10～10.5 厘米，拱高 4 厘米，柱宽 2.5～3 厘米。宽

70、高 33、厚 28 厘米（彩版四六五，4）。

标本 1992 窟前采：0377，两龛坐佛局部。坐佛存大部身躯，着通肩衣。中间柱宽 3 厘米。右侧崩毁。宽 33、高 11、厚 17 厘米（彩版四六五，5）。

标本 1992 窟前采：0432，一龛坐佛局部。坐佛存上身，着通肩衣。表面烟熏黑色。宽 15、高 17、厚 11 厘米（彩版四六五，6）。

标本 1992 窟前采：0466，一龛坐佛局部。龛内坐佛较完整，着通肩衣。两侧平面，无龛像痕迹。龛楣上方有造像凹坑。宽 48、高 20、厚 12 厘米（彩版四六六，1）。

标本 1992 窟前采：0508，十龛坐佛局部，均着通肩衣。上下层错缝排列。上层两龛，左龛宽 11、柱宽 2.5 厘米。下层拱楣宽 12～13 厘米，拱高 3～4 厘米。宽 # 33、高 25、厚 25 厘米（彩版四六六，2）。

标本 1992 窟前采：0524，两龛坐佛局部。左龛内坐佛较完整，着通肩衣。龛宽 10.5 厘米，龛高 13 厘米，中间柱宽 2 厘米，拱高 2 厘米。左侧无雕刻。宽 40、高 19、厚 38 厘米（彩版四六六，3）。

标本 1992 窟前采：0568，一龛坐佛局部。可见一身坐佛，着通肩衣。宽 14、高 14、厚 5 厘米（彩版四六六，4）。

标本 1992 窟前采：0587，一龛坐佛局部。可见坐佛大部分，着通肩衣。宽 7、高 11、厚 6 厘米（彩版四六六，5）。

标本 1992 窟前采：0603，一龛坐佛局部。龛内坐佛存大半身，着通肩衣，领口扩大，"V"形双线，面有五官。楣拱面有"人"字形阴刻线，在柱上方与邻龛阴刻线相连。宽 12、高 17、厚 6 厘米（彩版四六六，6）。

标本 1992 窟前采：0688，两龛坐佛局部。打磨较好，左龛内坐佛存上身，着通肩衣。龛深 2.5 厘米。中间龛柱宽 3 厘米。宽 29、高 13、厚 10 厘米（彩版四六七，1）。

标本 2007 窟前采：0721，一龛坐佛局部。坐佛存大部，着通肩衣。右侧崩毁。宽 25、高 13、厚 17 厘米（图三八五，2；彩版四六七，2）。

标本 1992 窟前采：0838，三龛坐佛局部。坐佛存大部分，着通肩衣。宽 37、高 19、厚 15 厘米（彩版四六七，3）。

标本 1992 窟前采：0845，两龛坐佛局部。坐佛存上身，着通肩衣。宽 40、高 9、厚 19 厘米（彩版四六七，4）。

标本 1992 窟前采：0850，三龛坐佛局部。上下层错缝排列，上层两龛内坐佛存大半身，坐佛着通肩衣。右龛宽 11.5 厘米，左侧柱宽 4 厘米。下层一龛坐佛存头肩局部。宽 39、高 20、厚 15 厘米（彩版四六七，5）。

标本 1992 窟前采：0854，一龛坐佛局部。坐佛存大半身，着通肩衣。左柱宽 2.5 厘米。龛下毁损，石质细腻。宽 15、高 16、厚 12 厘米（彩版四六七，6）。

标本 1992 窟前采：0903，坐佛身躯。宽 7、高 8、厚 2 厘米（彩版四六八，1）。

标本 1992 窟前采：0904，坐佛身躯。宽 7、高 7、厚 1.5 厘米（彩版四六八，2）。

标本 1992 窟前采：0906，坐佛身躯。宽 7.5、高 7、厚 2 厘米（彩版四六八，3）。

标本 1992 窟前采：0908，坐佛身躯。宽 7.5、高 5.5、厚 1.5 厘米（彩版四六八，4）。

标本 1992 窟前采：0910，坐佛身躯。宽 6.5、高 6、厚 1.5 厘米（彩版四六八，5）。

标本 1992 窟前采：0911，坐佛身躯。宽 7.5、高 9.5、厚 1.5 厘米（彩版四六八，6）。

标本 1992 窟前采：0927，坐佛身躯。宽 8.5、高 10、厚 2 厘米。

Bd 型　9 件，多竖。圆领口下中间多条竖线，腋下竖线不与领口相交。

出土遗物　8 件。

标本 1992T501④A：75，坐佛身躯。宽 7、高 5.5、厚 2 厘米（彩版四六九，1）。

标本 1992T501④A：76，坐佛身躯，圆领口下四条竖线呈发散状。宽 7、高 7、厚 2 厘米（彩版四六九，2）。

标本 1992T503④A：16，坐佛身躯，残留金箔，坠领口下四条竖线呈发散状。宽 8、高 8、厚 2 厘米（彩版四六九，3）。

标本 1992T602 副方④A：20，坐佛通肩衣圆领口下中间五条竖线呈平行状，残留金箔。宽 7.5、高 7、厚 15 厘米（图三八五，3；彩版四六九，4）。

标本 1992T602 副方④A：21，坐佛身躯，残留金箔。宽 7、高 8.5、厚 2 厘米（彩版四六九，5）。

标本 1992T602 副方④A：46，坐佛身躯，残留金箔。宽 6、高 7、厚 1 厘米（彩版四六九，6）。

标本 1992T602 副方④A：50，坐佛身躯，残留金箔。宽 10、高 8、厚 2 厘米（彩版四七〇，1）。

标本 1992T602 副方④A：51，坐佛通肩衣圆领口下中间六条竖线呈发散状，残留金箔。宽 8.5、高 7、厚 1.5 厘米（图三八五，4；彩版四七〇，2）。

采集遗物　1 件。

标本 1992 窟前采：0912，宽 8.5、高 7、厚 2 厘米（彩版四七〇，3）。

另外，B 型中另有 9 件千佛残件，因残损，仅可辨识为通肩衣 B 型，不具有细分条件。

出土遗物　1 件。

标本 1992T503④A：21，仅存坐佛上半身。宽 8、高 8、厚 2 厘米（彩版四七〇，4）。

采集遗物　8 件。

标本 1992 窟前采：0655，两龛坐佛局部。转角坐佛龛，两个雕刻面。坐佛存胸腹及手臂。宽 17、高 6、厚 14 厘米（彩版四七一，1～3）。

标本 1992 窟前采：0140，两龛坐佛局部。左龛坐佛着通肩衣，右侧柱宽 3 厘米。宽 #22、高 #17、厚 25 厘米（彩版四七〇，5）。

标本 1992 窟前采：0185，四龛坐佛局部。上下层错缝排列，左侧崩毁。上层左龛保存较多，龛宽 10 厘米，右柱宽 2.7 厘米，坐佛通肩衣。下层存两拱楣及龛内佛头部，拱高 3.5 厘米。宽 #24、高 21、厚 35 厘米（彩版四七〇，6）。

标本 1992 窟前采：0229，五龛坐佛局部。上下层错缝，上层四龛，可见坐佛大半身，坐佛着通肩衣，右侧风化严重。龛宽 9.5 厘米，柱宽 2.5 厘米。下层可见四龛楣拱，拱高 3～3.5 厘米。有两龛内可见佛头痕迹。左侧面缺角，形成前后两个断面，前边断面上的小圆洞，直径 2.5、深 3 厘米，后边断面上的小圆洞，直径 3、深 4 厘米，似曾经修补所用。宽 40、高 24、厚 54 厘米（彩版四七一，4、5）。

标本 1992 窟前采：0483，三龛坐佛局部。上下两层错缝排列，上层两龛，右侧龛柱宽 2.5 厘米。右龛存坐佛少许。下层一龛，拱高 3 厘米，坐佛着通肩衣，龛深 3 厘米，左侧有削平面。宽 21、高 35、厚 20 厘米（彩版四七一，6）。

标本 1992 窟前采：0600，三龛坐佛局部。上下层错缝排列，上层两龛，可见坐佛局部，着通肩衣。

下层龛内坐佛仅存头部少许。楣拱面有"人"字形阴刻线，尖角平缓。宽18、高16、厚7.5厘米（彩版四七二，1）。

标本1992窟前采：0654，一龛坐佛局部。龛内坐佛存右半身，着通肩衣，残留少许金箔。楣拱面下沿有"人"字形阴刻线。石质带红色。宽12、高27、厚7.5厘米（彩版四七二，2）。

标本1992窟前采：0702，一龛坐佛局部。右侧坐佛存左身大部，着通肩衣。左龛与右龛成转角。下层左龛拱楣跨两侧面，拱高3.5厘米。石质红色。宽17、高20、厚11厘米（彩版四七二，3）。

千佛残件中可辨着通肩衣，但因残损不足以区分A、B型的还有52件。

出土遗物　8件。

标本1992T110②：25，可见坐佛上身，着通肩衣。宽11、高8、厚9厘米（彩版四七二，4）。

标本1992T402③A：2，千佛胸部，着通肩衣。右侧可见龛柱。宽14、高4、厚5.5厘米（彩版四七二，5）。

标本1992T404③A：8，可见一龛坐佛局部，龛宽9厘米，柱宽3厘米。宽18、高8、厚7厘米（彩版四七二，6）。

标本1992T404③A：19，可见两身坐佛大半身及两龛柱，柱宽3.5～4厘米。宽31、高8、厚9厘米（彩版四七三，1）。

标本1992T407③A：7，三龛坐佛局部。宽48、高13、厚19厘米（彩版四七三，2）。

标本1992T409②：21，上下两层千佛，上层一龛，下层两龛局部。下层拱高2.5厘米。宽18、高16、厚22厘米（彩版四七三，3）。

标本1992T507③A：1，可见坐佛，龛柱宽3厘米。宽18、高13、厚7厘米（彩版四七三，4）。

标本1992T601③A：12，千佛上身，通肩服饰。宽8、高5、厚1.5厘米（彩版四七三，5）。

采集遗物　44件。

标本1991窟前采：81，仅存坐佛上半身（彩版四七四，1）。

标本1992窟前采：0004，左侧崩毁，右侧残存一龛局部，龛内坐佛可见两臂及腹部，着通肩衣。左侧柱宽2.3厘米。宽34、高9、厚42厘米（彩版四七四，2）。

标本1992窟前采：0078，可见两龛局部，龛形毁损。宽47、高8、厚33厘米（彩版四七四，3）。

标本1992窟前采：0099，一龛坐佛局部。坐佛存上身，着通肩衣。龛宽9厘米。宽15、高10、厚19厘米（彩版四七四，4）。

标本1992窟前采：0118，一龛坐佛局部。坐佛着通肩衣。龛宽10.5厘米，左柱宽3厘米。宽24、高7、厚20厘米（彩版四七四，5）。

标本1992窟前采：0123，两龛坐佛局部，上下层错缝排列。上龛高约14厘米，龛外右侧无雕刻。下龛可见坐佛头肩部，着通肩衣。拱高2.5厘米，右侧龛柱宽2.5厘米，龛深2厘米。宽#12、高30、厚#37厘米（彩版四七四，6）。

标本1992窟前采：0149，两龛坐佛局部。龛内坐佛可见大半身，着通肩衣。龛宽9厘米，柱宽3.5～4厘米。下层可见拱楣。宽28、高13、厚27厘米（彩版四七五，1）。

标本1992窟前采：0204-1，五龛坐佛局部。表面外凸。上层四龛，左起依次可见龛内佛像头、头肩、胸腹及腿部。坐佛通肩衣。左起第3龛宽10厘米，左右柱宽3厘米。右下角下层拱楣高3厘米，龛内坐佛可见头部少许。右侧石质红。宽67、高7、厚26厘米（彩版四七五，2）。

标本 1992 窟前采：0204-2，四龛坐佛局部。右侧两龛内坐佛着通肩衣。龛宽 9～10 厘米，中间柱宽 3 厘米，柱面红色。宽 52、高 10、厚 21 厘米（彩版四七五，3）。

标本 1992 窟前采：0204-3，两龛坐佛局部。左侧大部分崩毁。宽 67、高 23、厚 19 厘米（彩版四七五，4）。

标本 1992 窟前采：0208，两龛坐佛局部，中间龛柱宽 2.5 厘米，坐佛通肩衣。宽 # 20、高 11、厚 48 厘米（彩版四七五，5）。

标本 1992 窟前采：0214，三龛坐佛局部。上下层错缝排列。上层可见一坐佛腿部。下层可见两龛上部，坐佛可见头肩部。拱高 4 厘米，龛深 2 厘米。宽 24、高 18、厚 21 厘米（彩版四七五，6）。

标本 1992 窟前采：0235，五龛坐佛局部。坐佛着通肩衣。从左至右龛宽 10～8 厘米；柱宽为 3.5～2.5 厘米。坐佛下层壁面为石花凿痕，间距较小。宽 66、高 23、厚 35 厘米（彩版四七六，1）。

标本 1992 窟前采：0255，两龛坐佛局部。左侧崩毁，右侧可见两龛坐佛。除雕刻面外其他面均有石花凿痕。宽 57、高 20、厚 15 厘米（彩版四七六，2）。

标本 1992 窟前采：0264，两龛坐佛局部。崩毁严重，只见坐佛手臂痕迹。宽 42、高 13、厚 28 厘米（彩版四七六，3）。

标本 1992 窟前采：0273，一龛坐佛局部。坐佛可见头肩部，着通肩衣。龛宽 10.5 厘米，柱宽 2～2.5 厘米。宽 23、高 5、厚 16 厘米（彩版四七六，4）。

标本 1992 窟前采：0279，三龛坐佛局部。左侧两龛坐佛存胸腹及双臂，着通肩衣，龛宽 10.5 厘米，柱宽 2.5～3 厘米。最右龛内仅见坐佛臂部少许。宽 37、高 7.5、厚 26 厘米（彩版四七六，5）。

标本 1992 窟前采：0282，两龛坐佛局部。上下两层，上层一龛右半，坐佛通肩衣，柱宽 2.5 厘米。下层一龛上半部，龛内坐佛着通肩衣。拱高 3 厘米。宽 12、高 22、厚 21 厘米（彩版四七六，6）。

标本 1992 窟前采：0295，三龛坐佛局部。坐佛可见头部及胸部，左龛坐佛领口交叉，另两佛着通肩衣。宽 51、高 10、厚 32 厘米（彩版四七七，1）。

标本 1992 窟前采：0312，四龛坐佛局部。左右龛可见坐佛少许，中间两龛存坐佛大部身躯，坐佛着通肩衣。龛宽 11 厘米，柱宽 2.5 厘米。顶面、底面有石花凿痕。宽 35、高 15、厚 20 厘米（彩版四七七，2）。

标本 1992 窟前采：0367，一龛坐佛局部。龛内坐佛存下半身。左侧龛柱宽 2.5 厘米。宽 16、高 8.5、厚 13 厘米（彩版四七七，3）。

标本 1992 窟前采：0374，两龛坐佛局部。左龛坐佛存上半身，着通肩衣。中间柱宽 3 厘米。左龛坐佛可见少许。顶面有纵向石花凿痕，线距平均约 1.5 厘米。宽 32、高 7、厚 28 厘米（彩版四七七，4）。

标本 1992 窟前采：0395，一龛坐佛局部，龛宽 10.5 厘米，柱宽 2.7 厘米，坐佛通肩衣。宽 # 20、高 10、厚 25 厘米（彩版四七七，5）。

标本 1992 窟前采：0415，两龛坐佛局部。坐佛存上身，着通肩衣。右龛宽 9.5 厘米，中间柱宽 2.3 厘米。宽 25、高 15、厚 32 厘米（彩版四七七，6）。

标本 1992 窟前采：0429，两龛坐佛局部。坐佛存大部分，着通肩衣。左龛宽 10.5 厘米，柱宽 3 厘米。右龛宽 9.5 厘米，龛深 2.5 厘米。宽 30、高 34、厚 28 厘米（彩版四七八，1）。

标本 1992 窟前采：0445，两龛坐佛局部。左龛宽 10.5 厘米，两侧柱宽 3 厘米，龛深 3 厘米，坐佛着通肩衣。宽 34、高 6、厚 14 厘米（彩版四七八，2）。

　　标本 1992 窟前采：0467，三龛坐佛局部。上下层错缝，上层一龛内坐佛可见手臂及腿部痕迹，左侧柱宽 4 厘米。下层两龛，存坐佛头胸部，坐佛着通肩衣，中间柱宽 3 厘米。宽 23、高 18、厚 6 厘米（彩版四七八，3）。

　　标本 1992 窟前采：0475，两龛坐佛局部。右龛坐佛存上部，坐佛着通肩衣，龛楣宽 13 厘米，拱高 3 厘米，龛深 2 厘米，石质细腻。宽 29、高 12、厚 18 厘米（彩版四七八，4）。

　　标本 1992 窟前采：0478，四龛坐佛保存完整。坐佛着通肩衣，圆领口细窄。龛宽 9～11 厘米，龛深 1.5 厘米，佛高 13 厘米，拱高 2.5 厘米，柱宽 3～3.5 厘米。上边有上层坐佛少许。下层有五龛拱楣残存，其中有两龛内可见坐佛头部少许。宽 54、高 27、厚 13 厘米（彩版四七八，5）。

　　标本 1992 窟前采：0500-1，四龛坐佛局部。上下层错缝排列，上层一龛存坐佛下半身。下层三龛，坐佛存局部，着通肩衣。中间拱楣宽 11 厘米，拱高 4 厘米，龛宽 9 厘米，龛深 2.5 厘米，右龛宽 9.5 厘米，柱宽 2～2.5 厘米。宽 # 34、高 25、厚 # 30 厘米（彩版四七八，6）。

　　标本 1992 窟前采：0500-2，六龛坐佛局部。上下层错缝排列，上层三龛，龛内坐佛存大半身，龛宽 9.5～11 厘米，柱宽 2.5～3 厘米。下层三龛，龛内坐佛仅见头部，拱楣宽 13 厘米，拱高 4 厘米，龛深 2 厘米。宽 64、高 17、厚 50 厘米（彩版四七九，1）。

　　标本 1992 窟前采：0525，两龛坐佛局部。坐佛通肩衣，柱宽 3 厘米。宽 16、高 11、厚 6 厘米（彩版四七九，2）。

　　标本 1992 窟前采：0560，一龛坐佛局部。龛内坐佛存头胸部，着通肩衣。拱宽 13、高 4 厘米，龛深 3 厘米。宽 14、高 11、厚 9 厘米（彩版四七九，3）。

　　标本 1992 窟前采：0609，一龛坐佛局部。可见坐佛手臂及腿部局部。宽 8、高 9、厚 5 厘米（彩版四七九，4）。

　　标本 1992 窟前采：0627，两龛坐佛局部。可见右侧坐佛上身，着通肩衣。左龛坐佛痕迹少许。宽 22、高 10、厚 9 厘米（彩版四七九，5）。

　　标本 1992 窟前采：0656，两龛坐佛局部。可见两坐佛肩胸部，着通肩衣。中间龛柱宽 2.5 厘米。宽 17、高 6、厚 12 厘米（彩版四七九，6）。

　　标本 1992 窟前采：0696，两龛坐佛局部。坐佛存头肩部，右龛坐佛着通肩衣。宽 # 30、高 10、厚 43 厘米（彩版四八〇，1）。

　　标本 1992 窟前采：0718，两龛坐佛局部。左龛坐佛存上身大部，龛宽 10.5 厘米。右龛内坐佛仅存肩部少许。表面褐红色。宽 23、高 10、厚 15 厘米（彩版四八〇，2）。

　　标本 1992 窟前采：0837，两龛坐佛局部。左龛坐佛仅见头部，右龛可见坐佛上身，着通肩衣。石质红色。宽 20、高 6、厚 20 厘米（彩版四八〇，3）。

　　标本 1992 窟前采：0862，四龛坐佛局部，龛宽 9.5 厘米，柱宽 4 厘米，龛深较浅，坐佛着通肩衣，右侧龛深小于左侧三龛。宽 46、高 14、厚 20 厘米（彩版四八〇，4）。

　　标本 1992 窟前采：0915，仅存坐佛左臂。宽 6.5、高 5、厚 1.5 厘米。

　　标本 1992 窟前采：0917，仅存坐佛头肩部。宽 5、高 6、厚 1.5 厘米。

　　标本 1992 窟前采：1123，一龛坐佛局部，佛身存右半。宽 # 13、高 # 8、厚 17 厘米（彩版四八〇，5）。

标本 1992 窟前采：1125，可见千佛头胸局部及右侧龛柱，佛头似有五官，龛楣尾饰阴刻线。宽 23、高 7、厚 18 厘米（彩版四八〇，6）。

2）披遮右肩类

25 件。

出土遗物　4 件。

标本 1992T415 ④ A：10，一龛坐佛局部。宽 11、高 8、厚 4 厘米（彩版四八一，1）。

标本 1992T503 ④ A：22，仅存坐佛上半身。宽 8、高 7、厚 1.5 厘米（彩版四八一，2）。

标本 1992T506 ③ A：7，上部可见两龛少许，柱宽 2.7 厘米，下部可见两龛大半，坐佛似着披遮右肩衣，面瘦，无五官。中间柱宽 3 厘米，拱高 3 厘米，龛深 3 厘米。宽＃ 22、高 16、厚 20 厘米（彩版四八一，3）。

标本 1992T601 ③ A：16，可见坐佛上身，着披遮右肩衣，石质带红色。宽 8.5、高 10、厚 2 厘米（彩版四八一，4）。

采集遗物　21 件。

标本 1991 窟前采：41，两龛坐佛局部。两龛靠上部，坐佛着通肩衣。宽＃ 49、高 23、厚 45 厘米（彩版四八一，5）。

标本 1992 窟前采：0043，两坐佛龛局部。表面风化严重，龛上方空余较大。右龛坐佛着披遮右肩衣。宽 30、高 23、厚 44 厘米（彩版四八一，6）。

标本 1992 窟前采：0050，上层右侧可见阴刻竖线，左边两线间距 2.7 厘米，右边有一宽约 12 厘米的未雕刻面。一横向阴刻线将上下分开，线上部分似未完工。下层有三龛坐佛局部，中间拱楣宽 13.5 厘米，拱高 2.5 厘米，龛深 2.5 厘米，其内坐佛头部稍大，有五官，着披遮右肩衣。宽 63、高 20、厚 20 厘米（彩版四八二，1）。

标本 1992 窟前采：0055，三龛坐佛局部。上下分层，上层两龛，下层一龛。上层左龛内坐佛着披遮右肩衣。龛柱宽 2.5 厘米。宽 40、高 30、厚 50 厘米（图三八六，1；彩版四八二，2）。

标本 1992 窟前采：0265，两龛坐佛局部。上层左龛仅见坐佛腿部少许，右龛可见坐佛身躯，坐佛着披遮右肩衣。两侧柱宽 3 厘米，龛宽 10 厘米。下层存两龛拱楣局部，楣拱下沿有"人"字形阴刻线并相连，左龛拱高约 4.5 厘米。石质红，表面发黑。宽 22、高 24、厚 8 厘米（图三八六，2；彩版四八二，3）。

标本 1992 窟前采：0270，两龛坐佛局部。上下层错缝排列，上层坐佛存手臂及腿部，似着披遮右肩衣，右侧柱宽 2.5 厘米。下层龛内坐佛可见头胸部，坐佛面瘦。楣拱高 3 厘米，龛深 2 厘米。宽 24、高 16、厚 10 厘米（彩版四八二，4）。

标本 1992 窟前采：0309，一龛坐佛局部。坐佛着披遮右肩衣。龛形损毁，龛宽 11.5 厘米。右下角有下层楣拱少许。宽 15、高 13、厚 20 厘米（彩版四八二，5）。

标本 1992 窟前采：0407，三龛坐佛局部。左龛坐佛着通肩衣，中龛坐佛着披遮右肩，右龛存坐佛臂部少许。龛宽 10 厘米，左龛柱宽 2.5、龛柱宽 3 厘米。宽 40、高 9、厚 18 厘米（彩版四八二，6）。

标本 1992 窟前采：0470，一龛坐佛局部。坐佛着披遮右肩衣。龛形损毁。下层两龛楣拱少许。宽 10、高 20、厚 2 厘米（彩版四八三，1）。

标本 1992 窟前采：0471，一龛坐佛局部。左龛坐佛着披遮右肩衣，楣面可辨有"人"字形阴刻线。

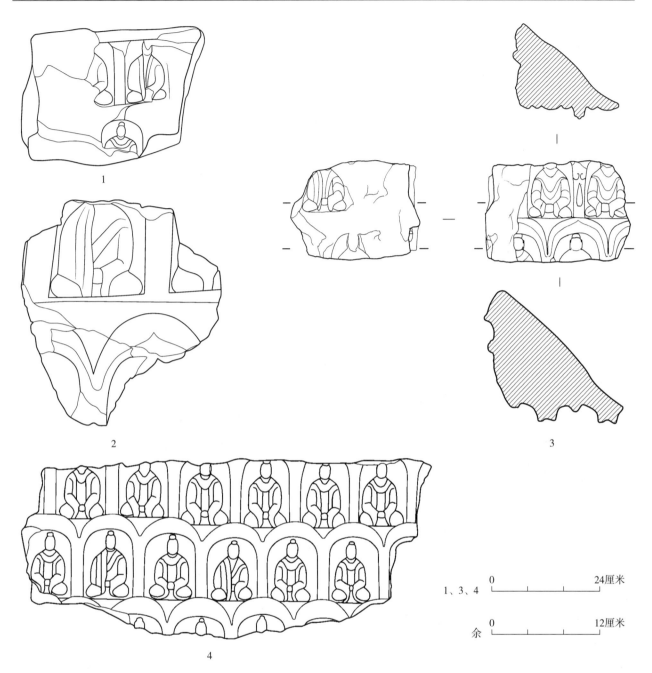

图三八六　第 14 ～ 20 窟前地层出土、采集北魏时期石雕千佛

1 ～ 4.1992 窟前采：0055、0265、1992T601 ③ A：18、1992 窟前采：0061

龛深 3 厘米，石质粉红。右侧存另一龛楣少许。宽 20、高 15、厚 15 厘米（彩版四八三，2）。

　　标本 1992 窟前采：0602，一龛坐佛局部。龛内坐佛存上半身，着披遮右肩衣。龛深 2.5 厘米。宽 16、高 11、厚 10 厘米（彩版四八三，3）。

　　标本 1992 窟前采：0619，一龛坐佛局部。可见坐佛上身及左侧龛柱，坐佛着通肩衣。宽 11、高 5.5、厚 6.5 厘米（彩版四八三，4）。

　　标本 1992 窟前采：0624，一龛坐佛局部。可见坐佛上身大半，着披遮右肩衣。宽 7、高 11、厚 6 厘米（彩版四八三，5）。

标本 1992 窟前采：0659，一龛坐佛局部。可见坐佛右肩部，着披遮右肩衣。石质灰黑酥松。宽 15、高 7、厚 11 厘米（彩版四八三，6）。

标本 1992 窟前采：0684，八龛坐佛局部。上下层错缝排列，上层五龛，下层三龛，坐佛存量不等。上层龛宽 10.5 厘米，柱宽 3 ～ 2.5 厘米，左起第 4 龛坐佛着披遮右肩衣；下层右龛拱楣宽 13.5 厘米，拱高 3 厘米，龛深 2.5 厘米。宽 74、高 18、厚 28 厘米（彩版四八四，1）。

标本 1992 窟前采：0693，一龛坐佛局部。坐佛稍大，可辨衣着为披遮右肩衣。右侧龛柱宽 4.5 厘米，有竖向阴刻线。石质粉红，底面、背面有凿痕，疑似窟内大千佛。宽 20、高 18、厚 10 厘米（彩版四八四，2）。

标本 1992 窟前采：0928，坐佛身躯。宽 12、高 9、厚 2 厘米（彩版四八四，3）。

标本 1992 窟前采：0929，坐佛身躯。宽 8.5、高 9、厚 2 厘米（彩版四八四，4）。

标本 1992 窟前采：0930，坐佛身躯。宽 7、高 8.5、厚 1.5 厘米（彩版四八四，5）。

标本 1992 窟前采：0931，坐佛身躯。宽 8.5、高 5.5、厚 1.5 厘米（彩版四八四，6）。

标本 1992 窟前采：0932，坐佛身躯。宽 9、高 7、厚 2.5 厘米。

3）衣纹组合

20 件。

通肩衣 A 型 + 披遮右肩衣　1 件。

标本 1992T601 ③ A：18，转角千佛残件，上下两层，左侧面上两龛，下层三龛局部，上层坐佛着通肩衣，胸前为两条 U 形衣纹，右龛宽 10.5 厘米，柱宽 2.5 厘米，龛楣尾有卷头，柱面有焰苗形及山花形基座。下层中龛楣宽 14 厘米，拱高 3 厘米，拱面上有"人"字形凸起面，龛深 3 厘米。右侧面上下各可见一坐佛残存，上层坐佛着披遮右肩衣，下层坐佛只可见头部。宽 32、高 21.6、厚 16 厘米（图三八六，3；彩版四八五，1 ～ 3）。

通肩衣 Bb 型 + 披遮右肩衣　18 件。

标本 1992T505 ④ A：13+T506 ③ A：8，左侧大部分崩毁。右侧上层可见坐佛局部，柱宽 3 厘米；下层可见一龛坐佛局部，拱高 3.5 厘米，柱宽 3 厘米，龛深 2.5 厘米。佛像着通肩衣，面瘦，无五官。宽 # 20、高 25、厚 12 厘米（彩版四八五，4）。

标本 1992 窟前采：0009，十龛坐佛局部。上下两层错缝排列。每层可见 5 身坐佛，下层左起第 4 身着披遮右肩衣，其余坐佛均着通肩衣。龛宽 11.5、高 15.5、深 3.5 厘米。楣拱宽 13 ～ 14 厘米，拱高 2.5 ～ 3 厘米，柱宽 2 ～ 3 厘米。宽 80、高 40、厚 62 厘米（彩版四八五，5）。

标本 1992 窟前采：0023，十龛坐佛局部。上下四层错缝排列，上三层各存三龛，坐佛存半身、大半身或全身。最下层龛内坐佛存头肩部少许。第 1 层左起第 3 龛和第 2 层左起第 1 龛坐佛着披遮右肩衣。其余龛内坐佛均着通肩衣。龛宽 10.5、高 14.5 ～ 15.5 厘米，柱宽 2.5 ～ 3 厘米，拱高 3 厘米。宽 # 45、高 60、厚 25 厘米（彩版四八五，6）。

标本 1992 窟前采：0024，六龛坐佛局部。上下层错缝排列。上下层各三龛，左上角坐佛着披遮右肩衣，其余坐佛着通肩衣。龛宽 10.5 厘米，龛柱宽 3 厘米，拱楣宽 3 厘米，龛深 4 厘米。宽 38、高 21、厚 56 厘米（彩版四八六，1）。

标本 1992 窟前采：0046-1，四龛坐佛局部。左起一、三龛内坐佛着披遮右肩衣，二、四龛内坐佛着通肩衣。宽 57、高 16、厚 47 厘米（彩版四八六，2）。

　　标本 1992 窟前采：0047，三龛坐佛局部。上边沿残存上层坐佛腿部少许，下面三龛占据大部分。右龛内坐佛着披遮右肩衣。龛宽 10.5 厘米，柱宽 2.5 ~ 3 厘米。宽 50、高 18、厚 40 厘米（彩版四八六，3）。

　　标本 1992 窟前采：0049，四龛坐佛局部。左侧崩毁，右侧上下两层坐佛，上层一龛，下层三龛。下层中龛坐佛着通肩衣，龛宽 10 厘米，柱宽 2.7 厘米，拱高 3 厘米，右龛坐佛着披遮右肩衣。宽 # 35、高 19、厚 20 厘米（彩版四八六，4）。

　　标本 1992 窟前采：0061，十五龛坐佛局部。上中下三层，错缝排列，上层可见六龛，坐佛均着通肩衣。中层可见六龛，左起第 3 身和第 5 身坐佛披遮右肩衣，其余着通肩衣。下层有三龛可见龛内坐佛头部。坐佛高 13 ~ 14.5 厘米，龛宽窄相间，宽 10.5 ~ 11 厘米，柱宽 2.5 厘米，拱高 3 厘米。宽 90、高 39、厚 29 厘米（图三八六，4；彩版四八七，1）。

　　标本 1992 窟前采：0067，五龛坐佛局部。上中下三层错缝排列，上层仅见坐佛披遮右肩衣。中层两龛，右龛内坐佛着通肩衣。下层左龛拱楣宽 14、高 3 厘米，龛深 3 厘米，坐佛着通肩衣。宽 # 30、高 48、厚 30 厘米（彩版四八六，5）。

　　标本 1992 窟前采：0069+0040，上下四层共三十一龛千佛。中部横断。下起第一、二层各九龛，第三层七龛，第四层六龛。佛高 14.5 ~ 15.5 厘米，龛宽 10.5 ~ 11.5 厘米，龛柱宽 2.5 ~ 3.5 厘米，龛深 2.5 ~ 3 厘米，拱高 2.5 ~ 3 厘米。下起第一层左数第五龛，第二层第八龛，第四层第六龛坐佛着披遮右肩衣外，其余均着通肩衣。宽 122、高 70、厚 80 厘米（彩版四八七，2）。

　　标本 1992 窟前采：0137，九龛坐佛局部。上下层错缝排列，表面弧形。上层四龛可见坐佛大半身躯，龛宽 9 ~ 10.5 厘米，柱宽 2.5 ~ 3 厘米，左起第 3 龛内坐佛着披遮右肩衣。下层五龛仅可见坐佛头部，拱楣宽 11.5 ~ 12 厘米，拱高 2.5 ~ 3 厘米。宽 62、高 15、厚 20 厘米（彩版四八六，6）。

　　标本 1992 窟前采：0314，七龛坐佛局部。上中下三层错缝排列，上层并排两龛，中层三龛，左龛坐佛存右侧身，中间龛像保存完整，两佛均着通肩衣。右龛坐佛存坐佛身躯，披遮右肩衣。下层两龛，坐佛存头部及上身，着通肩衣。右侧存另一龛楣局部。宽 50、高 42、厚 13 厘米（彩版四八八，1）。

　　标本 1992 窟前采：0397，可见三龛坐佛，风化严重，可辨两侧坐佛着披遮右肩衣。中间龛宽 11.5 厘米，柱宽 3.5 厘米。顶面有两卯口，左右各一，宽 4 厘米，长 7、深 1.5 ~ 3 厘米。宽 50、高 21、厚 18 厘米（彩版四八七，3）。

　　标本 1992 窟前采：0409，五龛坐佛局部。最左侧坐佛着披遮右肩衣，右侧两身坐佛较完整，着通肩衣。龛宽 11 ~ 10 厘米，柱宽 2.7 ~ 3 厘米。宽 73、高 13、厚 28 厘米（彩版四八九，1）。

　　标本 1992 窟前采：0422，五龛坐佛局部。壁面转角处的千佛雕刻。上下层错缝排列，上层可见两龛，左龛坐佛风化不清，右龛宽 8.5 厘米，左侧柱宽 3 厘米。下层存三龛上部，中间龛拱楣宽 12 厘米，拱高 3.5 厘米，中间龛坐佛着通肩衣，右侧坐佛着披遮右肩衣。石质红色。宽 31、高 20、厚 25 厘米（彩版四八九，2、3）。

　　标本 1992 窟前采：0452，三龛坐佛局部。上下两层错缝排列，上层左龛坐佛着披遮右肩衣，右龛坐佛着通肩衣。中间柱宽 3 厘米。下层左龛内存坐佛头部，拱高 3 厘米，龛深 2 厘米。右侧可见拱楣局部。宽 25、高 23、厚 10 厘米（彩版四八九，4）。

　　标本 2007 窟前采：0758，十龛坐佛局部。上中下错缝排列，上层可见三龛少许。中层四龛保存较好，左起第 1 龛坐佛着偏衫衣，其余着通肩衣。下层三龛存大部。龛宽 10～10.5、高 14～15 厘米，拱高 3 厘米，柱宽 2.5 厘米。宽 87、高 40、厚 30 厘米（彩版四八九，5）。

标本 1992 窟前采：0842，两龛坐佛局部。可见两坐佛腿部，右侧佛着披遮右肩衣。宽 21、高 4、厚 12.5 厘米（彩版四八九，6）。

通肩衣 A 型 +B 型　1 件。

标本 1992 窟前采：0008，十龛坐佛局部。上下层错缝，上层四龛，有三龛坐佛存大部分，右侧未雕刻。下层六龛，中间四龛保存较完整。坐佛均着通肩衣。龛宽 9～10、高 14、深 4.5 厘米，柱窟 3 厘米。宽 # 73、高 # 36、厚 45 厘米（图三八七，1；彩版四八八，2）。

4）衣纹不明

586 件。此类中千佛残件，衣纹不清晰，按残存部位分佛头、龛楣、龛柱、残龛像等几种。

仅存千佛头部，85 件，大多数曾贴有金箔，并有熏黑色。

出土遗物　82 件。

标本 1992T502 ④ A：109，坐佛头部，残留金箔。宽 2.5、高 3.5、厚 2 厘米。

标本 1992T503 ④ A：23～40，18 件，坐佛头部，残留金箔，五官不可辨。宽 1.7～3、高 1.5～5、厚 1～2 厘米。

标本 1992T506 ④ A：6，坐佛头部，残留金箔。宽 2、高 3.5、厚 1.5 厘米（彩版四九〇，1）。

标本 1992T507 ④ A：1，坐佛头部，残留金箔。宽 2.5、高 4.5、厚 3 厘米（彩版四九〇，2）。

标本 1992T507 ④ A：2，坐佛头部，残留金箔。宽 2.5、高 4.5、厚 1.5 厘米（彩版四九〇，3）。

标本 1992T508 ②：4，坐佛头部，残留金箔。宽 2、高 3.5、厚 1.5 厘米（彩版四九〇，4）。

标本 1992T601 ④ A：1，坐佛头部，残留金箔。宽 2.5、高 4.5、厚 2.5 厘米（彩版四九〇，5）。

标本 1992T601 ④ A：2，坐佛头部，残留金箔。宽 2、高 3、厚 1 厘米（彩版四九〇，6）。

标本 1992T602 ③ A：6，坐佛头部，有五官雏形。宽 2.5、高 4、厚 2 厘米（彩版四九一，1）。

标本 1992T602 ④ A：10，坐佛头部，残留金箔。宽 2.5、高 4、厚 2 厘米（彩版四九一，2）。

标本 1992T602 ④ A：11，坐佛头部，残留金箔。宽 1.7、高 3、厚 1 厘米（彩版四九一，3）。

标本 1992T602 ④ A：12，坐佛头部，残留金箔。宽 2、高 3.5、厚 1 厘米（彩版四九一，4）。

标本 1992T602 ④ A：13，坐佛头部，残留金箔。宽 2、高 3、厚 0.8 厘米（彩版四九一，5）。

标本 1992T602 ④ A：137，坐佛头部，残留金箔。宽 6.5、高 6.5、厚 3 厘米（彩版四九一，6）。

标本 1992T602 ④ A：138，坐佛头部，残留金箔。宽 2.5、高 3.5、厚 1.5 厘米（彩版四九二，1）。

标本 1992T602 ④ A：139，坐佛头部，残留金箔。宽 2.2、高 2.6、厚 0.8 厘米（彩版四九二，2）。

标本 1992T602 ④ A：140，坐佛头部，残留金箔。宽 3、高 5.5、厚 2.5 厘米（彩版四九二，3）。

标本 1992T602 ④ A：141，坐佛头部，残留金箔。宽 3、高 4、厚 2.5 厘米（彩版四九二，4）。

标本 1992T602 ④ A：142，坐佛头部，残留金箔。宽 3、高 5、厚 1.5 厘米（彩版四九二，5）。

标本 1992T602 ④ A：143，坐佛头部，残留金箔。宽 2.5、高 3.5、厚 2 厘米。

标本 1992T602 ④ A：144，坐佛头部，残留金箔。宽 2.2、高 4.5、厚 1.5 厘米（彩版四九二，6）。

标本 1992T602 ④ A：145，坐佛头部，残留金箔。宽 3、高 3、厚 2.5 厘米。

标本 1992T602 ④ A：146，坐佛头部，残留金箔。宽 2.5、高 4.5、厚 2.5 厘米（彩版四九三，1）。

标本 1992T602 ④ A：147，坐佛头部，残留金箔。宽 2、高 4、厚 1 厘米。

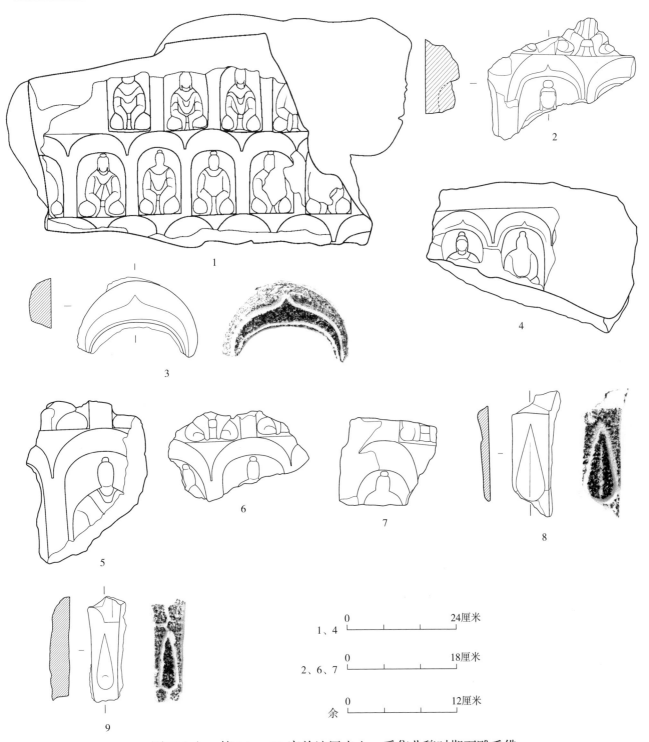

图三八七　第 14 ～ 20 窟前地层出土、采集北魏时期石雕千佛

1 ～ 9.1992 窟前采：0008、1992T601 副方④ A：39、1992T602 ③ A：4、1992 窟前采：0311、1992T506 ③ A：6、1992 窟前采：0092、1992
窟前采：0300、1992 T602 ④ A：2、1992T602 副方④ A：62

标本 1992T602 副方④ A：15，崩损面较齐，佛头残留金箔。宽 9、高 10、厚 2 厘米。

标本 1992T602 副方④ A：16，佛头残留金箔。宽 6、高 14、厚 2 厘米。

标本 1992T602 副方④ A：101，坐佛头部残留金箔。宽 8、高 4.5、厚 10 厘米（彩版四九三，2）。

标本 1992T602 副方④ A：102～139（38 件，4 件未照），坐佛头部，残留金箔（彩版四九三，3）。

采集遗物　3 件。

标本 1991 窟前采：45，残存佛像头部，肉髻，面部剥蚀，有水锈色，应为窟内上层千佛列龛佛头。宽 7、高 12、厚 4 厘米（彩版四九三，4）。

标本 1991 窟前采：48，小佛头，领部残留贴金。宽 2.2、高 5.5、厚 2 厘米（彩版四九三，5）。

标本 1991 窟前采：80，坐佛头部，残留金箔（彩版四九三，6）。

仅可辨龛楣，214 件。根据楣面是否有"人"字形阴刻线分两种表现。

有"人"字形阴刻线　111 件。

出土遗物　19 件。

标本 1992T403 ③ A：13，可见两龛坐佛局部，右龛拱楣宽 12 厘米，拱高 3 厘米，龛深 3 厘米，拱楣下沿有人字形阴刻线。宽 30、高 11、厚 20 厘米（彩版四九四，1）。

标本 1992T404 ③ A：20，可见一龛拱楣，面有"人"字形阴刻线。宽 17、高 6、厚 6 厘米。

标本 1992T601 ③ A：11，圆拱楣面，上有"人"字形阴刻线。宽 13、高 5、厚 3 厘米。

标本 1992T601 ③ A：22+23，上下两层错缝排列，上层可见坐佛下半身，左侧柱宽 3 厘米，柱面上有线刻焰苗形，下层左龛有"人"字形阴刻线，拱高 3.5 厘米，龛深 3 厘米，表面有黑色。宽 27、高 19、厚 14 厘米（彩版四九四，2）。

标本 1992T601 副方④ A：1，上下两排千佛，上层坐佛手部残留金箔，下层圆拱，上有"人"字形阴刻线。宽 11、高 13.5、厚 6.5 厘米（彩版四九四，3）。

标本 1992T601 副方④ A：39，上下两层千佛，上层残存坐佛下半身，下层右龛存佛头，有五官，龛楣上有"人"字形阴刻线。龛楣宽 13 厘米，拱高 4 厘米，龛深 3 厘米。表面附着黑色颜料。宽 24、高 14、厚 9 厘米（图三八七，2；彩版四九四，4）。

标本 1992T601 副方④ A：44，圆拱龛楣，上有"人"字形阴刻线。宽 15、高 7、厚 3 厘米。

标本 1992T601 副方④ A：45，圆拱龛楣，上有"人"字形阴刻线。宽 13、高 6、厚 2.5 厘米。

标本 1992T602 ③ A：2，圆拱龛楣，上有"人"字形阴刻线。宽 15、高 6.5、厚 2 厘米。

标本 1992T602 ③ A：3，圆拱龛楣，上有"人"字形阴刻线。宽 12.5、高 5.5、厚 2 厘米（彩版四九四，5）。

标本 1992T602 ③ A：4，圆拱龛楣，上有"人"形阳刻面。宽 13、高 5、厚 2.5 厘米（图三八七，3；彩版四九四，6）。

标本 1992T602 ③ A：5，圆拱龛楣，上有"人"字形阴刻线。宽 12.5、高 5、厚 2 厘米。

标本 1992T602 ④ A：4，圆拱龛楣。宽 11、高 4、厚 2.5 厘米。

标本 1992T602 ④ A：5，圆拱龛楣，上有"人"字形阴刻线。宽 9.5、高 4.5、厚 2.5 厘米。

标本 1992T602 ④ A：6，圆拱龛楣，上有"人"字形阴刻线。宽 8、高 4、厚 1.5 厘米。

标本 1992T602 副方④ A：56，圆拱，上有尖楣，表面敷黑色。宽 13、高 5、厚 3 厘米。

标本 1992T602 副方④ A：57，拱上有尖楣。宽 13、高 4、厚 2 厘米。

标本 1992T602 副方④ A：58，圆拱，上有尖楣。宽 12.5、高 4.5、厚 2 厘米。

标本 1992T602 副方④ A：59，圆拱，上有尖楣，表面敷黑色。宽 12、高 9、厚 4 厘米。

采集遗物　92 件。

标本 1992 窟前采：0125，两龛坐佛局部。中龛拱楣宽 12.5 厘米，楣下沿有"人"字形阴刻线，龛深 3 厘米。宽 # 28、高 7、厚 28 厘米（彩版四九五，1）。

标本 1992 窟前采：0127，六龛坐佛局部。上下层错缝排列，上层三龛可见坐佛腿部及双臂，龛宽 10 厘米，柱宽 4 厘米。下层三龛可见坐佛上半身，形象损毁，拱楣宽 13～13.5 厘米，拱高 3.5 厘米，楣拱下沿有"人"字形阴刻线，龛深 3.5 厘米。宽 45、高 17、厚 19 厘米（彩版四九五，2）。

标本 1992 窟前采：0311，两龛坐佛局部。左侧无雕刻，右侧两龛内坐佛存上部，拱楣宽约 13 厘米，拱高 3.5～4 厘米，拱楣面下沿有"人"字形阴刻线，龛深 2～3 厘米，右龛佛像有五官。两龛上方有凸起面。石质夹杂灰色杂质。宽 46、高 26、厚 18 厘米（图三八七，4；彩版四九五，3）。

标本 1992 窟前采：0351，两龛坐佛局部。上下层错缝排列。上层存坐佛下身。下层存一龛拱楣局部，龛内坐佛存佛头，拱高 3 厘米，楣面下边缘有"人"字形阴刻线。石质红色，表面有熏黑色。宽 20、高 15、厚 18 厘米（彩版四九五，4）。

标本 1992 窟前采：0396，五龛坐佛局部，上下层错缝排列。上层可见三龛下部，龛宽 9.5～10 厘米，柱宽 2.5～3 厘米。下层二龛仅可见佛头局部，右龛拱楣宽 13.5 厘米，拱高 3 厘米。宽 # 42、高 12、厚 30 厘米（彩版四九五，5）。

标本 1992 窟前采：0401，上下两层坐佛。上层两龛，下层三龛。上层龛柱宽 3 厘米。下层有两龛被现代水泥填平，中间龛拱楣宽 12.5 厘米，拱高 3.5 厘米，拱下边缘有"人"字形阴刻线；左龛柱宽 3.5 厘米。除雕刻面以外其他面均平齐且有石花凿痕。宽 28、高 32、厚 25 厘米（彩版四九五，6）。

标本 1992 窟前采：0439，一龛坐佛局部。龛内仅见佛头，略有五官，楣拱高 4.5 厘米，楣面有"人"字形阴刻线。宽 13、高 12、厚 9 厘米（彩版四九六，1）。

标本 1992 窟前采：0453，一龛坐佛局部。上部柱宽 4 厘米。下层拱高 3 厘米，拱楣面有"人"字形阴刻线。宽 15、高 11、厚 7 厘米。

标本 1992 窟前采：0493，两龛坐佛局部。存龛拱楣局部，楣面下沿有"人"字形阴刻线，龛内可见佛头少许，拱高 3.5 厘米。宽 21、高 8、厚 30 厘米。

标本 1992 窟前采：0527，两龛局部。可见楣拱局部，楣面上有阴刻线。宽 11、高 10、厚 6 厘米（彩版四九六，2）。

标本 1992 窟前采：0539，一龛坐佛局部。龛内坐佛仅存头部。拱楣宽 13 厘米，拱高 3 厘米。宽 23、高 10、厚 5 厘米（彩版四九六，3）。

标本 1992 窟前采：0540+0541，五龛坐佛局部，上下两层错缝排列。上层两龛仅见腿部，龛宽 9 厘米。下层最右侧坐佛头部可见五官。龛楣有"人"字形阴刻线，中间龛楣宽 13 厘米，拱高 3～3.5 厘米，龛深 3 厘米。宽 35、高 11、厚 7 厘米（彩版四九六，4）。

标本 1992 窟前采：0553，一龛坐佛局部。龛内坐佛存头肩部，面有五官。楣拱面有"人"字形阴刻线，线尖处平缓。楣尾有卷纹。宽 20、高 11、厚 7 厘米（彩版四九六，5）。

标本 1992 窟前采：0555，一龛坐佛局部。左侧可见上层坐佛及下层龛楣，楣面有阴刻线。右侧崩毁面大。宽 28、高 15、厚 5 厘米。

标本 1992 窟前采：0557，一龛坐佛局部。上层左侧面有凿痕。下层龛内可见坐佛头部，面有五官。楣面较平，上有"人"字形阴刻线。左侧边较齐。宽 10、高 15、厚 8 厘米（彩版四九六，6）。

标本 1992 窟前采：0563，一龛局部。龛宽 9.5 厘米，柱宽 3.5 厘米。宽 8、高 10、厚 7 厘米。

标本 1992 窟前采：0570，两龛坐佛局部。上层可见坐佛左膝。下层可见一龛楣拱，楣拱面有"人"字形阴刻线，楣拱高 4 厘米。拱下可见坐佛头部少许。宽 16、高 9、厚 3 厘米。

标本 1992 窟前采：0574，一龛坐佛局部。右龛内可见坐佛头部少许。楣拱上有"人形"阴刻线，拱宽 12.5、高 4 厘米；左侧面及上面齐平，有凿痕。石质带红。宽 19、高 16、厚 9 厘米。

标本 1992 窟前采：0576，两龛局部。上层坐佛可见少许。下层楣拱面上有"人"字形阴刻线。宽 10、高 12、厚 4 厘米。

标本 1992 窟前采：0578，一龛坐佛局部。可见下层龛内坐佛头部，有五官。楣拱面有"人"字形阴刻线，拱高 4 厘米。宽 16、高 12、厚 4 厘米（彩版四九七，1）。

标本 1992 窟前采：0585，龛形局部。可见下层楣拱，楣面上有"人"字形阴刻线。宽 10、高 9、厚 5 厘米。

标本 1992 窟前采：0588，龛形局部。上层坐佛少许。下层楣拱局部，楣面有阴刻线。宽 8、高 9、厚 4 厘米。

标本 1992 窟前采：0601，一龛坐佛局部。上层龛内坐佛存下身。下层存楣拱局部，楣面有阴刻线。左侧面有凿痕。宽 11、高 14、厚 15 厘米（彩版四九七，2）。

标本 1992 窟前采：0605，两龛拱楣局部。左楣面可见局部"人"字形阴刻线。宽 12、高 9、厚 6 厘米（彩版四九七，3）。

标本 1992 窟前采：0613，一龛坐佛局部。龛内坐佛存头部少许。楣面可见"人"字形阴刻线。宽 14、高 5、厚 8 厘米。

标本 1992 窟前采：0628，一龛坐佛局部。可见龛内佛头局部及龛楣。左龛楣面有阴刻线。宽 22、高 4、厚 11 厘米（彩版四九七，4）。

标本 1992 窟前采：0633，两龛局部。可见上层龛左侧及下层拱楣，楣面有阴刻线。宽 11、高 25、厚 9 厘米。

标本 1992 窟前采：0635，一龛坐佛局部。可见龛内坐佛头部，楣拱高 5 厘米，龛深 3 厘米，楣面有"人"字形阴刻线。宽 15、高 10、厚 7 厘米（彩版四九七，5）。

标本 1992 窟前采：0771，转角千佛局部。千佛头部紧贴边框，面有五官，残留金箔。楣拱雕出一半，上有"人"字形阴刻线。左侧面有另一面的龛楣痕迹。宽 7、高 12、厚 3.5 厘米。

标本 1992 窟前采：0793，一龛坐佛局部。左侧可见坐佛右侧身躯。宽 11、高 15、厚 7 厘米。

标本 1992 窟前采：0933～0974，42 件，龛楣"人"字形阴刻线，不起尖。拱残存宽 9～14、中间拱高 3～7、拱中间底边厚 1.5～5 厘米（彩版四九七，6）。

标本 1992 窟前采：0975～0994，20 件，龛楣"人"字形阴刻线起尖。宽 8～13、高 3.5～5、厚 1～2 厘米。

无"人"字形阴刻线　103 件。

出土遗物　14 件。

标本 1992T110②：20，一坐佛龛拱楣局部。宽 11、高 13、厚 8 厘米。

标本 1992T110②：21，两千佛龛局部。可见拱楣及坐佛头部，龛深 3 厘米。宽 20、高 13、厚 5.5 厘米。

标本 1992T111 ②：35，一龛坐佛局部，龛内残留坐佛头部少许。宽 11、高 9.5、厚 6.5 厘米。

标本 1992T402 ③ A：7，两龛坐佛局部，毁损严重。宽 17、高 13、厚 10 厘米。

标本 1992T503 ③ A：3，可见龛楣及佛头，龛深 3 厘米。宽 12、高 11、厚 6.5 厘米。

标本 1992T503 ③ A：4，可见龛楣及两身坐佛及龛柱，龛柱宽 2.5 厘米。宽 18、高 15、厚 5 厘米。

标本 1992T505 ③ A：6，上下两层坐佛局部，呈错缝排列，上层两龛，中间柱宽 3 厘米，下层一龛，楣拱高 3 厘米，仅存楣拱及坐佛头部。宽 19、高 12、厚 13 厘米（彩版四九八，1）。

标本 1992T505 ④ A：2，可见坐佛，龛深 2 厘米。宽 18、高 9、厚 15 厘米。

标本 1992T506 ③ A：6，可见两层千佛，下层右侧龛柱宽 2.7 厘米，龛深 2.5 厘米，楣拱高 3 厘米。宽 # 13、高 19、厚 12 厘米（图三八七，5；彩版四九八，2）。

标本 1992T506 ③ A：10，可见龛楣及上层坐佛下身。宽 13、高 15、厚 7 厘米。

标本 1992T507 ③ A：9，上下两层，上层三龛，龛宽 10.5 厘米，坐佛高 15 厘米，坐佛衣纹不明显，柱宽 2.5 厘米。下层楣拱宽 12～13 厘米，拱高 3.5 厘米，像残留头部少许。宽 46、高 25、厚 23 厘米（彩版四九八，3）。

标本 1992T511 ②：15，楣拱连接部分。宽 7、高 8、厚 4 厘米。

标本 1992T602 副方 ④ A：13，转角千佛，上下两层，残留金箔。宽 9、高 21、厚 5 厘米（彩版四九八，4）。

标本 1992T602 副方 ④ A：14，可见龛右侧大半及上层龛柱，转角千佛，两面雕刻。宽 11、高 20、厚 9 厘米（彩版四九八，5、6）。

采集遗物　89 件。

标本 1992 窟前采：0017，七龛坐佛局部。上下两层错缝排列，上层四龛，下层三龛。龛宽 10.5～11 厘米，柱宽 2.5～3 厘米，拱高 4 厘米。宽 56、高 35、厚 52 厘米（彩版四九九，1）。

标本 1992 窟前采：0020，七坐佛龛局部。上边左侧可见两坐佛腿部，下面大部可见并排五龛坐佛，有四龛相对完整。龛内坐佛面瘦身长，衣纹无刻画，龛宽 10～10.5 厘米，龛高 15 厘米，柱宽 2.5～3 厘米，拱楣宽 12 厘米，拱高 3.5 厘米，龛深 3 厘米。宽 60、高 25、厚 25 厘米（彩版四九九，2）。

标本 1992 窟前采：0021，两龛坐佛局部。中间龛柱宽 3 厘米。下边有下层拱楣局部，拱高 3 厘米。宽 38、高 13、厚 14 厘米。

标本 1992 窟前采：0026，四龛坐佛局部。上下层错缝排列。上层两龛中间柱宽 3 厘米。下层存两龛拱楣及龛内坐佛头部，右龛拱楣宽 14.5 厘米，拱高 3 厘米，龛深 3 厘米，佛面较瘦。宽 # 30、高 20、厚 36 厘米。

标本 1992 窟前采：0030，三龛坐佛局部。上下层错缝排列，上层一龛，坐佛仅见手部和腿部。下层两龛，坐佛可见头胸局部。上层龛宽 11 厘米，下层拱楣宽 13 厘米，拱高 3 厘米，龛深 3 厘米，柱宽 3 厘米。宽 # 32、高 17、厚 39 厘米。

标本 1992 窟前采：0035，三龛坐佛局部。左半崩毁，右半上方可见一龛坐佛膝部，柱宽 3 厘米。下层并排两龛坐佛，右龛拱楣宽 13 厘米，拱高 3.5 厘米，柱宽 3 厘米，龛深 3 厘米。宽 70、高 17、厚 24 厘米。

标本 1992 窟前采：0044，十一龛坐佛局部。上下层错缝排列，上层并排六龛，龛内坐佛残存身躯，着通肩衣，下层并排六龛，龛内坐佛可见头部。右侧有粘接。宽 88、高 20、厚 36 厘米（彩版四九九，3）。

标本 1992 窟前采：0051，八龛坐佛局部。上下两层错缝排列。上层四龛局部，龛宽 10 厘米，柱宽 2.5 ～ 3 厘米。下层四龛局部，损毁严重，拱楣不完整，拱高 3.5 ～ 4 厘米，可见左起二龛内佛头，其余佛头均被毁。宽 52、高 20、厚 35 厘米。

标本 1992 窟前采：0057，五龛坐佛局部。上层可见两龛坐佛下半身，龛宽 10.5 厘米，柱宽 2.7 厘米。下层可见三龛拱楣，中龛拱高 3.5 厘米。宽 35、高 14、厚 33 厘米。

标本 1992 窟前采：0060，四龛局部。上层一龛，可见坐佛大半身，下层三龛，有两龛可见坐佛头与上半身。中龛宽 11 厘米。宽 29、高 21、厚 37 厘米（彩版四九九，4）。

标本 1992 窟前采：0080，四龛坐佛局部。佛像风化严重。中间两龛宽 9.5、高 13 厘米，拱高 3.5 厘米，柱宽 3 厘米，龛深 2 厘米。宽 43、高 23、厚 40 厘米（彩版四九九，5）。

标本 1992 窟前采：0085，一龛坐佛局部。右侧柱宽 2.3 厘米。宽 # 9、高 21、厚 18 厘米。

标本 1992 窟前采：0086，上层一龛坐佛及下层两龛楣局部。龛宽 7.5 厘米，柱宽 2.5 ～ 3 厘米。下部拱楣拱高约 4 厘米。宽 21、高 11、厚 17 厘米。

标本 1992 窟前采：0092，四龛坐佛局部。上下层错缝排列。上层两龛可见坐佛腿部，中间柱宽 3 厘米。下层两龛可见拱楣及龛内坐佛头部，左龛拱楣宽 13 厘米，拱高 3 厘米，龛深 2 厘米，坐佛面相较瘦。右龛坐佛面部朝向异于左龛。宽 23、高 14、厚 10 厘米（图三八七，6；彩版四九九，6）。

标本 1992 窟前采：0096，四龛坐佛局部。上下层错缝排列。上层可见二坐佛腿部。下层可见两龛内坐佛头肩部，以及另外少许楣拱。拱楣宽 12.5 厘米，拱高 3 厘米，龛深 2.5 厘米。宽 34、高 16、厚 15 厘米（彩版五〇〇，1）。

标本 1992 窟前采：0097，四龛坐佛局部。上下层错缝排列。上层可见两坐佛少许，两龛间柱宽 3 厘米。下层右龛拱高 2.5 厘米。左部崩毁。宽 # 16、高 30、厚 8 厘米。

标本 1992 窟前采：0108，三龛坐佛局部。上下层错缝排列。上层坐佛可见双臂及腿部，龛宽 9.5 厘米，柱宽 3 厘米。下层并排两龛，拱楣高 4 厘米，柱宽 3.5 厘米，龛深 2 厘米。宽 26、高 19、厚 11 厘米。

标本 1992 窟前采：0109，两龛坐佛局部，残留楣拱及佛头。宽 30、高 17、厚 23 厘米。

标本 1992 窟前采：0115，三龛坐佛局部。上下层错缝排列，上层可见三龛内大半身坐佛，无衣纹刻画，中间龛宽 10.5 厘米，柱宽 2.5 厘米。下层楣拱宽 12.5 厘米，拱高 4 厘米，龛内可见坐佛头部少许。宽 37、高 14、厚 19 厘米（彩版五〇〇，2）。

标本 1992 窟前采：0119，两龛坐佛局部。上层可见两龛坐佛腿部，龛宽 10 厘米，中间柱宽 3 厘米。下层可见楣拱。宽 40、高 11、厚 14 厘米。

标本 1992 窟前采：0122，三龛坐佛局部。上下层错缝排列，风化严重。上层两龛，右龛坐佛残留较多。龛宽 10 厘米。下层一龛内可见佛头，拱高 4 厘米，龛深 3 厘米。宽 26、高 13、厚 16 厘米。

标本 1992 窟前采：0146，两龛坐佛局部。两龛坐佛仅见头部。左龛拱楣宽 11.5 厘米，拱高 3 厘米，龛深 2.5 厘米，柱宽 3 厘米。宽 # 36、高 10、厚 24 厘米。

标本 1992 窟前采：0157，一龛坐佛局部。龛内坐佛仅存佛头痕迹。拱楣宽 12.5 厘米，拱高 4 厘米，龛深 3 厘米。龛外左右似无雕刻，顶面有宽线距凿痕。宽 30、高 10、厚 45 厘米。

标本 1992 窟前采：0160，四龛坐佛局部。上下层错缝排列，上层存两龛坐佛腿部，中间龛柱宽

2.3 厘米。下层存两龛上部，坐佛可见头肩部，着通肩衣。拱高约 4 厘米，柱宽 3 厘米，龛深 3 厘米。宽 24、高 19、厚 28 厘米（彩版五〇〇，3）。

标本 1992 窟前采：0164，四龛坐佛局部。上下层错缝排列，上层右侧可见一龛坐佛局部，左侧柱宽 4 厘米。下层存四龛上部，有三龛内可见坐佛头部。拱楣宽 12 厘米，拱高 4 厘米。宽 47、高 15、厚 38 厘米。

标本 1992 窟前采：0165，两龛坐佛局部。右龛内坐佛较完整。龛宽 10、高 14.5、深 2.5 厘米，柱宽 2～2.5 厘米。下部存两拱楣局部，拱高 3 厘米。宽 # 20、高 23、厚 20 厘米（彩版五〇〇，4）。

标本 1992 窟前采：0181，五龛坐佛局部。表面不平，有转折。龛宽 9～10 厘米，楣拱高 3 厘米，柱宽 3.5～4.5 厘米，衣纹不明显。宽 75、高 24、厚 30 厘米（彩版五〇〇，5）。

标本 1992 窟前采：0186，三龛坐佛局部。上层左上边沿有上层龛少许。下层中龛楣拱宽 11 厘米，龛深 3 厘米。石质红色。宽 35、高 7、厚 22 厘米。

标本 1992 窟前采：0187，四龛坐佛局部。上下层错缝排列，各并排两龛。上层可见坐佛大半身，坐佛通肩衣。右龛宽 10 厘米，两侧柱宽 3.5 厘米。下层可见两龛拱楣局部及龛内坐佛头部痕迹，拱高 2.5～3 厘米，龛深 3 厘米。宽 33、高 15、厚 14 厘米。

标本 1992 窟前采：0195，三龛坐佛局部。右侧柱宽 3.5 厘米，拱楣宽 12 厘米，拱高 3.5 厘米，龛深 2.5 厘米。宽 # 43、高 13、厚 20 厘米。

标本 1992 窟前采：0198，两龛坐佛局部。可见龛内坐佛头部少许。拱高 4 厘米，表面残留土红色。宽 30、高 8、厚 14 厘米。

标本 1992 窟前采：0213，二龛坐佛局部。龛内坐佛可见头肩部，右龛坐佛着通肩衣。中间柱宽 3.2 厘米，拱高 4 厘米，左龛深 2.5、龛深 2 厘米。宽 # 20、高 12、厚 45 厘米（彩版五〇〇，6）。

标本 1992 窟前采：0216，五龛坐佛局部。上下层错缝排列，上层两龛，龛内坐佛可见下半身，柱宽 2.5 厘米。下层三龛，龛内坐佛可见头胸部，拱楣宽 12 厘米，拱高 3～3.5 厘米，龛深 2～3 厘米。宽 35、高 20、厚 34 厘米（彩版五〇一，1）。

标本 1992 窟前采：0230，三龛坐佛局部。中间坐佛较完整，着通肩衣，高 14、宽 8.8 厘米。左龛柱宽 3、龛柱宽 2.5 厘米，龛深 2.5 厘米。宽 45、高 20、厚 40 厘米（彩版五〇一，2）。

标本 1992 窟前采：0243，两龛坐佛局部。上下层错缝排列，上层可见一龛坐佛腿部，下层可见龛内坐佛头部，龛拱楣高 4 厘米，龛深 3 厘米。宽 13、高 14、厚 6 厘米。

标本 1992 窟前采：0245，一龛坐佛及下层拱楣局部。柱宽 2 厘米，下层拱高 3.5 厘米。宽 21、高 15、厚 5 厘米（彩版五〇一，3）。

标本 1992 窟前采：0247，两龛坐佛局部。可见龛内坐佛头部，右龛拱高 3 厘米。宽 24、高 8、厚 6 厘米（彩版五〇一，4）。

标本 1992 窟前采：0254，一龛坐佛局部。坐佛存大半身，胸部损毁。左柱宽 3 厘米，拱楣宽 12 厘米，拱高 4 厘米，龛深 2.5 厘米。两侧有另外两龛楣拱少许。宽 22、高 17、厚 9 厘米（彩版五〇一，5）。

标本 1992 窟前采：0256，两龛坐佛及下层楣拱局部。上下层错缝排列，上层两龛内可见坐佛手臂及腿部。右龛宽 11.5 厘米。下层存两龛拱楣，拱高 3 厘米。左侧面、顶面有凿痕。宽 25、高 13、厚 20 厘米（彩版五〇一，6）。

标本 1992 窟前采：0268，两龛拱楣局部。右龛内可见佛头痕迹。宽 23、高 8、厚 7 厘米。

标本 1992 窟前采：0276，三龛坐佛局部。上下层错缝排列，上层两龛仅见坐佛腿部，龛柱宽 3 厘米。下层中间龛内可见坐佛头肩部，楣拱宽 13.5 厘米，拱高 3 厘米，龛深 3.5 厘米，右柱宽 3 厘米。宽 27、高 14、厚 10 厘米（彩版五〇二，1）.

标本 1992 窟前采：0299，五龛坐佛龛局部。上下层错缝，上层三龛存坐佛腿部，中间龛宽 10.5 厘米。下层两龛仅可见坐佛头部。拱楣宽 14 厘米，拱高 3 厘米，龛深 3 厘米。宽 # 33、高 12、厚 36 厘米。

标本 1992 窟前采：0300，两坐佛龛局部。上下层，上层可见坐佛腿部。下层龛内坐佛存头胸部。拱高 4.5 厘米。宽 16、高 14、厚 4.5 厘米（图三八七，7；彩版五〇二，2）。

标本 1992 窟前采：0304，五龛坐佛局部。上下层错缝排列。上层并排四龛，坐佛着通肩衣，龛宽 10.5 ～ 11 厘米，柱宽 2.5 ～ 3 厘米，龛深 3 厘米。下层右下角龛仅存龛像上部，拱高 3 厘米。宽 50、高 25、厚 11 厘米（彩版五〇二，3）。

标本 1992 窟前采：0305，两龛局部。龛内坐佛仅见头部。楣拱高 4 厘米。宽 23、高 7、厚 9 厘米。

标本 1992 窟前采：0315，六龛坐佛局部。上下层错缝排列，上层三龛，坐佛存手臂及腿部。左龛宽 11 厘米，中龛宽 10.5 厘米，柱宽 2.5 ～ 3 厘米；下层三龛，龛内坐佛存头肩部。拱楣宽 13.5 ～ 14 厘米，拱高 3.5 厘米，龛深 2.5 ～ 3 厘米，坐佛面瘦。宽 40、高 15、厚 53 厘米（彩版五〇二，4）。

标本 1992 窟前采：0324，两龛坐佛局部。左龛内可见佛头，风化严重，楣拱高 3.5 厘米。右龛残存楣拱。宽 19、高 11.5、厚 5 厘米。

标本 1992 窟前采：0328，一龛局部。左侧一龛残存楣拱局部，拱高 3 厘米。右侧可见龛内坐佛头部及左肩。宽 26、高 8、厚 14 厘米。

标本 1992 窟前采：0331，两龛坐佛局部。上层存坐佛腿部少许，柱宽 2.5 厘米。下层存两龛楣拱局部，拱高 4 厘米。左楣拱下有佛头部痕迹。宽 23、高 9、厚 16 厘米。

标本 1992 窟前采：0332，一龛坐佛局部。龛内坐佛存头部，拱楣宽 14 厘米，拱高 3.5 厘米。两侧存相邻龛楣少许。上边有上层坐佛痕迹。宽 22、高 12、厚 43 厘米（彩版五〇二，5）。

标本 1992 窟前采：0337，三龛坐佛局部。上下层错缝排列，上层两龛，龛内坐佛存胸以下部分，龛宽 9.5 厘米，柱宽 3 厘米。下层左龛内坐佛可见头部少许。宽 # 23、高 18、厚 10 厘米（彩版五〇二，6）。

标本 1992 窟前采：0339，五龛坐佛局部。上下层错缝排列，上层三龛，中间龛宽 10 厘米，柱宽 2.5 ～ 3 厘米。下层两龛拱楣下可见佛头少许，中间拱宽 12.5 厘米，拱高 2.5 厘米。宽 33、高 10、厚 12 厘米。

标本 1992 窟前采：0350，两龛坐佛局部。上下层错缝排列，上层可见龛内坐佛右半部。下层有两龛拱楣局部，右龛内坐佛存头部。拱高 3.5 厘米。宽 13、高 14、厚 20 厘米（彩版五〇三，1）。

标本 1992 窟前采：0360，一龛坐佛局部。龛内坐佛较完整，着通肩衣。龛宽 8.5 厘米，拱楣宽 10 厘米，拱高 2.5 厘米，龛深约 3 厘米。龛两边凿出宽 1 厘米的龛柱面。龛上方有横向阴刻线。宽 24、高 21、厚 16 厘米（彩版五〇三，2）。

标本 1992 窟前采：0364，三龛坐佛局部。上下层错缝排列，上层一坐佛腿部，下层两龛仅可见坐佛头部，拱高 3 厘米。宽 22、高 12、厚 20 厘米（彩版五〇三，3）。

标本 1992 窟前采：0373，三龛坐佛局部。上下层错缝排列，上层坐佛存腿部少许。中间龛宽约

11 厘米，右柱宽 3 厘米。下层存两龛楣拱局部及佛头部少许，拱高 4 厘米。宽 36、高 11、厚 16 厘米。

标本 1992 窟前采：0388，一龛坐佛局部。坐佛存大半身，通肩衣纹。下层存两龛拱楣局部。宽 14、高 15、厚 6 厘米（彩版五〇三，4）。

标本 1992 窟前采：0398，两龛坐佛局部。左龛坐佛存在较多。下方可见下层龛拱楣。宽 20、高 13、厚 8 厘米。

标本 1992 窟前采：0403，两龛拱楣局部。右龛内可见佛头痕迹。宽 23、高 8、厚 7 厘米。

标本 1992 窟前采：0412，四龛坐佛局部。上下层错缝排列。上层可见一龛局部。下层三龛，龛内坐佛风化严重，可见头部及上身。中间拱楣宽 13 厘米，拱高 3.5 厘米，柱宽 2.5 ～ 3 厘米，龛深 3 厘米。宽 32、高 15、厚 26 厘米。

标本 1992 窟前采：0418，一龛坐佛局部。拱高 3 厘米，龛深 1.5 厘米，楣拱下存坐佛头肩部。石质细腻。宽 18、高 15、厚 15 厘米。

标本 1992 窟前采：0433，两龛坐佛局部。龛内坐佛存头部局部。楣拱可见局部，拱高 3.5 厘米。宽 # 19、高 13、厚 10 厘米。

标本 1992 窟前采：0440，左龛仅存龛楣局部，右龛内可见佛头，龛宽 13 厘米，拱高 3.5 厘米，龛深 3 厘米。石雕表面呈粉红色。宽 24、高 11、厚 22 厘米。

标本 1992 窟前采：0442，二龛楣局部。右龛内可见佛头。拱楣宽 12 厘米，拱高 3 厘米。宽 27、高 5、厚 16 厘米。

标本 1992 窟前采：0448，一龛坐佛局部。左龛内可见佛头，龛深 2 厘米。右侧龛存楣拱局部。宽 15、高 9、厚 10 厘米。

标本 1992 窟前采：0454，一龛坐佛局部。左龛存坐佛头胸局部。拱高 3.5 厘米，其右柱宽 3 厘米，龛深 2.5 厘米。右侧存龛少许。宽 17、高 12、厚 7 厘米。

标本 1992 窟前采：0532+0543，四龛坐佛局部。上下层错缝排列，上层右龛龛宽 11 厘米，两侧柱宽 3 厘米。下层左龛可见佛头。宽 34、高 15、厚 6 厘米。

标本 1992 窟前采：0545，四龛坐佛局部。上下层错缝，上层坐佛存下身。下层可见拱楣局部。宽 22、高 14、厚 6 厘米。

标本 1992 窟前采：0549+0552，五龛坐佛局部。上下两层错缝排列。上层三龛，仅存坐佛下半身，龛宽 10 厘米，柱宽 2.5 ～ 3 厘米。下层两龛仅见左龛佛头，楣拱高 3 厘米，右龛龛楣宽 12.5 厘米。宽 34、高 14、厚 8 厘米（彩版五〇三，5）。

标本 1992 窟前采：0551，两龛坐佛局部。上层一龛可见坐佛右膝。下层一龛内坐佛存头部，龛深 2.5 厘米，楣拱高 3.5 厘米。宽 17、高 13、厚 6 厘米（彩版五〇三，6）。

标本 1992 窟前采：0554，一龛坐佛局部。龛内坐佛仅见佛头局部。宽 14、高 8、厚 7 厘米。

标本 1992 窟前采：0566，一龛坐佛局部。龛内坐佛仅存头部。宽 12、高 8、厚 5 厘米。

标本 1992 窟前采：0610，一龛坐佛局部。龛内坐佛可见头部少许。宽 19、高 7、厚 10 厘米。

标本 1992 窟前采：0634，一龛坐佛局部。可见右龛内坐佛头部痕迹。宽 12、高 9、厚 16 厘米。

标本 1992 窟前采：0683，两龛坐佛局部。表面弧形，左侧崩毁，右侧两龛并排，坐佛保存完整，佛高 14 厘米，龛宽 9 ～ 9.5 厘米，中间龛柱 2 厘米，楣拱高 3.5 厘米。石质红。宽 32、高 27、厚 16 厘米（彩版五〇四，1）。

标本 1992 窟前采：0699，四龛坐佛局部。上下层错缝排列，上层两龛坐佛可见少许。柱宽 2.5 厘米。下层两龛，中龛拱楣宽 14 厘米，拱高 3.5 厘米，龛深 4 厘米。宽 31、高 12、厚 13 厘米（彩版五〇四，2）。

标本 1992 窟前采：0700，三龛坐佛局部。上下层错缝排列，上层一龛，坐佛存下身，左柱宽 4 厘米。下层两龛，龛内坐佛仅见头部少许，拱高 3 ～ 3.5 厘米。宽 24、高 12、厚 18 厘米（彩版五〇四，3）。

标本 1992 窟前采：0709，两龛坐佛局部。龛内坐佛仅见佛头少许。右龛拱高 4 厘米，龛深 2.5 厘米。宽 20、高 8、厚 2 厘米。

标本 1992 窟前采：0710，三龛坐佛局部。上下层错缝排列，上层两龛存坐佛下身，中间柱宽 3.5 厘米。下层一龛坐佛存头肩部，中间拱楣宽 13.5 厘米，拱高 3 厘米，龛深 2 厘米。宽 26、高 15、厚 10 厘米（彩版五〇四，4）。

标本 1992 窟前采：0715，两龛坐佛局部。上下层错缝，上层可见一龛坐佛腿部。下层一龛，龛内坐佛存头部，拱楣宽 13.5 厘米，拱高 3.5 厘米。石质红。宽 20、高 20、厚 15 厘米。

标本 1992 窟前采：0752，两龛坐佛局部。中间龛柱宽 3 厘米。下边有下层拱楣局部，拱高 3 厘米。宽 38、高 13、厚 14 厘米。

标本 1992 窟前采：0753，两龛坐佛局部。上下层错缝排列，上层左侧有较大的崩毁面。右侧龛内坐佛存大部分，着通肩衣。下层龛内坐佛存上半身，右角有另一龛楣少许。石块左侧面有 10 ～ 13 厘米的凿平面，有水平凿痕。宽 17、高 30、厚 25 厘米（彩版五〇四，5）。

标本 1992 窟前采：0803，可见三龛龛楣、佛头，拱宽 12 厘米，拱高 4.5 厘米。宽 31、高 10、厚 16 厘米。

标本 1992 窟前采：0814，三龛坐佛局部。上层两龛，左龛坐佛存大部，右龛坐佛可见左膝少许，柱宽 3 厘米。下层龛内坐佛仅见头部。拱高 2.5 厘米，入深浅。顶面、底面有石花凿痕。宽 17、高 15、厚 9 厘米。

标本 1992 窟前采：0831，两龛坐佛局部，龛深 2.5 ～ 3 厘米，拱高 3 厘米。宽 35、高 7、厚 14 厘米。

标本 1992 窟前采：0832，四龛坐佛局部。上下层错缝排列，上层两龛，坐佛可见腿部。下层两龛坐佛存头肩部。风化严重。宽 38、高 18、厚 11 厘米。

标本 1992 窟前采：0847，两龛坐佛局部。中间拱楣宽 12.5、高 4 厘米，柱宽 3.5 厘米。上面及左侧面有石花凿痕。宽 30、高 20、厚 22 厘米（彩版五〇四，6）。

标本 1992 窟前采：0864，可见一龛坐佛局部。宽 19、高 8、厚 11 厘米。

标本 1992 窟前采：1126，可见一龛楣拱及龛内佛头。宽 20、高 12、厚 5 厘米。

龛柱　53 件。部分龛柱上有焰苗形装饰。

出土遗物　8 件。

标本 1992T104 ②：20，龛柱局部，柱面上有焰苗形。宽 5、高 11.5、厚 2.5 厘米。

标本 1992T602 ④ A：1，龛柱残件。宽 3、高 10、厚 1.5 厘米（彩版五〇五，1）。

标本 1992T602 ④ A：2，龛柱上有焰苗形，苗有中线。宽 3.5、高 13、厚 3 厘米（图三八七，8）。

标本 1992T602 ④ A：3，龛柱残件，有焰苗形。宽 4、高 13、厚 2 厘米。

标本 1992T602 副方 ④ A：60，龛柱宽 2.8 厘米，柱面有焰苗形，高 5 厘米，表面覆黑色。宽 6、高 12、厚 3 厘米（彩版五〇五，2）。

标本 1992T602 副方④ A：61，龛柱上有阳刻焰苗形，焰苗高 6 厘米，表面覆黑色。宽 3、高 9、厚 3 厘米。

标本 1992T602 副方④ A：62，龛柱上有焰苗形，焰苗高 6 厘米，表面覆黑色。宽 4、高 11、厚 2.5 厘米（图三八七，9；彩版五〇五，3）。

标本 1992T602 副方④ A：63，龛柱宽 2.5 厘米，上有阳刻焰苗形，高 4 厘米。宽 7、高 13.5、厚 3.5 厘米（彩版五〇五，4）。

采集遗物　45 件。

标本 1992 窟前采：0995～1039，45 件，龛柱宽 2.5～4 厘米（彩版五〇五，5）。

残龛像，234 件。因残损，衣纹、龛楣、龛柱均无明显细分特征。

出土遗物　67 件。

标本 1992T109 ②：6，两面雕刻。正面两龛较小坐佛下部，中间柱宽 1.5 厘米，入深较浅。背面五条凸弧纹，宽 1.5～2 厘米，形象不明。宽 14、高 8、厚 5 厘米（彩版五〇六，1）。

标本 1992T110 ②：24，一坐佛龛拱楣及上层龛少许。宽 13、高 7.5、厚 6 厘米。

标本 1992T110 ②：26，一坐佛右手及右膝。宽 9、高 8、厚 8 厘米（彩版五〇六，2）。

标本 1992T110 ②：29，上层龛残留龛柱及右佛手部局部。可见下龛拱楣，龛内佛头可见少许。宽 9、高 12、厚 6 厘米。

标本 1992T111 ②：33，下部可见一龛拱楣及坐佛头部。上部坐佛风化模糊。宽 16、高 13、厚 6 厘米。

标本 1992T111 ②：34，一龛坐佛局部，可见龛内佛头。上部崩毁。宽 # 10、高 6、厚 12 厘米。

标本 1992T111 ②：36，造像风化模糊，形象不明。宽 16.5、高 10、厚 6 厘米。

标本 1992T111 ②：37，一龛坐佛右侧局部。左侧可见龛柱。宽 3.5 厘米。宽 10、高 6、厚 14 厘米。

标本 1992T402 ③ A：1，疑似龛柱。宽 12、高 5、厚 6 厘米。

标本 1992T402 ③ A：8，可见两龛坐佛局部，柱宽约 3 厘米。宽 20、高 5、厚 9 厘米。

标本 1992T402 ③ A：9，一龛坐佛局部，龛宽 9.5 厘米，柱宽 2.5 厘米。宽 17、高 7、厚 9 厘米。

标本 1992T402 ③ A：10，一龛局部，龛内仅见佛头。宽 # 11、高 7、厚 30 厘米。

标本 1992T403 ③ A：10，疑似龛柱。宽 6、高 15、厚 20 厘米。

标本 1992T407 ③ A：9，两龛坐佛局部，风化严重。宽 31、高 24、厚 19 厘米。

标本 1992T503 ③ A：5，可见千佛下身及右侧龛柱，柱宽 3 厘米。宽 16、高 9、厚 5 厘米。

标本 1992T503 ③ A：9，可见通肩衣领口，石质青灰色。宽 10、高 4、厚 8 厘米。

标本 1992T503 ③ A：10，可见坐佛头部，石质青灰色。宽 10、高 6、厚 4 厘米（彩版五〇六，3）。

标本 1992T503 ③ A：11，可见坐佛左膝及左侧龛柱，柱宽 3.5 厘米。宽 14、高 11、厚 8 厘米。

标本 1992T503 ③ A：12，形象不明可见少部龛楣，石质青灰色。宽 11、高 6、厚 7 厘米。

标本 1992T503 ③ A：13，一龛坐佛局部，石质青灰。宽 16、高 5、厚 9 厘米。

标本 1992T504 ③ A：2，左侧较平，右侧可见龛楣。宽 9、高 8.5、厚 7 厘米。

标本 1992T504 ③ A：3，一龛坐佛左侧部分，柱宽约 2.5 厘米。宽 7、高 14、厚 10 厘米。

标本 1992T504 ③ A：5，残存坐佛上半身，颈部残留金箔，右侧柱宽 2.2 厘米。左侧面较平，石质红色，表面有熏黑。宽 9.5、高 17、厚 11 厘米（彩版五〇六，4）。

标本 1992T505 ④ A：10，一龛坐佛局部，左侧较宽，石质青灰。宽 18、高 11、厚 14 厘米。

标本 1992T505④A：11，可见两龛上部，中间柱宽3厘米，龛深2厘米，佛像无五官。宽24、高8、厚15厘米。

标本 1992T506④A：7，残留金箔石块。宽2、高3.5、厚1.5厘米（彩版五○六，5）。

标本 1992T507③A：3，可见龛柱及佛像头部。宽14、高9、厚8厘米。

标本 1992T508①：2，可见坐佛头部及龛柱。宽35、高3、厚13厘米。

标本 1992T601③A：14，坐佛形体略小，着披遮右肩衣，龛内残留土红色。宽10、高18、厚4厘米（彩版五○六，6）。

标本 1992T602副方④A：17，残留金箔。宽6、高14、厚2厘米。

标本 1992T602副方④A：37，着通肩衣，残留金箔。宽7、高4、厚1.5厘米。

标本 1992T602副方④A：47，着通肩衣，残留金箔。宽6、高6.5、厚1.5厘米。

标本 1992T602副方④A：54，千佛上身。宽12、高9、厚10厘米（彩版五○七，1）。

标本 1992T602副方④A：64，千佛龛局部。宽11、高10、厚4厘米（彩版五○七，2）。

标本 1992T602副方④A：65，千佛龛局部。宽16.5、高12、厚4厘米（彩版五○七，3）。

标本 1992T602副方④A：67，右侧可见一禅定坐佛下身。宽23、高12、厚7厘米。

标本 1992T602副方④A：70～100，31件。千佛残件，残留金箔（彩版五○七，4～6）。

采集遗物　167件。

标本 1991窟前采：83，残存坐佛腿部。

标本 1992窟前采：0003，两龛坐佛局部。左侧坐佛存大部分，着通肩衣，右龛坐佛腿部破损，中间龛柱宽2.5厘米。宽27、高17、厚24厘米（彩版五○八，1）。

标本 1992窟前采：0032，三坐佛龛局部。上下层，下层左龛留存较多，大面积崩毁。宽70、高29、厚35厘米。

标本 1992窟前采：0039，五龛坐佛局部。上下两层龛，表面不平。上层三龛，下层两龛。龛入深较浅。上层中间龛宽10厘米，柱宽2～3厘米。宽35、高24、厚46厘米（彩版五○八，2）。

标本 1992窟前采：0042，两坐佛龛及下部壁面局部。上边沿可见两龛坐佛局部，之下大部分为石花凿痕面，线间距2～3厘米，不规则。宽37、高21、厚38厘米。

标本 1992窟前采：0046-2，两龛坐佛局部。龛内坐佛仅存头、肩部。左边拱楣宽13厘米，柱宽3厘米，龛深2.5厘米。宽27、高8、厚50厘米。

标本 1992窟前采：0076，并排五龛坐佛局部，风化严重。右侧有稍宽未雕刻面。宽65、高16、厚29厘米（彩版五○八，3）。

标本 1992窟前采：0100，两龛坐佛局部。上下层排列。上层龛宽9厘米。下层龛拱楣平面，上沿为阴刻弧线。左侧面有凿痕，石质红。宽16、高23、厚14厘米（彩版五○八，4）。

标本 1992窟前采：0101，两龛坐佛局部。左龛残存较多，坐佛着通肩衣，面相较瘦。龛深2厘米，中间柱宽2.7厘米。宽#14、高9、厚13厘米。

标本 1992窟前采：0111，两龛坐佛局部。龛宽9～9.5厘米，柱宽2～3厘米，风化较重。宽#28、高12、厚16厘米。

标本 1992窟前采：0112，三龛坐佛局部。坐佛佛衣存少许圆领。柱宽约3厘米。宽#30、高8、厚14厘米。

标本 1992 窟前采：0117，一龛坐佛局部，仅见佛头少许。宽 19、高 5.5、厚 31 厘米。

标本 1992 窟前采：0132，一龛坐佛局部。残留坐佛右膝及龛柱少许。宽 26、高 6、厚 19 厘米。

标本 1992 窟前采：0133，一龛坐佛局部。两侧龛柱较宽。宽 19、高 7、厚 52 厘米。

标本 1992 窟前采：0177，三龛坐佛局部。左侧柱宽 3.5 厘米。宽 30、高 6、厚 20 厘米。

标本 1992 窟前采：0178，两龛坐佛局部。右龛宽 10.5 厘米，左柱宽 3.5、柱宽 3 厘米。宽 29、高 8、厚 15 厘米。

标本 1992 窟前采：0182，一龛坐佛局部。左柱宽 2.8 厘米。宽＃12、高 5、厚 17 厘米。

标本 1992 窟前采：0191，一龛坐佛局部。右侧龛柱宽约 4 厘米。宽 18、高 4、厚 43 厘米。

标本 1992 窟前采：0194，两龛坐佛局部。中间柱宽 2.5 厘米。宽＃15、高 14、厚 21 厘米。

标本 1992 窟前采：0199，两龛坐佛局部。龛内坐佛可见少许。龛宽 9.5 厘米，左柱宽 3.5、柱宽 4.5 厘米。龛下边有未雕刻弧面。宽 34、高 12、厚 10 厘米。

标本 1992 窟前采：0211，两龛坐佛局部。龛内坐佛可见佛头、肩部。右侧龛宽约 10.5 厘米。宽 30、高 7、厚 16 厘米。

标本 1992 窟前采：0241，两龛坐佛局部。上下层错缝排列。上层可见一坐佛身躯。下层存一佛龛右侧，柱宽 3 厘米。宽＃7、高 22、厚 60 厘米。

标本 1992 窟前采：0246，四龛坐佛局部。上下层各两龛，上层龛内坐佛存手臂及腿部，下层两龛内坐佛存头部及上身，左龛拱楣宽 13.5 厘米，拱高 3.5 厘米，龛深 3 厘米。宽 36、高 15、厚 11 厘米。

标本 1992 窟前采：0249，一龛坐佛局部。可见坐佛头肩部。宽 21、高 5、厚 17 厘米。

标本 1992 窟前采：0250，两龛坐佛局部，毁损严重。宽 22、高 9、厚 15 厘米。

标本 1992 窟前采：0251，一龛坐佛局部。毁损严重。宽 21、高 6、厚 20 厘米。

标本 1992 窟前采：0253，一龛坐佛局部，仅存坐佛胸部。左侧柱宽 3 厘米。宽＃14、高 6、厚 31 厘米。

标本 1992 窟前采：0258，两龛坐佛局部。左龛坐佛可见少许，右龛坐佛存大半身，坐佛着通肩衣。龛柱毁损。宽 18、高 9、厚 13 厘米。

标本 1992 窟前采：0259，一龛坐佛局部。坐佛可见手臂。龛宽 11 厘米。宽 18、高 2.5、厚 29 厘米。

标本 1992 窟前采：0261，一龛坐佛局部。坐佛存手臂及腿部。右柱宽 3 厘米。宽 16、高 8、厚 33 厘米。

标本 1992 窟前采：0308，两龛坐佛局部。左龛坐佛存胸以下大部分，龛宽 10 厘米，右龛仅见坐佛腿部，中间柱宽 2.5 厘米。下边有下层拱楣残留。宽 32、高 10、厚 26 厘米。

标本 1992 窟前采：0320，两龛坐佛局部。上下层错缝排列，上边可见一坐佛腿部，下部右侧可见一龛局部，龛左侧有宽 1.5 厘米的龛边。上面、左面和下面均有石花凿痕。宽 18、高 23、厚 22 厘米。

标本 1992 窟前采：0325，两龛坐佛局部。上下层错缝排列，表面崩毁严重。上层可见坐佛腿部，下层龛内存佛头。宽 27、高 20、厚 12 厘米。

标本 1992 窟前采：0327，三龛坐佛局部。上层两龛，左龛存坐佛右半，右龛存手臂及腿部，中间柱宽 3.5 厘米。下层残存龛楣及龛内坐佛头部少许，拱高 3 厘米。宽 23、高 18、厚 14 厘米。

标本 1992 窟前采：0330，两龛坐佛局部。左龛坐佛存双臂和腿部，右龛存坐佛少许。中间龛柱宽 3 厘米。宽 19、高 14、厚 10 厘米。

标本 1992 窟前采：0334，二龛坐佛局部。龛内坐佛可见头部，中间柱宽 3 厘米，左龛深 3 厘米。宽 27、高 10、厚 13 厘米。

标本 1992 窟前采：0359，一龛坐佛局部。左侧存龛楣局部，右侧龛内存坐佛头肩部。宽 21、高 5、厚 22 厘米。

标本 1992 窟前采：0362，两龛坐佛局部。左龛坐佛存头肩部，龛宽 10.5 厘米，左侧柱宽 2.5 厘米。右侧柱宽 3 厘米。右龛仅见龛内坐佛肩部少许。宽 24、高 5、厚 8 厘米。

标本 1992 窟前采：0368，两龛坐佛局部。中间柱宽 3 厘米。宽＃18、高 14、厚 23 厘米。

标本 1992 窟前采：0372，三龛坐佛局部。上层两龛，中间柱宽 3 厘米。下层楣拱高 3.5 厘米。宽＃15、高 12、厚 8 厘米。

标本 1992 窟前采：0379，两龛坐佛局部。坐佛存多半身。左龛宽 9、柱宽 3 厘米。石质细腻。宽 28、高 14、厚 12 厘米（彩版五〇八，5）。

标本 1992 窟前采：0380，五龛坐佛局部。上下层错缝排列，上层三龛中龛坐佛存大半身，两侧龛存少许，中龛宽约 10.5 厘米。下层两龛风化严重，龛深较浅，拱高 3.5 厘米。宽 31、高 19、厚 9 厘米（彩版五〇八，6）。

标本 1992 窟前采：0382，两龛坐佛局部。龛内坐佛存头肩部，左龛坐佛着通肩衣，右龛坐佛毁损。左龛楣宽 13 厘米，龛深 2.5 厘米，龛左面未雕刻。宽 31、高 10、厚 17 厘米（彩版五〇九，1）。

标本 1992 窟前采：0387，两龛坐佛局部。上下层错缝排列，上层存坐佛腿部。下层龛内只剩坐佛头部。拱高 3 厘米。宽＃16、高 13、厚 9 厘米。

标本 1992 窟前采：0389，两龛坐佛局部。左龛坐佛存在较多。下方可见下层龛拱楣。宽 20、高 13、厚 8 厘米。

标本 1992 窟前采：0399，可见两龛坐佛上部。宽 28、高 16、厚 16 厘米。

标本 1992 窟前采：0405，三龛坐佛局部。上下层错缝排列，上层两龛局部，柱宽 3 厘米。下层一龛内存坐佛头部，拱高 3.5 厘米。宽 35、高 26、厚 10 厘米。

标本 1992 窟前采：0410，四龛坐佛局部。龛宽 11～11.5 厘米，柱宽 2～3 厘米。四龛下层有高 8 厘米的未雕刻面。顶面、右侧面及底面有石花凿痕。宽 40、高 18、厚 19 厘米（彩版五〇九，2）。

标本 1992 窟前采：0425，四龛坐佛局部。可见三龛内佛头局部，右龛拱楣稍清晰，拱高 4 厘米。宽 50、高 10、厚 33 厘米。

标本 1992 窟前采：0435，两龛坐佛局部。中间柱宽 3 厘米。宽 14、高 6、厚 6 厘米。

标本 1992 窟前采：0436，三龛坐佛局部。上下层，上层两龛存坐佛局部，柱宽 2.5 厘米。下层右龛楣下存佛头少许。宽 20、高 10、厚 7 厘米。

标本 1992 窟前采：0437，两龛坐佛局部。坐佛存下身。柱宽 2.7 厘米，右下角有下层拱楣。宽 29、高 7、厚 18 厘米（彩版五〇九，3）。

标本 1992 窟前采：0438，一龛坐佛局部。可见坐佛头部。左侧为左龛楣拱局部。宽 15、高 10、厚 5 厘米（彩版五〇九，4）。

标本 1992 窟前采：0451，两龛坐佛局部。龛楣毁损，可见龛内坐佛头部。宽 16、高 9、厚 6 厘米。

标本 1992 窟前采：0455，一龛坐佛局部。左侧可见坐佛右臂右膝。右侧龛柱宽 3.5 厘米。宽 12、高 8、厚 4 厘米。

标本 1992 窟前采：0463，一龛坐佛局部。坐佛存头肩部。右柱宽 3 厘米。宽 18、高 7、厚 19 厘米。

标本 1992 窟前采：0469，两龛坐佛局部。风化严重，可见龛内坐佛头部痕迹。宽 27、高 6、厚 13 厘米。

标本 1992 窟前采：0528，一龛坐佛局部。坐佛存左身少许。柱宽 2.5 厘米。下方有下层拱楣局部。宽 9、高 13、厚 8 厘米。

标本 1992 窟前采：0531，三龛坐佛局部。上下层错缝排列，上层两龛存坐佛下身及膝部。下层一龛，内存坐佛头部。宽 14、高 13、厚 7 厘米（彩版五〇九，5）。

标本 1992 窟前采：0533，两龛坐佛局部。上层左角可见坐佛右膝。下层龛内可见坐佛头部少许。宽 14、高 10、厚 6 厘米。

标本 1992 窟前采：0536，一龛坐佛局部。坐佛可见头部及右肩臂。龛形毁损。宽 14、高 13、厚 5 厘米。

标本 1992 窟前采：0537，一龛坐佛局部。龛内坐佛仅见佛头少许。宽 9、高 8、厚 5 厘米。

标本 1992 窟前采：0538，隐约可见龛柱，龛像不辨。宽 14、高 9、厚 5 厘米。

标本 1992 窟前采：0542，一龛坐佛局部。坐佛可见手臂及腿部。宽 13、高 5、厚 4 厘米。

标本 1992 窟前采：0558，一龛坐佛局部。可见龛内坐佛右身局部。龛柱下方可见下层楣拱局部。宽 5、高 12、厚 13 厘米。

标本 1992 窟前采：0559，两龛坐佛局部。坐佛可见头肩部。中间柱宽约 3.5 厘米。宽 19、高 7、厚 6.5 厘米。

标本 1992 窟前采：0561，可见龛柱及下层拱楣，柱宽 2.5 厘米。宽 11、高 7、厚 7 厘米。

标本 1992 窟前采：0562，一龛坐佛局部。可见坐佛下身。左侧龛柱宽约 3.5 厘米，右侧有较大面。下方圆拱形。石质略灰色。宽 19、高 10、厚 6 厘米。

标本 1992 窟前采：0565，一龛坐佛局部。可见上层龛柱右侧坐佛左膝，及下层楣拱局部。宽 8、高 6、厚 6 厘米。

标本 1992 窟前采：0567，一龛坐佛局部。可见坐佛左膝部。宽 9、高 4、厚 6 厘米。

标本 1992 窟前采：0572，两龛坐佛局部。上层可见一坐佛右膝部。下层可见龛内坐佛头部。宽 10、高 10、厚 3 厘米。

标本 1992 窟前采：0573，一龛坐佛局部。可见坐佛左半身。宽 5、高 12、厚 5.5 厘米。

标本 1992 窟前采：0575，一龛坐佛痕迹。右侧可见坐佛轮廓。宽 19、高 10、厚 5 厘米。

标本 1992 窟前采：0579，一龛坐佛局部。可见坐佛左身局部及左龛柱。宽 8、高 8、厚 12 厘米。

标本 1992 窟前采：0580，龛形局部。上层两龛内坐佛仅见少许，中间龛柱及下层楣拱存留较多。柱宽 3 厘米。宽 10、高 ＃ 10、厚 9 厘米。

标本 1992 窟前采：0581，一龛坐佛局部。可见坐佛下身及下层楣拱局部。宽 13、高 10、厚 7 厘米。

标本 1992 窟前采：0583，一龛坐佛局部。龛内坐佛存手臂局部。宽 ＃ 13、高 5、厚 7 厘米。

标本 1992 窟前采：0586，一龛坐佛局部。可见坐佛左半身及左龛柱。宽 10、高 6、厚 9 厘米。

标本 1992 窟前采：0589，一龛坐佛局部。龛内坐佛头部已毁，仅见痕迹。宽 12、高 7、厚 4 厘米。

标本 1992 窟前采：0590，一龛坐佛局部。可见坐佛胸腹及双臂。宽 8、高 4、厚 9 厘米。

标本 1992 窟前采：0591，一龛坐佛局部。可见坐佛下身。宽 10、高 8、厚 4 厘米。

　　标本 1992 窟前采：0596，一龛坐佛局部。龛内坐佛仅存右臂及右膝局部。龛柱宽 2 厘米。下层残留楣拱局部。宽 10、高 23、厚 6 厘米。

　　标本 1992 窟前采：0598，一龛坐佛局部。坐佛存右下身。宽 9、高 9.5、厚 4.5 厘米。

　　标本 1992 窟前采：0606，一龛坐佛局部。可见坐佛左半身及下层拱局部。右侧面有取平石花凿痕。宽 6、高 16、厚 12 厘米。

　　标本 1992 窟前采：0607，一龛坐佛局部。可见坐佛左半身及左侧龛柱局部，柱宽 3.5 厘米。宽 9、高 8、厚 8 厘米。

　　标本 1992 窟前采：0608，一龛坐佛局部。可见坐佛腿部及下层楣拱局部。宽 13、高 5、厚 7 厘米。

　　标本 1992 窟前采：0611，两龛坐佛局部。可见两身坐佛腿局部及龛柱局部。宽 18、高 4、厚 4 厘米。

　　标本 1992 窟前采：0612，一龛坐佛局部。上边左侧下方腿部少许。下边崩毁。宽 17、高 8、厚 3 厘米。

　　标本 1992 窟前采：0614，一龛坐佛局部。可见坐佛腿部。宽 11、高 6、厚 4 厘米。

　　标本 1992 窟前采：0615，一龛坐佛局部。龛内坐佛仅存左肩部。宽 7、高 4、厚 7 厘米。

　　标本 1992 窟前采：0616，一龛坐佛局部。可见坐佛右臂及右侧龛柱局部。宽 6.5、高 6.5、厚 7 厘米。

　　标本 1992 窟前采：0617，一龛坐佛局部。可见坐佛右臂。宽 5、高 7、厚 6 厘米。

　　标本 1992 窟前采：0618，一龛坐佛局部。可见坐佛胸腹及手臂局部。宽 6、高 5.5、厚 6 厘米。

　　标本 1992 窟前采：0620，一龛坐佛局部。可见坐佛腿部和手臂少许。宽 9、高 4、厚 4 厘米。

　　标本 1992 窟前采：0621，一龛坐佛局部。上边可见坐佛右膝及右侧龛柱局部。下层为圆拱局部。宽 14.5、高 4、厚 4 厘米。

　　标本 1992 窟前采：0622，一龛坐佛局部。可见坐佛头部。宽 7、高 5、厚 8 厘米。

　　标本 1992 窟前采：0623，一龛坐佛局部。可见坐佛右侧胸肩部及龛柱局部。宽 11、高 4.5、厚 6 厘米。

　　标本 1992 窟前采：0626，一龛坐佛局部。可见龛楣及坐佛头部。宽 9、高 7、厚 3 厘米。

　　标本 1992 窟前采：0632，一龛坐佛局部。可见坐佛右手臂及右侧龛柱，柱宽 2.7 厘米。宽 11、高 8、厚 12 厘米。

　　标本 1992 窟前采：0636，一龛坐佛局部。可见坐佛左身局部。宽 7、高 9、厚 5 厘米。

　　标本 1992 窟前采：0637，一龛坐佛局部。可见下层拱及上层坐佛腿部。宽 5.5、高 10、厚 5 厘米。

　　标本 1992 窟前采：0638，一龛坐佛局部。可见坐佛头部。宽 9、高 4、厚 6 厘米。

　　标本 1992 窟前采：0639，一龛坐佛局部。可见坐佛左半身，着通肩衣。石质带红色。宽 7、高 7、厚 5 厘米。

　　标本 1992 窟前采：0640，一龛坐佛局部。可见坐佛左臂左膝。宽 6、高 6、厚 3.5 厘米。

　　标本 1992 窟前采：0642，一龛柱及两龛楣局部，柱宽 3 厘米。宽 11、高 13、厚 23 厘米。

　　标本 1992 窟前采：0643，一龛坐佛局部。风化严重。可见坐佛上身及龛楣，楣间距较宽。石质带红色。宽 17、高 15、厚 9 厘米。

　　标本 1992 窟前采：0644，一龛坐佛局部。可见拱楣及佛头局部。宽＃ 8、高 7、厚 14 厘米。

　　标本 1992 窟前采：0645，一龛坐佛局部。龛内坐佛缺失隐约可见痕迹，楣拱高 3 厘米。宽 14、高 16、厚 6 厘米。

　　标本 1992 窟前采：0646，三龛坐佛局部。上层一龛内可见坐佛腿部，下层两龛内可见佛头痕迹。宽 16、高 13、厚 7 厘米。

标本 1992 窟前采：0647，两龛坐佛局部。龛内坐佛可见肩部及肩胸部，右龛坐佛着通肩衣。龛间柱宽 2.8 厘米，龛深约 3 厘米。宽 14、高 9、厚 17 厘米。

标本 1992 窟前采：0648，一龛坐佛局部。可见龛楣局部。宽 10、高 9、厚 6 厘米。

标本 1992 窟前采：0649，一龛坐佛局部。可见龛内坐佛头部。宽 9、高 13、厚 6 厘米。

标本 1992 窟前采：0650，一龛坐佛局部。可见龛内坐佛头部。宽 # 9.5、高 9、厚 6 厘米。

标本 1992 窟前采：0651，一龛坐佛局部。可见龛内坐佛左肩及左侧龛柱，柱宽 3 厘米。宽 7、高 5、厚 11 厘米。

标本 1992 窟前采：0653，一龛坐佛局部。可见龛内坐佛头部。宽 13、高 5、厚 12 厘米。

标本 1992 窟前采：0657，一龛坐佛局部。可见坐佛左臂及左侧龛柱，柱面残。宽 12、高 12、厚 10 厘米。

标本 1992 窟前采：0658，一龛坐佛局部。可见龛楣，龛内坐佛已脱落。石质灰黑细腻。宽 18、高 8、厚 21 厘米。

标本 1992 窟前采：0661，三龛坐佛局部。可见坐佛大半身，石质灰黑酥松。宽 32、高 9、厚 25 厘米。

标本 1992 窟前采：0674，一龛坐佛局部。可见上层坐佛腿部少许及下层龛楣局部。宽 8、高 8、厚 5 厘米。

标本 1992 窟前采：0675，可见两龛千佛龛楣。其上方有宽边。石质青灰细腻。宽 13、高 10、厚 5 厘米。

标本 1992 窟前采：0682，一龛坐佛局部，可见坐佛坐侧身躯，着通肩衣，龛柱宽 3 厘米。下边可见残留楣拱。宽 # 15、高 13、厚 12 厘米。

标本 1992 窟前采：0687，两龛坐佛局部。坐佛存手臂及腿部。中间柱宽 3 厘米。宽 27、高 7、厚 38 厘米。

标本 1992 窟前采：0690，两龛坐佛局部。坐佛存下身。柱宽 3.5 厘米。石质红色。宽 29、高 10、厚 15 厘米。

标本 1992 窟前采：0691，两龛坐佛局部。坐佛存上半身，风化严重。宽 26、高 12、厚 24 厘米（彩版五〇九，6）。

标本 1992 窟前采：0692，两龛坐佛局部。左龛坐佛存下半身。左柱宽 4、柱宽 4.5 厘米。下层存拱楣局部。宽 23、高 10、厚 15 厘米（彩版五一〇，1）。

标本 1992 窟前采：0694，一龛坐佛局部。坐佛存胸部以下。龛形损毁。宽 # 12、高 12、厚 20 厘米（彩版五一〇，2）。

标本 1992 窟前采：0695，一龛坐佛局部。龛内坐佛可见左侧少许，龛柱面有尖状。宽 # 6、高 10、厚 26 厘米。

标本 1992 窟前采：0698，一龛坐佛局部。左边有坐佛右半身少许，右侧大部崩毁。宽 24、高 20、厚 15 厘米。

标本 1992 窟前采：0701，一龛坐佛局部。坐佛仅见左臂。宽 # 13、高 7、厚 17 厘米。

标本 1992 窟前采：0704，一龛坐佛局部，仅存坐佛颈肩部。宽 # 10、高 6、厚 16 厘米。

标本 1992 窟前采：0705，一龛坐佛局部。坐佛身躯大部，表面损毁。宽 11、高 11、厚 4 厘米。

标本 1992 窟前采：0706，一龛坐佛龛局部。左侧龛内坐佛仅存头部少许，右侧弧面向后转折。宽 15、高 4.5、厚 18 厘米。

标本 1992 窟前采：0707，一龛坐佛局部。左龛内仅见佛头，龛宽 11 厘米，龛深 3 厘米，柱宽 3 厘米。宽 23、高 5、厚 9 厘米。

标本 1992 窟前采：0708，一龛坐佛局部。坐佛仅见左膝部，下方有方形物。宽 10、高 12、厚 9 厘米。

标本 1992 窟前采：0711，两龛坐佛局部。左龛存坐佛下身。右侧柱宽 2.5 厘米。下边有下层拱楣。石质青灰。宽 15、高 10、厚 21 厘米（彩版五一〇，3）。

标本 1992 窟前采：0713，一龛坐佛局部。坐佛形象不辨，中间柱宽 4 厘米。宽 25、高 5、厚 14 厘米。

标本 1992 窟前采：0717，一龛坐佛局部。坐佛可见两臂、腹部局部。宽 15、高 8、厚 16 厘米。

标本 1992 窟前采：0719，三龛坐佛局部。坐佛存下身局部。中间龛宽 9.5 厘米，柱宽 2.5 厘米。下边可见下层两龛拱楣局部。宽 23、高 10、厚 19 厘米。

标本 1992 窟前采：0720，三龛坐佛局部。坐佛仅见胸肩部，右边柱宽 3 厘米。宽 41、高 4、厚 18 厘米。

标本 1992 窟前采：0722，两龛坐佛局部。坐佛存下身。右龛宽 10.5 厘米。下边可见下层龛拱楣局部。宽 18、高 16、厚 54 厘米（彩版五一〇，4）。

标本 1992 窟前采：0723，一龛坐佛局部。左侧可见坐佛右身局部，龛右侧有较宽未雕刻面。下层可见一龛局部，风化严重。宽 19、高 20、厚 12 厘米。

标本 1992 窟前采：0741，三龛坐佛局部。上下层错缝排列，上层一龛内坐佛存下身局部。下层两龛内坐佛存大部。龛像风化严重。宽 35、高 30、厚 60 厘米（彩版五一〇，5）。

标本 1992 窟前采：0750，禅定坐佛手部，衣纹清晰。石质黑灰色。宽 12、高 10、厚 12 厘米。

标本 1992 窟前采：0808，一龛坐佛局部。仅见坐佛右上半身，及右侧龛柱。宽 # 13、高 9、厚 20 厘米。

标本 1992 窟前采：0809，一龛坐佛局部。左侧崩毁，右侧龛内坐佛仅见头肩少许。宽 32、高 8、厚 23 厘米。

标本 1992 窟前采：0810，两龛坐佛局部。坐佛存半身，四周略呈圆形。表面红色。宽 21、高 17、厚 22 厘米。

标本 1992 窟前采：0811，两龛坐佛局部。龛内坐佛可见少许。宽 23、高 7、厚 28 厘米。

标本 1992 窟前采：0813，两龛坐佛局部。上方可见一坐佛腿部。下方可见一拱楣和坐佛头部。右侧崩毁。宽 # 10、高 10、厚 6 厘米。

标本 1992 窟前采：0815，两龛拱楣局部。拱高 4 厘米，顶面有石花凿痕。宽 34、高 7、厚 19 厘米。

标本 1992 窟前采：0817，四龛坐佛局部。龛内坐佛存双臂和腿部。从左向右柱宽 3.5 ～ 2 厘米，龛宽 10 ～ 9 厘米。石质细腻，下边沿有凿痕。宽 47、高 9、厚 15 厘米。

标本 1992 窟前采：0819，一龛坐佛局部。可见右侧坐佛局部。下面崩毁严重。宽 19、高 9、厚 9 厘米。

标本 1992 窟前采：0820，二龛拱楣局部。可见左龛内佛头痕迹。宽 20、高 8、厚 13 厘米。

标本 1992 窟前采：0823，一龛坐佛局部。可见坐佛手臂。宽 14、高 6、厚 13 厘米。

标本 1992 窟前采：0829，两龛坐佛局部。坐佛存手臂及腿部局部，中间柱宽 2.5 厘米。宽 17、高 6、厚 5.5 厘米。

标本 1992 窟前采：0839，三龛坐佛局部。坐佛存头肩及上身，风化严重。宽 41、高 12、厚 24 厘米。

标本 1992 窟前采：0840，一龛坐佛局部。可见坐佛手臂胸腹及右膝。宽 8、高 9、厚 5 厘米。

标本 1992 窟前采：0841，一龛坐佛局部。坐佛存腿部，左柱宽 2.5 厘米。下层龛拱楣高 4 厘米。宽 # 15、高 10、厚 5 厘米。

标本 1992 窟前采：0844，两龛坐佛局部。坐佛存上身局部，着通肩衣。宽 23、高 6、厚 23 厘米。

标本 1992 窟前采：0852，三龛坐佛局部。坐佛存大半身，中间龛宽 11 厘米，左柱宽 2.7、柱宽 3 厘米。宽 36、高 10、厚 9 厘米。

标本 1992 窟前采：0853，两龛坐佛局部。上层可见坐佛腿部，下层可见拱楣，拱高 4.5 厘米。上下层不紧密。宽 35、高 15、厚 32 厘米。

标本 1992 窟前采：0856，三龛坐佛局部。风化严重，坐佛残存大半部分身躯。中间龛宽约 11 厘米，柱宽约 2.5 厘米。石质青灰。宽 37、高 14、厚 19 厘米（彩版五一〇，6）。

标本 1992 窟前采：0857，三龛坐佛局部。左两龛坐佛存上半身，右龛存坐佛少许。龛宽 10.5 厘米，柱宽 2.5～3.5 厘米。宽 49、高 13、厚 30 厘米。

标本 1992 窟前采：0860，可见坐佛右半身。宽 # 5、高 10、厚 9 厘米。

标本 1992 窟前采：0870，可见两龛坐佛局部，风化严重。宽 34、高 8、厚 24 厘米。

标本 1992 窟前采：0919，残存坐佛上半身。宽 8、高 9、厚 2 厘米。

标本 1992 窟前采：0923，残存坐佛上半身。宽 8、高 3、厚 2 厘米。

标本 1992 窟前采：1122，仅剩千佛龛右侧龛柱。宽约 2.5 厘米。宽 14.5、高 7.5、厚 11 厘米。

（5）不明造像

16 件。

出土遗物 6 件。

标本 1992T108③A：1，造像脸部，残留鼻梁以下部位，面向右侧。身份不明。宽 8、高 9、厚 3.5 厘米。

标本 1992T404③A：17，阶梯状残石，无法辨认造像部位，较宽面 10～12 厘米，面上有凿痕及孔洞，外口直径约 3 厘米，内渐小，深 4 厘米。较窄面宽 9～10 厘米。侧面有孔洞，外口直径约 3.5 厘米，内渐小，深 3.5 厘米。两孔洞在同一线上，不同面。宽 18、高 19、厚 23 厘米。

标本 1992T502④A：152，未知部位衣纹。前面多边形。右侧大部为凸面，有一下沉弧线，线下方毁损。左侧有竖向凹面，残损。宽 20、高 14、厚 7.5 厘米。

标本 1992T601③A：6，可见三条凸起弧面，中间凸起面宽 2.5 厘米，形象不明。宽 10、高 9、厚 4 厘米。

标本 1992T601③A：7，弧面分上下两部分，凸面有阴刻线纹三条，疑似飞天腰部。宽 10、高 9.5、厚 2.5 厘米。

标本 1992T601③A：19，雕刻面弧面，上有两条阴刻线由宽变窄，疑似衣纹。宽 13、高 13、厚 6 厘米（图三八八，1）。

采集遗物 10 件。

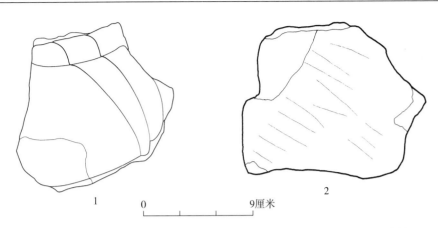

图三八八　第 14～20 窟前地层出土、采集北魏时期石雕不明造像
1、2.1992T601③A：19、1992 窟前采：0680

标本 1991 窟前采：49，雕刻残件，面有尖状凸棱，宽 0.7、长 1.5、间距 0.7 厘米，表面有红色。宽 4.5、高 5、厚 1.5 厘米。

标本 1991 窟前采：52，弧面石块，表面中央残留一块镀金 2.6 厘米 ×3 厘米，周围黑色，石质红色渗透点。宽 12、高 11.5、厚 5 厘米。

标本 1991 窟前采：57，造像头部，脸左侧保留较多，表面涂朱彩。身份不明。宽 5.5、高 6、厚 2 厘米。

标本 1991 窟前采：77，下颌。面部红色，嘴角深陷，有下颏纹，颈部有一道纹，面向左侧。身份不明。宽 9.5、高 7、厚 6 厘米。

标本 1991 窟前采：78，造像手臂。表面红色，有臂钏，宽 2 厘米；钏上圆形宽 3、高 3.5 厘米。宽 7、高 10、厚 5.5 厘米。

标本 1992 窟前采：0480，形象不明，表面柱形，截面半圆。有左上至右下走向阴刻双线，两端弯曲，间距 4 厘米。双线似璎珞。宽 38、高 40、厚 13 厘米。

标本 1992 窟前采：0679，可见弧面凸起，面有凿痕，截面半月形，表面敷黑色颜料。形象不明。宽 15、高 12、厚 4.5 厘米。

标本 1992 窟前采：0680，不明残件。可见弧面凸起，面有凿痕。形象不明。宽 15、高 12.5、厚 4 厘米（图三八八，2）。

标本 1992 窟前采：0780，头像局部。可见眼、鼻、嘴部。身份不明。宽 9.5、高 13、厚 6 厘米。

标本 1992 窟前采：0897，不明残件。前面有打磨边，上面、右侧有斜向石花凿痕，顶面线距约 3 厘米，底面较平，位置、形态不明。残石块。宽 23、高 8、厚 17 厘米。

2. 佛龛

28 件。

（1）圆拱龛残件

22 件。

出土遗物　2 件。

标本 1992T403③A：17，一坐佛龛局部，从佛右膝局部和龛柱看，佛龛大于一般千佛。宽 21、高 5、厚 32 厘米（彩版五一一，6）。

标本 1992T601 ③ A：15，圆拱龛楣局部，凸弧面，上沿有阴刻线。宽 9、高 10、厚 5 厘米（图三八九，1）。

采集遗物　20 件。

标本 1992 窟前采：0014，龛左上隅供养比丘天人及千佛龛。上部可见三龛局部，龛内坐佛禅定，着披遮右肩衣。下部两比丘露半身于龛后，面向右侧，左一身合掌。宽 16、高 20、厚 9 厘米（图三八九，2；彩版五——，1）。

标本 1992 窟前采：0045，左侧造像低于右侧，打破了右侧原供养人队列雕刻。左侧圆拱龛楣残存一坐佛，龛右上隅有三身供养比丘天人，合掌向左。再上为一排千佛，存三龛，坐佛禅定。右侧凸起部分可见两身女性世俗供养人身躯和一博山炉形象。博山炉底有承盘，高足上端束环，炉体有莲瓣纹。炉右侧女性供养人外着对襟长衣，内着长裙，胸前合掌，不露足。宽 60、高 20、厚 24 厘米（图三八九，3；彩版五——，2）。

标本 1992 窟前采：0103，圆拱龛左侧龛尾反顾龙。龙高约 5 厘米。宽 13、高 20、厚 11 厘米（图三八九，4）。

标本 1992 窟前采：0298，龛像局部。上层可见两龛小佛，左龛宽 7 厘米，隐约可见坐佛腿部。右龛宽 10 厘米，可见坐佛手臂及腿部。下层左侧有较大龛，宽 19 厘米，龛深 3 厘米，龛内有一佛头和肩部形象，龛上方有一条竖向破坏性凿痕。此龛右侧可见另一龛拱楣局部。宽 34、高 23、厚

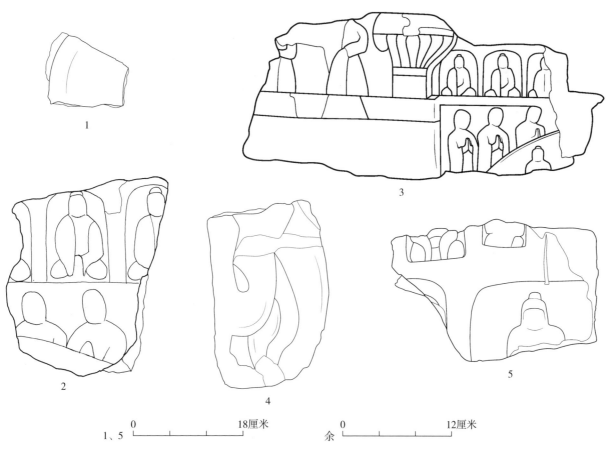

图三八九　第 14～20 窟前地层出土、采集北魏时期石雕圆拱佛龛
1～5.1992T601 ③ A：15、1992 窟前采：0014、0045、0103、0298

25 厘米（图三八九，5；彩版五一一，3）。

标本 1992 窟前采：0348，圆拱龛楣内右侧坐佛，着披遮右肩臂衣，坐佛宽 6.5、高约 9 厘米，圆拱龛梁厚 2 厘米。宽 11、高 12、厚 5 厘米（图三九〇，1；彩版五一一，4）。

标本 1992 窟前采：0352，龛像局部。下方为佛龛右侧胁侍头部及头光，上方为悬空状的束帛柱头。右侧为凸起面。宽 27、高 23、厚 15 厘米（图三九〇，2；彩版五一一，5）。

标本 1992 窟前采：0378+0712，圆拱龛像残件，左侧崩毁，右侧上层有两龛，尖拱楣宽 8.5 厘米，柱宽约 1.5 厘米，龛宽 7 厘米，佛高 10 厘米，龛内坐佛着披遮右肩衣。下方有大尖拱龛楣，楣面上残存 3 尊坐佛，楣上隅共 3 天人形象。宽 55、高 30、厚 17 厘米（图三九〇，3；彩版五一二，1）。

标本 1992 窟前采：0383，龛像局部，左侧崩毁，右侧可见佛像上身，着偏袒右肩袈裟，右手有举于胸前的痕迹。宽 30、高 14、厚 24 厘米（图三九〇，4；彩版五一二，2）。

标本 1992 窟前采：0444，佛龛左上隅局部。可见左上角坐佛，着通肩衣。左下角胁侍菩萨头部，高髻，具圆形头光。上下间隔层宽 1.5 厘米。右侧上方有立姿像下身，右下角圆形弧面。宽 19、高 18、厚 21 厘米（图三九〇，5）。

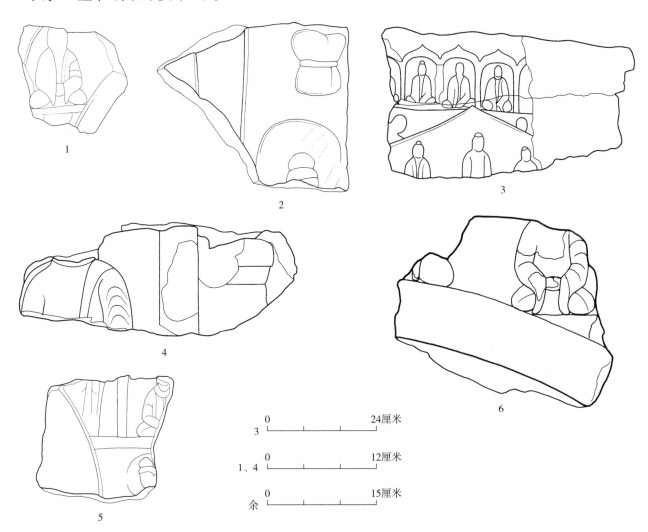

图三九〇　第 14～20 窟前采集北魏时期石雕圆拱佛龛

1～6.1992 窟前采：0348、0352、0378+0712、0383、0444、0749

标本 1992 窟前采：0749，圆拱龛龛楣左侧局部。楣边高 8 厘米，凸出于楣面 5 厘米。楣面有坐佛。宽 30、高 21、厚 29 厘米（图三九〇，6；彩版五一二，3）。

标本 1992 窟前采：0766，圆拱龛楣残件，靠下边缘有弧形阴刻线。宽 10、高 9、厚 2.5 厘米（图三九一，1）。

标本 1992 窟前采：0792，圆拱龛楣局部。楣面内可见三身化佛，具头光和身光，身着披遮右肩臂衣或通肩衣，坐于莲台上。上方还有一供养天人半身像。岩石表面残留有土红色。宽 40、高 57、厚 13.7 厘米（彩版五一二，4）。

标本 1992 窟前采：0798，圆拱龛左侧龛尾龙形反顾局部。宽 21、高 16、厚 17 厘米（彩版五一二，5）。

标本 1992 窟前采：0818，圆拱龛残件。左侧有龛边，宽 6.5 厘米，龛边左侧面为龛内打磨弧面。右侧距龛边柱 17 厘米处，有一坐佛上半身，疑似着披遮右肩衣。之间无形象雕刻。宽 43、高 11、厚 23 厘米（图三九一，2）。

标本 1992 窟前采：0828，圆拱龛残件。右侧可见坐佛半身，着披遮右肩臂衣。左侧凸起面宽

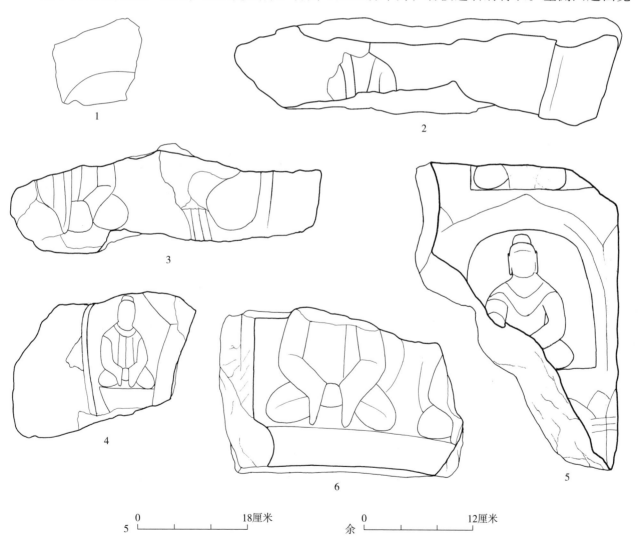

图三九一　第 14～20 窟前采集北魏时期石雕圆拱佛龛

1～6.1992 窟前采：0766、0818、0828、0833、0867、0868

6.5 厘米。中部似圆拱龛左侧龛柱拱尾反顾龙形象。表面残留土红色。宽 34、高 10、厚 17 厘米（图三九一，3）。

标本 1992 窟前采：0833，圆拱龛楣右侧楣面内化佛，佛高 10 厘米，下坐莲台。宽 20、高 13、厚 10 厘米（图三九一，4；彩版五一三，1）。

标本 1992 窟前采：0867，窟内壁或千佛柱尖楣圆拱联龛局部。龛楣尖状，相邻龛间有莲蕾形饰物，龛柱有阴刻线。龛内坐佛着通肩衣，有五官刻画。从上下边缘残留形象看，佛龛上下成排并对齐。左侧面较齐，有少许凿痕。石质中夹灰色结石。宽 33、高 47、厚 12 厘米（图三九一，5；彩版五一三，2）。

标本 1992 窟前采：0868，圆拱龛楣残件，可见楣内化佛半身。宽 27、高 17、厚 34 厘米（图三九一，6；彩版五一三，3）。

标本 1992 窟前采：0871，圆拱龛楣残件，可见楣内化佛着通肩衣，佛宽 17、高约 24 厘米，具头光及身光，龛梁高 6.5 厘米。石质青灰色，两侧面有白色层。宽 27、高 47、厚 25 厘米（图三九二，1；彩版五一三，4）。

标本 1992 窟前采：0876，圆拱龛楣面内坐佛，右手上举，左手抚膝，着褒衣博带式袈裟，右衣领搭于左臂，双 "U" 形衣襟覆于腿上，右脚露出置于左腿上，衣襞下垂，线条细密。坐佛宽 36 厘米，宽 45、高 41、厚 27 厘米（图三九二，2；彩版五一三，5）。

（2）方形龛残件

1 件。

仅见于采集遗物，出土遗物中未见。

标本 1992 窟前采：0073，方龛造像局部，龛内残留造像局部，龛深约 4.5 厘米，龛左 1.5 厘米处有阴刻线。宽 30、高 19、厚 50 厘米（图三九二，3）。

（3）盝形龛残件

1 件。

仅见于采集遗物，出土遗物中未见。

标本 1992 窟前采：0431，盝形龛像局部。中部一排尖楣圆拱千佛龛，左侧存三龛坐佛，中间一龛坐佛似着披遮右肩臂衣。右侧存两龛楣拱。千佛龛下方，存盝形龛左角，素面，下角有垂幔少许。上部有较大面无雕刻。宽 38、高 34、厚 9 厘米（图三九二，4；彩版五一四，1）。

（4）层塔

1 件。

仅见于采集遗物，出土遗物中未见。

标本 1992 窟前采：0486，龛外侧阁楼式出檐层塔局部。塔身一层中央有一圆拱龛，内有一坐佛，龛外两侧隐约有胁侍，龛宽 6.5 厘米，佛高 8.5 厘米，龛深 2 厘米，檐角下悬流苏（高 12 厘米）。下有方形塔基。层塔右侧有凸起边框，宽 4 厘米，边框右侧凹进面内有胁侍腿部轮廓。宽 34、高 28、厚 35 厘米（图三九二，5；彩版五一四，2）。

（5）龛柱

3 件。

仅见于出土遗物，采集遗物中未见。

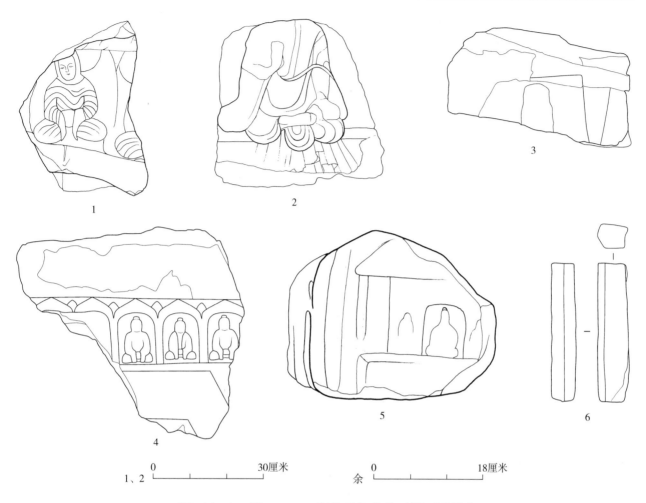

图三九二　第14～20窟前采集北魏时期石雕佛龛

1、2.圆拱佛龛 1992 窟前采：0871、0876　3.方形龛 1992 窟前采：0073　4.盝形龛 1992 窟前采：0431　5.层塔 1992 窟前采：0486　6.龛柱 1992T503 ④ A：2

　　标本 1992T110 ②：19，龛柱正面无雕刻，左侧面有供养像，面向左侧。右侧面有造像衣纹痕迹。宽 9.5、高 7.5、厚 10.5 厘米（彩版五一四，3）。

　　标本 1992T401 ④ A：14，小八棱柱，残留六面，石质细腻。直径 3.3、高 5.3、厚 3 厘米（彩版五一四，4）。

　　标本 1992T503 ④ A：2，可见三个打磨面，其中一面为抹角面，另两个自然断面将柱另一侧损毁，原柱大小不知。宽 5、高 22、厚 4 厘米（图三九二，6；彩版五一四，5）。

3.建筑装饰

（1）屋檐

　　70 件。标本间"+"代表拼接。其中标本 1992 窟前采：0354+0385、1992T505 ④ A：4+1992 窟前采：0333、标本 1992T505 ④ A：7+12 三块石质及表面色彩明显接近，虽未能拼接，仍应是同一体上的雕刻。有的已拼接的石块，岩石一边红黑，一边黄白，色差明显，可能崩塌后处于不同地方，所处环境不同而导致。

　　出土遗物　19 件。

标本 1992T403 ③ A：6，可见瓦头及檐椽局部。宽 21、高 6、厚 12 厘米（彩版五一五，1）。

标本 1992T403 ③ A：8+12，可见瓦头、滴水。宽 23、高 10、厚 11 厘米（图三九三，1；彩版五一五，2）。

标本 1992T404 ③ A：2，瓦垄或檐椽，凸起宽 5 厘米。宽 10、高 11、厚 5.5 厘米（图三九三，2；彩版五一五，3）。

标本 1992T404 ③ A：16，上边可见滴水局部，下边可见二檐椽，斜向。椽头宽 5、高 4.5 厘米。檐底进深 12 厘米，椽间距 6 厘米，椽底后边有凸出体，疑似拱头式栌斗，厚 3 厘米，宽不完整。宽 28、高 19、厚 22 厘米（图三九三，3；彩版五一五，4）。

标本 1992T404 ③ A：18，可见瓦垄及两侧滴水，瓦垄坡度较大。瓦头宽 7、高 7 厘米。宽 24、高 20、厚 15 厘米（图三九三，4；彩版五一五，5）。

标本 1992T419 ②：15，瓦垄或檐椽局部。宽 7、高 8、厚 3.7 厘米。

标本 1992T503 ③ A：14+17+22，塔檐转角瓦垄，前面可见两瓦头，顶面可见瓦垄、斜脊及滴水，瓦垄凸出面宽约 8.5 厘米，斜脊顶面有两条斜向阴刻线。宽 33、高 8、厚 23 厘米（图三九四，1）。

标本 1992T503 ③ A：15，可见底面檐椽，椽头宽 7、间距 6 厘米，石质红，表面有黑。宽 28、高 18、厚 11 厘米（彩版五一五，6）。

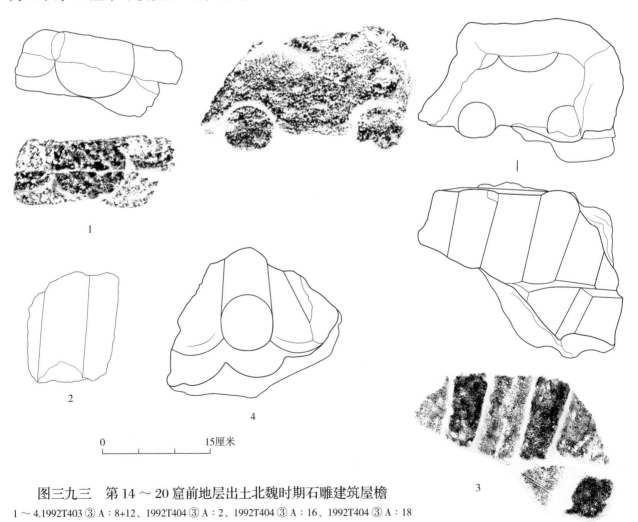

图三九三　第 14～20 窟前地层出土北魏时期石雕建筑屋檐

1～4.1992T403 ③ A：8+12、1992T404 ③ A：2、1992T404 ③ A：16、1992T404 ③ A：18

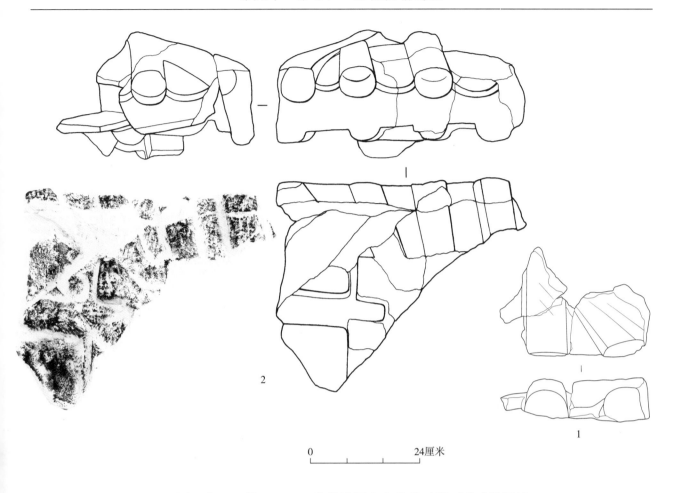

0　　　　　　　24厘米

图三九四　第 14 ～ 20 窟前地层出土北魏时期石雕建筑屋檐
1、2.1992T503 ③ A：14+17+22、1992T503 ③ A：16+1992 窟前采：0347+0419+0430+0665

标本 1992T503 ③ A：16+1992 窟前采：0347+0419+0430+0665，塔檐角。长边可见瓦垄、瓦头、
滴水和檐椽，短边可见瓦垄，之间有斜脊，整体表面红色覆黑。瓦垄凸起面宽 7 ～ 8、间距 8、高 5.5 ～ 7
厘米。瓦头面有下弯半圆折面。底面檐椽出檐长 15、宽 7、间距 6 厘米。转角斗出跳拱宽 8 厘米。
宽 55、高 30、厚 45 厘米（图三九四，2；彩版五一六，1 ～ 3）。

标本 1992T503 ③ A：18，可见两檐椽，宽约 8、间距 9 厘米。宽 30、高 15、厚 18 厘米（图
三九五，1；彩版五一六，4）。

标本 1992T503 ③ A：23，瓦垄局部。宽 12、高 12、厚 5 厘米（彩版五一六，5）。

标本 1992T503 ③ A：26，瓦垄局部。宽 15、高 5、厚 16 厘米。

标本 1992T504 ③ A：4，打磨面有弧线似瓦头，石质红，断面有黑色。宽 18、高 6、厚 14 厘米。

标本 1992T505 ③ A：2+1992T505 ④ A：5+1992 窟前采：0341+0521，可见屋檐瓦垄及檐椽，表
面红色覆黑。长边可见五瓦头和六檐椽，短边毁损。右侧檐底有出跳两卷瓣拱头。瓦头宽 5.5 ～ 6、
高 4.5 ～ 5.5 厘米。底面檐椽出檐长 14.5、宽 6.5、间距 5 ～ 6 厘米。拱头高 9、宽 15 厘米。宽 90、
高 25、厚 33 厘米（图三九五，2；彩版五一六，6）。

标本 1992T505 ④ A：3，顶面毁损，底面可见檐椽痕迹。宽 25、高 19、厚 22 厘米（图三九六，1）。

标本 1992T505 ④ A：4+1992 窟前采：0333，可见屋檐瓦垄及檐椽，石质红色覆黑。瓦头宽 6、

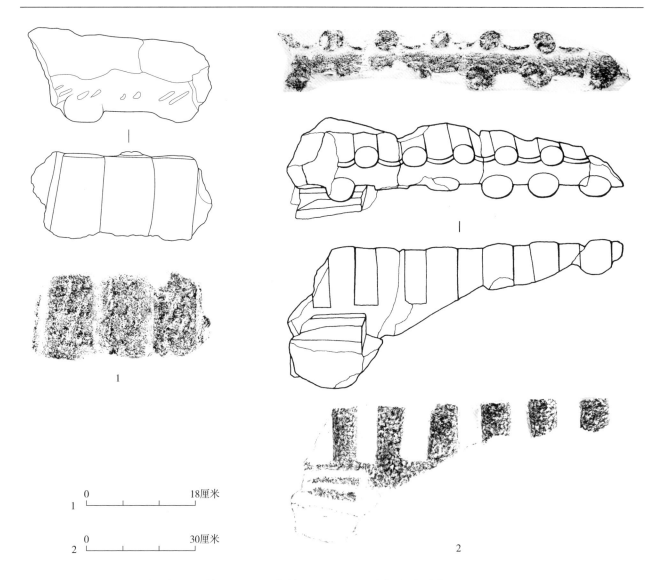

图三九五　第14～20窟前地层出土、采集北魏时期石雕建筑屋檐
1、2.1992T503③A：18、1992T505③A：2+1992T505④A：5+1992窟前采：0341+0521

高5.5厘米。滴水宽5.5厘米。檐椽宽6.5、间距7厘米。宽45、高18、厚13厘米（图三九六，2；彩版五一七，1）。

标本1992T505④A：6，可见一瓦垄，瓦头及檐椽局部，瓦头宽6.5厘米，椽宽5.5～6厘米。宽13、高13、厚10厘米。

标本1992T505④A：7+12，屋檐瓦垄，表面粗糙，石质红色覆黑。瓦头宽7～7.5、高7厘米。底面毁损，不见椽。宽35、高10、厚35厘米（彩版五一七，2）。

标本1992T505③A：1，屋檐残件，檐椽局部，有黑色。宽9、高10.5、厚5厘米。

采集遗物　51件。

标本1992窟前采：0070+0807，塔檐角局部。长边和短边均可见瓦头、滴水。顶面粗糙。底面有正椽和角椽，角椽较粗大，内窄外宽。宽33、高18、厚25厘米（图三九六，3；彩版五一七，3）。

标本1992窟前采：0071+0400，塔檐角局部。短边一侧保留一瓦头、二滴水沿，磨光较好，长

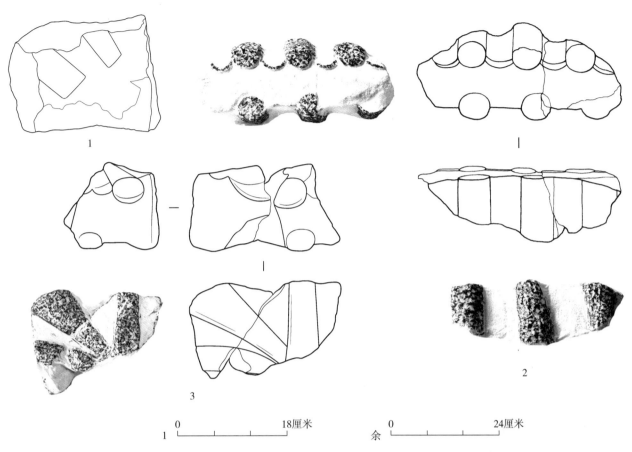

图三九六　第14～20窟前地层出土、采集北魏时期石雕建筑屋檐

1～3.1992T505 ④ A：3、1992T505 ④ A：4+1992 窟前采：0333、1992 窟前采：0070+0807

边一侧瓦头崩毁。瓦垄凸起面宽 8～9 厘米，斜脊宽 9 厘米。檐椽斜向，宽 5.5 厘米，略凸出檐底。斜脊瓦头顶至檐底高 15 厘米。宽 51、高 27、厚 34 厘米（图三九七，1）。

标本 1992 窟前采：0129，屋檐局部。顶面残损。底面可见三斜向檐椽，檐宽 5.5～6、出檐长 16、间距 7～9.5 厘米，底面有凿痕，石质红色。宽 44、高 22、厚 16 厘米（图三九七，2；彩版五一七，4）。

标本 1992 窟前采：0135，塔檐残件，楼阁式塔檐局部。具瓦垄、高檐椽数条，檐底外跳两卷瓣拱头两个。瓦垄长 8.5、宽 3 厘米，沟宽 2 厘米。檐两角损，右角有修补用孔洞，直径 2、深 3 厘米。檐椽出檐长 6.5 厘米。封檐板厚 4 厘米。檐下拱头，宽 5、深 4～5 厘米。石质红。宽 44、高 18、厚 20.5 厘米（图三九七，3；彩版五一七，5、6）。

标本 1992 窟前采：0169+0173+0207+0277，屋檐瓦垄，上下面崩毁，打磨较好。瓦头宽 7、高 6.5 厘米，垄间距 6.5～7.5 厘米。宽 87、高 28、厚 50 厘米（图三九八，1；彩版五一八，1）。

标本 1992 窟前采：0171，瓦垄、檐椽局部。瓦头宽 7 厘米，底面檐椽宽 5.5、间距 7 厘米。宽 53、高 24、厚 16 厘米（图三九八，2；彩版五一八，2）。

标本 1992 窟前采：0179，建筑造像残件，屋檐上方龛内有结跏趺坐佛腿部。盘腿宽 25 厘米，左侧龛柱宽 5 厘米，右下角有瓦垄，凸起面宽 8 厘米。宽 52、高 16、厚 28 厘米（图三九八，3；彩版五一八，3）。

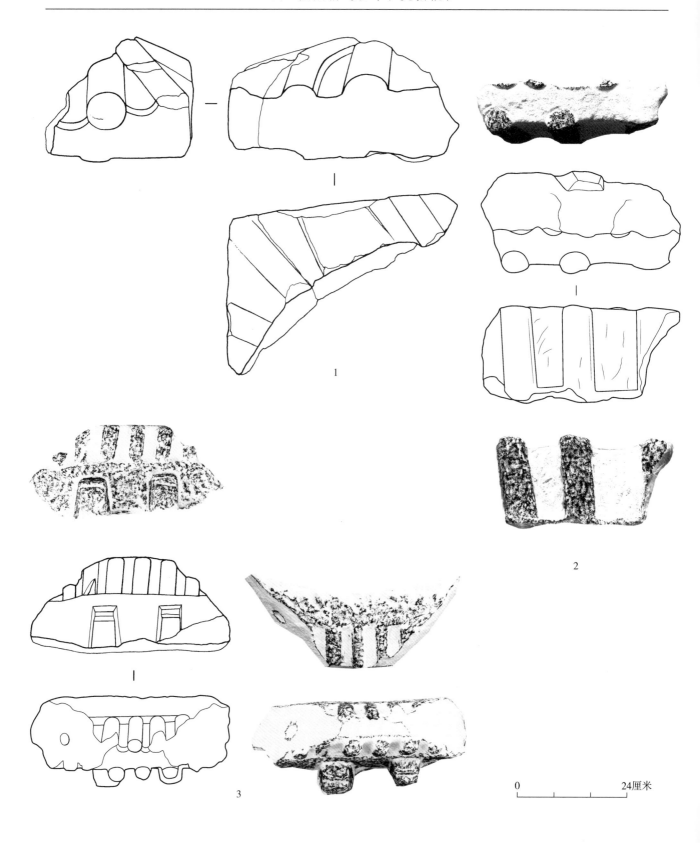

图三九七　第14～20窟前采集北魏时期石雕建筑屋檐

1～3.1992窟前采：0071+0400、1992窟前采：0129、0135

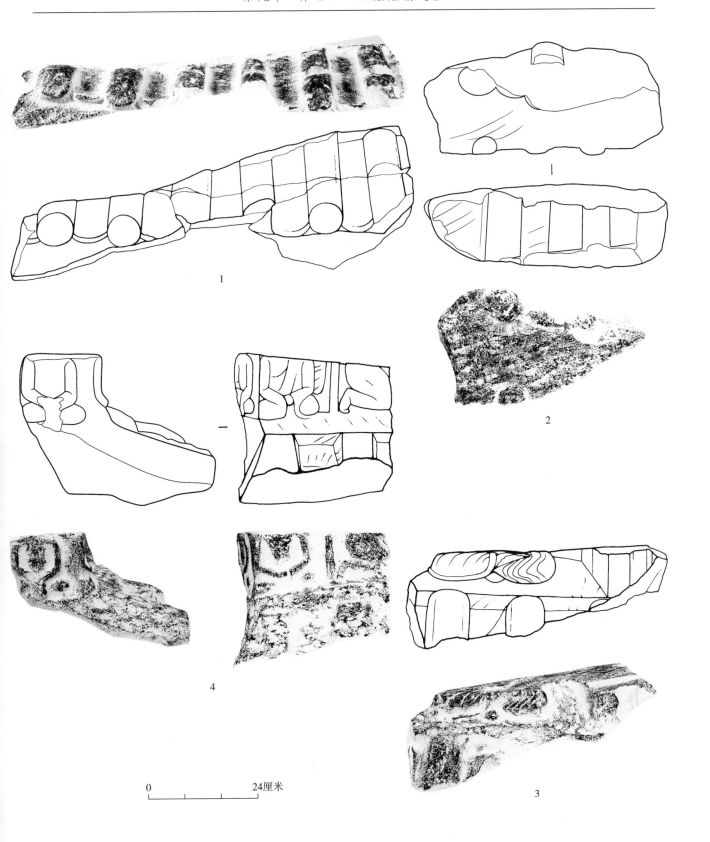

图三九八　第 14～20 窟前采集北魏时期石雕建筑屋檐

1～4.1992 窟前采：0169+0173+0207+0277、1992 窟前采：0171、0179、0192

标本 1992 窟前采：0192，建筑造像残件，屋檐上方三尊造像局部。左边为面向左侧的胡跪状人物。中间一龛坐佛，佛像宽 14 厘米，左龛柱宽 2 厘米。第三尊造像转向右侧面，为一坐佛。造像下部为屋檐瓦垄，出檐长 21 厘米，瓦垄凸起面宽 7.5、间距 8 厘米，表面粗糙有戳点。宽 35、高 30、厚 36 厘米（图三九八，4；彩版五一八，5、6）。

标本 1992 窟前采：0197+0879，屋檐角局部。顶面可见斜脊、高瓦垄和滴水。短边长 20 厘米，长边长 40 厘米。瓦头宽 7、高 6 厘米，底面可见五檐椽，斜向，宽 5～8 厘米，短边出檐长 20 厘米，长边出檐长 12 厘米。椽后有直角状面。宽 40、高 25、厚 25 厘米（图三九九，1）。

标本 1992 窟前采：0274+0319+0345+0727+0821，屋檐转角局部。顶面可见斜脊、瓦垄和滴水。石质表面红色覆黑。瓦头宽 7～7.5、高 6 厘米，有下沉弧形折面。斜脊宽约 8.5 厘米。底面平行椽宽 5～6、长 15、间距 6～8 厘米。长边檐底可见凸起物，似斗拱局部。宽 77、高 34、厚 44 厘米（图三九九，2；彩版五一八，4）。

标本 1992 窟前采：0289+0363，屋檐局部。顶面可见两坡面，有斜脊。瓦头宽 8、高 6.5～7 厘米。瓦头有下沉弧形折面。垄间距 5～6 厘米，斜脊宽 10 厘米。底面平行椽宽 6～7.5、出檐长 17、间距 7 厘米，椽后有凸起物，似斗拱局部。左侧面崩毁面较大，靠上部有宽 7 厘米方槽痕迹，槽壁有凿痕，并有熏黑色。宽 63、高 37、厚 41 厘米（图四〇〇，1；彩版五一九，1）。

标本 1992 窟前采：0290+0343+0843，屋檐局部。可见瓦垄及檐椽，瓦垄宽 8、间距 5.5～7.5 厘米。瓦头高 6.5 厘米。檐椽宽 6.5～7.5、出檐长 14、间距 6～7.5 厘米。椽底后有凸起物，似拱头。拱高 5、长 13、厚 3.5 厘米。宽 75、高 32、厚 23 厘米（图四〇〇，2；彩版五一九，2）。

标本 1992 窟前采：0291，屋檐局部。前面可见一瓦头及五檐椽，瓦头宽 6.5、高 6 厘米，檐椽宽 4.5～5、间距 3.5 厘米。宽 46、高 17、厚 13 厘米（图四〇〇，3）。

标本 1992 窟前采：0302，屋檐局部。可见瓦垄及檐椽，瓦头毁损，檐底存三檐椽局部，宽 6.5～7.5、间距 5.5 厘米。宽 31、高 23、厚 15 厘米（图四〇一，1）。

标本 1992 窟前采：0318，似屋檐局部。一面有宽距凿痕及角状沟。宽 38、高 24、厚 21 厘米。

标本 1992 窟前采：0354+0385，屋檐瓦垄及檐椽局部，石质红色覆黑。瓦垄残缺不全，瓦头宽约 8、间距 7 厘米。平行椽宽 5～5.5、间距 6.5～7 厘米。宽 36、高 21、厚 14 厘米（图四〇一，2；彩版五一九，3）。

标本 1992 窟前采：0355+0365，屋檐局部。顶面瓦垄崩毁，底面只见檐椽局部。宽 36、高 8、厚 17 厘米（图四〇一，3）。

标本 1992 窟前采：0459+0460+0473+0474，屋形龛檐局部。顶面毁坏严重，仅见两瓦头局部，瓦头直径约 8 厘米。椽头宽 8 厘米，部分上方有半圆形凸面。整体做工精细，打磨光滑。底面可见七条平行椽和一斜椽，椽宽约 7、出檐长 15.5、椽间距 6.5～9 厘米。左侧可见另一侧檐椽，与前述正椽垂直方向。后边断面略齐。檐底右下方可见弧形壁面，内存千佛龛局部，楣拱宽 11 厘米。宽 130、高 30、厚 40 厘米（图四〇一，4；彩版五一九，5、6）。

标本 1992 窟前采：0669，屋檐局部，有凸起面，呈弧形。疑似瓦头。宽 9、高 7、厚 10 厘米（图四〇一，5）。

标本 1992 窟前采：0673，屋檐瓦垄局部。宽 13、高 11、厚 6.5 厘米（图四〇二，1）。

标本 1992 窟前采：0725，可见塔顶三面坡瓦垄，坡度平缓，长边两斜脊间残留有四条瓦垄，宽

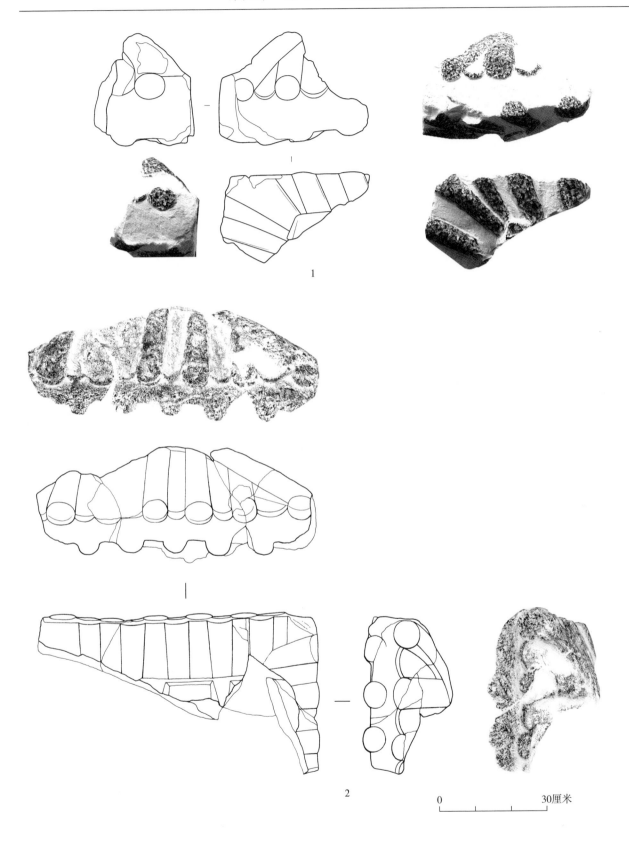

1

2

0　　　　　　　　30厘米

图三九九　第 14 ～ 20 窟前采集北魏时期石雕建筑屋檐

1、2.1992 窟前采: 0197+0879、0274+0319+0345+0727+0821

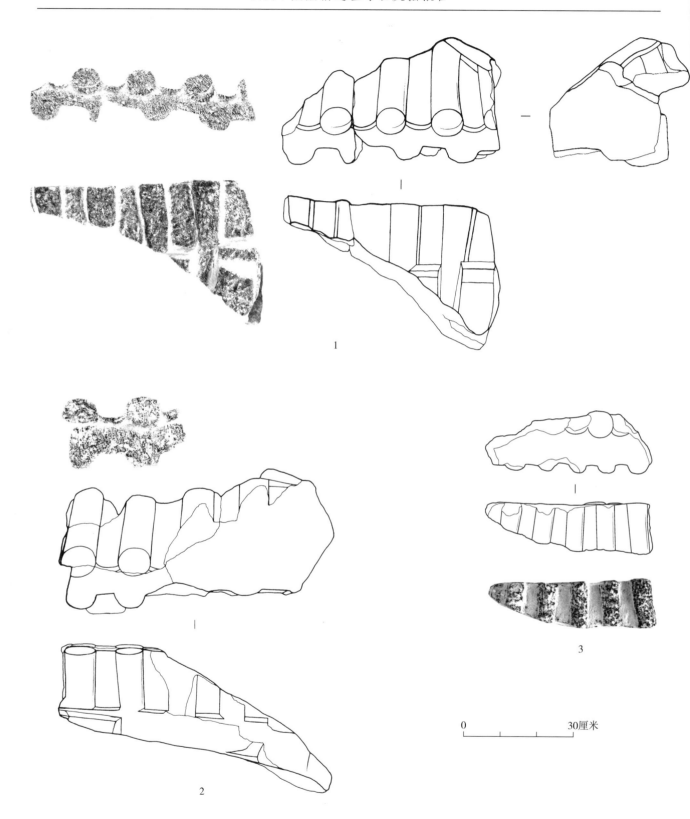

图四〇〇　第 14～20 窟前采集北魏时期石雕建筑屋檐

1～3.1992 窟前采：0289+0363、0290+0343+0843、0291

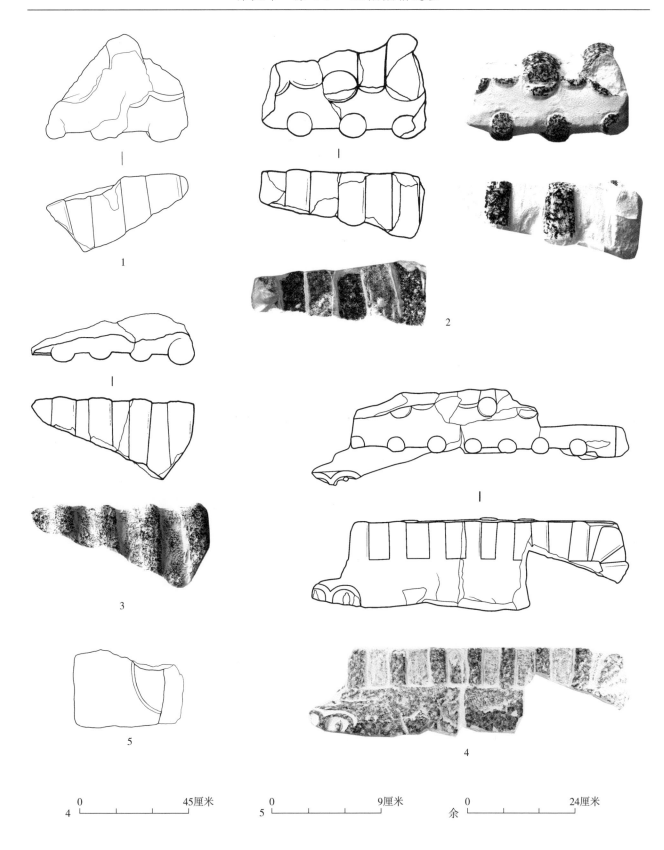

图四〇一　第 14 ~ 20 窟前采集北魏时期石雕建筑屋檐
1 ~ 5.1992 窟前采：0302、0354+0385、0355+0365、0459+0460+0473+0474、0669

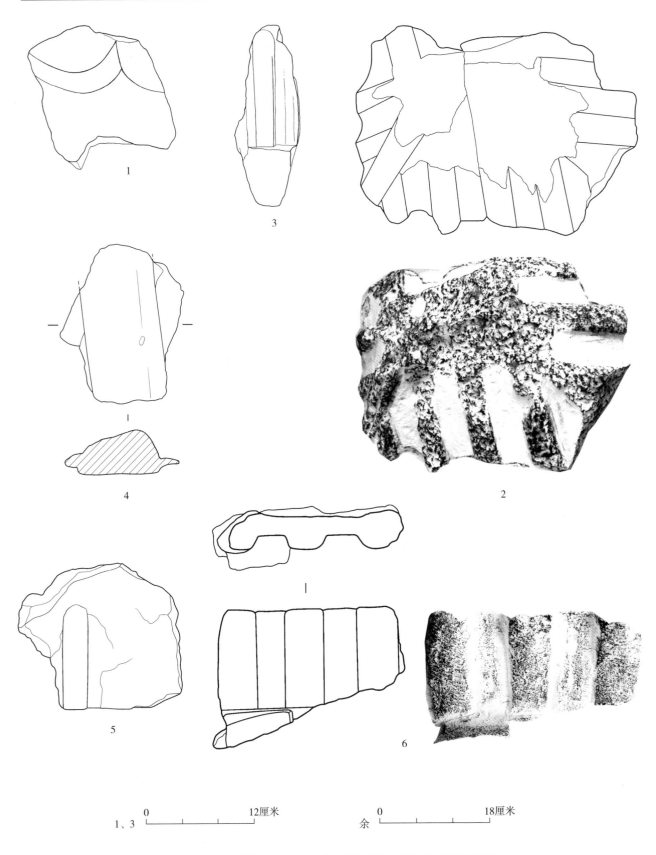

图四〇二　第 14～20 窟前采集北魏时期石雕建筑屋檐

1～6.1992 窟前采：0673、0725、0726、0728、0730、0805

4、间距 4 ～ 4.5 厘米，斜脊与瓦垄同宽，斜脊面有两条平行线。砂岩石质中夹杂灰色结核颗粒。宽 46、高 32、厚 6 厘米（图四○二，2；彩版五一九，4）。

标本 1992 窟前采：0726，可见一檐椽，宽 3.5、出檐长 18、间距约 3.5 厘米。表面有黑色。宽 7、高 11、厚 28 厘米（图四○二，3）。

标本 1992 窟前采：0728，屋顶斜脊局部，宽 12 厘米，截面半圆。宽 20、高 25、厚 7 厘米（图四○二，4）。

标本 1992 窟前采：0729，可见瓦垄，宽约 7 厘米，风化严重，石质酥化。宽 33、高 28、厚 10 厘米。

标本 1992 窟前采：0730，屋檐瓦垄局部，风化严重。宽 27、高 29、厚 10 厘米（图四○二，5）。

标本 1992 窟前采：0738，斗拱残件。宽 41、高 21、厚 11 厘米（彩版五二○，1）。

标本 1992 窟前采：0805，顶面毁损，底面可见三檐椽，宽 6 ～ 7、出檐长 16、间距 5.5 ～ 6 厘米。椽后有方形凸起残留，似斗拱。宽 32、高 23、厚 12 厘米（图四○二，6）。

标本 1992 窟前采：0806，建筑造像残件，上部可见天人胡跪腿部形象，下部为出檐瓦垄，瓦垄宽约 8 厘米，面上有戳点。宽 23、高 17、厚 38 厘米（图四○三，1）。

标本 1992 窟前采：0812，一瓦垄（或檐椽）局部，宽 7.5 ～ 8 厘米。宽 24、高 18、厚 8 厘米（图四○三，2）。

标本 1992 窟前采：0880，瓦垄（或檐椽），宽 8、高 4 ～ 5 厘米。宽 20、高 25、厚 13 厘米（图四○三，3）。

标本 1992 窟前采：0881，可见瓦垄及檐椽，瓦头宽 6.5 厘米。瓦垄凸出封檐板约 2 厘米，檐椽宽 5、间距 4.5 厘米，表面残留土红色。宽 21、高 12、厚 20 厘米（图四○三，4；彩版五二○，2）。

标本 1992 窟前采：0884，上面瓦垄凸起面宽 5、间距 4.5 厘米，底面檐椽凸面宽 4.5 厘米，略斜向，有点状褐红石核。宽 23、高 14、厚 9 厘米（图四○三，5）。

标本 1992 窟前采：0885，可见瓦垄部分，风化严重，瓦垄凸起面宽 7 ～ 8 厘米，瓦头高 6 厘米，檐椽可见少许。宽 32、高 27、厚 15 厘米（图四○三，6）。

标本 1992 窟前采：0886+0889，塔檐局部，坡度平缓。石质青灰，同 725 石质。长边一侧可见瓦垄和斜脊。瓦垄宽 4 ～ 4.5、高 1 ～ 1.5、间距 4 ～ 4.5 厘米。底面塔心平面外可见三面檐椽，每面檐椽正向，角部两斜椽，正向椽出檐长 18 ～ 21、宽 5、厚 1 ～ 1.5 厘米，椽后塔心平面上有戳痕。宽 66、高 10、厚 40 厘米（图四○四，1）。

标本 1992 窟前采：0887，屋檐局部。顶面毁损，椽头宽 9 ～ 9.5 厘米。底面可见檐椽三根，出檐长 35、厚 3 ～ 5 厘米，中间檐椽与两侧檐椽间距分别为 3.5 ～ 7 和 6 ～ 6.5 厘米。宽 43、高 10、厚 46 厘米（图四○四，2；彩版五二○，3）。

标本 1992 窟前采：1169，屋檐残件，可见瓦头或檐头，圆面直径 6.5 厘米。宽 15、高 6、厚 6 厘米（图四○四，3）。

标本 1992 窟前采：1167，屋檐残件，可见瓦头或檐头，圆面直径 6.5 厘米。宽 13、高 8、厚 8 厘米。

标本 1992 窟前采：1168，屋檐残件，可见一瓦头和滴水及檐板局部，瓦头宽 7 厘米。宽 14.5、高 14、厚 4.5 厘米（图四○四，4）。

标本 1992 窟前采：1170 ～ 1176（7 件），屋檐残件，瓦垄局部。宽 7.5 ～ 14、高 7 ～ 17.5、厚 3 ～ 6 厘米。

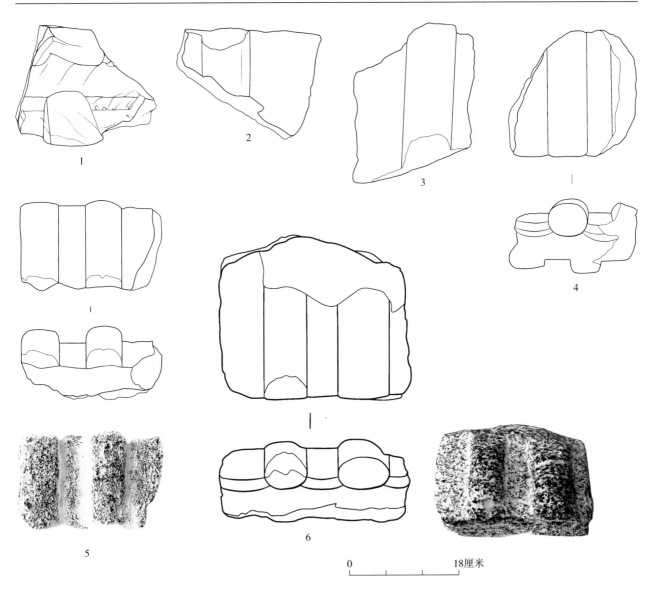

0   18厘米

图四〇三　第 14～20 窟前采集北魏时期石雕建筑屋檐

1～6.1992 窟前采：0806、0812、0880、0881、0884、0885

标本 1992 窟前采：1177～1182（6 件），屋檐残件，瓦垄局部。宽 6～13、高 4～8.5、厚 2～12 厘米。

（2）层塔柱身龛像

3 件。仅见于采集遗物，出土遗物中未见。

标本 1992 窟前采：0079+0114+0147+0175+0180+0205+0215，楼阁式塔某层内左侧造像局部。右侧残留主龛圆拱龛一角，龛楣有龛梁和隐起面。龛外左侧有五身供养天人，均头戴冠，着耳珰，面向圆拱龛，五官清晰，雕刻手法古朴简洁。下排两身供养天具圆形头光，手势与坐姿不明，上排靠近龛楣的一身供养天双手握举长茎莲，后两身手捧莲蕾。左侧纵列两方龛，龛内各雕一禅定坐佛，面相长圆，具五官。整体龛像上沿有拱头形象，正面第一身供养天上方可见外跳两卷瓣拱头，拱宽 13 厘米，拱下横向两线间距 3.5 厘米。左侧坐佛方龛上方也有部分拱头残存。此造像侧面方龛与

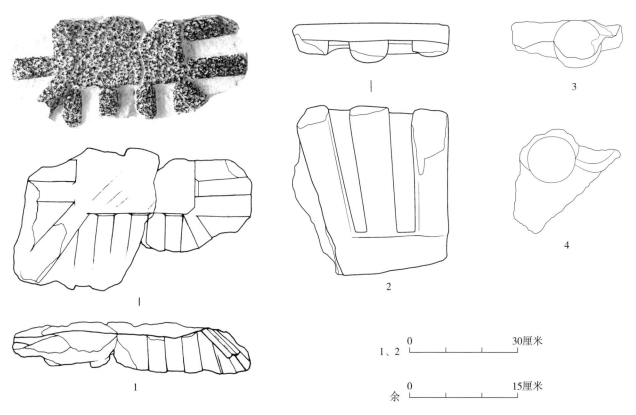

图四〇四　第14～20窟前采集北魏时期石雕建筑屋檐

1～4.1992窟前采：0886+0889、0887、1169、1168

正面方龛紧邻，龛内造像一样，上沿有与正面同样的拱头样式。宽96.8、高48.8、厚24厘米（图四〇五；彩版五二〇，1、2）。

标本1992窟前采：0223+0224+0232，一大型造像龛局部。台基之上左侧为二佛并坐佛腿部，两龛柱有竖线，右侧龛柱外有两身跪姿供养人腿部。供养人右侧有一方龛，内有坐佛。下部台基凸出，面有凿痕，线距稍有规律。此残件为大型造像龛右侧大部，可能与标本1992窟前采：0079+0114+0147+0175+0180+0205+0215相关。宽184、高30、厚30厘米（图四〇五，2；彩版五二一，1）。

标本1991窟前采：56，方龛造像局部，龛内坐佛面部长圆，具五官，禅定坐，具头光。龛边框宽约2厘米。此与上一件右龛坐佛可拼接。宽23.5、高15、厚10.5厘米（图四〇五，4；彩版五二〇，4）。

（3）装饰

14件。

1）束帛

2件。出土1件，采集1件。

标本1992T306②：3，束腰石柱。下部有斜向石花，底面有磨槽状石花，上面为断面。直径19、高17厘米（图四〇六，1；彩版五二一，2）。

标本1992窟前采：0472，束帛局部。数条弧棱，左侧略呈阶梯状弧面，右侧条纹棱状凸起。棱

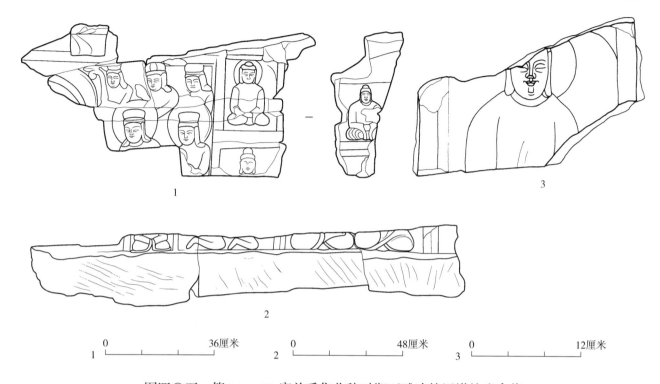

图四〇五　第 14 ～ 20 窟前采集北魏时期石雕建筑层塔柱身龛像

1 ～ 3.1992 窟前采：0079+0114+0147+0175+0180+0205+0215、0223+0224+0232、1991 窟前采：56

条宽约 2.5 厘米。宽 21、高 12、厚 9 厘米（图四〇六，2；彩版五二一，3）。

2）垂幔

4 件。

出土遗物　1 件。

标本 1992T509②：5，垂幔残件，上边方框通高 8 ～ 9 厘米，内框高 4.5 ～ 5.5 厘米，两方檐间柱宽 2.5 厘米，边框下边三角纹底边长 13 厘米，边内饰阴刻线，右下大半崩毁。宽 40、高 29、厚 10 厘米（图四〇六，3；彩版五二一，5）。

采集遗物　3 件。

标本 1991 窟前采：46，垂幔残件，正面坠桃形宝珠，尖端与幔边齐，靠下沿有横向阴刻线一条，底面有折叠纹，靠前面有阴刻线一条。宽 11、高 7、厚 5 厘米（图四〇六，4；彩版五二一，4）。

标本 1992 窟前采：0166，垂幔残件，壁面与窟顶部交界处三角垂幔。长方形边框下垂三角幔，阴刻线为三角纹内饰线。上方凸出体应为飞天身躯局部，三条线和半圆形纹饰一般为臂钏或腕钏式样。宽 32、高 33、厚 16 厘米（图四〇六，5）。

标本 1992 窟前采：0238，垂幔残件，帐幔局部。上有三角纹，三角形边长 14 厘米，下垂的两边内有阴刻线。两角间有竖向阴刻线。三角上方残留长方边框，框高 5 厘米。纹饰下方不平整，有崩毁。宽 44、高 40、厚 16 厘米（图四〇六，6）。

3）动物

3 件。仅见于采集遗物，出土遗物中未见。

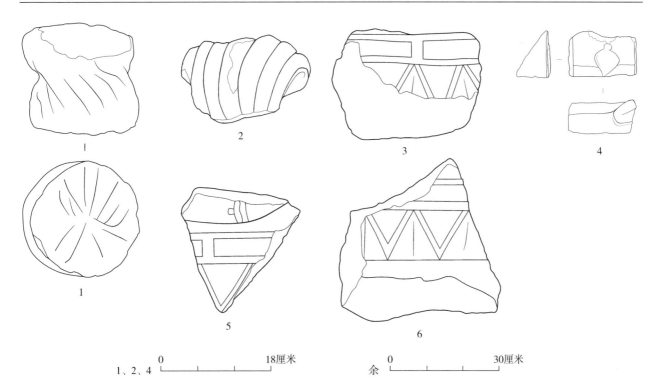

图四〇六　第 14 ~ 20 窟前地层出土、采集北魏时期石雕建筑装饰

1、2.束帛 1992T306 ②：3、1992 窟前采：0472　3 ~ 6.垂幔 1992T509 ②：5、1991 窟前采：46、1992 窟前采：0166、0238

标本 1992 窟前采：0668，狮子残件，可见旋纹线，疑似狮身肩部纹饰。宽 15、高 13、厚 6 厘米（图四〇七，1）。

标本 1992 窟前采：0670，狮子残件，可见四爪，有甲趾。似蹲狮爪部。宽 13、高 12、厚 6 厘米（图四〇七，2；彩版五二一，6）。

标本 1992 窟前采：0787，龙残件，龙爪局部，弯曲，可见三趾。宽 51.6、高 37、厚 13 厘米（图四〇七，3；彩版五二二，1）。

4）莲花构件

2 件。仅见于采集遗物，出土遗物中未见。

标本 1991 窟前采：53，莲花台座或柱础，可见两瓣宝装覆莲。宽 30、高 11、厚 20 厘米（图四〇七，4；彩版五二二，2）。

标本 1991 窟前采：76，可见部分莲瓣。宽 17、高 8、厚 7 厘米（图四〇七，5；彩版五二二，3）。

5）花纹雕饰

1 件。仅见于采集遗物，出土遗物中未见。

标本 1992 窟前采：0340，底边和左边有宽边框，内有似忍冬花纹雕刻。宽 64.9、高 24、厚 11.5 厘米（图四〇七，6；彩版五二二，4）。

6）柱础

2 件。

标本 1992T305 ④ A：1，上圆下方。宽 10、厚 8、高 8 厘米（彩版五二二，5）。

标本 1992 窟前采：0898，柱础，顶柱凸起圆形，直径 9 厘米。宽 15、高 15、厚 12 厘米（彩版

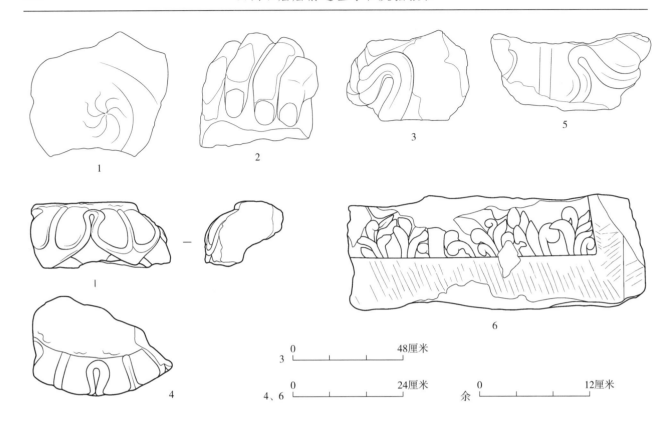

图四〇七　第 14 ～ 20 窟前采集北魏时期石雕建筑装饰

1 ～ 3. 动物 1992 窟前采：0668、0670、0787　4、5. 莲花构件 1991 窟前采：53、76　6. 花纹雕饰 1992 窟前采：0340

五二二，6）。

（三）生活生产用具

有陶器、铜器、铁器、石器。

1. 陶器

27 件。器形主要为碗。1992T501、T502 红烧土层下有大量石雕衣纹，为碎石块夹红烧土，此处集中出土了 12 件灰陶小碗、1 件陶钵残片及上述的小块壁画残片。另在 1992T404、T413 各出土 1件灰陶小碗，其用途可能相同，为了资料的完整性，放在此一并记录。

（1）陶盆

9 件。山顶遗址陶盆分两型，此处见 A 型，另有 8 件腹部残片。

A 型　1 件。

标本 1992T101 ③ B：26，口微敛，平沿略弧，圆唇，沿外端压印一周凹槽，口沿与器内壁转折明显，器内壁滚印一周方格纹。口径 25、口沿宽 2.6、壁厚 0.4、残高 4.2 厘米（图四〇八，1；彩版五二三，1）。

腹底部残片　8 件。腹内壁纹样可见忍冬纹、水波纹、方格纹。

忍冬纹陶盆残片　1 件。

标本 1992T101 ③ B：7，为一个器物的两个残片。泥质灰陶。器内壁滚印波状忍冬纹带。一个花纹的长度单位为 5.4、宽 0.8 厘米，磨损致浅，细节不清。外壁施一条附加堆纹，先于泥条中间横

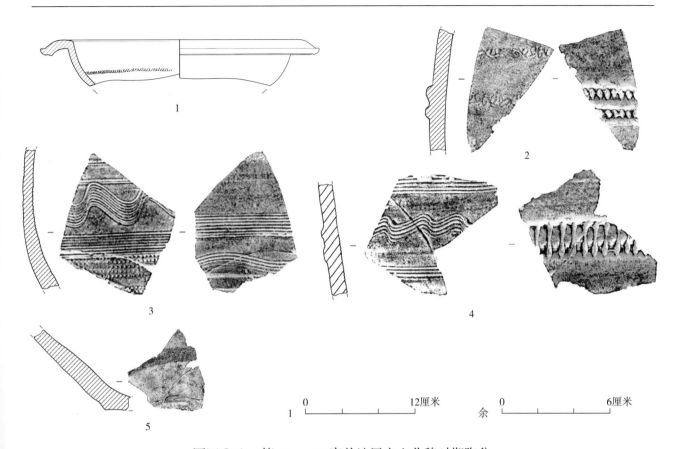

图四〇八　第 14～20 窟前地层出土北魏时期陶盆

1.A 型陶盆 1992T101 ③ B：26　2.忍冬纹陶盆残片 1992T101 ③ B：7　3～5.水波纹陶盆残片 1992T511 ③ A：1、1992T511 ③ A：2、1992T101 ③ B：8

向压印一条凹弦纹，然后于凸起的二泥条上分别纵向压印，印痕呈菱形。壁厚 0.9、残高 6.6 厘米（图四〇八，2；彩版五二三，2）。

水波纹陶盆残片　3 件。泥质灰陶。

标本 1992T511 ③ A：1，盆内壁印方格纹带、划水波纹带、弦纹带。方格纹由 5 条小方格纹组成，水波纹、弦纹带为 9 线一组。外壁各残存一条 9 线水波纹和弦纹带。内壁方格纹、弦纹宽 1.4、水波纹宽 3 厘米。外壁水波纹宽 1.2 厘米。壁厚 0.8 厘米（图四〇八，3；彩版五二三，3）。

标本 1992T511 ③ A：2，盆内壁施二条弦纹夹一条水波纹条带，均 5 线为一组。外壁施附加堆纹，泥条上等距离压印竖线纹、又横向压印于泥条中间。内壁花纹均宽 1、附加堆纹宽 2、壁厚 1 厘米（图四〇八，4；彩版五二三，4）。

标本 1992T101 ③ B：8，泥质灰陶，胎心红。斜壁，平底。器内壁存一组 8 线水波纹带，上下有 4 线和 2 线弦纹带。花纹宽 1.4、壁厚 0.9～1.3 厘米（图四〇八，5）。

方格纹陶盆残片　3 件。泥质灰陶。

标本 1992T403 ③ A：4，五行方格，方格细小。花纹宽 1.1、壁厚 0.7 厘米（图四〇九，1）。

标本 1992T305 ④ A：2，内壁残存三行一周，四行方格一周。花纹三行宽 0.7、四行宽 1、壁厚 1 厘米（图四〇九，2；彩版五二三，5）。

标本 1992T201 ③ C：5，四行方格纹与羽状纹相间，羽状纹由"<"与">"符号形上下排列而成，

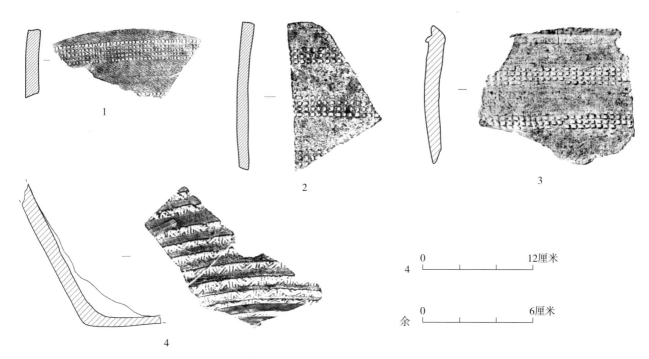

图四〇九　第14～20窟前地层出土北魏时期陶盆

1～3.方格纹陶盆残片 1992T403③A：4、1992T305④A：2、1992T201③C：5　4.三角纹陶盆底 1992T111②A：32

一个花纹的长度单位为7、宽1.1厘米（图四〇九，3；彩版五二三，6）。

　　三角纹陶盆底残片　1件。

　　标本1992T111②A：32，泥质灰陶。斜壁，平底。器内壁及底部压印"V"字纹带，残存10条。花纹由三个"V"字从小到大上下排列，两侧各有二条竖线，一个花纹的长度单位为5.4、宽0.8厘米。底径25、壁厚0.8～1、残高9.7厘米（图四〇九，4；彩版五二三，7）。

　　（2）陶罐

　　3件。

　　腹部残片　2件。

　　标本1992T101③B：9，泥质灰陶，残存肩部，二条凹弦纹带间滚印绚索纹带，花纹宽1、陶片壁厚0.4、残高3厘米（图四一〇，1；彩版五二四，1）。

　　标本1992T111③D：3，泥质灰陶，胎心红，外施陶衣。外壁附加二泥条，压印成波状纹。泥条宽2.2、残高2.9厘米（图四一〇，2；彩版五二三，8）。

　　底部残片　1件。

　　标本1992T409②A：12，陶罐底部。圈足，足墙外撇，器外壁涂白彩，内壁可见旋坯痕，内底有同心圆轮制痕迹。足径15、圈足高1、底厚0.6、壁厚0.5～0.6厘米（图四一〇，3；彩版五二三，9）。

　　（3）灰陶小碗

　　14件。泥质灰陶。大小、器形各不相同，手制成型，不甚规整，慢轮修整。

　　陶碗底部　1件。

　　标本1992T501④A：14，弧腹，平底。外底部不平，中央残留泥条涡卷状盘痕。内底中央略有突起，是残留泥条除去的破面。底径4、残高2.4厘米（图四一一，1）。

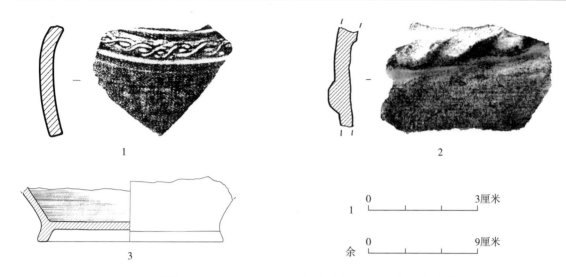

图四一〇　第 14～20 窟前地层出土北魏时期陶罐

1、2.腹部残片 1992T101③B：9、1992T111③D：3　3.底部残片 1992T409②A：12

余者根据器形口部不同分两型。

A 型　8 件。敞口。因肩腹部不同分两型。

Aa 型　4 件。敞口，圆唇，腹壁斜直，平底。

标本 1992T502④A：10，器形较小。口径 7.6、底径 2.8、高 2.9 厘米（图四一一，5；彩版五二四，2）。

标本 1992T501④A：1，体型稍大，器壁较厚，口沿外有一凹槽。外底部有器体与轮盘切割的弧线状痕迹。口径 10.6、底径 6.6、高 3.9 厘米（图四一一，2；彩版五二四，3）。

标本 1992T502④A：2，敞口微直，口径 8.25、底径 4.6、高 2.9 厘米（图四一一，3；彩版五二四，4）。

标本 1992T502④A：6，仅存部分口沿部。口径 8、壁厚 0.4 厘米（图四一一，4）。

Ab 型　4 件。口微敞，肩腹略折，斜腹，器壁较厚，平底。

标本 1992T501④A：2，口沿外壁施一周凹弦纹。口径 9.4、底径 6.5、高 3.6 厘米（图四一二，1；彩版五二四，5）。

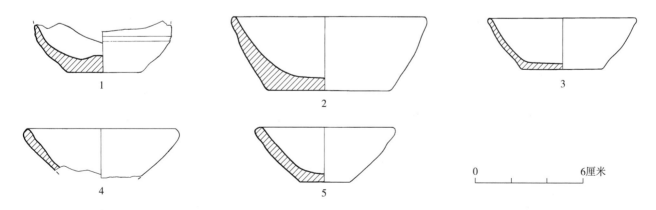

图四一一　第 14～20 窟前地层出土北魏时期灰陶小碗

1.陶碗底 1992T501④A：14　2～5.Aa 型 1992T501④A：1、1992T502④A：2、1992T502④A：6、1992T502④A：10

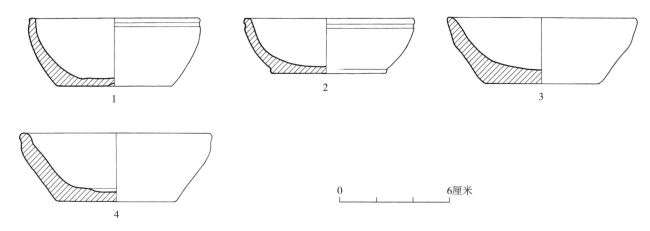

图四一二　第 14 ～ 20 窟前地层出土北魏时期 Ab 型灰陶小碗

1 ～ 4.1992T501 ④ A：2、1992T502 ④ A：1、1992T413 ④ A：2、1992T501 ④ A：13

标本 1992T502 ④ A：1，胎质略疏松。外壁口沿面施一周凹弦纹，器底部有弧线状切割痕迹。口径 9.2、底径 6.2、高 2.9 厘米（图四一二，2；彩版五二四，6）。

标本 1992T413 ④ A：2，器外底有弧线状切割痕迹。口径 10.2、底径 6.2、高 3.5 厘米（图四一二，3；彩版五二五，1）。

标本 1992T501 ④ A：13，器外底有弧线状切割痕迹。口径 10.4、底径 6.4、高 3.6 厘米（图四一二，4；彩版五二五，2）。

B 型　5 件。敛口。因底部不同分三亚型。

Ba 型　3 件。敛口，方圆唇，弧壁，平底。

标本 1992T502 ④ A：3，口呈椭圆形，口沿薄，弧壁，底较厚。口径 6.7、底径 4.1、高 2.7 厘米（图四一三，1；彩版五二五，3）。

标本 1992T502 ④ A：7，浅灰陶，深腹弧壁，小平底。口径 7.8、底径 3.1、高 5 厘米（图四一三，2；彩版五二五，4）。

标本 1992T404 ④ A：7，口微敛，上腹部微折，器壁修抹光滑，外底部有同心圆旋痕，内底中心有尖状突起。口径 7.8、底径 4.9、高 3.2 厘米（图四一三，3；彩版五二五，5）。

Bb 型　1 件。

标本 1992T501 ④ A：4，敛口，弧壁，垂腹，大平底。口径 5.6、底径 4.8、高 2.5 厘米（图四一三，4；彩版五二五，6）。

Bc 型　1 件。

标本 1992T502 ④ A：5，口微敛近直，口沿外壁施二周凹弦纹。弧壁，实足饼底，外底部中央有同心圆微凸，内底中心有突起，突起顶面破损。口径 12、底径 7.8、高 4.5 厘米（图四一三，5；彩版五二五，7）。

（4）陶钵

1 件。

标本 1992T501 ④ A：3，敛口，口沿部略内收，弧壁，圜底。内外壁经过打磨，器外壁至底部施横向暗弦纹。口径 13.8、高 6.6 厘米（图四一三，6；彩版五二五，8）。

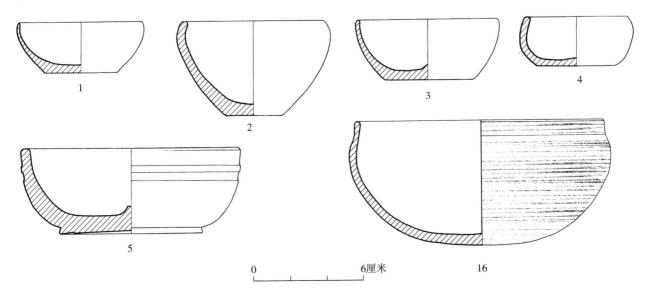

图四一三　第 14～20 窟前地层出土北魏时期 B 型灰陶小碗和陶钵

1～3.Ba 型灰陶小碗 1992T502 ④ A：3、1992T502 ④ A：7、1992T404 ④ A：7　4.Bb 型灰陶小碗 1992T501 ④ A：4　5.Bc 型灰陶小碗 1992T502 ④ A：5　6.陶钵 1992T501 ④ A：3

2. 铁器

5 件。

（1）铁凿

1 件。

标本 1992T518 ①：1，残，呈四棱体，可能是铁凿。残长 11.5、边长 3 厘米。

（2）铁圈

1 件。

标本 1992T513 ①：7，呈扁平圈状。外径 2.2、内径 0.9、厚 0.2 厘米。

（3）器形不明铁器

3 件。

标本 1992T513 ①：8，为一残铁块，器形不辨。

标本 1992T518 ①：2、3，呈铁块状。厚 1.5 厘米。

3. 石器

（1）石刻

1 件。

标本 1992T601 ③ A：1，石刻。残，细砂岩，石质细密。碑刻面打磨光滑。余四列六字，可辨有"……自」……景□……」……麤（丽改为加）□……□……"，皆魏碑体。碑刻面残长 14.5、厚 3.2 厘米（图四一四，1；彩版五二六，1）。

（2）石钵

2 件。

标本 1992T406 ③ A：1，石钵。直口，上腹部较直，腹底部圆弧，大实足饼底。盖圆纽，广肩，内顶面凹。钵周身浮雕双层复瓣仰莲纹，器盖纽线刻旋转涡纹，肩部雕刻双层四叶双瓣莲花纹，每个叶子呈尖桃状，每个莲瓣内各有一勾形莲茎。双莲瓣间及两个莲叶间均伸出三层叶子，盖外围刻二周凹弦纹。钵底刻"妙兴西北」方主"两列六字。盖径19、高8、钵身口径18.7、底径11、壁厚2、腹深4、高7.4厘米（图四一四，2；彩版五二七，1～3）。

标本1992T404③A：3，石钵。直口，上腹部较直，腹底部圆弧，大实足饼底。盖圆纽，广肩，盖底面中央凸出呈圆饼状，与钵身相扣。钵周身浮雕双层复瓣仰莲纹，莲瓣肥厚。器盖纽素面，肩部在二周凹弦纹内雕刻一周七个双层复莲瓣。盖径19、高6.5、钵身口径18.7、壁厚2.3、底径11.5、腹深4.3、高7.4厘米（图四一四，3；彩版五二七，4～6）。

（3）石磨盘

1件。

标本1992T419②A：14，石磨盘上扇。顶面宽边凸起，底面有磨齿。残长22.5、宽18、边宽3.5、厚7厘米（彩版五二六，2）。

（4）石臼

1件。

标本1992T502④A：95，立面呈倒梯形，臼窝较浅。周身布满凿痕，口部残断。口径40、底径23、沿厚6、高40厘米（彩版五二六，3）。

（5）镇石

1件。

标本1992T602④A：8，半球体朱书镇石，朱书面有"煞"字。宽4、厚2、高5厘米（彩版五二六，4）。

（6）石球

1件。

标本1992T602④A：9，石球，球面打磨略光。直径4～4.5厘米（彩版五二六，5）。

（7）器形不明

6件。

标本1992T306②A：3，砂岩质。呈圆角四棱柱状，两端细中间粗，两头残。边长5～6、残高17厘米（彩版五二六，6）。

标本1992T101④A：2，环状，残存1/4，环状口沿宽3.5厘米。残长13.5、宽4.5、厚3.5厘米。

标本1992T106①：1，疑似石杵。残半。顶面呈圆形，圜底。外壁光滑。中央有小孔。直径12.8、孔径3.5、深5.5、高17厘米（彩版五二六，7）。

标本1992T303②A：22，圆饼形，中央开长方形孔。直径19.5、厚5、方孔边长6、6.5厘米。

标本1992T305①：4，环形残件。直径10.5、孔径3.5、高4厘米。

标本1992T410②A：22，残件。环状口沿，内壁有凿痕。残高11、残长9、厚4.5、沿厚2.5厘米（彩版五二六，8）。

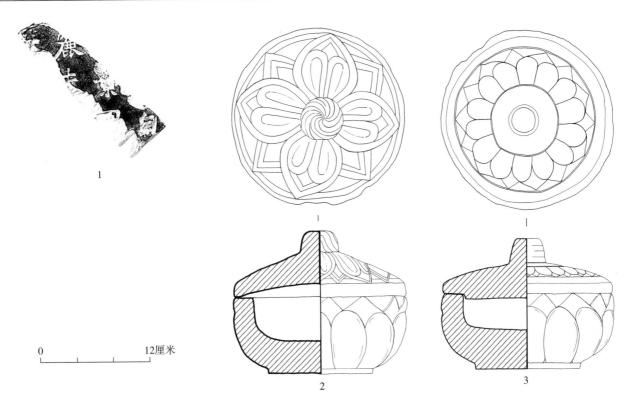

图四一四　第 14 ～ 20 窟前地层出土北魏时期石器

1. 石刻 1992T601 ③ A：1　2、3. 石钵 1992T406 ③ A：1、1992T404 ③ A：3

一〇　窟前采集遗物

生活生产用具

1. 铁器

（1）铁凿

1件。

标本 1991 窟前采：32，平头。双面刃，刃口平直。顶面呈长椭圆形，凿身从顶至刃部正面从窄渐宽，侧面则从宽变窄，凿身断面呈长方形。通长 15.8、凿身正面宽 0.6 ～ 0.9、侧面宽 0.05 ～ 0.3、顶面长 0.7、宽 0.4 厘米（彩版五二八，1）。

（2）铁灯碗

1件。

标本 1991 窟前采：14，平面呈圆形，敛口，折肩，弧腹，平底，口沿一侧有一残扁形把手，在相对的另一端口沿处开一个小切口，放置灯芯。口径 5.3、底径 5.5、高 3.2 厘米，重 507.3 克（图四一五；彩版五二八，2）。

（3）铁钉

3枚。其中 2 枚锈蚀严重。

C 型　1 枚。无钉帽，四棱锥体，钉体细长。

标本 1991 窟前采：31，钉头另一端呈扁宽状，长 15.6、宽 0.6、端头宽 1.2、长 0.25 厘米（彩版五二八，3）。

（4）不知名铁器

2 件。

标本 1991 窟前采：33，残呈曲尺状，断面呈三角形，另一面平。残长 9.5、宽 2、高 0.8 厘米（彩版五二八，4）。

标本 1991 窟前采：34，与石块锈结于一起。残长 1 厘米（彩版五二八，5）。

2. 石器

23 件。

（1）石碑

1 件。

标本 1956 窟前采：1，残，细砂岩，石质细密。碑刻面打磨光滑。余一列 109 字，可辨有："□□灵镜觉凝寂迭代照周□ / 邦感垂应物利润当时泽潭机 / 季慨不邀昌辰庆钟播末思恋 / 灵福同拟状金石冀瞻容者加 / 极 [1] 虔想像者增忻悕 [2] 生生资津 / 十方齐庆颂曰：灵虑魏凝　悟岩鉴觉　家绝照周　蠢趣澄浊　随像拟仪　瞻资懿渥　生生邀益　十方同沐　□明四年（503）四月六日　比丘尼昙媚造"，皆魏碑体。于 1956 年 11 月清理第 20 窟露天大佛前地面时出土。俗称"昙媚造像碑"。碑刻面残长 29、宽 30、厚 4.7 厘米（图四一六；彩版五二八，6）。

（2）石钵

2 件。

标本 1992 窟前采：0755，直口，直弧壁，实足底。直径 32、底径 24、壁厚 3～6、高 23 厘米（彩版五二九，1）。

标本 1991 窟前采：51，敞口，弧腹，实足底，打磨光滑。残宽 9.5、底径 7.5～8、足高 2、壁厚 2、残高 6 厘米（彩版五二九，2）。

（3）石磨盘

8 件。

标本 2007 窟前采：0734，石磨盘上扇。圆形，有磨槽六区，中央有轴孔，孔径 5 厘米，旁边有进料口，口径 5 厘米，有浅小槽与料口相接。直径 36、高 8 厘米（图四一七，1；彩版五二九，4）。

标本 1992 窟前采：0736，石磨盘上扇。圆形，有磨槽六区，槽沟较深，中央有轴孔，孔径 4.5 厘米。一侧有进料口贯通，口径 4.5 厘米。进料口旁有手柄槽。宽 5.5、长 8、深 3 厘米（图四一七，2；彩

---

[1]　对该字的辨识，目前学术界主要有两种观点，一说为"祇"（张焯：《云冈石窟编年史》，文物出版社，2006年，第141页。殷宪：《云冈石窟造像题记及其书法》，《艺术评论》2008年第4期，第75页）。另一说为"极"（王恒：《云冈石窟辞典》，江苏美术出版社，2012年，第541页。员小中：《云冈石窟铭文楹联》，山西科学技术出版社，2014年，第51页。）。

[2]　对该字的辨识，目前学术界主要有"怖""悕"两种认识。张焯和王恒先生认为是"怖"（张焯：《云冈石窟编年史》，文物出版社，2006年，第141页；王恒：《云冈石窟辞典》，江苏美术出版社，2012年，第541页）。员小中先生认为是"悕"（员小中：《云冈石窟铭文楹联》，山西科学技术出版社，2014年，第51页）。殷宪先生认为两种都有可能（殷宪：《云冈石窟造像题记及其书法》，《艺术评论》2008年第4期，第75页）。

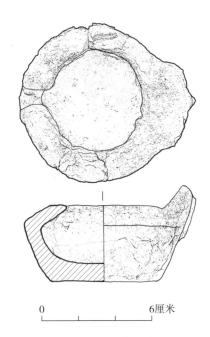

图四一五　第 14 ～ 20 窟前采集北魏时期铁灯碗 1991 窟前采：14

图四一六　第 14 ～ 20 窟前采集北魏时期石碑 1956 窟前采：1

版五二九，3）。

标本1992窟前采：0763，不规则圆形。顶面中央有口径3.5厘米的圆孔，不通底。背面有五条阴刻线段，间距2.5厘米。磨盘一侧安手柄处呈椭圆形。直径15、厚6、高15厘米（彩版五二九，5）。

标本1992窟前采：0764，圆柱形，一端断。一侧略平。宽20、厚10、高10厘米。

标本1992窟前采：0846，下扇，有磨槽六区。中央方孔未通底，孔径3.5厘米。直径31、高8厘米（彩版五二九，6）。

标本1992窟前采：0894，圆形，有磨槽六区。中央穿孔，孔径4厘米。直径30、高7厘米（彩版五三〇，1）。

标本2007窟前采：0735，下扇。圆形，中央有轴孔，孔径4厘米。六个三角状磨槽，槽沟较深。直径35、高13厘米（图四一七，3；彩版五三〇，2）。

标本1992窟前采：0900，顶面外周凸起凿槽，槽间宽3、间距1.5～2厘米。内周凹面石花凌乱，中央有口径3.5厘米圆洞，侧面为细密石花。直径42、高10厘米。

（4）石杵

1件。

标本1992窟前采：0893，两截圆柱体，上小下大。上端直径7、下端直径9.5、高约6厘米（彩版五三〇，5）。

（5）石臼

2件。

标本1992窟前采：0769，圆柱体，顶面近圆形，中央有圆孔，孔径3、深4厘米，圜底。直径9、厚7.5、高8厘米（彩版五三〇，3）。

标本1992窟前采：0891，顶面中央有圆孔，孔径约11、深约11厘米，内壁有石花凿痕，孔壁一侧崩毁，底平。直径17、高17厘米（彩版五三〇，4）。

（6）石夯

4件。

标本1992窟前采：0739，圆柱体，一侧略平，另一侧呈弧形，上大下小，底端呈椭圆形，上端断裂。残高20厘米（图四一七，4）。

标本1992窟前采：0892，圆柱体，上大下小，顶面中央有孔，孔径4、深7厘米，孔一侧崩毁。顶端直径13、底端直径11、高32厘米。

标本1992窟前采：0895，柱体略呈方形，一侧打磨较平，另一侧有石花。上大下小，顶面呈方形，中央有孔，孔径4、深5厘米。底端略呈圆形。长12.5、宽11.5、高27厘米（彩版五三一，1）。

标本1991窟前采：54，上大下小，中央有圆孔，孔径3、深4厘米。直径11、高12厘米（彩版五三一，2）。

（7）磨石

1件。

标本1991窟前采：55，残呈三角形，一侧断裂，四面磨光，最厚4厘米，三角呈70°。一边长9、一边长11厘米（彩版五三〇，6）。

（8）石构件

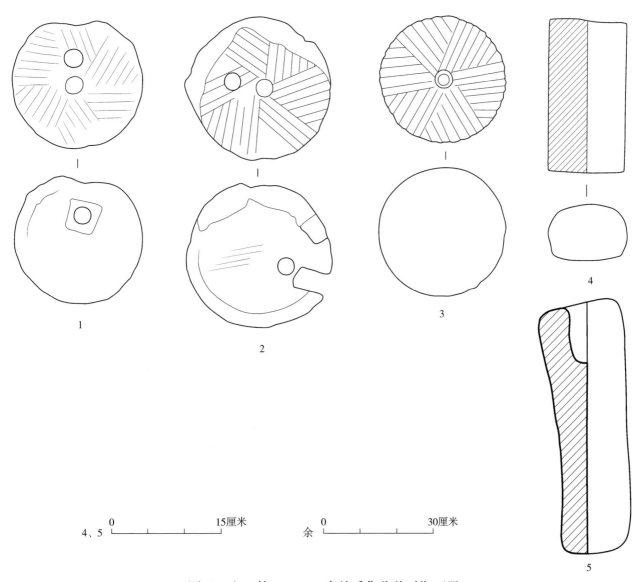

图四一七　第 14 ～ 20 窟前采集北魏时期石器

1 ～ 3. 石磨盘 2007 窟前采：0734、1992 窟前采：0736、2007 窟前采：0735　4. 石夯 1992 窟前采：0739　5. 石构件 1992 窟前采：0733

4 件。

标本 1992 窟前采：0733，圆柱体，一侧略平，另一侧呈内弧形，上大下小，底端略呈圆形，直径 9.5 厘米。顶面中央有孔，孔上小下大，孔径 4 ～ 4.5、深 6、高 34 厘米（图四一七，5；彩版五三一，3）。

标本 1992 窟前采：0826，圆柱体，一侧稍平，上大下小，顶面中央有孔，孔一侧崩毁，孔径口小内大，外口径约 4、内口径约 5、深约 7.5 厘米。底端呈椭圆形，直径 10.5、11.5、高 35 厘米（彩版五三一，4）。

标本 1992 窟前采：0896，圆柱体，一侧稍平，上大下小，顶面中央有孔，孔一侧崩毁，孔径口小内大，外口径不可测，内口径 4 厘米。底面略呈方形，长 9、宽 8、高 33 厘米（彩版五三一，5）。

标本 1992 窟前采：0890，圆柱体，一侧略平，另一侧呈弧形，上大下小，顶面崩毁一半，中央有孔，孔径 4、深 6.5 厘米。底面呈椭圆形，直径 8.5、12、高 34 厘米（彩版五三一，6）。

一一 2013 年第 12 窟前探沟采集遗物

1940 年日本学者曾在昙曜五窟前的堆积中发现多件石雕造像，后被移至第 12 窟前探沟填埋，2013 年被再次发现（描述中括号内"xx 洞"为当年日本学者墨书标注）。

石雕造像

1. 佛教造像

（1）佛像

33 件。

1）佛首

6 件。

标本 2013 探沟采：122，佛首顶肉髻。直径 23、厚 9 厘米。

标本 2013 探沟采：129，佛首上半部。宽 11、高 14、厚 13 厘米（图四一八，1；彩版五三二，1）。

标本 2013 探沟采：217，佛首。眉目清晰，左脸颊缺失。下边有一小洞为未出土时现代机械钻孔，直径 3 厘米。宽 36、高 29、厚 45 厘米（十七洞）（图四一八，2；彩版五三二，2）。

标本 2013 探沟采：040，龛内佛首。风化严重，仅见轮廓。宽约 6、高出龛内凹面 7 厘米。宽 22、高 9、厚 15 厘米（彩版五三二，3）。

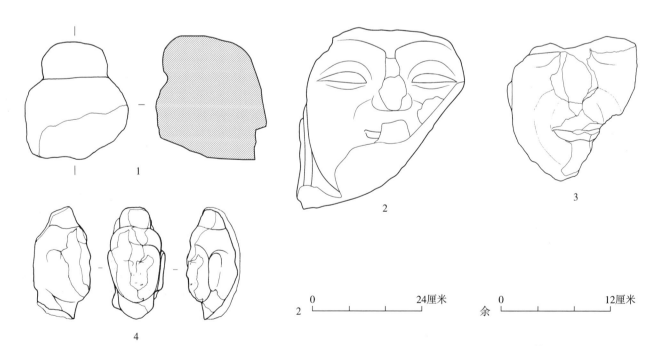

图四一八 第 12 窟前探沟采集北魏时期石雕佛首

1～4.2013 探沟采：129、217、402、412

标本 2013 探沟采：402，造像头部。损毁严重，可见五官模样。宽 14.5、高 11、厚 5 厘米（图四一八，3；彩版五三二，4）。

标本 2013 探沟采：412，佛首。五官风化残损严重。宽 6.5、高 12、厚 7 厘米（图四一八，4；彩版五三二，5、6）。

2）佛身

26 件。

标本 2013 探沟采：177，坐佛局部。可见上半身，风化严重。宽 20、高 28、厚 17 厘米（二十洞）（彩版五三三，1、2）。

标本 2013 探沟采：047，坐佛局部。可见披遮右肩衣纹。宽 11、高 16、厚 8.5 厘米（图四一九，1）。

标本 2013 探沟采：421，坐佛局部。身着袒右肩袈裟。宽 23、高 21、厚 13 厘米（二十洞）（图四四一九，2；彩版五三三，3）。

标本 2013 探沟采：171，坐佛局部。身着披遮右肩衣。宽 27、高 21、厚 8 厘米（图四四一九，3；彩版五三三，4）。

标本 2013 探沟采：057，佛像残件。上有凸起衣纹，斜向衣纹宽 5～7 厘米。形象特殊。宽 61、高 31、厚 11 厘米（图四四一九，4；彩版五三三，5）。

标本 2013 探沟采：078，坐佛局部。右膝有阶梯状衣纹。宽 17、高 14、厚 19 厘米（彩版五三三，6）。

标本 2013 探沟采：116，坐佛列龛。两个较大禅定坐佛下半身，左侧坐佛风化严重，右侧坐佛可见通肩衣纹。中间柱宽 4 厘米。宽 60、高 25、厚 47 厘米（彩版五三四，1）。

标本 2013 探沟采：151，坐佛列龛。残留一大一小坐佛局部，风化严重。宽 59、高 30、厚 25 厘米（彩版五三四，2）。

标本 2013 探沟采：332，坐佛局部。龛内佛首存头部轮廓。宽 40、高 20、厚 45 厘米。

标本 2013 探沟采：136，坐佛局部。正面两条下沉衣纹上压一竖向襟带（宽 4.5～7 厘米），凸起衣纹有两条阴刻线在棱侧。背面两龛坐佛，着通肩衣，柱宽 2.5、拱高 3.5 厘米。疑为第 16-1 窟中部坐佛碎块，其背后是第 16 窟南壁千佛。宽 24、高 17、厚 15 厘米（图四四一九，5；彩版五三四，3、4）。

标本 2013 探沟采：166，坐佛局部。偏袒右肩衣纹。宽 27、高 18、厚 13 厘米（图四四一九，6）。

标本 2013 探沟采：167，佛衣局部。通肩衣领。3 条阴刻线，间距不一，表面凸起弧面。宽 27、高 20、厚 9 厘米（彩版五三四，5）。

标本 2013 探沟采：332，坐佛局部。龛内佛首存轮廓。宽 40、高 20、厚 45 厘米（彩版五三四，6）。

标本 2013 探沟采：400，佛衣局部。通肩衣领。弧形凸面，上有阴刻线两条。宽 22、高 12、厚 8 厘米（十七洞）（图四四一九，7）。

标本 2013 探沟采：299，坐佛局部。存左半身，褒衣博带式佛衣，胸襟下垂。宽 17、高 30、厚 20 厘米。

标本 2013 探沟采：397，坐佛局部。可见左手向上握衣襟及右臂肘部。宽 25、高 7.5、厚 11 厘米（图四四一九，8）。

标本 2013 探沟采：309，坐佛腿部，上有衣纹阴刻线。宽 30、高 12、厚 16 厘米（彩版五三五，1）。

标本 2013 探沟采：500，造像手指。一面可见柱状 4 指，另一面剩圆弧抛光面，指宽 2.5 厘米。

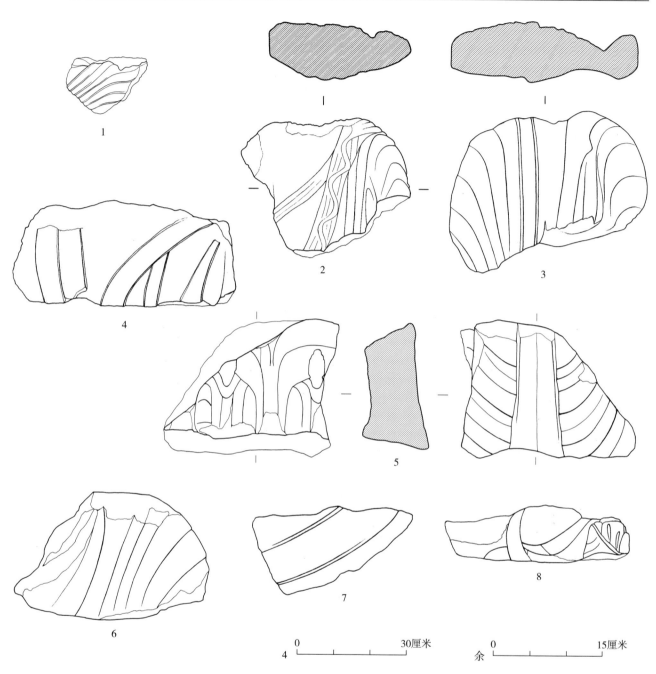

图四一九　第 12 窟前探沟采集北魏时期石雕佛身

1～8.2013 探沟采：047、421、171、057、136、166、400、397

背面光面。宽 17、高 13、厚 7 厘米。

　　标本 2013 探沟采：126，造像手指。疑似佛手背部，指宽 8.5 厘米。宽 31、高 18、厚 9 厘米（彩版五三五，2）。

　　标本 2013 探沟采：404，造像手指。有两个朝向不同的柱体，柱体宽 3～4 厘米，似手指。宽 17、高 8、厚 19 厘米（二号沟）（图四二○，1）。

　　标本 2013 探沟采：436，造像手指。可见两手指及指节纹，指宽约 3 厘米。宽 10、高 8、厚 6 厘米。

　　标本 2013 探沟采：270，造像手指。手掌四指（拇指缺），指宽约 2 厘米。宽 10、高 8、厚 6 厘米（图四二〇，2；彩版五三五，3）。

　　标本 2013 探沟采：023，坐佛局部。左膝衣纹。下方有不明凸起，宽 3 ~ 11、高 4 厘米。宽 40、高 29、厚 23 厘米（图四二〇，3；彩版五三五，4）。

　　标本 2013 探沟采：387，佛像局部。倚坐腿部姿态。宽 6、高 10、厚 4 厘米（图四二〇，5）。

　　标本 2013 探沟采：499，坐佛局部。手握衣角，阶梯衣纹上有阴刻线。宽 5.5、高 13、厚 9 厘米（图四二〇，4；彩版五三五，5）。

　　标本 2013 探沟采：508，坐佛局部。腿部，可见左脚及腿前衣纹。下方素面座台。宽 8、高 20、厚 9 厘米（图四二〇，6；彩版五三五，6）。

　　3）佛足

　　1 件。

　　标本 2013 探沟采：140，佛左足局部。宽 41、高 16、厚 60 厘米（图四二〇，7）。

　　（2）菩萨像

　　18 件。

　　标本 2013 探沟采：046，造像右臂。断面直径 13 厘米。宽 33、高 23、厚 15 厘米（图四二一，1；彩版五三六，1）

　　标本 2013 探沟采：117，菩萨臂膀。臂呈圆柱体转折面，上部有联珠纹臂钏，圆柱直径 5 厘米。臂钏下有一团莲花。似第 8 窟北壁上层右侧菩萨左臂。宽 25、高 70、厚 40 厘米（图四二一，2；彩

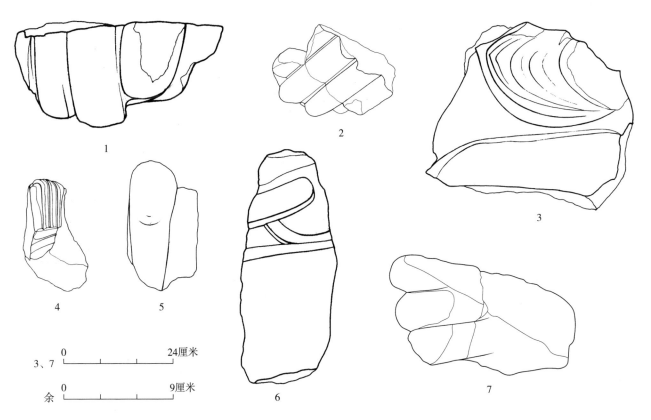

图四二〇　第 12 窟前探沟采集北魏时期石雕佛身、佛足

1 ~ 6. 佛身 2013 探沟采：404、270、023、499、387、508　　7. 佛足 2013 探沟采：140

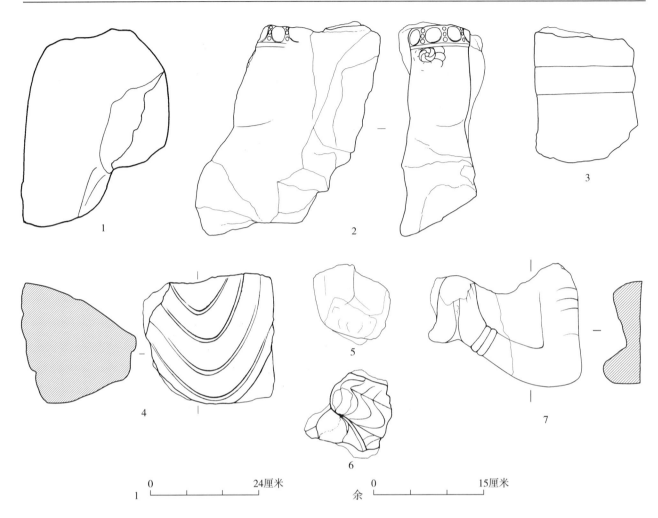

图四二一　第 12 窟前探沟采集北魏时期石雕菩萨像

1 ～ 7.2013 探沟采：046、117、121、134、269、298、315+316

版五三六，2）。

　　标本 2013 探沟采：121，胳膊残件。圆柱形上臂，有钏，下方有转折。直径 14、高 18 厘米（图四二一，3）。

　　标本 2013 探沟采：134，造像衣纹。有四条"U"形线。宽 18、高 18、厚 20 厘米（图四二一，4；彩版五三六，3）。

　　标本 2013 探沟采：269，造像臂部。宽 10、高 10、厚 6 厘米（二号沟）（图四二一，5）。

　　标本 2013 探沟采：296，胁侍菩萨头像及右侧龛柱。宽 11、高 7、厚 5 厘米（十七洞）（彩版五三六，4）。

　　标本 2013 探沟采：188，菩萨身躯。两手胸前合十状。宽 37、高 73、厚 20 厘米（彩版五三六，5）。

　　标本 2013 探沟采：298，交脚菩萨右腿局部。宽 12、高 10、厚 5.5 厘米（图四二二，6；彩版五三七，1）。

　　标本 2013 探沟采：315+316，菩萨残件。呈合掌姿态，可见左臂及臂钏、腕钏。宽 21、高 17、厚 5 厘米（图四二一，7；彩版五三七，2）。

标本2013探沟采：337，造像残件。可见衣纹。宽6.5、高9、厚7厘米。

标本2013探沟采：384，衣纹局部。上有三条阴刻线，下有凸起。似十字帔帛。宽11、高11、厚4厘米（图四二二，1）。

标本2013探沟采：398，菩萨头冠。面部毁坏，高冠素面。宽22、高13、厚11厘米（彩版五三七，3）。

标本2013探沟采：514，菩萨头冠。三个莲瓣形阴刻线内有3个线刻圆圈。宽12、高9、厚5厘米（图四二二，4；彩版五三七，4）。

标本2013探沟采：434，造像左肩臂。可见帔帛衣纹。宽13、高18、厚5.5厘米（图四二二，2；彩版五三七，5）。

标本2013探沟采：449，手臂及帔帛。臂断面直径10厘米。宽14、高14、厚10厘米（图四二二，5）。

标本2013探沟采：461，腿部衣纹。凸弧面上有4条阴刻线。宽9、高22、厚2.5厘米（图四二二，3；彩版五三七，6）。

标本2013探沟采：504，立姿菩萨。腿部有衣纹阴刻线。宽#15、高10.5、厚12厘米（图四二二，6）。

标本2013探沟采：464，左臂及飘带。臂宽约4厘米。宽16、高5、厚7厘米（图四二二，7）。

（3）弟子、飞天、供养像

21件。

1）弟子像

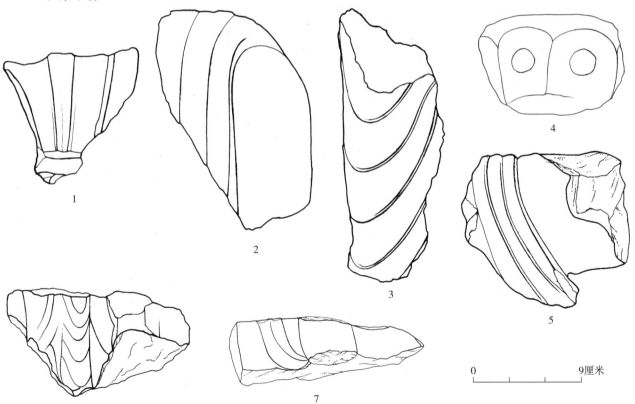

图四二二　第12窟前探沟采集北魏时期石雕菩萨像

1～7.2013探沟采：384、434、461、514、449、504、464

5件。

标本2013探沟采：138，造像上半身，面向右侧，合掌，着通肩衣。宽8、高7、厚2.5厘米（彩版五三八，1）。

标本2013探沟采：307，可见田相袈裟衣纹。宽15、高11、厚25厘米（彩版五三八，2）。

标本2013探沟采：361，比丘头部。宽20、高28、厚6厘米（彩版五三八，3）。

标本2013探沟采：363，凸起肢体上田相袈裟衣纹。宽20、高38、厚15厘米（图四二三，1；彩版五三八，4）。

标本2013探沟采：381，造像左臂及下部田相袈裟，臂宽8厘米。宽17、高26、厚18厘米（图四二三，2；彩版五三八，5）。

2）飞天像

9件。

标本2013探沟采：014，龛边框内飞天及飘带一角。宽10、高8、厚13厘米（彩版五三九，1）。

标本2013探沟采：064，有条形和圆形凸起，条状面宽6、高3.5厘米。宽25、高15、厚10厘米（图四二三，3；彩版五三九，2）。

标本2013探沟采：195，可见龛边框与造像局部，下层左侧山形，右侧胁侍头部，上层可见飞天局部。宽30、高24、厚18厘米（彩版五三九，3）。

标本2013探沟采：243，飞天飘带。上有阴刻线两条。宽6、高8、厚1厘米。

标本2013探沟采：252，阴刻线衣纹，两片有叠压关系。宽11、高15、厚3厘米（图四二三，4）。

标本2013探沟采：254，人物合十双手。宽13、高14、厚3厘米（十七洞）（图四二三，5；彩版五三九，4）。

标本2013探沟采：261，飞天飘带。半圆面有阴刻线3条。宽4.5、高6.5、厚2厘米（洞）。

标本2013探沟采：403，飞天飘带。弧形凸起条状，面上两条阴刻线，凸面宽4.3厘米。宽10.5、高14、厚3.5厘米（图四二三，6；彩版五三九，5）。

标本2013探沟采：503，浮雕形象不明。疑似飞天。宽22、高18、厚3厘米（彩版五三九，6）。

3）供养形象

7件。

标本2013探沟采：274，造像衣纹局部。左肩部衣纹线。宽6、高6、厚1厘米（十七洞）（彩版五四○，1）。

标本2013探沟采：506，转角造像残件。一面为龛左侧两身世俗人物形象，双手合掌，着左衽长衣。转角右侧面存一龛千佛及下层楣拱局部。宽32、高25、厚16厘米（图四二四，1；彩版五四○，2）。

标本2013探沟采：455，供养造像右臂。宽10、高8、厚5.5厘米。

标本2013探沟采：082，供养天局部。左手上举握物，具头光。宽6、高13、厚5厘米（彩版五四○，3）。

标本2013探沟采：017，帷幔局部和供养造像。宽22、高20、厚35厘米（图四二四，2；彩版五四○，4）。

标本2013探沟采：161，博山炉局部。炉盖刻满山岳纹，盖边缘和炉体下部有弦纹。炉左侧残留有供养人手形。岩石后部风化严重。宽15、高13、厚10厘米（图四二四，3；彩版五四○，5）

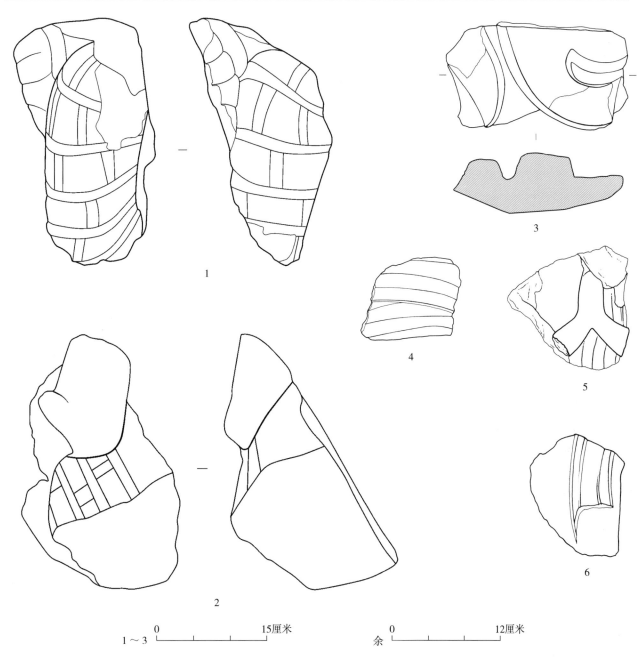

图四二三　第 12 窟前探沟采集北魏时期石雕弟子、飞天像

1、2. 弟子 2013 探沟采：363、381　3 ～ 6. 飞天 2013 探沟采：064、252、254、403

标本 2013 探沟采：488，供养人局部。两凸起的圆形下部有线纹，疑似世俗装供养人膝部。宽 19、高 12、厚 8 厘米（图四二四，4；彩版五四〇，6）。

（4）千佛

265 件。均为千佛残件。将可分辨衣纹的千佛造像残块分为通肩类和披遮右肩类两大类，其中通肩类复杂多样，分 A（U 形）、B（竖线形）两大型，B 型按衣纹竖线数量又分 Ba、Bb、Bc、Bd 四式。披遮右肩类则比较单一。对于残损较严重，衣纹不便细分的，划归不明衣纹类，不明衣纹类中按能辨别佛头、龛楣、龛柱分别叙述。

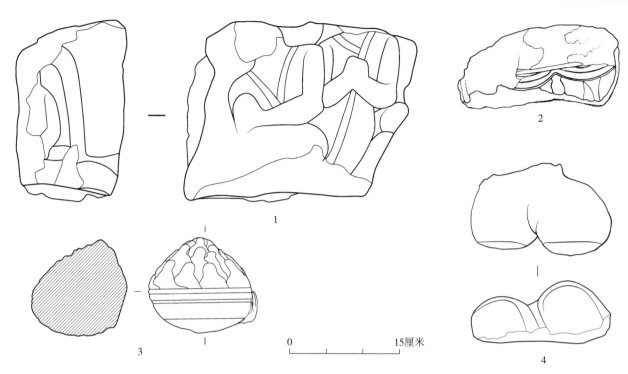

图四二四　第 12 窟前探沟采集北魏时期石雕供养形象
1～4.2013 探沟采：506、017、161、488

1）通肩类

88 件。根据坐佛胸前衣纹线走向可分 A、B 两型。

A 型　7 件。坐佛着通肩衣，领口与胸线不易分，衣纹呈 U 形线下垂至腹部。

标本 2013 探沟采：011，千佛上身及左侧龛柱，石质带红。宽 13、高 10、厚 23 厘米（彩版五四一，1）。

标本 2013 探沟采：041，两龛坐佛局部，坐佛通肩衣，柱宽 2.7 厘米。宽 27、高 13、厚 14 厘米（彩版五四一，2）。

标本 2013 探沟采：083，坐佛着通肩衣，左侧柱宽 3 厘米，下方崩毁。宽 20、高 18、厚 10 厘米（十七洞）（彩版五四一，3）。

标本 2013 探沟采：168，三龛局部，楣拱有 "人" 字形阴刻线，拱宽 11 厘米，龛深 3 厘米。宽 30、高 8、厚 10 厘米（彩版五四一，4）。

标本 2013 探沟采：255，坐佛上身，着通肩衣，左侧龛柱，柱宽 3.5 厘米。宽 13、高 7、厚 6 厘米（彩版五四一，5）。

标本 2013 探沟采：388，坐佛上身着通肩衣，"U" 形衣纹。宽 9、高 6、厚 2.5 厘米（图四二五，1）。

标本 2013 探沟采：391，坐佛身躯，着通肩衣。宽 10、高 7、厚 4 厘米（彩版五四一，6）。

B 型　37 件。坐佛着通肩衣，领口与胸线不易分，衣纹呈竖形线。据线的数量多少又分四个亚型。

Ba 型　1 件，一竖。领口下中间一竖线，腋下竖线不与领口相交。

标本 2013 探沟采：516，坐佛大半身，着通肩衣，柱宽 2.8 厘米。宽 13、高 9、厚 6 厘米（图四二五，2；彩版五四二，1）。

Bb 型　26件，二竖。领口下中间两条竖线，腋下竖线不与领口相交。

标本 2013 探沟采：016，两龛坐佛局部，着通肩衣，龛柱宽 3 厘米。宽 19、高 4、厚 18 厘米（彩版五四二，2）。

标本 2013 探沟采：044，上下两层五龛坐佛局部，下层左龛未完成雕刻。龛宽 10.5 厘米，佛高 13 厘米，右柱宽 3.5 厘米，石质带红。宽 43、高 37、厚 20 厘米（彩版五四二，3）。

标本 2013 探沟采：080，两龛坐佛，右龛坐佛着通肩衣。宽 20.5、高 8、厚 21 厘米。

标本 2013 探沟采：101，三龛坐佛，龛柱宽 3 厘米，佛高 14.5 厘米。宽 44、高 20、厚 14 厘米（彩版五四二，4）。

标本 2013 探沟采：137，两龛坐佛，着通肩衣，龛柱宽 2.7 厘米。宽 23、高 16、厚 13 厘米（彩版五四二，5）。

标本 2013 探沟采：160，单坐佛，着通肩衣。宽 # 8、高 12、厚 10 厘米（彩版五四二，6）。

标本 2013 探沟采：173，两龛坐佛局部，着通肩衣，底面有白色皮质物，石质带红。宽 20、高 12、厚 10 厘米（彩版五四三，1）。

标本 2013 探沟采：183，两龛坐佛，着通肩衣，柱宽 3.5 厘米。宽 28、高 12、厚 19 厘米（彩版五四三，2）。

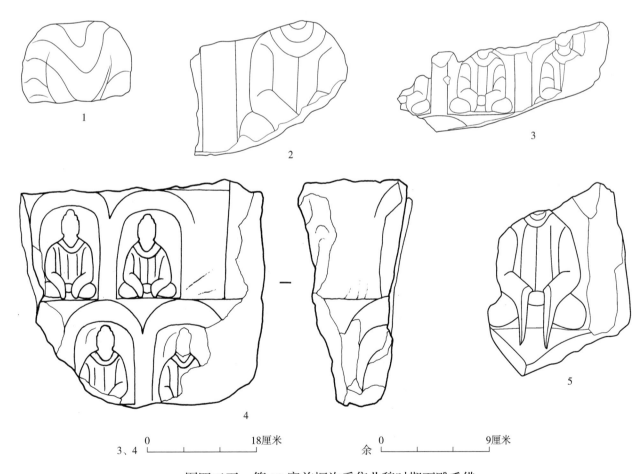

图四二五　第 12 窟前探沟采集北魏时期石雕千佛

1.A 型 2013 探沟采：388　2.Ba 型 2013 探沟采：516　3.Bb 型 2013 探沟采：288　4、5.Bc 型 2013 探沟采：293、281

标本 2013 探沟采：279，两龛坐佛，着通肩衣，柱宽 2 厘米。宽 18、高 9、厚 7 厘米（十七洞）（彩版五四三，3）。

标本 2013 探沟采：285，左龛坐佛大部，着通肩衣，柱宽 3.5 厘米。宽 16、高 11、厚 7 厘米（十九洞）（彩版五四三，4）。

标本 2013 探沟采：288，三龛坐佛局部，着通肩衣。宽 35、高 17、厚 8 厘米（图四二五，3；彩版五四三，5）。

标本 2013 探沟采：289，上层一龛坐佛存大半身，下层仅见楣拱。宽 18、高 12、厚 13 厘米。

标本 2013 探沟采：303，坐佛上身局部及左侧龛柱，坐佛着通肩衣。柱宽 2.5 厘米，宽 13、高 8、厚 14 厘米（彩版五四三，6）。

标本 2013 探沟采：389，坐佛上身及右侧龛柱局部，坐佛着通肩衣，柱宽 3.5 厘米。宽 13、高 6、厚 5 厘米（彩版五四四，1）。

标本 2013 探沟采：450，坐佛上半身及右侧龛柱，坐佛着通肩衣，柱宽 3 厘米。宽 12、高 11、厚 8 厘米。

标本 2013 探沟采：494，右侧坐佛着通肩衣，柱宽 2.5 厘米。宽 22、高 9、厚 17 厘米（彩版五四四，2）。

标本 2013 探沟采：003，三龛坐佛局部，坐佛存上半身，着通肩衣。宽 33、高 18、厚 14 厘米（彩版五四四，3）。

标本 2013 探沟采：004，两龛坐佛局部，着通肩衣，龛口宽 10.5 厘米，柱宽 3～3.5 厘米。宽 25、高 11、厚 13 厘米（彩版五四四，4）。

标本 2013 探沟采：008，三龛坐佛，着通肩衣，柱宽 2.7 厘米，石质带红。宽 46、高 14、厚 18 厘米（彩版五四四，5）。

标本 2013 探沟采：028，两龛坐佛局部，右龛坐佛可见大半身。宽 26、高 7、厚 28 厘米。

标本 2013 探沟采：063，上层存两龛坐佛大半身，下层三龛仅存龛楣。宽 30、高 19、厚 13 厘米（彩版五四四，6）。

标本 2013 探沟采：176，左侧面崩毁，右侧可见一坐佛龛。宽 #26、高 16、厚 18 厘米。

标本 2013 探沟采：355，两龛坐佛局部，着通肩衣，柱宽 2.7 厘米。宽 16、高 8、厚 7 厘米。

标本 2013 探沟采：425，通肩衣。宽 6～10、高 5～10 厘米。

标本 2013 探沟采：439，两龛坐佛肩胸部，可见通肩衣纹。宽 18、高 5、厚 8 厘米。

标本 2013 探沟采：443，坐佛上身，着通肩衣。宽 9、高 5、厚 6 厘米。

Bc 型　10 件，三竖。领口下中间三条竖线，腋下竖线不与领口相交。

标本 2013 探沟采：045，坐佛下半身、左侧龛柱及下层楣拱局部，柱宽 3 厘米。宽 15、高 9、厚 7 厘米（彩版五四五，1）。

标本 2013 探沟采：113，千佛三龛，中间坐佛头毁，着通肩衣，两侧坐佛可见局部，柱宽 2.5 厘米，石质带红。宽 26、高 15、厚 13 厘米（彩版五四五，2）。

标本 2013 探沟采：143，一龛坐佛，着通肩衣，有五官。宽 #15、高 #11、厚 18 厘米（彩版五四五，3）。

标本 2013 探沟采：281，坐佛，着通肩衣。宽 12、高 17、厚 9 厘米（图四二五，5；彩版五四五，4）。

标本 2013 探沟采：282，一龛上半，坐佛上身，着通肩衣，顶面石质含灰色小石柱。宽 20、高 8、厚 13 厘米。

标本 2013 探沟采：292，一龛及两龛柱，坐佛着通肩衣。宽＃30、高 11、厚 10 厘米。

标本 2013 探沟采：293，转角千佛，左侧面一龛。右侧面上下两层各两龛错缝排列，上层两龛较完整，龛宽 10 厘米，佛高 14～14.5 厘米，龛楣宽 13.5 厘米，龛深 2 厘米，拱高 3～3.5 厘米，柱宽 3.5 厘米。下层拱楣宽 12.5 厘米，拱高 3.5～4 厘米。宽 40、高 35、厚 17 厘米（图四二五，4；彩版五四五，5）。

标本 2013 探沟采：459，坐佛上半身，着通肩衣。宽 14、高 15、厚 10 厘米。

标本 2013 探沟采：491，三层坐佛局部上下交错排列。上层可见四龛，龛口宽 10 厘米，中层可见五龛，佛高 14 厘米，佛宽 9～9.5 厘米，柱宽 2～4 厘米，拱高 3～3.5 厘米，坐佛均着通肩衣。宽 58、高 31、厚 36 厘米（彩版五四五，6）。

标本 2013 探沟采：519，坐佛胸腹及双臂。宽 10、高 12、厚 10 厘米。

另有 44 件，可辨着通肩衣，但因残损，衣纹不具细分条件。

标本 2013 探沟采：007，三龛坐佛大半身及下层圆拱，龛柱宽 2.5～3 厘米，下层拱高 3 厘米。宽 44、高 13、厚 30 厘米（彩版五四六，1）。

标本 2013 探沟采：018，三龛坐佛局部，上层龛宽 8.5～9.5，下层拱高 3.5 厘米，左侧龛深 2 厘米，有坐佛局部。宽 49、高 17、厚 19 厘米。

标本 2013 探沟采：042，两龛坐佛，着通肩衣。宽＃22、高 8、厚 10 厘米。

标本 2013 探沟采：048，两坐佛胸部，中间柱宽 4.5 厘米。宽＃22、高 5、厚 24 厘米。

标本 2013 探沟采：051，三龛坐佛，龛柱宽 2.5 厘米。宽 30、高 15、厚 38 厘米（彩版五四六，2）。

标本 2013 探沟采：052，左侧面崩毁，右侧下部一坐佛龛，宽约 10，拱高 3.5 厘米。上部坐佛下身及左侧龛柱，柱宽 3 厘米。宽 55、高 24、厚 8 厘米（彩版五四六，3）。

标本 2013 探沟采：068，左侧坐佛上身及左侧龛柱，柱宽 2.5 厘米。宽 14、高 7、厚 7.5 厘米。

标本 2013 探沟采：071，两龛坐佛局部，中间柱宽 3 厘米。宽 27、高 10、厚 18 厘米。

标本 2013 探沟采：072，两龛上部，右龛可见佛头。宽 30、高 8、厚 24 厘米。

标本 2013 探沟采：073，中间一坐佛龛大部，左侧半身坐佛，龛柱宽 3.5 厘米。宽 23、高 13、厚 18 厘米（彩版五四六，4）。

标本 2013 探沟采：077，两龛坐佛下半部，中间柱宽 3.5 厘米。宽 29、高 7、厚 20 厘米。

标本 2013 探沟采：091，坐佛龛局部，左侧柱宽 2.5 厘米，龛宽 10.5 厘米。宽 19、高 9、厚 14 厘米。

标本 2013 探沟采：095，三龛坐佛局部，上下层错缝排列。上层一龛存坐佛大半身，下层两龛，左龛仅存龛楣及佛头少许，右龛存坐佛上半身。宽 18、高 25、厚 9 厘米（彩版五四六，5）。

标本 2013 探沟采：106，三龛坐佛局部，着通肩衣，龛宽 11 厘米，柱宽 2.5 厘米。宽 35、高 12、厚 16 厘米。

标本 2013 探沟采：107，两龛坐佛局部，中间柱宽 2.5 厘米。宽 31、高 8、厚 10 厘米。

标本 2013 探沟采：108，坐佛及左侧龛柱，下层残留楣拱局部，柱宽 3 厘米。宽 15、高 16、厚 13 厘米（彩版五四六，6）。

标本 2013 探沟采：163，单龛坐佛下身。宽＃13、高 8、厚 63 厘米。

标本 2013 探沟采∶178，坐佛上身，着通肩衣，石质灰色。宽 16、高 8.5、厚 11 厘米（彩版五四七，1）。

标本 2013 探沟采∶186，两龛坐佛局部，存上身，龛柱宽 2.5 厘米。宽 33、高 7、厚 23 厘米。

标本 2013 探沟采∶193，一龛坐佛局部，着通肩衣。宽 19、高 19、厚 16 厘米。

标本 2013 探沟采∶209，坐佛胸腹部及肘部。宽 8、高 4、厚 2 厘米。

标本 2013 探沟采∶249，下层三龛坐佛上部，上层坐佛局部，龛楣宽 13.5 厘米，拱高 4 厘米。宽 39、高 13、厚 24 厘米（彩版五四七，2）。

标本 2013 探沟采∶268，两坐佛局部，着通肩衣，柱宽 3 厘米。宽 17、高 6、厚 15.5 厘米（二十洞）。

标本 2013 探沟采∶280，两龛坐佛，左龛右半身，右龛上半身，着通肩衣。宽 18、高 20、厚 15 厘米（彩版五四七，3）。

标本 2013 探沟采∶283，两龛坐佛下身及中间龛柱，左龛存留较少，柱宽 3 厘米。宽 20、高 4、厚 19 厘米。

标本 2013 探沟采∶290，三龛坐佛局部，龛柱宽 2.5～3 厘米。宽 46、高 13、厚 21 厘米（彩版五四七，4）。

标本 2013 探沟采∶297，坐佛下身及右侧龛柱，柱宽 3 厘米。宽 11、高 8、厚 11 厘米。

标本 2013 探沟采∶305，坐佛上身及楣拱。宽 5、高 17、厚 10 厘米。

标本 2013 探沟采∶311，转角千佛。左侧面存一龛坐佛大半身。向右转另一面存四龛局部，上下层错缝排列，龛楣宽 12 厘米，拱高 3 厘米。宽 28、高 20、厚 40 厘米（彩版五四七，5）。

标本 2013 探沟采∶312，两龛坐佛上身及中间龛柱，柱宽 2.5 厘米。宽 20、高 7、厚 37 厘米（彩版五四七，6）。

标本 2013 探沟采∶353，坐佛上身及左侧龛柱，坐佛着通肩衣，柱宽 2.8 厘米。宽 14、高 7、厚 8 厘米。

标本 2013 探沟采∶362，一龛坐佛，佛高 14 厘米，龛宽 10 厘米，柱宽 2.5～3 厘米。宽 # 18、高 19、厚 20 厘米（彩版五四八，1）。

标本 2013 探沟采∶364，两龛坐佛及局部右侧龛柱，柱宽 3.5 厘米。宽 20、高 16、厚 29 厘米（彩版五四八，2）。

标本 2013 探沟采∶365，左侧可见一龛坐佛，龛柱宽 3.5 厘米，右侧风化严重，右下角有下层楣拱局部及佛头。宽 34、高 14、厚 21 厘米（彩版五四八，3）。

标本 2013 探沟采∶377，三龛坐佛下身及右侧龛柱，柱宽 4 厘米。宽 19、高 7、厚 13 厘米。

标本 2013 探沟采∶382，两龛坐佛及中间龛柱，柱宽 2.7 厘米。宽 13、高 9、厚 15 厘米。

标本 2013 探沟采∶408，三龛局部，中龛可见佛头肩部，柱宽 2 厘米。宽 37、高 9、厚 20 厘米。

标本 2013 探沟采∶410，坐佛胸腹及左臂。宽 7、高 8、厚 3 厘米。

标本 2013 探沟采∶437，坐佛上身局部及右侧柱局部。宽 11、高 5、厚 6 厘米。

标本 2013 探沟采∶456，两龛楣局部，右侧坐佛左身，柱宽 2.5 厘米。宽 # 12、高 15、厚 10 厘米（彩版五四八，4）。

标本 2013 探沟采∶457，两龛坐佛上身，柱宽 3.5 厘米。宽 18、高 8、厚 6.5 厘米（彩版五四八，5）。

标本 2013 探沟采：474，坐佛上身。宽 9、高 4.5、厚 10 厘米。

标本 2013 探沟采：505，上层一龛坐佛局部，下层有凿痕。宽 35、高 25、厚 14 厘米（彩版五四八，6）。

标本 2013 探沟采：522，坐佛腹部及右侧龛柱。宽 11.5、高 4.5、厚 8.5 厘米（十七洞）。

2）披遮右肩类

5 件。

标本 2013 探沟采：050，两龛坐佛，左龛存坐佛上半身，着披遮右肩衣，中间柱宽 2.5 厘米。宽 29、高 16、厚 10 厘米（图四二六，1；彩版五四九，1）。

标本 2013 探沟采：075，两龛坐佛，风化严重。宽 19、高 21.5、厚 11 厘米（彩版五四九，2）。

标本 2013 探沟采：325，石质灰色，披遮右肩衣纹。宽 8.5、高 5、厚 6.5 厘米（彩版五四九，3）。

标本 2013 探沟采：419，坐佛胸部及左龛柱，着披遮右肩衣，石质带红。宽 16、高 5、厚 4.5 厘米（彩版五四九，4）。

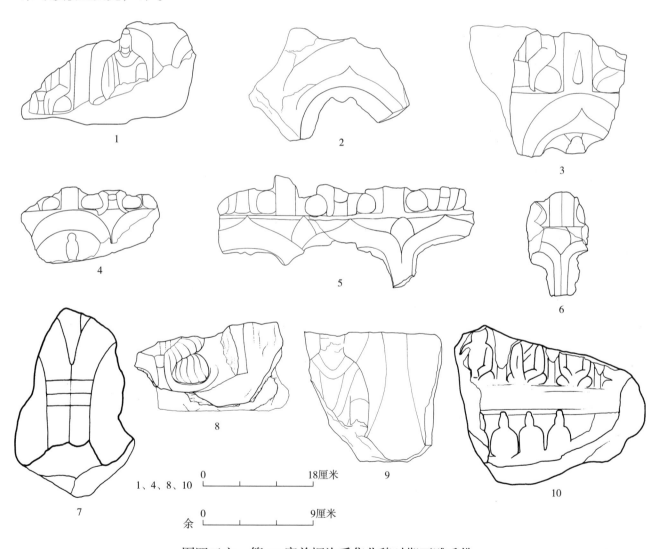

图四二六　第 12 窟前探沟采集北魏时期石雕千佛

1.披遮右肩 2013 探沟采：050　2～8.衣纹不明 2013 探沟采：257、356、030、146+358、216、369、090　9、10.佛龛 2013 探沟采：036、200

标本 2013 探沟采：472，较小千佛，着披遮右肩衣，右侧龛柱宽 1.5 厘米，石质青灰色。宽 9、高 5、厚 2 厘米（彩版五四九，5）。

3）衣纹不明

仅可辨千佛头部、龛楣、龛柱。

千佛头部　17 件。

标本 2013 探沟采：039，一龛坐佛头部。宽＃10、高 5、厚 20 厘米（彩版五五〇，1）。

标本 2013 探沟采：119，两龛上部，左龛可见佛头。宽＃12、高 4、厚 44 厘米（彩版五五〇，2）。

标本 2013 探沟采：141，两龛楣拱，右龛内存坐佛头部，龛深 2 厘米。宽 27、高 7、厚 16 厘米（彩版五五〇，3）。

标本 2013 探沟采：213，一龛坐佛头部。宽 16、高 4、厚 10 厘米（彩版五五〇，4）。

标本 2013 探沟采：242，两侧面均有雕刻。宽 24、高 13、厚 43 厘米。

标本 2013 探沟采：304，一龛坐佛头部及楣拱，楣拱有阴刻线，佛头较小，石质灰色。宽＃9、高 6、厚 10 厘米（彩版五五〇，5）。

标本 2013 探沟采：357，坐佛头部及部分楣拱。宽＃10、高＃5、厚 5 厘米（彩版五五〇，6）。

标本 2013 探沟采：407，两楣拱及左坐佛头部。宽 14、高 5.5、厚 10 厘米（彩版五五一，1）。

标本 2013 探沟采：420，下层右侧龛存坐佛头部，上层坐佛局部。宽 16、高 8、厚 9 厘米（彩版五五一，2）。

标本 2013 探沟采：423，两龛局部。宽 16、高 2、厚 10 厘米。

标本 2013 探沟采：432，坐佛头部。宽＃8、高 10、厚 11 厘米。

标本 2013 探沟采：435，坐佛头部及左侧龛柱，龛深 2.5 厘米。宽 19、高 8、厚 9 厘米（彩版五五一，3）。

标本 2013 探沟采：440，两个较小佛龛，石质红。宽 14、高 7、厚 11 厘米（彩版五五一，4）。

标本 2013 探沟采：444，一龛坐佛局部及左侧龛楣局部。宽 12、高 6、厚 6 厘米（彩版五五一，5）。

标本 2013 探沟采：446，坐佛头部，风化严重。宽 11、高 8、厚 10.5 厘米。

标本 2013 探沟采：466，坐佛头部。宽 12、高 6、厚 4 厘米。

标本 2013 探沟采：471，坐佛头部，楣拱局部。宽 5、高 8、厚 5 厘米（彩版五五一，6）。

仅可辨龛楣，53 件。根据楣拱上有无"人"字形阴刻线分两种表现。

龛楣带"人"字形阴刻线　12 件。

标本 2013 探沟采：009，下层楣拱和上层坐佛局部，前面圆形向后延伸，呈柱状，柱状面四周有人工凿痕。宽 15、高 13、厚 19 厘米。

标本 2013 探沟采：131，可见上层两龛坐佛下身及下层两龛上半部。龛楣有"人"字形阴刻线。宽 29、高 20、厚 12 厘米。

标本 2013 探沟采：132，两龛局部，龛楣有"人"字形阴刻线，右龛有佛头。宽 13、高 9、厚 14 厘米。

标本 2013 探沟采：149，龛楣局部。宽 12、高 10、厚 3 厘米。

标本 2013 探沟采：246，两龛楣拱与上层坐佛局部。宽 14、高 7、厚 18 厘米。

标本 2013 探沟采：257，龛楣拱，拱高 4 厘米，面有"人"字形阴刻线。宽 13、高 9、厚 3 厘米（图四二六，2）。

标本 2013 探沟采：308，三龛坐佛局部，上层一龛坐佛大部分，龛宽 9.5 厘米。下层两龛，楣拱有"人"字形阴刻线，拱高 4 厘米。宽 22、高 30、厚 16 厘米（彩版五五二，1）。

标本 2013 探沟采：356，上层坐佛两龛局部，下层仅存龛楣，拱高 4.5 厘米，柱宽 4 厘米，石质带红。宽 13、高 14、厚 17 厘米（图四二七，3）。

标本 2013 探沟采：380，坐佛局部及龛楣拱，有"人"字形阴刻线。宽 8、高 7、厚 7 厘米。

标本 2013 探沟采：405，两龛楣及中间龛柱，楣拱有"人"字形阴刻线，柱宽 3 厘米。宽 11、高 14、厚 8 厘米。

标本 2013 探沟采：478，楣拱有阴刻线。宽 6、高 6、厚 4 厘米。

标本 2013 探沟采：521，楣拱局部，上有阴刻线。宽 13、高 9、厚 14 厘米。

龛楣不带"人"字形阴刻线　41 件。

标本 2013 探沟采：010，两龛坐佛上半身，雕刻面呈弧形外鼓。宽 34、高 15、厚 16 厘米（彩版五五二，2）。

标本 2013 探沟采：021，上层两龛坐佛局部，下层残留两楣拱。宽 29、高 6、厚 24 厘米。

标本 2013 探沟采：025，两坐佛龛上部，柱宽 3 厘米，顶面有凿痕。宽 24、高 8、厚 25 厘米。

标本 2013 探沟采：030，上层存两龛坐佛局部，下层有龛拱及坐佛头部。宽 23、高 12、厚 10 厘米（图四二六，4）。

标本 2013 探沟采：049，三龛坐佛局部，上下层错缝排列。上层一龛仅存坐佛腿部少许，下层两龛存坐佛头部及楣拱，楣拱宽 13 厘米，龛深 2 厘米，拱高 3 厘米。宽 26、高 12、厚 25 厘米。

标本 2013 探沟采：061，四龛坐佛局部，上下两层错缝排列，上层龛柱宽 4 厘米。宽 21、高 20、厚 10 厘米（彩版五五二，3）。

标本 2013 探沟采：079，上层两坐佛腿部及下层龛拱，龛柱宽 2.5 厘米。宽 16、高 10、厚 39 厘米。

标本 2013 探沟采：084，两龛楣拱，拱高约 2.8 厘米。宽 12.5、高 10、厚 4.5 厘米。

标本 2013 探沟采：085，楣拱及上层龛柱局部。宽 13、高 9、厚 4 厘米。

标本 2013 探沟采：097，下层楣拱高 3.5、上层龛柱宽 2.8 厘米。宽 12、高 9、厚 4.5 厘米。

标本 2013 探沟采：098，两龛楣拱局部。宽 12、高 9、厚 2.5 厘米。

标本 2013 探沟采：099，两龛楣拱局部。宽 13.5、高 7、厚 4 厘米。

标本 2013 探沟采：111，四龛坐佛局部，上中下三层错缝排列，上层仅存坐佛腿部，中层两龛可见坐佛大半身，柱宽 2.5 厘米，下层风化严重，仅存楣拱及佛头局部。宽 25、高 32、厚 39 厘米（彩版五五二，4）。

标本 2013 探沟采：124，三龛坐佛局部，仅存龛楣及佛头肩部，龛楣宽 13 厘米，拱高 3.5 厘米。宽 40、高 13、厚 9.5 厘米（彩版五五二，5）。

标本 2013 探沟采：146+358，六龛坐佛局部，上层中间龛宽 7 厘米，两侧柱宽 2 厘米，柱上右阴刻线。下层楣拱间有莲蕾。宽 21、高 8、厚 2 厘米（图四二六，5；彩版五五二，6）。

标本 2013 探沟采：152，五龛坐佛局部，上下交错排列。上层坐佛，龛宽 10 厘米。下层楣拱宽 12，拱高 3.5 厘米，龛深 3 厘米。宽＃50、高 20、厚 30 厘米（彩版五五三，1）。

标本 2013 探沟采：189，下层龛楣及上层坐佛右膝。宽 10、高 11、厚 7 厘米。

标本 2013 探沟采：196，四龛坐佛局部，风化严重。上下两层错缝排列，上层两龛存坐佛大半身，下层仅存楣拱及佛头局部。宽＃42、高22、厚20厘米。

　　标本2013探沟采：204，千佛龛楣拱。宽11、高8、厚3厘米。

　　标本2013探沟采：295，一龛楣拱及坐佛头部。宽21、高7、厚6厘米。

　　标本2013探沟采：301，左侧为未雕刻的凸宽面，右侧龛存大半个楣拱及佛头，佛头靠近左侧凸面。宽20、高10、厚13厘米。

　　标本2013探沟采：302，两龛楣及上层坐佛局部，楣拱宽13.5、高4厘米。宽29、高8、厚10厘米。

　　标本2013探沟采：314，两龛楣拱及右龛坐佛头部。宽17、高10、厚6.5厘米。

　　标本2013探沟采：323，一龛局部，可见楣拱，拱高4厘米。宽13、高10、厚8厘米。

　　标本2013探沟采：328，两龛楣拱。宽12、高12、厚10厘米。

　　标本2013探沟采：351，下层两拱楣及上层坐佛局部。宽13、高9、厚4.5厘米。

　　标本2013探沟采：354，两龛坐佛局部，左侧龛深3厘米。宽14、高9、厚7厘米。

　　标本2013探沟采：360，两龛楣拱及左坐佛上身，龛柱宽约5厘米。拱楣有"人"字形阴刻线。宽16、高12、厚10厘米。

　　标本2013探沟采：378，千佛龛楣拱。宽9、高6、厚3厘米。

　　标本2013探沟采：390，千佛龛楣拱。宽13、高9、厚3厘米。

　　标本2013探沟采：395，楣拱局部。宽7、高5、厚3厘米。

　　标本2013探沟采：415，下层楣拱及上层坐佛局部。宽15、高8、厚5厘米。

　　标本2013探沟采：426，下层坐佛头部及楣拱，上层龛柱局部。宽18、高9、厚10厘米。

　　标本2013探沟采：442，下层存两龛楣，上层存坐佛下半身及右侧龛柱，楣拱高4、柱宽4厘米。宽19、高11、厚9厘米（彩版五五三，2）。

　　标本2013探沟采：467，楣拱宽12、高3.5厘米，坐佛头部。宽13、高8、厚6厘米。

　　标本2013探沟采：470，右侧楣拱及坐佛上身。宽19、高15、厚5厘米（彩版五五三，3）。

　　标本2013探沟采：481，千佛龛楣拱。宽12、高7、厚3厘米。

　　标本2013探沟采：495，下层坐佛头部、楣拱及上层坐佛局部。宽12、高10、厚6.5厘米（二十洞）（彩版五五三，4）。

　　标本2013探沟采：512，四龛坐佛局部。左侧向后转角有一龛，仅存佛头下部。右侧三龛，上下层错缝排列，下层楣拱宽12.5厘米，拱高4厘米，龛宽9.5厘米，柱宽2.7厘米，龛深3厘米。宽23、高17、厚25厘米（彩版五五三，5）。

　　标本2013探沟采：518，千佛龛楣拱。宽14、高9、厚7厘米（彩版五五三，6）。

　　标本2013探沟采：593，上层坐佛两龛局部，下层仅存龛楣，拱高4.5厘米，柱宽4厘米，石质带红。宽13、高14、厚17厘米。

　　仅可辨龛柱，18件。

　　标本2013探沟采：022，龛柱。宽3厘米。宽15、高7、厚9厘米。

　　标本2013探沟采：032，龛柱。宽3.2厘米。宽9、高8、厚4.5厘米（彩版五五四，1）。

　　标本2013探沟采：033，龛柱。宽3厘米。宽5、高7、厚2.5厘米。

　　标本2013探沟采：035，坐佛左半身及左侧龛柱，柱宽3厘米。宽＃10、高13、厚6厘米（彩版五五四，2）。

标本 2013 探沟采：043，单坐佛及左龛柱局部。宽 10、高 5、厚 18 厘米。

标本 2013 探沟采：205，柱宽 3.5 厘米。宽 6、高 8、厚 3 厘米。

标本 2013 探沟采：208，千佛龛楣拱、龛柱。宽 7、高 10、厚 3 厘米（彩版五五四，3）。

标本 2013 探沟采：215，两龛局部，中间柱宽 4 厘米。宽 15、高 5、厚 15 厘米。

标本 2013 探沟采：216，上下层千佛龛柱，对齐排列，上柱宽 2 厘米，下柱宽 1 厘米。宽 5、高 8.5、厚 2 厘米（图四二六，6）。

标本 2013 探沟采：245，龛柱局部。宽 3.5、高 7、厚 3 厘米。

标本 2013 探沟采：250，千佛龛单坐佛，佛高 13 厘米，两层龛柱宽 2.5 厘米。宽 18、高 19、厚 50 厘米（彩版五五四，4）。

标本 2013 探沟采：326，一侧凹进，低于另一侧约 3 厘米，疑似千佛龛。宽 6、高 8、厚 7 厘米。

标本 2013 探沟采：329，一侧有条状凸起。宽 18、高 12、厚 5 厘米。

标本 2013 探沟采：369，千佛连龛龛柱，柱宽 3.5 厘米，柱上有一竖及三横阴刻线。宽 10、高 16、厚 6 厘米（图四二六，7）。

标本 2013 探沟采：376，龛柱及左侧坐佛残臂，柱宽 3 厘米。宽 10、高 9、厚 16 厘米。

标本 2013 探沟采：386，龛柱，柱宽 3.2 厘米。宽 11、高 14、厚 6.5 厘米（彩版五五四，5）。

标本 2013 探沟采：429，柱宽 2.5～3 厘米。宽 8.5、高 6、厚 7 厘米。

标本 2013 探沟采：441，两龛坐佛及中间龛柱，柱宽 3.5 厘米。宽 18、高 12、厚 6 厘米（彩版五五四，6）。

衣纹及其他细节均不明确　84 件。

标本 2013 探沟采：006，坐佛左臂及其左侧龛柱，柱宽 3 厘米。宽 # 11、高 5、厚 2 厘米。

标本 2013 探沟采：012，下层两龛及上层坐佛局部。宽 11、高 19、厚 27 厘米（彩版五五五，1）。

标本 2013 探沟采：015，坐佛右臂及右龛柱局部，柱宽 3 厘米。宽 10、高 2.5、厚 6 厘米。

标本 2013 探沟采：029，两龛坐佛局部。宽 26、高 7、厚 28 厘米。

标本 2013 探沟采：034，小千佛楣拱及上层龛柱。宽 15、高 4、厚 7 厘米。

标本 2013 探沟采：055，两龛坐佛下半部。宽 22、高 6.5、厚 21 厘米。

标本 2013 探沟采：056，两龛坐佛局部。宽 27、高 # 8、厚 28 厘米。

标本 2013 探沟采：066，右侧可见一龛坐佛局部。宽 49、高 5、厚 27 厘米。

标本 2013 探沟采：067，三龛坐佛局部，下层右侧一龛坐佛，上层两龛坐佛局部。宽 40、高 25、厚 23 厘米（彩版五五五，2）。

标本 2013 探沟采：070，龛柱局部。宽 12、高 2.5、厚 17 厘米。

标本 2013 探沟采：076，一龛，仅存佛头，石雕表面带红色。宽 20、高 10、厚 14 厘米。

标本 2013 探沟采：081，两龛坐佛局部，略呈弧形。宽 # 22、高 8、厚 20 厘米。

标本 2013 探沟采：086，坐佛头部。宽 24、高 7、厚 10 厘米。

标本 2013 探沟采：090，右侧坐佛衣纹明显，左侧面有阴刻线。宽 25、高 14、厚 7 厘米（图四二六，8；彩版五五五，3）。

标本 2013 探沟采：093，坐佛下半身及左侧柱局部。宽 13、高 5、厚 8 厘米。

标本 2013 探沟采：094，三龛坐佛局部，龛柱风化不清。宽 35、高 11.5、厚 37 厘米（彩版五五五，4）。

标本 2013 探沟采：102，两龛坐佛局部，龛柱宽 3 厘米。宽 17、高 6.5、厚 18 厘米。

标本 2013 探沟采：110，两龛坐佛局部，龛柱宽 3 厘米。宽 25、高 7、厚 17 厘米（彩版五五五，5）。

标本 2013 探沟采：128，三龛坐佛局部，龛柱宽 4 厘米。宽 51、高 11、厚 42 厘米（彩版五五五，6）。

标本 2013 探沟采：133，左侧有坐佛右半身。宽 23、高 9、厚 16 厘米。

标本 2013 探沟采：147，坐佛颈肩部。宽 9、高 3.5、厚 9 厘米（二十洞）。

标本 2013 探沟采：148，坐佛下身，雕刻面断面涂有 2 厘米深的红色渗透层，前述带红均为此。宽 # 12、高 4、厚 27 厘米。

标本 2013 探沟采：155，两龛坐佛局部，龛柱宽 3 厘米。宽 30、高 5.5、厚 20 厘米。

标本 2013 探沟采：162，柱宽 3 厘米。宽 25、高 8、厚 18 厘米。

标本 2013 探沟采：164，两龛坐佛，龛柱 3.5～4 厘米。宽 30、高 10、厚 25 厘米（彩版五五六，1）。

标本 2013 探沟采：180，两龛坐佛，龛柱宽 2 厘米。宽 26、高 9、厚 12 厘米（彩版五五六，2）。

标本 2013 探沟采：181，一龛坐佛上半身。宽 17、高 15、厚 12 厘米（彩版五五六，3）。

标本 2013 探沟采：182，下部两龛坐佛，仅存佛头，上部较大未雕刻面。宽 24、高 17、厚 13 厘米。

标本 2013 探沟采：190，坐佛下半身及左侧龛柱，石质灰色。宽 16、高 3.5、厚 7 厘米。

标本 2013 探沟采：191，残留坐佛左膝及左侧龛柱，柱上有焰苗纹。宽 # 8.5、高 10、厚 13 厘米。

标本 2013 探沟采：197，三龛坐佛局部，雕刻面有转折。宽 29、高 13、厚 42 厘米（彩版五五六，4）。

标本 2013 探沟采：198，一坐佛及左侧龛柱，柱宽 2.5 厘米。宽 # 16、高 10、厚 25 厘米。

标本 2013 探沟采：202，可见三龛坐佛轮廓。宽 33、高 17、厚 35 厘米。

标本 2013 探沟采：206，楣拱凹面。宽 12、高 13、厚 3 厘米。

标本 2013 探沟采：207，柱宽 3 厘米。宽 9、高 11、厚 4 厘米。

标本 2013 探沟采：244，坐佛下身。宽 14、高 5、厚 10 厘米。

标本 2013 探沟采：247+248，两龛坐佛，左龛宽 8.5 厘米，龛深 3 厘米，柱宽 2.5 厘米。宽 22、高 16、厚 6 厘米（彩版五五六，5）。

标本 2013 探沟采：251，两龛坐佛局部，中间柱宽 2.7 厘米。宽 13、高 6、厚 7 厘米（十九洞）。

标本 2013 探沟采：271，坐佛下半身，石质红。宽 11、高 6、厚 4.5 厘米。

标本 2013 探沟采：300，左上角存上层龛少许，右下角存下层右侧龛楣拱及佛头。宽 31、高 19、厚 9 厘米。

标本 2013 探沟采：306，坐佛下身及右侧龛柱，柱宽 3.5 厘米。宽 15、高 6、厚 9 厘米（彩版五五六，6）。

标本 2013 探沟采：327，两坐佛局部及中间龛柱，柱宽 3 厘米。宽 12、高 3.5、厚 8 厘米（彩版五五七，1）。

标本 2013 探沟采：333，两龛局部，中间柱宽 3 厘米。宽 18、高 8、厚 21 厘米。

标本 2013 探沟采：338，形象不明。宽 20、高 8、厚 11 厘米（彩版五五七，2）。

标本 2013 探沟采：341，坐佛腿部。宽 13、高 5、厚 5 厘米。

标本 2013 探沟采：344，右侧可见坐佛颈肩少许。宽 15、高 4、厚 7 厘米。

标本 2013 探沟采：359，两龛楣及龛柱上端。宽 10、高 9、厚 10 厘米。

标本 2013 探沟采：366，雕刻面凸起较大，形象不明。宽 13、高 17、厚 9 厘米。

标本 2013 探沟采：368，坐佛腿部及下方素面。宽 9.5、高 10、厚 2 厘米。

标本 2013 探沟采：373，两龛楣拱及左佛右肩，有衣纹。宽 12、高 10、厚 10 厘米。

标本 2013 探沟采：383，坐佛头部及右侧龛柱。宽 10、高 4、厚 16 厘米。

标本 2013 探沟采：385，坐佛下身及左侧龛柱，柱宽 3 厘米。宽 11、高 8、厚 8 厘米。

标本 2013 探沟采：394，可见坐佛左臂。宽 8.5、高 12、厚 14 厘米。

标本 2013 探沟采：396，下层两龛及上层坐佛局部。宽 21、高 10、厚 6 厘米。

标本 2013 探沟采：401，坐佛及左侧龛柱。宽 10、高 12、厚 6 厘米。

标本 2013 探沟采：406，坐佛头部及左侧。宽 # 13、高 5、厚 9 厘米。

标本 2013 探沟采：409，左侧雕刻损毁，右侧有坐佛左半身。宽 13.5、高 7、厚 6 厘米。

标本 2013 探沟采：411，可见下层楣拱和上层坐佛局部。宽 11、高 9、厚 11 厘米。

标本 2013 探沟采：413，坐佛下身及右侧坐佛局部，无龛千佛，风化严重。宽 12、高 10、厚 5 厘米（彩版五五七，3）。

标本 2013 探沟采：414，坐佛左半身及左侧龛柱，柱宽 2.5 厘米。宽 6.5、高 9、厚 4 厘米。

标本 2013 探沟采：416，坐佛右臂少许。宽 10、高 5、厚 4 厘米。

标本 2013 探沟采：417，坐佛局部及龛柱，柱宽 2.5 厘米。宽 10、高 8、厚 5.5 厘米。

标本 2013 探沟采：422，下层右侧坐佛头部及上层坐佛局部。宽 11.5、高 6.5、厚 5 厘米。

标本 2013 探沟采：431，有凸起的条纹。宽 9、高 8、厚 7 厘米。

标本 2013 探沟采：445，下层两龛楣拱及上层坐佛局部。宽 12、高 14、厚 5.5 厘米。

标本 2013 探沟采：463，可见坐佛腿部及下方楣拱。宽 20、高 9、厚 11 厘米。

标本 2013 探沟采：465，坐佛左侧及左龛柱，柱宽 3 厘米。宽 8、高 9、厚 8 厘米。

标本 2013 探沟采：468，坐佛头部，风化严重。宽 9、高 6、厚 8 厘米。

标本 2013 探沟采：469，坐佛头部，风化严重。宽 12、高 6、厚 7 厘米。

标本 2013 探沟采：473，通肩衣。宽 10、高 5、厚 7 厘米。

标本 2013 探沟采：475，千佛龛楣拱。宽 13、高 8、厚 3 厘米。

标本 2013 探沟采：476，可见龛柱宽约 4 厘米。宽 11.5、高 10、厚 4 厘米。

标本 2013 探沟采：479，坐佛下部及左侧龛柱，柱宽 2.8 厘米。宽 12、高 7.5、厚 18.5 厘米。

标本 2013 探沟采：480，坐佛左半部及其右侧龛柱，柱宽 2.5 厘米。宽 11、高 18、厚 9 厘米。

标本 2013 探沟采：482，两并坐佛，可见头部及上身，无龛。宽 17、高 8、厚 9 厘米。

标本 2013 探沟采：489，柱宽 2.5 厘米。宽 7、高 14、厚 4 厘米。

标本 2013 探沟采：490，龛内一坐佛，左侧龛柱宽约 3 厘米。宽 17、高 16.5、厚 11 厘米（彩版五五七，4）。

标本 2013 探沟采：493，上层两龛坐佛，中间龛柱宽 3.5 厘米，下层仅存两楣拱局部。宽 25、高 18、厚 22 厘米（彩版五五七，5）。

标本 2013 探沟采：496，千佛龛楣拱。宽 8、高 9、厚 4 厘米。

标本 2013 探沟采：515，坐佛腿部。宽 7、高 8、厚 3 厘米。

标本 2013 探沟采：520，下层楣拱和上层坐佛局部。宽 13、高 13、厚 6 厘米。

标本 2013 探沟采：594，下层两龛楣拱与上层坐佛局部。宽 20、高 10、厚 32 厘米（彩版五五七，6）。

标本 2013 探沟采：595，一龛坐佛局部。

标本 2013 探沟采：596，仅存龛柱局部。

（5）不明造像

25 件。

标本 2013 探沟采：266，有莲瓣状凸弧面。宽 4 厘米。宽 11、高 9、厚 4 厘米（十七洞）。

标本 2013 探沟采：053，不明残件。不规则圆柱体。宽 14、高 18、厚 19 厘米。

标本 2013 探沟采：059，不明残件。左侧凹面，右侧凸起，凸起高 7 厘米，上下面有取平痕迹，上面有残留卯口，窄口宽 5、深 5 厘米。宽 50、高 33、厚 19 厘米。

标本 2013 探沟采：074，不明残件。有圆形凸起，形象不明。宽 17、高 9.5、厚 11 厘米。

标本 2013 探沟采：105，不明残件。似人物形象上半身。宽 18、高 10、厚 26 厘米。

标本 2013 探沟采：125，不明残件。雕刻面形象不明。宽 # 14、高 9.5、厚 26 厘米。

标本 2013 探沟采：150，不明残件。弧面有阴刻线，截面半圆。宽 12、高 12、厚 6 厘米。

标本 2013 探沟采：153，不明残件。残石块，无雕刻。宽 30、高 23、厚 6 厘米。

标本 2013 探沟采：172，不明残件。有凸起条状。宽 41、高 18.5、厚 5 厘米（十五洞）。

标本 2013 探沟采：185，不明残件。不明造像残件，疑似佛头上部，凸起面宽 9.5 厘米。宽 21、高 13.5、厚 17.5 厘米。

标本 2013 探沟采：192，不明残件。上部有不规则凸起，截面长 11.5、宽 12、高 2～6 厘米。宽 18、高 16、厚 18 厘米。

标本 2013 探沟采：201，不明残件。直角转角雕刻，一侧有一条阴刻线，另一侧两条阴刻线，造像形象不明。宽 14、高 8、厚 11.5 厘米。

标本 2013 探沟采：210，不明残件。凸起弧面形象不明。宽 5、高 8、厚 2 厘米。

标本 2013 探沟采：278，不明残件。有宽带，间以阴刻线沟，带宽 6～7.5 厘米。宽 19、高 8、厚 5 厘米（十七洞）。

标本 2013 探沟采：313，不明造像残件。大部分为打磨凸起面，弧状边缘，一侧有阴刻线三条。形象不明。宽 30、高 37、厚 30 厘米。

标本 2013 探沟采：330，不明造像残件。凹凸不平。长 20、高 17、厚 8.5 厘米。

标本 2013 探沟采：375，不明造像残件，有三段沟槽。宽 16、高 13、厚 4 厘米。

标本 2013 探沟采：379，不明造像残件。宽 9、高 5、厚 13 厘米。

标本 2013 探沟采：393，不明造像残件。凸起弧面上有阴刻线 5 条，4 条同向，似为衣纹。宽 9、高 12.5、厚 2.5 厘米。

标本 2013 探沟采：399，不明造像残件。有两人物形象局部，左侧凸起疑似造像人物右臂。右侧有人物面部五官雕刻，身份不明。宽 26、高 6、厚 6 厘米。

标本 2013 探沟采：418，不明残件。疑似衣纹，有两条阴刻线。宽 11、高 6、厚 9 厘米。

标本 2013 探沟采：424，不明造像残件。转角雕刻。宽 11、高 4.5、厚 10 厘米。

标本 2013 探沟采：433，不明造像残件。凸起面上有 3 条阴刻线。宽 15、高 10、厚 9 厘米。

标本 2013 探沟采：487，不明造像残件。不规则柱体。宽 9、高 8、厚 11 厘米。

标本 2013 探沟采：477，不明造像残件。宽 16、高 5、厚 10 厘米。

2. 佛龛

58 件。

标本 2013 探沟采：031，帷幔。下沉弧形，有阴刻线。宽 12、高 7、厚 4 厘米。

标本 2013 探沟采：036，龛楣局部。化佛，通肩衣纹。有线刻头光、身光。宽 11、高 10、厚 13 厘米（图四二六，9）。

标本 2013 探沟采：037，转角雕刻。左侧弧凸线左下右上走向，涂红色，右侧有凸起，形象不明。宽 6、高 3.5、厚 5.5 厘米。

标本 2013 探沟采：062，两个弧形面相交，形象不明。宽 18、高 5、厚 16 厘米。

标本 2013 探沟采：065，龛柱。有凹面，较平整，疑似大龛柱。宽 16、高 9、厚 20 厘米。

标本 2013 探沟采：096，龛座。方座右足局部。宽 # 10、高 16、厚 5 厘米。

标本 2013 探沟采：100，帷幔。弧形帷幔及上方素面边框。宽 10.5、高 4.5、厚 5.5 厘米。

标本 2013 探沟采：103，龛柱。宽约 7.5 厘米，右侧似人物。宽 13、高 8、厚 8 厘米。

标本 2013 探沟采：109，龛尾。圆拱，龛楣尾方端，有卷头。宽 16、高 12、厚 12 厘米。

标本 2013 探沟采：142，龛顶。边宽 6.5 厘米，有水波纹痕迹。宽 16、高 18、厚 4.5 厘米。

标本 2013 探沟采：144，龛柱。柱面有黑色，柱宽 7 厘米，龛柱左侧面为磨光面，右侧面崩毁。宽 27、高 16、厚 17 厘米。

标本 2013 探沟采：145，龛柱。凸面高于另一面 4.5 厘米。宽 40、高 24、厚 10 厘米。

标本 2013 探沟采：157，帷幔。上有阴刻弧线，右侧存一坐佛。宽 30、高 30、厚 9 厘米。

标本 2013 探沟采：165，转角龛像。两侧面均有雕刻，造像为无龛小千佛。宽 20、高 15、厚 12 厘米。

标本 2013 探沟采：174，方龛残件，龛内可见佛像头部。宽 40、高 20、厚 38 厘米。

标本 2013 探沟采：179，楣拱局部，上有阴刻线。宽 11、高 16、厚 6 厘米。

标本 2013 探沟采：184，龛像。右侧有千佛龛，左侧形象不明。宽 21、高 14、厚 5.5 厘米。

标本 2013 探沟采：187，龛楣。有宽凸弧面，面宽 13 厘米，一旁形象不明。宽 30、高 26、厚 3 厘米。

标本 2013 探沟采：200，龛隅。上下两排千佛，上边 4 尊有龛，下边 4 尊无龛。宽 32、高 25、厚 23 厘米（图四二六，10）。

标本 2013 探沟采：212，龛残件。三角状凸面右侧面有阴刻线。宽 8、高 7.5、厚 3 厘米。

标本 2013 探沟采：214，龛残件。面内下凹弧面。宽 15、高 9、厚 3 厘米。

标本 2013 探沟采：258，龛残件。凸弧面。宽 6、高 10、厚 1.5 厘米（十七洞）。

标本 2013 探沟采：259，龛残件。弧面凸起有阴刻线，圆拱局部。宽 13、高 10、厚 5 厘米（十七洞）。

标本 2013 探沟采：260，龛残件。弧面凸起。宽 8、高 12、厚 2 厘米（十七洞）。

标本 2013 探沟采：262，龛残件。凸弧面存直线阴刻线，截面半月形。宽 7、高 14、厚 2.5 厘米。

标本 2013 探沟采：276，龛残件。弧凸面拱楣。宽 13.5、高 8、厚 3 厘米（十七洞）。

标本 2013 探沟采：264，帷幔。面有两条阴刻线沟槽。宽 12、高 16、厚 3 厘米（十七洞）。

标本 2013 探沟采：265，帷幔。有阴刻线沟槽。宽 11、高 5.5、厚 2 厘米（十七洞）。

标本 2013 探沟采：267，转角雕刻。右侧造像足部，左侧竖向凸起条纹。宽 9、高 9、厚 8.5 厘米（十九洞）。

标本 2013 探沟采：272，帷幔。弧面阶梯纹。宽 10、高 10、厚 9.5 厘米（十七洞）。

标本 2013 探沟采：277，帷幔。凸起面上存弧阴刻线 4 条。宽 8、高 5、厚 3 厘米（十七洞）。

标本 2013 探沟采：294，龛像残件。一侧有凸起柱状，柱形宽 8.5～9.5 厘米，凸面高于另一侧凹面 6 厘米。凹面一侧有雕刻形象，疑似飞天飘带。宽 24、高 11、厚 30 厘米。

标本 2013 探沟采：317，龛残件。凸起的弧形面上有阴刻线一条。宽 16、高 16、厚 7 厘米。

标本 2013 探沟采：318，龛残件。凸起的弧形面上有阴刻线一条，一端未贯通。宽 16、高 12、厚 3 厘米。

标本 2013 探沟采：319，龛残件。凸起的弧形面上有阴刻线一条。宽 20、高 8、厚 3 厘米。

标本 2013 探沟采：320，龛残件。凸起的弧形面上有阴刻线一条。宽 9、高 15、厚 3.5 厘米。

标本 2013 探沟采：371，龛残件。宽楣拱形，上有阴刻线一条，凸面，表面敷黑色。宽 9、高 15、厚 3 厘米。

标本 2013 探沟采：452，龛残件。宽楣拱形，上有阴刻线一条，凸面。宽 9、高 13、厚 3 厘米。

标本 2013 探沟采：428，龛残件。上方横向阴刻线一条，下方疑似佛像肉髻。宽 18、高 7、厚 3.5 厘米。

标本 2013 探沟采：497，龛残件。宽楣拱形，上有阴刻线一条，凸面。宽 9、高 9、厚 3 厘米。

标本 2013 探沟采：498，龛残件。宽楣拱形，上有阴刻线一条，凸面。宽 8、高 7、厚 3 厘米。

标本 2013 探沟采：372，龛残件。宽楣拱形，上有阴刻线一条，凸面。宽 15、高 11、厚 3 厘米。

标本 2013 探沟采：367，龛残件。宽楣拱形，上有阴刻线一条，凸面。宽 5、高 11.5、厚 1.5 厘米。

标本 2013 探沟采：392，帷幔。凸起面上有横额及下沉阴刻线。宽 8、高 7、厚 3 厘米。

标本 2013 探沟采：321，帷幔。下方下沉弧幔，中间束起。宽 17、高 11、厚 3.5 厘米。

标本 2013 探沟采：331，龛残件。有阶梯面。宽 10、高 6.5、厚 2 厘米。

标本 2013 探沟采：352，龛像残件。左侧柱宽 2.5～5 厘米，右侧存坐佛头部。宽 14、高 7、厚 5 厘米。

标本 2013 探沟采：370，龛柱。柱宽 3 厘米。宽 7、高 5、厚 9 厘米。

标本 2013 探沟采：438，龛残件。宽平面及上方坐佛右膝部。宽 11、高 12、厚 8.5 厘米。

标本 2013 探沟采：453，龛局部。一侧联珠纹带，直径 4 厘米，另一侧为平面。宽 15、高 10、厚 5.5 厘米。

标本 2013 探沟采：462，龛像局部。有凹凸面，凹面上有 1 条弧形阴刻线，凸面上有两条阴刻线，凸面高于凹面 2.5 厘米。宽 16、高 5.5、厚 13 厘米。

标本 2013 探沟采：483，龛残件。有阶梯面，疑似一侧龛楣。宽 12、高 9、厚 8.5 厘米。

标本 2013 探沟采：501，龛残件。"T"形凸起边框，高于平面 1.5 厘米。宽 18、高 10、厚 5 厘米。

标本 2013 探沟采：502，龛残件。有水波纹痕迹。宽 13、高 17、厚 8 厘米（十五洞）。

标本 2013 探沟采：510，龛残件。一侧凸起弧面，上有阴刻线一条，另一侧凹进，形象不明。宽 24、高 8、厚 16 厘米。

标本 2013 探沟采：513，龛残件。小龛方形边框。宽 22、高 14、厚 46 厘米。

标本 2013 探沟采：118，龛残件。龛内造像可见轮廓，身份不辨。宽 50、高 28、厚 20 厘米。

标本 2013 探沟采：135，龛残件。雕刻有沟槽，形象不明。宽 12、高 9.5、厚 2.5 厘米。

3.建筑装饰

31 件。

（1）脊饰

5 件。

标本 2013 探沟采：087，鸱吻局部。略呈半圆，内凹，石质带红。宽 9.5、高 6、厚 5.5 厘米。

标本 2013 探沟采：253，鸱吻局部。半圆面内凸，中间有线。宽 16、高 6、厚 8 厘米。

标本 2013 探沟采：427，鸱吻局部。圆形面有凹槽，坡面较大。宽 8、高 6、厚 4 厘米。

标本 2013 探沟采：484，鸱吻局部。半圆形，凹面。宽 11、高 8、厚 4.5 厘米。

标本 2013 探沟采：509，龛顶局部。中间横凸面高 7 ～ 8 厘米，下方左侧有凸起，形象不明。上方左侧斜向凸起，右侧圆形面有阴刻轮廓边线及中部短线。疑似宝盖龛局部。宽 20、高 24、厚 7 厘米。

（2）屋檐

5 件。

标本 2013 探沟采：092，角椽下两檐椽，斜向，椽宽 3 厘米。宽 12、高 7、厚 5 厘米（彩版五五八，1）。

标本 2013 探沟采：114，塔檐局部。有瓦垄及檐椽，檐椽宽 6 ～ 6.5、出檐 17 ～ 20 厘米，檐椽斜向。底面一角平。瓦垄宽 6 ～ 6.5、滴水宽 3.5 ～ 10 厘米。顶部毁损，高度未知。宽 32、高 35、厚 9 厘米（图四二七，1；彩版五五八，2、3）。

标本 2013 探沟采：156，屋檐残件。柱体宽 11、高 8 厘米，断面有小洞，洞直径 3.5、深 4 厘米，石质灰色。宽 30、高 10.5、厚 8 厘米（图四二七，2；彩版五五八，4、5）。

标本 2013 探沟采：211，屋檐残件。有屋顶的形象。宽 8.5、高 10、厚 6 厘米（图四二七，3）。

标本 2013 探沟采：460，形象不明。宽 10、高 9、厚 13 厘米（彩版五五八，6）。

（3）装饰

21 件。

标本 2013 探沟采：115，团莲局部。莲瓣有阴刻线。此件曾于 20 世纪 40 年代在昙曜五窟前出土 [1]。宽 50、高 30、厚 16 厘米（图四二八，1）。

标本 2013 探沟采：026+027，龙头形象。此件曾于 20 世纪 40 年代在昙曜五窟前出土 [2]。疑似第 1 窟顶龙头。宽 43、高 17、厚 35 厘米（图四二八，2；彩版五五九，1）。

————————

[1]　〔日〕水野清一：《雲岡石窟調查記》，《東方學報》第 9 册。〔日〕水野清一、長廣敏雄：《雲岡石窟:西暦五世紀における中國北部佛教窟院の考古學的調查報告》第十四卷，京都大學人文科學研究所雲岡刊行會，1954年，图版 55-D。文中讲出自第 15 窟前民房。

[2]　〔日〕水野清一：《雲岡石窟調查記》，《東方學報》第 9 册。〔日〕水野清一、長廣敏雄：《雲岡石窟:西暦五世紀における中國北部佛教窟院の考古學的調查報告》第十四卷，京都大學人文科學研究所雲岡刊行會，1954年，图版 56-C。文中推测为龛尾龙形部分。

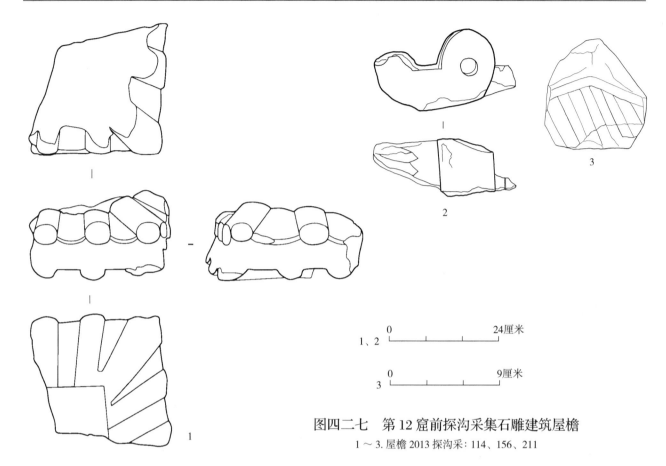

图四二七　第 12 窟前探沟采集石雕建筑屋檐

1 ～ 3. 屋檐 2013 探沟采：114、156、211

　　标本 2013 探沟采：089，虎头墩。双眉挑起，怒目圆睁，鼻翼宽大，残留一耳，双颊隆起，可见部分嘴及獠牙。此件曾于 20 世纪 40 年代在昙曜五窟前出土[1]，从后边圆形柱槽看，不属石窟中的雕刻物。宽 21、高 26、厚 12 厘米（图四二八，3；彩版五五九，2 ～ 4）。

　　标本 2013 探沟采：120，水波纹饰及天人头部。水波纹高出平面 2.5 厘米。宽 # 33、高 14、厚 14 厘米（图四二八，4；彩版五五九，5）。

　　标本 2013 探沟采：123，龙形局部。形象高出平面 2 厘米。宽 49、高 29、厚 13 厘米（图四二八，5；彩版五五九，6）。

　　标本 2013 探沟采：127，龙形局部。宽 40、高 23、厚 35 厘米（图四二八，6）。

　　标本 2013 探沟采：324，不明造像残件。十数条阴刻曲线。宽 17、高 6、厚 12 厘米（图四二八，7）。

　　标本 2013 探沟采：511，忍冬纹。宽 6、高 14、厚 4 厘米（图四二八，8）。

　　标本 2013 探沟采：104，璎珞。三条由大渐小、由宽渐窄的联珠纹带，间隔棱凸起，截面半月形。宽 15、高 14、厚 9 厘米（图四二八，9；彩版五六〇，1）。

　　标本 2013 探沟采：256，璎珞。联珠纹带，珠直径 6 厘米。宽 15、高 10、厚 5 厘米（彩版五六〇，2）。

　　标本 2013 探沟采：169，璎珞。宽 14、高 9、厚 7 厘米（图四二八，10）。

　　标本 2013 探沟采：448，璎珞。似联珠纹带中间面宽 7 厘米。宽 22、高 8、厚 4.5 厘米。

---

　　[1]　〔日〕水野清一：《雲岡石窟調査記》，《東方學報》第9册。〔日〕水野清一、長廣敏雄：《雲岡石窟：西暦五世紀における中國北部佛教窟院の考古學的調査報告》第十四卷，京都大學人文科學研究所雲岡刊行會，1954年，图版56-E。文中称作狮子，时代为辽以后。

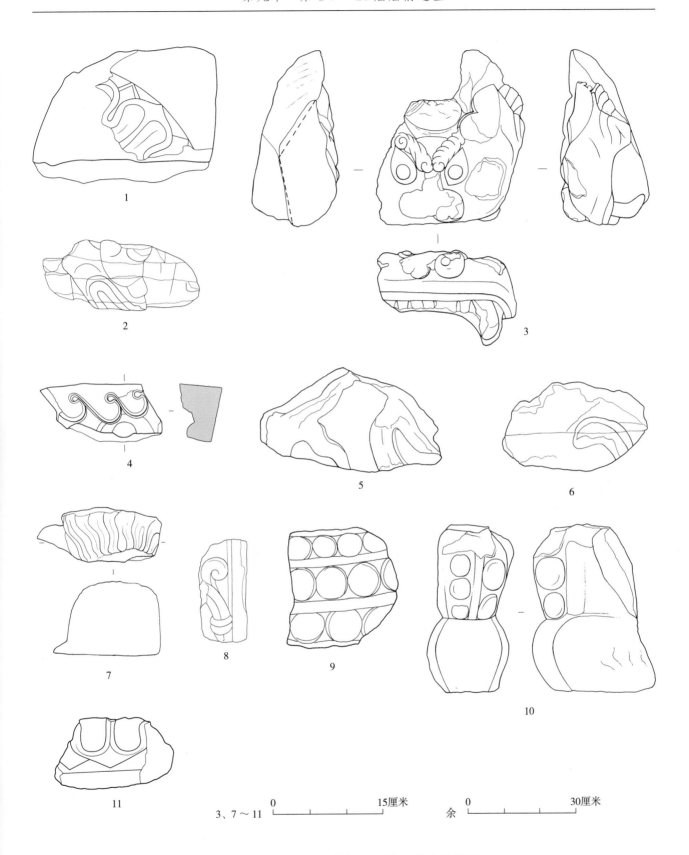

图四二八　第 12 窟前探沟采集石雕建筑装饰

1 ～ 11.2013 探沟采: 115、026+027、089、120、123、127、324、511、104、169、486

标本 2013 探沟采：447，璎珞。联珠纹，半月形截面，中间带宽 6 厘米，圆柱直径 5 厘米。宽 17、高 14、厚 6 厘米。

标本 2013 探沟采：451，璎珞。联珠纹。宽 20、高 8、厚 7.5 厘米。

标本 2013 探沟采：154，窟顶帷幔。三角及方格，三角边长 11～14 厘米，方格内边框长 16、高 6 厘米，方格间距宽 3.5 厘米。宽 58、高 22、厚 17 厘米（彩版五六〇，3）。

标本 2013 探沟采：139，莲瓣纹。以下 5 件残件疑似件曾于 20 世纪 40 年代在昙曜五窟前出土，现在碎裂[1]。宽 20、高 13、厚 8 厘米。

标本 2013 探沟采：287，莲瓣纹。宽 20、高 17、厚 8 厘米（彩版五六〇，4）。

标本 2013 探沟采：430，莲瓣纹。宽 15、高 13、厚 4.5 厘米。

标本 2013 探沟采：458，莲瓣纹。宽 15、高 12、厚 5 厘米（彩版五六〇，5）。

标本 2013 探沟采：485，莲瓣纹。宽 8.5、高 6.5、厚 3.5 厘米。

标本 2013 探沟采：486，莲瓣纹。宽 16、高 10、厚 6 厘米（图四二八，11；彩版五六〇，6）。

第四节　隋代文化遗存

遗物

生产生活用具

1. 铜钱

1 枚。

标本 1992T404③A：4，隋五铢。篆文。"五"字中间交叉两笔较直。"铢"字"金"字头呈三角形，"朱"字上下均方折。周郭不均匀，方穿边也不齐整，背穿郭较宽，但宽度不同。直径 2.1、周郭最宽 0.15、穿宽 0.8、背穿郭宽 0.2 厘米，重 0.15 克（图四二九；彩版五六〇，7）。

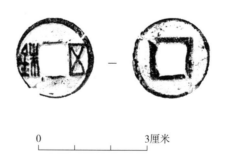

0 ———— 3厘米

图四二九　第 14～20 窟前地层出土隋五铢 1992T404③A：4

[1] 〔日〕水野清一：《雲岡石窟調查記》，《東方學報》第9册。〔日〕水野清一、長廣敏雄：《雲岡石窟：西曆五世紀における中國北部佛教窟院の考古學的調查報告》第十四卷，京都大學人文科學研究所雲岡刊行會，1954年，圖版 55-F、G、H、I。文中称出自第15窟前民房。

第五节　辽金时期文化遗存

第14～20窟前的北魏红烧土层之上压着黑土层，在这一地层中出土的遗迹有第19窟前的砖铺地面和方形柱槽内的方形柱础，砖呈方形，底面有沟纹。参考1940年考古，推定此处遗迹为辽金时期。

一　窟前木结构建筑

（一）铺砖地面

第14～20窟前地面的铺砖地面仅保存于第19窟门前。残存一排，可辨有8块残砖，平铺于第④A层红烧土层上（图四三〇；彩版五六一，1、2）。东端的2块砖似乎被扰动过，浮置于红烧土之上。砖层北部紧贴窟门台阶，向北在窟门台阶下仍有延续，排列整齐、紧密。砖呈方形，砖面布满细碎的破裂纹，底面有沟纹。边长0.375米，厚度不同，窟门两侧的砖厚约0.06、中央的砖厚约0.02米，应是长期行走磨损所致。砖下到基岩深度从两端至中央为0.2～0.3米。砖面磨损十分严重但排列紧密，可见使用时间较长，砖的质量较好。1940年第19窟探沟的发掘，发现砖铺地面，从洞口向南延伸7、8米远，南端被晚期砖代替。砖面磨损不堪。砖下有白灰层、砂层、黑褐色土层、黑土层。

（二）柱穴与柱础石

第19窟门口东西向排列着三个柱穴，柱穴内置柱础石。柱础石顶面齐平，从东向西编号为92辽金X1、辽金X2、辽金X3（彩版五六二，1～3）。

辽金X1　位于1992T602，第19窟东外立壁前，北距洞窟外立壁约0.08～0.14米（西～东）。柱穴地层已被1991年探沟破坏，开口层位、尺寸不清。

柱础石1　砂岩，平面略呈方形，平底。置于第③A层黑土层上，放置略有倾斜，以0.12米高为界，之上凿刻齐整，之下凿成方形。顶面用对角线分割成四个三角形，三角形内凿痕各有秩序。柱础长约0.94、宽约0.89、厚约0.3米。中心东距洞窟侧壁3.7米。

辽金X2　位于1992T601，第19窟西侧外立壁前，北距洞窟外立壁约0.3～0.14（西～东）米。柱穴上部地层已被1991年工程破坏。

柱础石2　砂岩，平面略呈方形，平底。置于第③A层黑土层上，放置略有倾斜。以0.1米高为界，之上凿刻齐整，之下未经仔细凿刻。柱础石东西长1、南北宽约0.96、高约0.33米。柱础石置于第③层黑土层上，周围均为第3层黑土层。东距柱础石1中心间距5.8米。

辽金X3　位于1992T601西副方，北距第19窟外西侧立壁约0.7米。柱穴上部地层已被1991年工程破坏。

柱础石3　砂岩，平面略呈方形，平底。置于第④A层红烧土层上，置放略有倾斜。其东壁随洞窟立壁东北～西南走向而置。西北端砌入洞窟偏东北的西外立壁里，打破之前砌入的包石台基。以0.1米高为界，之上凿刻齐整，之下未经仔细凿刻，略有突出。柱础石东西长0.80、南北宽约0.94、高约0.34米。柱础石与柱穴周围为宽约0.15米的黑土回填层。东距柱础石2中心间距2.56米。

（三）梁孔

在第 19 窟外立壁及第 20 窟北壁距地面高约 14 米处有东西向排列的方形孔（距梁孔底边），且第 19 窟明窗两侧的孔与地面的方形柱础相对应。所以，孔应为梁孔。梁孔向西一条水平线上在第 20 窟主尊头部两侧各有两个梁孔，排布有规律，间距相当。内侧梁孔距主尊头部约 1.2～1.65 米，外侧梁孔距内侧梁孔约 1.85 米。总之，这六个梁孔尺寸相当，推测应该是同时期的建筑构件。第 20 窟四个梁孔之上 1.8 米处还有六个排列有序的梁孔，尺寸虽较这四个梁孔小，但在排列上与四个梁孔的分布有一定的秩序。上排梁孔的中央两个位于主尊头顶部，大约与主尊的两鬓对齐。中央两侧的梁孔则与四个梁孔中的内侧梁孔上下约对应，最外侧的两个梁孔与下排四个梁孔的外侧梁孔斜向对应，外撇角度约 8～26 度。所以，推测此六个梁孔有可能与下排的四个梁孔是同一组建筑的不同构造，同为辽金时期。自东向西编号为辽金 L1～12（表 9-6；图四三一；彩版五六三）。形制不甚规整，立面均呈纵向长方形，有的近方形。

辽金 L1　位于第 19 窟明窗东壁，立面近似长方形，高 0.46～0.56、宽 0.39～0.44、深 0.46 米。

辽金 L2　位于第 19 窟明窗西壁，距"辽金 L1"中心间距为 5.62 米，距"辽金 L1"边壁距离为 5.1～5.15 米，立面为长方形，高 0.53、宽 0.41、深 0.35 米。

辽金 L3　位于第 20 窟主佛头部东侧，距"辽金 L2"中心间距为 18 米，距"辽金 L1"边壁距离为 17.63 米，立面为平行四边形，高 0.36、宽 0.40、深 0.24 米。

辽金 L4　位于第 20 窟主佛头部东侧，距"辽金 L3"中心间距为 2.34 米，距"辽金 L3"边壁

表 9-6　第 14～20 窟外立壁辽金时期窟前建筑梁孔统计表　　（单位：米）

编号	位置	中心间距	形制	高度	宽度	深度	备注
辽金 L1	第 19 窟明窗东壁		近似长方形	0.46～0.56	0.39～0.44	0.46	
辽金 L2	第 19 窟明窗西侧	距辽金 L1，5.62	长方形	0.53	0.41	0.35	
辽金 L3	第 20 窟主佛头部东侧	距辽金 L2，18	平行四边形	0.36	0.4	0.24	
辽金 L4	第 20 窟主佛头部东侧	距辽金 L3，2.34	近似平行四边形	0.39	0.35～0.39	0.29	
辽金 L5	第 20 窟主佛头部西侧	距辽金 L4，5.8	长方形	0.42	0.35	0.28	
辽金 L6	第 20 窟主佛头部西侧	距辽金 L5，2.35	近似正方形	0.32	0.3～0.35	0.26	
辽金 L7	第 20 窟主佛头顶东部	距辽金 L6，9.4 距辽金 L3，2.14 距辽金 L4，2.3	近似正方形	0.2～0.25	0.26	0.18	
辽金 L8	辽金 L7 西侧	距辽金 L7，1.71	平行四边形	0.26	0.26	0.15	
辽金 L9	辽金 L8 西侧	距辽金 L8，1.91	近似正方形	0.23～0.28	0.25	0.2	
辽金 L10	第 20 窟主佛头顶偏西部	距辽金 L9，2.02	近似正方形	0.22～0.27	0.25	0.19	
辽金 L11	辽金 L10 西侧	距辽金 L10，1.76	近似正方形	0.28	0.26	0.19	
辽金 L12	辽金 L11 西侧	距辽金 L11，1.59	近似正方形	0.2～0.25	0.2～0.25	0.23	

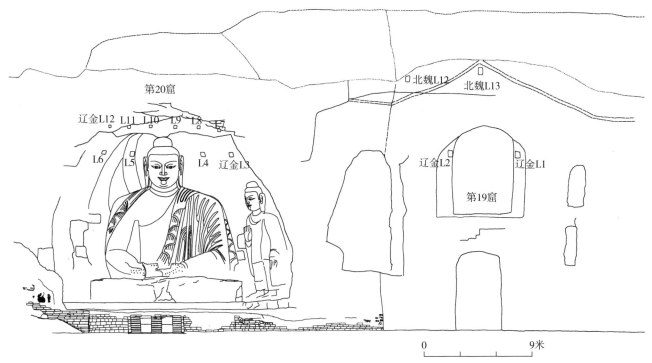

图四三一　第 19 窟外立壁及第 20 窟北壁的梁孔

距离为 1.91 ~ 2 米，立面近似平行四边形，高 0.39、宽 0.35 ~ 0.39、深 0.29 米。

辽金 L5　位于第 20 窟主佛头部西侧，距"辽金 L4"中心间距为 5.8 米，距"辽金 L4"边壁距离为 5.4 ~ 5.5 米，立面长方形，高 0.42、宽 0.35、深 0.28 米。

辽金 L6　位于第 20 窟主佛头部西侧，距"辽金 L5"中心间距为 2.35 米，距"辽金 L5"边壁距离为 2 米，立面近似正方形，高 0.32、宽 0.3 ~ 0.35、深 0.26 米。

辽金 L7　位于第 20 窟主佛头顶东部，距"辽金 L6"中心间距为 9.4 米，距"辽金 L6"边壁距离为 9.14 米，距"辽金 L3"中心间距为 2.14 米，距"辽金 L4"中心间距为 2.3 米，立面近似正方形，高 0.2 ~ 0.25、宽 0.26、深 0.18 米。

辽金 L8　位于"辽金 L7"西侧，距"辽金 L7"中心间距为 1.71 米，距"辽金 L7"边壁距离为 1.42 米，立面为平行四边形，高 0.26、宽 0.26、深 0.15 米。

辽金 L9　位于"辽金 L8"西侧，距"辽金 L8"中心间距为 1.91 米，距"辽金 L8"边壁距离为 0.65 米，立面近似正方形，高 0.23 ~ 0.28、宽 0.25、深 0.2 米。

辽金 L10　位于第 20 窟主佛头顶偏西，距"辽金 L9"中心间距为 2.02 米，距"辽金 L9"边壁距离为 1.75 米，立面近似正方形，高 0.22 ~ 0.27、宽 0.25、深 0.19 米。

辽金 L11　位于"辽金 L10"西侧，距"辽金 L10"中心间距为 1.76 米，距"辽金 L10"边壁距离为 1.5 米，立面近似正方形，高 0.28、宽 0.26、深 0.19 米。

辽金 L12　位于"辽金 L11"西侧，距"辽金 L11"中心间距为 1.59 米，距"辽金 L11"边壁距离为 1.3 ~ 1.35 米，立面近似正方形，高 0.2 ~ 0.25、宽 0.2 ~ 0.25、深 0.23 米。

第 19 洞窟门口两侧的柱穴 X1、X2 分别与第 19 窟外立壁明窗两侧的梁孔"辽金 L1""辽金 L2"相对应。X3 之上的外立壁塌毁，梁孔已不清。这些梁孔之东，在第 14 ~ 18 窟外立壁有一些近等高的小梁孔，大小相当，目前不清楚是否为一个建筑下的梁孔构建。

二　水井

（一）遗迹

　　水井，位于第 20 窟前西南部 1992T301，北距第 20 窟坐佛膝下石墙直线距离约 12 米，东距第 20 窟前台阶西壁直线距离约 12 米。井口距地表深约 1.54 米，开口于第①层扰土层下。井口被大石块围合封堵（彩版五六四，1）。井平面呈圆形，剖面呈袋状，口小底大，内部凿成弧形，平底。井内北壁及东西两壁的北侧依基岩立面削凿而成（图四三二，1；彩版五六四，2），南壁及东西两壁的南侧用石片砌筑，较为规整。井口径 1、底径 1.14、深 3.42 米。清理时井底部堆积土厚约 0.4 米，出土酱釉双耳瓷罐、茶叶末釉粗瓷片等辽金时期器物。井口虽属扰土层，但开口位置与北部的基岩面基本平齐，且井内出土器物均为辽金时期的，所以，推测井的开凿年代要早于或与辽金同时期。

（二）遗物

瓷器

　　7 件，器形均为罐。带系罐 3 件，其中酱釉 3 件，茶叶末釉 2 件，复色釉 1 件，无釉瓶口 1 件（彩版五六四，5）。

　　（1）茶叶末釉带系罐

　　1 件。

　　标本 1992T301J：2，残存口部。直口，圆唇外凸，直颈，颈肩部有系。胎灰白，胎质粗疏，夹白砂。芒口，内外施釉。残高 5.9 厘米（图四三二，2；彩版五六四，3）

　　（2）酱釉双耳罐

　　2 件。

　　标本 1992T301J：1，残存口、腹。小口微撇，圆唇，短束颈，圆肩，肩部对称贴塑叶状扁条形系，深腹。胎色较白，胎质粗疏，夹白砂。口唇剥釉，内外施釉，釉色偏深，有磨损。口径 7、腹径 18.7、残高 13.2 厘米（图四三二，3；彩版五六四，4）。

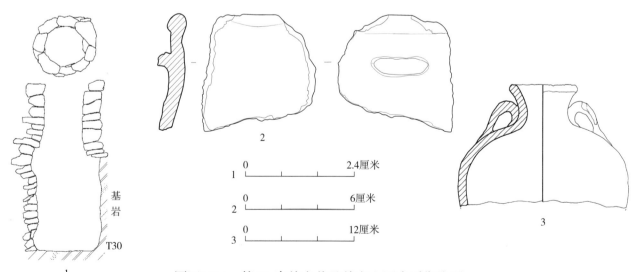

图四三二　第 20 窟前水井及其出土辽金时期瓷器

1. 水井平、剖面图　2. 茶叶末釉带系罐 1992T301J：2　3. 酱釉双耳罐 1992T301J：1

三　地层出土遗物

（一）建筑材料

陶质建筑材料

（1）砖

6件。灰胎。主要有方砖、长条砖、彩砖斗三种。

1）方砖

10件。平铺于第19窟前的方砖，残存9块。砖面布满细碎的破裂纹，底面有沟纹。边长37.5、厚2～6厘米，薄者应是长期行走磨损而成，因破损严重无法采集，故无法分型。根据压印沟纹的不同，分二型。此区域地层出土方砖可见 A 型，压印于细棍状物上而出沟纹，压印条纹较规整。

A 型　1件。

标本 1992T519①：10，残，底面残存沟纹7条，沟纹较细。残长16.8、厚5厘米（图四三三，1；彩版五六五，1）。

2）长条砖

2件。根据底面纹样的不同，分五型。此区域仅见 A、D 型。

A 型　1件。

标本 1992T519①：9，残。压印于棍类用具而成沟纹，压印条纹较光滑，沟纹长度达到砖的边缘。底面沟纹8条。残长20、厚4厘米（图四三三，2；彩版五六五，2）。

D 型　1件。

标本 1992T102③B：2，素面。残长22、宽19.1、厚6.2厘米。

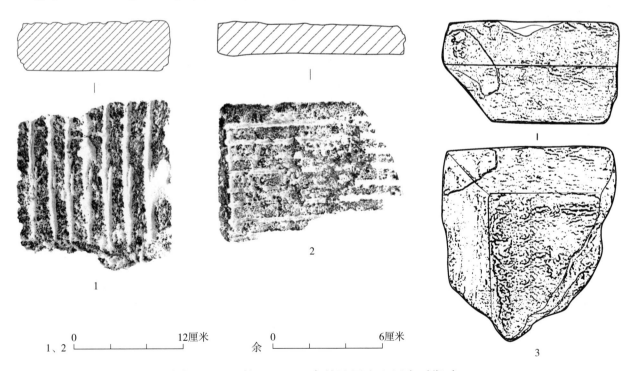

图四三三　第 14 ～ 20 窟前地层出土辽金时期砖

1.A 型方砖 1992T519①：10　2.A 型长条砖 1992T519①：9　3.彩砖斗 1992T410②A：23

3）彩砖斗

3件。上部为方形，下部呈盝形，四壁涂红彩。顶部与底部残留白灰。

标本1992T410②A：23，残存一方角。砖高5.5、敧高3.3厘米（图四三三，3；彩版五六五，3）。

标本1992T409②A：11，残存一角，一侧齐平，一侧下部呈盝形，上部为方形，盝形一侧涂红彩。高5.2厘米（彩版五六五，4）。

（2）板瓦

3件。

胎质夹粗砂，可见较大的石英颗粒和料礓石。胎体较粗疏，可见大小不一的孔隙。凹面布纹粗。根据板瓦宽端端头直切或斜切分两型，其中B型根据凹面近宽端处有无修整分两亚型。此区域可见A、Bb型。

A型　1件。

标本1992T111②A：22，端头齐直，瓦身较薄。仅存宽端端头局部。端头中部略向内凹，切痕占瓦身厚度1/4左右。瓦身厚2厘米（彩版五六五，5）。

Bb型　1件。

标本1992T110②A：15，端头斜切，瓦身较厚。凹面近宽端处削薄修抹或修抹。仅存宽端端头局部。凹面可见布纹相接的痕迹，切痕占瓦身厚度1/3左右。瓦身厚3、端头厚2厘米（彩版五六五，6）。

另有涂彩板瓦，无法分型，标本1992T511②A：12，灰绿色，胎质夹砂，凹面布纹较粗，凸面磨平，凹凸两面均涂橘红彩。瓦身厚2.6厘米。

（3）檐头板瓦

7件。

均为灰陶。胎质同板瓦，胎体可见许多孔隙。瓦身厚薄不一。凹面布纹，凸面简单修整。宽端接檐头板瓦端面。端面与瓦身凸面夹角呈钝角。檐头板瓦端面与瓦身相接的凹凸两面均横向抹平。两侧面切痕较小，瓣痕未修整。端面用工具划出数道泥条，再有选择地进行戳切，最下方的泥条以缠细绳的棒状物斜向上按压，整体呈水波状，有时挤压到上一泥条。山顶遗址辽金檐头板瓦分A、B、C三型，又根据泥条装饰不同分亚型。此区域仅见Aa、Ab、Ba型。

Aa型　3件。端面划出5道泥条，第2道泥条戳切。

标本1992T105②A：24，瓦残长8.8、残宽18.5、厚2.2厘米，端面高5.8、厚4厘米（图四三四，1；彩版五六六，1）。

标本1992T105②A：25，瓦厚2.9、瓦头高5.1、厚4.4厘米（图四三四，2；彩版五六六，2）。

Ab型　1件。端面划出5道泥条，第2道和第4道泥条戳切。

标本1992T101①：5，瓦厚2.8、瓦头高5.1、厚1.8厘米（图四三四，3；彩版五六六，3）。

Ba型　3件。端面划出4道泥条，第2道泥条戳切。

标本1992T110②A：8，瓦厚2.9、瓦头高4.8、厚4.5厘米（图四三四，4；彩版五六六，4）。

（4）筒瓦

8件。有灰陶、琉璃瓦质。

1）灰陶筒瓦

3件。胎质同板瓦，凹面布纹经纬较粗，瓦舌内凹。山顶遗址辽金筒瓦分A、B两型。A型有切

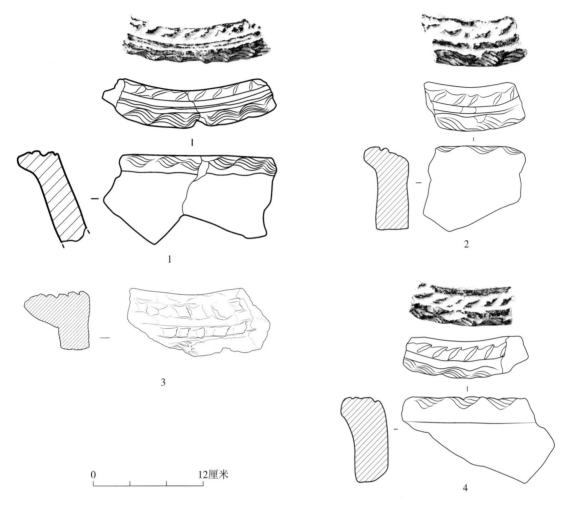

图四三四　第 14～20 窟前地层出土辽金时期檐头板瓦

1、2.Aa 型 1992T105②A：24、25　3.Ab 型 1992T101①：5　4.Ba 型 1992T110②A：8

痕，破面未修整，B 型侧面砍斫或切割后瓦削。此区域均见。

A 型　1 件。

标本 1992T111②A：26，侧面切痕很窄，仅有 1/4。仅存瓦尾，胎质同板瓦，凹面布纹经纬较粗，尾端稍加修整。残长 9.2、瓦身厚 2、直径 15 厘米（图四三五，1；彩版五六六，5）。

B 型　1 件。

标本 1992T111②A：25，胎质同上述板瓦，凹面布纹经纬较粗，瓦舌内凹且短小。凸面瓦舌呈下坡状，凹面瓦舌呈内弧状，侧面内棱经削切，切痕平整。瓦头涂有红彩。残长 13.6、瓦身厚 3.5、瓦舌长 2、端头厚 1.2、肩高 2.3 厘米（图四三五，2；彩版五六六，6）。

2）琉璃筒瓦

6 件。

黄釉琉璃筒瓦　2 件。白灰胎，夹少量细砂。

标本 1992T524①：17，凹面布纹细密，凸面涂黄釉，釉面光亮，有剥落。瓦侧面斜向削切。厚 2.5 厘米（图四三五，3；彩版五六七，1）。

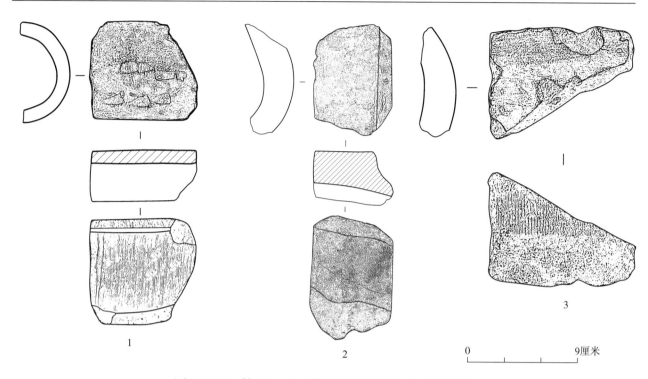

图四三五　第 14 ～ 20 窟前地层出土辽金时期筒瓦
1.A 型灰陶筒瓦 1992T111 ② A：26　2.B 型灰陶筒瓦 1992T111 ② A：25　3.黄釉琉璃筒瓦 1992T524 ①：17

标本 1992T301 ③ A：12，凹面布纹，凸面涂黄釉，还可见柳叶状绿釉，釉面光亮，极具玻璃质感。厚 2.1 厘米（彩版五六七，2）。

绿釉琉璃筒瓦　4 件。红胎，夹少量细砂。

标本 1992T422 ② A：2，深绿色，胎土烧结成小块状。凹面布纹较细，侧面半切未修整，外侧一半坑洼面涂绿釉。厚 1.9 厘米（彩版五六七，3）。

标本 1992T303 ② A：19，浅绿色。凹面布纹较细，胎土烧结成小块状。厚 1.9 厘米（彩版五六七，4）。

标本 1992T411 ② A：27，浅绿色。胎土表面施白色化妆土。厚 2.5 厘米。

标本 1992T105 ② A：45，瓦尾抹薄呈斜坡状，釉面晶莹。瓦尾厚 0.1 厘米。

（5）檐头筒瓦

6 件。

由瓦当和筒瓦粘接而成的，粘接之前，对筒瓦两侧边进行瓦削处理。其中 1992T306 ② A：1 仅存 2 颗联珠，图案不辨。

1）莲花纹瓦当

2 件。山顶遗址辽金灰陶莲花纹瓦当分三型，窟前遗址 A 型莲花纹瓦当又根据范式不同分两个亚型，本区域仅见 Aa 型。

Aa 型　2 件。灰陶夹细砂。当面当心外围饰小联珠。其外一周双莲瓣二层交错组成一团莲，莲瓣刻钩状叶茎，瓣根宽裕，莲瓣外有二周细凸棱。之外绕以大联珠及一周凸棱。边轮低平。

标本 1992T101 ①：6，当心失，仅残存两个多莲瓣及部分内外大小联珠带。直径 17、当心厚 1.5、

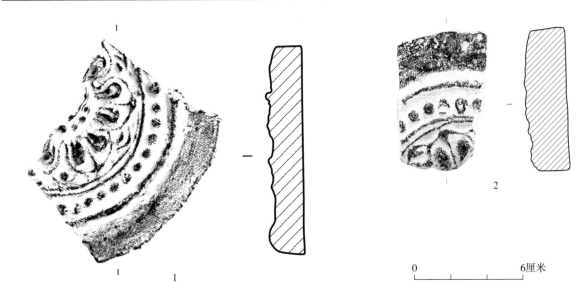

图四三六　第 14 ～ 20 窟前地层出土辽金时期 Aa 型莲花纹瓦当
1、2.1992T101 ①：6、1992T101 ③ B：25

边轮宽 2.5、厚 1.3 厘米（图四三六，1；彩版五六七，5）。

标本 1992T101 ③ B：25，仅残存一个莲瓣及外围六颗联珠。直径 18、当心厚 1.5、边轮宽 2、厚 1.9 厘米（图四三六，2；彩版五六七，6）。

2）兽面纹瓦当

3 件。山顶遗址辽金兽面纹瓦当根据图案不同分五型，本区域出土的兽面纹瓦当均残，仅从其残存图案可辨为 A 型，但联珠大小不同，不是同范。

A 型　3 件。

标本 1992T110 ② A：7，灰陶夹砂，烧成紧致，磨损严重。仅存外围的一段大联珠及兽面的额头部分，额头纹路相对内卷，联珠较大并压平，边轮宽平。与筒瓦相接呈直角状，相接处用手抹平，还留有刻划的放射状竖线纹。筒瓦一侧用刀削成斜面和直面。直径 15、中央厚 2.6、边轮宽 2、瓦厚 2.4 厘米（图四三七，1；彩版五六八，1）。

标本 1992T201 ② A：1，灰陶夹砂，烧成紧致，磨损严重。仅存外围的一段小联珠及兽面的额头部分，额头纹路相对内卷，斜眉，小耳。联珠较小，边轮宽平。与筒瓦相接呈直角状，相接处抹平，还留有刻划的竖线。直径 16、中央厚 1.5、边轮宽 2.6、瓦厚 1.9 厘米（图四三七，2；彩版五六八，2）。

标本 1992T110 ①：50，仅存局部。中央厚 1.7、边轮宽 1.8、瓦厚 1.8 厘米（图四三七，3）。

（6）压带条

1 件。

标本 1992T110 ② A：16，灰陶。胎质夹砂，断面呈弧状，凹面窄凸面微宽。凹面糙，不见布纹，凸面修整。凹面瓦端头抹平，端头齐切。两侧面 1/4 切痕。残长 14.7、瓦身厚 2.1、弦长（宽）11、弦高 4 厘米（图四三八；彩版五六八，3）。

（7）平口条

2 件。

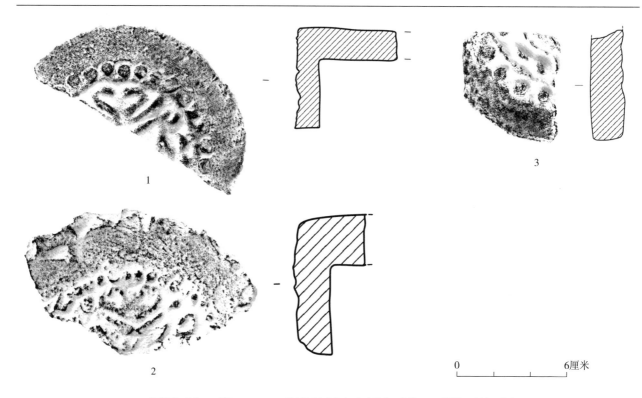

0　　　　　　　　　6厘米

图四三七　第14～20窟前地层出土辽金时期 A 型兽面纹瓦当

1～3.1992T110 ② A：7、1992T201 ② A：1、1992T110 ①：50

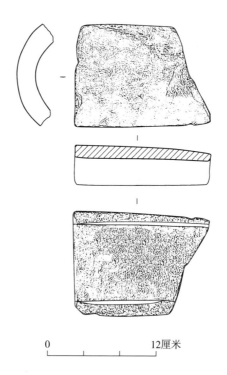

0　　　　　　12厘米

图四三八　第14～20窟前地层出土辽金时
期压带条 1992T110 ② A：16

标本 1992T111 ② A：23，残，长条形，上下两面磨光无釉，侧边施绿釉，多剥落。白灰胎，烧成紧致。厚 2.3 厘米（彩版五六八，4）。

标本 1992T105 ② A：44，仅存一角，白胎发红，略粗疏，一侧边施绿釉。厚 2.7 厘米。

（8）脊饰

2 件。有灰陶质和琉璃质。

1）灰陶脊饰

1 件。

标本 1992T110 ② A：12，两侧残，圆弧状，分四层台。第 2 层侧面有等距离竖向压印，第 4 层平面有等距离四等份压印。内弧面抹平，底部近内弧面有尖状突起物。残宽 5、高 7.5 厘米（彩版五六八，5）。

2）绿釉琉璃脊饰

1 件。

标本 1992T411 ② A：22，一面平整，无釉，一面有凸起，施绿釉。红胎，夹少量细砂。胎土烧结成小块状，与上述的筒瓦胎质相同，釉面光亮，有剥落。厚 2.3～5.6 厘米（彩版五六八，6）。

（9）下水管道残片

1 件。

标本 1992T111 ② A：27，胎黄灰色，夹砂。外凸面抹平，内凹面有旋坯痕。厚 1.3～2 厘米。

（二）生活生产用具

1. 陶器

多为泥质灰陶，少数泥质红陶。器形主要有盆、罐、碗、甑、香炉、壶等。陶盆，多数仅存口沿及底部。据口沿的不同，分卷沿、平沿两类。另有部分陶盆，仅存底部。

（1）卷沿陶盆

99 件。泥质陶，泥条盘筑后修整。山顶遗址辽金卷沿陶盆分三型，其中 A 型又据唇部和腹壁不同分三个亚型。此区域仅见 Aa、Ac、B 型。另山顶遗址 Ab、Bb 型器壁上腹部内壁有一周凹槽，折上腹，折痕明显，窟前遗址中因器物不完整，Ab、Bb 型不易辨别。

A 型　6 件。敞口或直口，口沿中部鼓起，外侧下翻，口部与口沿内侧转折有棱，外沿与器壁有大小不同的间隙。

Aa 型　4 件。敞口或敞口微直，圆唇，外沿与器壁有间隙。

标本 1992T108 ② A：24，敞口，圆唇，沿面微宽。残高 4.5、壁厚 0.7～1 厘米（图四三九，1）。

标本 1992T410 ② A：34，圆唇较厚，外沿与器壁划小间隙，器内壁及口沿面施横向暗弦纹。口径 34、壁厚 0.5 厘米（图四三九，2）。

标本 1992T105 ② A：35，敞口，沿面微宽，方圆唇。器内壁及口沿面施横向暗弦纹。口径 28.8、残宽 4.5、壁厚 0.6 厘米（图四三九，3；彩版五六九，1）。

Ac 型　2 件。敞口，口沿下翻，沿面平弧，斜方唇，沿下与器外壁略呈三角状。

标本 1992T111 ② A：29，浅灰色。唇上方施一周凹弦纹。沿下与器外壁形成弧状三角状形间隙。器内壁及口沿面施横向暗弦纹。口径 51、壁厚 0.8 厘米（图四三九，4）。

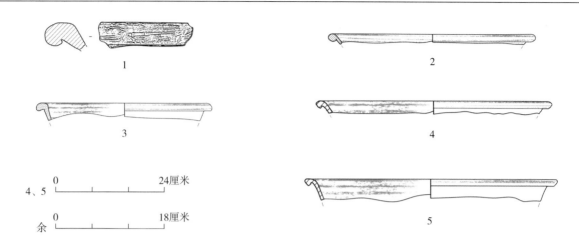

图四三九   第 14 ～ 20 窟前地层出土辽金时期 A 型卷沿陶盆

1 ～ 3.Aa 型 1992T108 ② A：24、1992T410 ② A：34、1992T105 ② A：35   4、5.Ac 型 1992T111 ② A：29、1992T111 ② A：30

标本 1992T111 ② A：30，呈深灰色，器内壁及口沿面施密集的横向暗弦纹。口径 55、壁厚 0.6 厘米（图四三九，5；彩版五六九，2）。

B 型   87 件。敞口或直口，口沿中部微鼓，外部略下翻，口沿内侧与器内壁圆滑转折无棱，外沿与器壁有大小不同的间隙。据口沿和腹壁不同分亚型，此区域见 Ba、Bb、Bc 型，且新出现 Bd 型。

Ba 型   34 件。敞口，方唇或圆唇，口沿面与器内壁施横向暗弦纹，平底。

标本 1992T522 ①：4，圆唇，斜弧壁，器壁薄。口径 27、壁厚 0.4 ～ 0.5、高 7.8 厘米（图四四〇，1；彩版五六九，3）。

标本 1992T411 ② A：23，敞口，圆唇，斜弧壁。器外壁有旋坯痕，器壁薄。口径 37、壁厚 0.6 ～ 0.8、残高 9.4 厘米（图四四〇，2）。

标本 1992T524 ①：18，沿面圆鼓，尖圆唇，弧壁。器内壁施横向暗弦纹，外腹壁有旋坯痕，器壁薄。口径 37、壁厚 0.6、残高 6 厘米（图四四〇，3）。

标本 1992T301 ② A：2，沿面窄略下斜，圆唇。沿下与器壁呈钝角状且有划痕修整。口径 37、壁厚 0.5 ～ 0.6、残高 9 厘米（图四四〇，4）。

标本 1992T301 ③ A：13，沿面窄且下斜，圆唇，器内壁残存三周栉齿状压印痕纹，外壁有旋坯痕。口径 25、壁厚 0.4 ～ 0.7、残高 3.2 厘米（图四四〇，5；彩版五六九，4）。

标本 1992T105 ③ B：4，沿面下斜，方圆唇，沿下与器外壁的折痕因烧制温度高而产生细裂隙。器内壁残存一周三角状压印痕纹，内外壁以及口沿处均有旋坯痕。口径 33、壁厚 0.9 ～ 1、残高 4.7 厘米（图四四〇，6）。

标本 1992T101 ①：7，盆体较薄，沿面圆卷下弯，方圆唇，弧壁。口径 30、壁厚 0.5、残高 5.7 厘米（图四四〇，7；彩版五六九，5）。

标本 1992T522 ①：3，盆体较薄，沿面圆卷下弯，方圆唇，弧壁。器内壁及口沿面施横向暗弦纹。口径 38、壁厚 0.4 ～ 0.6、残高 4.9 厘米（图四四〇，8）。

标本 1992T511 ② A：13，敞口，圆唇。沿下与器壁相接处有修整的划线，器内壁及口沿面施横向暗弦纹，器外壁有旋坯痕。口径 32、壁厚 0.5 厘米（图四四一，1）。

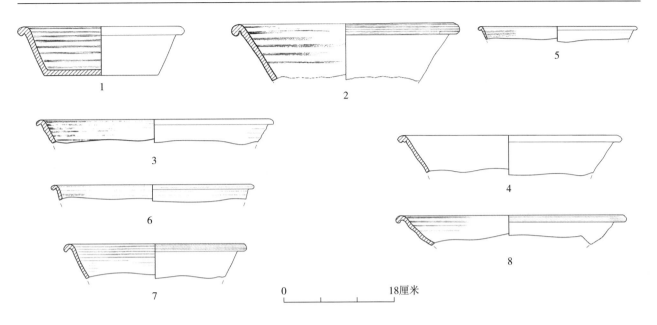

图四四〇　第14～20窟前地层出土辽金时期Ba型卷沿陶盆

1～8.1992T522①：4、1992T411②A：23、1992T524①：18、1992T301②A：2、1992T301③A：13、1992T105③B：4、1992T101①：7、1992T522①：3

标本1992T107②A：1，沿面窄，方圆唇，斜直壁微弧，外壁及口沿面横向磨光。器身有铜钉孔。口径40.8、壁厚0.6～0.8厘米（图四四一，2）。

标本1992T105②A：27，盆体小，尖圆唇，弧壁。口径23、壁厚0.4～0.5厘米（图四四一，3；彩版五六九，6）。

标本1992T304②A：6，窄沿，方唇，唇部较厚，器内壁、口沿和唇部施横向暗弦纹。口径39、壁厚0.6～0.7厘米（图四四一，4）。

标本1992T101②A：10，盆体较大，圆唇厚重。沿下与外器壁相接处抹平修整，器内壁及口沿面施横向暗弦纹，器外壁有旋坯痕。口径47、壁厚0.8厘米（图四四一，5）。

标本1992T105②A：6，敞口，方圆唇。器内壁及口沿面施横向暗弦纹。口径29.6、壁厚0.9厘米（图四四一，6）。

标本1992T110②A：32，圆唇，斜弧壁。沿面较窄，器外壁有旋坯痕。口径18、壁厚0.6厘米（图四四一，7）。

标本1992T108②A：15，红陶。口部与沿面微折，方圆唇，口沿下与器壁间有修整划痕，器内壁与口沿面磨光。口径23、壁厚0.6厘米（图四四一，8；彩版五七〇，1）。

标本1992T409②A：8，红陶，沿面弧状，圆唇，口沿下器壁间有划痕。口径23、壁厚0.8厘米（图四四二，1）。

标本1992T522①：5，尖圆唇，斜弧壁，平底。口径18、底径11.7、壁厚0.6～0.7、高5.6厘米（图四四二，2；彩版五七〇，2）。

标本1992T101③B：22，方圆唇，斜弧壁。沿下与器外壁之间有较大间隙，口沿面及器内壁有横向暗弦纹。口径30、壁厚0.4厘米（图四四二，3）。

标本1992T511③B：15，圆唇，斜弧壁。沿面较窄，沿下与器壁之间有修整划痕。器内壁有横

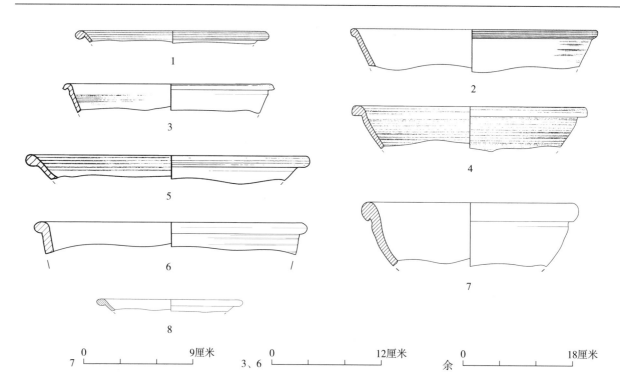

图四四一　第 14 ～ 20 窟前地层出土辽金时期 Ba 型卷沿陶盆

1 ～ 8.1992T511 ② A：13、1992T107 ② A：1、1992T105 ② A：27、1992T304 ② A：6、1992T101 ② A：10、1992T105 ② A：6、1992T110 ② A：32、1992T108 ② A：15

向暗弦纹，器外壁有旋坯痕。口径 33、壁厚 0.4 厘米（图四四二，4；彩版五七〇，3）。

　　标本 1992T511 ③ B：19，圆唇，斜弧壁。沿下与器外壁之间有较大间隙，口沿面及器内壁有横向暗弦纹，器外壁有旋坯痕。壁厚 0.5 厘米（图四四二，5）。

　　标本 1992T522 ①：11，圆唇，斜弧壁。器形较大。沿下与器外壁之间有较大间隙，口沿面及器内壁有横向暗弦纹，器外壁不光滑且有烧制形成的小裂痕。口径 33、壁厚 0.5 厘米（图四四二，6）。

　　Bb 型　1 件。敞口，方唇内壁上腹部有一周凹槽。折上腹，折痕明显。

　　标本 1992T111 ③ D：26，口沿外卷且下垂，沿面圆鼓，与器外壁之间有较大的空隙，器内壁上腹部有一凹槽。器内壁及口沿处施横向暗弦纹，外壁有旋坯痕。器形较大。口径 23.6、壁厚 1、残高 5.4 厘米（图四四三，1；彩版五七〇，4）。

　　Bc 型　5 件。口沿外卷且下垂，沿面圆鼓，与器外壁之间有较大的空隙。器内壁及口沿处施横向暗弦纹，外壁有旋坯痕。器形均较大。

　　标本 1992T111 ③ D：28，盆体较大，圆唇。口径 55、壁厚 1 厘米（图四四三，2；彩版五七〇，5）。

　　标本 1992T110 ② A：17，盆体较大，口沿外卷下垂，与器壁相间空隙较大。圆唇。口径 51、壁厚 1 厘米（图四四三，3；彩版五七〇，6）。

　　Bd 型　47 件。口沿外壁加厚，沿面加宽并外卷，沿下及沿外壁加厚处各剔压两条间隙，形成一条凸棱，沿下间隙较宽。器内壁及口沿处多施横向暗弦纹。此型器物器壁较薄，有的器物口部与沿面微折。

　　标本 1992T522 ①：6，敞口，圆唇，斜弧壁，平底。口沿下与凸棱间划出间隙较大，凸棱下

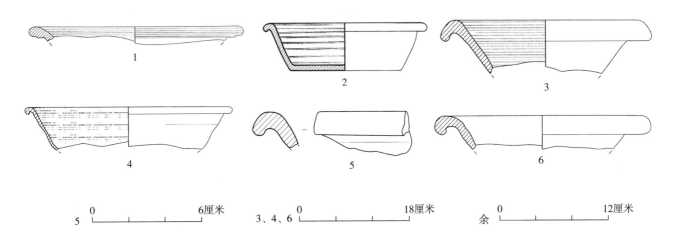

图四四二　第 14～20 窟前地层出土辽金时期 Ba 型卷沿陶盆
1～6.1992T409 ② A：8、1992T522 ①：5、1992T101 ③ F：22、1992T511 ③ B：15、1992T511 ③ B：19、1992T522 ①：11

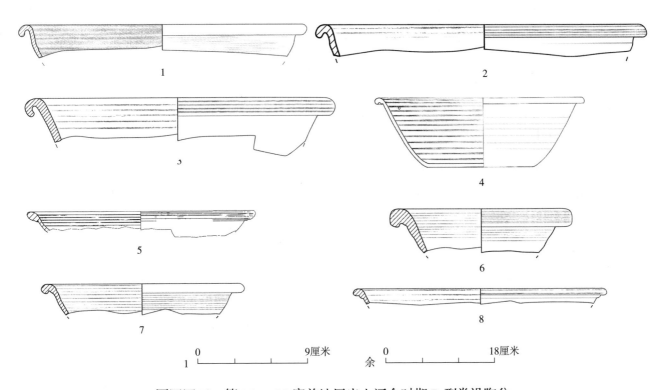

图四四三　第 14～20 窟前地层出土辽金时期 B 型卷沿陶盆
1.Bb 型 1992T111 ③ D：26　2、3.Bc 型 1992T111 ③ D：28、1992T110 ② A：17　4～8.Bd 型 1992T522 ①：6、1992T411 ② A：24、
1992T101 ③ B：23、1992T109 ② A：7、1992T410 ② A：37

也有明显划痕。器外壁有横向旋坯痕。口径 34.6、底径 18、高 11.4 厘米（图四四三，4；彩版
五七一，1）。

　　标本 1992T411 ② A：24，口部与沿面微折，尖圆唇，口沿下与凸棱间及凸棱下均有划线。口径
37、壁厚 0.5 厘米（图四四三，5）。

　　标本 1992T101 ③ B：23，方圆唇，弧腹。口沿外下卷处微折，与外壁之间加厚处各剔压两条间隙，
形成一条凸棱，口沿面有横向暗弦纹，器内外壁有横向旋坯痕，口径 27、壁厚 0.6 厘米（图四四三，6）。

　　标本 1992T109②A：7，圆唇，弧腹。口部与口沿内侧转折有棱。口沿面及器内壁有横向暗弦纹，口沿与外壁之间加厚处形成一条凸棱，器外壁有横向旋坯纹。口径 32、壁厚 0.6 厘米（图四四三，7）。

　　标本 1992T410②A：37，圆唇，弧腹。器形较大。口沿面及器内壁有横向暗弦纹，口沿与外壁之间加厚处各剔压两条间隙，形成一条凸棱。口径 41、壁厚 0.6 厘米（图四四三，8）。

　　标本 1992T411②A：24，尖圆唇，弧腹。口沿下部与外壁之间加厚处各剔压两条间隙，形成一条凸棱。器内壁有横向暗弦纹，口沿面及器外壁有横向旋坯纹。口径 32、壁厚 0.4 厘米（图四四四，1）。

　　标本 1992T418②A：44，方圆唇，弧腹，器形较大。口部与口沿内侧转折有棱。口沿面及器内壁有横向暗弦纹，口沿与外壁之间加厚处形成一条凸棱。口沿下与凸棱间间隙较小。器外壁有横向旋坯纹。口径 45、壁厚 0.6 厘米（图四四四，2）。

　　标本 1992T418②A：45，圆唇，弧腹。器形较大。口部与口沿内侧转折有棱。口沿下部与外壁之间加厚处各剔压两条间隙，形成一条凸棱。口沿面及器内壁有横向暗弦纹。口径 45、壁厚 0.6 厘米（图四四四，3）。

　　标本 1992T511③A：16，圆唇。器形较大。口沿面及器内外壁有横向旋坯痕。口沿下部与外壁之间加厚处各剔压两条间隙，形成一条凸棱。口沿下与凸棱间间隙较大。口径 47、壁厚 0.4 厘米（图四四四，4）。

　　标本 1992T511③A：17，方圆唇、斜弧腹。口沿及器内壁有横向暗弦纹，器内壁还有斜向的修整痕迹。口沿下部与外壁之间加厚处各剔压两条间隙，形成一条凸棱。器外壁有横向旋坯纹。口径 31、壁厚 0.45 厘米（图四四四，5）。

　　（2）平折沿陶盆

　　6 件。山顶遗址辽金平沿陶盆分三型，本区域仅见 C 型。

　　C 型　6 件。沿面外缘剔压一周凹槽，口沿与器壁相交处呈近似直角状。

　　标本 1992T105②A：28，直口，口沿面呈微弧状，沿外侧唇部上折，方唇。器内口沿下方有凸棱，沿面施横向暗弦纹，口径 31、壁厚 0.7 厘米（图四四五，1；彩版五七一，2）。

　　标本 1992T101③B：5，沿宽平，斜方唇厚重，唇面还施一周凸棱，且沿外侧唇部向上和下均折起，口沿下方器内壁有一道凸棱。口径 61、壁厚 0.5 厘米（图四四五，2；彩版五七一，3）。

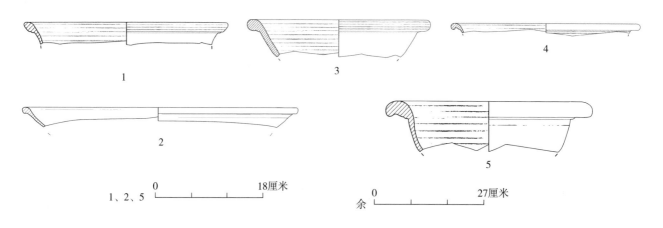

图四四四　第 14～20 窟前地层出土辽金时期 Bd 型卷沿陶盆
1～5.1992T411②A：24、1992T418②A：44、45、1992T511③A：16、17

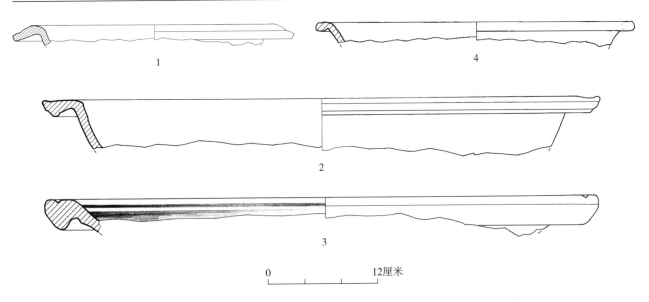

图四四五　第 14～20 窟前地层出土辽金时期 C 型平折沿陶盆
1～4.1992T105 ② A：28、1992T101 ③ B：5、1992T411 ② A：25、1992T303 ② A：21

标本 1992T411 ② A：25，窄平沿，斜方唇，沿外侧唇部向上下均折起，口沿下方器内壁有圆棱。器内壁施横向暗弦纹。口径 60、壁厚 0.5～0.6 厘米（图四四五，3；彩版五七一，4）。

标本 1992T303 ② A：21，窄沿微弧，斜方唇，沿外侧唇部向上下均折起，口沿下方器内壁有圆棱。器内壁施横向暗弦纹。外沿下与器壁间有修整划痕。口径 35、壁厚 0.6 厘米（图四四五，4）。

标本 1992T101 ③ B：24，沿宽平，斜方唇厚重，唇面还施一周凸棱，且沿外侧唇部向上下均折起，口沿下方器内壁有一道凸棱。口径 62、壁厚 1.3 厘米。

陶盆底部　3 件。

标本 1992T105 ② A：29，泥质灰陶，胎心浅灰。斜壁，平底。器内壁及底部压印栉齿纹带，残存 5 条。花纹宽 0.6、壁厚 0.6～1.2、残高 5.5 厘米（图四四六，1）。

标本 1992T301 ③ A：14，泥质灰陶。盆内壁压印栉齿纹带，残存 5 条，花纹宽 0.5 厘米。

标本 1992T101 ② A：14，盆内壁及底部滚印菱格纹，残存 3 条，花纹宽 0.5、底径 26、壁厚 1.2、残高 3 厘米（图四四六，2）。

（3）陶罐

7 件。多数仅残存口颈部及肩部，少数残存腹部。

标本 1992T110 ② A：18，直口，圆唇凸出呈半圆形，短直颈，斜肩。器外壁及唇部有横向磨光痕迹。口径 36、壁厚 0.6～1.1、残高 7.3 厘米（图四四七，1；彩版五七一，5）。

标本 1992T110 ② A：19，敞口，圆唇凸出呈半圆形，斜直颈。颈肩部有二周凹弦纹。口径 11、唇厚 1.1、壁厚 0.6、残高 6.4 厘米（图四四七，2）。

标本 1992T409 ② A：9，砖红胎，器表呈暗红色。直口，方唇，唇中央有一周凹槽，短直颈，圆肩。肩部似有压印的花纹。口径 13、壁厚 1.1～1.3、残高 6.8 厘米（图四四七，3；彩版五七一，6）。

标本 1992T107 ② A：21，敛口，卷沿，沿面圆弧，外沿下与器壁有间隙，尖圆唇，束颈，圆肩。沿面与器外壁呈深灰色，外壁施横向弦纹。口径 56、壁厚 0.9、残高 2.8 厘米（图四四七，4；彩版

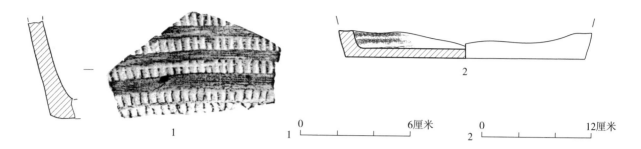

图四四六　第14～20窟前地层出土辽金时期陶盆底部
1、2.1992T105②A：29、1992T101②A：14

五七一，7）。

标本1992T107②A：17，敛口，卷沿，沿面圆弧，外沿下与器壁间隙较宽，尖圆唇，束颈，广肩。沿面与器外壁施横向弦纹。口径31、壁厚0.7、残高6.86厘米（彩版五七一，8）。

标本1992T102②A：1，泥质浅灰陶，残存腹部。外壁有一条附加堆纹，泥条用指肚压成波状形。泥条宽1.4、壁厚0.5、残高5.6厘米（图四四七，5）。

标本1992T401④A：13，泥质灰陶，残存腹部。外壁有横向磨光痕迹，附加二泥条，用工具压印成波状。泥条宽1.5、壁厚0.7、残高7.4厘米（图四四七，6；彩版五七二，1）。

（4）陶碗

1件。残存底部。

标本1992T303②A：23，红陶。弧腹，圈足，内高外低。外壁及底内外涂白彩，内壁有旋坯痕。足径5、壁厚0.8、残高3.4厘米（图四四八，1；彩版五七二，2）。

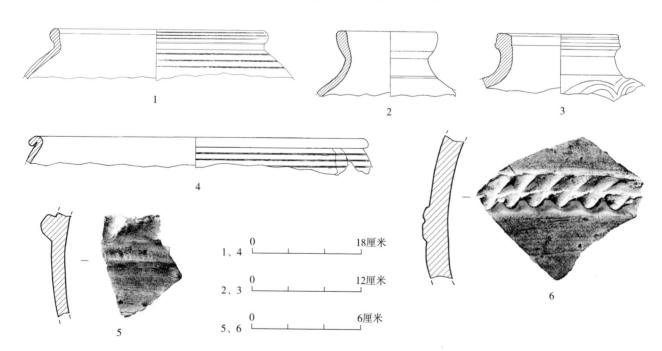

图四四七　第14～20窟前地层出土辽金时期陶罐
1～6.1992T110②A：18、19、1992T409②A：9、1992T107②A：21、1992T102②A：1、1992T401④A：13

（5）陶甑

1件。残存底部。

标本 1992T101③B：11，斜弧壁，平底。底残存七个箅孔，由内向外钻孔。器外底有弧线状切割痕迹。孔径 0.4、壁厚 1、残高 1.9 厘米（图四四八，2；彩版五七二，3）。

（6）陶壶

2件。

标本 1992T510③A：1，夹砂灰陶，敛口，斜肩，弧腹，平底，最大径在肩腹相折处。一侧有圆管流，流上肩部与相对的一侧各有与壶身相接的柄端，柄残。口径 10.5、底径 8.2、高 10.6、流长 3.2、流径 1.1、柄端宽 1 厘米（图四四八，3；彩版五七二，4）。

标本 1992T105②A：31，仅存壶流，夹砂灰陶，仅存流口。上部短翘，下部呈曲尺箕形弧状伸出。流残长 5.3 厘米（图四四八，4）。

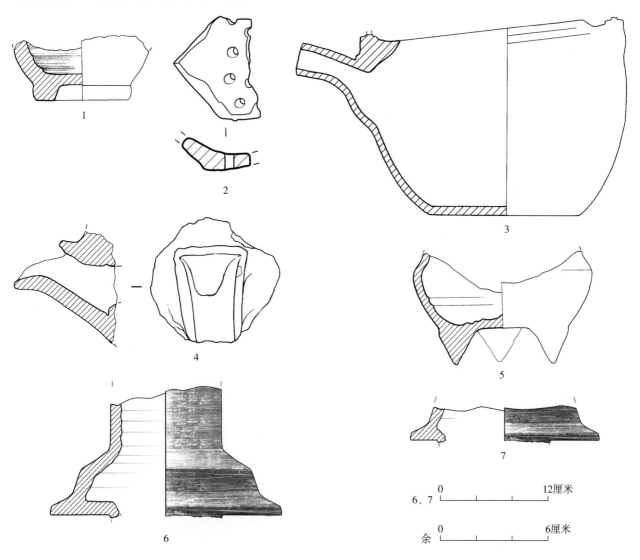

图四四八　第 14～20 窟前地层出土辽金时期陶器

1.陶碗底 1992T303②A：23　2.陶甑底 1992T101③B：11　3、4.陶壶 1992T510③A：1、1992T105②A：31　5.陶香炉 1992T108①：14
6、7.器类不明 1992T519①：11、1992T111②A：38

（7）陶香炉

1件。

标本1992T108①：14，弧壁，下腹内收，三个扁圆锥状实足底，残存两足，器外壁磨光，器内壁有旋坯痕，内底心有同心圆轮制痕迹及乳突。足高1.9、壁厚0.4、残高6厘米（图四四八，5；彩版五七二，5）。

（8）器类不明

2件。仅存部分器身，器外壁施暗弦纹，打磨光滑。

标本1992T519①：11，灰陶。残存的平底呈圆圈形，外周压印一周凹槽，平底中央呈斜坡状向下延伸，但残破，情况不明。器物外壁平底之上呈不同坡度的三层台级状，逐层变高。之上体壁变直，呈筒状，再上部缺失。中空。器外壁及底部横向磨光，内壁可见旋坯痕凸棱。平底圈径25、圈宽约6.8、残高14.4厘米（图四四八，6；彩版五七二，6）。

标本1992T111②A：38，仅存一部分圆形平底及外壁，平底外周斜削，平底呈圆圈形，中央呈斜坡状向下延伸。外壁及平底磨光，内壁可见修整的抹痕。平底圈径20、圈宽约2.4、残高3.3厘米（图四四八，7）。

2. 瓷器

该区域所出瓷器按釉色可分为白釉、白釉褐彩、黑釉、茶叶末釉、钧釉、复色釉、酱釉。白釉瓷器，器形有碗、盘、罐。白釉褐彩瓷器，器形有碗、罐。黑釉瓷器，器形有碗、盆、罐、瓶、缸。茶叶末釉瓷器，器形有碗、罐、缸、瓶、盆、不明器。

（1）白釉碗

14件。

口沿残片　7件。山顶遗址辽金时期白釉碗分两型，此处仅见A型。

A型　7件。敞口。

Aa型　3件。敞口，尖圆唇或圆唇。

标本1992T105②A：2，圆唇，直壁微弧，外壁口沿下划一周凹旋纹。胎色洁白，胎体坚致细腻。内外施白釉，白釉泛灰，釉面较光洁。口径22、壁厚0.2、残高2.9厘米（图四四九，1）。

标本1992T104②A：2，尖圆唇，斜腹。胎色洁白，胎体坚薄，有极细小气孔。内外施釉，釉色较白。壁厚0.4、残高2.4厘米（图四四九，2）。

标本1992T111②A：6，敞口、弧腹，圈足，内墙有台阶，外墙二次切削。胎色浅灰，胎质稍坚。芒口，内施满釉，外壁近口沿处施釉，白釉泛黄，釉面有土沁。足心墨书繁体楷书"贾"字。内底残留数处垫珠痕。口径15.8、足径6.5、高3.6厘米（图四四九，3；彩版五七三，1）。

Ab型　4件。敞口，唇部加厚。

标本1992T105②A：1，方圆唇，斜壁微弧。土黄胎，胎体较坚，夹黑砂。上化妆土，内施满釉，外不及底，白釉泛黄，有惊釉现象。口径16、壁厚0.2～0.5、残高2.9厘米（图四四九，4；彩版五七三，2）。

标本1992T303①：1，圆唇，弧腹。胎色土黄，胎体略疏。残存部分内外施釉，白釉泛黄，口部少许剥釉。口径20、壁厚0.5、残高2.9厘米（图四四九，5）。

标本1992T105②A：5，直口，尖唇出小平沿，弧腹。胎色土黄，胎体较坚。上化妆土，残存

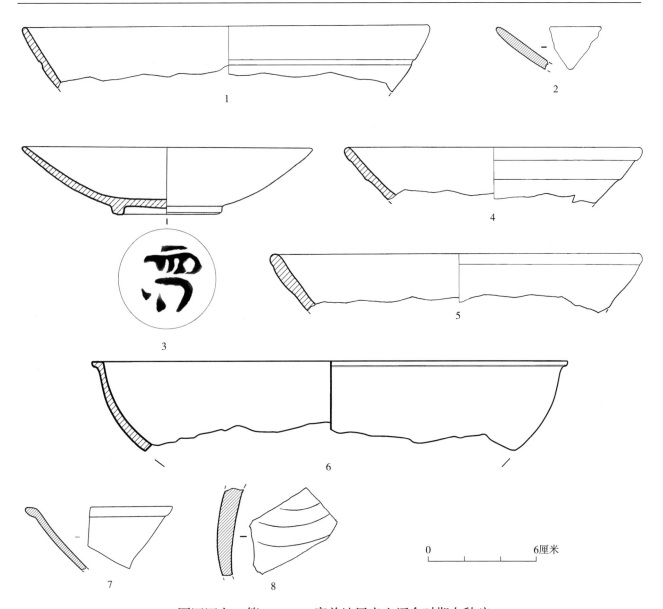

图四四九　第 14 ~ 20 窟前地层出土辽金时期白釉碗

1 ~ 3.Aa 型 1992T105②A：2、1992T104②A：2、1992T111②A：6　4 ~ 7.Ab 型 1992T105②A：1、1992T303①：1、1992T105②A：5、
1992T306①：2　8.腹片 1992T105②A：3

瓷片内外施釉，釉色黄白，釉下有水沁。器表有修坯痕。口径 26、壁厚 0.6 ~ 1.8 厘米（图四四九，6）。
与底部残片标本 1992T105②A：9 胎质相同，有可能是一件器物。

标本 1992T306①：2，尖圆唇，小平沿，弧腹。胎色土黄，胎体略疏。残存部分内外施釉，白釉泛黄。
壁厚 0.4、残高 3.4 厘米（图四四九，7）。

腹部残片　1 件。

标本 1992T105②A：3，弧腹。胎色洁白，胎体坚致细腻。内外施白釉，白釉泛灰，釉面较光洁。
器表有修坯痕。壁厚 0.8、残高 4.5 厘米（图四四九，8）。

底部残片　6 件。根据足墙不同分三型，此区域见有 A、B 型，且多是上化妆土，施透明釉，仅
有 1 件 B 型 1992T111②A：8 内外施白釉。

A 型　3 件。足墙内高外低。

标本 1992T105 ② A：9，弧腹，深圈足。胎色土黄，胎体较厚，内施满釉，外不及底，釉色黄白。内底残留 1 处圆形垫珠痕。足径 11、壁厚 0.7 ～ 2.3、残高 7.4 厘米（图四五〇，1）。

标本 1992T111 ② A：11，斜弧腹，圈足，内足墙二次切削，形成二层台。黄白胎，胎质较坚。釉色灰白，内施满釉，外不及底。内底残留 3 个垫珠痕。足径 7、壁厚 0.6 ～ 1、残高 2.9 厘米（图四五〇，2）。

标本 1992T110 ①：25，圈足。胎色灰黄，胎质较坚。内施满釉，外不及底，釉色泛灰。内底存两处垫珠痕。底有墨书，无法辨识。足径 5、壁厚 0.4、残高 1.3 厘米（图四五〇，3）。

B 型　3 件。足墙内外齐平。

标本 1992T111 ② A：8，弧腹，圈足。胎色纯白，胎质坚致细腻。白釉泛灰，内外施白釉，圈足部分无釉，釉色均匀。内底心凸起弦纹一周。足径 6、壁厚 0.3、残高 4 厘米（图四五〇，4；彩版五七三，3）。

标本 1992T524 ①：3，弧腹，圈足。胎色土黄，胎质稍坚，夹黑点。白釉泛黄，内施满釉，外不及底，釉面不甚光洁。足心墨书行楷“孙祥福”人名款，呈“品”字状分布。内底残留 6 处椭圆形垫珠痕。

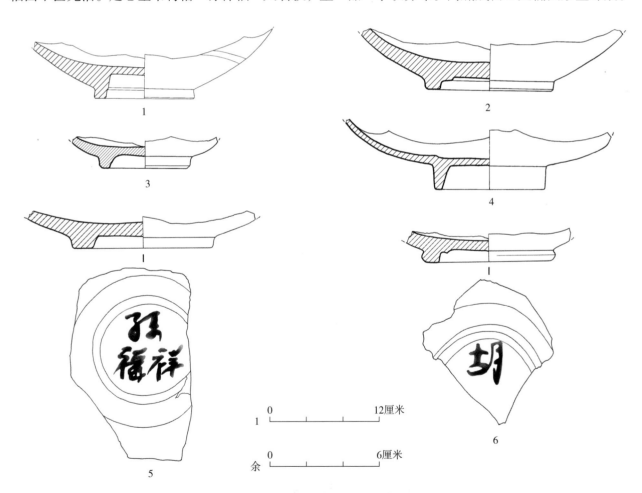

图四五〇　第 14 ～ 20 窟前地层出土辽金时期白釉碗

1 ～ 3.A 型碗底 1992T105 ② A：9、1992T111 ② A：11、1992T110 ①：25　4 ～ 6.B 型碗底 1992T111 ② A：8、1992T524 ①：3、1992T105 ② A：10

足径 7.8、壁厚 0.6～0.8、残高 1.7 厘米（图四五〇，5；彩版五七三，4）。

标本 1992T105②A：10，内底微凸起，弧腹，圈足。胎色土黄，胎体较坚，夹黑砂。内施满釉，外不及底，釉色泛灰。足心残存墨书"胡"字。内底残留 2 处近椭圆形垫珠痕。足径 7.2、壁厚 0.6～0.8、残高 1.7 厘米（图四五〇，6；彩版五七三，5）。

（2）白釉盘

1 件。山顶遗址根据口沿不同分三型，此区域仅见 B 型。

B 型　1 件。敞口微撇，尖圆唇。

标本 1992T105②A：4，折腹，斜壁。胎色灰白。内外施釉，釉面较光洁，满布细碎开片。口径 17、壁厚 0.4、残高 1.8 厘米（图四五一，1；彩版五七三，6）。

（3）白釉罐

1 件。

标本 1992T107②A：14，残存腹部，弧腹。胎色土黄，胎体略厚，夹黑砂。内壁施透明釉，施釉不均，呈黄白色；外壁施化妆土，釉色黄白，釉面有开片。内壁近底有凸弦纹两周。壁厚 0.5～0.9 厘米（图四五一，2；彩版五七四，1）。

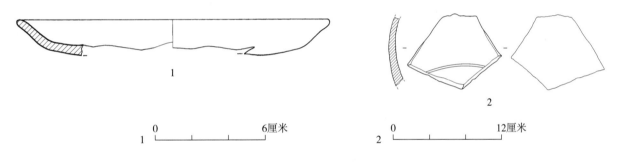

图四五一　第 14～20 窟前地层出土辽金时期白釉瓷
1.B 型白釉盘 1992T105②A：4　2. 白釉罐底 1992T107②A：14

（4）白釉褐彩碗

1 件。

标本 1992T524①：24，残存碗底部。斜弧腹，圈足较高，内高外低。黄白胎，胎质较坚，夹细黑砂。上化妆土，白釉灰白，内施满釉，外不及圈足底，外底心有乳突，土沁严重。内底残留 6 个小圆垫珠痕。外腹底存四周褐彩弦纹，内底弦纹内褐彩绘花鸟纹。足径 6、残高 2.6 厘米（图四五二，1；彩版五七四，2）。

（5）白釉褐彩罐

1 件。

标本 1992T108①：9，残存肩部，广肩。灰胎，胎体稍坚。上化妆土，外施白釉，泛黄。内施黑釉，釉色浓黑。器表黑褐彩描绘草叶纹，颈、肩处绘弦纹三周。壁厚 0.8、残高 3.8 厘米（图四五二，2；彩版五七四，3）。属金元时期。

（6）茶叶末釉碗

2 件。

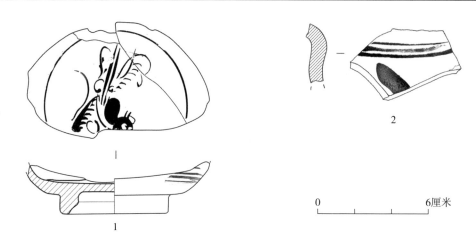

图四五二　第 14 ～ 20 窟前地层出土辽金时期白釉褐彩瓷

1. 白釉褐彩碗底 1992T524 ①：24　　2. 白釉褐彩罐 1992T108 ①：9

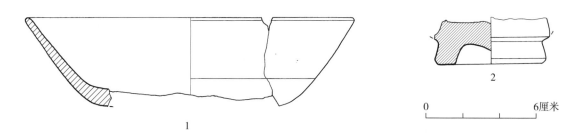

图四五三　第 14 ～ 20 窟前地层出土辽金时期茶叶末釉碗

1. 口腹部 1992T110 ①：40　　2. 底足 1992T303 ①：17

口腹部残片　1 件。

标本 1992T110 ①：40，残存口、腹部，敞口，尖唇，弧腹。胎色黄白，胎体稍坚。内外施釉均不及底，釉色黄绿，釉面平整。口径 18、壁厚 0.3 ～ 0.7、残高 4.6 厘米（图四五三，1；彩版五七四，4）。

底足残片　1 件。

标本 1992T303 ①：17，残存底足。圈足，足墙外高内低，足心有乳突。胎色较白，胎质粗疏。内壁施釉，底心刮釉一圈，釉面较光洁。足沿有粘烧痕。足径 6、残高 2.3 厘米（图四五三，2）。

（7）茶叶末釉瓶

8 件。其中腹部残片 5 件、底足部残片 1 件。

口部残片　2 件。

标本 1992T110 ② A：1，残存口部。方圆唇，撇口，束颈。胎色较白，胎质较密。内外施釉，釉色黄绿间杂，釉面光亮。口径 11、壁厚 0.5、残高 3 厘米（图四五四，1）。

（8）茶叶末釉罐

18 件。其中腹部残片 10 件。

口沿残片　5 件。

标本 1992T301 ② A：4，圆唇微凸，斜口，微束颈，斜肩，弧腹，肩部置一叶形系。胎色黄白，

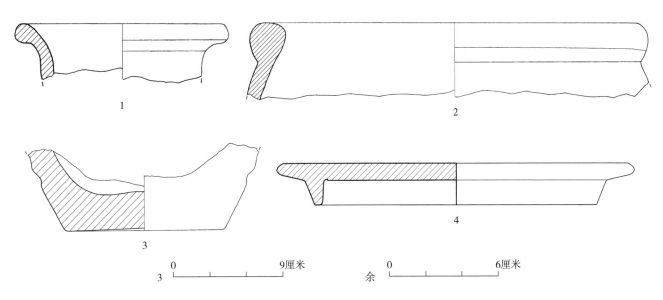

图四五四　第 14 ～ 20 窟前地层出土辽金时期茶叶末釉瓷

1. 茶叶末釉瓶口沿 1992T110 ② A：1　2. 茶叶末釉缸口沿 1992T411 ② A：21　3. 茶叶末釉缸腹底 1992T103 ③ B：1　4. 茶叶末釉器盖 1992T108 ② A：26

胎质粗疏。芒口，内外施釉，烧焦起泡，釉面失光。口径 19.2、壁厚 0.6 ～ 1.2、残高 11 厘米（图四五五，1；彩版五七四，5）。

标本 1992T408 ①：2，残存口、腹。斜口，圆唇内外凸，短颈内收，溜肩，肩部安系，系缺失，弧腹。白胎泛黄，胎质粗疏，夹白砂。芒口，内外施釉，釉色偏绿。口径 12、壁厚 0.6 ～ 0.9、残高 10.5 厘米（图四五五，2；彩版五七四，6）。

标本 1992T101 ①：3，敛口，圆唇内外凸，深弧腹。胎色黄白，胎质疏松，夹白砂。芒口，外壁及内壁施釉，釉色黄绿间杂，釉面有失透感。口径 22、壁厚 0.7 ～ 0.8、残高 4.9 厘米（图四五五，3）。

标本 1992T111 ② A：7，斜口，圆沿，圆唇外凸，斜颈微束，溜肩。胎质灰白，胎体较坚。芒口，内外施釉，釉色深绿。口径 11、壁厚 0.4、残高 1.6 厘米（图四五五，4）。

标本 1992T411 ② A：8，存口、肩部。敞口，圆沿，圆唇外凸，束颈，溜肩。胎质灰白，胎体较坚。芒口，内外施釉，釉色深绿。口径 15、壁厚 0.8 ～ 1、残高 4.8 厘米（图四五五，5）。

标本 1992T411 ② A：15，存口、肩部。斜口，圆沿，圆唇内外凸，束颈，溜肩。胎质灰白，胎体较坚。芒口，内外施釉，釉色深绿。口径 14、壁厚 0.6 ～ 0.7、残高 5.5 厘米（图四五五，6）。

底足残片　1 件。

标本 1992T408 ①：1，斜弧腹，内底圜，有旋胎痕迹。圈足，外腹与足相间处有一周凹槽。圈足外高内低，外沿二次切削，足心有乳突。胎色灰白，胎体粗疏。内外施釉，外不及底，釉色较深，足径 9.2、壁厚 0.9 ～ 1.3、残高 6 厘米（图四五五，7）。

（9）茶叶末釉缸

41 件。

口沿残片　7 件。

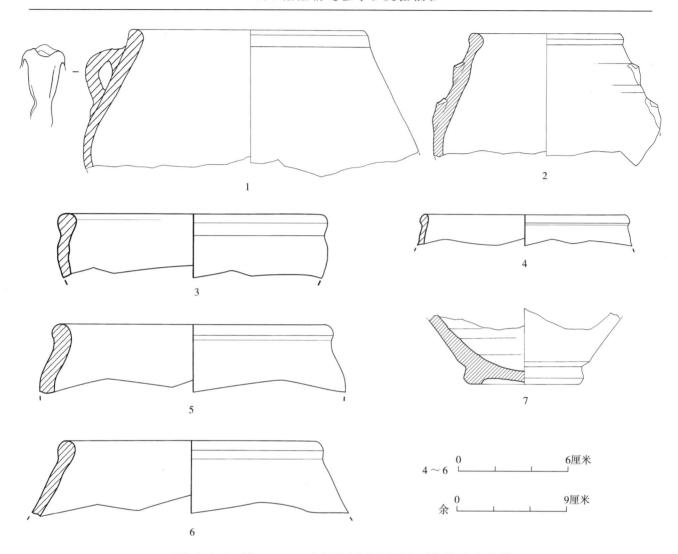

图四五五　　第14～20窟前地层出土辽金时期茶叶末釉罐

1～6.口沿 1992T301②A：4、1992T408①：2、1992T101①：3、1992T111②A：7、1992T411②A：8、1992T411②A：15　7.底足 1992T408①：1

　　标本1992T411②A：21，敛口，凸圆唇，束颈。土黄胎，胎质稍坚，胎体较厚，夹白砂、黑砂。芒口，内外施釉，釉色黄绿。口径21、壁厚1、残高4.8厘米（图四五四，2）。

　　底部残片　1件。

　　标本1992T103③B：1，残存底部。深腹，平底。胎色土黄，胎体厚重，夹黑、白砂。内施满釉，外釉至底，外底边缘刮釉一圈，釉面失光，烧焦起泡。底径13.2、壁厚1.9～2、残高5.6厘米（图四五四，3）。

　　腹部残片　33件。

　　标本1992T303①：18，器形较大。筒形深腹。胎色土黄，胎质略粗，胎体厚重，夹白、褐砂，有细小气孔。内外施釉，呈色偏黄。壁厚1.9～2.2厘米。

　　标本1992T104②A：7，弧腹。胎色土黄，胎质粗疏，有细小气孔，夹白砂。内外施釉，呈色较深，釉面平整。壁厚1～1.5厘米。

　　（10）茶叶末釉器盖

1 件。

标本 1992T108 ② A：26，盖平面呈圆形，盖顶平，圆唇，下承以圈足。胎体厚重，胎质粗疏，夹白、红褐砂粒。器表施釉，釉色偏黄绿，有磨损痕迹。直径 23、足径 15、高 3.8 厘米（图四五四，4）。

（11）复色釉罐

8 件。

口部残片　4 件。

标本 1992T424 ② A：6，残存口肩部。方圆唇，口略直，束颈，圆肩。黄白胎，胎质略疏，胎体厚重，夹白砂。外壁及口沿上化妆土，施白釉，釉色较白，施釉较均匀，釉面有开片。内施酱釉，口沿下无釉，釉色棕黑。外壁肩部剔划一周单莲瓣纹，间划弦纹，下剔花卉纹。口径 36、壁厚 1.3、残高 9.2 厘米（图四五六，1；彩版五七四，7）。

腹部残片　4 件。

标本 1992T110 ② A：5，残存腹部，弧腹。胎色较白，胎体较厚，夹褐、白砂。外壁施化妆土，上白釉，白釉微黄，内壁施酱釉，施釉不均匀。腹部剔划花卉纹。壁厚 1.9 厘米（图四五六，2）。

标本 1992T301 ③ B：2，残存腹部（2 片），弧腹。胎色黄白，胎质略疏，胎体厚重，夹褐、白砂。外壁上化妆土，施白釉，釉色较白。内施酱釉，釉面不甚平整。外腹剔划花装饰，内壁拍印圈线纹。壁厚 1.6 厘米（图四五六，3）。

标本 1992T511 ①：8，残存腹部，弧腹。胎体胎质及施釉同 1992T301 ③ B：2，壁厚 1.2 ～ 2 厘米（图四五六，4）。

（12）复色釉缸

3 件。其中腹部残片 2 件。

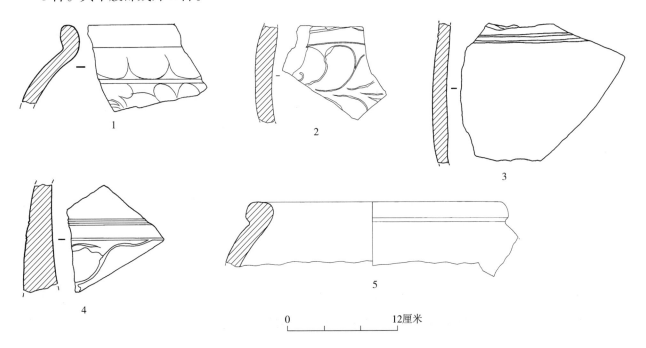

图四五六　第 14 ～ 20 窟前地层出土辽金时期复色釉瓷

1. 复色釉罐口沿 1992T424 ② A：6　2 ～ 4. 复色釉罐腹片 1992T110 ② A：5、1992T301 ③ B：2、1992T511 ①：8　5. 复色釉缸口沿 1992T105 ② A：17

口部残片　1件。

标本1992T105②A：17，残存口部。斜口，圆唇外凸，平沿，束颈。胎色灰白，胎体较厚，胎质粗疏，夹白砂。芒口，外壁上化妆土，釉色黄白，有黑丝线及开片，内施酱釉，发色较黑，器表有熏黑痕迹。口径27.5、壁厚1.5～1.8、残高8厘米（图四五六，5）。

（13）酱釉瓶

7件。

标本1992T111③D：24，敞口，圆唇，口部存一系。胎色灰，夹黑砂，内外施釉。口径7、残高2厘米（图四五七，1；彩版五七四，8）。

（14）酱釉罐

6件。

标本1992T105③D：2，残存口部。口微敞，尖圆唇，唇部加厚，微束颈，斜壁微弧。胎色土黄。芒口，残存瓷片内外施满釉，釉色酱紫。口径28.8、壁厚0.8～1.1、残高4.9厘米（图四五七，2）。

标本1992T111③D：23，敛口，平沿下斜，尖圆唇外凸。灰黄色胎，夹黑砂，内外施釉，芒口。壁厚0.6～1、残高4厘米（图四五七，3）。

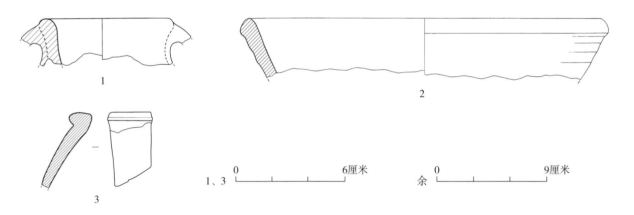

图四五七　第14～20窟前地层出土辽金时期酱釉瓷
1.酱釉瓶 1992T111③D：24　2、3.酱釉罐 1992T105③D：2、1992T111③D：23

（15）黑釉碗

3件。

标本1992T303①：15，敞口，方唇，弧腹。胎色白黄，胎质较坚。内外施釉，釉色光亮，有窑变。口径13、壁厚0.2、残高2.2厘米（图四五八，1；彩版五七五，1）。

标本1992T403①：3，敛口，尖圆唇，弧腹，白胎泛黄，胎质粗疏。内外施釉，釉色黑亮。壁厚0.5、残高2.3厘米（图四五八，2）。

标本1992T409①：2，圈足，挖足较深，外低内高，足沿圆滚。土黄胎，胎质略疏，夹黑、白砂，有细小气孔。内施黑釉，内底刮釉一周，釉色黑亮，有酱斑。足径5.7、壁厚0.9、残高2.8厘米（图四五八，3；彩版五七五，2）。

（16）黑釉瓶

2件。

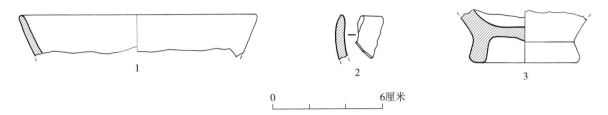

0　　　　　　　6厘米

图四五八　第 14～20 窟前地层出土辽金时期黑釉碗
1～2. 口沿 1992T303 ①: 15、1992T403 ①: 3　3. 底足 1992T409 ①: 2

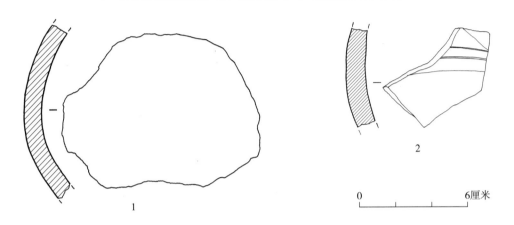

0　　　　　　　6厘米

图四五九　第 14～20 窟前地层出土辽金时期黑釉瓶
1、2. 腹部 1992T105 ② A: 18、1992T105 ② A: 23

均为腹部残片。

标本 1992T105 ② A: 18，鼓腹。胎色土黄，胎体较厚，胎质粗疏。内外施釉，釉色棕黑。壁厚 1、残高 8.6 厘米（图四五九，1）。

标本 1992T105 ② A: 23，筒形腹。胎色土黄，胎体较坚。内施满釉，肩部刮釉一周，釉色棕黑。腹部外壁有剔划装饰。壁厚 0.85、残高 5.2 厘米（图四五九，2）。

（17）黑釉罐

71 件。其中腹部残片 54 件。

口腹部残片　12 件。

标本 1992T110 ①: 3，残存口、上腹部。斜口，平弧沿，圆唇外凸，斜颈微束，溜肩，肩颈部有残系。胎质灰白，胎体较粗疏。芒口，内外施釉，釉色酱黑，内部施釉不完整。口径 11、壁厚 0.6～1、残高 6.6 厘米（图四六〇，1；彩版五七五，3）。

标本 1992T110 ①: 7，残存肩腹部。肩部置一叶形系。灰白胎，胎体粗疏，有白色杂质。内外施釉，釉色酱黑，釉面平滑。壁厚 0.7、残高 6.2 厘米（图四六〇，2；彩版五七五，4）。

标本 1992T110 ② A: 2，敛口，圆唇外凸，溜肩，弧腹。灰白胎，胎体较厚，胎质较密。芒口，内外施釉，釉色酱黑。器内外壁均有旋坯痕。口径 15、壁厚 0.7～1、残高 6.8 厘米（图四六〇，3）。

标本 1992T522 ①: 2，残存口沿，直口，斜沿，尖圆唇外凸。土黄胎，胎质疏松，胎体较厚，夹白砂。芒口，内外施釉，釉色亮黑，局部呈酱紫色。口径 26.4、壁厚 0.8～0.9、残高 2.5 厘米（图四六〇，4）。

标本 1992T303 ①: 13，残存口沿。直口，斜沿，尖圆唇外凸。胎色较白，胎质较疏。内外施釉，

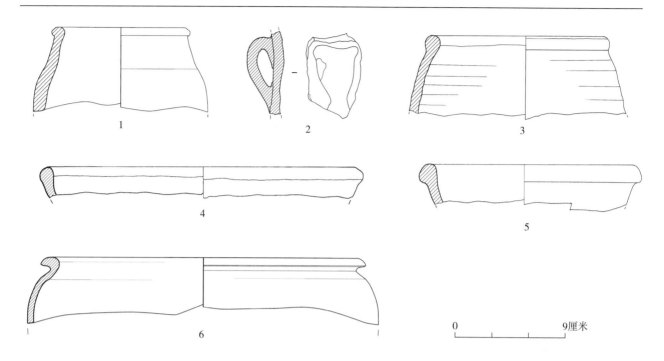

图四六〇　第 14～20 窟前地层出土辽金时期黑釉罐

1～6. 口腹部 1992T110 ①：3、1992T110 ①：7、1992T110 ② A：2、1992T522 ①：2、1992T303 ①：13、1992T107 ② A：9

釉面平滑。口径 17、壁厚 0.6～0.7、残高 3.7 厘米（图四六〇，5）。

　　标本 1992T107 ② A：9，存口、上腹部。敛口，圆沿，方圆唇内外凸，斜颈微束，溜肩，肩颈部有残系。胎质灰白，胎体较粗疏。芒口，内外施釉，釉色酱黑。口径 26.6、壁厚 0.7～1、残高 5.4 厘米（图四六〇，6）。

　　标本 1992T107 ② A：10，存口部。口微敛，沿下斜，尖圆唇外凸，斜颈微束，溜肩。胎质灰白，胎体较粗疏。芒口，内外施釉，釉色酱黑。口径 16、壁厚 0.6、残高 3 厘米（图四六一，1）。

　　标本 1992T524 ①：9，存口部。直口，圆沿下斜，尖圆唇外凸，斜颈微束，溜肩。胎质灰白，胎体较粗疏。芒口，内外施釉，釉色酱黑，有油滴斑。口径 30、壁厚 0.8、残高 6 厘米（图四六一，2）。

　　标本 1992T303 ①：12，存口、肩部。敞口，平沿，圆唇外凸，弧腹。胎质灰白，胎体粗疏。内外施釉，釉色酱黑。口径 27、壁厚 0.5～0.7、残高 4.3 厘米（图四六一，3）。

　　标本 1992T522 ①：1，残存口、腹部。圆唇外凸，口微敛，弧腹。外壁及口部施黑釉，内壁无釉。白胎泛黄，胎质粗疏，夹白、褐色砂。釉色黑亮，略有窑变。口径 12、壁厚 0.6、残高 3.8 厘米（图四六一，4）。

　　标本 1992T105 ② A：16，芒口，圆唇外凸，口微敛，弧腹。外壁及口部施黑釉，内壁无釉。胎色灰白，胎体略疏。釉色酱黑，施釉不均匀，釉面光亮。壁厚 0.7、残高 3.2 厘米（图四六一，5）。

　　底足残片　5 件。

　　标本 1992T411 ② A：19，隐圈足。斜弧腹，至底内收。内壁有旋坯痕。白胎泛黄，胎质粗疏，胎体较厚，夹黑、白砂。内外施釉，外釉色深，足沿刮釉一圈。外壁有"流釉"现象。足径 12、壁厚 1.7 厘米（图四六二，1）。

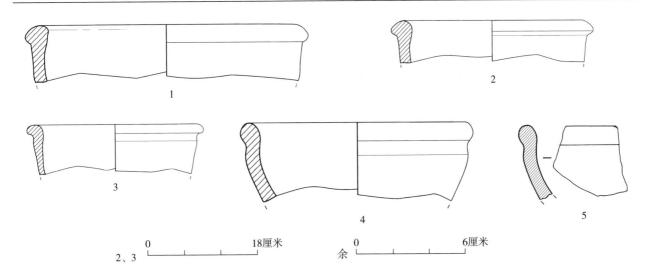

图四六一　第 14～20 窟前地层出土辽金时期黑釉罐

1～5. 口腹部 1992T107 ② A：10、1992T524 ①：9、1992T303 ①：12、1992T522 ①：1、1992T105 ② A：16

标本 1992T110 ② A：4，圈足，足墙外高内低。足心有乳状突起。胎色牙白，胎体较坚。内施满釉，外不及底，釉色酱黑，釉面不平整。足径 6.9、壁厚 0.7～0.9、残高 3.3 厘米（图四六二，2）。

标本 1992T411 ② A：37，圈足，足墙外高内低。胎色牙白，胎体较疏。内施满釉，外底无釉，釉色酱黑。足径 12.3、壁厚 1.4～1.7、残高 3.7 厘米（图四六二，3）。

标本 1992T411 ② A：38，圈足，足墙外高内低。足沿圆。胎色黄白，胎体较疏。内施满釉，外底无釉，釉色酱黑。足径 7、壁厚 0.8、残高 2.3 厘米（图四六二，4）。

标本 1992T101 ①：8，弧腹，圈足，足墙外高内低。胎色黄白，胎体较疏。内施满釉，外底无釉，釉色酱黑。足径 10、壁厚 1.3～1.7、残高 4.5 厘米（图四六二，5）。

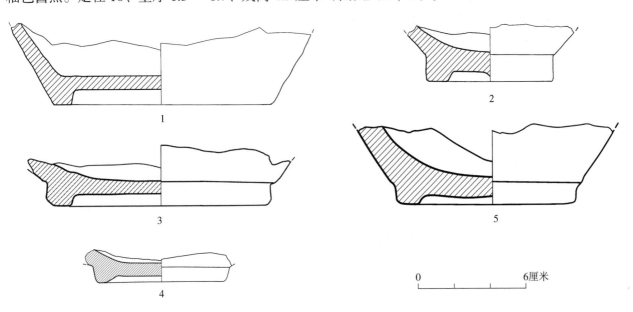

图四六二　第 14～20 窟前地层出土辽金时期黑釉罐

1～5. 底足 1992T411 ② A：19、1992T110 ② A：4、1992T411 ② A：37、1992T411 ② A：38、1992T101 ①：8

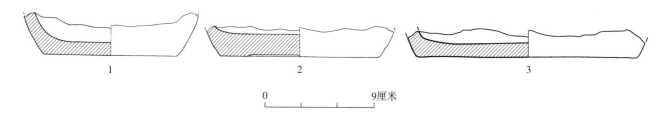

图四六三　第 14 ～ 20 窟前地层出土辽金时期黑釉盆
1 ～ 3. 底足 1992T411 ② A：9、1992T411 ② A：17、1992T110 ①：52

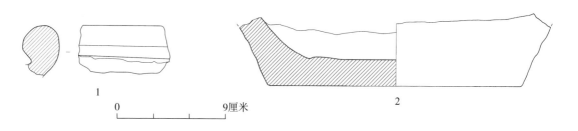

图四六四　第 14 ～ 20 窟前地层出土辽金时期黑釉缸
1. 口沿 1992T306 ①：5　　2. 底部 1992T108 ② A：12

（18）黑釉盆

3 件。均为底部残片。

标本 1992T411 ② A：9，斜腹微弧，平底。土黄胎，胎质稍坚，胎体较厚，夹白砂。内外施釉，底部无釉，釉色酱黑。底径 11、壁厚 0.9 ～ 1、残高 3.1 厘米（图四六三，1）。

标本 1992T411 ② A：17，平底，外底中间内凹，呈玉璧形。土黄胎，胎质稍坚，胎体厚重，夹白砂。内外施釉，底部粘釉，釉色酱黑。底径 13、残高 2.2 厘米（图四六三，2）。

标本 1992T110 ①：52，平底。土黄胎，胎质稍坚，胎体较厚。残片内底施釉，外部无釉，釉色酱黑，有斑点。底径 18、残高 2.1 厘米（图四六三，3）。

（19）黑釉缸

58 件。其中腹部残片 56 件。

口沿残片　1 件。

标本 1992T306 ①：5，敞口，圆沿，方圆唇。沿高 3.8、厚 3 厘米（图四六四，1）。

底部残片　1 件。

标本 1992T108 ② A：12，残存底部。腹微弧，平底。土黄胎，胎体厚重，胎质粗疏，夹黑、白砂。内施满釉，外不及底，釉色棕黑。底径 20.6、壁厚 1.9 ～ 2.2、残高 5.9 厘米（图四六四，2）。

四　窟前采集遗物

（一）建筑材料

陶质建筑材料

（1）瓦条

1 件。

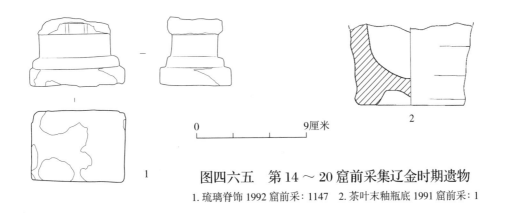

图四六五　第 14 ～ 20 窟前采集辽金时期遗物
1. 琉璃脊饰 1992 窟前采：1147　　2. 茶叶末釉瓶底 1991 窟前采：1

标本 1992 窟前采：1146，琉璃质。黄白胎，夹细砂。条状，正面两侧及一侧面涂绿釉。残长 9.5、宽 6.6、厚 2.4 厘米（彩版五七五，5）。

（2）脊饰

1 件。

琉璃脊饰

1 件。

标本 1992 窟前采：1147，绿釉琉璃脊饰。须弥座形，红胎，长 7.6、宽 5.8、残高 5.5 厘米（图四六五，1；彩版五七五，6）。

（二）生活生产用具

瓷器

茶叶末釉瓶

1 件。

标本 1991 窟前采：1，筒形腹，隐圈足。土黄胎，胎体厚重，胎质粗疏，夹黑、白砂。除足沿外，内外施釉。内底有粘烧痕。足径 8.8、残高 6.7 厘米（图四六五，2）。

第六节　明清民国时期文化遗存

本发掘区域历经北魏、辽金、明清、民国等时期，历代活动频繁，遗存扰乱破坏严重。

明清、民国时期的主要遗迹是此时期人们在洞窟内外居住的房屋和寺庙遗迹，但从 1939 年民居迁移出窟区后，历经地面被平整，之后又植树造林等活动已将所有遗迹破坏殆尽，仅清理出一些灰坑，在扰土中出土了一些遗物，所以第①层现代扰土层中出土的和第②层出土的明清、民国时期文物，在此一并介绍。

一　建筑屋墙

第 20 窟台阶之西，即第 21 窟前的窟壁外还残留一个高土堆，清理后发现残存上下两面坍塌的近世房屋的北墙，属不同的建筑个体。上层屋墙俱涂泥，残高约 1.96 米。下层墙用石块垒砌，外涂泥，残高 2.1 米。

二 灰坑

灰坑共 16 个，位于第 16～18 窟前，第 18 窟前较为集中（图四六六），多数灰坑无出土物。

1.H1

位于 1992T422、T423，第 16-1 和第 15 窟前南部。开口于第①层扰土层下。平面近似不规整长方形，直壁，底部起伏不平。填土为黑黄土及碎石块。长 4.2、宽 0.32～0.64、深 0.66 米。

2.H2

位于 1992T421、T422，第 16-1 窟前南部。开口于第①层扰土层下。平面近似横向圆角长方形，直壁，底部较平。填土为黄土。长 1.95、宽 0.37、深 0.17 米。

3.H3

位于 1992T420，第 16 窟前西南。开口于第①层扰土层下。平面近似长方形，底部平整。填土为碎石块、黑土，长 0.82～0.9、宽 1、深 0.39 米，坑内出土有元代和明清时期瓷器。

（1）元代瓷器

钧瓷碗

1 件。

标本 1992T420②A∶1，元代。仅见口沿残片。尖圆唇，敛口，弧腹。土黄胎，胎质稍坚，夹细白砂、黑砂，有极细小气孔。内外施釉，釉色天蓝，有窑变，口部呈褐黄色，釉下满布密集气泡，釉面光洁，有细碎开片。口径 15、残高 3.8、壁厚 0.7 厘米（图四六七，1；彩版五七六，1）。

（2）明清瓷器

1）黑釉罐

1 件。

标本 1992T420①∶2，存口、肩部。敞口，斜沿，方唇外凸，斜颈微束，溜肩。胎质灰白，胎体粗疏。内外施釉，釉色酱黑。口径 11.6、残高 5、壁厚 1.1 厘米（图四六七，2；彩版五七六，2）。

2）青花碗

1 件。为细胎瓷器，景德镇窑。

标本 1992T420②A∶2，弧腹。胎体坚薄。釉色洁白，釉面较平整。外壁青花勾边填彩描绘花草图案，内底有纹饰，发色灰蓝。壁厚 0.3 厘米（图四六七，3；彩版五七六，3）。

4.H4

位于 1992T419，第 16 窟前西南。开口于第①层扰土层下。平面近似圆角长方形，西、南坑壁均有倾斜，底部不平。填土为烧过的黑土夹杂灰烬、碎石块。长 0.6、宽 0.8、深 0.49～0.54 米。

5.H5

位于 1992T418，第 17 窟前东南。开口于第①层扰土层下。平面呈椭圆形，壁面稍有倾斜，圜底，内填煤灰渣。东西宽 0.53、南北宽 0.71、深 0～0.08 米（彩版五七六，4）。

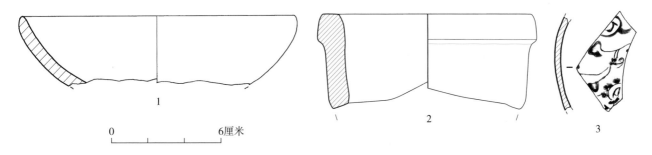

图四六七　H3 出土元明清时期瓷器

1. 钧瓷碗 1992T420②A：1　2. 黑釉罐 1992T420①：2　3. 青花碗 1992T420②A：2

6.H6

位于 1992T418，第 17 窟前东南。开口于第①层扰土层下。为二层台灰坑。大坑平面略呈不规则正方形，内壁斜直，底部内收较平。坑中央再向下开凿长方形小坑。大坑长 1.5、宽 1.5、深 0.1～0.18米。小坑长 0.9、宽 0.7、深 0.26 米。大坑内东南角有石砌灶坑，清理出煤炭灰。小坑内填石块、黄砂土，夹杂黑瓷片、灰陶片。

7.H7

位于 1992T418，第 17 窟窟前东南。开口于第①层扰土层下。为二层台灰坑。大坑平面形状略呈不规则纵向长方形，上口东南两边规整，北边、西边不规整。坑内低于基岩地面约 0.2 米处，北部有一道石墙，于坑穴东端有向南折的痕迹。坑中央再向下凿出一长方形小坑。大坑南北长 1.15（西）～2.10（东）、东西宽约 1.9、最深 0.46 米。中央小坑长 0.9、宽 0.7、深 0.14～0.16 米。二坑内填石块、黄砂土，含有辽金时期陶器、瓷器和明清时期瓷器，共 21 件，其中陶器 4 件，瓷器 17 件。

（1）辽金陶器

1）卷沿陶盆

3 件。山顶遗址辽金卷沿陶盆分三型。此灰坑中见 B 型。

Bd 型　3 件。敞口，口沿沿面加宽并外卷，外壁加厚，沿下及沿外壁加厚处各剔压两条间隙，形成一条凸棱，沿下间隙较宽。

标本 1992T418②A：34,圆唇，口部与沿面微折，口沿下与凸棱间划出间隙较宽。口径 44、壁厚 0.5、残高 4.8 厘米（图四六八，1）。

标本 1992T418②A：35，圆唇，口沿下与凸棱间及凸棱下均有明显划痕，间隙较小。口径 58.9、壁厚 0.4、残高 3.5 厘米（图四六八，2）。

标本 1992T418②A：36，红陶，口微敛，口部与沿面微折，沿面斜外卷，圆唇，口沿下与凸棱间划出间隙较大。口径 52、壁厚 0.6、残高 6 厘米（图四六八，3）。

2）平折沿陶盆

1 件。山顶遗址辽金平沿陶盆分三型，此件为 C 型。

C 型　1 件。沿面外缘剔压一周凹槽。

标本 1992T418②A：37，窄平沿，斜方唇略直，沿外侧唇部向上下折起，口沿下方器内壁有棱。斜直腹，器内壁施横向暗弦纹。壁厚 0.6、残高 3.8 厘米（图四六八，4）。

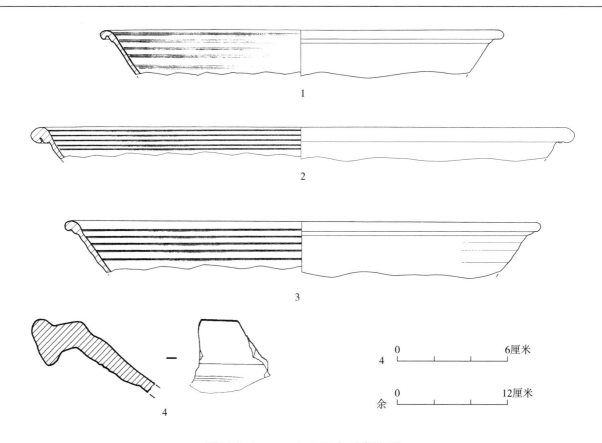

图四六八　H7 出土辽金时期陶器

1～3.Bd 型卷沿陶盆 1992T418 ② A：34～36　4.C 型平折沿陶盆 1992T418 ② A：37

（2）辽金瓷器

1）茶叶末釉缸

1件。

标本 1992T418 ② A：26，敛口，凸圆唇，束颈。土黄胎，胎质稍坚，胎体厚重，夹白、褐砂。芒口，上化妆土，内外施釉，釉色偏绿，烧皴裂。口径48.6、壁厚1.8、残高7.2厘米（图四六九，1）。

2）酱釉罐

1件。

标本 1992T418 ② A：25，残存底部。深弧腹，圈足，挖足很浅，足墙外高内低。内底残留旋胎痕迹。胎色黄白，胎体较疏。内外施釉均不及底，釉色酱黑，底径12、壁厚2、残高4.9厘米（图四六九，2）。

3）黑釉罐

2件。

标本 1992T418 ② A：23，存口、肩部。敞口，圆沿，圆唇外凸，斜颈微束，溜肩。胎质灰白，胎体粗疏。内外施釉，釉色酱黑。口径30、壁厚0.6、残高4厘米（图四六九，3）。

标本 1992T418 ② A：22，残存口、上腹部。口微敛，平弧沿，圆唇外凸，弧肩。灰白胎，胎质疏松。内外施釉，唇部釉剥落，釉面满布"棕眼"。口径20.1、壁厚0.7、残高4.1厘米（图四六九，4）。

（3）明清瓷器

1）白釉碗

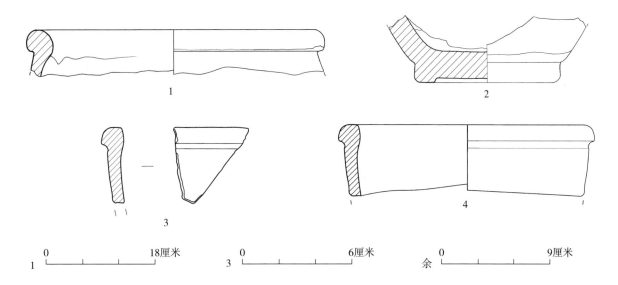

图四六九　H7 出土辽金时期瓷器

1. 茶叶末釉缸 1992T418②A：26　2. 酱釉罐底 1992T418②A：25　3、4. 黑釉罐 1992T418②A：23、22

1件。根据足墙变化分三型，此处仅见 A 型。

A 型　1件。足墙内高外低。

标本 1992T418②A：15，外壁近底处切削，足心微凸，有旋坯时留下的刀痕。胎色土黄，上化妆土，釉色灰白，内施满釉，外不及底。内底有凸弦纹一圈。内底及足沿各残留 2 处垫砂痕。足径 6、壁厚 0.5、残高 1.8 厘米（图四七○，1）。

2）白釉盏

1件。

标本 1992T418②A：33，敞口，尖圆唇，弧壁。圈足，足沿斜切，足心有乳突。灰红胎，釉色黄白，釉面光洁平整。口径 10.4、底径 5、高 2.4 厘米（图四七○，2；彩版五七七，1）。

3）白釉褐彩碗

2件。根据口部不同，分 A、B 两型。此处仅见 B 型。

B 型　2件。撇口。

标本 1992T418②A：18，尖圆唇。浅黄白胎，白釉微黄，口部剥釉。内壁口沿处以褐彩描绘弦

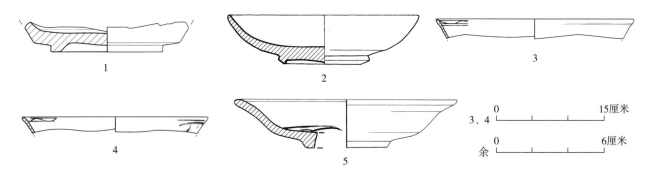

图四七○　H7 出土明清时期瓷器

1.A 型白釉碗底 1992T418②A：15　2. 白釉盏 1992T418②A：33　3、4.B 型白釉褐彩碗口沿 1992T418②A：18、19　5. 白釉褐彩盘 1992T418②A：20

纹和波曲纹边饰。口径27、壁厚0.3、残高3.2厘米（图四七〇，3；彩版五七七，2）。

标本1992T418②A：19，尖圆唇。胎色土黄，釉色黄白，口部剥釉。外腹以褐彩描绘草叶纹，弦纹为边；内壁口沿处描绘边饰，弦纹间绘波曲纹。口径25、壁厚0.3、残高2.1厘米（图四七〇，4；彩版五七七，3）。

4）白釉褐彩盘

1件。

标本1992T418②A：20，圆唇，敞口，浅弧腹，腹底圆折，底残。土黄胎，胎质较坚，有褐砂。白釉灰黄，内施满釉，外不及底，釉面有惊釉现象。内壁口沿及近腹底处，褐彩绘弦纹，内底绘草叶纹，纹饰简单。内底残留垫砂痕。口径12、底径4.4、高2.5厘米（图四七〇，5；彩版五七七，4）。

5）黑釉盏

1件。

标本1992T418②A：21，圆唇，敛口，浅腹，内收至底，底平。灰白胎。芒口，内施满釉，外不及底，釉色黑亮，有棕眼。口径4、底径3、高2.1厘米（图四七一，1；彩版五七七，5）。

6）黑釉瓶

1件。

标本1992T418②A：24，肩腹部残片，有颈，折肩微圆，深弧腹。灰白胎，胎体坚致。内外施黑釉，釉色光亮。肩部有若干旋坯痕。壁厚0.4、残高8.5厘米（图四七一，2；彩版五七七，6）。

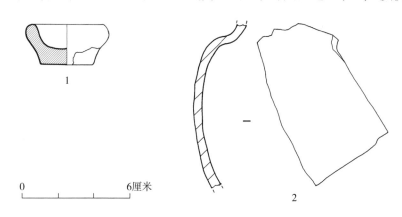

0   6厘米

图四七一 H7出土明清时期黑釉瓷
1. 黑釉盏 1992T418②A：21 2. 黑釉瓶 1992T418②A：24

7）青花碗

6件。均为细胎瓷器，景德镇窑。

标本1992T418②A：27，明中期。尖唇，撇口，弧腹。胎色洁白，釉色青白，釉下有密集气泡。外壁腹部青花涂绘山水图案，发色蓝灰，有晕散。残高3.2厘米（图四七二，1；彩版五七八，1）。

标本1992T418②A：28，明末清初。尖唇，撇口。胎色洁白，内壁口沿绘弦纹两周，外壁近口沿处单周弦纹，腹部描绘图案，发色深蓝。口径13、壁厚0.2、残高1.5厘米（图四七二，2；彩版五七八，2）。

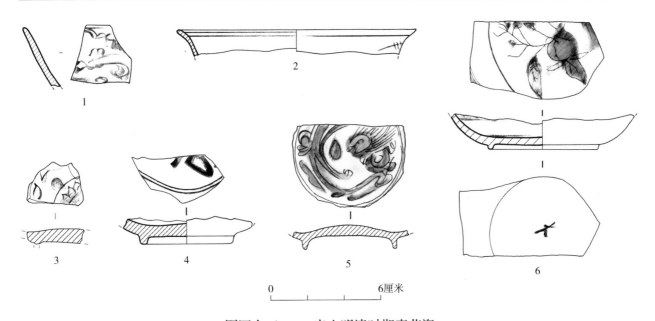

图四七二　H7 出土明清时期青花瓷

1、2. 青花碗口沿 1992T418 ② A：27、28　3～6. 碗底 1992T418 ② A：32、31、29、30

底部残片　4 件。

标本 1992T418 ② A：32，明代晚期。底部上凹，足墙缺失。白釉泛青，釉面较平。内底勾边填彩描绘草叶纹，青花发色浓艳。壁厚 0.7 厘米（图四七二，3；彩版五七八，3）。

标本 1992T418 ② A：31，明代晚期。足墙平切。胎色洁白，胎体坚细，白釉泛青。内底双周弦纹内写有一繁体楷书"寿"字，呈色灰蓝。足径 5、壁厚 0.5、残高 1.4 厘米（图四七二，4；彩版五七八，4）。

标本 1992T418 ② A：29，明晚期。内底上凹，足墙微内凹，足沿平切。胎色洁白，胎体坚细。白釉泛青。内底双周弦纹内青花勾边描绘香草龙纹图案，外腹近底处单周弦纹，青花发色灰蓝。足径 5.1、壁厚 0.2、残高 1.3 厘米（图四七二，5；彩版五七八，5）。

标本 1992T418 ② A：30，明代晚期。圈足，挖足较短，足心大量粘砂。白釉泛青，足沿刮釉一圈。内底单周弦纹内勾边填彩描绘折枝花卉纹，外底心有一青花所写"大"字，青花发色蓝中泛紫。足径 6、壁厚 0.3、残高 2 厘米（图四七二，6；彩版五七八，6）。

8. H8

位于 1992T415，第 18 窟前东南。开口于第①层扰土层下。平面呈不规则长方形，东北缺一角，壁面较倾斜，底部不平。内填木炭、砖及红烧土。出土北魏千佛龛残件、北魏陶片。南北长 1、东西宽 0.35～0.4、深 0.15 米。

9. H9

位于 1992T415，第 18 窟前东南。开口于第①层扰土层下。平面近似圆形，斜壁外敞，圜底，底部不平。填土为黄土和少许红烧土。直径约 0.45、深 0.15 米。

10. H10

位于 1992T414，第 18 窟前东南。开口于第①层扰土层下。平面呈方形，剖面为梯形，壁面倾斜，底部不平。西部附一小长方形浅坑，东南部破坏了东南角的 X11 西北角。填土为黑土，含青花瓷片。开口长 1.3、宽 1.2、内底长 1.2、宽 0.9、深 0.2 米。西侧浅坑长 0.44、宽 0.34、深 0.06 米（彩版五七九，1）。

11.H11

位于 1992T513、T514 内，第 18 窟前南部。开口于第①层扰土层下。平面近似直角梯形，斜壁，平底。长 1.35、宽 0.55、深 0.8～0.95 米（彩版五七九，2）。坑内填土为黑土和石块，杂有许多废弃物，有陶片、白瓷片、青花瓷片、黑釉瓷片、铁块、木炭、火盖残片等，其中有明清瓷器 5 件、辽金陶盆残片 21 件。

（1）辽金陶器

卷沿陶盆

21 件。

其中口部残片 6 件，底部残片 12 件，腹部残片 3 件，均出土于 1992T513，为灰陶质，薄厚不一。底部残片，为平底，器外壁均有横向旋坯痕，多数器内壁有横向暗弦纹，少数磨光或有横向旋坯痕。腹部残片，内外壁有横向暗弦纹。薄厚不一。口部残片均为卷沿陶盆，山顶遗址辽金卷沿陶盆分三型。此灰坑口部残片见 Ba、Bd 型。

Ba 型　5 件。敞口，方唇或圆唇，口沿面与器内壁施横向暗弦纹。

标本 1992T513②A：17，圆唇，斜弧壁。外沿下与器壁之间有修整划痕。口沿面横向磨光，器内壁有横向暗弦纹，器外壁有旋坯痕。口径 34.8、唇厚 1.6、宽 1.6、壁厚 0.3、残高 4.7 厘米（图四七三，1；彩版五七九，3）。

标本 1992T513②A：19，圆唇，斜弧壁。外沿下与器壁之间有修整划痕。口沿面及器内壁有横向暗弦纹，器内壁还有斜向修整痕迹，器外壁有旋坯痕。宽 1.6、壁厚 0.3、残高 1.7 厘米（图四七三，2）。

标本 1992T513②A：20，圆唇，斜弧壁。外沿下与器壁之间有较大间隙。口沿面及器内壁有横向暗弦纹，器外壁有旋坯痕及烧制形成的极细小气孔。宽 1.8、壁厚 0.5、残高 3.3 厘米（图四七三，3）。

标本 1992T513②A：21，口沿面横向磨光，沿下与器壁之间有修整划痕。器内壁有横向暗弦纹，器外壁有旋坯痕。口径 37.5、唇厚 1.6、宽 1.6、壁厚 0.4、残高 5.9 厘米（图四七三，4；彩版五七九，4）。

标本 1992T514②A：4，方圆唇，口沿面横向磨光，外沿下与器壁有较大间隙。器内壁有横向暗弦纹，器外壁有旋坯痕。宽 2、壁厚 0.5、残高 2.5 厘米（图四七三，5；彩版五八〇，1）。

Bd 型　1 件。沿下及沿外壁加厚处各剔压两条间隙，形成一条凸棱，沿下间隙较宽。

标本 1992T513②A：18，圆唇，斜弧腹。口沿面及器内外壁均有旋坯痕。宽 2.2、壁厚 0.55、残高 2.7 厘米（图四七三，6）。

（2）明清瓷器

1）白釉褐彩碗

口部残片　2 件。根据口部不同分两型，此处见 B 型。

B 型　2 件。撇口，弧腹。

标本 1992T513②A：2，尖圆唇。白胎泛黄，胎质略疏，夹褐砂。釉色黄白，釉面不甚光洁。内壁口沿处绘弦纹间夹波曲纹边饰。口径 18、壁厚 0.3、残高 2.5 厘米（图四七四，1）。

标本 1992T513②A：5，尖圆唇。浅灰胎，白釉泛黄。内壁口沿处绘弦纹间夹波曲纹边饰，腹

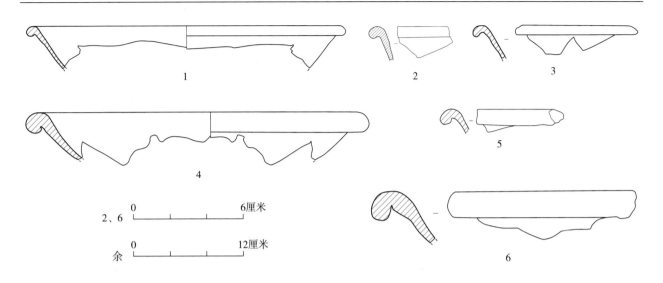

2、6 | 0 ——— 6厘米

余 | 0 ——— 12厘米

图四七三　H11 出土辽金时期卷沿陶盆

1～5.Ba 型 1992T513②A：17、19～21、1992T514②A：4　6.Bd 型 1992T513②A：18

部绘有草叶纹。壁厚 0.3、残高 2.5 厘米（图四七四，2；彩版五八〇，2）。

底部残片　2 件。根据足墙变化分三型，此处见 A、B 型。

A 型　1 件。足墙内高外低。

标本 1992T513②A：4，弧腹内折，外壁近底处切削。土黄胎，釉色黄白。内底有凸弦纹一周，其上褐彩描绘弦纹一周。足径 6.4、壁厚 0.4、残高 3.8 厘米（图四七四，3；彩版五八〇，3）。

B 型　1 件。足墙内外齐平。

标本 1992T513②A：3，折腹，足墙外撇，外壁近底处切削。灰胎，釉色黄白。内底有凸弦纹一周，其上褐彩描绘弦纹一周。足径 7、壁厚 0.5、残高 1.5 厘米（图四七四，4；彩版五八〇，4）。

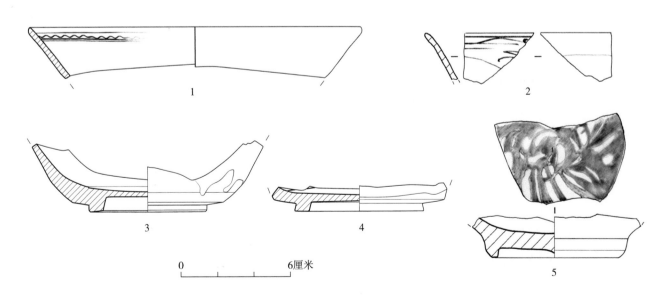

0 ——— 6厘米

图四七四　H11 出土明清时期瓷器

1、2.B 型白釉褐彩碗口沿 1992T513②A：2、5　3.A 型白釉褐彩碗底 1992T513②A：4　4.B 型白釉褐彩碗底 1992T513②A：3　5.青花碗 1992T514②：1

2）青花碗

1件。为底部残片，细胎瓷器，景德镇窑。

标本1992T514②：1，明代中期。弧腹，圈足，足墙外低内高。足墙外墙二次切削，足沿有"火石红"，足底有跳刀痕，足心有乳状突起。胎色灰白，胎体较坚，夹黑砂。白釉泛青，内底青花描绘水草图案，发色蓝灰。足径7、壁厚0.6、残高2.3厘米（图四七四，5）

12.H12

灰坑位于1992T411、T412，第18窟前西南。开口于第①层扰土层下。平面呈方形，弧壁，底不平。填土为黑扰土及大石块，杂有明清时期的白瓷片、黑釉瓷片、铁片等。东西长2.05、南北宽1.4、深0.58米（彩版五八一，6）。

（1）白釉碗

1件。根据口部变化分两型。此处仅见B型。

B型　1件，撇口。

标本1992T412②A：1，器形较小，尖圆唇。胎色灰白，釉色黄白，内施满釉，外不及底，釉下有污渍。口径9.7、壁厚0.3、残高2.5厘米（图四七五，1；彩版五八一，4）。

（2）铁凿头

1件。

标本1992T412②A：6，锈蚀严重。四棱锥体状。顶面呈方形，底面呈长方形。顶面残长3.1、底面残长4、宽6.1、高9.5厘米（图四七五，2；彩版五八一，5）。

13.H13

位于1992T512北隔梁下，第18窟西侧立壁下。开口于第①层扰土层下。平面近似圆角长方形，柱穴壁面及底部不平。长1.26、宽0.78～1.22、底宽0.9、最深处0.25米（彩版五八○，5）。填土为黑色扰土，杂有石块、砖块、青花瓷片、白釉瓷片、火盖残片，辽金时期灰陶口沿、红陶片、北魏石雕佛像。

（1）辽金陶器

陶盆

1件。泥质灰陶。山顶遗址辽金卷沿陶盆分三型。此处见Bd型。

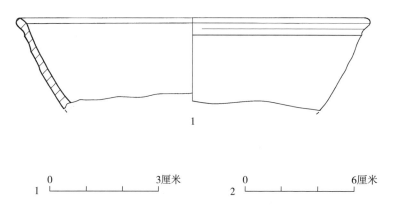

图四七五　H12出土明清时期遗物

1.B型白釉碗口沿 1992T412②A：1　　2.铁凿头 1992T412②A：6

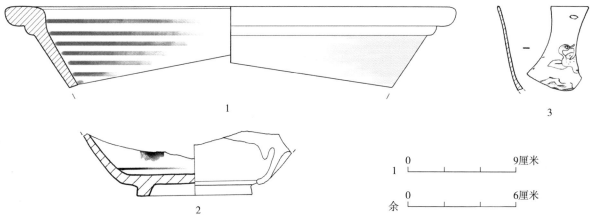

图四七六　H13 出土遗物

1.Bd 型陶盆 1992T512 ①：4　2.A 型白釉褐彩碗底 1992T512 ①：1　3.青花杯 1992T512 ①：2

Bd 型　1 件。敞口。

标本 1992T512 ①：4，口部与沿面微折，沿面略平，口沿外壁加厚，沿面加宽并外卷。器内壁及口沿处多施横向暗弦纹 . 圆唇，口沿下与凸棱间及凸棱下均有划线。口径 37、壁厚 0.8、残高 6.5 厘米（图四七六，1；彩版五八一，1）。

（2）明清瓷器

1）白釉褐彩碗

1 件。为底足残片，根据足墙变化分三型，此处仅见 A 型。

A 型　1 件。足墙内高外低。

标本 1992T512 ①：1，折腹，外壁近底处切削。灰胎，白釉泛黄，釉面有惊釉现象。内底有凸弦纹一周，其上褐彩描绘弦纹一周。足径 6.2、壁厚 0.28、残高 3.2 厘米（图四七六，2；彩版五八一，2）。

2）青花杯

1 件。为细胎瓷器，景德镇窑。

标本 1992T512 ①：2，明末清初。尖唇，弧腹。胎色洁白，胎体坚细。内外施釉。白釉泛青，釉面光润。外壁腹部勾边填彩，描绘游鸭，上有太阳纹，发色淡雅。壁厚 0.14、残高 4.5 厘米（图四七六，3；彩版五八一，3）。

14.H14

可能是灶坑。位于 1992T512 东隔梁下，第 18 窟前西南。开口于第①层扰土层下。平面呈长方形，弧壁，底部较不平坦。坑内残留有大量的灰烬、煤渣、红色土坯砖块等，坑壁被烧过。长 0.75、宽 0.3、深 0.13 米。

15.H15

可能是灶坑。位于 1992T412，第 18 窟前西南。开口于第①层扰土层下。平面呈横向长方形，弧壁，坑底较平。坑内用单砖砌灶，灶炉内有灰烬。填土为黑扰土夹杂木炭、石块。长 2.6、宽 1.46、深 0.2 米（彩版五八一，6）。

16.H16

灰坑位于 1992T412，第 18 窟前西南。开口于第①层扰土层下。平面近似椭圆形，东北角被 H15 打破，斜壁，底部不平。长 0.62、宽 0.5 米。

三　地层出土遗物

（一）建筑材料

明清建筑材料有檐头板瓦、筒瓦、檐头筒瓦、脊饰。

陶质建筑材料

（1）檐头板瓦

4 件。有灰陶、琉璃质的。

1）灰陶檐头板瓦

2 件。灰黄胎，夹少量砂。

标本 1992T104②A：11，边界呈花瓣状，滴水面突雕一朵盛开花朵。厚 1.9、残高 5.6 厘米（图四七七，1；彩版五八二，1）。

标本 1992T201②A：3，边界呈花瓣状，滴水面突雕一朵盛开花朵。厚 1.4、残高 6.4 厘米（图四七七，2；彩版五八二，2）。

2）孔雀蓝釉檐头板瓦

2 件。胎白灰，两边泛红。两面施釉。

标本 1992T409①：4，残。龙体侧身从后卷于头上，毛发后飘，圆眼大嘴，上吻翻卷，曲颈，鳞身。厚 1.5、残高 8.3 厘米（图四七七，3；彩版五八二，3）。

标本 1992T421①：2，残，磨损严重。龙发上飘，小耳大嘴，曲颈，鳞身。剖面略有弧度。厚 1.5、残高 6.4 厘米（图四七七，4；彩版五八二，4）。

（2）筒瓦

9 件。有灰陶、琉璃质地。

1）灰陶筒瓦

1 件。

标本 1992T107②A：16，夹砂灰陶，磨损严重。凹面布纹，两侧面全切并修整。瓦舌内凹且短小，肩部平直。瓦残长 4、厚 0.53～0.67、瓦舌长 1.2、厚 0.53、肩高 0.53 厘米（图四七八，1）。

2）琉璃筒瓦

8 件。均为蓝釉。黄红胎，胎心发红，夹大量砂，凸面施蓝釉，凹面布纹细密。

标本 1992T514①：2，侧面全切修整。厚 2.1 厘米（彩版五八二，5）。

标本 1992T408①：3，侧面 1/3 切。厚 1.8 厘米。

标本 1992T409①：5，瓦舌前伸，釉被磨损光，肩部平齐且较高。凹面瓦舌斜切，侧面 3/4 的切痕。厚 2、舌残长 2.1、肩高 2.2 厘米（彩版五八二，6）。

标本 1992T409②A：6，瓦舌前伸，残，肩部略平齐。凹面瓦舌斜切，侧面半切，破面未修整。厚 2.4、舌残长 1.5、肩高 2.6 厘米。

（3）檐头筒瓦

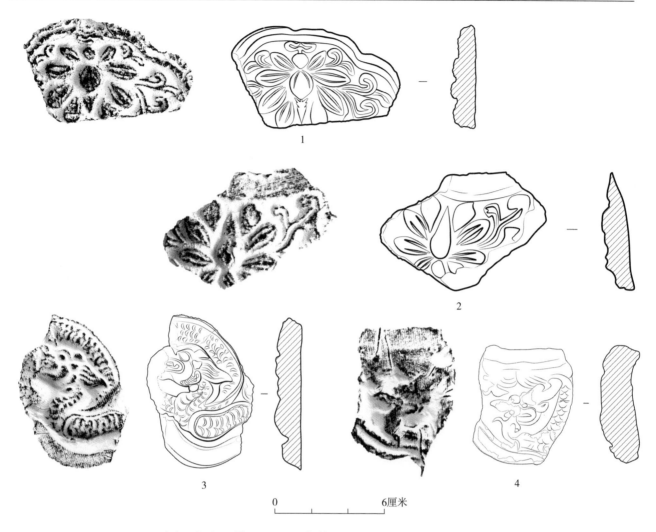

0 　　　　　　6厘米

图四七七　第 14～20 窟前地层出土明清时期檐头板瓦

1、2. 灰陶檐头板瓦 1992T104②A：11、1992T201②A：3　3、4. 孔雀蓝釉檐头板瓦 1992T409①：4、1992T421①：2

9件。有灰陶、琉璃质的。

1）灰陶檐头筒瓦

7件。

联珠纹瓦当

1件。

标本 1992T303②A：20，灰陶，夹细砂。当心突雕，图案失。外围一周联珠纹及一周凸棱，边轮低呈斜坡状。背面有与筒瓦相接的竖向划线。直径约11、当心厚1.7、边轮厚1.1、边轮宽约1.7厘米（图四七八，2；彩版五八三，1）。

兽面纹瓦当

1件。

标本 1992T107②A：15，夹砂灰陶。当心突雕兽面，外围二周凸弦纹。边轮低平且窄，低于凸弦纹。兽面大圆眼，阔嘴露齿，獠牙相对，仅存右侧一半。背面与筒瓦相接处抹成弧状。直径约10.5、当心厚3.5、边轮宽1.8、筒瓦厚约1.8厘米（图四七八，3；彩版五八三，2）。

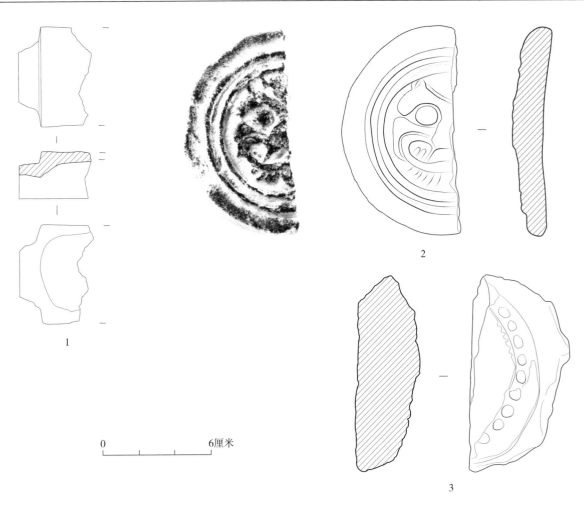

0　　　　　　　　6厘米

图四七八　第 14～20 窟前地层出土明清时期筒瓦、檐头筒瓦

1. 灰陶筒瓦 1992T107 ② A：16　　2. 联珠纹瓦当 1992T303 ② A：20　　3. 兽面纹瓦当 1992T107 ② A：15

莲花纹瓦当

4 件。

标本 1992T201 ② A：2，夹砂灰陶。当心突雕六个圆点相围绕的圆形花蕊，残存六瓣花叶旋转盛开，花瓣尖之间饰圆点，凸棱外饰联珠圈。边轮窄。背面有一个按压的大拇指手印。直径约 14、当心厚 1.5、边轮厚 1.1、宽 1.7 厘米（图四七九，1；彩版五八三，3）。

标本 1992T409 ② A：5，灰陶夹砂，轮窄低平。背面有与筒瓦相接的划痕。直径约 10、当心厚 1.6、边轮厚 1.3、宽 1.6 厘米（图四七九，2；彩版五八三，4）。

标本 1992T101 ① ：4，夹砂灰陶。残存二瓣花叶旋转盛开，花瓣尖之间饰圆点，外有一周凸棱。边轮窄。直径约 14、厚 1.5、边轮宽 1.1 厘米。

标本 1992T101 ① ：9，灰黄胎。残存三瓣花叶旋转盛开，花瓣尖之间饰圆点，外有一周凸棱。边轮低平。残长 6.8、边轮厚 1.5、宽 1.4 厘米（图四七九，3）。

花叶纹瓦当

1 件。

标本 1992T104 ② A：12，灰黄胎，夹少量砂。外周一凸棱，内饰花叶纹。边轮窄平。筒瓦与瓦

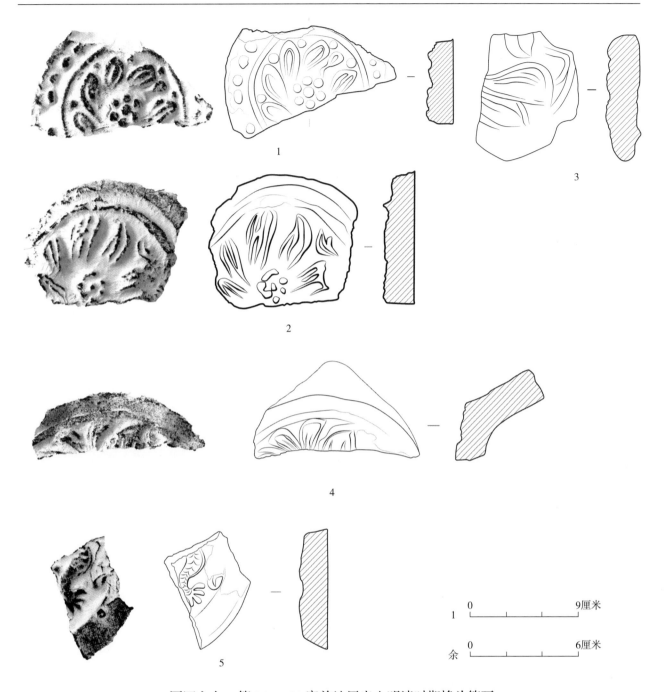

图四七九　第 14～20 窟前地层出土明清时期檐头筒瓦

1～3. 莲花纹瓦当 1992T201②A：2、1992T409②A：5、1992T101①：9　4. 花纹叶瓦当 1992T104②A：12　5. 琉璃檐头筒瓦 1992T410②A：13

当相接处呈钝角，当面下部亦向前倾斜。直径约 12、当心厚 1.5、边轮宽 0.8、筒瓦厚约 1.7 厘米（图四七九，4）。

　　2）琉璃檐头筒瓦

　　2 件。均为孔雀蓝釉。胎白灰，两边泛红。正背两面及各边均施釉。

　　标本 1992T410②A：12，残。仅存部分边轮及筒瓦，筒瓦侧面也施釉。边轮平窄，侧面略倾斜。边轮宽 1.7、筒瓦厚 1.7 厘米（彩版五八三，5）。

标本 1992T410②A：13，残。仅见一兽足与爪，有四爪。边轮平窄，侧面略倾斜。厚 1.5、边轮宽 1.7 厘米（图四七九，5；彩版五八三，6）。

（4）脊饰

31 件。有灰陶质、琉璃质。胎质夹砂。

1）灰陶脊饰

25 件。

标本 1992T110①：49，片状，一面突雕涡纹，一面有磨损严重的纵向凸棱。长 11.2、厚 3.4、残高 11.9 厘米（彩版五八四，1）。

标本 1992T103②A：3，片状，背面及底边磨平，正面雕有花纹。长 8.1、厚 3、残高 8.4 厘米。

标本 1992T109②A：4，两面均有雕塑。一面有几条凸棱，一面呈花瓣状。长 12.7、厚 5.7、残高 7.2 厘米。

标本 1992T109②A：5，片状，背面及两侧边磨光，背面略内凹。正面一侧有三条凹槽，一侧残存 5 条短凹槽，中心突雕缺失。长 16.5、厚 3、残高 12.6 厘米（彩版五八四，2）。

标本 1992T302②A：1，残存部分呈弧状，凸面存 4 个圆乳突。长 6.3、厚 2.1、残高 5.8 厘米（彩版五八四，3）。

标本 1992T104②A：17，片状，两面及一侧边均磨光，正面侧边凸起一圆棱。残长 3.5、厚 3 厘米（彩版五八四，4）。

标本 1992T104②A：18，片状，背面及一个侧边、底边磨光，背面有“井”字状划痕。正面底部有一条横向凸棱，之上有半个团花及 3 条斜弧状凸棱。长 13.3、厚 2.6、残高 10.1 厘米。

标本 1992T409②A：2，片状，雕圆弧纹，背面有竖状凸棱。长 6.1、厚 2.9、残高 11.2 厘米（彩版五八四，5）。

标本 1992T409②A：3，正面涡状花瓣纹，背面有竖状凸棱。长 10.8、厚 5.3、残高 7 厘米（彩版五八四，6）。

标本 1992T409②A：4，片状，雕圆弧纹和涡纹，背面有横向凸棱。长 9.4、厚 3.1、残高 12.5 厘米。

标本 1992T410②A：17，片状，雕圆弧纹，背面有竖状凸棱。长 5.5、厚 7.5、残高 20 厘米。

标本 1992T410②A：19，片状，雕圆弧纹，背面有竖状凸棱。长 6.1、厚 3.6、残高 14.5 厘米。

标本 1992T410②A：20，圆饼形，中央有圆形乳突。直径 11.4、圆饼高 3.1、乳突直径 5、通高 6 厘米。

标本 1992T411②A：28，器表有弧状凹痕及小圆压痕，一侧抹平呈半月弧状，底平。残长 7.5、宽 4.1 厘米。

标本 1992T108②A：17，泥条圆弧状盘起，表面有深浅不同的圆弧状凹痕。残长 8.1、宽 5.7 厘米。

2）绿釉琉璃脊饰

1 件。

标本 1992T104②A：19，灰白胎，夹细砂。残存三角状，有 3 条弧状凹槽。施绿釉，侧边还显示有黄釉（彩版五八五，1）。

3）孔雀蓝釉琉璃脊饰

1 件。

标本 1992T410 ② A：11，残。仅存侧边，底面被斜削。厚 1.5 厘米（彩版五八五，2）。

4）蓝釉琉璃脊饰

4 件。黄红胎，胎心发红，夹大量砂。

标本 1992T410 ② A：14，残，片状，底也为长条形。仅一面施釉。残长 9.8、宽 9.3、厚 1.8 厘米（彩版五八五，3）。

标本 1992T410 ② A：15，残块，表面有花纹。残长 5.9、宽 4.6、厚 2.1 厘米（彩版五八五，4）。

标本 1992T410 ② A：16，一个侧边，前为圆柱状，后面平，前施釉。残长 9.7、宽 5.2、厚 1.9 厘米（彩版五八五，5）。

标本 1992T409 ② A：7，片状，背面平坦。正面与侧面仅存三点蓝釉。残长 10.2、宽 8、厚 2.3 厘米（彩版五八五，6）。

（二）泥塑残块

28 块。集中出土于第 19 窟前，草拌泥胎体，杂有白灰点，涂绿色、白色、蓝色、红色、金色，有的有沥粉。

标本 1992T408 ①：9 ～ 13，残 5 块（彩版五八六，1）。

标本 1992T410 ② A：25 ～ 30，残 6 块（彩版五八六，2）。

标本 1992T508 ② A：5 ～ 11，残 7 块，3 块涂绿彩，4 块残留有白色、红色、金色及少量绿色，其中 2 块是沥粉贴金（彩版五八六，3）。

（三）生活生产用具

1. 陶器

（1）陶罐

5 件，均为灰陶，敛口。口沿呈凸棱状，大小依次成三层台阶状。圆唇，圆鼓肩。外壁施横向暗弦纹。

标本 1992T411 ② A：26，口径 21、壁厚 1.1、残高 2.5 厘米（图四八〇，1）。

标本 1992T101 ② A：11，口径 25、壁厚 0.6 ～ 0.9、残高 4 厘米（图四八〇，2；彩版五八六，4）。

标本 1992T108 ② A：16，器外壁通体磨光。口径 17、壁厚 0.4、残高 5.6 厘米（图四八〇，3）。

标本 1992T101 ② A：12，口沿内侧上折部较厚。残高 2.3 厘米（图四八〇，4）。

标本 1992T111 ② A：31，口沿外侧凸棱较厚，器外壁有横向暗弦纹。口径 27、壁厚 0.8、残高 6.4 厘米（图四八〇，5）。

（2）陶钵

1 件。

标本 1992T409 ② A：13，红陶。敞口，圆唇。内壁有磨痕。

（3）器座

1 件。

标本 1992T101 ② A：13，灰陶。器形上部呈圆柱体状，上稍细下微粗，平底，底残，器顶部打磨成倾斜面，中心钻孔不到底。柱体、底面均磨光。高 6.6、柱体直径 3.1（上）～ 5.3（上）、柱心直径 0.5 厘米。中心孔里存有粮食（图四八〇，6；彩版五八六，5）。

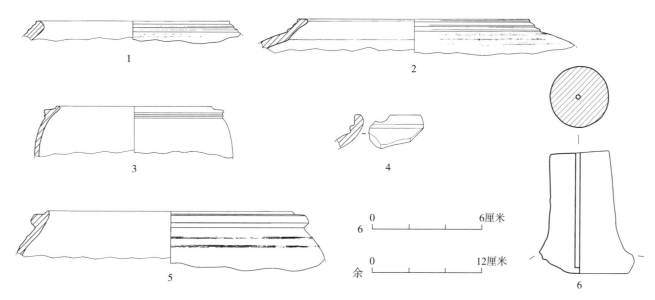

图四八〇　第14～20窟前地层出土明清时期陶器

1～5.陶罐 1992T411②A：26、1992T101②A：11、1992T108②A：16、1992T101②A：12、1992T111②A：31　6.陶器座 1992T101②A：13

（4）陶轮

1件。

标本 1992T101②A：9，灰陶。近圆形，中心穿孔。直径3.8、厚0.6～0.8、中心孔径0.6厘米（彩版五八六，6）。

（5）陶陀

1组7件。红陶。

标本 1992T104②A：16，用红陶片稍加磨制而成，略呈圆形，大小逐层相叠而递减。直径由大至小分别为3.4、2.8、2.5、2.4、1.9、1.7、1.2厘米，厚0.9、0.8、0.8、0.8、0.7、0.6、0.8厘米（彩版五八七，1）。

（6）陶塑

5件。

1）灰陶人头

1件。

标本 1992T104②A：10，仅存头部，单模制成。头戴冠，大眼通鼻，嘴角紧抿，颌下长髯。厚1.5、残高5厘米（彩版五八七，2）。

2）红陶人头

2件。仅存头部，双模合成。头戴冠，圆脸扁平，大眼弯眉通鼻，嘴圆张。2件标本为同范。

标本 1992T104②A：14，厚2.2、残高3.4厘米（彩版五八七，3）。

标本 1992T110②A：13，厚2.2、残高5厘米（彩版五八七，4）。

3）红陶人

1件。

标本 1992T104②A：9，残，单模。大肚裸露，下身着裙，腹前系带。宽3.9、残高6厘米（彩版五八七，5）。

4）红陶象足

1件。

标本 1992T105②A：26，模制。人面象鼻，粗眉圆眼，高颧骨，前有两颗方门牙，两侧长尖牙，牙下出长鼻，鼻上有细横纹。足顶部倾斜，有线划痕迹。宽上 3.8 ～下 1、厚上 2.9 ～下 1.7、高 5.1 厘米（彩版五八七，6）。

2. 琉璃器

2件。有香炉、器耳。

1）器耳

1件。

标本 1992T104②A：13，琉璃器耳，红胎，白化妆土，绿琉璃。长条形立耳，上部外撇，长方形框内雕一立式人物，头戴花簪，袖手。宽 2.8（上）～ 2.3（下）、厚 0.8 ～ 1.3、残高 7.5 厘米（彩版五八八，1）。

2）香炉

1件。

标本 1992T411②A：20，炉身呈长方体，两侧置对称立耳，下承四足，足缺失。灰白胎，胎质疏松，夹白砂。外腹及耳施蓝、黄色釉，满布细碎开片。腹部模印莲花纹。残高 5.9 厘米（图四八一；彩版五八八，2）。

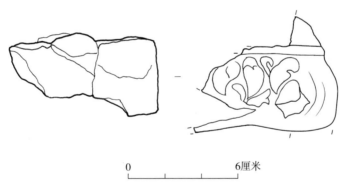

0　　　　　　6厘米

图四八一　第 14 ～ 20 窟前地层出土明清时期琉璃香炉 1992T411②A：20

3. 瓷器

瓷器可分为白釉、白釉褐彩、黑釉、复色釉、茶叶末釉、素烧、青花。

（1）白釉碗

121件。其中腹部残片 67件。

口沿残片　11件。根据口部变化分 A、B 两型，其中 A 型因唇部不同分两亚型，此区域均见。

Aa 型　5件。敞口，尖唇或尖圆唇，不凸。上化妆土，施透明釉。

标本 1992T104①：2，残存口、腹。尖唇，口沿微折，弧腹。灰胎，胎体稍坚，夹细小黑砂。无化妆土，釉色发黄。内底有凸弦纹两周。口径 13、残高 4.9 厘米（图四八二，1；彩版五八八，3）。

标本 1992T111②A：14，敞口，圆唇，外腹底削平，圈足，足墙外高内低，足外沿二次切削。

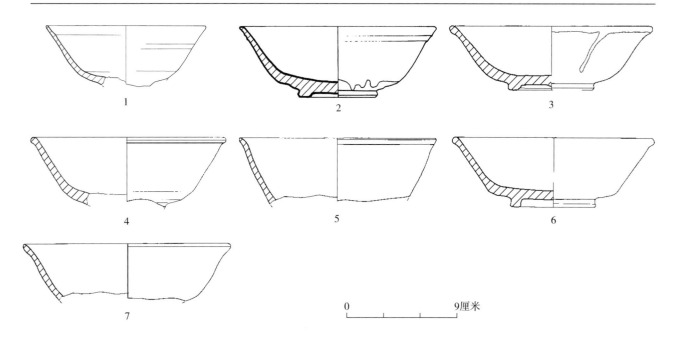

0 _____ 9厘米

图四八二　第 14～20 窟前地层出土明清时期白釉碗

1、2.Aa 型白釉碗 1992T104 ①：2、1992T111 ② A：14　3.Ab 型白釉碗 1992T520 ①：2　4～7.B 型白釉碗 1992T111 ② A：5、1992T410 ② A：1、1992T524 ①：1、1992T108 ①：3

胎色灰，内壁满釉，外不及足墙。口沿下有一周凸弦纹。内底及足沿有多处垫砂痕。口径 16、底径 6.2、高 5.6 厘米（图四八二，2；彩版五八八，4）。

　　Ab 型　2 件。敞口，凸唇。上化妆土，施透明釉。

　　标本 1992T520 ①：2，尖圆唇，敞口，弧腹。外壁近底处切削，圈足，足墙内外齐平，足心有乳突。灰胎，胎质较坚，内壁及外口沿处施化妆土，内壁釉色呈白，外壁呈灰色。足沿及内底残留 5 处垫砂痕。口径 16.4、底径 6.2、高 5.2 厘米（图四八二，3；彩版五八八，5）。

　　B 型　4 件。撇口。弧腹。

　　标本 1992T111 ② A：5，胎色灰白，内壁及口沿处上化妆土，釉色洁白，外釉不及底。口径 16、残高 5.6 厘米（图四八二，4；彩版五八八，6）。

　　标本 1992T410 ② A：1，尖唇。灰褐色胎，上化妆土，施透明釉。白釉泛黄，内外施釉，外不及底。外壁近口沿处有粘砂。口径 16、残高 5.3 厘米（图四八二，5）。

　　标本 1992T524 ①：1，尖圆唇，圈足。胎色较白，白釉微灰，内外施白釉，外不及底。口径 16.4、足径 7、高 5.6 厘米（图四八二，6）。

　　标本 1992T108 ①：3，圆唇。内外施白釉。胎色灰白，釉色较白，内外施釉，施釉均匀，内壁釉下有污渍。内外均有旋坯痕。口径 16.8、残高 4.6 厘米（图四八二，7）。

　　底足残片　43 件。根据足墙不同分三型。此区域均可见。

　　A 型　26 件。圈足，足墙外低内高。器壁均上化妆土，釉面光洁，胎体较坚。内底及足沿残留垫砂痕。

　　标本 1992T110 ② A：6，外壁近底处切削，外墙二次切削，底心有乳突。胎色灰白，釉色灰白，内外施釉，外不及底。足径 3.5 厘米。

　　标本 1992T110 ①：16，弧腹，近底处切削，挖足较深。胎色浅灰。足径 9、残高 4.9 厘米（图

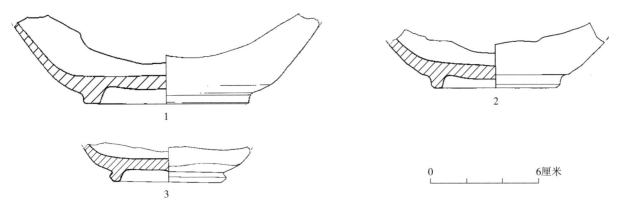

图四八三　第 14 ～ 20 窟前地层出土明清时期白釉碗
1 ～ 3.A 型底足 1992T110①：16、1992T110①：19、1992T303①：4

四八三，1；彩版五八九，1）。

标本 1992T110①：19，弧腹，近底处有两处切削痕，外墙二次切削。灰胎。足径 7、残高 3.5 厘米（图四八三，2；彩版五八九，2）。

标本 1992T303①：4，弧腹，内底有凸弦纹一周，外壁近底处切削，外墙二次切削。灰褐胎，黄白釉，内施满釉，外不及底，内底釉层剥落。足径 6.2、残高 2.2 厘米（图四八三，3；彩版五八九，3）。

标本 1992T521①：6，弧腹，内底有凸弦纹一周，外壁近底处切削，内墙二次切削。黄白胎，釉色黄白，内施满釉，外不及底。外底心似有墨书，字形不辨。足径 6.2 厘米。

B 型　16 件。圈足，足墙内外齐平。器物均弧腹，胎质较坚，夹细小黑砂。内外施白釉。

标本 1992T110①：38，残存腹、足。外墙二次切削。白胎，圈足刮釉，釉色青白，施釉较均匀。足径 6 厘米。

C 型　1 件。

标本 1992T521①：7，弧腹，内底有凸弦纹二周，外壁近底处旋削，外足墙高。灰黄胎，上化妆土，施透明釉，釉色黄白，内施满釉，外不及底。足径 6.2 厘米（彩版五八九，4）。

（2）白釉盏

4 件。器物皆尖唇，敞口，浅腹。胎质较坚，夹细小黑砂，胎体较薄，上化妆土。内施满釉，外施半截釉，施釉不甚均匀。内底及足沿有多处垫砂痕。

标本 1992T511①：2，胎色洁白，胎体坚薄，胎质细腻。釉色清白。口径 16 厘米。

标本 1992T524①：5，内底有凸弦纹一周，圈足，足墙外高内低。灰胎，白釉泛黄，釉面平整，口沿外侧有剥釉现象。口径 11.4、底径 5.5、高 2.7 厘米（图四八四，1；彩版五八九，5）。

（3）白釉瓶

1 件。

标本 1992T303②A：11，颈部残片。胎体灰色。上化妆土，施透明釉。直径 2、壁厚 0.35、残高 3 厘米。

（4）白釉器盖

1 件。

标本 1992T107①：1，晚清民国。整体呈锥形，盖纽为大小相叠双层圆饼形，束颈，斜坡状盖

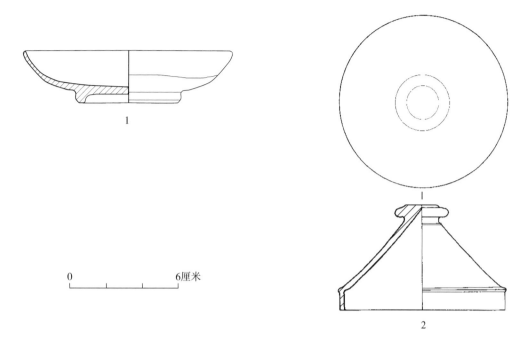

图四八四　第 14 ～ 20 窟前地层出土明清时期白釉瓷
1. 白釉盏 1992T524 ①∶5　2. 白釉器盖 1992T107 ①∶1

面底部下折呈筒状,方唇,母口。胎色细白,胎体坚致。口沿内侧无釉,釉面光亮平滑。纽径 3、口径 9.2、高 5.7 厘米（图四八四,2;彩版五八九,6）。

（5）白釉褐彩碗

61 件。

口沿残片　24 件。根据口部不同分 A、B 两型。其中 A 型根据唇部变化,又分 Aa、Ab 两亚型。

Aa 型　10 件。敞口,唇部不凸。除标本 1992T519 ①∶4 胎质略疏,夹黑褐砂,其余均胎质较坚,夹细小黑砂。上化妆土,内外施釉,外不及底。

标本 1992T513 ①∶1,敞口,圆唇,弧腹,圈足,足墙内高外低。灰胎夹杂土黄砂,白釉泛黄。内壁口沿施两周,内底施一周弦纹。足沿及内底残留 1 处垫砂痕。外壁近口沿处有 1 处铜钉孔。口径 13、底径 5.4、高 3.8 厘米（图四八五,1;彩版五九〇,1）。

标本 1992T108 ② A∶1,2 片。尖圆唇,弧腹。胎色土黄,釉色牙白,口部剥釉。内壁口沿绘弦纹两周,腹部有纹饰。口径 16、残高 4.7 厘米（图四八五,2）。

标本 1992T524 ①∶7,尖圆唇,弧腹。灰胎,灰白釉,釉面满布爆釉点。内壁口沿处绘弦纹两周。残高 4.2 厘米（图四八五,3）。

标本 1992T108 ①∶10,芒口,尖唇,弧腹。土黄胎,釉面较光洁。内壁近口沿处弦纹边饰两周,发色浅淡。口径 17、残高 2 厘米（图四八五,4）。

标本 1992T108 ①∶12,尖圆唇,直壁微弧。胎色黄白,釉色黄白,施釉较均匀,釉面有惊釉现象。内壁近口沿处弦纹边饰两周,色彩浅淡。口径 16、残高 2.1 厘米（图四八五,5）。

标本 1992T108 ①∶5,尖圆唇,斜直壁微弧。胎色灰白,釉色灰黄。内壁口沿下绘弦纹三周,外壁口沿下有一周凹弦纹。口径 17、残高 2.6 厘米（图四八五,6）。

标本 1992T107 ② A∶3,圆唇,直壁微弧。胎色灰白,釉色灰白。内壁口沿褐彩描绘弦纹三周。

残高 2.7 厘米（图四八五，7）。

标本 1992T524①：6，尖圆唇，弧腹。白胎泛黄，白釉泛黄。内壁口沿处绘弦纹间以波曲纹边饰。口径 14、残高 3.5 厘米（图四八五，8）。

标本 1992T519①：4，圆唇，弧腹。土黄胎，胎质略疏，夹黑褐砂。白釉泛灰，釉面满布爆釉点。内壁口沿处绘弦纹间以波曲纹边饰。口径 17、残高 4.6 厘米（图四八五，9；彩版五九〇，2）

标本 1992T108②A：3，尖圆唇，弧腹。胎色土黄，釉色黄白，口部剥釉。内壁近口沿处弦纹一周，颜色浅淡，外壁三周旋坯纹。口径 20、残高 4.7 厘米（图四八五，10）。

Ab 型　5 件。敞口，凸唇。除一件可复原外，皆为口部残片，胎体夹黑砂。上化妆土，内施满釉，

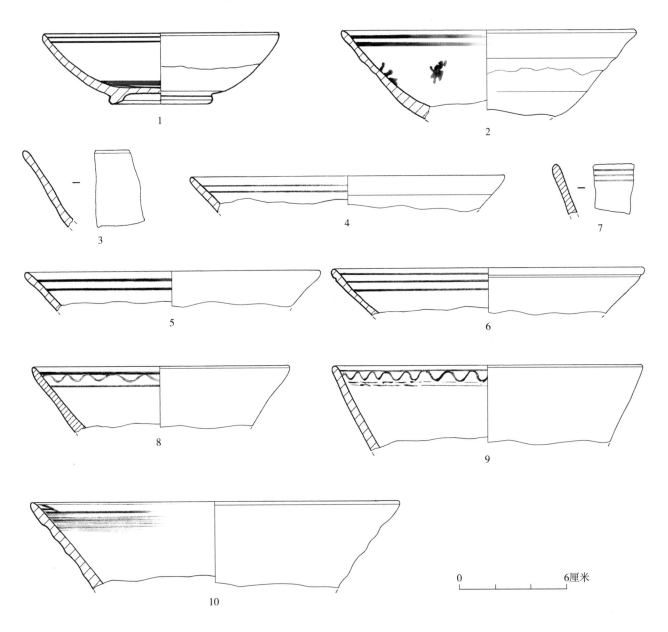

0　　　　　　6厘米

图四八五　第 14～20 窟前地层出土明清时期 Aa 型白釉褐彩碗

1～10. 口沿 1992T513①：1、1992T108②A：1、1992T524①：7、1992T108①：10、1992T108①：12、1992T108①：5、1992T107②A：3、1992T524①：6、1992T519①：4、1992T108②A：3

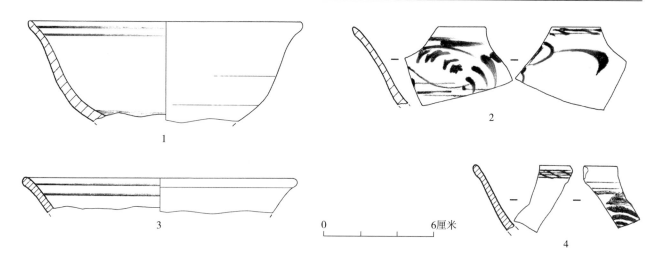

图四八六　第 14 ～ 20 窟前地层出土明清时期 Ab 型白釉褐彩碗
1 ～ 4. 口沿 1992T515 ①: 1、1992T110 ①: 21、1992T107 ①: 5、1992T108 ①: 13

外不及底。

标本 1992T515 ①: 1，尖圆唇，微外凸，弧腹。白胎泛黄，釉色灰白，釉面较光洁。内壁口沿施两圈，内底施一周弦纹。口径 15、残高 5.25 厘米（图四八六，1）。

标本 1992T110 ①: 21，尖圆唇，弧腹。胎色灰黄，釉色黄白，仅内壁及口沿上化妆土。内外壁褐彩描绘草叶纹，以弦纹为边，口沿绘短斜线锦地纹。残高 4.4 厘米（图四八六，2；彩版五九〇，3）。

标本 1992T107 ①: 5，圆唇，弧腹。胎色较白，釉色黄白，内壁近口沿处，褐彩绘弦纹两周，发色浅淡。口径 15、残高 2 厘米（图四八六，3）。

标本 1992T108 ①: 13，方圆唇，直壁微弧。胎色稍白，釉色黄白，施釉较均匀，釉面较光洁。外壁近口沿处弦纹边饰两周，色彩浅淡，腹部深褐色纹饰。内壁口沿处绘短线锦地纹。口径 15、残高 3.7 厘米（图四八六，4；彩版五九〇，4）。

B 型　9 件。撇口。皆为口腹部残片，弧腹。胎质较坚，夹细小黑砂。上化妆土，内外施釉，外不及底。

标本 1992T104 ②A: 3，圆唇。胎色土黄，釉色较白，有细小黑砂。内壁近口沿处绘黑褐彩弦纹两周。口径 11、残高 2.2 厘米（图四八七，1）。

标本 1992T304 ②A: 2，圆唇。胎色土黄，白釉泛黄，釉面较平整光洁。内壁口沿处绘褐彩弦纹两周。口径 13、残高 2.3 厘米（图四八七，2）。

标本 1992T511 ②A: 6，圆唇。灰胎，白釉泛灰，釉面平整。内壁口沿处绘由弦纹间以波曲纹组成的边饰。口径 15、残高 2.2 厘米（图四八七，3）。

标本 1992T511 ②A: 11，尖圆唇。灰胎，白釉泛灰。内壁口沿处绘由弦纹间以波曲纹组成的边饰，腹部绘有图案。口径 15、残高 3 厘米（图四八七，4）。

标本 1992T424 ②A: 4，圆唇。土黄胎，胎色较深，白釉灰白，施釉不甚均匀，釉面光洁。内壁口沿处褐彩绘弦纹夹波曲纹边饰。口径 19、残高 2.7 厘米（图四八七，5）。

标本 1992T519 ①: 3，尖圆唇。白胎泛黄，白釉泛灰，釉面不甚光洁。外腹以弦纹为边，绘草叶纹，

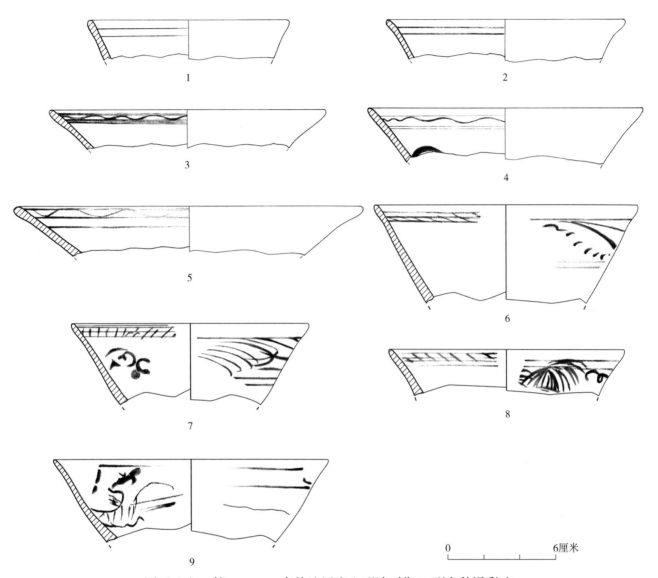

图四八七　第 14～20 窟前地层出土明清时期 B 型白釉褐彩碗

1～9. 口沿 1992T104 ② A：3、1992T304 ② A：2、1992T511 ② A：6、1992T511 ② A：11、1992T424 ② A：4、1992T519 ①：3、
1992T303 ①：6、1992T511 ② A：4、1992T108 ①：1

纹饰简练随意；内壁口沿处绘短线锦地纹。口径 15、残高 5.1 厘米（图四八七，6）。

标本 1992T303 ①：6，尖圆唇。灰胎，白釉泛黄，釉面较平整光洁。外腹以弦纹为边，褐彩涂绘弧线纹；内壁口沿处绘短线锦地纹，腹部绘花卉。口径 13、残高 3.9 厘米（图四八七，7；彩版五九〇，5）。

标本 1992T511 ② A：4，尖圆唇。灰胎，白釉微黄，釉面有爆釉点，口部剥釉。外腹以弦纹为边，黑褐彩描绘针叶纹；内壁口沿处绘短线锦地纹。口径 13、残高 2.5 厘米（图四八七，8）。

标本 1992T108 ①：1，尖圆唇。胎色灰白，釉色黄白，施釉均匀。内壁口沿褐彩描绘弦纹一周，腹部绘山水图案，外壁口沿绘弦纹两周，间以纹饰。口径 15、残高 4.66 厘米（图四八七，9；彩版五九〇，6）。

腹部残片　8 件。皆上化妆土。弧腹，外壁近底处切削。胎体坚致，有极细小气孔，个别夹黑砂。

除标本 1992T109 ② A：1 内外施釉，釉面较光洁外，其余均内施满釉，外不及底。

标本 1992T108 ①：4，胎色土黄，胎质较坚，夹黑砂。釉色灰白。内底描绘褐彩弦纹一周。壁厚 0.3～0.6、残高 5.3 厘米（图四八八，1）。

标本 1992T409 ①：3，土黄胎，黄白釉。内底有凸弦纹一周，其上以褐彩描绘弦纹一周。内底有粘砂。壁厚 0.5～0.7、残高 3.7 厘米（图四八八，2）。

标本 1992T519 ①：5，褐黄胎，白釉泛灰，釉面较光洁。内壁腹部及底部绘弦纹，内底有凸弦纹一周。壁厚 0.4～0.6、残高 5.6 厘米（图四八八，3）。

标本 1992T303 ①：10，胎色较白，釉色较白。内底有凸弦纹一周，绘弦纹两周。壁厚 0.4～0.8、残高 3.8 厘米（图四八八，4）。

标本 1992T515 ①：2，胎色灰白，釉色灰白。外腹绘有针叶纹，内腹绘卷草纹、弦纹。内底有凸弦纹一周。壁厚 0.4～0.5、残高 3.6 厘米（图四八八，5）。

标本 1992T304 ② A：3，胎色浅灰，釉色黄白。外腹褐彩绘弦纹，内腹绘圈线纹，内底有凸弦纹一周，

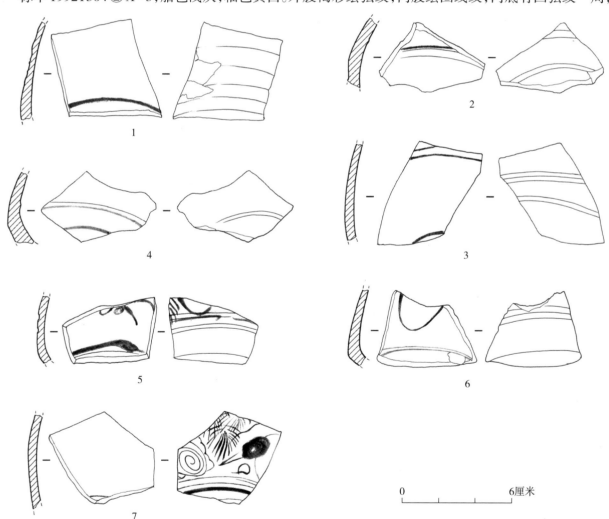

0　　　　　　6厘米

图四八八　　第 14～20 窟前地层出土明清时期白釉褐彩碗

1～7. 腹 片 1992T108 ①：4、1992T409 ①：3、1992T519 ①：5、1992T303 ①：10、1992T515 ①：2、1992T304 ② A：3、1992T109 ② A：1

其上黑彩描绘。壁厚 0.3 ～ 0.7、残高 4.1 厘米（图四八八，6）。

标本 1992T109 ② A：1，胎色浅灰，釉色牙白，外壁褐彩描绘鸟、针叶及云气纹，近底部有数周褐彩弦纹。壁厚 0.4、残高 4.9 厘米（图四八八，7；彩版五九一，1）。

底足残片　29 件。根据足墙变化分三型，此区域见 A、B 两型。

A 型　22 件。足墙外低内高。器物均胎色浅灰，胎质较坚，夹黑砂，上化妆土。内施满釉，外不及底，个别釉至足墙。内底散布垫砂，足底残存垫砂痕。

标本 1992T110 ①：15，内底较平，足墙外撇，外墙二次切削。釉色牙白。内底有凸弦纹一周，其上褐彩描绘。足径 6.4、残高 1.9 厘米（图四八九，1）。

标本 1992T110 ①：37，外墙竖直，内墙外斜。胎色灰白，釉色灰白。内底边缘褐彩描绘弦纹若干周，底心有文字，不辨。足径 9、残高 3.2 厘米（图四八九，2）。

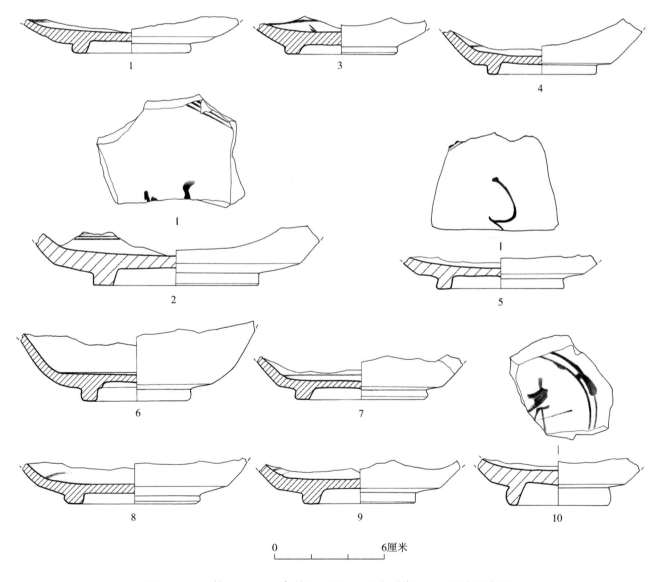

图四八九　第 14 ～ 20 窟前地层出土明清时期 A 型白釉褐彩碗

1 ～ 10. 碗底 1992T110 ①：15、1992T110 ①：37、1992T411 ② A：7、1992T303 ①：8、1992T411 ② A：6、1992T302 ①：1、1992T303 ①：7、1992T304 ② A：4、1992T511 ② A：7、1992T111 ② A：10

标本 1992T411②A：7，弧腹，足墙外撇。胎色较白，釉色黄白，釉面较平整光洁。内底描绘弦纹一周。足径 6、残高 2.1 厘米（图四八九，3）。

标本 1992T303①：8，折腹，外壁近底处切削。胎色土黄，釉色黄白。内底褐彩描绘弦纹一周。足径 6、残高 2.9 厘米（图四八九，4）。

标本 1992T411②A：6，折腹，外壁近底处切削，足墙外撇。土黄色胎，釉色黄白，釉面有惊釉现象。内底有凸弦纹一周，其上描绘弦纹，底心涂绘纹饰随意。足径 7、残高 1.9 厘米（图四八九，5）。

标本 1992T302①：1，弧腹内折，内墙二次切削，形成二层台阶，边沿微圆。胎色土黄，白釉泛黄。内底有凸弦纹一周，其上褐彩描绘。足径 6、残高 5.5 厘米（图四八九，6）。

标本 1992T303①：7，折腹，足墙外撇。胎色土黄，釉色黄白。内底有凸弦纹一周，其上褐彩描绘。足径 7、残高 2.5 厘米（图四八九，7）。

标本 1992T304②A：4，弧腹，外壁近底处切削，外墙边缘切削。胎色黄白，釉色较白。内底褐彩描绘弦纹一周。足径 7、残高 2.4 厘米（图四八九，8）。

标本 1992T511②A：7，折腹，外壁近底处切削。白胎泛黄，釉色黄白。内底有凸弦纹一周，其上褐彩描绘弦纹一周。足径 6、残高 2.3 厘米（图四八九，9）。

标本 1992T111②A：10，足墙内墙外撇，外墙弧。胎色土黄，白釉黄白。内底处弦纹边饰两周，粗细不匀，底心写"寿"字。足径 5.4、残高 2.6 厘米（图四八九，10；彩版五九一，2）。

标本 1992T411②A：5，弧腹，外壁近底处切削。胎灰黄，釉色灰白。内外壁皆以褐彩描绘纹饰，弦纹作边饰。足径 6、残高 3.9 厘米（图四九〇，1）。

标本 1992T303①：9，弧腹。胎色灰白，釉色黄白。外腹褐彩描绘针叶纹，内底有凸弦纹一周，其上黑彩描绘。足径 8、残高 2.8 厘米（图四九〇，2）。

标本 1992T410①：6，弧腹，外壁近底处切削，足外墙二次切削。胎色灰黄，釉色灰白，釉面光亮。内壁绘有草叶纹，底部凸起弦纹一周，并以褐彩绘弦纹一周。足径 6、残高 2.1 厘米（图四九〇，3）。

标本 1992T421②A：3，外墙二次切削。深灰胎，釉色黄白。内底黑褐彩描绘弦纹两周，底心绘纹饰。足径 7、残高 1.9 厘米（图四九〇，4）。

标本 1992T105②A：11，外腹近底处切削，足墙上粗下细并外撇，足心有旋坯痕。灰胎，釉色灰白。内底有凸弦纹一周，其上褐彩描绘弦纹。足径 7、残高 2.5 厘米（图四九〇，5）。

标本 1992T108②A：8，底部较平，足墙上粗下细。灰胎，釉色牙白。内底褐彩描绘纹饰。足径 6、残高 1.6 厘米（图四九〇，6；彩版五九一，3）。

标本 1992T107②A：7，弧腹内折，足外墙二次切削。釉色黄白。内底有一周凸弦纹，之上浅褐彩描绘，底心处有褐彩纹饰，颜色较深。足径 7、残高 3.8 厘米（图四九一，1）。

标本 1992T108②A：5，弧腹，足墙内墙外撇。灰胎，足沿刮釉一圈，余皆施釉，内壁釉色灰黄，外釉青黄。内底有凸弦纹，其上褐彩描绘一圈。足径 5、残高 5.6 厘米（图四九一，2；彩版五九一，4）。

标本 1992T301②A：1，弧腹，挖足较深，足墙上粗下细。胎色土黄，白釉泛灰。内壁近底处绘弦纹两周。足径 7、残高 3.3 厘米（图四九一，3）。

B 型　8 件。足沿平切，足墙内外齐平。胎质较坚，有少许黑砂。内施满釉，外不及底，上化妆土。足沿和内底残留多处垫砂痕。

标本 1992T109②A：2，弧腹，外壁近底处切削。胎色浅灰，釉色灰白，釉面较光洁。内底边

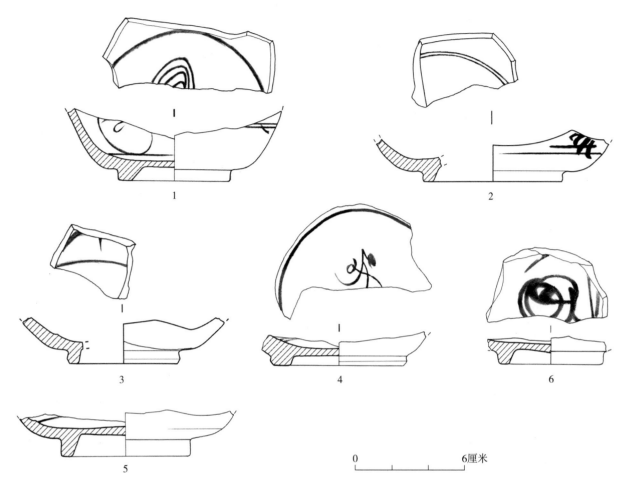

图四九〇 第14～20窟前地层出土明清时期 A 型白釉褐彩碗
1～6. 碗底 1992T411 ② A：5、1992T303 ① : 9、1992T410 ① : 6、1992T421 ② A：3、1992T105 ② A：11、1992T108 ② A : 8

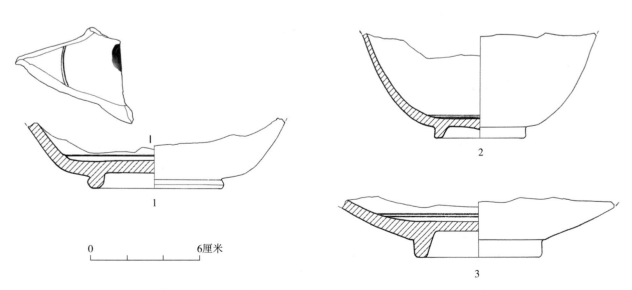

图四九一 第14～20窟前地层出土明清时期 A 型白釉褐彩碗
1～3. 碗底 1992T107 ② A：7、1992T108 ② A：5、1992T301 ② A：1

缘褐彩描绘弦纹一周。足径7.9、残高3.6厘米（图四九二，1）。

标本1992T524②A：8，弧腹，足墙外撇。土黄胎，白釉泛黄。内底黑彩描绘弦纹一周。足径7、残高3.3厘米（图四九二，2）。

标本1992T104②A：8，弧腹。胎色土黄，釉色黄白。内腹黑褐彩描绘纹饰，内底有凸弦纹一周，之上黑褐彩描绘一周。足径6、残高4.80厘米（图四九二，3）。

标本1992T105②A：12，外壁近底处切削，足内墙二次切削。胎色土黄，釉色黄白，釉面有惊釉现象。内底有凸弦纹一周，内底边缘与足心褐彩描绘弦纹两周。足径6、残高1.9厘米（图四九二，4）。

标本1992T110①：22，足墙外撇。胎色灰黄，釉色黄白，较平整。内底有褐彩描绘花纹。足径7、残高1.6厘米（图四九二，5）。

标本1992T107②A：19，足沿二次切削。胎色浅灰，釉色灰黄，釉面有惊釉现象。内底褐彩描绘弦纹一周。足径8、残高2.8厘米（图四九二，6）。

标本1992T424②A：5，弧腹，内壁近底处凸起弦纹一周。有水沁，胎色灰白，釉色黄白。内足心有突起，褐彩描绘弦纹一周，中心有纹饰。足径6.4、残高2.4厘米（图四九二，7）。

（6）白釉褐彩罐

1件。

标本1992T417②A：1，残存腹部。深腹，至底内收。内壁有明显旋坯痕。黄白胎，胎质稍坚，有细小黑砂。白釉泛黄，内壁无釉，外不及底，施釉不甚均匀。外壁近底处褐彩描绘弦纹两周，线

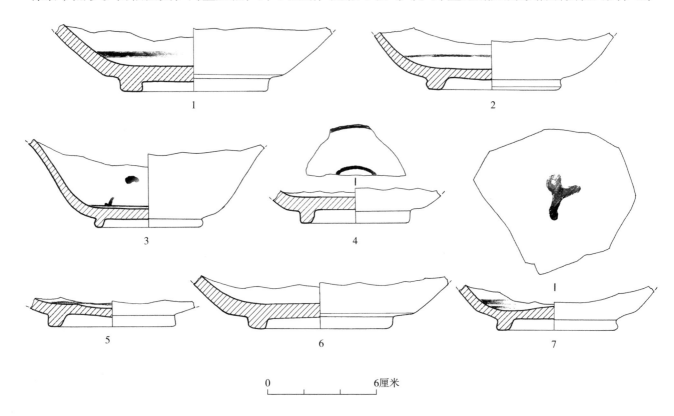

0　　　　　　　　6厘米

图四九二　第14～20窟前地层出土明清时期B型白釉褐彩碗

1～7.碗底 1992T109②A：2、1992T524②A：8、1992T104②A：8、1992T105②A：12、1992T110①：22、1992T107②A：19、1992T424②A：5

条较粗。壁厚 0.5 ～ 0.9 厘米。年代上限或至元代。

（7）茶叶末釉瓶

5 件。

口沿残片　1 件。

标本 1992T511 ② A：16，敞口，卷沿，圆唇，直颈。灰胎夹细黑砂，口沿部内外施釉。口径14、残高 3.1 厘米。

底足残片　4 件。

标本 1992T301 ② A：7，深腹，至底内收，隐圈足，内墙斜切，足心有小乳突。胎色较白，胎质略粗，夹白砂。内外施釉，外不及底，呈色深绿，内底有积釉。足径 5.2、残高 8.1 厘米（图四九三，1）。

标本 1992T110 ①：41，深腹，平底。土黄胎，胎体较厚。外壁施釉，釉不及底。底径 9、残高 8.1厘米（图四九三，2）。

（8）茶叶末釉罐

4 件。均为底足残片。

标本 1992T110 ② A：3，口部缺失。折肩，弧腹，圈足，足墙外高内低，足心有乳突。灰白胎，胎体稍坚。内外施釉，内壁施釉不均匀，近口沿处无釉，外壁釉不及底，发色较深。底径 4.6、残高4 厘米（图四九三，3）。

标本 1992T408 ①：1，残存腹、足。深弧腹，圈足，足墙外撇，外高内低，外墙二次切削，足沿平切，足心有乳突。内壁有旋坯痕。白胎泛黄，胎质粗疏，夹白砂、褐砂，有气孔。内施满釉，釉呈茶叶末色，外施黑釉，釉不及底。足径 9、残高 6.1 厘米（图四九三，4）。

（9）复色釉碗

9 件。器物均为底足残片，胎质较坚。胎色灰白，内壁和外壁上部施透明釉，釉色灰白，下部施酱釉不及足墙，釉面较光洁。足沿和内底各残留垫砂痕。

标本 1992T501 ①：3，敞口，尖圆唇，弧腹，圈足，足墙外高内低。口径 17、底径 6.6、高 5.6、

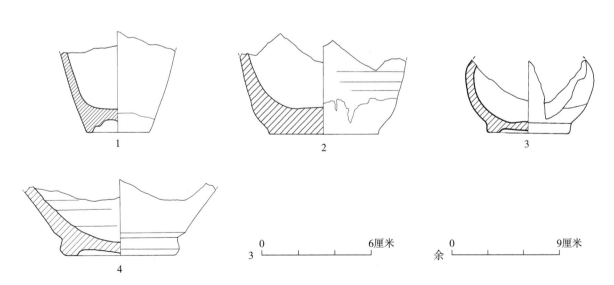

图四九三　第 14 ～ 20 窟前地层出土明清时期茶叶末釉瓷

1 ～、2. 茶叶末釉瓶底 1992T301 ② A：7、1992T110 ①：41　3、4. 茶叶末釉罐底 1992T110 ② A：3、1992T408 ①：1

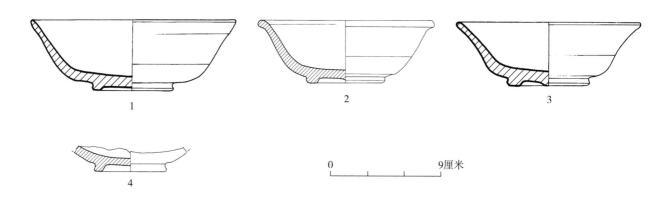

图四九四　第 14～20 窟前地层出土明清时期复色釉碗
1～4.1992T501 ① : 3、1992T108 ② A : 13、1992T111 ② A : 13、1992T105 ② A : 13

残高 6.7 厘米（图四九四，1；彩版五九一，5）。

标本 1992T108 ② A : 13，撇口，方圆唇，弧腹，外腹近底削切，圈足，足墙内外齐平，外墙二次切削，足心处有乳状突起。口径 14.4、底径 6.4、高 5 厘米（图四九四，2）。

标本 1992T111 ② A : 13，撇口，尖圆唇，弧腹，圈足，足墙内外齐平，足心有乳状突起。灰胎。口径 15、底径 6.2、高 5.2 厘米（图四九四，3）。

标本 1992T105 ② A : 13，残存底足。弧腹，圈足，足心有乳突。土黄胎，外部除足沿外，皆施黑釉。内底有凹弦纹一周。足径 6、残高 2.1 厘米（图四九四，4）。

（10）酱釉瓶

1 件。

标本 1992T303 ① : 16，斜弧腹，内底圜，圈足，外腹与足相间处有一周凹槽。圈足外高内低，外沿二次切削。胎色灰黄，胎体较坚且细密。内外施釉，外不及底，釉色酱。足径 6、残高 3.6 厘米（图四九五，1）。

（11）酱釉罐

1 件。

标本 1992T107 ① : 6，残存口部，平沿内斜，尖唇外凸。黄褐色胎，胎质粗疏，夹黑白砂。内外施釉，呈酱紫色，局部发黑，釉色光亮。口径 36.8、壁厚 1.2、残高 3.6 厘米（图四九五，2）。

（12）黑釉碗

8 件。

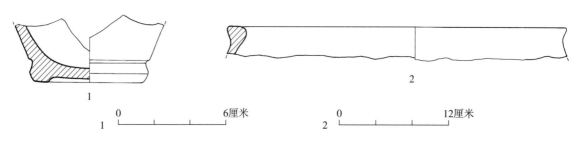

图四九五　第 14～20 窟前地层出土明清时期瓷器
1. 酱釉瓶底 1992T303 ① : 16　2. 酱釉罐 1992T107 ① : 6

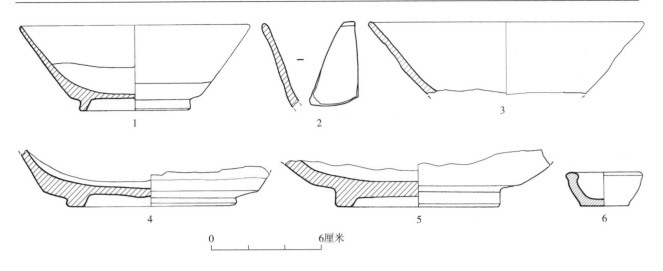

图四九六　第 14～20 窟前地层出土明清时期黑釉瓷

1～3. 黑釉碗 1992T107 ② A：8、1992T108 ② A：10、1992T407 ①：1　4、5. 黑釉碗底足 1992T107 ② A：11、1992T110 ①：14
6. 黑釉盏 1992T104 ② A：5

标本 1992T107 ② A：8，敞口，尖圆唇。弧腹，圈足，足墙外低内高，外墙二次切削。胎色灰黄，胎质较坚，有黑砂。内外施釉，均不及底，釉色亮黑。口径 12.6、底径 6、高 4 厘米（图四九六，1；彩版五九一，6）。

口沿残片　3 件。

标本 1992T108 ② A：10，撇口。方圆唇，直壁微弧。胎色灰白，胎质较坚，夹黑砂。内施满釉，外不及底，釉色酱黑。残高 4.5 厘米（图四九六，2）。

标本 1992T407 ①：1，敞口，方圆唇，斜弧腹。灰胎，胎质略疏。内外施黑釉，内底刮釉，釉色黑亮，局部呈酱紫，有釉泡。口径 15、壁厚 0.2～0.3、残高 3.9 厘米（图四九六，3）。

底足残片　4 件。器形均弧腹，外腹壁近底处切削。圈足，足墙内墙外撇，外墙竖直，边缘斜切。胎体坚致。

标本 1992T107 ② A：11，足墙内高外低。胎色土黄，内外施釉，釉面均不及底。足径 9、残高 3 厘米（图四九六，4）。

标本 1992T110 ①：14，胎色浅灰，外壁施釉。足径 9、残高 3.1 厘米（图四九六，5）。

（13）黑釉盏

2 件。

标本 1992T104 ② A：5，圆唇内敛，弧腹，平底。灰胎，胎体较坚。内壁满釉，口沿及外壁无釉，釉色棕黑，釉面平滑。口径 4.2、底径 2.7、高 1.8 厘米（图四九六，6）。

（14）黑釉瓶

10 件。

口部残片　1 件。

标本 1992T102 ③ B：1，卷沿，敞口，尖圆唇，束颈。胎色灰白，胎体较坚。内外施釉，釉面亮黑。口径 15、壁厚 0.7、残高 3.2 厘米（图四九七，4）。

腹部残片　5 件。

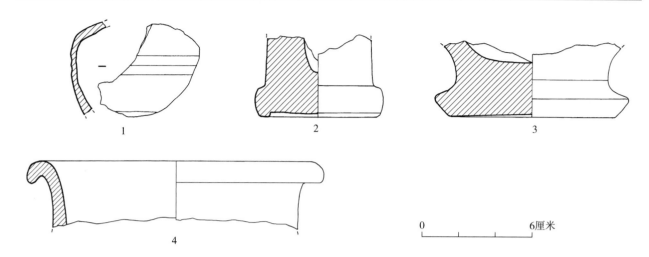

图四九七　第 14～20 窟前地层出土明清时期黑釉瓷
1. 黑釉瓶腹片 1992T501 ①：2　2、3. 黑釉瓶底 1992T411 ② A：10、1992T105 ② A：21　4. 黑釉瓶口沿 1992T102 ③ B：1

标本 1992T501 ①：2，折肩，弧腹内收。白胎微灰，胎体坚致，有极细小气孔。内外施釉，外壁釉色酱黑，局部窑变呈酱紫色，内壁色浅。外壁有旋坯痕。壁厚 0.4～1、残高 4.9 厘米（图四九七，1）。

底部残片　4 件。

标本 1992T411 ② A：10，深长腹，饼足，足心浅挖，足底较瓶身大。灰胎，胎体致密，厚重。内外施釉，外不及底，釉色黑亮。底径 6.4、残高 4.5 厘米（图四九七，2）。

标本 1992T105 ② A：21，束胫，实足底，足沿斜切，底部略内凹。灰胎，胎质稍坚，胎体较厚，夹细小黑砂。内壁无釉，外釉不及底，釉色黑亮。底径 9、残高 4.1 厘米（图四九七，3）。

（15）黑釉罐

63 件。其中腹部残片 47 件。

口沿残片　7 件。内外施釉。

标本 1992T110 ①：2，敛口，圆唇外凸，束颈，带系，溜肩。灰白色胎，胎体较坚。芒口，釉色黑亮，内部釉层较薄。口径 19、残高 7.9 厘米（图四九八，1）。

标本 1992T519 ①：6，敞口，方圆唇，弧腹。灰白胎，胎质稍坚，胎体较薄，夹细小黑砂。芒口，内外施釉。口径 15、残高 3.5 厘米（图四九八，2）。

标本 1992T110 ①：1，圆唇外凸，略微敛口。胎质灰白，胎体较坚。芒口，内外施釉，釉色酱黑。口径 17、残高 4.8 厘米（图四九八，3）。

标本 1992T108 ② A：9，尖圆唇，直口，短颈，丰肩。胎色土黄，胎质较坚，夹黑砂。内外施釉，釉色酱黑，略有窑变，呈点状酱斑。口径 15、残高 2.4 厘米（图四九八，4）。

标本 1992T105 ② A：3，口沿残片，口沿外部残损，口微敛，唇外凸，弧腹。内外施釉。口径 16、残高 3.9 厘米（图四九八，5）。

标本 1992T108 ①：6，残存口、腹。子口，方唇内凹，敛口，弧腹。胎色土黄，胎质较坚，夹黑砂。芒口，内施满釉，外施半截釉，釉色亮黑。口径 10、残高 4.3 厘米（图四九八，6）。

标本 1992T104 ② A：6，残存口、腹部。圆唇外凸，口微敛，弧腹。外壁及口部施黑釉，内壁无釉。

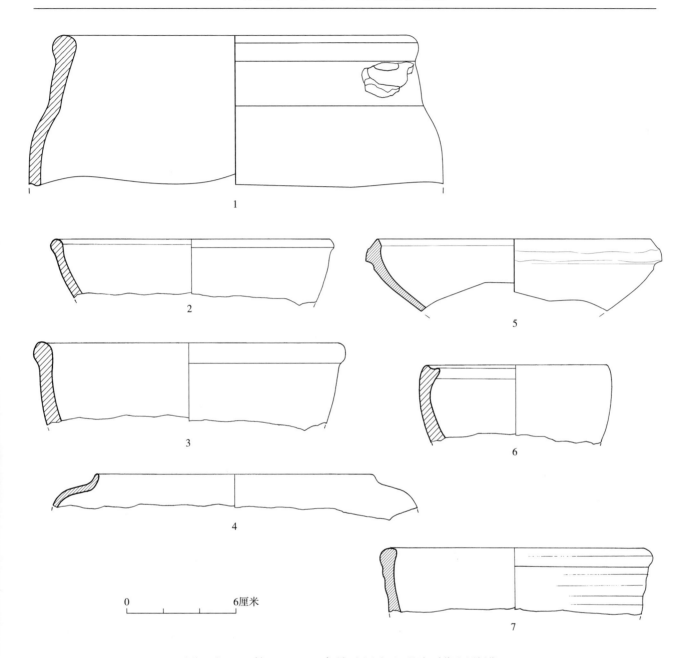

图四九八　第 14～20 窟前地层出土明清时期黑釉罐

1～7. 口沿 1992T110①：2、1992T519①：6、1992T110①：1、1992T108②A：9、1992T105②A：3、1992T108①：6、1992T104②A：6

灰白胎，胎体较坚。釉色酱黑。器表有修坯痕。口径 14、壁厚 0.6、残高 3.7 厘米（图四九八，7）。

底足残片　9 件。皆为圈足，足沿平切。

标本 1992T110①：6，弧腹，足墙外低内高，外墙二次切削。灰白胎，胎体较坚。内施满釉，外不及底，釉色酱黑，釉面平滑光亮。足径 10、残高 6.5 厘米（图四九九，1）。

标本 1992T524①：11，弧腹，圈足外高内低，外墙二次切削。内壁有弦纹。灰胎，胎体坚致，夹细小黑砂。内施满釉，釉薄而浅，外釉亮黑，近底处积釉。足径 8、残高 3.4 厘米（图四九九，2）。

标本 1992T521①：9，斜腹，矮圈足，外高内低。灰白砂胎，胎体较疏。内施满釉，外不及底，釉色酱黑。足径 9、残高 5.6 厘米（图四九九，3）。

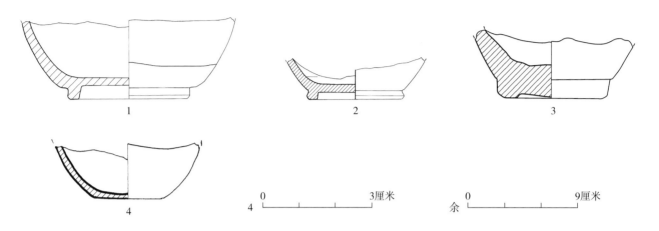

图四九九　第14～20窟前地层出土明清时期黑釉瓷

1～3.黑釉罐底足 1992T110①：6、1992T524①：11、1992T521①：9　4.黑釉烟锅底 1992T111②A：12

（16）黑釉烟锅

1件。

标本 1992T111②A：12，残存腹、底，弧腹，平底。胎色黄白，胎质坚薄，有细小气孔。内外施釉，釉层较薄，釉色酱紫，底心呈黑色。底径1.8、残高1.5厘米（图四九九，4）。

（17）青花碗

69件。其中完整器5件。粗胎瓷器，山西本地窑场烧造。弧腹，圈足，胎体较坚，上化妆土，内施满釉，外不及底。

标本 1992T106②A：2，圆唇，敞口，足墙外高内低，外墙二次切削，足心有乳状突起。灰黄胎，夹黑砂。釉色灰白。外腹青花单线绘两周短线纹；内壁近口沿处及内底描绘弦纹，发色灰暗。口径16、足径6.5、高5.5厘米（图五〇〇，1；彩版五九二，1）。

口部残片　23件。其中12件为细胎瓷器，景德镇窑。胎体较坚，有细小气孔。内外施釉。

标本 1992T411②A：11，明代晚期。尖圆唇，弧腹。胎色牙白。内壁口沿绘单周弦纹，外壁口沿绘双弦纹，腹部青花勾边填彩描绘香草龙纹，发色灰蓝。口径11、残高4.8厘米（图五〇〇，2；彩版五九二，2）。

标本 1992T411②A：12，明代晚期。圆唇，弧腹。胎色较白。内外壁近口沿处均有单周弦纹，发色灰蓝。口径9、残高2.3厘米（图五〇〇，3）。

标本 1992T412②A：3，明代晚期。圆唇，弧腹。胎色洁白。内外壁口沿均弦纹一周，发色浅淡。口径10、残高3.5厘米（图五〇〇，4）。

标本 1992T107①：3，明代晚期。尖唇，弧腹。胎色洁白，胎体坚致。内壁口沿弦纹两周，外壁口沿双弦纹，腹部勾边填彩描绘图案。口径13.4、残高2.9厘米（图五〇〇，5）。

标本 1992T303①：19，明中晚期。尖唇，弧腹。胎色洁白，胎体坚细。白釉泛青，内外壁口沿均绘弦纹两周，腹部青花勾边填彩描绘草叶图案，青花发色艳丽。口径10.4、残高2.9厘米（图五〇〇，6）。

标本 1992T524①：12，明中晚期。方圆唇，弧腹。胎色洁白，胎体坚致。釉色泛青，内外壁口沿处各绘弦纹两周，腹部勾边描绘夔龙纹，青花发色蓝灰，略有晕散。口径12、残高3.3厘米（图五〇〇，7；彩版五九二，3）。

标本 1992T519 ①：7，明中期。尖唇，折沿，弧腹。胎色洁白，胎体坚细。白釉泛青。内壁口沿弦纹两周，内绘交叉短线锦地纹，外壁口沿弦纹内绘三角短线锦地纹，腹部勾绘花叶图案，发色浅蓝。口径 13、残高 3.7 厘米（图五〇〇，8；彩版五九二，4）。

标本 1992T412 ② A：4，明中晚期。尖唇外撇，弧腹。胎色较白，内外壁口沿处各绘弦纹两周，腹底绘纹饰，外腹部勾边填彩描绘缠枝花卉纹饰，发色浓艳。残高 2.3 厘米（图五〇〇，9；彩版五九二，5）。

标本 1992T511 ①：9，明嘉靖。撇口。釉色洁白，釉面光滑。内壁口沿青花弦纹两周，外壁近口沿处双周弦纹，腹部绘花卉，发色蓝灰。残高 3.9 厘米（图五〇〇，10；彩版五九二，6）。

另外 11 件为粗胎瓷器，山西本地窑场烧造。均弧腹，胎体较坚，内外施釉，发色蓝灰。

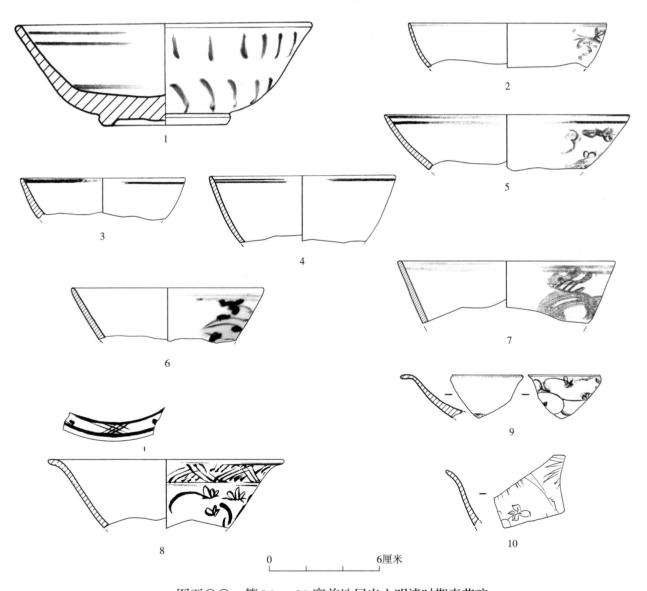

图五〇〇　第 14～20 窟前地层出土明清时期青花碗

1.1992T106 ② A：2　2～10. 口沿 1992T411 ② A：11、1992T411 ② A：12、1992T412 ② A：3、1992T107 ①：3、1992T303 ①：19、1992T524 ①：12、1992T519 ①：7、1992T412 ② A：4、1992T511 ①：9

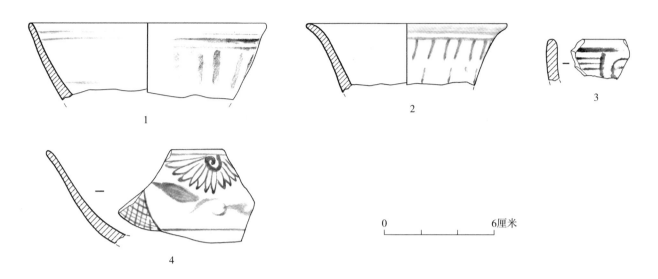

图五〇一 第14～20窟前地层出土明清时期青花碗

1～4. 口沿 1992T410 ①：7、1992T111 ② A：15、1992T110 ①：35、1992T410 ①：9

标本 1992T410 ①：7，圆唇，敞口。灰胎，夹黑砂。无化妆土，釉色灰白。内壁口沿弦纹两周，内腹近底弦纹一周，外壁口沿双弦纹，腹部青花单线涂绘短线纹。口径13、残高4.1厘米（图五〇一，1）。

标本 1992T111 ② A：15，方圆唇，撇口。胎色灰白。白釉泛青，釉面有杂质。外腹青花单线涂绘短线纹，近口沿处绘若干弦纹。口径11、残高3.8厘米（图五〇一，2）。

标本 1992T110 ①：35，方圆口微敛。胎质灰白。无化妆土，釉面有杂质。外腹绘几何图案。残高2.2厘米（图五〇一，3；彩版五九二，7）。

标本 1992T410 ①：9，敞口，弧腹。灰胎，胎体较坚，夹黑砂。内施满釉，外不及底，釉色灰白，釉面较平。内壁口沿及近底绘弦纹一周，外壁腹部开光装饰，青花描绘花草纹及斜方格纹，弦纹为边。残高5厘米（图五〇一，4）。

腹部残片 13件。其中8件为细胎瓷器，江西景德镇窑产品。均胎色洁白，胎体坚细，内外施釉。

标本 1992T101 ①：2，明代晚期。直壁微弧。白釉泛青，釉面光滑平整。外壁腹部用青花描绘草叶纹，近口沿处绘"龟背"锦地纹，间以双弦纹，青花发色灰蓝。壁厚0.3～0.4、残高2.7厘米（图五〇二，1）。

标本 1992T421 ② A：4，明代晚期。底部较平，足沿缺失。胎体坚薄，细腻。白釉泛青，釉面较平，有爆釉点。内底青花勾边描绘狮子绣球纹，外底弦纹两周，底心双方框内有一"卍"字形画押款，青花发色灰蓝。壁厚0.5～0.6、残高2.7厘米（图五〇二，2）。

标本 1992T107 ①：4，明嘉靖。底部较平。釉色灰白，釉面平整。内底勾边填彩描绘螭龙纹，青花发色艳丽。足心青花书写双行六字楷书款"大明嘉靖年制"，"大"和"靖"字缺失。壁厚0.3、残高3.2厘米（图五〇二，3；彩版五九三，1）。

另外5件为粗胎瓷器，山西窑场产品。

标本 1992T107 ② A：13，腹底残片，灰胎，胎体较坚，内外存满釉，内壁有蓝圈一周，外壁用双蓝线画菱格纹。壁厚0.3～0.8、残高4.9厘米（图五〇二，4）。

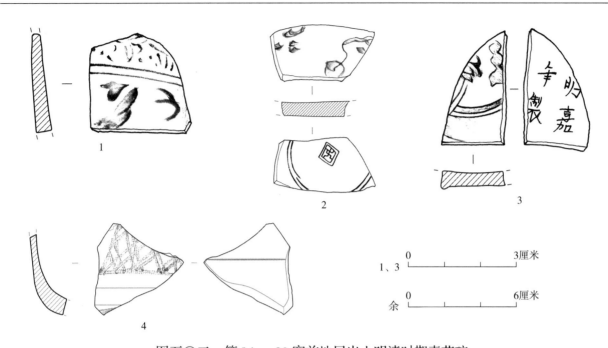

图五〇二　第 14 ～ 20 窟前地层出土明清时期青花碗

1、2、4. 腹部 1992T101 ①: 2、1992T421 ② A: 4、1992T107 ② A: 13　3. 碗底 1992T107 ①: 4

底部残片　28 件。其中 25 件为细胎瓷器，景德镇窑。内底较平，圈足。胎色洁白，胎体坚质，白釉泛青，内外施釉，釉面光滑平整。

标本 1992T111 ② A: 19，足墙内高外低，足沿尖状。内底用青花勾边填彩描绘菊纹，青花发色艳丽。足心有双蓝圆圈。足径 7、残高 1.7 厘米（图五〇三，1）。

标本 1992T111 ② A: 16，明代晚期。足墙内高外低。内底双蓝圈内用青花勾边填彩描绘菊纹，青花发色浓艳，蓝中泛紫。外足有旋纹数周。足径 6、残高 3 厘米（图五〇三，2；彩版五九三，2）。

标本 1992T111 ② A: 17，明代晚期。足墙内高外低，内底用青花勾边填彩草叶纹，青花发色浓艳，蓝中泛紫。外底画二周弦纹。残高 3.9 厘米（图五〇三，3）。

标本 1992T111 ② A: 18，明代晚期。足墙内高外低，内底圆圈内勾边填彩描绘花草，青花发色艳丽。外壁近底有勾勒纹饰，外足墙有双蓝圆圈。残高 3.7 厘米（图五〇三，4）。

标本 1992T411 ② A: 13，明中晚期。弧腹，足墙内高外略齐平。内底青花描绘图案，外腹近底处弦纹两周。足径 6、残高 2.4 厘米（图五〇三，5）。

标本 1992T110 ①: 44，明末清初。足墙内外齐平，内底用青花描绘叶纹，青花发色浓艳。足径 6、残高 1.9 厘米（图五〇四，1）。

标本 1992T519 ①: 8，明末清初。足沿内外齐平，内底青花描绘图案，发色蓝灰。足径 5、残高 2.2 厘米（图五〇四，2）。

标本 1992T110 ①: 45，明代晚期。足墙内外齐平，内底用青花单线涂绘草叶纹，青色发色较黑。足径 7、残高 2.4 厘米（图五〇四，3）。

标本 1992T410 ①: 10，明代中期。足墙内外齐平，内底青花描绘图案，外底近足墙处弦纹一周。足径 6、残高 2.5 厘米（图五〇四，4）。

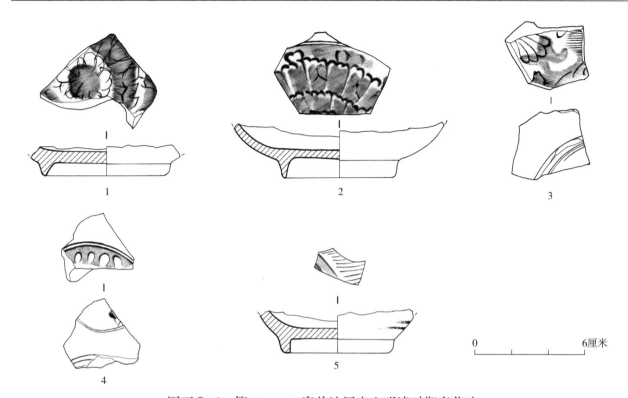

图五〇三　第14～20窟前地层出土明清时期青花碗

1～5.碗底 1992T111 ② A：19、1992T111 ② A：16、1992T111 ② A：17、1992T111 ② A：18、1992T411 ② A：13

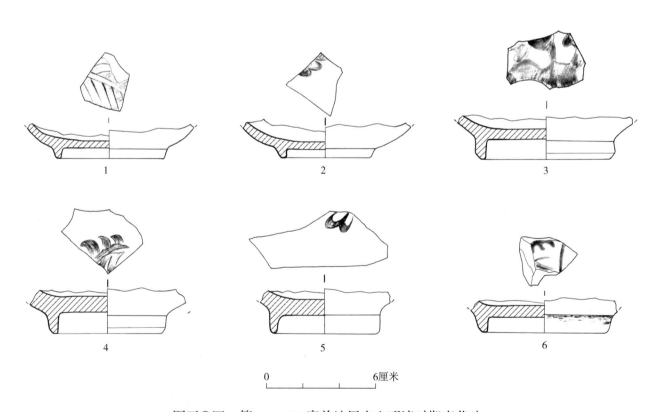

图五〇四　第14～20窟前地层出土明清时期青花碗

1～6.碗底 1992T110 ① ：44、1992T519 ① ：8、1992T110 ① ：45、1992T410 ① ：10、1992T409 ① ：1、1992T105 ② A：15

标本1992T409①：1，清早期。弧腹，足墙外高内低，内底青花勾边填彩描绘图案，足心绘弦纹两周。足径6、残高2.4厘米（图五〇四，5）。

标本1992T105②A：15，明代晚期。足墙外高内低，内底青花描绘纹饰，纹饰写意，近足墙处有弦纹一周，呈色发灰。口径6.8、足径4.3、残高1.9厘米（图五〇四，6）。

另有3件为粗胎瓷器，山西窑场产品。

（18）青花杯

3件。均为底足残片，细胎瓷器，景德镇窑。圈足，胎色洁白，胎体坚薄，胎质细腻，内外施釉。

标本1992T110①：43，明嘉靖。足墙内高外低，尖足沿，有粘砂。白釉泛青，釉面光润。内底双蓝圈内用青花白描草叶纹，青花发色青翠。足径3、残高1.7厘米（图五〇五，1）。

标本1992T412②A：5，明嘉靖。弧腹，足墙内外齐平。釉色洁白，足沿刮釉一圈，釉面较平。内壁青花"铁线描"绘花草图案，内底弦纹两周，底心有纹饰，外腹近底处弦纹一周。足径3、残高2.2厘米（图五〇五，2）。

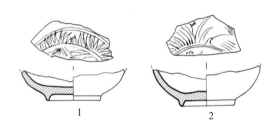

图五〇五 第14～20窟前地层出土明清时期青花杯

1、2.青花杯底足 1992T110①：43、1992T412②A：5

（19）青花盘

12件。均为细胎瓷器，景德镇窑。其中完整器3件。均为圈足，多尖足沿，足墙外高内低。胎色洁白，胎体坚薄，胎质细腻，内外施釉。

标本1992T424②A：7，明早中期。器形较大。花口，平折沿，浅腹，圈足，内底下凹。胎色灰白，白釉泛青，釉面光洁，满布开片。口沿二周蓝圈内描绘几何纹边饰，底部双圈内绘莲瓣纹，外壁腹部绘以草叶纹。口径9.6、足径4.2、高1.6厘米（图五〇六，1；彩版五九三，3）。

标本1992T520①：3，清早中期。器形较小。尖圆唇，敞口，浅弧腹。白釉泛青，青花发色青翠。内壁腹部画两层变体梵文"寿"字，底心二周蓝圈内写一梵文"寿"字，外腹简绘草叶，底部有双蓝圈。口径11、足径5.2、高3厘米（图五〇六，2；彩版五九三，4）。

口部残片 3件。

标本1992T524①：16，明代晚期。尖唇，弧腹。白釉泛青，内壁口沿描绘锦地纹，外壁口沿单周弦纹，腹部有图案，发色灰蓝。口径5、残高2厘米（图五〇六，3）。

底足残片 6件。

标本1992T110①：42，明代中期。弧腹，足墙缺失。釉色洁白。内外壁及内底用青花勾边填彩描绘花卉纹，双周弦纹作边，青花发色淡雅。残高5.6厘米（图五〇六，4；彩版五九三，5）。

标本1992T107②A：12，明代中期。弧腹，挖足短浅，足墙外高内低。釉色洁白，足沿底心无釉，有爆釉点。内底双蓝圈内用青花涂绘草叶纹，青花发色灰蓝。足径6、残高1.7厘米（图五〇六，5）。

（20）素烧盆

5件。均胎体坚致，外壁可见"火刺"现象，有旋坯痕。

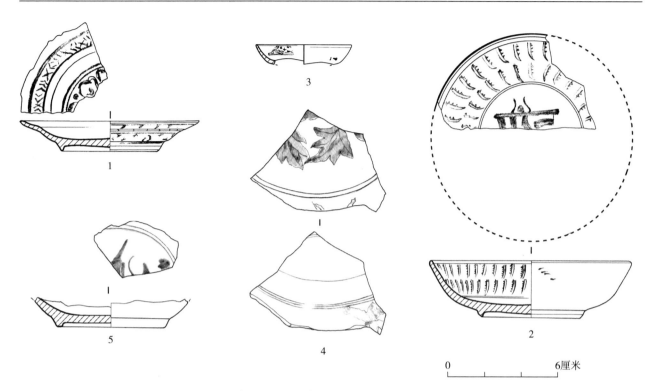

图五〇六　第 14～20 窟前地层出土明清时期青花盘

1、2.1992T424 ② A：7、1992T520 ①：3　3. 口沿 1992T524 ①：16　4、5. 盘底 1992T110 ①：42、1992T107 ② A：12

口沿残片　2 件。

标本 1992T110 ①：4，圆唇外凸，斜直腹。胎色白灰。口径 21、残高 5.3 厘米（图五〇七，1）。

标本 1992T110 ①：5，圆唇外凸，斜直腹。胎色浅灰。口径 34、残高 6.6 厘米（图五〇七，2）。

底部残片　3 件。

标本 1992T421 ①：41，残存底部。斜腹，平底，外底"窑裂"。浅灰胎，胎体较厚。底径 20、残高 5.8 厘米（图五〇七，3）。

标本 1992T109 ② A：3，弧腹，平底。灰胎夹黑砂。底径 16、残高 6.3 厘米（图五〇七，4）。

4. 铜钱

顺治通宝　1 枚。

标本 1992T424 ② A：1，正面铸"顺治通宝"四字，楷书，对读。背面穿左右铸满文"宝泉"两字。正面背面皆有红绿绣。直径 2.8、穿宽 0.6、外郭宽 0.35、内郭宽 0.1、肉厚 0.11 厘米，重 4.7 克（图五〇八，1）。

康熙通宝　1 枚。

标本 1992T201 ② A：4，正面铸"康熙通宝"四字，隶书，对读。背面锈蚀，文字已模糊。直径 2.15、穿宽 0.6、郭宽 0.2、肉厚 0.8 厘米，重 1.1 克（图五〇八，2）。

乾隆通宝　1 枚。

标本 1992T109 ①：1，正面铸"乾隆通宝"四字，楷书，对读。背面穿左右铸满文"宝泉"两字。正面背面皆有锈蚀痕迹。直径 2.5、穿宽 0.6、郭宽 0.35、肉厚 0.15 厘米，重 4.9 克（图五〇八，3）。

嘉庆通宝　3 枚。

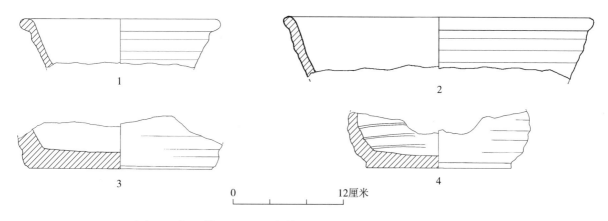

图五〇七　第 14～20 窟前地层出土明清时期素烧盆

1、2. 口沿 1992T110 ① : 4、1992T110 ① : 5　3、4. 盆底 1992T421 ① : 41、1992T109 ② A : 3

标本 1992T410 ② A : 21，正面铸"嘉庆通宝"四字，楷书，对读。背面穿左右铸满文"宝泉"两字。直径 2.55、穿宽 0.55、郭宽 0.3、肉厚 0.1 厘米，重 4.5 克（图五〇八，4）。

标本 1992T202 ② A : 1，圆形，方穿，正、背面有圆郭。正面铸"嘉庆通宝"四字，楷书，对读。背面穿左右铸满文"宝泉"两字。直径 2.3、穿宽 0.6、郭宽 0.29、肉厚 0.1 厘米，重 4.7 克（图五〇九，1）。

标本 1992T202 ② A : 2，同标本 1992T202 ② A : 1，背面文字锈蚀不辨。重 4.5 克（图五〇九，2）。

道光通宝　3 枚。

标本 1992T107 ① : 11，正面铸"道光通宝"四字，隶书，对读。字迹锈蚀难辨。直径 2.3、穿宽 0.5、郭宽 0.3、肉厚 0.2 厘米，重 3.9 克（图五〇九，3）。

标本 1992T508 ② A : 3，正面铸"道光通宝"四字，隶书，对读。背面穿左右铸满文"宝泉"两字。直径 2.2、穿宽 0.6、郭宽 0.25、肉厚 1.8 厘米，重 4.1 克（图五〇九，4）。

标本 1992T306 ① : 4，正面铸"道光通宝"四字，隶书，对读。背面穿左右铸满文。直径 2.2、穿宽 0.6、外郭宽 0.25、肉厚 1.8 厘米，重 4.1 克（图五〇九，5）。

图五〇八　第 14～20 窟前地层出土明清时期铜钱

1. 顺治通宝 1992T424 ② A : 1　2 康熙通宝 1992T201 ② A : 4　3. 乾隆通宝 1992T109 ① : 1　4. 嘉庆通宝 1992T410 ② A : 21

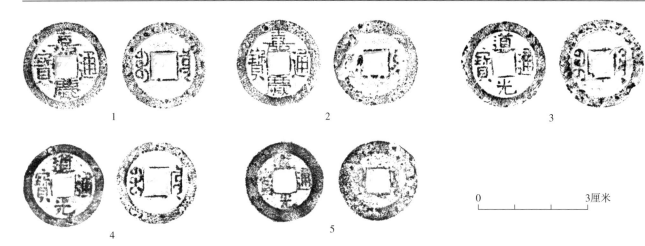

图五〇九　第14～20窟前地层出土明清时期铜钱

1、2. 嘉庆通宝 1992T202②A：1、1992T202②A：2　3～5. 道光通宝 1992T107①：11、1992T508②A：3、1992T306①：4

4. 铁器

有铁锅底残片、铁炉条、铁锁、铁锁芯、铁犁头、铁凿、铁条等，均锈蚀严重。

（1）铁锅

1件。

标本 1992T107①：7，残。圆弧壁。厚约 0.3 厘米。

（2）铁炉条

2件。

标本 1992T107①：8，残，断面呈四方形。残长 21、边长 1 厘米。

标本 1992T107①：9，残，断面呈三角形。残长 21、底边长 1.5、腰长 1 厘米。

（3）铁锁芯

1件。

标本 1992T107①：10，锈蚀严重。一端呈圆钩状，断面呈四方形，近钩尖处渐细。一端插杆分三部分在另一端头合成一体，中间为螺旋状扁铁条，两侧为散开的簧片。总长 11、钩径 3.3 厘米。

（4）铁锁

1件。

标本 1992T512①：3，锈蚀严重。横式锁，仅剩圆柱状锁体。呈"凵"字形，两侧面略呈三角形，一端下部有圆形钥匙孔，一端有锁芯，锁芯、锁梁均失。长 10.3、高 4.7 厘米（彩版五九三，6）。

（5）铁犁头

1件。

标本 1992T424②A：2，残，锈蚀严重。仅见头部，喇叭形銎孔。残长 11 厘米。

（6）铁凿

2件。

标本 1992T302②A：3，锈蚀严重。呈四棱锥体状，顶端有帽，一端尖头状。长 14.3、边长 1.2、帽径 2.2 厘米。

标本 1992T424②A：3，锈蚀严重。四棱体，一端凿成圆头扁状，一端弯折呈椭圆形帽。长 7.5、边长 0.8、帽径 2.3～1.8 厘米。

（7）铁条

1 件。

标本 1992T408 ①：4，两端锈剥严重，形状不清，呈四棱体。残长 10.4、边长 0.8 厘米。

6. 玉石器

（1）玛瑙环

1 件。

标本 1992T424 ①：1，黄白色。直径 2.5、孔径 0.6 厘米（彩版五九四，1）。

7. 石器

（1）石砚台

1 件。

标本 1992T110 ①：51，残。长条状，周边微起凸棱，呈褐色，砚面一端刻月牙形墨池。胎呈灰白色，表面呈灰黄色。残长 4.6、宽 3.7、厚 0.7 厘米（彩版五九四，2）。

（2）石球

1 件。

标本 1992T104 ② A：15，砂岩，磨光。直径 3 厘米（彩版五九四，3）。

（3）不明石器

1 件。

标本 1992T110 ② A：14，砂岩。残，半球状，底部中央有一圆孔。表面及底面磨光滑。功能不明。直径 7、孔径 2.3、孔高 2.2、高 4 厘米（彩版五九四，4）。

四　窟前采集遗物

（一）建筑材料

陶质建筑材料

（1）檐头板瓦

1 件。为琉璃质。

标本 1992 窟前采：1148，浅红胎，少量砂，绿釉剥落严重，端面呈花瓣形，纹样不辨。残长 9.2、宽 6.8、厚 1.5 厘米。

（2）筒瓦

2 件。均为琉璃质。

黄红胎筒瓦　1 件。

标本 1992 窟前采：1141，瓦舌缺，侧面半切，距瓦头 14.5 厘米的瓦身正中处有一方形瓦钉孔，且瓦钉孔内施釉。厚 2.3、肩高 2.4 厘米（彩版五九四，5）。

黄白胎筒瓦　1 件。

标本 1992 窟前采：1144，夹大量砂，釉色孔雀蓝。厚 2.3 厘米。

（3）檐头筒瓦

1件。为兽面纹瓦当，灰陶质。

标本1992窟前采：1138，灰陶夹砂，烧成紧致，正面磨损较严重。兽面眼睛突出，阔嘴露齿，獠牙相噔，胡须密布。外边轮围绕一周联珠。直径11、中央厚1.3、边轮宽1.2、高0.2、瓦厚1.5厘米（彩版五九四，6）。

（4）脊饰

12件。

1）灰陶脊饰

9件。

标本1992窟前采：1135，片状，底边磨光，正面雕一大一小两朵花，均残，近底边有一道凸棱。厚3.4厘米。

标本1992窟前采：1136，片状，残，正面雕一朵盛开的莲花。厚4.6厘米。

标本1992窟前采：1137，片状，底边磨光，残留1/5朵莲花。厚4.7厘米。

标本1992窟前采：1154，片状，底边磨平，正面雕有花纹，近底部凸起一道棱。残高14.5、长10.7、厚3.7厘米（彩版五九五，1）。

标本1992窟前采：1155，片状，上下两边磨光，中间雕一朵莲花，花蕊涂黄色。残长10.2、厚5.1、高14.4厘米（彩版五九五，2）。

标本1992窟前采：1156，片状，底边磨光，正面雕一树叶，侧边有四道凸棱。长13.2、厚4.8、残高15.3厘米（彩版五九五，3）。

标本1992窟前采：1151，片状，正面雕弧状花纹。长6.5、厚1.9、残高9.8厘米。

标本1992窟前采：1152，片状，侧面齐平，正面雕花瓣纹。长6.5、厚2.2、残高7.2厘米。

标本1992窟前采：1153，残呈L形。长16.8、厚2.1、残高8.3厘米。

2）琉璃脊饰

3件。均为绿釉。

标本1992窟前采：1149，土黄胎，夹砂，侧边与底边削平磨光，正面雕缠枝叶纹，叶纹上施黄色釉，底面施绿釉。长28.7、厚4.8、残高12厘米（彩版五九五，4）。

1992窟前采：1150，花纹同上，略小。长15.4、厚5.5、残高9.1厘米（彩版五九五，5）。

标本1992窟前采：1194，片状，残留绿釉。长8.3、厚2、残高17.7厘米（彩版五九五，6）。

（二）生活生产用具

1.陶器

（1）陶罐

2件。

标本1992窟前采：1157，红胎，子口，直壁。器外壁有横向暗弦纹。口径33、壁厚0.6、残高7.6厘米（图五一〇，1）。

标本1992窟前采：1166，灰陶夹砂。敛口，无沿，弧壁。器外壁有凹弦纹。壁厚0.9、残高5厘米（图五一〇，2）。

（2）陶香炉

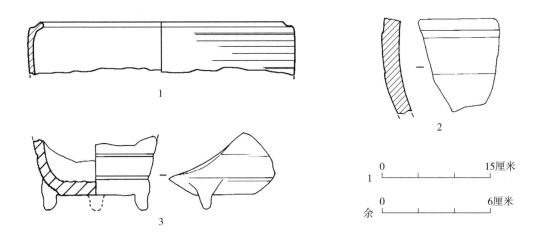

图五一〇　第 14～20 窟前采集明清时期陶器

1、2. 陶罐 1992 窟前采：1157、1166　3. 陶香炉底 1992 窟前采：1167

1 件。

标本 1992 窟前采：1167，泥质灰陶。仅存一底足，弧壁，平底。底足高 1.7、残高 4 厘米（图五一〇，3）。

（3）陶塑

1 件。为灰陶人。

标本 1991 窟前采：20，头失。双模合成，中空，底部呈圆形。盘腿坐，身着长袍，阔袖，腿部衣纹密集。双手抱一兔子于腹前。底部饰三角垂幛纹。底径 4.3～4.7、残高 7.9 厘米（彩版五九六，1）。

2. 瓷器

瓷器可分为白釉、白釉褐彩、黑釉、茶叶末釉、青花。

（1）白釉碗

口沿残片　2 件。根据口部变化分 A、B 两型，其中 A 型因唇部不同分两亚型，此处可见 Aa、B 型。

Aa 型　1 件。敞口，唇部不凸。

标本 1992 窟前采：1191（20 窟西阶），方圆唇，外腹近底内折，圈足，足墙外高内底，外墙二次切削。灰胎，内外施白釉，外釉不及底，口沿处剥釉，外壁有流釉现象。口径 13.2、足径 5.6、高 5.3 厘米（图五一一，1；彩版五九六，2）。

B 型　1 件。撇口。弧腹。胎体致密，有气孔。

标本 1992 窟前采：1187，尖圆唇，口微撇，圈足。灰胎，上化妆土，施透明釉，内施满釉，外不及足沿。足沿及内底残留 1 处垫砂痕。口径 10.5、足径 4.7、高 4.8 厘米（图五一一，2；彩版五九六，3）。

底足残片　1 件。根据足墙不同分三型。此区域采集品仅见 B 型。圈足，足墙内外齐平。

标本 1991 窟前采：3，弧腹，尖足沿。细白胎，内外施釉，釉色较白。足心双圈内书方形印章款。足径 5、残高 2.7 厘米（图五一一，3）。

（2）白釉盏

2 件。

标本 1992 窟前采：1179（19 窟门口），尖圆唇，弧腹，圈足，足墙外高内低，外墙二次切削。

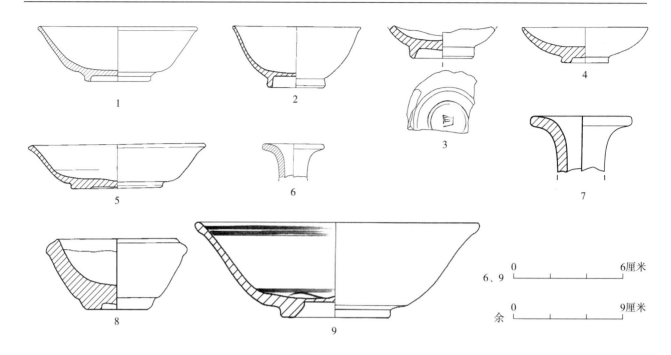

图五一一　第 14 ～ 20 窟前采集明清时期白釉瓷

1.Aa 型白釉碗 1992 窟前采: 1191（20 窟西阶）　2.B 型白釉碗 1992 窟前采: 1187　3. 白釉碗底足 1991 窟前采: 3　4. 白釉盏 1992 窟前采: 1179
（19 窟门口）、1991 窟前采: 02　6、7. 白釉瓶口 1992 窟前采: 1185、1186　8. 白釉盒 1992 窟前采: 1188　9. 白釉褐彩碗 1992 窟前采: 1180

胎色灰白，内外施白釉，有爆釉点，口沿有剥釉现象。口径 10.4、足径 3.6、高 2.6 厘米（图五一一，4；
彩版五九六，4）。

　　标本 1991 窟前采: 02，撇口，弧腹。外腹近底处切削，圈足，挖足短浅，足墙外高内低，足心
有乳状突起。上化妆土，施透明釉。内釉磨损，外釉至足沿，釉面较光洁。足沿及内底残留多处垫砂痕。
口径 14.3、足径 7、高 3.5 厘米（图五一一，5；彩版五九六，5）。

　　（3）白釉瓶

　　2 件。残存口部。皆小口，束颈。灰褐胎，胎体坚细。上化妆土，施透明釉。釉色泛黄，内壁
施釉至口下。

　　标本 1992 窟前采: 1185，方圆唇。口径 3.2、残高 1.9 厘米（图五一一，6）。

　　标本 1992 窟前采: 1186，尖圆唇，弧颈。口径 8.4、残高 7.1 厘米（图五一一，7）。

　　（4）白釉盒

　　1 件。

　　标本 1992 窟前采: 1188，子口，梯形唇，斜腹微弧，圈足，足墙外高内低，足心有乳突。灰白胎，
较坚致。芒口。上化妆土，内施满釉，外至足墙，釉色泛灰。足沿有粘砂。口径 10、足径 5.3、高 5.6
厘米（图五一一，8）。

　　（5）白釉褐彩碗

　　1 件。根据口部不同分两型。其中 A 型根据唇部变化分两亚型。此区域采集品仅见 Ab 型。
　　Ab 型　1 件。敞口，凸唇。

　　标本 1992 窟前采: 1180，尖圆唇，弧腹，外腹近底切削，圈足，内墙二次切削。胎质较坚，胎

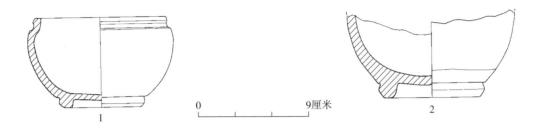

图五一二　第14～20窟前采集明清时期茶叶末釉罐
1. 茶叶末釉罐 1992 窟前采：1174　2. 茶叶末釉罐底 1992 窟前采：1176

色黄白。上化妆土，内施满釉，釉色泛黄，外不及底。内壁口沿处、近底处和内底心分别绘弦纹和纹饰。内底及足沿残留多处垫砂痕。口径15.5、足径6、高4.9厘米（图五一一，9；彩版五九六，6）。

（6）茶叶末釉罐

2件。其中完整器1件。

标本1992窟前采：1174，口微敛，方唇，唇部微凸，短束颈。折肩，下腹弧收，圈足，足墙外高内低，外墙二次切削。灰胎，胎质较细腻。芒口，内壁仅口沿施釉，外釉不及底。口径10.2、足径6.8、高7.3厘米（图五一二，1；彩版五九七，1）。

底部残片　1件。

标本1992窟前采：1176，深弧腹，圈足，足墙齐平，外墙二次切削，足心有乳突。内壁有旋坯痕。灰褐胎，胎质较细腻，夹细小黑砂。外壁施釉，釉不及底。足径7.3、残高7.1厘米（图五一二，2）。

（7）黑釉壶

1件。

标本1992窟前采：1177，小敞口，尖圆唇，短束颈，折肩，肩部一侧置圆流，流残，弧腹下收，隐圈足，足心有乳突。土黄胎，胎体稍粗疏，夹黑、白砂。内施满釉，外不及底，釉面有"火刺"现象。口径4、底径5.4、高7.5厘米（图五一三，1；彩版五九七，2）。

（8）黑釉瓶

1件。

标本1992窟前采：1178，小撇口，方唇，束颈，溜肩，卵腹，圈足，足墙内外齐平，外墙二次切削，足心有乳突。灰白胎，胎体夹细小黑砂。内施满釉，外不及底，釉色亮黑。器身可见明显旋坯痕。口径6.3、足径8.2、高20.5厘米（图五一三，2；彩版五九七，3）。

（9）黑釉罐

3件。其中完整器1件。

标本1992窟前采：1172，口微敛，斜直颈，溜肩，颈肩部对称置扁条形双系，上腹鼓，深腹内收至底，圈足，足墙外高内低。灰白胎，胎质较细腻。内壁近口沿处及外壁施釉，釉不及底，内壁有流釉现象。内外壁有旋坯痕。口径14.6、足径10.6、高20厘米（图五一三，3；彩版五九七，4）。

口腹部残片　1件。

标本1992窟前采：1171，口微敞，方圆唇，溜肩，斜直颈，颈肩处残存一系。土黄胎，胎体稍疏，夹细小黑、白砂。釉色酱黑，局部窑变呈兔毫，釉面光亮。口径13、残高8.7厘米（图五一三，4）。

底足残片　1件。

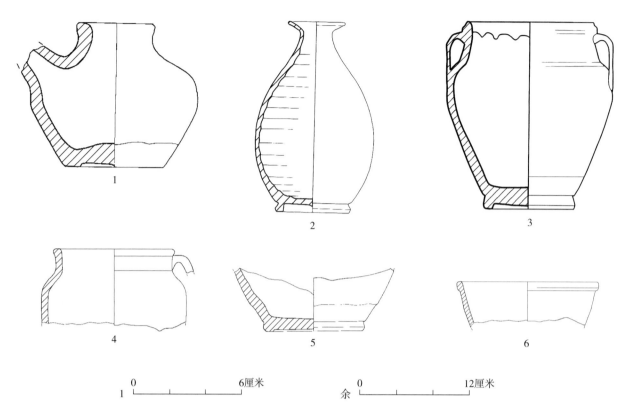

图五一三　第 14～20 窟前采集明清时期黑釉瓷

1. 黑釉壶 1992 窟前采：1177　2. 黑釉瓶 1992 窟前采：1178　3. 黑釉罐 1992 窟前采：1172　4. 黑釉罐腹片 1992 窟前采：1171　5. 黑釉罐底足 1992 窟前采：1175　6. 黑釉盆 1992 窟前采：1173

标本 1992 窟前采：1175，斜腹，近底处切削，足墙外高内低，外墙二次切削。灰白胎，胎质较细腻。内外施釉，内呈酱黑釉，外呈亮黑釉。足径 10.8、残高 6.8 厘米（图五一三，5）。

（10）黑釉盆

1 件。

标本 1992 窟前采：1173，残存口部，器形较小。方圆唇，外凸，口微敞，斜腹。土黄胎，胎体较薄。芒口，内外施釉，釉色酱黑，釉面光洁。口径 15、残高 4.8 厘米（图五一三，6）。

（11）青花碗

9 件。其中完整器 2 件，为粗胎瓷器，山西窑口。

标本 1992 窟前采：1183，尖唇，撇口，足墙内高外低，足心有乳突。灰黄胎，有细小气孔及黑砂。外釉不及底，釉色灰蓝。外壁口沿双弦纹，腹部以青花单线涂绘两层短线纹；内壁近口沿处及内底描绘弦纹，内底有纹饰，发色灰暗。口径 14.2、足径 5.8、高 6 厘米（图五一四，1）。

标本 1991 窟前采：11，器形较小。尖唇，敞口，足墙外高内低。灰白胎。外釉至足墙，釉色泛黄。内腹绘短线纹，内底有纹饰，发色灰暗。口径 10、足径 5、高 2.7 厘米（图五一四，2）。

口部残片　1 件，细胎瓷器，景德镇窑。

标本 1991 窟前采：4，明中晚期。尖圆唇，敞口，弧腹。胎色较白，釉色洁白。内外壁口沿处各绘弦纹两周，外腹勾边填彩描绘缠枝莲纹，发色浓艳。口径 11、残高 3.6 厘米（图五一四，3）。

底部残片　6 件。其中 5 件为细胎瓷器，景德镇窑。

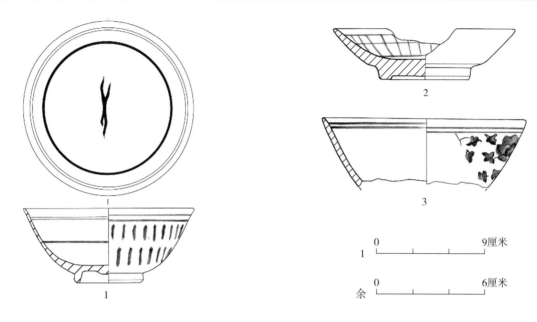

图五一四　第 14～20 窟前采集明清时期青花碗

1、2. 青花碗 1992 窟前采：1183、1991 窟前采：11　3. 青花碗口沿 1991 窟前采：4

标本 1991 窟前采：6，晚明。弧腹，足沿尖圆。足沿以内无釉。足心有旋坯痕。内底涂绘折枝梅纹，青花发色鲜艳，局部发黑。足心双蓝圈内有款。足径 4.6、残高 2.1 厘米（图五一五，1）。

标本 1991 窟前采：7，晚明。弧腹，足墙外低内高，足沿尖圆。内底描绘螭龙纹，外腹有纹饰，青花发色灰蓝。有惊釉现象和爆釉点。足心有"跳刀痕"。足径 5.6、残高 3.5 厘米（图五一五，2）。

标本 1991 窟前采：8，晚明。弧腹，足墙外低内高，足沿尖圆。内外勾边填彩描绘缠枝菊纹，青花呈色发灰。足心有双蓝圈。足径 6、残高 2.8 厘米（图五一五，3）。

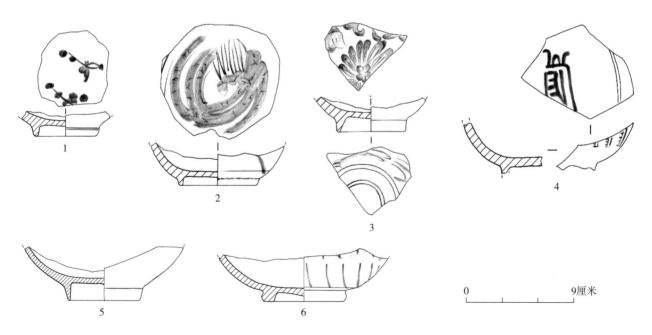

图五一五　第 14～20 窟前采集明清时期青花碗

1～6. 青花碗底 1991 窟前采：6～8、10、12、1992 窟前采：1184

标本 1991 窟前采：10，晚明。弧腹。内底及外腹书写梵文寿字，青花发色蓝黑。残高 7.5 厘米（图五一五，4；彩版五九七，5）。

标本 1991 窟前采：12，晚明。弧腹，足墙内斜，外低内高，尖足沿。外腹近底处有弦纹一周。足径 6、残高 4.4 厘米（图五一五，5）。

另外 1 件为粗胎瓷器，山西本地窑场。

标本 1992 窟前采：1184，弧腹，圈足，足墙外斜，外低内高，足心有乳突。深灰胎。内施满釉，外不及底，釉色灰蓝。外腹以青花涂绘上下两层短线纹，内底有纹饰。足沿及内底各残留 9 处垫砂痕。足径 7、残高 4.2 厘米（图五一五，6）。

（12）青花杯

1 件，为底足残片。细胎瓷器，景德镇窑。

标本 1992 窟前采：1189，圈足较小，足墙内外齐平，尖足沿。胎色洁白，胎体坚薄，胎质细腻，内外施釉，白釉泛青，釉面光洁。足心有矾红彩方框"如"字款。足径 3、残高 1.6 厘米（图五一六，1）。

（13）青花盘

3 件。均为细胎瓷器，景德镇窑。其中完整器 1 件。

标本 1992 窟前采：1182，明代晚期。尖唇，敞口，弧腹，圈足，足墙内外齐平，尖足沿。胎色洁白，胎体坚薄，细腻。除足沿外，内外施釉，釉色洁白，足心有爆釉点。内腹口沿处绘交叉短线与十字镂空相间的边饰，内底绘螭龙纹，青花发色翠蓝。口径 10.6、足径 6.7、高 2.2 厘米（图五一六，2；彩版五九七，6）。

口部残片　1 件。

标本 1992 窟前采：1181，明代早中期。器形较大。花口，平折沿，浅弧腹。胎色灰白，胎质较坚，白釉泛青。口沿一圈描绘边饰，底部绘一周简体水草，外壁腹部绘以缠枝莲纹，青花发色灰蓝。

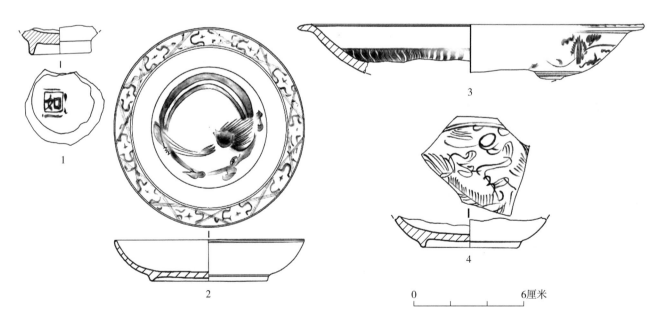

图五一六　第 14 ～ 20 窟前采集明清时期青花瓷

1. 青花杯底 1992 窟前采：1189　2、3. 青花盘 1992 窟前采：1182、1181　4. 青花盘底 1991 窟前采：9

口径 19、残高 2.7 厘米（图五一六，3）。

底部残片　1 件。

标本 1991 窟前采：9，明代晚期。圈足，尖足沿。胎色洁白，胎质细腻，内外施釉，釉色泛青。内底铁线描绘麒麟纹，青花发色较鲜艳。足径 5、残高 1.7 厘米（图五一六，4）。

第七节　小结

第 14 ～ 20 窟前地面的发掘与整理研究，使我们了解到北魏、辽金、明清民国时期人们在此活动的状况。北魏开凿石窟后曾砌包石台基、包石基岩墙、修筑河堤等，北魏、辽金时期都曾在窟前修建过大规模的建筑。通过对柱洞、柱穴、壁面梁孔分布的分析，对瓦类构件、铁器、陶器、瓷器等出土遗物的分类整理，使我们对每个时代的建筑形制结构、生活状况等有了初步认识。

一　遗址时代

在第 14 ～ 20 窟前出土包石台基、西侧台阶及其南部堆积的西立佛衣纹石雕、有规律的大柱穴及其四角的小圆柱洞、分布不规律的小柱洞，这些遗迹多出土于北魏时期红烧土层下，出土物有大量的北魏瓦片、忍冬兽面纹瓦当、莲花建筑饰件等，推定为北魏时期遗迹。另在第 20 窟南约 13.70 米处出土一条东西向包砌基岩石墙，在约 25.0 ～ 30.0 米处出土东西向河堤及转折向南的坡道遗迹，据其所在地层和文献资料记载，推测其应为北魏时期遗迹。

大量的千佛龛石雕出土于北魏红烧土层上的黑土层，同时出土有辽金时期建筑材料、陶器、瓷器等，所以推测第 19-2 窟、第 20 窟南壁坍塌于北魏建筑烧毁之后。

在第 19 窟门口发现东西向一字排列的铺砖地面，及东西向一排三个方形柱穴和柱础石，压在辽金时期黑土层之上，应属于辽金时期建筑遗迹。

二　遗址认识

（一）北魏时期的窟前活动

1. 第 20 窟窟前包石台基、中央台阶以及西侧台阶、包石基岩墙

日本学者在《云冈石窟》第十五卷所绘图 51 的第 20 窟发掘图中明显可以看出第 20 窟东西两侧均有南壁表现，南壁西侧在西南角有一个较为圆弧的转折后向东延伸，长约 8.5 米（见附录七）。从当时的照片来看，坐佛前的南壁西侧遗迹基本是与大佛膝下窟内地面齐平，壁面已不存，遗憾的是现在连地面遗迹也看不到了。1958 年的维修工程在坐佛前修了一条通往西部洞窟的上坡路，路南缘包砌石块。后来在第 20 窟主佛前平铺了石条，基本上破坏了原有的坐佛前南壁西侧的痕迹，仅保留了西南角的圆弧角及很短的一段南壁，应为未坍塌的原始壁面，所以第 20 窟开凿之初与其他昙曜四窟一样有南壁，外立壁雕刻着千佛龛。

从 1992 考古发掘情况推想，北魏斩山之后，暴露出第 20 窟下部软弱的岩层，为避开下部软弱的岩层，第 20 窟的洞窟开凿比第 19 窟的原始地面抬高。考古发现的包石台基可能是在开凿当初为

了加固第 20 窟的底部基础，在窟壁下部岩体外用石条包砌台基，并向东延伸至第 19 窟两侧外立壁至第 18 窟，这样进入第 20 窟必须有台阶或坡道。

第 20 窟前包石台基中先砌中央凸出部分，且前凸部分西侧墙体较东侧墙体长，此部分墙体总长度大约与第 20 窟大佛膝部长度相等。后凸部分的西侧南北向包石台基墙比东侧的窄，即石窟南壁的东侧墙体可能较西侧墙体薄。中央台阶与距石窟南约 25 ～ 30 米的南北坡道相对应。

1940 年日本学者的考古发掘就认识到第 20 窟外壁东端底部用石墙进行了加固，而在西侧也发现了与千佛龛相延续至石窟前的石砌台基[1]，推测当初就遇到风化很严重的地面岩层，所以用长方形石块嵌入风化岩层作基础。而"现在门口间的砌石，看起来像供献台"[2]。

第 20 窟西台阶与西侧的包石台基相距 0.24 米。且包石台基在西侧台阶以北的狭小空间内仍向西延伸，所以西侧台阶应晚于包石台基。西侧台阶位于第 20 窟西南角外立壁之南，所以此处台阶是不可能登临到第 20 窟。西部诸窟的开凿因要避开第 20 窟底部软弱的岩层，抬高了地面，即昙曜五窟前的地面要低于西部诸窟，这样在第 20 窟西设置台阶以便登上第 21 窟以西台地，而且之后包含在北魏窟前建筑内。

第 20 窟坐佛膝前下的中央台阶和西侧台阶在发掘时地层虽已遭到破坏，但其下部有部分阶体还压在北魏红烧土下，确定为北魏时期遗迹。

第 20 窟南约 13.7 米，有一条东西向包石基岩墙，由大小不等的石片干砌而成。墙体向北略有收分，有的石块带有凿痕。此墙体以北约 1 ～ 1.4 米为基岩地面的南缘，墙体以北用碎石填充。发掘长度 19 米，最高 1.8 米（1992T305）。一般高度 1.25 ～ 1.3 米（1992T303），最宽处约 1、窄处 0.6 米，"最初的崖体表面就是从这里向上与崖壁的顶部边缘相连。当然这部分早已被崭切，形成了各窟的正面。"[3]

1940 年考古在第 19 窟南约 17 米远的地方开挖一条宽约 4 米的东西向探沟，就是为了探测窟前基岩地面南缘的情况，但当时未发现包石基岩墙。此石墙可能是为了扩展基岩地面包砌的墙体，在窟前地面上发现多处石花凿痕以及用褐色岩渣铺垫夯实取平地面，使窟前地面成为一个广场。

2. 第 20 窟西立佛

据 1940 年的考古，第 20 窟前地层堆积类型与第 19 窟基本相同，只是不同地点薄厚不同，高差有别。铺垫辽砖的褐色黏土层下，是含碎石的黑褐色土层（1992 年考古称之为黑土层），小碎石丰富，东薄西厚，有的厚达 1 米。碎石中有石雕块，瓦片稀少，几乎没有其他遗物。之下是薄薄的黑紫色小碎石，较纯，没有土，可能是第 20 窟主尊胸部那层软弱的紫色岩层大崩坏时堆积的，范围达窟前 4、5 米之远。之下是含北魏瓦和木炭屑的黑褐色土层（1992 年考古称之为红烧土层），显然是当时建筑烧毁的堆积。出土莲瓣瓦当、又大又重的北魏时期指压波状状板瓦。此层堆积物比较单一，说明这个建筑物塌陷的时期很早。之后这里的前壁也崩塌了。在这些残石之间，没有其他时代建筑物

[1] 京都大学人文科学研究所，中国社会科学院考古研究所编著：《云冈石窟》第二十卷文本，科学出版社，2018年，第138页。

[2] 〔日〕水野清一、長廣敏雄：《雲岡石窟:西暦五世紀における中國北部佛教窟院の考古學的調查報告》第十五卷《云冈发掘记2》，京都大學人文科學研究所雲岡刊行會，1952年，第95页。

[3] 〔日〕水野清一、長廣敏雄：《雲岡石窟：西暦五世紀における中國北部佛教窟院の考古學的調查報告》第十五卷英文版，京都大學人文科學研究所雲岡刊行會，1954年，第186頁。

的遗物[1]。

1992 年考古的地层与 1940 年考古地层划分基本一样，但我们的发掘更充分些。在含有北魏瓦片的黑褐色烧土层之下还有一层碎石块夯实层，是为了平整基岩面而铺垫的。而且，在第 20 窟西侧的红烧土层中，除了出土北魏瓦片外，红烧土下面还有大量有意摆放的西立佛衣纹石雕块。即第 21 窟前（1992T501、T502）集中出土了大量的西立佛石雕残件。

石雕共 152 块，其中雕刻衣纹的有 115 块（含手部），每块石雕均是前面雕刻衣纹，顶面凿有 1 ～ 3 个卯口。还有 37 块石雕块仅于顶面或底面凿有卯口，无衣纹雕刻。其中 3 块来自第 12 窟前日本学者发掘的第 5 号探沟内。整理拼接为一立佛像，立佛着通肩衣，存颈部以下至腹部以上区域，高宽各约 5 米。衣纹石块排列略有规律，上下约有十七层连续或断续石块层叠，每层高度不等，基本在 0.25 ～ 0.35 米，但同一层石块高度几乎一致，显然是人工有意为之。纵向有六～八列石块排列，宽窄不一，上下交错，对接处的缝隙多在衣纹沟槽或不太影响形象的地方。一是便于垒砌牢固，二是最小程度干预衣纹纹路。立佛左手手印上举于胸，手背朝外扣胸，掌心握衣角，拇指、食指和小指伸直，中指、无名指微曲。有别于东立佛的无畏印，与第 18 窟主佛左手印相类似。

从 20 世纪 30 年代的老照片中可见，西立佛身躯所在岩层是紫泥岩层，与出土的这些石雕衣纹岩性不同。可见这些石雕衣纹是原立佛相应部位的替代物，石雕块凿有卯口，互相卯接取代泥岩重塑西立佛，最终替补的石块拼装也塌毁了。从窟内转移至窟外西侧基岩之上，准备再次进行拼装，只是未有完工，便遗落于此，被历史的尘土淹没了。

榫卯的设计则直接关系到拼接的稳固。粗略统计，立佛石块上的梯形卯口（即 1/2 银锭形榫卯口）多达 238 个，如果合二为一的话，也至少有 119 个全形银锭榫，它们被用作固定上下衣纹石块以及通过过渡石块与山体之间的拼接。卯口的分布情况、开口大小、深浅程度视石块大小、牵拉方向、受力程度而定。从东立佛来看，立佛身体约向前 15°，且立佛身体为圆弧状，单纯凿有卯口的石块，就是用来连接衣纹石块和后壁山体的。有衣纹的石块大部分在顶面开有梯形卯口。在发掘过程中没有发现银锭榫卯部件，无法判定当初采用何种卯接材质。我们从第 19 窟主像头部和第 18 窟明窗等处曾经采用木质榫件情况推测，西立佛可能也可能会采用木质银锭榫，金属或石材榫会增加重量。

3. 柱洞遗迹和窟前建筑

第 14 ～ 20 窟前共有大小柱洞（穴）及灰坑 257 个。时代上有北魏、辽金时期的、明清民国时期的。明清民国时期的灰坑面积较大，形状不一，没有任何规律，坑内填充物多为晚期的遗物。其他柱洞可分二部分，一部分是有规律的 25 个大柱穴及外围四角的小柱洞，另一部分规律性差些，每个洞窟前均有分布，有的柱洞可能当年为了开凿石窟的起架洞，有的是后期雕刻千佛或建造窟前建筑时搭脚手架所凿的小柱洞等等。有些柱洞发掘时的填土为夯实坚硬的黄砂土、碎石块，如 D10、D13、D30、D77、D81 等柱洞，与 25 个大柱穴四角小柱洞填土一样，有可能是同一计划下开凿且功能各不相同的柱洞，拆落脚手架后为取平地面进行了处理。

第 14 ～ 20 窟前出土东西向一列大柱穴 23 个，因第 19 窟向北内凹，所以，第 19 窟前有东西向二排大柱穴，共 25 个柱穴。柱穴的开口多遭破坏，有的开口于基岩面上，有的开口于碎石夯实层，

[1]　〔日〕水野清一、長廣敏雄：《雲岡石窟:西暦五世紀における中國北部佛教窟院の考古學的調査報告》第十三卷、第十四卷，京都大學人文科學研究所雲岡刊行會，1954年，第31頁。

如 X1、X17、X18 开口于碎石夯实层下，X16、X16A、X19、X20、X21、X22、X23 开口于第④ A 层红烧土层下。再次说明石窟开凿完成后窟前地面以碎石夯实凹凸不平的基岩地面整体取平，窟前地面在修造建筑之前曾可能是一个大广场。

大柱穴北距石窟立壁约 8 米左右，呈东西向一字排列，柱穴为圆角长方形，宽 0.8 ～ 1.20、长 1.1 ～ 1.50、深 0.4 ～ 0.6 米。且这些柱穴的中心间距相当，约 5.3 米。其中有 16 个柱穴内发现烧毁的圆形木炭柱痕，直径 0.6 ～ 0.7 米，柱痕周围是夯实的碎石渣。柱子的底部用一道铁箍加固，箍上有钉眼。每个柱穴内的东北角或西北角有一个较浅的小圆柱洞，多数柱穴外四角各配一个小圆柱洞。四个小圆柱洞内填土除被破坏的，其余填土均为夯实坚硬的碎石块、黄土。它们可能用于辅助立柱的竖起，之后便填实，与地面齐平。

第 14 ～ 18 窟前地面的大柱穴与洞窟外立壁上的梁孔相互对应，应属同一个建筑的不同设施，可能为一组大建筑，总长约 120 米。

与基岩地面柱穴 X5、X12 相对应是第 16、18 窟明窗，无法开梁孔，包括第 17 窟于明窗两侧开梁孔，也是同样的情况。先于明窗拱形部分两侧向上向东西两侧凿进扩展面，平面呈曲尺形。再距曲尺形底面约 0.5 ～ 0.7 米之上，于扩展面的东西两侧开横梁槽，槽顶边与其他外立壁梁孔底边在一条水平线上，于东西横梁槽安插横梁再在其上架梁，与地面柱穴相对应。横梁槽主要起到支承作用，曲尺形扩展面底部可能又竖小立柱辅助支撑横梁。从日本学者的《云冈石窟》考古报告的老照片中还可以在第 16 窟、第 17 窟西侧横梁槽槽内底部还保留了固定横梁的石垫片。扩展面的开凿可能是为了方便横梁的插入 [1]。第 19 窟外立壁无相对应的梁孔，第 19-2 窟、第 20 窟外立壁坍塌，建筑与窟壁如何架构不清。

第 14 ～ 20 窟前出土的建筑材料有四种类型。其中数量最多的是在烧土层中的甲类瓦件。据 1940 年考古第 19 窟、第 20 窟前出土的也是又重又大，夹有砂粒的瓦片。从照片上可知与甲类瓦件相同。在多个大柱穴内发现有烧坍塌的瓦片。如在 1992T410 方的大柱穴 X15 内，既有甲类瓦件，又有丙类磨光瓦件，均有被火烧的痕迹。檐头筒瓦的当面图案为兽面忍冬纹，瓦当集中出土于第 20 窟前，日本学者也曾在第 16 窟前采集 1 件，在地点不明处采集 1 件 [2]。瓦当复原直径 19.5 厘米，与甲类筒瓦直径相当。还有相同胎质的 B 型莲花纹建筑饰件，日本学者在第 17 窟前出土 1 件，纹样相同。[3] 兽面忍冬纹瓦当、莲花纹建筑饰件的胎质与甲类瓦件相同，颜色一样，烧成温度也相近，可能是同一建筑的构件。推测此建筑最初建造时所用瓦件为甲类瓦件，之后因损毁而换用了乙、丙类瓦件。另外，遗址出土的烧土块呈砖红色，为草拌泥，内含云母屑、石渣，可能为建筑的墙壁用土，零星的彩绘泥墙皮的发现，推测当年建筑绘有壁画。

4. 第 20 窟、第 19-2 窟外立壁坍塌

1940 年考古在相当于中央台阶位置的南部发现大量的石雕块，有胁侍菩萨的宝冠、大佛衣纹石雕、胁侍菩萨像等，还有第 21 窟的平綦藻井，其他主要是外立壁的千佛龛等，雕刻物表面一般保存较好，好像之前一坍塌下来就被后来的尘土逐渐封埋起来，上面有一层薄薄的褐色黏土层，再上是

[1] 感谢北京大学考古文博学院博士生宋瑞的告知。

[2] 〔日〕冈村秀典编：《雲冈石窟·遗物篇》，朋友书店，2006年，第20、50页。

[3] 〔日〕冈村秀典编：《雲冈石窟·遗物篇》，朋友书店，2006年，第19、50页。

辽代铺砖[1]。

惜 1940 年考古、1991 年工程和 1992 年清理采集的近千件石雕造像失去了原有的地层。1991 年工程采集和 1992 年窟前考古发现的千佛龛约 1100 余件，其中有 77 块千佛龛像出土于辽金时期文化地层。证明在第 20 窟外立壁雕刻着从第 14 窟连续过来的小千佛龛。而且这些石雕保存较好，基本没有风化的痕迹。在第 17 窟明窗东侧壁有太和十三年（489 年）龛，周围雕刻的千佛龛避让了该佛龛，所以千佛龛的雕刻上限是太和十三年（489 年）。第 18 窟明窗东壁上部南侧在 20 世纪 40 年代已坍塌严重，但根据以前影像资料及《云冈石窟》第 18 窟明窗测绘线图，仍可以看到在上层盝形龛帷幔上的一层千佛龛之上，壁面光素未雕刻千佛龛，显然有意避让已开凿的梁孔，诸多壁面有这种情况。所以，千佛龛开凿不早于窟前建筑，也有可能是同时营造[2]。

红烧土层中，除出土北魏瓦之外，还出土少量的彩绘泥墙皮以及大量带金箔的千佛头像。第 19 窟前的 1992T601 副方和 1992T602 副方出土千佛残件 169 件，有龛楣、龛柱，佛头、佛身上部等碎片。第 20 窟前也出土的 32 件千佛龛残件，龛与像多分离，多呈片状，属于浅层剥离。残件表面多呈粉红色，岩石表面覆有烟熏黑色，佛像头部多保存贴金，这是随着窟前建筑在火烧中从很高的地方与岩壁剥落崩裂掉下。至今我们还可以在第 19 窟明窗两壁看到贴有金箔的千佛龛，说明昙曜五窟外壁的千佛像可能贴有金箔，遥想当年，第 14 ~ 20 窟外立壁金碧辉煌。

塌落的千佛龛还有一种呈块状。从第 14 ~ 20 窟外立壁现状看，第 20 窟南壁连同第 19-2 窟南壁为最大千佛龛坍塌区。其毁损程度不同，断裂形状各异，小块的少至一龛或半龛，大块的有数龛至数十龛坐佛。绝大部分千佛在一个平面内，1992T503、T601、T602 内还出土了个别两面转角部位的千佛。

千佛雕刻同其他造像一样，千佛龛形大小、高度宽度基本在一定范围内统一，具有一定规则，但也有工匠的自由发挥，衣纹、楣拱及龛柱各有差异，表现形式多样。千佛的不同表现，既反映出宗教设计理念，也体现出匠人的个体技风。

昙曜五窟的坍塌一直有延续，1940 年在南距洞窟前约 30 米的残破不堪的石佛寺堡墙内也有一些带有千佛龛的石块，其表现保存很好，仍留有原来鲜艳的红颜色。第 20 窟外立壁塌陷后，经过数次修复。从 20 世纪 20 ~ 40 年代的照片可以看到，第 20 窟山崖顶部有悬空的砖体，可能修复曾用砖砌到顶部，后来也塌陷了，40 年代还可能看到一些石砌的墙体

5. 河堤、南北坡道

在距第 20 窟前立壁南约 25 米处发现一条东西向石堤遗迹，堤体由大小不等的石块干砌而成，石堤下为淤泥和细砂。堤高 1.1 ~ 3.2 米不等，现已发现石堤长度 120 米。堤体在与第 20 窟前中央台阶东西两端对应的位置向南呈直角状折拐，形成一条南北向坡道，南北坡道与第 20 窟前的台阶东西宽相同，方向略偏西南，向南延伸入河床，与东西向石堤形成了 "T" 字形，其长度现探明 18 米。坡道与石堤转角处的关系是先垒坡道后砌河堤，坡道的石块深入进堤体。此坡道是否是最初登临窟区的道路，因发掘不充分，不能肯定。

综上所述，第 20 窟前的地层从上至下是辽金铺地砖面→包含千佛龛的石雕块黑土层→包含瓦片

---

[1] 〔日〕水野清一、长广敏雄：《雲岡石窟：西暦五世紀における中国北部仏教窟院の考古学的調査報告》第十五卷《云冈发掘记2》，京都大学人文科学研究所雲岡刊行会，1956 年，第 187 页。

[2] 彭明浩：《云冈石窟的营造工程》，文物出版社，2017 年，第 179~282 页。

的红烧土层→洞窟西侧石雕衣纹堆积。推测第 14 ～ 20 窟前北魏时期各种遗迹的先后关系是，第 20 窟开凿之初用石条包砌窟壁下软弱的岩层进行台基加固，并砌中央石条台阶，修建西侧台阶。开凿石窟后回填夯实起架柱洞，剔刻高出的基岩面，以碎石碴填补夯实凹凸不平的基岩面，并以石片包砌基岩南缘，在窟前形成一个地面平整的大广场。西立佛组装塌落，移至窟外进行拼装。或前或后修筑窟前建筑。窟前建筑烧毁崩塌，再后外立壁坍塌。因为红烧土层的包含物比较单纯，扰乱较少，建筑烧毁崩塌与外立壁坍塌相隔时间不会太长。

可能因武周川水势太大，已波及包石基岩墙，所以又在登临石窟的南北坡道砌河堤来防水，回填河堤以北区域，（图五一七）。金朝天会九年（1131 年），宗翰差夫三千人改拔河道之后，河堤、坡道不再具有任何实际作用，所以河堤以南、坡道东西的地层多为金代填埋的。

6. 北魏时期窟前的生活、生产情况

第 14 ～ 20 窟前出土的北魏生活生产用具比较少，出土有陶器、铁器、漆器和石器。

地层出土陶器器形有小陶碗、陶钵、陶盆、陶罐等。陶碗多集中出土于第 20 窟西侧 1992T501、T502 烧土层内，器形稍有不同，大小不一。多数陶器制作粗糙，稍显笨重，略加修整。应该不是用作饮食器，实际功用不排除灯的可能。陶盆、陶罐多为底部或腹部残件，器体上施水波纹、绚索纹、方格纹等为北魏陶器常见的纹饰。陶钵可能是北魏僧人所用的僧钵，此外，还有带盖石钵，可能用作礼拜器。石器中既有工具，如石夯、磨盘等，又有屋檐建筑的构件。

（二）辽金时期的窟前活动

1. 第 19 窟、第 20 窟前辽金建筑遗迹

据 1940 年考古，在第 19 窟前出土一片辽金时期的方砖铺设的地面。铺砖地面向北进入洞窟并向东西稍有扩展，向南则延伸 7 ～ 8 米远。铺砖地面虽然磨损厉害且破碎不堪，但排列紧密、整齐[1]。此铺砖面还发现于第 20 窟主尊正面，铺于塌落的石雕块之上，较第 19 窟前的铺砖地面高，磨损严重，属于辽代。铺砖地面之下只出土北魏瓦片。

1992 年考古发掘时仅在第 19 窟洞窟门口第③层黑土层之上发现东西向一字排列的辽金时期铺砖，同样磨损严重。第 20 窟前铺砖地面已踪影全无。但在第 19 窟前发现了东西向一排三个方形柱穴，柱穴内置柱础石，压在北魏红烧土层及辽金时期黑土层之上。柱础顶面与窟门前铺砖的高度齐平，应是同一个建筑的不同设置。三个柱础相间距离不等，其中洞窟门口两侧的柱础石与第 19 窟外立壁明窗两侧的梁孔相对应，靠近西侧窟壁的柱础石相对应的外立壁已看不到梁孔的痕迹。在第 20 窟主尊头部两侧各有两排梁孔，排布规律，间距相当，其中下排梁孔与第 19 窟梁孔在同一条水平线上，推测其可能为辽金时期的建筑构建，但具体建筑形制不清。

1940 的考古发掘在昙曜五窟前出土辽金时期建筑材料，有 B 型联珠兽面纹瓦当、迦陵频伽纹瓦当（2011 ～ 2012 年山顶北魏辽金佛教寺院遗址大量发现）、Aa 型莲花联珠纹瓦当等。其中一个筒瓦凸面上用篾条楷书"□统四年"。水野清一、长广敏雄认为是辽乾统四年（1104 年），冈村秀典

---

[1] 〔日〕水野清一、長廣敏雄：《雲岡石窟:西曆五世紀における中國北部佛教窟院の考古學的調查報告》第十五卷《雲岡發掘記2》，京都大學人文科學研究所雲岡刊行會，1956年，第92、93頁。

图五一七　第 20 窟主尊前中央台阶、石包基岩墙、河堤遗迹示意图

则比定为 "皇统四年（1144 年）"[1]。还出土一件白釉壶外底部中央墨书 "寿□" 两字，圈足里面墨书 "通乐馆置" 四字。寿之后可能是 "昌" 的草书体。寿昌为辽代的年号（1095～1100 年）。金碑记寿昌五年（1099 年），转运使修缮寺院[2]。"通乐馆置" 可能表明第 20 窟前的佛殿在辽金时期称为 "通乐馆。" 也是金碑所提到的十寺中的通乐寺。宿白先生曾推定通乐寺的所在地是昙曜五窟附近。通乐馆是否与昙曜所住的 "通乐寺" 有关联，还未可知。

　　1992 年窟前遗址考古发掘出土的辽金时期的砖瓦类，数量不多。砖有 A 型沟纹方砖、B 型沟纹条砖、彩砖斗，瓦类有胎质相同的板瓦、筒瓦残件、涂彩筒瓦、A 型檐头板瓦、灰陶瓦条、Aa 型联珠莲花纹瓦当、B 型联珠兽面纹瓦当、A 型大联珠兽面纹瓦当，琉璃建筑构件有黄釉琉璃筒瓦、绿

[1]　〔日〕水野清一、長廣敏雄：《雲岡石窟:西曆五世紀における中國北部佛教窟院の考古學的調查報告》第十五卷《雲岡發掘記2》，京都大學人文科學研究所雲岡刊行會，1956年，图48。〔日〕岡村秀典編：《雲岡石窟·遺物篇》，朋友書店，2006年，第167頁。

　　[2]　〔日〕岡村秀典編：《雲岡石窟·遺物篇》，朋友書店，2006年，第19頁。

釉琉璃筒瓦、绿釉琉璃构件、砖雕等。

2. 辽金时期的生活生产情况

第 14～20 窟前地层出土的辽金时期生活器具中以陶器、瓷器为主。陶器有盆、罐、碗、甑、香炉、壶等。陶盆的数量最多，残存大量的口部及底部。辽金瓷器釉色有白釉、白釉褐彩、黑釉、茶叶末釉、复色釉、酱釉等，以白釉、黑釉居多，器形有碗、盆、瓶、缸、罐、盘、器盖等。

（三）明清民国时期的窟前活动

据研究，云冈石窟前可能于 12 世纪后期就曾修建石佛寺堡，防御蒙古南侵。明嘉靖三十七年（1558年）重修，改名云冈堡，第 14～20 窟前全部纳入防守体系之中，清代废为民堡，直到 1939 年，民家迁出石窟[1]。

明清民国时期，此区域除部分军堡边墙、民居遗迹外，其他活动遗迹已被破坏，考古遗物出土有建筑材料、生活用具。建筑材料大多数是琉璃瓦件和脊饰。第 14～20 窟前出土的明清生活用具以瓷器为主，釉色有白釉、白釉褐彩、酱釉、黑釉、复色釉、茶叶末釉、素烧器、青花等，器形有碗、盘、瓶、罐、盆、杯、盏、烟锅、器盖等，反映了当时军民生活的状况。

---

[1] 张焯：《云冈筑堡与古寺衰微》，《敦煌研究》2007年第6期，第9页。

第一〇章　采集品

历年来，在云冈研究院文物库房中收藏有各种材质的采集文物，但采集地点与年代的信息不详，一并记录，编号为不明采。

第一节　北魏时期

（一）石雕造像类

石雕造像

4 件。

标本不明采：22，呈片状，存几条弧形衣纹线。长 26、宽 19 厘米。

标本不明采：23，Y 字形璎珞，璎珞由多条纵向 4～5 颗联珠纹组成，每条间以圆棱，璎珞相交处雕圆形莲花。长 26、最宽 14、厚 8.3 厘米（彩版五九八，1）。

标本不明采：24，左手下垂，拇指与四指分开持物，四指并拢微弯，掌背圆润，手指纤长。高 19、宽 14、厚 12.5 厘米（彩版五九八，2）。

标本不明采：25，胡跪人物，存身部与腿部，右腿支起，左腿跪姿。高 30、像最宽处 14.4、厚 11.7 厘米（彩版五九八，3）。

（二）生活生产用具

石器

石柱座

1 件。

标本不明采：26，平面呈圆角方形，中央开孔，呈 X 形，整体打磨，些有剥落。边长 9.5、孔径 1～3、高 3.4 厘米（彩版五九八，4）。

第二节　辽金时期

（一）建筑材料

1.琉璃筒瓦

1 件。

标本不明采：14，黄白胎，夹砂，凹面布纹清晰细密，凸面施黄、绿、褐三彩釉。厚 2.1 厘米。

2. 琉璃脊瓦

1件。

标本不明采：15，黄白胎，夹砂，施黄绿釉。无瓦舌，前后两端齐切，且施釉，侧面半切，面纹较粗。长28、瓦径15、高8.4厘米（彩版五九八，5）。

（二）生活生产用具

瓷器

8件。以釉色分白釉、黑釉、茶叶末釉。

（1）白釉碗

3件。

标本不明采：16，残存底足，弧腹，圈足，足墙内高外低，足心有乳状突起。土黄胎，胎体较坚，内壁施化妆土，内施满釉，釉色黄白，内底残留5处圆形垫珠痕。足径7.1、残高3.2厘米。

（2）茶叶末釉罐

2件。

标本不明采：20，敛口，圆唇外凸，微束颈，溜肩。芒口，内外施釉。残高6.5厘米。

标本不明采：21，敛口，尖圆唇外凸，斜出沿，内外施釉。残高3.5厘米。

（3）黑釉碗

1件。

标本不明采：17，内底微凸，圈足，挖足较深，足墙外低内高，足心有乳状突起。灰胎，胎质疏松，内施黑釉，内底涩圈，刮釉规整。足径6.4厘米。

（4）黑釉罐

2件。

标本不明采：18，残，斜直颈，溜肩。胎质灰黄，胎体较粗疏，芒口，内外施釉，釉色棕黑。残高6.5厘米。

标本不明采：19，口部微敛，圆唇微凸，束颈，溜肩，弧腹。胎色灰白，胎体粗疏，内外施釉，口部釉面有磨损。残高8厘米。

第三节　明清时期

（一）建筑材料

多为琉璃质，还有陶质、木雕、石质。

（1）茶叶末釉筒瓦

1件。

标本不明采：1，黄褐胎，含砂量大，凹面布纹不明显，凸面涂釉呈茶叶末色，瓦舌与肩部未施釉，侧面切1/4左右。残长12.8、宽10厘米（彩版五九八，6）。

（2）琉璃脊饰

9件。多呈片状，图案不同，厚度不同。胎呈砖红色，部分施较厚的白色化妆土，釉色呈黄色、绿色。

标本不明采：2，兽形圆雕，砖红胎，胎质较细，仅存兽的左眼，眼睛圆睁突出，施黄绿色釉，眉毛呈数道弯弧状，之上雕耳朵，耳廓施绿釉，耳蜗内雕散射状弧线并施棕色釉。残长18.5、高13厘米（彩版五九八，7）。

标本不明采：3，兽形。圆雕，黄红胎，夹砂，胎中还有一碎瓦片。残存部分为兽面部下半部分，鼻孔朝天，施绿釉；嘴唇紧闭，施黄釉，左侧獠牙外凸，施淡黄色釉；下巴胡须施黄绿釉。釉面整体有剥落现象。残长15.4、高10厘米（彩版五九八，8）。

标本不明采：4，兽形。圆雕，深灰胎，夹砂，胎内部还粘有砂砾团。残存部分为兽面下半部分，口部微张，两颗獠牙露于嘴侧，下颌雕凹槽表示胡须，嘴部施墨绿色釉，须毛施蓝釉。残长17.2、高12厘米（彩版五九九，1）。

（3）花卉纹瓦当

1件。

标本不明采：5，夹砂灰陶。中央七颗花蕊团簇，花蕊之上有两个竹节物，两侧各有四瓣花叶对称盛开，花瓣尖之间饰圆点，外有一周凸棱。边轮低窄。直径13、厚1.5、边轮宽1厘米（彩版五九九，2）。

（4）木雕饰件

1件。

标本不明采：6，为荷叶墩，正面主体镂空雕刻荷花纹，右侧雕刻螺旋状花朵。长23.5、宽18.5厘米（彩版五九九，3）。

（二）生活生产用具

1. 瓷器

以釉色分白釉、茶叶末釉、黑釉，其中白釉褐彩碗14件，黑釉碗4件，黑釉罐11件，茶叶末釉瓶1件，均为残件。

（1）白釉碗

18件。

标本不明采：7，敞口，方圆唇，弧腹，外腹近底处切削，圈足，足墙内外齐平。胎色灰白，胎体较坚，上化妆土，内施满釉外至口沿，足沿及内底残留3处垫砂痕。口径15、足径7、高4.2厘米（彩版五九九，4）。

标本不明采：8，圆唇，敞口，折腹。胎色灰白，胎体较坚，内外施釉，釉色较白，有爆釉孔，外壁近口沿处有一周凸弦纹。残高3厘米。

（2）白釉盏

1件。

标本不明采：9，敞口，尖圆唇，弧腹。圈足。胎灰，上化妆土，内施满釉，外不及底。口径11.2、圈足5.3、高2.7厘米（彩版五九九，5）。

（3）青花碗

15 件。景德镇窑碗 9 件。山西窑口碗 6 件。

（4）青花盘

1 件。

标本不明采：11，弧腹，圈足。胎质细腻洁白，内外施釉，内底三周弦纹内绘纹饰，内壁青花描两列寿字纹。残高 2.5 厘米（彩版五九九，6）。

（5）黑釉盏

1 件。

标本不明采：10，圆唇，微敛口，浅腹，内收至底，平底。黄白胎，芒口，内施满釉，外壁仅口沿处部分施釉。口径 4.5、足径 3、高 2.3 厘米（彩版五九九，7）。

2. 石器

不知名石器

2 件。

标本不明采：12，残半。圆饼状，平面呈圆形，中央开方孔，圆周外围略有磨光。直径 20.5、高 6 厘米。

标本不明采：13，圆柱鼓状，上下两端刻联珠纹带，顶面一侧有卯口，底面平。直径 17～18.8、高 15.8、卯口长 9、宽 4.5、深 4 厘米（彩版五九九，8）。

附录一 云冈石窟第 3 窟及龙王庙沟西测出土瓷器的产地分析

马仁杰　王晓婷　崔剑锋*

云冈石窟原名武州（周）山石窟寺，又有灵岩寺之称，明代开始称云冈石窟，位于山西省大同市西郊武州山南麓，武州川北岸。北魏统治者崇尚佛教，广建寺宇，大开石窟。云冈石窟是一座由皇家营造的大型石窟寺，其最早洞窟开凿于北魏和平初年（460 年），至北魏迁都洛阳太和十八年（494年），大型石窟开凿工程基本停止，而许多中、小型窟龛均由官吏和佛教信徒继续开凿，一直到北魏正光年间（520 ～ 525 年）结束。云冈石窟依山开凿，东西绵延 1 千米。自东而西依自然山势分为东、中、西 3 区。现存主要洞窟 45 个，附属洞窟 209 个，雕刻面积达 18000 余平方米。造像最高 17 米，最小为 2 厘米，佛龛约计 1100 多个，大小造像 59000 余尊。

1993 年 7 ～ 8 月，由山西省考古研究所、云冈石窟文物研究所、大同市博物馆等联合组成考古队对云冈石窟第 3 窟遗址进行了考古发掘，揭露了北魏时期的开凿遗迹以及后期的建筑遗迹，出土了大量陶片、瓷片、石雕、钱币、建筑构件等，获得了一批重要的实物资料[1]。龙王庙沟为东部窟群与中部窟群的分界线。早在 1938 年，日本学者水野清一即于龙王庙沟北进行了小规模试掘，发现了瓦当、滴水等建筑构件，当即推测此处存在建筑遗迹。1987 年，云冈石窟文物保管所对洞窟窟前地面进行了考古发掘，其中出土的瓷器、陶器、石器等生活用具，为了解龙王庙沟内窟龛的全貌提供了宝贵的科学依据[2]。

云冈石窟第 3 窟及龙王庙沟西测两处遗址出土了大量瓷器，器类包括青瓷、白瓷、黑釉瓷等，为了研究出土瓷器的来源，北京大学和云冈研究院通力合作，使用便携式 XRF 对两处遗址出土的白瓷、青瓷进行了瓷釉微量元素分析及产地研究，本文报告产地分析结果。从 2012 年开始，北京大学

---

　* 　马仁杰、崔剑锋：北京大学考古文博学院。王晓婷：中国科学院古脊椎动物与古人类研究所。

　[1]　云冈石窟文物研究所、山西省考古研究所、大同市博物馆：《云冈石窟第3窟遗址发掘简报》，《文物》2004年第6期。

　[2]　赵曙光：《龙王庙沟西侧古代遗址清理简报》，参见云冈石窟文物保管所编《中国石窟·云冈石窟（二）》，文物出版社，1994年，第219～230页。任建光、黄继忠、王旭升：《云冈石窟龙王庙沟风化砂岩风化深度与风化速度环境磁学无损探测》，《工程勘察》2013年第9期。

考古文博学院使用 pXRF 分析瓷器的釉层以确定瓷器的产地[1]。经过十几年的经验，我们发现 pXRF 产地判断的正确率非常之高，该种方法无损、原位，可进行全覆盖式分析，此次通过我们对云冈石窟第 3 窟等出土瓷器的分析，可充分体现出该方法的有效性和可行性。

一　样品简介

白瓷是云冈石窟出土数量最多的瓷器品类，部分典型白瓷样品照片见图 1。我们共分析了 172 件辽金时期的白瓷样品，详见表 1，并和定窑、龙泉务窑以及缸瓦窑等以及辽金时期最为重要的白瓷窑址的数据进行对比。云冈石窟出土的青釉瓷也十分精致，不过数量极少，共分析了 2 件龙王庙沟出土的青瓷样品，并和越窑、耀州窑、汝窑等五代两宋时期南北方重要的青瓷窑址的数据进行对比。

表 1　本文分析云冈石窟出土瓷器信息

类别	出土地点	数目	可能来源
白釉瓷	第 3 窟	69	定窑；缸瓦窑；龙泉务窑
	龙王庙沟	103	
青釉瓷	第 3 窟	0	越窑；耀州窑；汝窑
	龙王庙沟	2	

二　实验方法

本实验所用仪器为 Thermo Fisher 公司制造 Niton XL3t600 型便携能量色散 X 射线荧光分析仪，具备土壤、矿石、合金等多个测定模式。配置 Au 靶和高性能微型 X 射线激发管，测试电压 30kV，工作电流 40μA。配备电子冷却 Si-PIN 探测器，工作温度 -35℃。窗口材料为有机薄膜（MOXTEK AP3.3 膜），此种有机薄膜对于轻元素的特征谱线有较高的透过率。

测试条件不当会带来诸多随机误差。Dylan Smith 曾以文艺复兴时期铜器为例，深入探究了 pXRF 分析的最佳实验条件、谱图处理方法、数据校正方法，其总结的最佳测试条件为：测试距离（0.5～1.5mm）；测试角度（仪器边缘和器物夹角小于 9°）；测试时间大于 60s。聚酯薄膜厚度

---

[1] 崔剑锋、徐华烽、秦大树、丁雨：《肯尼亚蒙巴萨耶稣堡出土克拉克瓷的便携式XRF产地研究》，《水下考古研究（第二卷）》，2016年，第146～157页。马仁杰、吕竑树、崔剑锋：《澳门圣保禄学院遗址出土瓷器的便携式X射线荧光分析报告》，《澳门圣保禄学院遗址发掘报告（2010～2012）》，2021年，第239～274页。

小于 100 μm[1]。本文依据 Dylan 所述实验条件，选用土壤模式测定瓷片样品釉面微量元素。

三　分析结果

使用 pXRF 测试釉面微量元素，由于元素丰度和测试时间限制，部分元素测试结果不理想。去除 60s 内未检出的元素，包括 Ba、Cs、Te、Sb、Sn、Cd、Ag、Pd。去除含量远远低于检出限的元素，包括 Se、As、Hg、Au、W、Co、Cr、V、Sc、S。重点分析含量明显高于检出限的元素包括 Zr、Sr、Rb、Th、Zn、Fe、Mn、Ti、K、Ca。部分样品个别元素含量低于检出限，用对应的误差取整后替换。

1. 釉层元素含量

（1）白釉

从散点图（图 2）中可以看出，不同窑口白瓷釉层的微量元素差别比较显著。据此可将云冈石窟出土白瓷和三处已知窑口样品相对应，表明使用便携式 XRF 分析瓷釉以判断瓷器的来源是可行的。龙泉务窑白瓷釉层微量元素中 Sr 含量很高，Rb 含量较低。定窑白瓷釉层微量元素中 Sr 含量很低，Rb 含量较高。缸瓦窑白瓷釉层微量元素中 Rb 含量较高，Sr 含量多集中在小于 800ppm 的范围。

Fe-Mn 二元散点图显示。龙泉务窑白瓷和定窑白瓷釉中 Mn 含量很低，大多低于 0.04%，而缸瓦窑粗白瓷或者细白瓷釉中均有较高的 Mn 含量。龙泉务窑白瓷釉层中的 Fe 含量也处于较低的水平，而定窑白瓷釉中的 Fe 含量范围较宽。

K-Ca 二元散点图显示，三处窑口瓷釉配方差异较大。龙泉务窑白瓷的钙含量较低，表明其配釉使用的釉灰较少，部分白瓷釉中的 K 含量达到了 4% 以上，釉属于钙碱釉甚至碱钙釉的范围。钙碱釉或碱钙釉在宋金时期主要是北方窑厂生产细白瓷的釉的种类。定窑创烧于中晚唐时期，对定窑晚唐、五代的细白瓷的成分分析显示，其胎中多配以钙质原料作为助熔剂，草木灰很少使用[2]。图中可见，定窑白瓷配釉使用的草木灰较少，石灰石用量不太固定。缸瓦窑白瓷配釉使用的 K、Ca 比较分散，本实验的结果表明细白瓷和粗白瓷的样品在二元散点图中均处于同一区域，说明其瓷釉的化学组成基本近似。

结合以上分析结果可知，缸瓦窑粗白瓷和细白瓷的釉层成分数据均十分分散，有可能是几个窑厂共同生产的。初步来看，本文分析的云冈石窟白瓷大多与龙泉务窑白瓷和定窑白瓷重合，而基本不与缸瓦窑白瓷重合，这说明云冈石窟出土的部分粗白瓷有着另外的来源，对于周边地区本地窑场的考古调查和科学分析是未来需要重点开展的工作方向。

（2）青釉

从散点图（图 3）中可以看出，不同窑口青瓷釉层的微量元素差别比较显著。越窑、耀州窑、汝窑青瓷瓷釉中 Fe 的含量均小于 2%。三处窑口瓷釉中微量元素 Mn 的含量差异较大，北方汝窑和

[1]　Dylan S. Handheld X-ray fluorescence analysis of Renaissance bronzes: Practical approaches to quantification and acquisition[C]// Studies in archaeological science: Handheld XRF for Art and Archaeology[M], Leuven, Belgium: Leuven University Press, 2012. 37-74.

[2]　崔剑锋、秦大树、李鑫、周利军：《定窑、邢窑和巩义窑部分白瓷的成分分析及比较研究》，《文物保护与考古科学》2012年第4期。

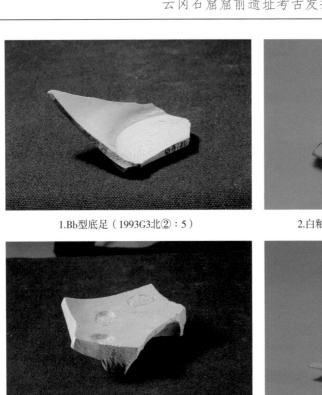

1.Bb型底足（1993G3北②：5）　　　　　　　2.白釉器盖（1993T401北3BH1：23-2）

3.A型底足（1993T210②：38）　　　　　　　4.白釉器盖（1993T401北②B：21）

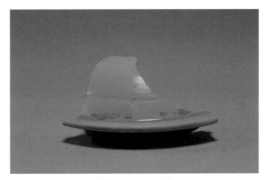

5.Aa型碗（DYLT171③：17）　　　　　　　6.器盖（DYLT172③：5）

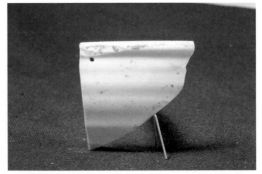

7.Ab型碗（DYLT171③：21）　　　　　　　8.Ab型碗（DYLT177③：15）

图1　云冈石窟第3窟及龙王庙沟西测出土部分白瓷

（1、2.第3窟出土定窑白瓷　5、6.龙王庙沟出土定窑白瓷　3、4.第3窟出土龙泉务窑白瓷　7、8.龙王庙沟出土龙泉务窑白瓷）

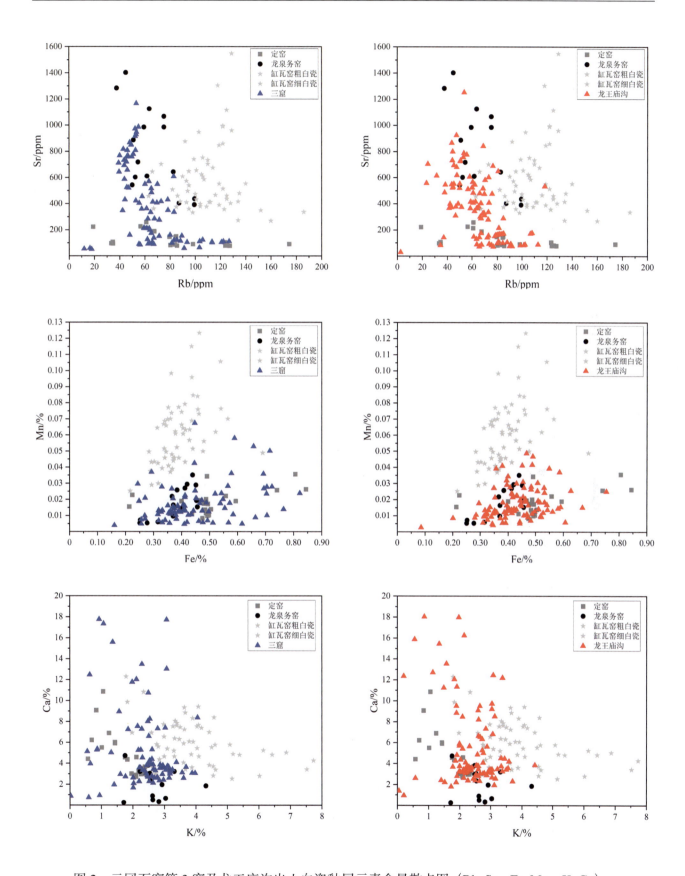

图 2　云冈石窟第 3 窟及龙王庙沟出土白瓷釉层元素含量散点图（Rb-Sr；Fe-Mn；K-Ca）

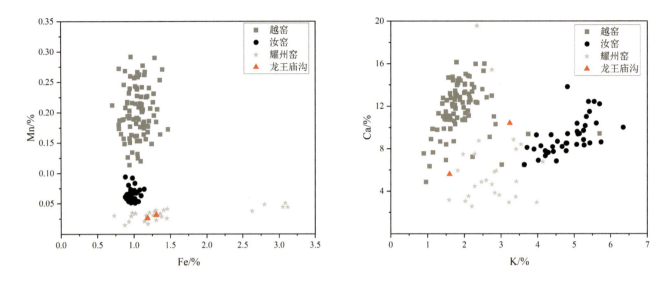

图 3　云冈石窟龙王庙沟出土青瓷釉层元素含量散点图（Fe-Mn；K-Ca）

耀州窑青瓷瓷釉中的 Mn 含量很低，低于 0.1%，南方越窑青瓷瓷釉中的 Mn 含量较高，可达到 0.3%。据 Fe-Mn 二元散点图可将云冈石窟龙王庙沟地点出土青瓷和三处已知窑口样品相对应，可知龙王庙沟出土两件青瓷样品的釉层元素特征均接近耀州窑青瓷的分布范围。

从 Ca-K 关系图上可以看到，三处窑口中汝窑青瓷瓷釉中钾含量最高，大部分达到了 4% 以上，釉属于钙碱釉甚至碱钙釉的范围。越窑青瓷釉中以 RO 型助熔剂为主，K 含量基本低于 3%，体现了其钙釉的特征。耀州窑青瓷釉中 RO 型和 R_2O 型助熔剂的比例都很高。由于瓷釉中助熔剂 Ca、K 的含量受到人工添加的影响，不同窑口差异很大，不能完全将各个窑口的瓷器区分开来。本文分析的龙王庙沟出土两件青瓷样品的助熔剂特征也较为接近耀州窑青瓷的分布范围。

2. 元素主成分分析

使用 OriginPro 2022 对以上数据进行主成分分析（principle components analysis）。首先依据相关系数矩阵和单因素方差分析，筛选出指纹元素，其后据此进行主成分分析，求出特征值及特征向量。各主成分对应的变量系数就是相关系数矩阵的特征值对应的特征向量。分别绘制三维散点图，窑口已知的白瓷、青瓷样品分别集中在一起，相互区分而不重叠。

（1）白釉

盒形图（图 4）统计直观地给出了各白瓷窑口出土瓷片釉层中微量元素的整体分布趋势。如图所示，因窑口差别而含量有明显分异的微量元素有 Mn、Sr、Rb、Zr。定窑和龙泉务窑白瓷的 Th、Zn 等元素含量较为接近，区分度不高。

以下纳入云冈石窟出土白瓷的釉层分析数据，针对云冈石窟和已知窑口白釉的釉层成分特征，初步构建 10×10 矩阵，其特征值共 10 个，将特征值由大到小排列，得到碎石图和因子载荷图（图 5、6），共提取 3 个主成分因子（贡献率分别为 25.39%、22.42%、16.37%）。由于云冈石窟出土白瓷的来源较为复杂，仍存在来源不明的白瓷窑口有待明晰，目前所得的前三个主成分的贡献率仅有 64.18%，

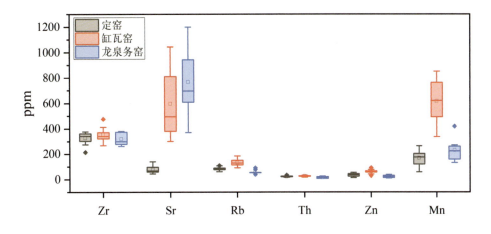

图 4　白釉微量元素含量盒形图

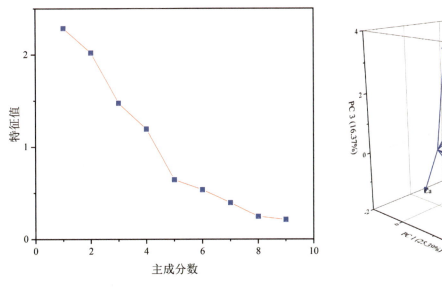

图 5　白釉主成分分析碎石图

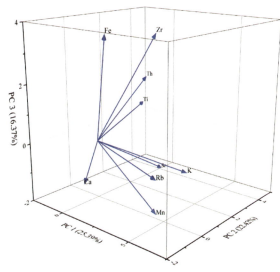

图 6　白釉主成分分析载荷图

不过仍具有有效的产地区分效果，据此分别绘制包含这三个主成分的三维散点图（图 7、8）。

从三维散点图中可以明显看出，已知窑口的白瓷样品分别聚集，明显分开。云冈石窟第 3 窟出土的白瓷（69 件）大部分都落在这三个区域内，据此推断云冈石窟第 3 窟出土的白瓷样品大多数来自于龙泉务窑（34 件），部分来自于定窑（9 件），个别样品疑似来自于缸瓦窑（2 件）、定窑（7 件）和龙泉务窑（2 件），尚有部分白瓷样品产地不明（15 件）。

云冈石窟龙王庙沟出土的白瓷基本都落在这三个区域内，据此推断云冈石窟龙王庙沟出土的白瓷（103 件）绝大多数来自于龙泉务窑（60 件），部分来自于定窑（33 件），个别样品疑似来自于缸瓦窑（1 件）、定窑（1 件）和龙泉务窑（3 件），尚有部分白瓷样品产地不明（5 件）。定窑精细白瓷的大量使用是龙王庙沟地点较之于第 3 窟的一个显著特征，或许和高级僧侣的日常使用密切相关。详细结果见表 2、表 3。

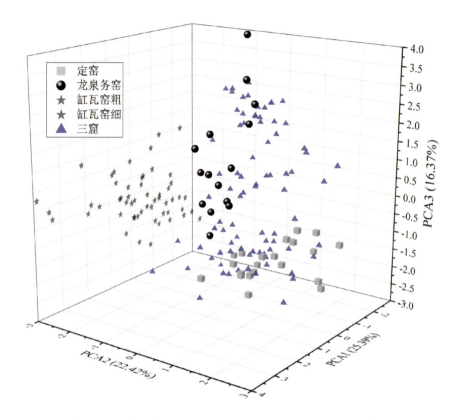

图 7　云冈石窟第 3 窟出土白瓷样品主成分分析结果

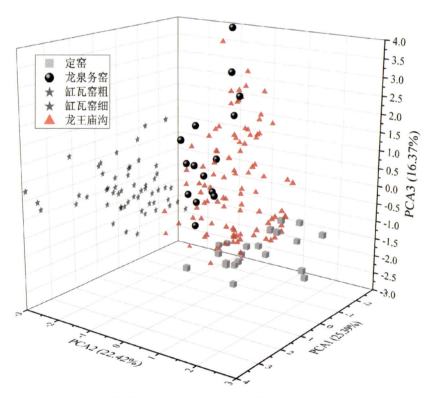

图 8　云冈石窟龙王庙沟出土白瓷样品主成分分析结果

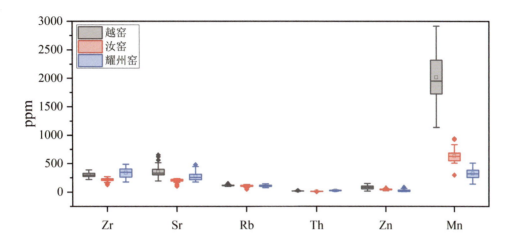

图9　青釉微量元素含量盒形图

（2）青釉

盒形图（图9）统计直观地给出了各青瓷窑口出土瓷片釉层中微量元素的整体分布趋势。如图所示，因窑口差别而含量有明显分异的微量元素有 Mn、Sr、Zr。越窑和耀州窑青瓷的 Rb、Th 等元素含量较为接近，区分度不高。

以下纳入云冈石窟出土青瓷的釉层分析数据，针对云冈石窟和已知窑口青釉的釉层成分特征，初步构建 10×10 矩阵，其特征值共 10 个，将特征值由大到小排列，得到碎石图和因子载荷图（图10、11），共提取 3 个主成分因子（贡献率分别为 36.88%、20.67%、12.33%）。三个主成分的总体

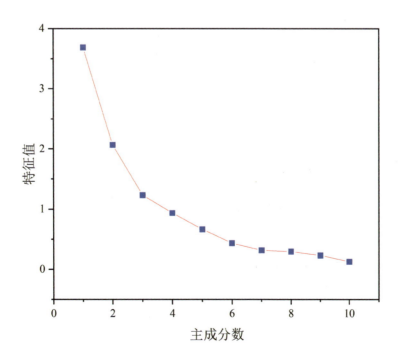

图10　青釉主成分分析碎石图

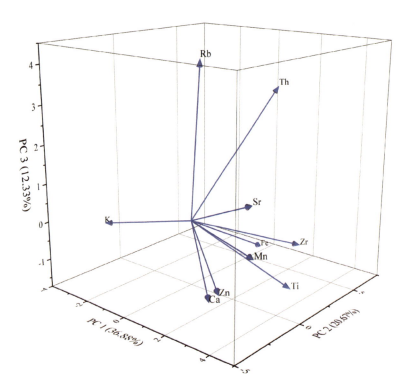

图 11　青釉主成分分析载荷图

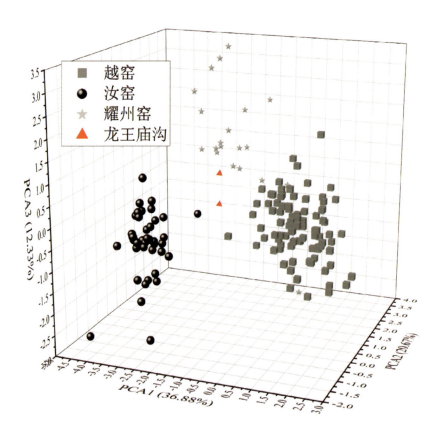

图 12　云冈石窟龙王庙沟出土青瓷样品主成分分析结果

贡献率达到了 69.88%，具有良好的产地区分效果，据此分别绘制包含这三个主成分的三维散点图（图12）。

从三维散点图中可以明显看出，已知窑口的青瓷样品分别聚集，明显分开。云冈石窟龙王庙沟出土的青瓷（2 件）基本落在耀州窑青瓷的分布范围内，据此推断龙王庙沟出土的两件青瓷样品均来自于陕西耀州窑。

四　结论

pXRF 等便携式分析仪器以其诸多特性，极大地方便了各类文物检测分析结果数据库的建立。瓷釉配方多源，其微量元素含量包含的指纹特性具备良好的产地区分作用。对于云冈石窟出土白瓷和青瓷的分析表明，pXRF 可在无损、原位的情况下，依据测得的瓷釉微量元素数据进行有效的产地分析。

文中重点运用主成分分析法进行产地判定。主成分分析法能够极大限度涵盖釉面元素信息。本文共分析 172 件白瓷样品，其中第 3 窟 69 件，龙王庙沟 103 件，白瓷中提取的 3 个主成分总方差贡献率达 64.18%。初步判断，云冈石窟出土白瓷主要属于龙泉务窑和定窑的产品，个别疑似属于缸瓦窑。本文共分析 2 件青瓷样品，青瓷中提取的 3 个主成分总方差贡献率达 69.88%。结果显示龙王庙沟出土的 2 件青瓷样品均属于耀州窑。

由于可供对比的辽代白瓷窑数据较少，部分白瓷的产地还有待明晰，本地白瓷的识别也是未来需要关注的重点。定窑精细白瓷的大量使用是龙王庙沟地点较之于第 3 窟的一个显著特征，或许和云冈石窟高级僧侣的日常使用密切相关。

相关研究结果为古陶瓷产地分析提供了科学依据，也充分体现了便携式分析设备在古代瓷器的科技研究与保护中的作用。

表 1　云冈石窟第 3 窟出土白瓷釉层微量元素分析结果（ppm；K、Ca，wt%）

器物号	年代	器名	No.	Zr	Sr	Rb	Th
1993T215 ③ A：28	辽代	碗	2345	311	105	121	28
1993T215 ③ A：26	辽代	碗	2340	244	113	127	23
1993T214 ③ B：17	辽代	碗	2339	306	486	65	23
1993T215 ③ A：27	辽代	碗	2338	221	112	122	19
1993T214 ③ B：16	辽代	碗	2342	151	60	16	19
1993T402 ③ A：29	辽代	碗	2343	226	106	94	23
1993T215 ③ B：6	辽代	碗	2344	309	336	83	14
1993T211 ①：5	辽代	碗	2346	146	128	62	23
1993T215 ③ A：21	辽代	炉	2336	320	174	65	15
1993T214 ③ B：11	辽代	盏托	2337	168	59	91	23
1993T105 ③ A：4	辽代	盘	2332	327	407	70	23
1993T401 北② B：52	金代		2348	377	161	80	16
1993T401 北② B：53	金代		2357	321	139	67	19
1993T401 北② B：21	金代	盖	2347	305	986	55	33
1993T401 北② A：33	金代	碗	2372	290	779	51	30
1993T401 北② A：25	金代	碗	2373	250	587	44	27
1993T401 北② A：29	金代	碗	2374	314	414	66	29
1993T401 北② A：58	金代	碗	2375	351	570	63	31
1993T401 北② A：36	金代	碗	2376	330	521	47	32
1993T401 北② A：30	金代	碗	2377	314	808	53	40
1993T401 北② B：14	金代	盘	2378	298	768	46	41
1993T401 北② A：31	金代	盘	2379	281	644	40	33
1993T401 北② B：19	金代	盒	2366	359	93	63	20

Zn	Fe	Mn	Ti	Ca	K	窑口	图版号 / 袋名
47	5782	362	147	5.3	2.2	定窑？	彩版七九，6
20	4476	674	202	6.6	2.5	缸瓦窑？	彩版七七，5
46	4120	214	2221	13.0	3.1	龙泉务窑	彩版七七，4
15	7159	502	270	4.4	2.6	未知	彩版七七，3
44	2697	209	329	5.4	0.9	未知	彩版七九，3
53	4518	207	183	5.3	2.6	未知	彩版七九，4
123	6927	359	1875	13.5	2.3	未知	彩版七九，5
43	2684	100	177	1.7	2.0	未知	彩版八〇，1
9	7232	280	1459	7.4	3.0	定窑？	彩版八六，5
71	2432	296	375	5.3	2.2	缸瓦窑？	彩版八六，8
60	4727	195	2899	4.3	2.5	龙泉务窑	彩版八四，5
42	5845	107	1044	3.8	2.9	定窑	彩版八七，7
39	4619	65	460	2.6	2.0	定窑	彩版八七，8
31	3573	53	4085	3.4	3.1	龙泉务窑	彩版八七，6
21	2698	80	2606	2.3	2.5	龙泉务窑	彩版八三，6
85	2557	75	708	0.8	0.6	龙泉务窑	彩版八三，7
46	3296	279	1599	5.0	1.3	龙泉务窑	彩版八三，8
41	7051	278	2514	8.0	2.5	龙泉务窑	图九七，5
44	4242	104	3580	3.6	3.0	龙泉务窑	彩版八四，4
34	3884	125	3176	2.8	2.5	龙泉务窑	
28	3744	144	3044	3.3	2.4	龙泉务窑	彩版八四，7
36	3692	154	3726	3.4	2.7	龙泉务窑	图九八，6
18	6641	89	1711	2.1	2.0	定窑	彩版八六，2

器物号	年代	器名	No.	Zr	Sr	Rb	Th
1993T401 北②B：20	金代	盒	2367	384	93	64	22
1993T401 北②B：17	金代	盆	2359	289	212	62	25
1993T401 北②A：42	金代	碗	2370	302	867	48	32
1993T401 北②A：37	金代	盆	2362	296	211	64	24
1993T401 北②A：45	金代	碗	2386	350	405	55	26
1993T401 北②A：56	金代	碗	2387	326	658	46	33
1993T401 北①：1	金代	碗	2388	305	915	52	34
1993T401 北②A：39	金代	碗	2389	288	809	46	38
1993T401 北①：3	金代	碗	2390	253	608	83	20
1993T401 北②A：54	金代	碗	2391	385	123	85	16
1993T401 北②A：28	金代	碗	2380	276	711	39	25
1993T401 北②A：26	金代	碗	2381	304	849	49	34
1993T401 北②A：17	金代	碗	2382	276	817	43	36
1993T401 北②B：18	金代	碗	2385	281	760	50	35
1993T210 ②：21	金代	碗	2419	293	199	64	26
1993T210 ②：36	金代	碗	2416	540	276	71	31
1993T210 ②：38	金代	碗	2418	511	286	62	27
1993T103 ②A：9	金代	碟	2414	280	92	55	12
1993T103 ②：5	金代	盒	2415	309	431	44	26
1993T210 ②：30	金代	盘	2412	445	285	68	25
1993T210 ②：39	金代	盘	2413	443	124	106	26
1993T210 ①：4	金代	钵	2409	294	155	89	19
1993T103 ②：13	金代	盖	2410	308	112	104	20
1993T210 ②：37	金代	罐	2407	376	106	66	19
1993T213 ①：2	金代	炉	2406	330	348	42	34
1993T103 ②：6	金代	盖	2411	185	768	40	21

Zn	Fe	Mn	Ti	Ca	K	窑口	图版号 / 袋名
11	7055	102	2045	2.6	2.8	定窑	彩版八六，3
65	4197	59	632	5.3	0.9	定窑？	彩版八五，4
39	3795	104	3653	4.1	2.5	龙泉务窑	彩版八五，1
53	4761	57	1327	7.6	2.1	未知	彩版八五，5
20	4461	425	2532	3.0	2.9	龙泉务窑	彩版七七，1、2
29	3818	79	3490	3.9	2.6	龙泉务窑	彩版八〇，5
25	4063	167	3730	3.7	3.1	龙泉务窑	彩版八〇，6
49	4113	159	3255	3.9	2.5	龙泉务窑	彩版八一，8
19	4971	125	2837	3.1	3.6	龙泉务窑	图九三，9
42	8220	239	646	3.7	3.1	未知	彩版七八，6
30	3542	116	2314	2.7	1.8	龙泉务窑	彩版八二，8
49	3181	132	3662	3.1	3.9	龙泉务窑	彩版八三，1
27	4051	130	2564	3.1	2.4	龙泉务窑	彩版八三，2
22	3661	126	3090	2.8	2.6	龙泉务窑	彩版八三，5
69	3596	110	431	5.1	0.6	定窑？	彩版八二，5
38	5721	178	3710	2.6	3.1	龙泉务窑	彩版八二，1
35	5385	176	3249	2.4	2.8	龙泉务窑	彩版八二，2
367	4101	47	1379	2.0	1.4	定窑？	彩版八五，2
31	3269	123	2241	3.0	1.6	龙泉务窑	彩版八六，1
35	4135	130	3332	2.4	3.0	未知	彩版八四，8
67	5680	55	2641	3.4	3.3	未知	图九八，2
17	4932	69	930	3.3	2.3	定窑	彩版八六，7
81	5546	146	482	3.9	2.9	定窑	彩版八七，4
39	4650	177	867	3.9	2.6	定窑？	彩版八六，6
25	5202	235	2568	4.5	2.3	龙泉务窑	彩版八六，4
80	2558	48	2809	2.6	2.7	未知	彩版八七，5

器物号	年代	器名	No.	Zr	Sr	Rb	Th
1993T210②：27	金代	碗	2420	285	972	52	32
1993T210①：5	金代	碗	2424	313	721	45	38
1993T210①：1	金代	碗	2425	335	524	46	38
1993T210①：7	金代	碗	2421	517	351	78	29
1993T212②：1	金代	碗	2422	402	161	48	21
1993T306①：1	金代	碗	2423	310	64	103	36
1993T103②：8	金代	碗	2426	498	334	65	28
1993G3 北②：5	金代		2395	377	103	114	21
1993G3 北②：7	金代	碗	2393	277	852	49	30
1993G3 北①：6	金代	盘	2396	262	516	65	17
1993G3 北②：50	金代	碗	2394	318	417	73	33
1993G3 北②：4	金代	碗	2392	288	1167	53	30
1993G3 北②：18	金代	碗	2404	358	109	113	18
1993G3 南①：8	金代	碗	2400	305	548	70	27
1993G3 北②：10	金代	碗	2401	289	549	60	24
1993G3 南②：2	金代	碗	2402	279	759	46	38
1993G3 北②：17	金代	碗	2405	279	693	44	35
1993G3 北②：8	金代	碗	2403	409	360	57	36

Zn	Fe	Mn	Ti	Ca	K	窑口	图版号 / 袋名
26	3154	108	3458	3.0	3.2	龙泉务窑	彩版七七，6
46	3966	123	3917	3.6	2.2	龙泉务窑	彩版八一，1
34	3593	126	3322	3.6	2.2	龙泉务窑	彩版八一，2
34	5480	202	4332	3.1	4.0	未知	彩版七八，4
21	7041	236	1036	12.0	2.1	未知	图九一，9
27	5896	581	278	7.3	2.8	未知	彩版八〇，2
34	4740	130	3810	2.6	3.6	未知	彩版八一，3
51	4539	205	1355	2.8	2.6	定窑	彩版八二，7
29	3865	156	3559	3.2	3.2	龙泉务窑	彩版八〇，4
60	5655	283	2030	7.3	1.8	龙泉务窑	彩版八四，6
45	3653	267	2303	7.3	2.3	龙泉务窑？	彩版八一，6
32	3620	118	3355	3.2	3.2	未知	彩版八〇，3
54	4425	129	1271	3.4	3.0	定窑	彩版七九，1
61	4487	254	2579	11.8	2.0	龙泉务窑	彩版七八，1
46	5426	238	2261	8.3	2.5	龙泉务窑	彩版七八，2
31	3697	206	3454	4.1	3.4	龙泉务窑	彩版七八，5
36	3865	162	3357	3.6	2.9	龙泉务窑	彩版七九，2
36	4127	225	2366	10.8	2.5	龙泉务窑？	彩版七八，3

表2　云冈石窟龙王庙沟西测出土白瓷釉层微量元素分析结果　　（ppm；K、Ca，wt%）

器物号	年代	器类	No.	Zr	Sr	Rb	Th
1987DYLT176③：5	金代		2511	293	377	51	32
1987DYLT181③：1	金代	底足	2512	277	409	73	23
1987DYLT177③：9	金代	底足	2513	316	547	62	25
1987DYLT177③：10	金代	底足	2514	323	521	50	34
1987DYLT171③：1	金代	碗	2515	363	381	65	27
1987DYLT171③：3	金代	盏	2517	293	344	62	17
1987DYLT171③：14	金代	碗	2524	310	523	44	37
1987DYLT171③：20	金代	底足	2525	306	485	61	22
1987DYLT171③：19	金代	碗	2526	313	144	66	26
1987DYLT172③：2	金代	碗	2527	302	682	48	32
1987DYLT176③：4	金代	碗	2528	321	289	67	26
1987DYLT181③：13	金代	底足	2529	283	706	24	36
1987DYLT181③：14	金代	底足	2530	432	367	64	27
1987DYLT171③：1	金代	碗	2531	282	531	45	28
1987DYLT171③：12	金代	碗	2532	330	84	102	21
1987DYLT171③：11	金代	碗	2534	319	93	91	19
1987DYLT172③：7	金代	碗	2551	324	777	56	43
1987DYLT172③：8	金代	碗	2552	316	733	51	35
1987DYLT176③：3	金代	碗	2553	298	418	63	11
1987DYLT177③：8	金代	碗	2554	243	583	70	30
1987DYLT177③：15	金代	碗	2555	320	727	51	40
1987DYLT181③：12	金代	碗	2556	288	733	44	35
1987DYLT171③：17	金代	碗	2557	249	90	64	9

Zn	Fe	Mn	Ti	Ca	K	窑口	图版号 / 袋名
50	3530	214	824	2.6	0.6	龙泉务窑	彩版一四〇，3
46	4123	240	2081	12.1	1.8	龙泉务窑	彩版一四〇，2
39	4442	195	2323	5.4	2.1	龙泉务窑	彩版一三九，4
39	4023	146	3089	3.7	2.3	龙泉务窑	彩版一四〇，1
48	4672	489	2258	8.5	3.1	龙泉务窑	彩版一三八，1
60	4149	234	1917	11.3	1.5	龙泉务窑	彩版一四一，2
33	4052	131	3254	3.2	2.0	龙泉务窑	彩版一三八，5
79	5072	254	2884	13.6	1.6	龙泉务窑	彩版一三九，5
119	3105	57	1017	15.9	0.6	定窑	彩版一三八，6
39	3857	122	2758	4.1	2.2	龙泉务窑	彩版一三八，4
35	4205	142	2505	9.5	1.9	龙泉务窑	彩版一三九，1
22	3788	410	1512	3.5	3.0	龙泉务窑	彩版一三九，2
51	5492	394	3104	3.4	3.5	龙泉务窑	彩版一三九，3
32	4165	216	1594	3.8	2.2	龙泉务窑	彩版一三八，1
48	4882	112	1826	3.2	3.0	定窑	彩版一三八，2
50	3171	136	708	3.5	2.6	定窑	彩版一四一，4
43	3567	118	3687	3.3	3.4	龙泉务窑	彩版一三七，2
34	3397	94	3321	2.6	3.2	龙泉务窑	彩版一三七，3
44	5861	370	2282	3.7	1.8	定窑	彩版一三七，4
23	3223	108	2720	3.4	3.0	龙泉务窑	彩版一三六，4
36	3295	136	3320	2.7	3.0	龙泉务窑	彩版一三七，5
34	3351	155	2991	3.5	3.0	龙泉务窑	彩版一三七，6
47	4736	166	500	2.4	2.6	定窑	彩版一三六，2

器物号	年代	器类	No.	Zr	Sr	Rb	Th
1987DYLT171③：18	金代	碗	2558	317	603	73	27
1987DYLT171③：22	金代	碗	2559	131	144	37	27
1987DYLT177③：1	金代		2560	267	616	31	41
1987DYLT172③：5	金代	器盖	2564	287	73	66	22
1987DYLT181③：2	金代	盘	2565	265	84	75	15
1987DYLT171③：23	金代	罐	2566	283	547	38	32
1987DYLT171③：16	金代	底足	2568	234	400	42	29
1987DYLT171③：13	金	碗	2576	317	553	45	34
1987DYLT171③：21	金	碗	2577	338	217	81	19
1987DYLT171③：24	金元	碗	2578	241	73	77	13
1987DYLT172③：1	金元	碗	2579	293	550	44	35
1987DYLT172③：3	金代	底足	2580	378	89	113	23
1987DYLT181③：3		罐	2582	319	177	67	28
1987DYL②C：11	金代	碗	2601	288	89	103	21
1987DYL②C：16	金代	瓶	2611	302	402	49	36
1994K5-30：1			2613	279	367	64	26
1994K5-30：26			2620	316	337	73	34
1994K5-30：27			2621	282	925	47	35
1994K5-30：28			2622	304	801	44	33
1994K5-30：29			2623	305	513	57	30
1994K5-30：7			2624	211	331	69	19
1994K5-30：31	辽金	盘	2625	324	607	58	30
1994K5-30：2			2614	282	313	70	21
1994K5-30：13			2616	361	534	118	30

Zn	Fe	Mn	Ti	Ca	K	窑口	图版号 / 袋名
50	4576	274	2703	8.2	2.6	龙泉务窑	彩版一三六，3
11	3434	50	686	3.8	2.0	龙泉务窑	彩版一三六，1
29	3942	320	2076	4.8	1.9	龙泉务窑	彩版一四〇，6
39	3951	165	636	1.8	1.7	定窑	彩版一四二，4
184	2803	88	793	3.1	2.2	定窑	图一五四，7
33	4659	190	1671	3.2	2.0	龙泉务窑	彩版一四二，6
32	4514	413	1297	3.9	4.4	龙泉务窑	彩版一四〇，5
31	3911	56	3826	5.0	2.8	龙泉务窑	彩版一三七，1
78	5309	275	3106	4.2	3.6	龙泉务窑	彩版一三六，6
22	4423	62	1007	2.6	2.4	定窑	图一五一，2
31	3238	117	2331	3.2	2.0	龙泉务窑	彩版一三六，5
60	5155	184	1365	3.0	2.7	定窑	彩版一三九，6
38	3798	55	1749	11.4	1.9	龙泉务窑	彩版一四二，5
27	4422	52	709	2.4	2.5	定窑	彩版一四九，1
43	4301	225	3246	3.8	2.6	龙泉务窑	彩版一五〇，2
39	3487	273	2049	9.1	2.6	龙泉务窑	彩版一五三，6
34	4134	116	3038	3.8	3.3	龙泉务窑	彩版一五三，3
31	3137	94	3100	2.8	2.6	龙泉务窑	彩版一五三，4
28	3951	293	2503	6.6	2.6	龙泉务窑	彩版一五三，5
26	4902	469	3071	5.6	2.9	龙泉务窑	图一七二，2
54	2954	178	1474	15.5	1.3	未知	彩版一五四，5
59	4621	189	3034	4.5	3.4	龙泉务窑	图一七二，3
19	2850	106	297	6.4	2.7	龙泉务窑	彩版一五三，1
54	4829	70	2893	4.5	3.3	龙泉务窑？	彩版一五五，1

器物号	年代	器类	No.	Zr	Sr	Rb	Th
1994K5-30：14			2617	336	149	61	26
1994K5-30：16	金代		2618	359	291	85	30
1994K5-30：25			2619	288	303	67	34

表 3　云冈石窟龙王庙沟出土青瓷釉层微量元素分析结果（ppm；K、Ca，wt%）

器物号	年代	器类	No.	Zr	Sr	Rb	Th
1987DYL②C：35	金代		2612	248	452	88	24
1994K5-30：12	金代		2615	253	383	118	26

Zn	Fe	Mn	Ti	Ca	K	窑口	图版号 / 袋名
48	3259	75	1325	5.7	2.3	龙泉务窑	图一七四，1
30	5903	155	906	2.0	3.1	定窑	彩版一五五，2
36	3512	132	2610	3.1	2.8	龙泉务窑	彩版一五三，2

Zn	Fe	Mn	Ti	Ca	K	窑口	图版号 / 袋名
18	11883	264	425	5.6	1.6	耀州窑	彩版一五一，1
24	13068	315	1681	10.4	4.8	耀州窑	彩版一五四，6

附录二　云冈石窟第3窟出土动物骨骼

赵静芳　贺　涛*

一　引言

　　1993年7至8月，由山西省考古研究所、云冈石窟文物研究所等联合组成考古队，对第3窟窟前地面和前室地面进行了考古发掘，共揭露遗址面积900余平方米，文化层7层，分四期，即北魏（第⑤A、⑤B层）、隋唐（第④A、④B层）、辽（第③层）、金文化（第②层）遗存。发现遗迹有北魏开凿石窟遗留下的未完工的基岩地面、唐代的窟前地面及修筑的台基、金代修建的殿堂建筑遗迹的夯土柱基等。出土了大量陶片、瓷片、石雕、钱币、建筑构件以及一小部分动物骨骼[1]。

二　研究方法

　　在发掘过程中，考古人员按照出土地层对动物骨骼进行了采集。标本运到实验室，研究人员运用动物考古学常用方法进行研究。

　　鉴定种属时，参考动物考古实验室的现生标本和《动物骨骼图谱》[2]。动物的性别、年龄鉴定主要参照《考古遗址中动物骨骼的年龄性别》[3]。动物骨骼的尺寸数据测量参照《考古遗址出土动物骨骼测量指南》[4]。鉴定时记录了骨骼的出土探方、位置、出土地层以及部位、左右、保存状况、牙齿萌出和磨蚀程度、骨骺愈合程度、性别、表面痕迹（啃咬、风化、人工切割、病理等）和重量等信息。

　　在进行数量统计时，采用了可鉴定标本数（NISP）和最小个体数（MNI）两种统计方法。记录羊的牙齿磨损和年龄参考国外学者成果[5]。在描述猪下颌骨牙齿萌出和磨蚀程度时，主要参考格兰

---

　　*　赵静芳、贺涛：北京联合大学考古研究院。

　　[1]　云冈石窟文物研究所、山西省考古研究所、大同市博物馆：《云冈石窟第3窟遗址发掘简报》，《文物》2004年第6期，第65～88、1页。

　　[2]　伊丽莎白·施密德著，李天元译：《动物骨骼图谱》，中国地质大学出版社，1992年。西蒙·赫森著，侯彦峰、马萧林译：《哺乳动物骨骼和牙齿鉴定方法指南》，科学出版社，2012年。

　　[3]　Bob Wilson, Caroline Grigson & Sebastian Payne. Aging and Sexing Animal Bones From Archaeological Sites. BAR British Series. 1982.

　　[4]　安格拉·冯登德里施著，马萧林、侯彦峰译：《考古遗址出土动物骨骼测量指南》，科学出版社，2007年。

　　[5]　a. Sebastian Payne, Kill-off patterns in sheep and-goats: The mandibles from Asvan Kale, 1971, Anatolian Studies 23: 282. b. Grant. A., The use of tooth wear as a guide to the age of domestic animals, In Ageing and Sexing Animal Bones from Archaeological Sites, Oxford: British Archaeological Reports British Series,1982, 109: 91–108.c. Melinda A. Zeder, Feeding Cities: Specialized Animal Economy in the Ancient NearEast, Smithsonian Institution Press, 1991, pp.90–92.

特（Grant）的牙齿磨蚀程度研究[1]。在分析动物表面痕迹主要参考了玉溪遗址的研究方法[2]。

三　动物种类及统计

1.动物种类

经鉴定，第 3 窟出土动物骨骼均为哺乳动物，共计 5 属 5 种，具体如下：

脊索动物门 Chordata

哺乳纲 Mammalia

食肉目 Carnivora

犬科 Canidae

犬属 *Canis*

狗 *Canis familiaris Linnaeus*

奇蹄目 Perissodactyla

马科 Equidae

马属 *Equus*

马 *Equus caballus Linnaeus*

偶蹄目 Artiodactyla

猪科 Suidae

猪属 *Sus*

猪（未定种）*Sus* sp.

牛科 Bovidae

牛属 *Bos*

牛（未定种）*Bos* sp.

盘羊属 Ovis/ 山羊属 *Capra*

羊（未定种）*Ovis* sp./*Capra* sp.

2.总体统计

经初步鉴定统计出土动物骨骼 56 件（表 1），可鉴定部位包括：头骨、牙齿、下颌骨、脊椎骨、肩胛骨、胫骨、股骨、肋骨等。通过对每种动物保存骨骼的具体分析，得出可鉴定标本数（NISP）42，其中牛数量最高，占 28.6%，猪数量最低占 3.6%。最小个体数（MNI）统计马 5、牛 4、羊 3、狗 2、猪 1，马所占比最高为 33.3%，猪所占比最低 6.7%（表 2）。

动物骨骼分布在五处位置，以洞窟前室 1993T401 为最多，达 28 件，其次为后室东北角的 1993G1 ⑤ A 层，计 24 件，其余零星分布于西前室 1993T404、窟前 1993T108 以及 1992T427。在

---

[1] Grant Annie. The use of tooth wear as a guide to the domestic animals, Willson Bob, Grigson Caroline, Payne Sebastian. Ageing and Sexing Animal Bones from Archaeological Sites. Oxford: British Archaeological Reports, 1982: 91～108; I. A. Silver. The ageing of domestic animals, Science in Archaeology: A Survey of Progress and Research, London: Thames and Hudson, 1969, pp. 283～302.

[2] 赵静芳、袁东山：《玉溪遗址动物骨骼初步研究》，《江汉考古》2012年第3期，第103～112页。

1993T401中的②~⑤A层均有分布，②层7件，包括马和食肉类骨骼，③层15件，包括马、牛、羊、狗、猪等所有可鉴定动物，⑤A层6件，包括马和牛。该探方中以③层即辽代地层保存的动物骨骼数量最多，金代地层和北魏地层也有一定数量。1993G1⑤A层（北魏）中以牛和狗的可鉴定数量为多，分析骨骼部位，判定牛和狗的最小个体数均为1。

表1 云冈石窟第3窟动物骨骼出土单位及数量统计

探方	地层	动物种类	标本数量（N）		可鉴定标本数（NISP）	
T401	②	马	5		5	
		食肉类	2		0	
	③	马	4	28	4	24
		牛	3		3	
		羊	2		2	
		狗	2		2	
		猪	2		2	
		大型食草类	1		0	
		大型动物	1		0	
	⑤A	马	1	56	1	42
		牛	5		5	
T404	②B	羊	1	2	1	1
	⑤A	不可鉴定	1		0	
T427	④	牛	1	1	1	1
T108	①	马	1	1	1	1
G1	⑤A	牛	7	24	7	15
		羊	4		4	
		狗	4		4	
		小型动物	1		0	
		不可鉴定	8		0	

表 2　云冈石窟第 3 窟出土动物骨骼可鉴定标本数（NISP）和最小个体数（MNI）统计

种属	出土位置	保存部位	可鉴定标本数 (NISP)		最小个体数 (MNI)	
马	1993T401 ②	门齿	5	11（26.2%）	1	5（33.3%）
	1993T401 ③	上颊齿、下颌联合部、髋骨	4		2	
	1993T401 ⑤ A	荐椎	1		1	
	1993T108 ①	颊齿	1		1	
牛	1993T401 ③	下颌联合部、下颌（髁突）、尾椎	3	16（38.1%）	1	4（26.7%）
	1993T401 ⑤ A	下颌、股骨下端、桡骨下端、近端指骨、肋骨残块	5		1	
	1992T427 ④	下颌	1		1	
	1993G1 ⑤ A	头骨、下颌、颈椎、股骨、肋骨等	7		1	
羊	1993T401 ③	上颌、枢椎	2	7（16.7%）	1	3（20%）
	1993T404 ② B	肩胛骨	1		1	
	1993G1 ⑤ A	肩胛骨、尺骨、桡骨、肋骨	4		1	
狗	1993T401 ③	下颌	2	6（14.3%）	1	2（13.3%）
	1993G1 ⑤ A	下颌、肩胛骨、胫骨、股骨	4		1	
猪	1993T401 ③	头骨、下颌联合部	2	2（4.8%）	1	1（6.7%）
合计			42		15	

　　图 1 显示，①～⑤ A 层均出土动物骨骼，从整个遗址动物骨骼的数量来看，以⑤ A 层，即北魏地层的数量最多，包括 1993T401 的 6 件及 1993G ⑤ A 的 24 件，以及 1993T404 的 1 件。其次为第③层，辽代地层；再次为②层，金代地层。但是从最小个体数来看，③层占比略多，其次为⑤ A 层（图 1，表 3）。

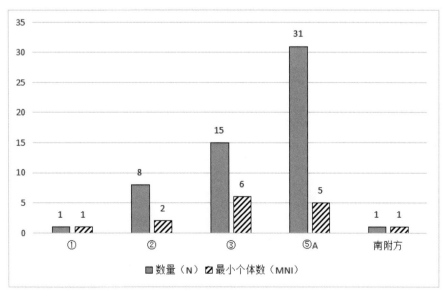

图 1　动物骨骼数量地层分布图

表3 云冈石窟第3窟出土哺乳动物地层分布情况

地层	所属探方	数量（N）		最小个体数（MNI）	
1993①	1993T108	1	1（1.8％）	1	1（6.7％）
1993②	1993T401	7	8（14.3％）	1	2（13.3％）
	1993T404	1		1	
1993③	1993T401	15	15（26.8％）	6	6（40%）
1993⑤A	1993T401	6	31（55.4％）	2	5（33.3％）
	1993T404	1		—	
	1993G1	24		3	
1992④	1992T427	1	1（1.8％）	1	1（6.7％）

四 分类描述

1. 马

可鉴定标本11件，最小个体数5，主要保存部位为下颌、髋骨以及零星的牙齿。

1993T401③：45，马左侧髋骨，保存髋臼，髂骨颈部可见细微切割痕（彩版六〇〇，1、2）。

1993T401③：50，马右侧下颌，保留联合部－下颌体，带P_3-M_3。P_3长26.19、宽19.33mm，P_4长25.69、宽19.52mm，M_1长21.52、宽17.31mm，M_2长23.24、宽17.09mm，M_3长29.78、宽14.25mm，齿列全长74.55mm，下颌高91.08、64.63、42.8mm。可见明显切割痕（彩版六〇〇，3、4）。

1993T401③：51，马右侧下颌，保存联合部－下颌体，带P_2-M3。P2长25.29、宽13.83mm，P_3长25.59、宽16.78mm，P_4长22.61、宽17.21mm，M_1长21.17、宽14.82mm，M_2长20.94、宽13.8mm，M_3长25.24、宽11.86mm，齿列全长长132.04mm，M_1-M_3长61.8mm，P1-P4长68.56mm。外侧髁突附近切割痕（彩版六〇〇，5～7）。

1993T401②：34～38，门齿5件（彩版六〇〇，8）。

2. 牛

可鉴定标本16件，最小个体数4，主要保存部位头骨、下颌、椎骨、股骨、桡骨、肋骨等。

1993T401⑤A：30，右侧桡骨下端，未愈合，保留四分之一（彩版六〇二，3）。

1993T401⑤A：29，左侧股骨下端，下端长124.75、宽99.98mm。

1993T401③：40，尾椎。

1993T401⑤A：33，近端指骨。上端长31.07、宽25.53mm，下端长18.86、宽26.59、高55.54mm。

3. 羊

可鉴定标本 7 件，最小个体数 3，保存部位上颌、肩胛、枢椎。

1993T401 ③：43，枢椎，保存较完整，未愈合，有火烧痕（彩版六〇一，1）。

1993T401 ③：48，上颌残块，带右上 P_2、残 M_2、M_3。M_2 长 16.65mm，M_3 长 21.79、宽 14mm（彩版六〇一，2）。

1993G1 ⑤ A：80，右侧肩胛骨，保存肩胛臼，骨板破碎。肩胛颈最小长 21.48、肩胛结最大长 25.65mm。

1993G1 ⑤ A：78，右侧尺骨，保存近端大于二分之一，鹰嘴最小厚 29.5、跨过冠状突最大宽 31.33mm。

1993G1 ⑤ A：79，右侧桡骨，保存完整，近端最大宽 33.36、远端最大宽 31.31mm，骨干最小宽 15.88、最大长 165.95mm。

1993G1 ⑤ A：67，肋骨，保留大于二分之一。

4. 狗

可鉴定标本 6 件，最小个体数 2，保存下颌、肩胛、股骨等部位。

1993T401 ③：38 ＋ 39，右侧下颌骨带完整牙齿序列，下颌髁突下方有明显切割痕（彩版六〇一，3、4）。

1993G1 ⑤ A：64，右侧肩胛骨，保存完整（彩版六〇一，5、6）。

1993G1 ⑤ A：65，右侧胫骨上端，保留少于三分之一（彩版六〇一，5、6）。

1993G1 ⑤ A：66，左侧股骨上端，保留二分之一（彩版六〇一，5、6）。

5. 猪

可鉴定标本 2 件，最小个体数 1。

1993T401 ③：37，猪上颌，保存顶骨、枕骨、上颌、带左右侧齿列，左侧 M_3 未萌出，M_2 刚萌出未磨，长 20.33、宽 14.74mm，M_1 微磨蚀，长 15.54、宽 13.11mm；P_1-P_3 缺失，P_4 在齿槽中；右侧 M_2 刚萌出未磨蚀、M_1 微磨蚀，dm1-dm3 齿质全出、P_1 缺失；判断年龄在 1 ～ 1.2 岁（彩版六〇二，1、2）。

五　人工痕迹

表 4 对观察到的人工痕迹进行统计，共 6 件。切割痕非常明显，多为 V 型深切口（彩版六〇二，4 ～ 6），说明切割工具非常锋利。除切割痕以外，还有敲砸过的肢骨残片。切割痕迹多分布在下颌骨以及髂骨等皮骨紧密相连或附着筋腱的部位。

以 1993T401 ③层发现的人工痕迹最多，这一探方这一文化层也是保存动物骨骼种类最丰富的一层。有明显的切割痕迹说明人类对动物明确的利用，有可能是将皮剥离骨骼本身所留下的痕迹。

表 4　云冈石窟第 3 窟出土动物骨骼人工痕迹统计表

探方	地层	标本编号	种属	人工痕迹及其分布位置
1993T401	1993 ③	38 + 39	狗	下颌髁突下方有明显切割痕（彩版六〇二，4）
1993T401	1993 ③	46	马	髂骨颈部可见细微切割痕
1993T401	1993 ③	50	马	下颌骨有明显切割痕（彩版六〇二，6）
1993T401	1993 ③	51	马	外侧髁突附近切割痕（彩版六〇二，5）
1993G1	1993 ⑤ A	73	残骨片	敲砸过
1992T427	1992 ④	2	牛	下颌体内侧骨表可见明显切割痕

六　结语

云冈石窟第 3 窟遗址仅出土动物遗存 56 件，其中可鉴定标本 42 件，最小个体数为 15，包括马、牛、羊、猪、狗 5 个种。其中以马的个体数为最多，其次为牛，羊、狗数量很少，猪最少。

主要分布在窟内后室东北角 1993G1 ⑤ A 和窟内东前室 1993T401 的第③层，即北魏地层和辽代地层当中，金代和隋唐地层保存较少。1993G1 ⑤ A 主要保存 1 只狗、1 只羊和 1 头牛，1993T401 则包括马、牛、羊、猪、狗 5 种动物，说明这两个地方可能是当时人类处理动物骨骼的主要区域。

从这些动物遗骨存留的状态看，基本上可以确定它们都是人类活动留下的遗迹，但年代久远，其间与这些动物遗骨直接相关的人和事，仍需多领域的专家们今后进行细致、深入、科学的分析研究。此处仅全面地记录发掘现场和出土物品的实际状况。

附录三　云冈石窟新发现的几处建筑遗址

姜怀英　员海瑞　解廷凡[*]

20 世纪 70 年代初期，结合云冈石窟的加固维修工程，我们先后对第 9、10 窟前庭和前室上方平台进行了发掘与清理，于前庭发现了一组柱础群，于平台发现了梁槽与瓦顶。同时在第 12 窟前壁列柱上方发现一座石雕的庑殿式屋顶。这些发现，为研究云冈石窟的窟前建筑提供了重要资料。现就发掘情况及其有关问题简述如下。

一　在第 9、10 窟前庭发现的柱础群

1972 年 10 月，为了进一步探查第 9、10 窟窟前建筑的规模，我们将其窟前东西长 30、南北宽13 米的地表积土进行了一次全面清理。积土为碎砖杂土层，深约 0.50 米，杂土层下面原铺有一层敷地方砖，铺设范围东西长 24.65、南北宽 11 米，南侧残存砖砌的台明、散水。方砖下面即为前庭的原始基岩。第 9 窟前的基岩多有残损，第 10 窟前的基岩较为完整。靠西端的基岩上雕有一朵直径约3 米而未完工的团莲和由联珠纹、莲花纹组成的边饰。两窟列柱之间的 6 个甬道上雕有莲花纹、联珠纹和龟背纹组成的图案，但均未向窟内外延伸，有些图案只雕出了粗糙的轮廓，尚未细琢（图 1）。

对第 9、10 窟窟前的清理与发掘，早在 1940 年日本水野清一等即曾进行过，他们在窟前挖了 3条南北向、2 条东西向的探沟[1]，出土过辽代铺地方砖、兽面纹瓦当等，并在靠近崖面的基岩上发现了几个不十分规整的柱础和柱槽。但是这几个柱石的位置、数量与显露在崖壁上方排列齐整的 8 个梁孔并不对应，显然不是同一座建筑的遗迹。那么，与这 8 个梁孔相呼应的柱础在哪里呢？经我们进一步发掘，结果在第 10 窟前距离崖壁 4.3 米的敷地方砖下面发现了一个长宽约 1 米的方槽，方槽的位置，恰好与西端第一个梁孔相对应。根据这一线索，我们继续向东探寻，终于又发现了 7 个方槽，总共 8 个。它们与崖壁平行排列，长度在 1～1.18 米之间。槽内积满了杂土与木炭，经清理发现，其中 5 个槽底凿为覆盆式柱础形，3 个为平底，深度为 0.18～0.52 米不等，每个方槽两侧各有 1～3个直径约 0.15 米的小圆槽对称排列。测量 8 个方槽的中心距离，进一步证明了与崖壁上 8 个梁孔的密切关系。由西往东，8 个方槽的中心距离分别为 3.82、3.56、3.83、3.90、3.70、3.95、4.48 米，通长 27.24 米；8 个梁孔的中心距离分别为 3.86、3.60、3.80、3.90、3.65、3.90、4.55 米，通长 27.26 米，两者极为相近。由此可见，应是同一座面阔七间的木结构建筑的遗迹。其东侧一间略大，应与保护

---

[*]　姜怀英：文化部文物保护科学技术研究所；员海瑞、解廷凡：云冈石窟文物保护所。
[1]　参见〔日〕水野清一、长广敏雄《云冈石窟》第7卷。

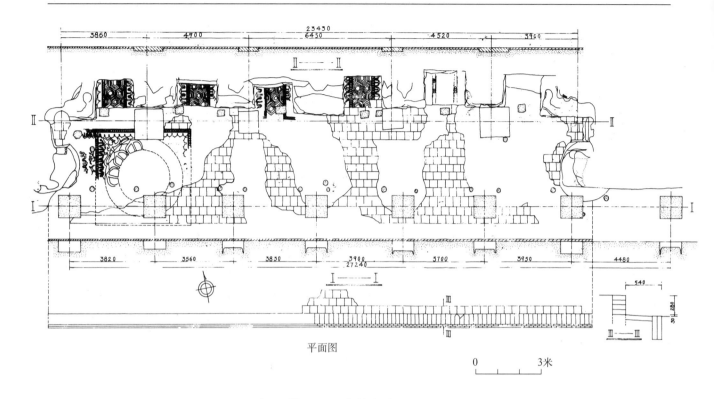

平面图

图1　第9、10窟前庭发现的柱础群

外壁的浮雕佛塔有关。根据方槽内存有大量木炭的情况推测，该建筑物可能毁于火灾。

　　此外，在靠近崖壁的基岩上，还有一排柱础遗址，即水野等发现过的柱础。但其规格不一，大小不等。西起第一个柱础是在崖壁根部凿出的半圆形的槽，直径约0.30米，第二个柱础是长1.4、宽1.2、深0.20米的长形方槽，第三、四个柱础是长、宽各0.80米的方石，表面与铺地方砖平，第五个柱础是长、宽各1.4米的方槽（编者注为"槽"，原文"石"误），第六个柱础的位置不甚明显。柱础的两侧，亦有圆形或方形的小槽。这些柱础与崖壁平行排列，由西往东中心距离分别为3.86、4.70、6.45、4.52、3.90米，通长23.43米，似为五开间的窟檐建筑遗迹。

二　在第9、10窟前室窟顶发现的梁槽与瓦顶遗迹

　　第9、10窟前室窟顶原有一道上下贯通的岸边裂隙，致使前壁列柱处于极不稳定的状态。1972年清除前室上方积土、加固危岩时，发现了灰色筒瓦、鸱尾、脊兽等瓦顶残迹。筒瓦长35、直径约13厘米。下面即洞窟窟顶，东西长29、进深4.5米，分上、下两层平台，上台宽约1.4、下台宽约3米。在平台上，发现了6组排列整齐的梁槽，每组梁槽由上台的1个长槽和下台的2个三角槽组成（图2）。长槽呈南北向，长1.3、宽0.41、深0.12米，槽底各有一或两个长、宽为0.13、深0.20米的小方槽。三角槽长0.43～0.52、宽0.25、深0.24米，两槽间中心距离为0.90～1.20米。长槽内尚存烧毁的木构件残迹。根据梁槽的排列和残存构件的情况推测，上层平台上的长槽似为安放大梁开凿的，槽底小方槽当是防止大梁移位而增设的榫卯结构，下层平台上的三角槽，很可能是类似"叉手"

图 2　第 9、10 窟上方崖壁上层平台长槽和下层
平台三角槽

图 3　第 12 窟窟檐瓦垄遗迹

构件的脚卯。这是一组典型的依崖构筑的建筑遗迹。测量 6 组梁槽的中心距离，由西往东分别为 3.96、4.60、6.42、4.67、3.85 米，通长 23.5 米。与前庭靠近崖壁的 6 个柱础间距相吻合，应为同一座面阔五间的木结构窟檐建筑的遗迹。

三　在第 12 窟列柱上方发现一座石雕庑殿式屋顶

第 12 窟列柱上方，有一块突出于壁面之外的岩体，因受岸边裂隙的切割，时有崩塌的危险，原先用木柱支撑。1973 年修补裂隙时，发现在这块岩体的上部残留着明显的瓦垄、脊兽等痕迹，经进一步清理积土尘埃，显露出一座石雕的庑殿式屋顶形象。正脊长 3.6 米，两端雕有鱼尾状鸱尾，脊中雕饰凤鸟、角脊、瓦垄均很明显（图 3），与窟内雕刻的"屋形龛"极为相近。只是列柱外侧雕饰和屋檐下的叉手、椽子等剥泐殆尽。根据列柱内侧完整保存着的装饰花纹、柱头上的栌斗、皿板、阑额，参照窟内"屋形龛"檐下的叉手组合情况绘制出原状图，即能生动地再现云冈石窟中晚期洞窟外貌的某些变化（图 4）。

四　第 9、10 窟窟檐原状探讨

这次在第 9、10 窟前庭发现的 8 个柱础，有一个压在了第 10 窟前基岩的花纹上，破坏了地面原有雕饰的完整性。一般说来，这种现象不太可能属于五世纪末第 9、10 窟雕凿完工时的自建自毁，也就是说，8 个柱础不像是北魏时期的遗迹。而这 8 个柱础又都发现于方砖之下，说明辽金时

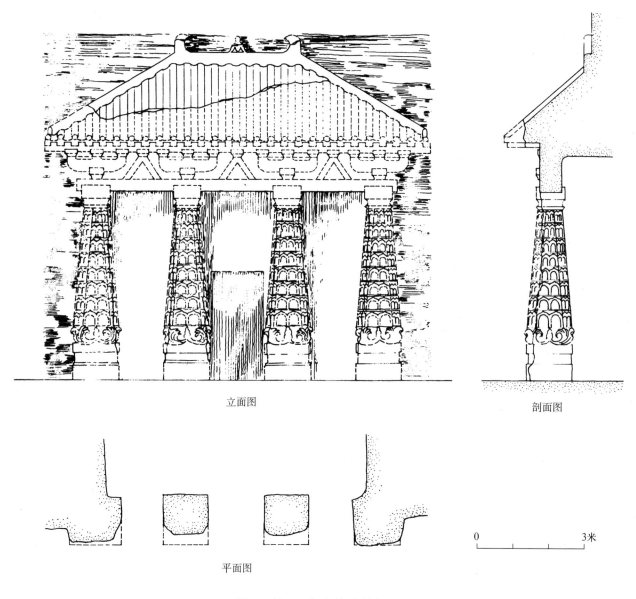

立面图 剖面图

平面图

0 3米

图 4 第 12 窟窟檐建筑复原图

期重建窟前建筑时，并未袭用以前的旧基，而是在其上面重新铺土筑基，兴建了与前代不同规模的建筑。由此看来，如果这七开间的窟檐建筑确系北魏以后、辽金以前所建，仅可能是《大金西京武州山重修大石窟寺碑》所云："唐贞观十五年守臣重建"。此外，唐代留下的遗迹还有第 3 窟的主像及其胁侍菩萨[1]，和第 5 窟上方的寄骨洞等。至于那五开间的窟檐建筑，从柱础的位置和敷地方砖的关系来看，很可能是七开间窟檐毁弃之后辽金所建。辽代曾在云冈石窟"修大小（佛像）一千八百七十六尊"[2]，工程浩大。总之，唐、辽、金在云冈都留下过修葺活动的遗迹，所以，先后建造第 9、10 窟的两座木结构窟檐是不无可能的。

---

[1] 参见宿白：《"大金西京武州山重修大石窟寺碑"校注》，《北京大学学报》1956年第1期。
[2] 参见云冈石窟第13窟南壁铭记。

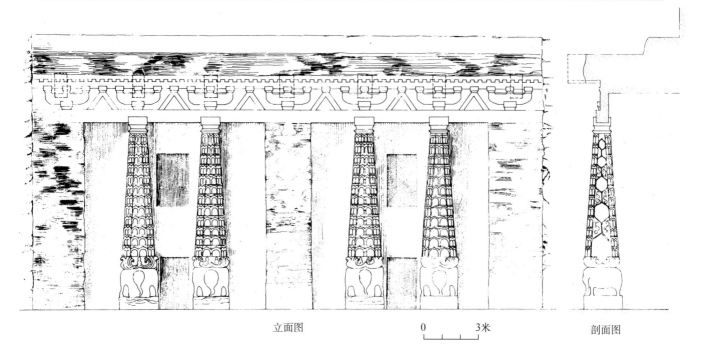

立面图　　　　0　　　3米　　　剖面图

图 5　第 9、10 窟窟檐建筑复原图

　　那么，第 9、10 窟最初有无窟檐，这个窟檐是木结构建筑还是仿木结构形式的石雕建筑？我们认为第 9、10 窟开凿之初即有窟檐，很可能是和第 12 窟新发现的石雕屋顶相似的形式。首先，第 9、10 窟和第 12 窟一样，均在前立壁雕出粗大的八角列柱，柱头上可能雕出皿板、栌斗、阑额等建筑构件，表现出石雕窟檐的特点。第 9、10 窟前壁列柱上的岩体虽已严重剥落，但仍能发现有向外凸出的表现屋顶出檐的痕迹，而且檐下雕刻的人字叉手亦隐约可辨。此外，前室上方进深 4.5 米的平台，并非崖体自然凹进的形状，东西长度与两窟前室面宽相一致，平台后壁和东西两侧壁陡直平整，带有明显的斧凿痕迹，很可能与石雕屋顶有关。但从两层平台上、下错落的形式看，也不能排除第 9、10 窟的原状可能与天龙山第 16 窟那样的门罩形式相似。第 9、10 窟以雕镂巧丽著称，如华丽的窟门与明窗，精美的龛像与列柱，尤其是在前庭地面亦雕刻了莲花纹、龟背纹和联珠纹等装饰，由此可见，将石窟的前部开凿成具有列柱的前廊，使整个石窟的外貌呈现出殿廊形式的窟檐，雕刻成仿木结构的屋顶或门罩形式，是完全可能的（图 5）。

　　近半个世纪以来，文物考古工作者在云冈石窟进行了多次发掘，发现了数量颇多的北魏时期和辽金时期的建筑遗迹。这些遗迹和石窟崖壁上方众多的梁孔、椽眼和人字形沟槽等相对照，说明在石窟前面曾大规模地修建过与现存第 5、6 窟木结构窟檐相类似的建筑。因此，郦道元在《水经注》中关于云冈石窟"山堂水殿，烟寺相望"的记载是有根据的。总之，这次发现的几处建筑遗址，为研究云冈石窟的窟前建筑提供了可贵的依据。

　　（原载《中国石窟·云冈石窟（一）》，文物出版社、株式会社平凡社，1991 年）

附录四　云冈石窟建筑遗迹的新发现

云冈石窟文物保管所、文物保护科学技术研究所

云冈石窟文物保管所为配合云冈石窟维修加固工程，于 1972～1974 年在五华洞（编号九～十三窟）窟前进行考古发掘，陆续发现了一些重要建筑遗址、遗物。这些资料，对研究云冈石窟的原貌及历代维修工程的规模、施工方法有一定参考价值。

一　在九窟和十窟窟前基岩面上发现一片柱础群

1972 年 10 月，在九窟、十窟前东西 30、南北 13 米，共约 400 平方米范围内进行发掘时，发现一片柱础群（图一、七）。有方柱础 8 个，圆柱础 16 个。8 个方柱槽（即柱础的槽）在距前壁 4.3 米处，恰好在一条东西轴线上，与前壁方向平行。每个柱槽 1.00～1.18 米见方，深 0.18～0.52 米。8 个方形柱槽底面凿成覆盆式圆形柱础。这种把柱脚"埋入"地下"柱跗"式的构造，是比较古老的一种作法（图八）。

在柱槽内还发现很多木炭（图九），说明这座木构建筑可能毁于火灾。

柱槽上面铺方砖，方砖尺寸：37 厘米 ×37 厘米 ×5 厘米，背面有沟纹（图一〇）。范围：东西宽 24.65、南北深 11 米，前有"台明"、"散水"（图一一）。8 个柱槽在铺地方砖下面。

经实测 8 个方形柱槽和九窟、十窟前壁上方残存的 8 个梁孔（图二）的大小比例、开间尺寸及通面宽都基本一致，列表如下：

间次　　　　位置名称	Ⅰ-Ⅰ柱槽	壁面上梁孔
明　间	3.90 米	3.90 米
西次间	3.83 米	3.80 米
东次间	3.70 米	3.65 米
西梢间	3.56 米	3.60 米
东梢间	3.95 米	3.90 米
西尽间	3.82 米	3.86 米

位置名称 间　次	Ⅰ–Ⅰ柱槽	壁面上梁孔
东尽间	4.48 米	4.55 米
通面宽	27.24 米	27.26 米

可见，这次发现的 8 个柱槽和崖壁上的 8 个梁孔，是一座七开间的木构窟檐建筑坍毁后的建筑遗迹。

二　在九窟、十窟前室窟顶上方还发现一组五开间梁槽遗迹

九窟、十窟前室窟顶东西长 29、南北深 4.5 米。清除窟顶积土后，发现了 6 个排列有序的梁槽遗迹（图一）。梁槽方向与洞窟垂直（即南北向），大槽长 130、宽 41、深 12 厘米。底面又各凿 1～2 个 20 厘米 ×13 厘米 ×13 厘米的小方槽。在错台下面，每个梁槽两侧有对称的 2 个三角形槽，长 43～52、宽 25、深 24、中距 90～120 厘米（图三、四、一二）。

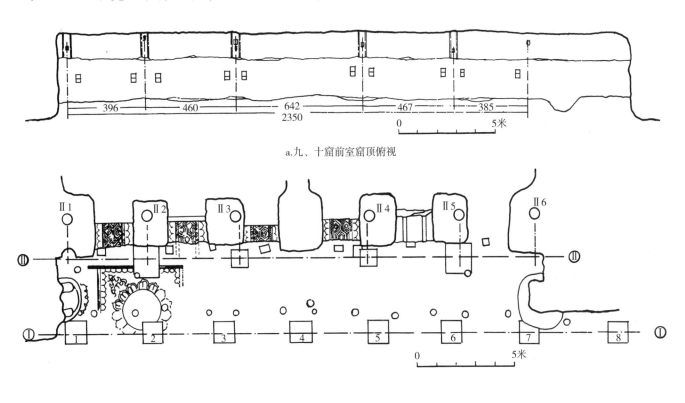

a. 九、十窟前室窟顶俯视

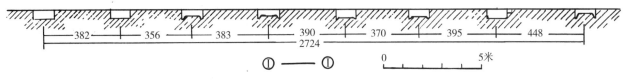

b. 九、十窟窟前地面平面图

图一　九、十窟

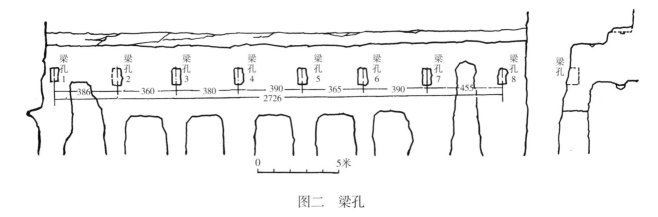

图二　梁孔

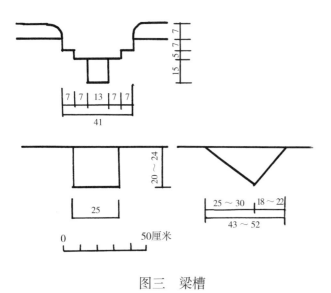

图三　梁槽

图四　梁槽

图五　脊饰瓦垄残迹

从构造上来看，大梁槽为安放窟檐大梁开凿的。小方槽可能是为梁底安设木榫起固定作用，防止大梁向外移动的榫槽。三角形槽可能是为了防止"脊檩"或整个梁架向前倾倒而安设的"托脚"的底槽。

经实测，这一组梁槽的分间尺寸规律和1938年已被发现的II-II柱础的间距、间数及通面宽是比较一致的。现列表如下：

位置 间次	II-II 柱槽	窟顶梁槽
明间	6.45 米	6.42 米
西次间	4.70 米	4.60 米
东次间	4.52 米	4.67 米
西梢间	3.86 米	3.96 米
东梢间	3.90 米	3.85 米
通面宽	23.43 米	23.50 米

从上表可以看出，这次发现的 6 个梁槽与窟前地面上紧靠列柱的 6 个柱础应是一座五间窟檐建筑遗址。

三　在十二窟列柱上方发现石雕瓦顶残迹

1973 年 7 月清除前室顶板积土后，发现有脊饰、瓦垄等残迹（图五）。结合下方列柱来看，全窟外观应是一座崖阁形式，与天水麦积山石窟上七佛阁式样相似。

这一崖阁式洞窟，顶部为筒版瓦庑殿顶，正脊长约 3.6 米（距地面高 9 米），脊两端有鸱尾残迹，中央有鸟形残迹。下部为四柱三开间，柱高 3.4 米，断面八角形，柱基座高 1.5 米。柱檐风化剥蚀轮廓不清。但前室侧壁和柱头内侧浮雕还可推测该窟前壁面是柱头刻皿板，栌斗上托额枋，补间人字拱，柱头一斗三升的式样（图六）。

几点看法：

1. 这次在九窟、十窟新发现的两处窟檐建筑遗迹，我们认为在九窟、十窟前面有过两次修建活动，一次建造过七间大殿，一次修建过五间窟檐。

云冈石窟，在太和十八年（494 年）魏孝文帝迁都洛阳以前开凿的十余座大型洞窟，除去十四窟外，其余洞窟仍能清晰看到梁孔、椽眼和人字形沟槽等建筑痕迹。郦道元《水经注》"㶟水条"下谈到"……凿石开山，因岩结构，真容巨壮，世法所希，山堂水殿，烟寺相望"。从"山堂水殿，烟寺相望"之"堂""殿""寺"来推断，北魏已在窟前建筑了窟檐是有根据的[1]。

大同是辽、金两代陪都，据金皇统七年（1147 年）《大金西京武州山重修大石窟寺碑》记载辽兴宗、道宗、天祚屡次重修云冈[2]，因而辽代在窟前兴建或在北魏窟檐基础上重建过巨大的木构建筑。

2. 九窟、十窟前面敷地砖东西宽 24.65、南北深 11 米。II—II 柱础通面宽及窟顶六个梁槽通面宽为 23.43 米和 23.5 米。算上"下出檐"两者宽度是基本吻合的。II—II 柱础紧靠列柱柱脚，柱子高达 13 米以上，因此前面还应有一排檐柱。据屋顶坡度推算，檐柱位置距前壁约 10 米左右，和铺

---

[1]　梁思成：《云冈石窟中所表现的北魏建筑》，《中国营造学社汇刊》第4卷第3、4期。

[2]　宿白：《"大金西京武州山重修大石窟寺碑"校注》注二六，《北京大学学报》1956年第1期。

图六　石窟瓦垄复原

图七　方形和圆形的柱础

图八　方形柱槽底

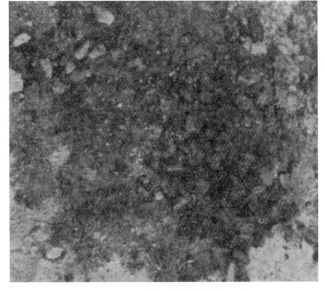

图九　木炭

图一〇　方砖

图一一　"台明""散水"

图一二　梁槽与"托脚"槽

地砖南北深度也是一致的。而且Ⅱ—Ⅱ柱础上皮和铺地砖是在一个平面上，推测这五间式窟檐和铺地砖应是同期建筑遗物。可能重建于辽代。

　　七间式窟檐柱础压在铺地砖下面，应是辽代以前遗物。但从柱础位置与窟前铺地花纹关系看，有的柱础又"压"了铺地花纹（图一），七间式窟檐的始建年代应在九窟、十窟全部雕刻完成之后。

　　九窟、十窟窟前地面的铺地花纹（岩石上）雕刻精美，但雕刻工程并未全部完成。

　　3.仿木构建筑的石雕窟檐，见于麦积山、天龙山和响堂山诸石窟，云冈石窟是第一次发现。从建筑年代来说，第十二窟新发现的在全国现存崖阁式洞窟中是最早的一处。

　　　　（原载《文物》1976年第4期）

附录五 云冈石窟窟前遗址出土
彩绘颜料的检测分析

范 潇[*]

一 样品信息

本次测试分析涉及窟前遗址出土样品 20 件，时代涉及北魏、辽金和明清时期。其中，北魏时期样品编号 1992T502 ④：15，出土位置在昙曜五窟前，应该是当时窟前寺庙内的壁画残块，样品表面平整，可见白、红、黑三色颜料和金箔；辽金时期样品一类为彩砖斗，样品编号 1992T409 ② A：11 和 1992T410 ② A：23，出土于昙曜五窟前，表面平整，大面积覆盖红彩，另一类为檐头板瓦残片，样品编号 1992T525 ③ A：6 ～ 9，出土于五华洞前，表面局部见宽约 1 ～ 2 厘米的红色颜料条痕。清代样品较多，均为泥塑残块，样品编号 1992T408 ①：9 ～ 13，1992T409 ② A：16、17，1992T410 ② A：25 ～ 30，1992T411 ② A：30 ～ 32，1992T509 ② A：2 ～ 4，均出土于昙曜五窟前，颜色涉及绿、白、红和蓝。

二 检测方法

1. 便携式 X 射线荧光光谱仪

本次测试使用的是奥林巴斯手持式 X 射线荧光光谱仪 Delta 系列，型号 DPO-6000+，采用文物考古＋模式，激发电压 40kV，可以测出 Fe、Cu、Hg、As、Pb、Al、Si、S、Cl、Ca 等元素的含量。值得注意的是，由于残存颜料层较薄且表面不平整，因此所测元素含量偏低，但还是可以辨别出特征元素，从而初步判断颜料种类。

2. 偏光显微镜

采取微量颜料粉末到载玻片，滴加酒精研匀后放于加热台上，使用 Meltmount（折射率 =1.662）封固后放于偏光显微镜下观察，显微镜型号为 SOPTOP-CX40P，根据矿物颜料晶体的大小、形状、颜色、形态、消光性等特征判断颜料种类。

3. 超景深显微镜

将颜料样品包埋在环氧树脂中，经研磨抛光后置于 Hirox HRX-01 超景深显微镜下观察样品剖

* 范潇：云冈研究院。

面并测算相关参数。

4.扫描电镜－能谱分析

将包埋好的样品利用配备 Bruker 能谱仪的 HITACHI3030 扫描电镜对彩绘层成分进行定量分析。

5.拉曼散射分析

直接将颜料颗粒或包埋好的样品使用显微共焦拉曼进行分析，仪器型号 HORIBA Xplora Plus，激发波长 532nm 和 785nm。

三　分析结果

（一）北魏壁画残块

1.红色颜料

根据样品表面 pXRF 测试结果（表 1）可以看出红色颜料相较于其他色彩和支撑体明显含有一定量的 Hg 和 Pb。颜料颗粒在单偏光下晶体呈亮红色长条状（图 1a），正交偏光下局部带有橘黄色斑点（图 1b），初步判断红色颜料含有朱砂。在样品表面选取两个点进行 RS 分析测试（图 2），均在 253cm^{-1}、343cm^{-1} 附近测出了朱砂的特征拉曼散射峰。将样品包埋后观察剖面并利用扫描电镜－能谱测试颜料层的元素分布，发现红色颜料层厚度约 10～20μm（图 3a、b），含有较多的 Hg 和 S，其下有 2 个白色颜料层，靠外的白色层中含有较多的 Pb、O 和 Ca，靠内的白色层中含有较高的 Ca 和 O。因此推断北魏红色颜料样品应该同时使用了朱砂。靠外的白色层使用了铅白，靠内的白色层使用了碳酸钙。

表 1　北魏壁画残块表面颜料的 pXRF 分析结果

样品号	颜色	元素含量（单位：wt%）									
		Al	Si	S	Cl	Ca	Fe	Cu	As	Hg	Pb
1992 T502 ④：15	红	1.43	3.39	2.62	1.05	9.59	0.22	－	0.09	0.52	0.44
	白	－	1.18	0.08	0.1	8.41	0.15	－	－	－	－
	黑	0.78	1.78	0.67	0.55	10.71	0.23	－	0.02	－	0.06
	支撑体	－	0.66	0.08	0.13	7.43	0.07	－	－	－	－

注：“－”表示未测出该元素。

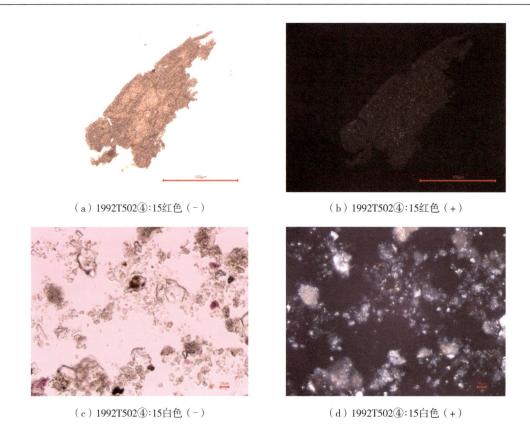

（a）1992T502④:15红色（-）　　　　　　　（b）1992T502④:15红色（+）

（c）1992T502④:15白色（-）　　　　　　　（d）1992T502④:15白色（+）

图1　北魏地层出土颜料显微照片

（"-"表示单偏光，"+"表示正交偏光，下同）

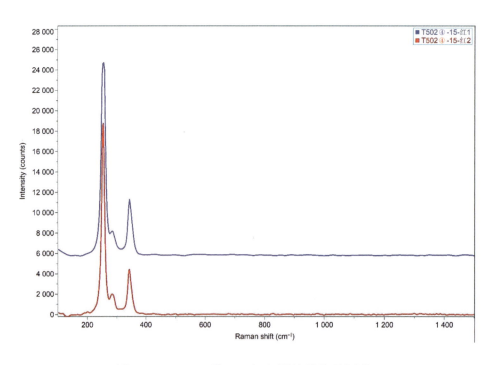

图2　1992T502④:15红色样品的拉曼图谱

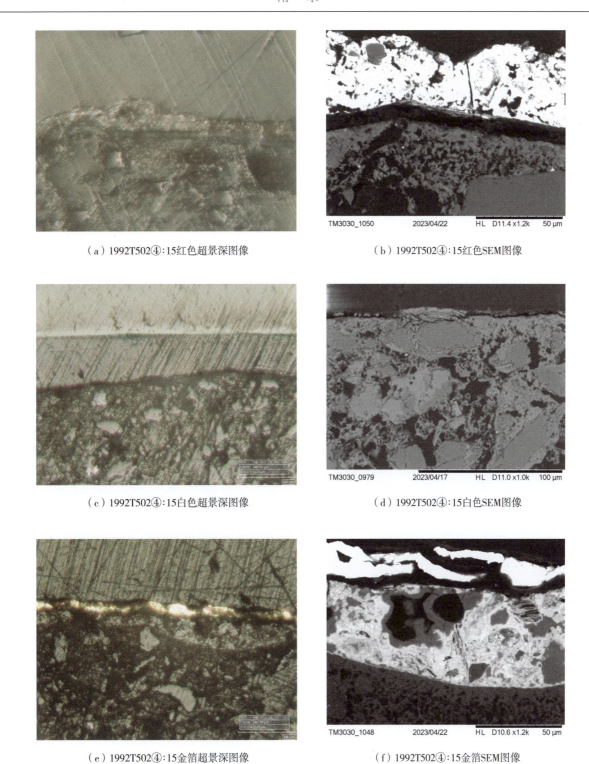

（a）1992T502④:15红色超景深图像　　　　（b）1992T502④:15红色SEM图像

（c）1992T502④:15白色超景深图像　　　　（d）1992T502④:15白色SEM图像

（e）1992T502④:15金箔超景深图像　　　　（f）1992T502④:15金箔SEM图像

图 3　北魏样品剖面照片和扫描电镜图像

表 2　北魏样品剖面 EDS 分析结果

样品编号	层号	质量分数（wt%）															
		C	O	Pb	Ca	Au	Si	As	Cl	Al	Na	Fe	K	Mg	S	Hg	Cu
1992T502 ④：15 金	①金	30.85	7.23	0	1.03	57.57	0.05	0	0.12	0.02	0.15	0.9	0	0	0	2.05	0
	②白	14.14	13.76	48.42	12.3	2.21	1.1	3.45	2.7	0.23	0.18	0.16	0	0.58	0	0	0.77
	③白	35.77	35.16	0.69	22.02	0.33	2.54	0.59	0.22	0.96	0.01	0.96	0.45	0.27	0.03	0.01	0
1992T502 ④：15 红	①红	–	3.9	1.8	1.6	–	0.9	0.3	0	0.6	0.7	0.4	0	0.4	13.8	75.2	0.4
	②白	–	15.2	61.8	14.6	–	2.2	0.8	3.1	0.5	0.8	0	0	0.2	0	0.2	0.6
	③白	–	43.8	6.2	39	–	4	0	0.7	1.9	0.6	1.7	0.9	0.4	0.9	0	0
1992T502 ④：15 白	①白	32.76	41.73	0	21.72	–	1.99	0.06	0.14	0.56	0.43	0.19	0.07	0.18	0.13	0	0.04

注：　"–" 表示未标注该元素。

2. 白色颜料

便携 X 射线荧光测试结果显示白色颜料的化学组成相较支撑体没有明显的差别（表 1），单偏光下呈白色透明岩石状（图 1c），颗粒直径在 10 至 25μm 左右，正交偏光下强消光（图 1d），应该是碳酸钙。在白色颜料样品表面选取两个点进行显微拉曼测试（图 4），拉曼光谱在 155cm^{-1}、281cm^{-1}、1087cm^{-1} 出现碳酸钙特征峰。样品剖面显示（图 3c、d），白色颜料仅有一层，其下无底色层，EDS 数据显示含有较多的 C、O、Ca 元素，证明了白色颜料是碳酸钙（表 2）。

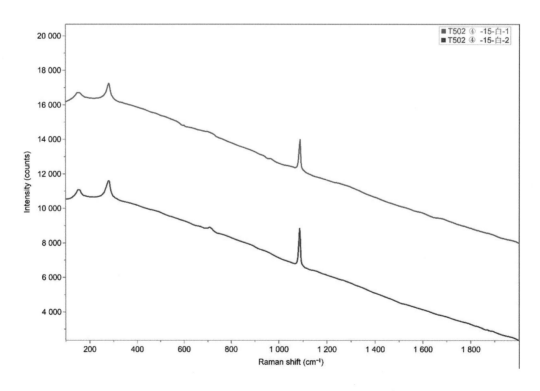

图 4　1992T502 ④：15 白色样品拉曼图谱

3. 黑色颜料

便携 X 射线荧光测试显示黑色颜料化学组成上与白色颜料和支撑体没有明显差别，在其表面选取两个点进行拉曼测试发现在 1351cm^{-1}、1588cm^{-1} 出现特征峰，应该是炭黑（图5）。

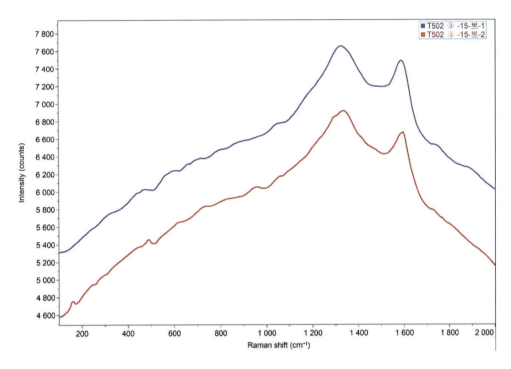

图 5　1992T502 ④：15 黑色颜料拉曼谱图

4. 金箔

北魏有一件贴金样品，通过电镜剖面照片可以看到（图3e、f），金箔层下面还有一层含铅量很高的白色彩绘层，可能是当时将金箔直接贴附在铅白之上。在最内部的白色底色层基本只含有 Ca、C、O，应该也是碳酸钙作为底色层。

（二）辽金彩砖斗和瓦片

辽金样品仅有红色颜料，根据 pXRF 结果（表3）其中 4 件檐头板瓦残片编号为 T525 ③ A：6 ～ 9，其上红色颜料 Fe 含量介于 4.2% ～ 4.95%，胎体 Fe 含量介于 3.74% ～ 4.44%，不含 Hg 和 Pb 元素；2 件彩砖斗红色颜料编号为 1992T409 ② A：11 和 1992T410 ② A：23，红色颜料 Fe 含量分别是 5.5% 和 7.7%，胎体 Fe 含量仅为 3% 和 3.3%，颜料中不含 Hg 元素，几乎也不含 Pb 元素。采集 1992T409 ② A：11 颜料粉末在单偏光可见下颜料颗粒边缘圆润，呈暗红色，在正交偏光下全消光（图6）。同时对 1992T409 ② A：11 颜料表面选取两个点进行 RS 分析，检测到 125cm^{-1}、224cm^{-1}、294cm^{-1}、410cm^{-1} 和 1319cm^{-1} 铁红的特征峰（图7），因此判断辽代红色颜料为铁红。

表 3　辽金样品的 pXRF 化学成分分析结果

标本号	颜色	元素含量（单位：wt%）									
		Al	Si	S	Cl	Ca	Fe	Cu	As	Hg	Pb
1992 T525③A：6	红	5.79	19.54	1.4	9.78	3.82	4.95	0.01	–	–	–
	胎体	5.65	18.49	1.84	9.95	5.05	3.74	0.01	–	–	–
1992 T525③A：7	红	8.29	25.75	1.06	2.43	3.27	4.68	0.01	–	–	–
	胎体	7.49	23.74	1.26	3.98	4.57	4.44	0.01	–	–	–
1992 T525③A：8	红	4.84	16.57	2.85	2.87	7.51	4.2	0.01	–	–	–
	胎体	5.32	18.14	1.54	5.14	5.94	3.86	0.01	–	–	–
1992 T525③A：9	红	4.8	15.64	1.58	11.54	5.37	4.85	0.01	–	–	–
	胎体	6.69	20.19	2.04	6.47	4.14	4.29	0.01	–	–	–
1992 T409②A：11	红	6.96	19.04	1.18	–	2.09	7.7	0.07	0.02	–	0.15
	胎体	5.05	16.97	2.31	–	6.37	3	0.02	0	–	0.01
1992 T410②A：23	红	7.29	22.6	1.46	–	3.96	5.5	0	0.01	–	0.04
	胎体	6.78	21.76	1.29	–	6.74	3.3	0	0	–	0.01

注：“–”表示未测出该元素。

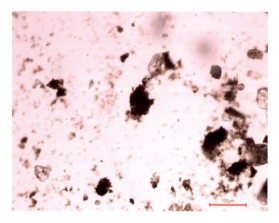 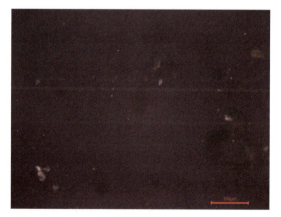

1992T409②A：11红色（-）　　　　　　　　1992T409②A：11红色（+）

图 6　辽金红色颜料颗粒的偏光显微照片

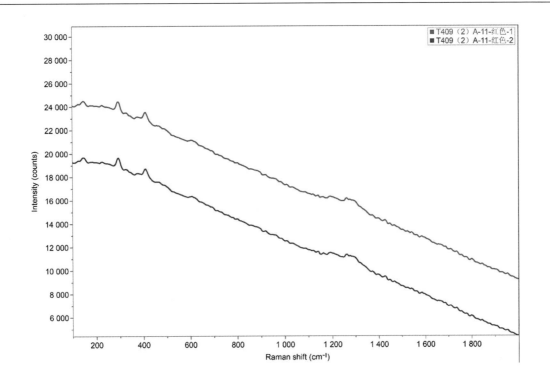

图 7　1992T409 ② A：11 红色颜料拉曼分析结果

（三）明清泥塑残块

明清颜料样品色彩相对丰富，涉及绿、蓝、红、白 4 色。

1. 绿色颜料

绿色样品 pXRF 测试结果显示均明显含有较多的 Cu 和 Cl 元素（表 4），1992T409 ② A：16 绿色颜料颗粒在单偏光下为带深色内核的深绿色晶体（图 8c、8d），1992T411 ② A：30 ~ 32 绿色样品 EDS 结果也显示含有较多的 Cu 和 Cl（表 5），综上所述绿色颜料为氯铜矿，且为人工合成。结合剖面照片和电镜照片发现（图 9e、9f），在绿色颜料层下还有一层含 Ca、C、O、Pb 较多的白色层，可能是铅白和碳酸钙的混合物作为底色层。

表 4　明清颜料的 pXRF 分析结果

标本号	颜色	元素含量（单位：wt%）									
		Al	Si	S	Cl	Ca	Fe	Cu	As	Hg	Pb
1992 T408 ①：9 ~ 13	红	7.26	23.13	4.8	0.29	1.64	1.12	0.01	0.12	0.82	0.73
	绿	9.16	14.72	0.72	9.38	2.47	2.62	3.11	0.01	0	0.02
1992 T409 ② A：16	绿	5.01	11.8	0.13	11	1.68	2.49	4.26	0.05	-	0.04

标本号	颜色	元素含量（单位：wt%）									
		Al	Si	S	Cl	Ca	Fe	Cu	As	Hg	Pb
1992 T409 ② A：17	红	4.8	20.69	4.49	0.91	3.76	1.69	0.02	0.28	0.38	2.68
	白	7.39	19.7	0.57	–	7.09	3.26	0.04	–	–	0.03
	蓝	5.93	16.79	0.92	–	7.4	1.98	0.03	–	–	0.01
1992 T410 ②：25～30	绿	7.01	17.47	0.08	3.17	4.53	2.85	1.63	0.02	–	0.01
	红	6.42	17.03	4.13	0.38	3.65	2.94	0.02	0.27	0.41	2.67
1992 T411 ②：30～32	绿	7.81	19.76	0.18	1.76	3.29	2.82	0.87	–	–	0.07
	红	7.75	19.13	3.88	–	3.58	2.3	0.01	0.03	0.16	0.34
	蓝	7.42	19.4	2.53	–	2.44	2.1	0.01	0.06	0.01	0.58
1992 T509 ②：2～4	红	7.55	20.08	1.72	–	2.87	2.92	0.01	0.1	0.5	0.84

注：“–”表示未测出该元素。

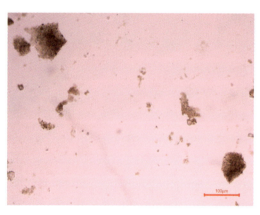

（a）1992T408①:9-13白色（–）　　　　　　　　（b）1992T408①:9-13白色（+）

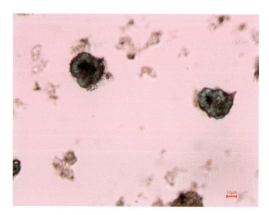

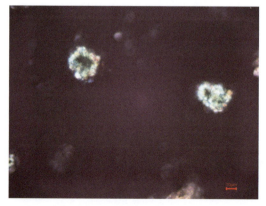

（c）1992T409②A:16绿色（–）　　　　　　　　（d）1992T409②A:16绿（+）

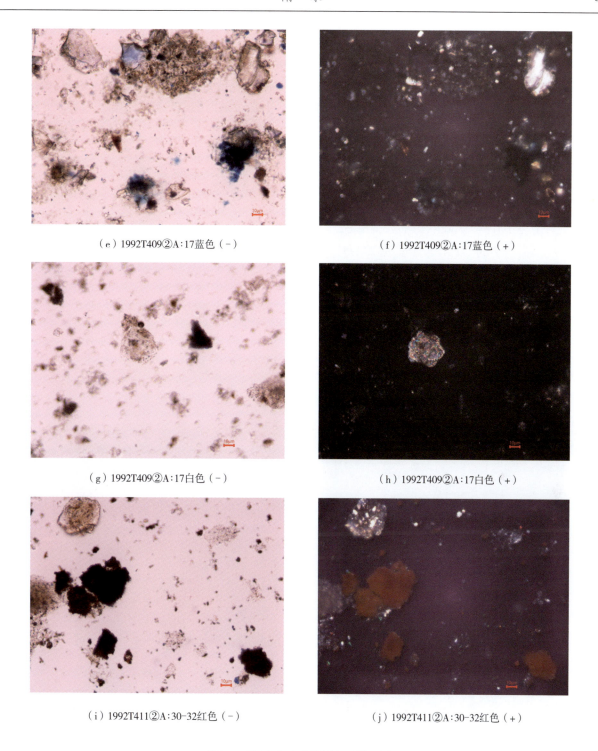

（e）1992T409②A：17蓝色（-）　　　　　　（f）1992T409②A：17蓝色（+）

（g）1992T409②A：17白色（-）　　　　　　（h）1992T409②A：17白色（+）

（i）1992T411②A：30-32红色（-）　　　　　（j）1992T411②A：30-32红色（+）

图 8　明清出土颜料的显微照片

（"-"表示单偏光，"+"表示正交偏光）

2. 蓝色颜料

pXRF 测试结果显示，蓝色样品几乎不含 Cu 元素（表4），1992T409 ② A：17 蓝色颜料颗粒在单偏光下多呈深蓝色（图8e、8f），大小均一，颗粒直径在 5 ～ 15 μm 之间，应该是人造群青。

3. 红色颜料

红色样品 Fe 元素含量不高，均含有较多的 Hg、Pb、S 元素，1992T411 ② A：30 ～ 32 红色颜料在单偏光下晶体颗粒在 10 ～ 50μm 之间，呈黑色，正交偏光下呈火红色（图 8i、8j），据此推断红色颜料含有朱砂。显微照片显示有两层红色颜料（图 9c、9d），EDS 结果显示（表 5）最外层红色颜料含有较多的 Pb 和 Hg，可能是铅丹和朱砂的混合物；内层红色颜料含有 58.52% 的 Pb，几乎不含 Fe 和 Hg，可能是铅丹。

4. 白色颜料

白色颜料样品有两件，pXRF 显示 1992T408 ①：10 的 Ca 元素含量为 1.1%，Pb 元素含量为 0.27%，在单偏光下矿物晶体呈残破六边形，黄绿色，正交偏光下呈土黄色，局部亮黄色（图 8a、8b），而 1992T409 ② A：17 的 Ca 元素含量为 7.09%，Pb 元素含量仅有 0.03%，单偏光下呈白色透明状，正交偏光下呈现强消光性（图 8g、8h），推断白色颜料分别为铅白和碳酸钙。

（a）T408①:9～13红色样品剖面照片

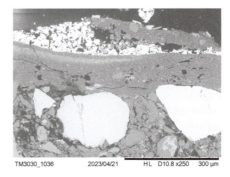

（b）T408①:9～13红色样品电镜照片

（c）T411②A:30～32红色样品剖面照片

（d）T411②A:30～32红色样品电镜照片

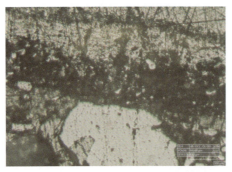

（e）T411②A:30～32绿色样品剖面照片

（f）T411②A:30～32绿色样品电镜照片

图 9　彩绘样品剖面照片和电镜照片

表 5　明清颜料层 EDS 分析结果

样品编号	层号	C	O	Pb	Ca	Si	As	Cl	Al	Na	Fe	K	Mg	S	Hg	Cu
1992 T411 ② A：30～32 绿	绿	29.34	23.22	1.25	0.61	1.62	0	9.46	0.99	0.26	0	0.2	0.29	0.12	0	32.63
	白	60.89	24.24	5.63	4.28	2.13	0	0.39	0.72	0.27	0.4	0.16	0.58	0	0	0.21
1992 T411 ② A：30～32 红	①红	30.12	10.13	33.87	0.96	2.72	0.36	0.03	1.27	0	0.26	0.46	0.14	4.09	15.02	0.09
	②白	26.81	41.54	0.81	24.05	2.44	0	0.22	1.4	0.26	0	0.63	0.25	0.12	0.8	0.43
	③红	19.46	11.9	58.82	0.44	3.7	0.28	0.04	2.3	0.98	0.76	0.5	0.17	0	0	0
	④白	30.95	39.8	1.48	0.03	13.74	0.45	0.13	10.37	0.52	0.57	1.53	0.09	0.06	0.05	0

四　小结

（1）北魏壁画残块红色颜料可能使用了朱砂，黑色为炭黑，碳酸钙和铅白既被用作白色颜料，也被用作底色层；辽金红色彩绘均为铁红；明清泥塑残块红色颜料使用了朱砂和铅丹，绿色为人造氯铜矿，蓝色为人造群青，白色使用了铅白和碳酸钙两种矿物。

（2）北魏样品结构上可以分为支撑体、底色层、颜料层、金箔 4 个部分。支撑体由细泥组成，其中夹大小不等的石英砂，颗粒直径多在 10～20μm 之间。底色层和颜料层厚度基本一致，约 10～20μm，金箔厚度在 10μm 左右。较明清样品来说，北魏样品支撑体颗粒更为均匀，地仗层和颜料层厚度相对较薄且均一，说明了北魏壁画在制作时工艺更为精细。明清泥塑彩绘存在叠压现象，表明其可能至少经历过一次重绘。

附录六　云冈发掘记（一）

〔日〕水野清一、长广敏雄著，王银田＊译

一　五华洞前发掘

云冈石窟古遗址的考古发掘是于 1938 年和 1940 年进行的。这些发掘包括：一、八窟与五华洞窟前遗址发掘；二、昙曜五窟窟前遗址发掘；三、西部山顶北魏寺庙遗址发掘；四、东部山顶北魏寺庙遗址发掘；五、龙王庙附近辽代寺庙遗址发掘。以下就是关于 1938 年和 1940 年第八窟和五华洞窟前遗址的发掘报告。1938 年与 1940 年进行的这些考古发掘由于当地一些条件的变化有所不同。1940 年以前，五华洞与昙曜五窟前有许多民房，这里被堡墙与一堵沿着民房前面砌筑的小墙环绕着，堡墙与石窟垂直。要想从东侧进入五华洞，必须穿越设在第八窟与第九窟之间的矮墙上的一个小门。第七窟与第八窟前有为来访者提供的由三座小型寺庙建筑所围着的一块空地。就在 1940 年的考古发掘前，为便于石窟群的保护，省政府对从石窟最西端到第八窟前的所有建筑进行了拆迁。近百户农家搬到了横穿村庄中心的马路以南。于是研究人员在这里的活动较 1938 年要方便多了（图一，译者注：为行文方便，特将作者原文图注序号更改如下：文内图一、二、三、四、五、六、七、八、九、十、十一、十二、十三、十四分别为原图号 29、37、39、38、40、30、31、32、33、34、36、42、43、44）。

二　第八窟前发掘

1. 南北向一号探沟

此探沟南北走向，宽 1、长 16 米，1938 年 6 月 4 日开工，只用了一、两位民工，无重大发现。6 月 6 日挖到没含任何文化遗物的地层，6 月 9 日发掘结束。6 月 10 日至 11 日，探沟被回填。

八窟前的基岩向南延伸约 15 米，探沟一侧发现一个凿在基岩上的圆形洞穴，但其用途不明。在出露的基岩南端往南约 2 米处，发现一排砌石，其所用石料曾经过加工。砌石分上下两层，总高 0.5 米，其顶部上距地表 0.7 米。此层砌石的年代尚难确定，但他们似乎与第九窟、第十窟前同样类型的砌石有一定联系（图六）。尽管如此，我们还是很容易猜到这里至少是一段从七窟到十窟，也可能是从五窟到十三窟的一段连续隆起的平台。砌石堆南发现少量煤渣与瓦砾。往下一米深处，仅见一些碎石。这些碎石大约是开凿石窟时留下的废弃物，此外很少有其他遗物。这里只发现了一件典型的辽代滴水。其形制是：板瓦前端弯曲形成一平面，是为滴水正面，其上缘呈下凹的曲线状。滴

＊　王银田：暨南大学文学院。

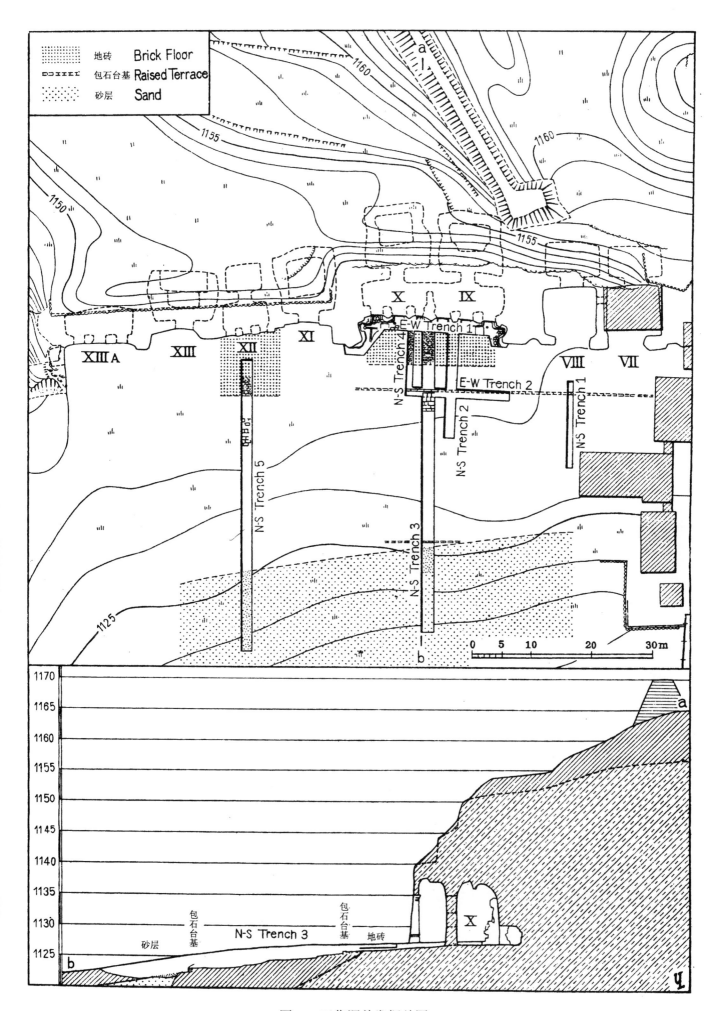

图一　五华洞前发掘总图

水正面由上下四组较浅的带状纹饰组成，其中最上一层与第三层纹饰为倾斜的阴刻线，第二层无纹饰，而最下面的一周装饰十分有趣，这种纹饰是由缠绕在一圆棒子上的细绳倾斜印上去的。

三 九、十窟前的发掘

1938 年 5 月 8 日开始，先用民工一人，发掘主持人为小野胜年。发掘在第九窟窟门南 17.5～19.5 米，第八窟前建筑后墙以西 9.5～11.3 米的范围内进行。这块围墙环绕的地表直到不久以前仍是一片耕地，所以表土 0.2 米深皆耕土。耕土层下为黄土层，包含有碎瓦片与瓷片等遗物，皆近代遗存。1.7 米以下地层中碎石片增多而不见有人工制品（图四）。11 日向北挖，发现一段砖坛。共分两层，为二级台阶。下层台阶距第九窟窟门 13.7 米，上层台阶距九窟窟门 13.2 米。5 月 9 日开始雇用民工三人；5 月 12 日发掘到窟门。这条探沟称南北向二号探沟。窟门周围有一砖铺地面。探沟在九窟窟门前向西延伸到十窟西端，向东延伸到九窟东端。探沟内暴露出窟门外的几个方形柱础，我们将此探沟命名为"柱础东西向探沟"，为方便起见，这里编之为东西向一号探沟。5 月 20 日，九窟前发现一条用砖与石块砌筑的小槽。此槽曾被作为烟道使用过。5 月 22 日开始沿着南北向二号探沟内的砖坛的边缘发掘东西向二号探沟。后者是从南北向二号探沟内的砖坛的两端分别向东西延伸，它与东西向一号探沟平行。这里发现了与八窟前类似的砌石堆积。沿着这里继续挖掘，在探沟的东部又发掘出另一条烟道。6 月 30 日，东西向二号探沟西端北折，与南北向二号探沟平行，向北一直通到十窟前的第五根门柱前。我们将此探沟定名为南北向四号探沟。从 6 月 2 日开始，我们继续在东西向一号探沟进行探索，同时将此探沟的两端分别延伸了少许。6 月 11 日，东西向二号探沟回填。6 月 13 日，在东西向一号探沟西端的延伸部位的基岩上发现一些石雕。将观察记录后于 6 月 16 日回填工作全部结束（图二）。

1940 年 9 月 15 日，日比野丈夫与水野先生主持发掘两条南北向探沟，即九、十窟间窟前的南北三号探沟和十二窟正对着的南北向五号探沟。雇用民工二、三十人。9 月 24 日，发现辽代砖瓦堆积。此后小野胜年也参加了此项工作。27 日，探沟南段发现砂层。10 月 2 日发掘停止。

1. 南北向 2 号探沟

探沟南端 1.7 米深处发现一碎石层，与南北一号探沟所见到的一样。碎石层上面为黄土层，该层包含有砖瓦碎片与瓷片，其中既有辽代砖瓦，也有更晚期的。窟门以南 13.2 米处发现砖坛，对此将在后面叙述。由于在距地表 0.4～0.5 米处发现了铺地砖，所以探沟北段挖得较浅。窟门向南延续 6～7 米为砖铺地面，有的地方砖已被揭去。由于地面倾斜，铺地砖在窟门口处深达 0.95 米，窟门南 6～7 米处深度则为 0.5 米（图七）。

2. 南北向 3 号探沟

该探沟正南北方向，宽 2、长 48 米，位于九、十窟间的门柱南，从原堡墙的位置穿过，此墙已于 1940 年的早些时候被省政府拆除（图七），窟门以南 12 米处发现石坛。同样的遗存我们已在东西向二号探沟内见过。顶层的 0.2 米厚的表面，其下的地层中出土砖与石块，底层为褐色土，共计深度 0.4～0.5 米。再下即铺地砖，从窟门向东南延伸达 10 米。其南砖消失，出现了一层 0.3 米厚的薄土层，土层中央夹杂有紫黑色的砂砾，下面为基岩。石坛北侧的基础为石块，用以撑垫石坛。石坛前南面 1.5 米无任何遗物，再往南，发现用方形的大石块铺砌的缓坡，延伸约 2.5 米。缓坡的倾

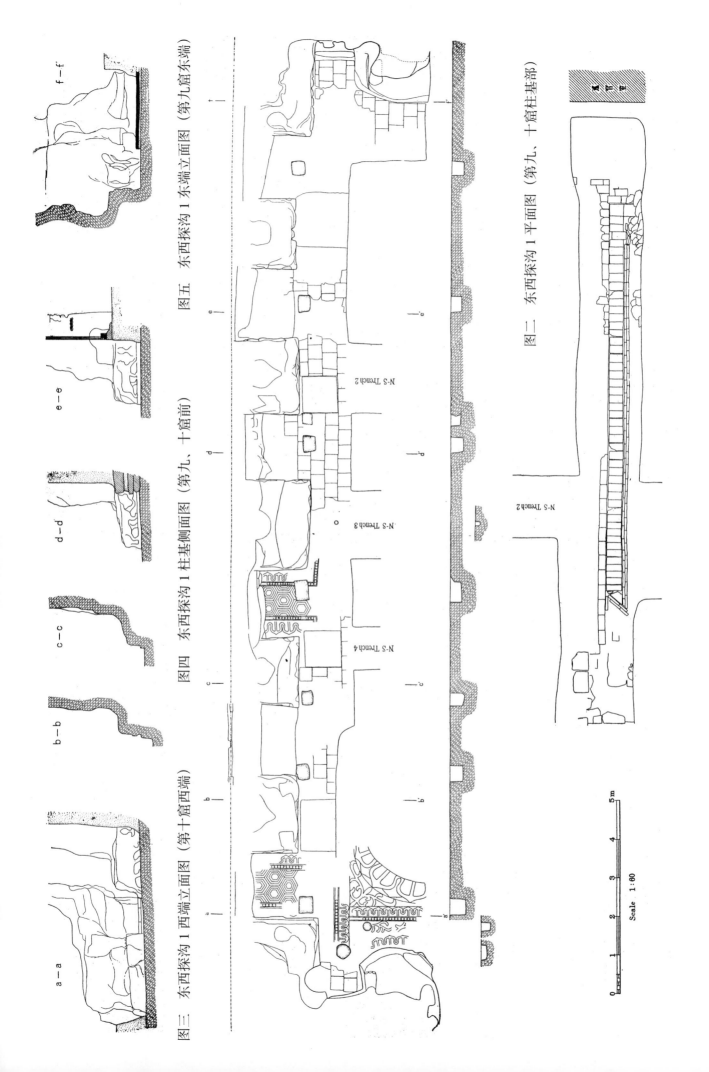

图三 东西探沟 1 西端立面图 (第十窟西端)

图四 东西探沟 1 柱基侧面图 (第九、十窟前)

图五 东西探沟 1 东端立面图 (第九窟东端)

图二 东西探沟 1 平面图 (第九、十窟柱基部)

N-S Trench 2

N-S Trench 2

N-S Trench 3

N-S Trench 4

0 1 2 3 4 5m

Scale 1:60

斜度不十分清楚，但其南低北高，很可能是通向石窟的小路的一部分。从铺路石块的凿切式样判断，似可追溯到北魏时期。再往南，不同深度的地层中发现大量碎石片与土，杂乱无序地堆积着，其中罕有人工制品，很可能是不同时期自来于窟前的遗弃物。窟前 15～25 米的地层中含有辽代砖瓦残片。这里也是在 2.4 米深处发现少许陶瓷碎片与兽骨，但其年代尚难以确定。在出土的辽瓦中，发现一种带有人面鸟身纹饰的瓦当，此图案或称迦陵频迦，也有点像某种怪异的海兽长牙样的纹饰，makara 作为一种凸起的装饰，最下面是砂层。

3. 南北向 4 号探沟

正南北方向，宽约 1 米，北接十窟东侧立柱，南与东西 2 号探沟相通。表土厚 0.1 米，其下土层 0.2 米，内含砖与石块，再下为 0.1 米厚的煤灰层，该层遗存从窟门处向南延续达 7 米。煤灰层下的土层宽 0.5～0.6 米，紧接这层的是砖地面，从窟门向南延伸 6.5 米。从砖铺地面的末端继续向南，几乎与其同一平面以及叠压在铺地砖所在层位之下的是一层紫黑色砂砾层，厚 0.4～0.5 米，由自然岩层风化形成。铺地砖南为 0.05 米厚的土层，内含石灰，推测这里原来也应有铺地砖（图八）。

4. 东西向 2 号探沟

这条探沟是从南北向二号探沟内发现砖坛的地方开始的，由此分别向东西延伸，宽 1.7 米。在探沟东段发现砖坛 13 米，西段发掘石坛长 13 米，而且很可能继续延伸到未发掘之地。砖坛与石坛之上，距地表 0.6～0.9 米处发现砖与石块堆积以及大量煤炭（图十）。在此探沟内好几处地方掘出横向延伸的通道，因此可以认为这里一定有不少晚期的民居。虽然此通道位于土层之下，但肯定并不用于排水，因为其中发现了很多烟灰。虽然这些通道的确切用途与构造尚有待于进一步的深入研究，但我们可以确信它属于民房而非寺庙建筑。因此可以这样说，九、十窟外自民居占据后，这里就不再有寺庙建筑存在了。

在东端延伸部分再上一层的堆积主要是砖，它们是与民房同时期的遗存。

以上所述砖坛与石坛的有关细节有必要给予进一步报导。这里所使用砖的规格为 0.32 米 ×0.2 米 ×0.06 米。砖坛保存最好的地方共放置平砖五层，上面一级台阶的前面有两排砖，前后排列，0.2 米宽的砖形成这一级的高度。台阶顶部外表由相同规格的砖一一码在一起，这种 0.2 米宽的砖形成这一级台阶的宽度。现在可以见到的另一级台阶由五层砖砌成，现存高度 0.3 米。如图十一所示，它是整个砖坛的一部分，其上原有早期的寺庙建筑。窟门南 12 米处发现的石坛是由长方形的石块砌成的，其规格有的长 1、宽 0.25 米，有的长至 1.5～1.6 米。现存三层，下面是自然风化的砂砾层。石块后面由另一些石块支撑着。从石块的雕刻方式以及其位置直接叠压在砂砾层之上等因素判断，这是北魏遗存，但目前我们尚无其他证据来证实这一见解。尽管缺乏确切的证据，但也没有证据说明该结论是错误的。石坛前和石坛之上，我们曾发现有辽代的莲花纹瓦当与滴水以及北魏"传祚无穷"瓦当碎片。石坛南更远处，除碎石块以外并无其他遗物发现。

石坛与砖坛的关系是我们必须考虑的一个问题。砖坛只发现于探沟东段，石坛则仅见于探沟西段。从北向南看，石坛与砖坛顶部几乎形成一个平面，其末端被一狭窄的小沟打破，后者可能是晚期扰乱的。这就给了我们如下印象：砖坛与石坛本属同一建筑，但作者的意见似乎并非如此。遗憾的是，这些砖并没有明显的辽砖特征，它们可能早于辽，也可能晚于辽代，但肯定不属于北魏。有这样的可能性：它们是晚期遗存，西侧早期的石坛在这里得到延续，在这里，过去被拆去的部分让位于这些砖坛。这些石坛在那时就与南北向一号探沟内的砌石具有一定联系。

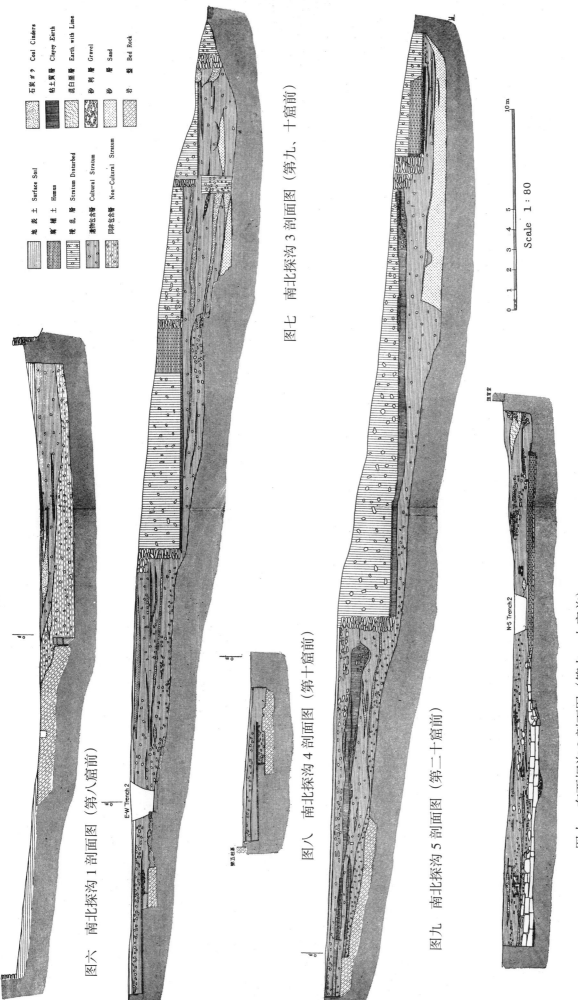

石炭がら Coal Cinders
粘土黄层 Clayey Earth
混白垩层 Earth with Lime
砂利层 Gravel
砂 层 Sand
岩 磐 Bed Rock

地 表 土 Surface Soil
腐 植 土 Humus
扰 乱 层 Stratum Disturbed
遗物包含层 Cultural Stratum
非耕包含层 Non-Cultural Stratum

图六 南北探沟 1 剖面图 (第八届前)

图七 南北探沟 3 剖面图 (第九、十届前)

E-W Trench 2

图八 南北探沟 4 剖面图 (第十届前)

图九 南北探沟 5 剖面图 (第二十届前)

N-S Trench 2

图十 东西探沟 2 剖面图 (第九、十届前)

Scale 1 : 80

10 m

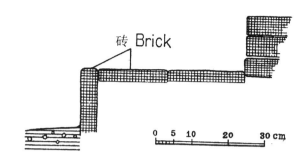

图十一　砖台构造图（东西向 T2 东部）

5. 东西向 1 号探沟

除个别地点外，铺地砖基本上遍布整个探沟（图二）。这种砖的背面由绳子的印痕构成一道道纹饰，这就是辽代砖的特征。砖下铺有一层石灰。九窟窟门附近的一部分铺地砖已破碎，过去曾嵌入一排劣质青砖，后者大约高出辽代铺地砖 0.07 ~ 0.08 米。此外窟门前还发现一条弯曲的砖、石砌成的烟道。上述一排砖与烟道均为晚期遗存（图十二）。探沟内略向东一侧，在近地面处发现了另一条烟道，恰好位于两根门柱之间。窟门东侧第一根门柱以西，发现一堆石块，呈南北走向放置（图十三）。关于此石块与烟道的确切年代我们尚无具体结论，但可以断定它属晚期遗迹，因为它们都出现在辽代铺地砖之上。在第三与第五根门柱前发现有方形柱础石，它们被嵌在铺地砖中。在第二

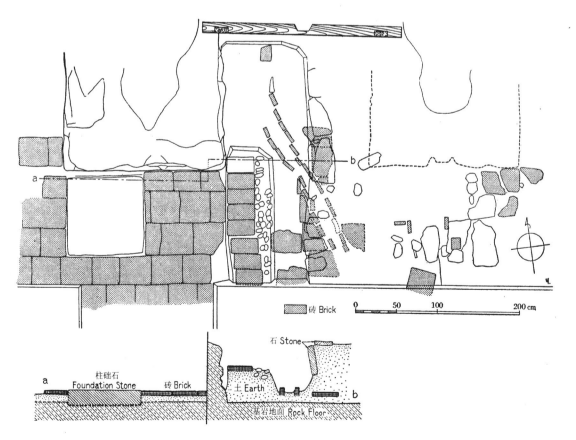

图十二　第九窟门前遗址发掘图（东西向 T1）

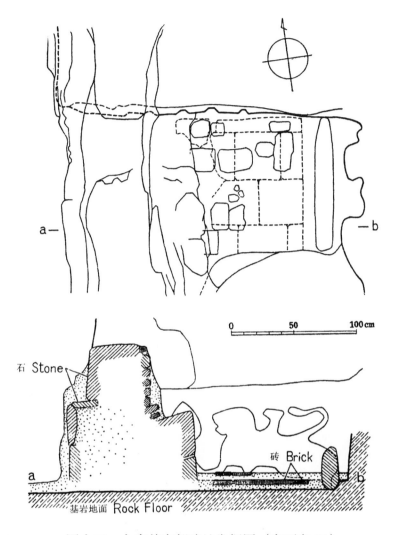

图十三 九窟前东部遗址发掘图（东西向 T1）

与第六根门柱前发现的方形柱穴则直接开凿在基岩之上。这些方形柱础石与方形柱穴应是用以支撑窟檐木柱的。从已发现的四处柱础与柱穴遗迹判断，另外三根门柱前也应有类似遗迹存在，而且原来的窟檐应有六间。奇怪的是，它们与石窟门柱顶端的矩形洞穴（梁孔：译者注）的位置并不一致。当初人们用砖墁地的同时，这些方形的柱础石就被石灰全部掩埋了，而且石灰层被涂成了红色。柱础表面的石灰层一直到达了基岩（图十四）。

铺地砖下的基岩表面雕刻有花纹，从图案判断，这应是北魏时的作品（图二）。这种花纹仅在十窟前有所保留，从其形状观察，似乎与龙门宾阳洞相似。门柱之间的基岩面上雕刻有龟背纹，两侧饰以莲瓣纹带。莲瓣纹带的顶端饰以联珠纹。这种莲瓣龟背纹带沿着窟门的甬道分布，但其幅宽要比甬道略窄。稍南，我们发现了基岩上的一朵巨大的莲花纹的一部分，因时间关系没将整个图案全部发掘出来。从出土的部分来看，整个莲花图案的直径约有 7 米 [1]。或许每一窟的两侧各有一朵。莲花纹外围有莲瓣纹带，呈直角环绕在莲花纹周围。莲花纹以西雕刻有莲瓣纹带和莲花纹。

---

[1] 1992年度云冈石窟窟前遗址发掘证实：九、十窟前地面刻有圆形莲花纹四朵，东西排成一列，其外侧两朵直径3.4米，内侧两朵直径3米。花纹是由三层莲瓣组成的。

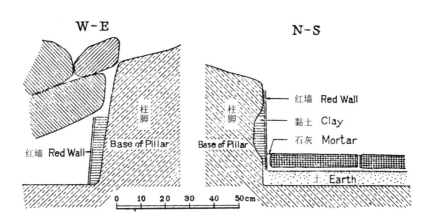

图十四　红黏土墙示意图（东西向 T1）

　　门柱柱基全部暴露了出来。岩石已严重风化。显然，由于风化的缘故，古人在铺砖铺地面时有意识地在柱基风化部位用石灰抹了一层皮，并涂成红色。现在这些柱基大约 2 米见方，中央柱基最大，约 2.4 米见方。柱基每面都雕一对兽，二兽之间雕一博山炉。每一柱子正面都雕成大象的前半身，其两条前腿与鼻子着地，形似一座香炉。九窟与十窟东西两侧的门柱以外的墙体在窟门两侧南折，并向南延伸了一段距离，其南端雕作巨兽形，此雕像比柱础顶部高出许多。墙体表面已严重风化，但可以看出图案似乎是巨兽蹲坐在台上，面向里，前腿站立。在它们与柱础之间的一处南北向墙面上，雕刻着两个跳舞的裸体侏儒（图三、五）。仅在东边的这些图案上方雕有一高耸的塔。塔每层都雕有小龛，目前尚可辨认。西面两侧没见类似的塔，既然墙的前面现仍存有北魏雕刻，过去也就不见得会有那样的构造物图案存在。

　　此窟发掘时柱础周围出土的人工制品，发现具有"土庭"（tu-ting）风格的瓷片。有趣的是上面有红色颜料痕迹，这似乎就是上面所谈到的红色石灰墙外涂颜料时使用过的。我们认为，它是用过之后被人们丢弃到基岩上的柱穴周围的。因此可以得出结论：这件瓷器的制作年代或与辽砖同时，或更早。

　　综上所述，九、十窟前的基岩面上，北魏时曾雕以纹饰，而且当时窟前有一个木构窟檐将窟门与这些雕有花纹的地面罩于其内。这里还砌设有坛，从西向东延伸，表面用石块铺砌。南北向三号探沟内发现的一处倾斜的石头面很可能是最初通向石窟的小路，但后来这些窟檐全部坍塌，人们把窟前弄平后，又铺了一层砖，所以比原平面略高出一点。与此同时又建起窟檐，而且在柱基外表抹上一层涂成红色的石灰。我们想这一切都发生在辽代。虽然确切年代难以定夺，但这一点可以肯定，作为寺庙建筑基础的砖坛属晚期寺庙建筑的基础。辽代以后的某一时间窟檐倒塌，这里成了僧人与村民的生活场所，因此就出现了烟道。

四　十二窟前的发掘

南北向 5 号探沟

这条探沟是 1940 年 9 月 13 日开挖的。由日比野丈夫和水野主持，后来小野胜年也参加了工作。

探沟南北向，宽 2、长 47 米，位于十二窟正前方，称南北向五号探沟。发掘雇用民工二十人，至 9 月 25 日工作结束（图九）。表土层厚 0.2 米，表土下是厚约 0.3 米的深褐色土层，内含碎石片，再下是 0.3 米厚的黏土层，其上铺有辽代勾纹方砖，此层延伸达 15.40 米。铺地砖从窟门向南延伸达 10.40 米。最下面是自然风化的紫黑色的碎砾层。碎砾层通常在距地表 1 米深处就可见到，但延伸到距石窟 4.43 米处，在此深度就可到达基岩层。碎砾层在石窟以南 12 米处与一稍有倾斜的石铺地面相接。这里的石块都很薄，并与砖混在一起，没有南北向三号探沟中所见到的效果那样好。倾斜层从窟门向南延伸 18 米，目前尚难以确定这一地层是与碎砾层相衔接还是与碎砾层上面厚 0.3 米的砖层平面相连接。在挖掘这一倾斜层时发现了较晚的一块瓷片。石窟以南 18 米处的探沟内全部是从石窟前搬运而来的碎石片。石窟以南 23 米，地层突然加深，这里出现了一座现代民房的地面，但已被政府从石窟里清理出的碎石掩埋了。石窟以南 39 米，距窟门所在平面 5 米以下处为砂层。

砂砾层上发现了一些北魏陶片，其他地方则既有北魏陶片，又有辽代瓦片。

综上所述，这里可以看到两个地层：其一是发现于九窟与十窟前的砖层，显然是辽代地层；其二为较低的地层，位于窟前自然风化层与基岩之上，其时代应属北魏。石窟以南 40 米早期倾斜层下端的砂层与南北向三号探沟所发现的一致。于是就可以佐证这样的一种见解：这里原是古代的河床。

（译自《云冈石窟》第七卷英文版《附录》，京都大学人文科学研究所水野清一、长广敏雄编著，日本写真印刷株式会社，1952～1956 年出版）

（原载山西省考古学会，山西省考古研究所编《山西省考古学会论文集（二）》，山西人民出版社，1994 年）

附录七　云冈发掘记（二）

〔日〕长广敏雄、水野清一著，曹臣明*译

第八窟到第十窟前的发掘是从 1938 年开始的，1939 年继续进行，1940 年在昙曜五窟前又发掘一次。整个发掘工作才告结束。但是由于一直怀疑山顶上是否曾兴建过庙宇，于是在东、西部山顶都进行了一些试掘。另外，还将介绍一下 1938 年在龙神庙附近进行了一次小规模发掘和在修建云冈别墅时的一些发现。

一　昙曜五窟前的地面发掘

1939 年 9 月，大约有六十多户居住在洞窟内外的居民，被迁移到了村内一条横贯东西的大街以南。各洞窟当时都被一道石头矮墙所封堵，洞内的地面被大致弄平，但仍略有起伏。当十四、十五、十八窟内的住户被迁出时，发现了一些以前塌落下的石块。

1940 年夏秋两季，从十六到二十窟内的地面全部被清理出来。十七窟内埋着的地面首先被清理干净，露出了主像菩萨的双脚。发掘还清理出一些石块，其中有一佛头。但这些东西不一定都属于这个窟内的。7 月 24 日，在距昙曜五窟南约 30 米，村北那道残缺不堪的堡墙中，挖掘出一些带有千佛壁龛的石块，它们可能是来源于石窟外壁的墙上。其表面保存得很好，仍留有原来鲜艳的红颜色。还发现一块泥胎塑像残片，可能是菩萨冠上的一部分。

从 9 月 25 日至 11 月 24 日，在日比野丈夫先生（现在奈良国家博物馆）和小野胜年先生（现任该馆讲师）的带领下，发掘工作在十六到二十窟前的地面上展开。民工人数一般为五六十人，有时增加到七八十人，最多时超过两百多人。开头先挖了一条宽约 4 米的东西向主探沟（排水沟）。其位置在石窟南约 17 米远的地方，其余几条 4 米宽的探沟是在十九、二十窟前从主探沟开始向南挖的。从主探沟向北，在十九窟前的地面挖了另一条仅 2 米宽的探沟，在里面发现一处可能是辽代的砖铺地面。在二十窟内，被长期埋在土里的主坐佛盘着的双腿，也最后清理出来。在洞窟外，发现了一层含有大量北魏瓦的黑土堆积。

二　第十九窟的发掘

在十九窟前从主探沟向北挖了一条长 15、宽 2 米的探沟（图一）。在主探沟里发现了基岩地面的边缘，呈东西向延伸。最初的岩体表面是从这里向上与绝壁的上部边缘相连的。但这部分早已被

---

*　曹臣明：大同市博物馆。

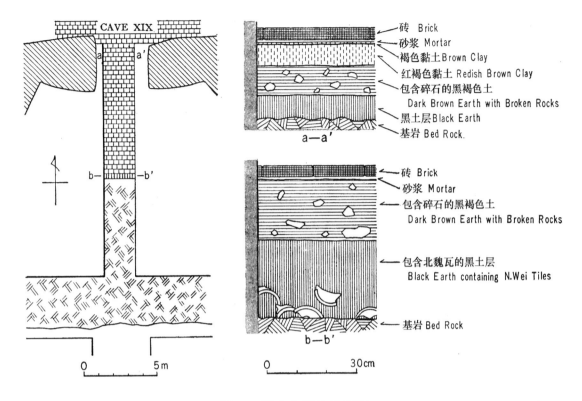

图一　第十九窟前发掘图

切掉，形成了各窟的正面。在洞窟口附近的地面下深约 0.2 ～ 0.3 米的地方出现了一处砖铺地面。两边的堆积并不薄，含有很多雕刻的石块，其中很大的一块上留有一个壁龛的上半部分。这个壁龛原是石窟南壁西边底部的一部分，其上面的雕像形体丰满。砖铺地面虽然被磨掉很多而且破碎不堪，但仍排列得紧密、整齐。砖呈正方形，背面有平行的印痕，这些印痕（或称沟纹）是辽代砖的一个重要特征。砖的质地很好。这些砖只铺在主佛像前，它的两边则岩石裸露。这似乎表明当时还不习惯于在主佛像前配以莲花座。

　　砖下是一层白灰层，白灰层下是一层很薄的可能是从别处运来的砂子。在这些堆积之下又是一层黑土层，覆盖在基岩面上。含有很多早期瓦和木炭屑。从砖下到基岩的深度仅为 0.2 米。砖铺地面从洞窟口向前延伸了约 7 ～ 8 米远。在最南端被晚期的砖所代替。最下面的地层里只含有北魏瓦，一定是早期与洞窟相连的建筑顶部遗迹。

三　第二十窟的发掘

　　第二十窟中的主佛像，从前被地面堆土埋住了盘着的双腿，破坏了其整体形象的比例。首先，清理掉腿部周围的堆积物。盘着的双腿虽然损坏严重，但已用石块修补过。双腿前的莲花座露出一部分，这可能是圆形的而且很小。在莲座稍微靠南一点，一枚"五铢"铜钱差不多就在自然基岩面上被发现，这片基岩面似乎最初就是被用作地面的。这枚钱仍好像是北魏时期的，相当薄，边缘未隆起。

埋在土里的胁侍佛的双腿被清理出来，下面的莲座损坏严重，两个胁侍佛靠外边的一只脚几乎被完全风化。胁侍菩萨的双脚也被找到，在它们周围是后来补刻上去的小壁龛。在堆积物中发现很多石雕残件，其中有的石块是为嵌入大佛的折叠衣纹中而准备的半成品。

这次清理揭露出坐佛前东半部的砖铺地面。在正面发现的几十块排列整齐的正方形砖，很明显属于辽代，磨损严重。在其上面，主要是在其东部，是一层明显属于晚期、用长方形砖铺成的地面。

这片地面的南边是一处砖筑南墙的基础残迹。这墙基似乎曾与东部壁边的一处砖墙遗迹相连接。在南壁的西半截发现用自然石块代替砖垒成的基础，可能当初就遇到风化很严重的地面岩层，所以在砌此墙的开始就用长方形石块嵌入风化岩层作基础[1]。不管怎样，在最西部的角落仍保留着一段最早的外墙，上面分布着一种饰菱形花纹的千佛龛。最晚期的砖砌门宽约 3.8 米，然而，其建筑年代不能确定。在门口内外垒砌了几层砖，其原因无法确知。

石窟前原来的地面被埋在许多落石之下，石块堆积中发现了一个胁侍菩萨的大头冠，用比较浅的浮雕形式雕刻出来，在当时它是一件了不起的工作。有些石块是大佛折叠衣纹上的一部分，有块石头是属于晚期补刻的一个佛龛，其余都属于早期装饰于外壁上的千佛龛残件。有块雕成藻井的石块可能属于二十一窟。雕刻物表面一般都保存得很好，好像它们以前一塌落下来就被后来的尘土逐渐埋藏保护起来了。在落石的上面用褐色黏土铺成了一个平面。辽代的地面砖似乎就铺在这上面。然而遗憾的是，这个平面现在几乎被完全破坏。而且它向窟外延伸的部分也无法确知了。在这儿发现一块刻有三个文字的瓦片，这些字或许可确译为"□统四年"。第一个字可能是"乾"或"皇"字，因为"乾统"是辽代最后一个皇帝"天祚帝"的年号；而"皇统"是金代熙宗皇帝的年号。从这两个年号看（1104 年或 1144 年），前者的可能性更大一些。这就证实了这样一个事实：在中世纪这里曾经耸立过一座木结构建筑，尽管在发掘中只发现了为数不多的辽瓦和面积很小的一片砖地面。

最后，位于落石层下的是一层黑土层，它距砖铺地面下深约 1.00 米（图二）。这一层内只含有北魏瓦片和木炭屑，这就证明了原北魏的建筑很早就毁于火灾。圆形屋檐瓦（或译为"瓦当"）上饰以一种精美的莲花图案，滴水[2]饰以一种波状起伏的边缘。它们都很重，陶胎内含有砂粒，表面很粗糙。

可惜的是，这次发掘在这一层上面就停止了，未作彻底的调查。这个洞窟内原来的地面特别高，很引人注意，它说明窟前的地面要比窟内的低，并且应当与第十八、十九窟前的地面处于同一水平上。在窟前地面的西端竖立着一堵石墙，与西部诸窟前的斜坡状堆积物相接。

四　西部山顶北魏寺庙的发掘

西部山顶的南部是一处较早发现过汉代类型灰陶片的地点。这次发掘是于 1940 年在一片含有散落瓦片的地点进行的。发掘工作开始于 10 月 30 日，由小野胜年、日比野丈夫先生主持，完成于 11 月 14 日，中间中断了一个星期。探沟大致呈"H"形分布，对其中出土瓦片较多的区域分别用字母 A、B、C、D 顺序编号（图三）。

---

[1]　这里所述的砖墙、石块砌墙，均为辽金时所筑，原来北魏时的窟外壁石墙在此之前已大部塌毁。（译者注）

[2]　严格地讲，原文中所述的这种瓦不能称作"屋檐瓦"即"滴水"，而只是北魏时普通的一种板瓦，北魏时屋檐及屋顶上用同一种板瓦，不同于后代那种板瓦前缘向下折并有前部纹面的"滴水"。（译者注）

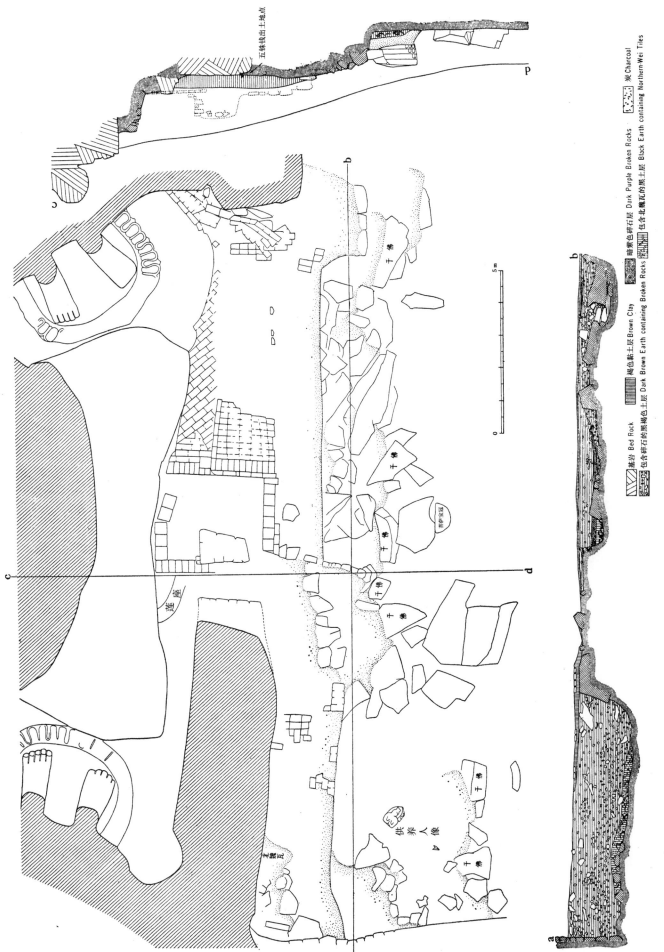

五铢钱出土地点

莲座

菩萨宝冠

千佛

千佛

千佛

千佛

千佛

千佛

供养人像

千佛

千佛

0 5m

基岩 Bed Rock　　　褐色黏土层 Brown Clay　　　暗紫色碎石层 Dark Purple Broken Rocks　　　炭 Charcoal

包含碎石的黑褐色土层 Dark Brown Earth containing Broken Rocks　　　包含北魏瓦的黑土层 Black Earth containing Northern-Wei Tiles

图二　第二十窟发掘图

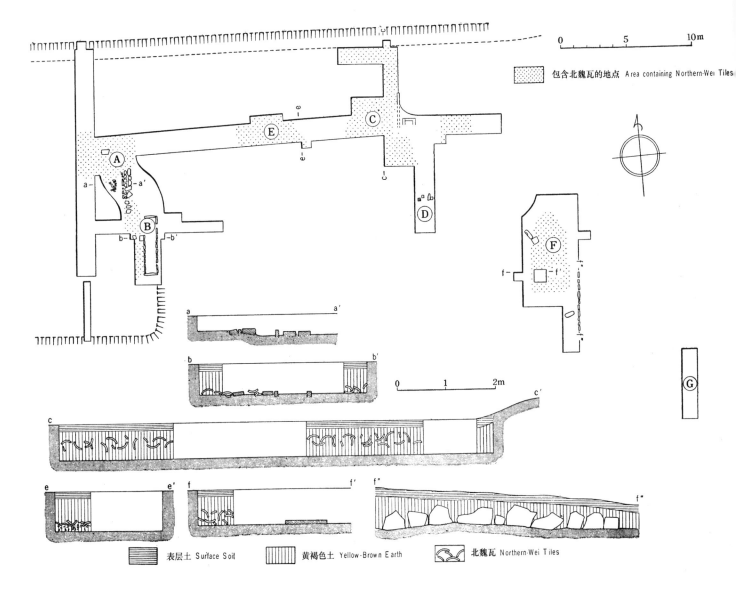

图三　西部台上发掘图

1.A、B 区

A 区深度约 0.30 ～ 0.50 米，里面发现了北魏瓦。其中有几个完整的板瓦和筒瓦，一个莲花图案的瓦当，几个有"传祚无穷"字样的瓦当。这些瓦的东边有一块扁平石头，再向东南是用石块铺成的宽约 0.70、长约 3.40 米的一段路面，周围又用石板直立着圈起，高约 0.30 米。在石板西约 0.60 米远的地方是一堆大石块。

在 B 区也发现一个用竖起的石板围成的长方形圈，宽约 0.90 米，没有用石块铺的地面，不过可能同上面所述的那部分石筑遗迹相连。在紧靠石圈边上有一块正方形扁平石块，再向西一点，是一块较大的扁平石块。绿釉瓦的发现值得注意，釉色为暗绿色和暗棕色，覆盖在一块带有波状纹样的板瓦滴水[1]的两面。还发现两块有"传祚无穷"字样的瓦当和一把铁刀。

2.C、D区

C区是一处用土坯砖筑成的建筑遗迹，或许可以将这一遗迹认作是"炕"的一部分。在此区中的一片约5.00米宽的范围内有很多散落的瓦，其中有绿釉瓦"传祚无穷"瓦当，以及印绳纹砖、灰陶片和铁器。这些东西都属于北魏时期。在此向南的D区内，发现了一块约0.17米见方、带有一个洞孔的小方石块。

3.E区

E区宽约1.5米，位于东西探沟的中间部位。在这里发现了一个几乎完整的灰陶盆和一个灰陶罐。

4.F、G区

在F区发现许多瓦，还有一块1.00米见方的正方形扁平石块和一块带孔的长方形石块。那些瓦包括带有"传祚无穷"字样的圆瓦当，还有三块曾用来置于椽头的莲花状瓦件。在东边，也有竖立的石板。

在G区，是一条5.00米长的探沟，没有出土遗物，在探沟的北部有一层含白灰的紫褐色土层。

5. 小结

遗憾的是，这次发掘未能揭露出一个清晰完整的建筑面。然而可以确定的是：北魏时期这里曾经矗立着一座寺庙。那种带有"传祚无穷"字样的瓦当和带绿釉的或无釉但边缘有波状纹样的"滴水"的发现，是极为重要的。带釉瓦的发现是迄今最早的一例。

五 东部山顶上北魏寺庙的发掘

1940年8月10日，由日比野丈夫先生主持，在东部山顶上开始发掘。从15日至26日一度中断，27日又开始。28日板野清夫先生也参加发掘，29日结束。

在第三窟顶部小屋西北方向，挖了一条东西向的探沟，在里面发现一处石筑（墙）基和一个有狮子头的长条石块。狮子头张着大口，伸着舌头，表情很凶。狮子西边是一处用石板铺成的（墙）基，再向西有一层很薄的向两边延续的白灰立面，表面有红颜色，显然是一部分墙皮。还发现许多瓦，扁平檐瓦（即"滴水"）[2]的边缘有波状纹，圆瓦当上有"传祚无穷"字样。此外，发现许多"Y"形瓦钉，每个肯定是被垂直插在瓦当顶部一个长方形孔内的。在大同东南的西册田北魏遗址中也发现不少类似的瓦件。尽管这片建筑似乎并不大，但它无疑属于北魏时期。

六 龙神庙附近辽代寺庙的发掘

现在，在东部和西部窟群之间有一条小沟谷，沿着小路爬上沟谷就是龙王庙（明清时所建）。

[1] 严格地讲，原文中所述的这种瓦不能称作"屋檐瓦"即"滴水"，而只是北魏时普通的一种板瓦，北魏时屋檐及屋顶上用同一种板瓦，不同于后代那种板瓦前缘向下折并有前部纹面的"滴水"。（译者注）

[2] 严格地讲，原文中所述的这种瓦不能称作"屋檐瓦"即"滴水"，而只是北魏时普通的一种板瓦，北魏时屋檐及屋顶上用同一种板瓦，不同于后代那种板瓦前缘向下折并有前部纹面的"滴水"。（译者注）

越过此庙有一个入口属于第"五 -I"窟[1]，窟中有一中心塔柱，在庙的旁边，发现了一层含辽代瓦和铁器的地层。瓦的类型有两种：一种为圆瓦当，上面用一种隆起的曲线纹和一种连珠纹圈成外圈，中间有兽面图案；另一种是可能源于"渤海类型"的有复杂纹样的滴水，其下缘有波状纹，中央有羽状纹。在此不远处，发现一个可能挂于檐上的铁铃铛及一把铁钥匙、几片铁甲鳞片。瓦的形态精致，质地精良，似乎均属辽代建筑寺庙之物，比现在龙王庙上的瓦要厚重得多。

七　第五窟东部的辽代寺庙遗址

在第五窟前的钟楼边，现在仍存有一些石柱础，他们是在建造云冈别墅时被挖出来的。有正方形的基座和圆形台面的无疑是柱础；还有两件为方形基座和莲花状圆台面，可能同样曾作柱础用。它们全属砂岩材质，其时代可能为辽代，是用于辽代建筑的柱子之下。

（译自《云冈石窟——西历五世纪中国北部佛教寺院的考古学调查报告：第十五卷》，京都大学人文科学研究所研究报告）

（原载《山西省考古学会论文集（二）》，山西人民出版社，1994 年）

---

[1]　日文稿中写作的"第五1窟"，意为第五窟的第一附属窟。而英文稿中写作"VI"窟，意为第六窟，后者有误。（译者注）

附录八　云冈石窟窟前遗址出土铁器
初步科学分析报告

丁　一　乔尚孝　王雁卿　王曙煜*

　　为配合云冈石窟窟前遗址考古报告的整理编写工作，本文选取云冈石窟窟前遗址出土铁器及炉渣样品共27件，包括以铁钉、铁箍带、铁凿等为代表的典型器物及部分残块样品。

　　为了揭示这批样品的材质及制作技术，本文对其进行了金相组织分析，并使用扫描电镜及配套能谱仪对样品表面及典型夹杂物进行了形貌及成分测量。金相组织是指金属的内部晶体组织结构，其承载了金属的合金成分、成型方式及所经过的后期热处理等重要信息。而夹杂物则是指在金属的冶炼、再加工过程中未能实现分离的残留非金属化合物，在早期铁器中多为各类形态的炉渣。

一　实验材料

　　本次分析检测的27件样品由云冈研究院历史与民族融合研究中心整理提供，考古学地层年代范围涉及北魏、辽金及明清时期，时间跨度较大。实验样品的基本信息如表1所示：

表1　实验样品基本信息对照表

原编号	实验室编号	样品照片	名称	取样部位	地层年代
1992 T509 ② A：7	YG-1		残铁块	残端处	明清

　　*　丁一：北京科技大学科技史与文化遗产研究院。乔尚孝、王雁卿、王曙煜：云冈研究院、云冈学研究国家文物局重点科研基地、石窟寺保护与传承山西省重点实验室。

原编号	实验室编号	样品照片	名称	取样部位	地层年代
1992 T411④A：3	YG-2		A 型钉	铁钉中段	北魏
1992 T407 ④A：3	YG-3		铁钉	残断处	北魏
1992 T424②A：2	YG-4		铁犁头	残断处	明清
1992 T412④A：4	YG-5		铁箍带	箍带上侧 边缘	北魏
1992 T107①：7	YG-6		四棱炉条	中段	明清

原编号	实验室编号	样品照片	名称	取样部位	地层年代
1992 T412 ② A：10	YG-7		残铁块	残断处	明清
1992 T425 ④ A：1	YG-8		铁箍带	残断处	北魏
1992 T412 ④ A：2	YG-9		铁条	残断处	北魏
1992 T408 ①：4	YG-10		铁钉	残断处	明清
1992 T424 ② A：3	YG-11		铁钉	近头部	明清

原编号	实验室编号	样品照片	名称	取样部位	地层年代
1992 T408 ④ A：1	YG-12		铁钉	残断处	北魏
1992 T503 ④ A：42	YG-13		铁箍带	外侧边缘	北魏
1991 窟前采：14	YG-14		铁灯碗	残断处	北魏
1992 T533 ④：1	YG-15		铁凿	残断处	辽金
1992 T502 ④ A：8	YG-16		泡钉	铁钉中段	北魏

原编号	实验室编号	样品照片	名称	取样部位	地层年代
1992 T412②A：6	YG-17		铁凿头	残断处	明清
1992 T181④：8	YG-18		铁块	铁钉中段	辽金
1992 T409 ④A：1	YG-19		铁钉	铁钉中段	北魏
1992 T539②A：2	YG-20		铁箭头	残断处	辽金
1992 T401④A：9	YG-21		铁块	残断处	北魏

原编号	实验室编号	样品照片	名称	取样部位	地层年代
1992 T513 ② A：8	YG-22		炉渣	残断处	明清
1992 T502 ④ A：9	YG-23		泡钉	近头部	北魏
1992 T528 ② A：8	YG-24		铁犁	残断处	辽金
1992 T508 ④ A：1	YG-25		铁钉	残断处	北魏
1992 T518 ①：1	YG-26		铁块	残断处	明清

原编号	实验室编号	样品照片	名称	取样部位	地层年代
1992 T107 ①: 7	YG-27		铁锅	残断处	明清

二　实验方法

首先在实验室内对采集来的样品进行拍照和编号登记。之后结合样品锈蚀状态及特点对样品进行横、纵方向切割，并使用环氧树脂进行包埋镶嵌。随后经打磨、抛光处理后，再使用浓度系数为4%的硝酸酒精溶液对样品进行浸蚀，以观察金相组织并拍照。金相分析完成后对样品进行再次抛光以除去浸蚀层并进行喷碳，并使用扫描电镜及配套能谱仪进行夹杂物及锈蚀成分分析。

金相组织分析使用仪器为日本 KEYENCE 公司生产的 VHX-600 超景深三维视频显微镜，工作电压 90-250V，频率 50-60Hz。夹杂物及锈蚀分析仪器为捷克 Tescan 公司生产的 VEGA3XMU 型扫描电子显微镜与德国 Bruker Nano Gmbh 610M 型能谱分析仪联用。分析条件：高真空，加速电压 20kV，工作距离 15mm，激发时间 ≥ 60s。

三　实验结果

1. 金相分析结果

经分析，各样品的金相组织结果及制作工艺判断结果如表 2 所示，金相照片见附图 1：

表 2　云冈石窟窟前遗址出土铁器取样金相分析结果

实验室编号	名　称	金　相　组　织	取样部位	制作
YG-1	残铁块	亚共晶白口铁。部分锈蚀，残余基体以珠光体＋网状渗碳体为主，夹杂物数量较少。	残端处	铸造
YG-2	A 型钉	熟铁，以铁素体基体为主，晶粒大小约一百微米，晶粒度约 3～4 级，基体弥散分布有大量夹杂物。	铁钉中段	锻造
YG-3	铁钉	熟铁，部分锈蚀，以铁素体基体为主，晶粒大小约几十微米，晶粒度约 4～5 级，夹杂物数量较多。	残断处	锻造
YG-4	铁犁头	亚共晶白口铁。基体较完整，以珠光体＋网状渗碳体组织为主，夹杂物数量较少。	残断处	铸造
YG-5	铁箍带	熟铁，部分锈蚀，残余基体以铁素体为主，晶粒度约 3～4 级，基体弥散分布有大量夹杂物。	箍带上侧边缘	锻造

实验室编号	名 称	金 相 组 织	取样部位	制作
YG-6	四棱炉条	可能为灰口铁,锈蚀严重,依据极少量的枝晶片状石墨认为是铸造产品。	中段	铸造
YG-7	残铁块	通体锈蚀,无法判断。	残断处	-
YG-8	铁箍带	通体锈蚀,无法判断。	残断处	-
YG-9	铁条	通体锈蚀,无法判断。	残断处	-
YG-10	铁钉	通体锈蚀,无法判断。	残断处	-
YG-11	铁钉	通体锈蚀,无法判断。	近头部	-
YG-12	铁钉	通体锈蚀,无法判断。	残断处	-
YG-13	铁箍带	通体锈蚀,无法判断。	外侧边缘	-
YG-14	铁灯碗	通体锈蚀,无法判断。	残断处	-
YG-15	铁凿	通体锈蚀,无法判断。	残断处	-
YG-16	泡钉	钢,组织不均匀,基体以铁素体+珠光体组织为主,存在部分铁素体组织,基体弥散分布有大量夹杂物。	铁钉中段	锻造
YG-17	铁凿头	熟铁,部分锈蚀,以铁素体基体为主,晶粒大小约几十微米,晶粒度约4～5级,基体弥散分布有大量夹杂物。	残断处	锻造
YG-18	铁块	通体锈蚀,无法判断。	铁钉中段	-
YG-19	铁钉	通体锈蚀,无法判断。	铁钉中段	-
YG-20	铁箭头	通体锈蚀,无法判断。	残断处	-
YG-21	铁块	通体锈蚀,无法判断。	残断处	-
YG-22	炉渣	渣铁混合物,为冶炼过程副产品。	残断处	冶炼
YG-23	泡钉	通体锈蚀,无法判断。	近头部	-
YG-24	铁犁	亚共晶白口铁,边缘部分锈蚀,残余基体以珠光体+块状渗碳体组织为主,存在枝晶,基体内部夹杂物数量较少。	残断处	铸造
YG-25	铁钉	熟铁,基体以拉长变形的铁素体基体为主,沿加工方向分布有大量夹杂物。	残断处	锻造
YG-26	铁块	亚共晶白口铁,基体以珠光体+块状渗碳体组织为主,存在少量石墨,基体内部夹杂物数量较少。	残断处	铸造
YG-27	铁锅	亚共晶白口铁,基体以珠光体+块状渗碳体组织为主,存在枝晶,基体内部夹杂物数量较少。	残断处	铸造

2. 扫描电镜－能谱仪分析结果

铁器中的典型夹杂物及炉渣样品形貌与成分分析结果如表 3 所示。

表 3　铁器样品典型夹杂物形貌及成分

实验室编号	典型夹杂物形貌照片	平均成分（归一化处理）wt.%								备注
		O	Si	Al	Fe	Ca	S	Mn	P	
YG–1		1.4	–	–	63.6	–	33.6	–	–	微量 Ti、Cu
YG–2		29.2	2.9		62.6	1.1			4.2	
YG–3		28.2	6.6	–	58.4			1.1	5.5	深灰色区域
YG–4		–	–		37.4	–	35.5	27.1		MnS–FeS 夹杂
YG–5		2.7	0.6		96.7					
		23.2	–	–	76.8		–		–	
		63.0	–	–	37.0		–		–	
		69.2	–	–	7.1	2.7			8.2	

实验室编号	典型夹杂物形貌照片	平均成分（归一化处理）wt.%								备注
		O	Si	Al	Fe	Ca	S	Mn	P	
YG-16		34.3	8.1	2.9	38.4	6.6		3.8	5.4	黑色区域
YG-17		39.7	0.2	–	58.3	0.3			0.4	痕量 Mn，S
YG-22		33.0	2.8	7.0	52.9	1.6			–	痕量 Mn，S，Mg
YG-24		10.2	2.5		87.3				–	
YG-25		29.0	28.9		37.0		2.1	3.0	–	硅酸盐夹杂

实验室编号	典型夹杂物形貌照片	平均成分（归一化处理）wt.%							备注
		O	Si	Al	Fe	Ca	S	P	
YG–26		34.1	2.4	0.8	53.4	0.6		–	痕量 Na，S
YG–27		1.5			64.5		34.0		FeS 夹杂

四　实验数据分析

经过本次实验分析，可初步确定样品中锈蚀样品数量为 15 件，14 件无法判断其冶炼及加工制作工艺，仅可通过其器形等信息进行讨论。

可对材质及工艺进行初步讨论的样品共 12 件，其中铁器样品 11 件，炉渣样品 1 件。

经分析，11 件铁器样品中亚共晶白口铁 5 件，系铸造成型，分别为：YG-1、YG-4、YG-24、YG-26、YG-27。其中，辽金地层出土 1 件：YG-24；明清地层出土 4 件：YG-1、YG-4、YG-26、YG-27。

熟铁 5 件，系锻造成型，分别为：YG-2、YG-3、YG-5、YG-17、YG-25。其中，北魏地层出土 2 件：YG-2、YG-5；明清层 1 件：YG-17；扰土层两件：YG-3、YG-25。夹杂物中有大量氧化亚铁－硅酸盐夹杂，且检测出 P、Ca 等元素，可能与炒钢工艺有关。具体块炼铁还是炒炼成熟铁尚需对夹杂物成分进行全面分析。

低碳钢 1 件，系锻造成型，为 YG-16，北魏地层出土。具体的制作工艺的判定同样需对夹杂物成分进行综合分析。

炉渣样品 1 件，为 YG-22，灰坑 H11 中出土，从初步的能谱分析结果看可能为炒炼渣或块炼铁渣，对此样品尚需进行进一步科学分析。

表 4 云冈石窟窟前遗址出土铁器制作材质工艺统计表

	亚共晶白口铁	熟铁	低碳钢	炉渣	锈蚀	总计
北魏	-	2	1	-	7	10
辽金	1	-	-	-	3	4
明清	4	1	-	-	3	8
扰土层	-	2	-	1	2	5
合计	5	5	1	1	15	27

根据上述统计结果，结合器形观察，可知云冈石窟窟前遗址出土的北魏时期铁器样品材质以熟铁与低碳钢为主，主要系锻造成型，部分完全锈蚀样品，例如铁箍带 YG-8、YG-13 等，尽管显微组织已不可辨，但依据与其相似的 YG-5 铁箍带的形貌及显微结构，可推测为锻造加工产品；而明清时期的铁器除去仅有一件凿头经锻造加工，其余均为铸造成型的亚共晶白口铁；辽金时期样本量太小，仅检测出一件铸造成型的样品。至于熟铁与低碳钢的具体加工工艺究竟为块炼铁产品还是炒炼产品，所采集炉渣样品究竟属于何种类别，则需要对更多的科学数据进行综合讨论。

结合上述信息，不同年代的铁器样品科学分析结果可以为讨论其冶炼、加工与制作工艺提供一定参考。以此为依据，可以在不同历史时期内，为还原云冈石窟窟前居民的生产生活方式提供科学证据。

至于北魏时期工匠具体采用何种工艺冶炼熟铁或钢、锻造雕凿工具，云冈石窟窟前是否存在炒钢或块炼铁炉，考古发现的大量红烧土等遗迹现象与制作铁质工具的技术关联，以上问题则需要更多材料进行再探讨。

五 初步结论

本文对云冈石窟窟前遗址出土的 27 件铁器及炉渣样品进行了科学检测分析。结果显示，该批样品完全锈蚀样品数量为 15 件，有基体并可进行工艺判别的样品共 12 件。可讨论工艺的样品中铁器样品 11 件，炉渣样品 1 件。

11 件铁器样品中铸造样品共 5 件，均为辽金、明清地层出土，未在北魏地层中发现。锻造样品共 6 件，5 件为熟铁，北魏地层出土 2 件，扰土层出土 2 件，明清地层出土 1 件；北魏地层出土 1 件低碳钢。炉渣样品 1 件，为疑似炒钢渣。

依据以上结果，可知北魏时期云冈石窟窟前铁器制作工艺以锻造为主，且有疑似炒钢渣、炒钢样品出土，这也与当时雕凿石窟的功能性相匹配。辽金至明清时期云冈石窟窟前遗址出土的铁器则以铸造成型工艺为主。综上，在不同历史时期内，针对云冈石窟窟前居民生产与生活方式的不同，以雕刻为主要目标的工具生产与以农耕为主要目的的农具生产在生活中扮演着不同的角色，云冈石窟窟前遗址出土铁器的功能分野便是其具体体现。

附图 1　样品典型显微组织金相照片

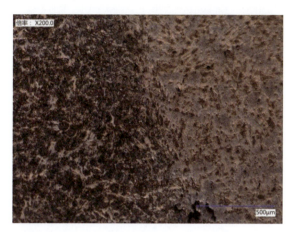

附图 1-1　YG-1 号样品，亚共晶白口铁，铸造，珠光体 + 网状渗碳体组织，基体纯净

附图 1-2　YG-2 号样品，熟铁，锻造，铁素体与铁素体 + 少量珠光体组织，弥散分布氧化夹杂与硅酸盐夹杂

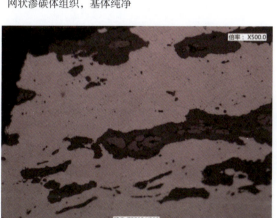

附图 1-3　YG-3 号样品，熟铁，锻造，铁素体组织，以氧化夹杂为主

附图 1-4　YG-4 号样品，亚共晶白口铁，铸造，珠光体 + 网状渗碳体组织

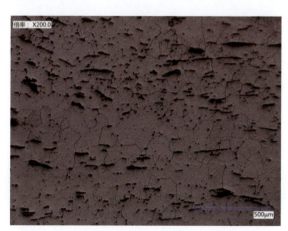

附图 1-5　YG-5 号样品，熟铁，锻造，铁素体组织，弥散分布氧化夹杂与硅酸盐夹杂

附图 1-6　YG-6 号样品，锈蚀严重，亚共晶白口铁

附图 1-7　YG-7 号样品，通体锈蚀，未见基体组织

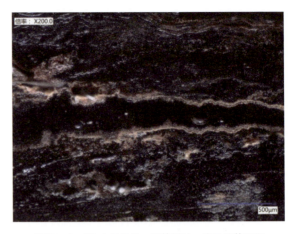

附图 1-8　YG-8 号样品，通体锈蚀，未见基体组织

附图 1-9　YG-9 号样品，通体锈蚀，未见基体组织

附图 1-10　YG-10 号样品，通体锈蚀，未见基体组织

附图 1-11　YG-11 号样品，通体锈蚀，未见基体组织

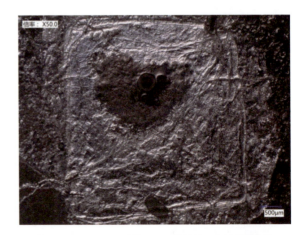

附图 1-12　YG-12 号样品，通体锈蚀，未见基体组织

附图 1-13 YG-13 号样品，通体锈蚀，未见基体组织

附图 1-14 YG-14 号样品，通体锈蚀，未见基体组织

附图 1-15 YG-15 号样品，通体锈蚀，未见基体组织

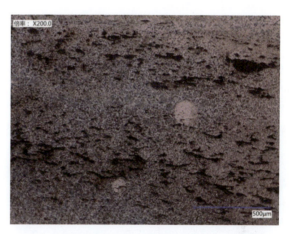

附图 1-16 YG-16 号样品，低碳钢，锻造，基体以铁素体 + 珠光体组织为主，弥散分布有大量拉长变形的氧化夹杂与硅酸盐夹杂

附图 1-17 YG-17 号样品，熟铁，锻造，基体以铁素体 + 珠光体组织为主，弥散分布有大量拉长变形的氧化夹杂与硅酸盐夹杂

附图 1-18 YG-18 号样品，通体锈蚀，未见基体组织

附图 1-19　YG-19 号样品，通体锈蚀，未见基体组织

附图 1-20　YG-20 号样品，通体锈蚀，未见基体组织

附图 1-21　YG-21 号样品，通体锈蚀，未见基体组织

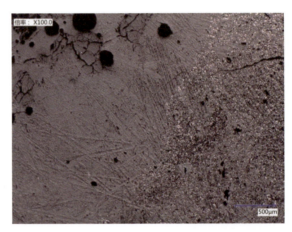

附图 1-22　YG-22 号样品，炉渣，典型铁橄榄石组织

附图 1-23　YG-23 号样品，通体锈蚀，未见基体组织

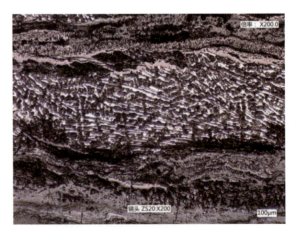

附图 1-24　YG-24 号样品，部分锈蚀，基体以珠光体 + 渗碳体组织为主，存在铁液冷却凝固后产生的枝晶

附图 1-25　YG-25 号样品，熟铁，锻造，拉长变形现象明显，基体以铁素体组织为主

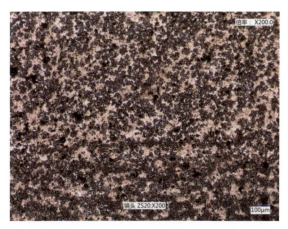

附图 1-26　YG-26 号样品，亚共晶白口铁，铸造，基体以珠光体＋块状渗碳体组织为主

附图 1-27　YG-27 号样品亚共晶白口铁，基体以珠光体＋块状渗碳体组织为主，存在枝晶，基体纯净

附录九 云冈石窟第 20 窟西立佛彩绘颜料检测分析

董 凯*

云冈石窟建于北魏时期,距今年代久远。随着时间的推移,石窟胶结材料老化,颜料层脱落的现象日益加剧,不可避免。经研究表明,窟内石雕北魏时期绘制的颜料层保存下来的甚少,即使用色最多的五华洞也是清代后期补绘。这对于云冈石窟色彩研究非常不利,所以至今为止云冈石窟在北魏时期的用色习惯和材料研究仍有很多谜团。

此次出土的石雕残块均为北魏时期遗留,由于长时间掩埋地下,部分颜色保存较好,这为研究北魏时期云冈石窟不同部位的颜色分类,颜料成分,颜色运用具有重要意义,为之后北魏时期的文物研究提供珍贵的历史信息。

以下是对西立佛砂岩石块上的红色颜料进行了取样(具体取样位置如图 1 所示),并进行了 XRF、显微共聚焦拉曼光谱分析。综合分析数据,得出的颜料为无机矿物颜料,经过拉曼测试得出颜料层的显色层为铁红(Fe_2O_3)。

图 1 颜料层取样位置

* 董凯:云冈研究院。

XRF 测试结果：

元素	Si	Fe	Al	K	Sr	Pb
含量	45.138	23.923	18.275	3.334	2.301	2.290
元素	Tm	Ca	Zn	Mn	Ti	Ac
含量	0.973	0.394	0.370	0.366	1.353	0.976

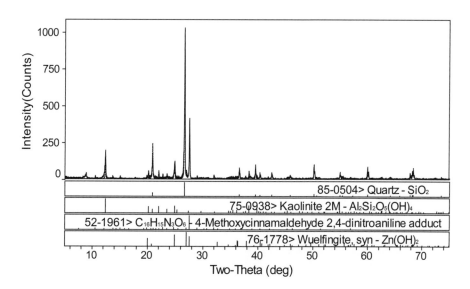

高岭石	氢氧化锌	石英	4-甲氧基肉桂醛 2,4-二硝基苯胺加合物
11.1%	1.3%	30.8%	56.8%

拉曼测试结果：

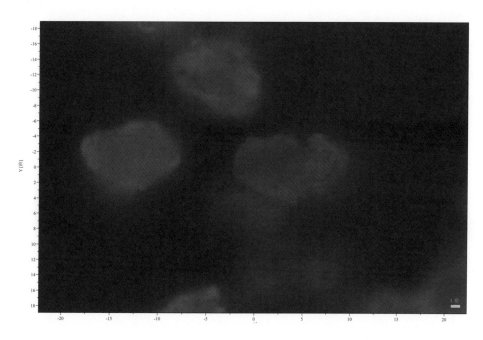

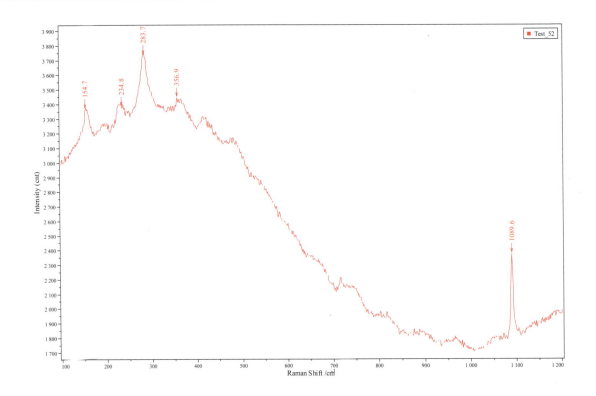

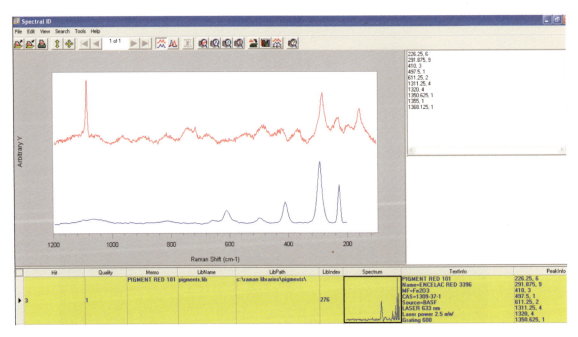

云冈石窟第 20 窟西侧立佛像的出土对于研究云冈石窟至关重要，在此通过对西立佛残块表面颜色进行检测分析，揭示了北魏时期云冈石窟早期大型佛像躯干的用色选择与材料运用，也对其他北魏时期砂岩雕刻颜料的选择与运用提供了数据支持。